El francés
Colección Sin Esfuerzo

por Anthony Bulger

Adaptación al español de Belén Cabal

Ilustrado por Nicolas Sautel

94430 Chennevières-sur-Marne Cedex
FRANCE

© ASSIMIL 2022
ISBN 978-2-7005-0903-8

Nuestros métodos

disponen de grabaciones en CD o mp3 para descargar

Nuestras Colecciones

Colección sin esfuerzo

El alemán
El árabe
El francés
El inglés
El inglés americano
El italiano
El portugués de Brasil

Colección Objetivo: Idiomas

Aprender alemán
Aprender francés
Aprender inglés

Colección guías de conversación

Alemán
Árabe marroquí
Francés
Inglés
Italiano

Cuadernos de ejercicios y escritura

Alemán - falsos principiantes
Francés - falsos principiantes
Inglés - falsos principiantes
Inglés - intermedio
Italiano - falsos principiantes
Árabe - las bases (escritura)

Próximas apariciones

Consulta en tu librería habitual o en www.assimil.com

Índice

Introducción VII
Sobre el método Assimil VIII
Pronunciación X

Lecciones 1 a 100

1	Comment allez-vous ?	1
2	Le café	3
3	Présentations	7
4	L'heure	9
5	Je cherche le métro	11
6	À l'hôtel	15
7	Révision – Repaso	19
8	Une visite	23
9	À la mairie	25
10	C'est très simple !	29
11	Au marché (Première partie)	31
12	Au marché (Deuxième partie)	35
13	Un cadeau	39
14	Révision	41
15	Un tour dans Paris (Première partie)	47
16	Un tour dans Paris (Deuxième partie)	49
17	Quels sont vos projets ?	53
18	Prenons rendez-vous avec le banquier	57
19	Un bel endroit pour une fête	63
20	Un monde idéal	67
21	Révision	71
22	Réfléchissez, choisissez, jouez	77
23	Comment réussir au loto	81
24	Je ne vais pas bien du tout	87
25	Déjeunons ensemble	91
26	Déjeunons ensemble (suite)	95
27	"Hôtel complet"	101
28	Révision	105
29	Comment vas-tu ?	111
30	J'ai un truc à te demander…	115

31	J'en ai besoin rapidement	121
32	Je ne peux plus continuer comme ça	125
33	Je n'ai rien dans ma garde-robe	131
34	Les randonneurs	135
35	Révision	141
36	J'espère que je n'ai rien oublié…	147
37	J'ai réfléchi à la question du loyer…	153
38	C'est de la part de qui ?	157
39	Le septième art	163
40	Tu es si impatient !	169
41	Un accueil désagréable	175
42	Révision	181
43	Le foot féminin	189
44	Perturbations dans les transports…	195
45	Il n'y a pas de métiers inutiles	201
46	Depuis, je n'ai aucune nouvelle	207
47	Un déménagement	213
48	Ça ne me dit rien	221
49	Révision	227
50	Je m'ennuie…	235
51	Hâtez-vous lentement !	241
52	Nous nous sommes bien amusés !	247
53	Je ne ferai plus jamais ça !	253
54	Votez pour moi : vous ne le regretterez pas…	259
55	Mais c'est horrible, ton film !	265
56	Révision	271
57	Vive les Bretons !	279
58	Un grincheux	285
59	Il ne gagnait (presque) jamais	293
60	Le voisinage est de plus en plus dangereux !	299
61	La célébrité ne me dit pas grand-chose	305
62	J'ai mis le doigt sur ton problème…	311
63	Révision	317
64	Je crains le pire	325
65	Cent pour cent des gagnants ont tenté leur chance !	333
66	Président d'un jour	339
67	L'encre la plus pâle	345
68	La visite de la petite-fille 1	351
69	"Les animaux ne mentent pas…"	357

70	Révision	363
71	"La Dame de Fer"	371
72	Ça ne se fait pas !	379
73	Je n'en peux plus !	385
74	Les soldes	393
75	Le Prix "Accord majeur"	399
76	"Culture générale": le jeu radiophonique	405
77	Révision	413
78	"Les voyages forment la jeunesse"	421
79	Il faut que je trouve une bonne excuse…	427
80	"Notre action ne dépend que de vous."	435
81	La réaction des patrons	441
82	Qu'ils sont idiots !	449
83	Du beurre dans les épinards	455
84	Révision	463
85	Comment ça, je massacre le français ?	471
86	Un entretien avec un chasseur de têtes	479
87	Le commissaire Périer mène l'enquête	485
88	Le commissaire Périer mène l'enquête (suite)	493
89	Il faut le faire !	499
90	"Le" ou "la"? – Les deux !	507
91	Révision	515
92	Un magazine littéraire	523
93	Un cours d'histoire : "Le jour de gloire est arrivé !"	531
94	Les inconvénients du travail à domicile	537
95	Le JT du soir	545
96	Une émission-débat : "Réinventons le rire"	553
97	En plein dans le mille !	559
98	Révision	567
99	Incroyable mais vrai…	575
100	La langue française	583

Resumen gramatical		590
Bibliografía		617
Léxicos		619

Introducción

Si acabas de comprar este libro, es porque sabes que el francés es un idioma útil e importante. Para aquellos que estéis leyendo esta introducción y os preguntéis si vale la pena invertir en nuestro método, permitidnos explicaros las ventajas de aprender con Assimil.

El francés se identifica, por supuesto, con Francia. Pero supera con creces su peso en relación con el número de hablantes nativos. Utilizado por aproximadamente 300 millones de personas en los cinco continentes, el francés es el idioma principal u oficial de más de 25 países, desde Canadá hasta Camboya. Es idioma oficial o de trabajo de organizaciones importantes como las Naciones Unidas, la UNESCO, la Unión Europea, la OTAN y la Cruz Roja Internacional. Y es el medio de comunicación preferido en ámbitos como el arte, la moda, la comida, la danza y las artes visuales.

Al mismo tiempo, el francés es un idioma cada vez más global, gracias en parte a organismos como la **Organisation internationale de la Francophonie**, que reúne a casi 90 estados y gobiernos para promover la lengua francesa y las culturas francófonas. Según algunas estimaciones, el francés podría convertirse en la primera o la segunda lengua mundial más importante a mediados del siglo XXI.

Pero podría decirse que la principal razón para aprender francés es el placer: el placer de dominar un idioma melódico, preciso y no excesivamente difícil de aprender; el placer de poder leer a grandes escritores en su idioma original (Francia es el país con más premios Nobel de Literatura); el placer de ver películas sin doblaje realizadas por directores de renombre mundial; el placer de poder comunicarse con la gente local en algunos de los países más emocionantes y hermosos del mundo. Como dijo un gran autor y filósofo: **Ma patrie, c'est la langue française** (mira la lección 100 para obtener más información).

• VII

Sobre el método Assimil

Creemos que las personas pueden y deben adquirir una lengua extranjera de la misma forma que aprendieron su lengua materna: por asimilación natural. No intentamos que suenes, pienses y te comportes como un hablante nativo; no obstante, te brindamos las herramientas para comprender y ser comprendido en una amplia variedad de entornos. Para ello, elegimos situaciones que sean lo más realistas posible pero que te permitan adquirir la gramática y el vocabulario de forma progresiva. Cuando los hablantes nativos se comunican con un estudiante de la lengua, generalmente hacen poco o ningún esfuerzo por mantenerse alejados de las expresiones, modismos o tiempos verbales que pueden resultarle desconocidos; hablarán de forma natural, idiomática y, en algunos casos, gramaticalmente incorrecta. Nuestro trabajo, como diseñadores de cursos, es lograr un equilibrio entre estos diferentes modos de comunicación, buscando el mejor compromiso posible entre el aprendizaje teórico por fases y la exposición al mundo real.

¿Qué aprenderás en El francés de Assimil?

El objetivo es permitir que los principiantes o los "falsos principiantes" se comuniquen en un entorno francófono: comprender los puntos principales de un mensaje en un lenguaje claro y estándar, abordar la mayoría de las situaciones que pueden surgir al viajar, describir eventos y experiencias, y dando brevemente las razones y explicaciones de opiniones y planes. (Corresponde al nivel B2 del Marco Común Europeo de Referencia para las lenguas).

Además de cosas simples como cómo presentarse y pedir una comida o bebida, aprenderás a comprar en un mercado, a pedir productos *online*, a participar en un programa de preguntas, a contar un chiste e incluso a presentar un informe sobre una persona desaparecida. Las variedades de lenguaje, o registros, van desde la conversación informal hasta la prosa formal, lo que finalmente te permitirá conversar en una amplia variedad de situaciones y comprender textos moderadamente complejos. Las notas explicativas brindan información sobre la cultura, el patrimonio y la historia de Francia, con información adicional sobre otros países de habla francesa. Pero sea cual sea el tema de la lección, el objetivo es siempre el mismo: hacer que el proceso de aprendizaje sea lo más natural y agradable posible.

¿Como funciona?

El proceso de aprendizaje se divide en dos fases:
– receptiva, cuando simplemente absorbes el lenguaje y te familiarizas con sus mecanismos;
– productiva, cuando comienzas a generar frases y oraciones propias basadas en lo que ya has aprendido.
La fase receptiva, de la lección 1 a la 49, consiste en escuchar los diálogos grabados, leer el texto y las notas gramaticales y completar los ejercicios de cada lección para absorber el idioma de la forma más natural posible. Durante esta primera fase, debes repetir en voz alta cada frase junto con la grabación, imitando al hablante para acercarte lo más posible a la pronunciación correcta. ¡No seas tímido!
La fase productiva comienza en la lección 50. Cuando llegues al final de una nueva lección, trabajando todavía en modo receptivo, regresa al principio del libro y comienza a avanzar nuevamente, lección a lección, según las instrucciones. Traducir visualmente el diálogo principal y el primer ejercicio al francés (no olvides tapar el diálogo francés), observando las dificultades particulares. Puedes hacerlo por escrito u oralmente, preferiblemente ambas opciones. Cuando llegues a la lección 100, vuelve a la lección 51 y trabaja de manera constante en la segunda mitad del libro en modo productivo. Te recomendamos que consultes las notas, las lecciones de repaso o el apéndice gramatical si necesitas revisar o consolidar algo de lo que aún no estés seguro.
Esta función de repaso no solo refrescará tu memoria; también ayudará a activar el vocabulario y la gramática que ya has aprendido y asimilado de forma natural. Por eso es importante trabajar a diario. Si no tienes tiempo para realizar una lección completa, ya sea en la fase receptiva o en la productiva, al menos debes practicar con el libro o las grabaciones y leer un diálogo, hacer un ejercicio o revisar un punto gramatical. De esta forma, aprenderás el idioma desarrollando tu memoria muscular.

Pronunciación

Recientes investigaciones sugieren que se ha puesto demasiado énfasis en adquirir un acento perfecto en un idioma extranjero, particularmente después de los 12 años. Entre las razones de esta actitud más realista está el hecho de que no es necesario sonar exactamente como un hablante nativo para comunicarse con éxito o realizar tareas profesionales. Sin embargo, muchos idiomas tienen sonidos (vocales, diptongos y otros fonemas) que no existen en el idioma nativo del estudiante y que deben ser reconocidos y adquiridos para evitar malentendidos o confusiones (piensa en *caza / casa* en español).

La forma convencional de representar la pronunciación de manera eficaz es utilizar el Alfabeto Fonético Internacional, un sistema de símbolos únicos que representan todos los sonidos característicos de un idioma. En muchos casos, sin embargo, los estudiantes primero tendrían que familiarizarse con el AFI antes de poder estudiar el idioma de su elección. Por eso Assimil usa un sistema de repetición, llamado pronunciación figurativa, para equiparar los sonidos con su equivalente más cercano en el idioma de origen. Tratamos de usar solo el alfabeto latino, pero algunos sonidos son imposibles de representar de esta manera. Por eso nuestra pronunciación figurada debe verse como una aproximación más que como una representación perfecta.

Aunque muchas palabras en francés son similares o idénticas a las palabras en español cuando se escriben (por ejemplo, **quinze**, *quince*), suenan muy diferentes.

1 Vocales

En español todas las vocales son orales, mientras que en francés algunas vocales están nasalizadas, lo que significa que se pronuncian dejando escapar el aire por la nariz y la boca. (Intenta bloquear una de tus fosas nasales con un dedo.) La nasalización es particularmente evidente cuando un sonido vocálico (ya sea de una sola vocal o de combinaciones como **ei** y **ai**) va seguido de las consonantes **n** o **m**, que se vuelven mudas.

En nuestra pronunciación figurativa lo hemos indicado de esta manera: [ⁿ]; es decir que, cuando veas esta pequeña *n* deberás pronunciar la vocal precedente con el sonido nasal: **bon**jour *[boⁿyur]*

Además, en francés, las vocales a veces se pronuncian más abiertas, iguales o más cerradas que en español, pero esto no siempre responde al tipo de acento que lleve encima la vocal.

– Una **e** final, sin acento agudo, suele ser muda: por ejemplo, **pile**, *[pil]*, *pila, batería*. Sin embargo, cuando se añade al final de un adjetivo masculino para hacer la palabra femenina, la **e** hace que la consonante final se pronuncie: **grand** → **grande**, *grande*: *[graⁿ]* → *[graⁿd]*.

– El sonido **u** no tiene equivalente exacto en español. Para producirlo, di *[i]* mientras pones los labios para pronunciar *[u]*. Este sonido, que representamos como *[û]*, es importante porque hay varios pares de palabras similares, como **vu** y **vous**, que pueden confundirse fácilmente.

Por otro lado, hay que tener en cuenta las combinaciones de dos o tres vocales que producen un sonido distinto. Así: **ai** se pronuncia *[e]*, **au** *[o]*, **eu** *[e cerrada]*, **eau** *[o]*, **oi** *[u]* y **ou** *[u]*.

1.1 Vocales acentuadas

Hay tres acentos, o signos diacríticos, principales que se pueden colocar sobre las vocales: ´ (agudo), ` (grave) y ^ (circunflejo). En algunos casos, simplemente dan una indicación visual de la función gramatical, sin cambiar la pronunciación: por ejemplo, **a** y **à** (respectivamente, la tercera persona del singular del verbo **avoir** y la preposición que significa *a* o *en*). Del mismo modo, el acento grave muestra la diferencia entre la conjunción **ou**, *o*, y el adverbio/pronombre **où**, *donde/dónde*.

En otros casos, sin embargo, un acento altera la pronunciación. La letra **e** es importante porque es la única vocal que puede llevar los tres acentos. La **e** sin acento es muda, generalmente al final de una palabra (**balle**), o no acentuada (**merci**). El acento agudo indica que la **é** sí se pronuncia: **occupe** *[ocup]* y **occupé** *[ocûpe]*.

El acento grave, **è**, produce un sonido un poco más abierto. A menudo, pero no siempre, se coloca sobre la letra **e** cuando la siguiente sílaba es muda: **père** *[per]*.

Las otras vocales que pueden llevar acento grave son **à** y **ù** (esta última solo en **où**, *donde/dónde*), y no hay cambio en la pronunciación.

El acento circunflejo, **^**, es el único que se puede usar con las cinco vocales. Tiene diferentes funciones. Por ejemplo, indica que una palabra proviene del latín y que se han eliminado una o más letras, generalmente la **s**. (Curiosamente, esa **s** generalmente está presente en el equivalente en español: **un hôpital**, *un hospital*). El acento circunflejo también ayuda a distinguir entre homófonos como **sur** / **sûr** (*sobre* / *seguro*) y **du** / **dû** (*del* / *debido*). Las únicas vocales que cambian de pronunciación con un acento circunflejo son **â**, **ê** y **ô**. Pero las diferencias son muy pequeñas, por lo que, para el propósito de este curso, es más importante reconocer las diferencias entre las palabras escritas que los ligeros cambios en el sonido.

Otro diacrítico es la **tréma** (o diéresis), que consiste en dos puntos colocados sobre la segunda vocal de dos vocales juntas para indicar que se deben pronunciar por separado en lugar de como diptongo. Las palabras más comunes son **Noël**, *Navidad [noel]* y **maïs**, *maíz [mais]* (en lugar de **mais**, *pero*, que se pronuncia *[me]*).

2 Consonantes

La mayoría de las consonantes tienen los mismos sonidos en francés y español en las posiciones inicial y media.

– Las consonantes finales, especialmente el plurals **-s** y **-x**, generalmente son mudas: **papiers** *[papie]*, *papeles*; **morceaux** *[morso]*, *trozos*. Hay cuatro excepciones a esta regla: **-c**, **-f** y **-l**: **sac**, *[sac]*, *bolsa*; **tarif** *[tarif]*, *tarifa*; **appel** *[apel]*, *llamada*. Y en algunos casos también la **-r**: **hiver** *[iver]*.

– Algunas consonantes dobles se pronuncian de forma diferente al español:

-ll- generalmente se pronuncia *[l]*, pero si va precedida de una **i** y otra vocal, suena *[ll]*: **fille** *[fill]*, *chica*, *hija*;

-gn- se pronuncia *[ñ]*: **Bretagne** *[bretañ]*, *Bretaña*;

-ch- es más suave que en español, más parecido al sonido *[sh]*: **chercher** *[shershe] buscar*;

-th- es *[t]*: **théâtre** *[teatr]*, *teatro*.

– La letra **g** tiene dos pronunciaciones. Delante de las vocales **e** e **i** (y de la semivocal **y**), es suave, con un sonido similar al de la **y** pronunciada por los argentinos: así **plage**, *playa*, es *[play]*; y **région**, *región* es *[reyon]*; delante de las otras tres vocales y de todas las consonantes, es fuerte: *[g]* como en *golfo*. Así, **gâteau**, *pastel*: *[gato]*, **grand**, *grande*: *[grän]*. Cuando lleva un sonido fuerte delante de **e** e **i**, hay que añadir una **u**, tal como hacemos en español: **guerre**, *guerra [ger]*; **guide**, *guía [gid]*. La letra **j** también se pronuncia como una **g** suave: **je**, *yo*, *[ye]*, **déjeuner**, *comida [deyene]*. Por último, ten cuidado al deletrear estas dos letras en voz alta: **g** *[ye]* y **j** *[yi]*.

– La **r** francesa puede ser difícil de pronunciar porque no hay un sonido equivalente en español. Se pronuncia en la parte posterior de la garganta, con la punta de la lengua contra los dientes inferiores. Para aproximarte al sonido, imagina que estás tratando de hacer gárgaras con un enjuague.

2.1 Consonantes especiales

El único signo diacrítico que puede llevar una consonante es **la cédille**, *cedilla*, una marca en forma de gancho que se coloca debajo de la letra **ç** y que cambia la pronunciación a una *[s]*. Solo se usa si la **c** aparece antes de las vocales **a**, **o** y **u**. Esto se debe a que **e** e **i** siempre producen el sonido *[s]* cuando van precedidas de una **c**. Así la **c** de **France** *[fra^{n}s]* se convierte en **ç** en **français** *[fra^{n}se]*.

3 Ligadura y *liaison*

La ligadura es cuando la consonante final de una palabra se encuentra con la vocal inicial (o la **h**) de la siguiente. La *liaison* es similar a la ligadura, pero implica la pronunciación de una consonante final muda. En ambos casos, el objetivo es que las frases fluyan de forma fluida y eufónica. En las primeras 28 lecciones de este curso, mostramos estos enlaces usando el símbolo ‿.

Las reglas básicas son simples:

– La **n** final del artículo indefinido masculino **un** suena si la siguiente palabra comienza con una vocal: **un‿ami** *[anami]*.

– La **s** final del plural de los artículos definidos **ils** y **elles** se convierte en una **s** arrastrada *[ss]*: **elles‿achètent** *[elsashet]*. Lo mismo se aplica a los pronombres **nous** y **vous**: **nous‿avons** *[nusavo^n]*, **vous‿allez** *[vusale]*.

– La **s** final de un adjetivo plural se enlaza con su sustantivo: **les grands enfants** [gra^{n}dsa^{n}fa^n].
– Una **t** o una **d** se enlaza, ambas pronunciadas [t]: **petit ami**, **grand artiste** [petitami, gra^{n}tartist].
– La misma regla se aplica a una **x** final: **beaux arts** [bosasar].
– La consonante **h** al principio de una palabra es muda, pero hay una diferencia entre la **h muet** (h muda) y la **h aspiré** (h aspirada). La mayoría de las palabras que comienzan con **h** son del primer tipo y requieren omisión y *liaison*. Por ejemplo, en **un hôpital**, *un hospital*, la **n** y la **o** se pronuncian seguidas [anopital]; con el artículo definido **le**, la **e** final se omite: **l'hôpital** [lopital]. Estas reglas no se aplican a las palabras que comienzan con una **h aspiré**, por lo que **un havre** (*un refugio*) y la ciudad de **Le Havre** se pronuncian [a^n/ avr] y [le / avr], con una ligera separación, indicada aquí por el signo /, entre el artículo y la primera vocal de la palabra. A pesar de su nombre, la **h** «aspirada» no se pronuncia: **l'heure** [ler], *la hora*.
La *liaison* no está permitida en algunos casos:
– con la conjunción **et**: **un café et un thé**: [a^n cafe e a^n te]
– entre un sustantivo singular y la siguiente palabra: **une idée intéressante**
– con una **h aspiré** (ver arriba)
– con nombres propios: **Robert est sympa**.

4 El acento prosódico

El francés es un idioma cronometrado por sílabas, lo que significa que todas las sílabas de una palabra u oración reciben más o menos la misma importancia.
Por regla general, la última sílaba de una palabra se acentúa un poco más que las demás. Aunque las vocales cortas pueden sonar «apretadas» por el acento de la sílaba en una oración, los sonidos siguen siendo bastante claros. Para lograr el ritmo adecuado, recuerda que las sílabas tienen aproximadamente la misma longitud y se pronuncian a intervalos regulares.

5 Puntuación

Hay varias diferencias en la puntuación entre el francés y el español. Estas son las más importantes.

– En las exclamaciones y en las preguntas, el francés solo utiliza el signo de cierre.
– El francés deja un espacio antes de los signos de puntuación «fuertes», como *el signo de interrogación* (**le point d'interrogation**), *el signo de exclamación* (**le point d'exclamation**), así como *los dos puntos* (**les deux-points**) y *el punto y coma* (**le point-virgule**):
Quel est votre nom ? *¿Cómo se llama usted?*
Attendez-moi ! *¡Esperadme!*
Ne sortez pas : il pleut. *No salgáis: está lloviendo.*
Ma voiture est en panne ; je vais prendre le métro. *Mi coche está estropeado; tomaré el metro.*
– Las acotaciones entre guiones llevan una coma detrás del segundo guion: **J'ai vu un bon film – Le Jour se lève –, à la télé** *He visto una buena película –Amanecer– en la tele.*
– Las comillas dobles también llevan un espacio antes y después de la palabra: **« Bonjour »**.
Hay algunas otras diferencias sutiles, pero no son relevantes para el material que vas a estudiar.

Suficiente teoría por el momento. Es hora de comenzar a aprender francés. ¿Preparado? **On y va !** (*¡Vamos allá!*).

1 / Première leçon

Aunque hayas estudiado francés antes, por favor lee la introducción y la guía de pronunciación. Esto te ayudará a comprender cómo funciona el método Assimil.

Première leçon *[premier leso^n]*

Comment allez-vous ?

1 – Bonjour [1] Jeanne, comment‿allez-vous [2] ?
2 – Bien, et vous ?
3 – Ça va [3] très bien, merci.
4 Je vous présente ma fille, Chloé.
5 – Bonjour, Chloé. Comment ça va [4] ?

Pronunciación
coma^n-tale vu **1** bo^{n}yur ya^n, coma^n-tale vu **2** bia^n e vu **3** sava tre bia^n mersi **4** ye vu pressa^{n}t ma fill cloe **5** bo^{n}yur cloe coma^n sava

Notas de pronunciación
(1) En la mayoría de las palabras francesas, la consonante final es muda. Por ejemplo, **vous** suena como *[vu]*. Y **comment** se pronuncia generalmente *[coma^n]*, como en la línea 5. Pero si la siguiente palabra comienza con una vocal, entonces la consonante final de la primera palabra (que normalmente es muda) se pronuncia y se «enlaza» con la segunda palabra: **comment‿allez**: *[coma^n-tale]*. Este enlace se llama **liaison**. Escucha la diferencia en la pronunciación de **comment** en los diálogos 1 y 5. Indicamos la **liaison** con el símbolo ‿ entre las dos palabras.

Notas

1 **bonjour**, *buenos días*, significa literalmente "buen" (**bon**) "día" (**jour**). Se puede utilizar como saludo formal durante todo el día hasta las 6 de la tarde.

1 • **un** *[a^n]*

Primera lección / 1

En la traducción al español de los diálogos, utilizamos corchetes [ ] para indicar las palabras que son necesarias en español pero que se omiten en francés, e indicamos entre paréntesis ( ) y en itálica la traducción literal palabra por palabra para ayudarte a comprender los mecanismos del lenguaje.

Primera lección

¿Cómo estás (va usted)?

1 – Buenos días, Jeanne, ¿cómo estás (cómo va-usted)?
2 – Bien, ¿y usted?
3 – *(Eso va)* Muy bien, gracias.
4   Le presento [a] mi hija, Chloé.
5 – Buenos días, Chloé. ¿Cómo estás *(eso va)*?

2 **allez** proviene del verbo irregular **aller**, *ir*, que es el verbo que se usa para preguntar a alguien por su salud o bienestar (en lugar de *estar* en español: *¿Cómo estás?*). **Allez** es la forma que se utiliza para tratar a alguien de *usted* (**vous**) cuando estamos hablando con personas que no son de la familia o amigos cercanos.

3 **va** es la tercera persona singular (**él/ella**) de **aller**.

4 **Comment ça va ?** *¿Cómo estás?* es equivalente a *Comment allez-vous ?*, pero ligeramente más coloquial. Aquí, **Jeanne** (equivalente femenino de **Jean**) está hablando con la hija de su amiga, por lo que usa una frase menos formal.

[de] deux • 2

2 / Deuxième leçon

Exercice 1 – Traduisez
Ejercicio 1 – Traduce

❶ Bonjour, comment allez-vous ? ❷ Ça va très bien.
❸ Comment ça va, Jean ? ❹ Je vous présente ma fille.
❺ Chloé va très bien.

***

Exercice 2 – Complétez
Ejercicio 2 – Completa con las palabras que faltan
(Cada punto representa un carácter, que puede ser una letra, un apóstrofo, un guion, etc.)

❶ ¿Cómo está?
   . . . . allez-vous ?

❷ Muy bien, gracias.
   Ça . . très bien, ...

❸ Le presento a Jeanne y a Chloé.
   Je vous . . . . .Jeanne . . Chloé.

❹ Bien, ¿y usted?
   . . . . et vous ?

❺ Mi primera lección.
   Ma . . . . leçon.

Deuxième leçon [desiem lesoⁿ]

Le café

1 – Monsieur, madame, vous désirez ? [1]
2 – Deux cafés [2] et deux croissants, s'il vous plaît [3].
3 – Non, je préfère une tartine beurrée [4] pour le petit-déjeuner [5].
4 – Donc, deux‿expressos, un croissant et une tartine [6] ?
5 – Oui, c'est ça. Le croissant est pour moi et la tartine pour elle.

3 • **trois** *[trua]*

Soluciones al ejercicio 1

❶ Buenos días, ¿cómo está? ❷ Muy bien. ❸ ¿Cómo estás, Jean? ❹ Le presento a mi hija. ❺ Chloé está muy bien.

***

Soluciones al ejercicio 2

❶ Comment – ❷ – va – merci – ❸ – présente – et – ❹ Bien – ❺ – première –

*Al igual que en español, en francés también hay dos formas de dirigirse a alguien: de tú y de usted. Comenzaremos por aprender el modo formal, indicado por el pronombre **vous** (que, además de usted, también es la segunda persona del plural vosotros/as), porque es el que es más probable que escuches cuando visites Francia e interactúes con personas que no conoces. (En otros países de habla francesa, como Canadá, es más frecuente usar el **tu** informal). Qué forma usar y en qué circunstancia es un tema que suscita mucho debate, pero nosotros hemos adoptado la regla de que tu es estrictamente para la familia y los amigos cercanos.*

¡Felicidades! En poco tiempo, y sin demasiado esfuerzo, has aprendido algunas palabras y frases importantes y útiles. Recuerda que la mejor forma de progresar es aprender un poco todos los días. ¡Ese es el secreto del método Assimil!

Segunda lección

La cafetería

1 – Señor, señora, ¿[qué] desean?
2 – Dos cafés y dos cruasanes, por favor *(si-ello le complace)*.
3 – No, yo prefiero una tostada con mantequilla para desayunar *(el desayuno)*.
4 – Entonces, ¿dos cafés solos, un cruasán y una tostada?
5 – Sí, eso es *(esto-es eso)*. El cruasán es para mí y la tostada para ella.

2 / Deuxième leçon

🗨 Pronunciación
le cafe **1** mesie madam vu desire **2** de cafe e de cruasa^n silvuple **3** no^n ye prefer ûn tartin bere pur le peti deyene **4** do^{n}c dess-expreso a^n cruasa^n e ûn tartin **5** ui se sa le cruasa^n e pur mua e la tartin pur el

Notas de pronunciación
(2) Recuerda que, generalmente, la s final de un sustantivo no se pronuncia, así que el plural suena exactamente igual que el singular. De la misma manera, la **x** final de **deux** y la **z** final de **désirez** son mudas: *[de]* y *[desire]*.
(4) Ten en cuenta la liaison: **deux‿expressos** se convierte en una sola palabra. La **x** se pronuncia como una s doble *[ss]*: *[dess-expreso]*.
(5) Observa que *est*, *es*, y *et*, *y*, se pronuncian exactamente de la misma manera.

Notas
1 Esta es la forma más sencilla de hacer una pregunta en francés: usa la afirmación (**vous désirez**, *desean*) pero con una entonación ascendente al final de la oración.

***

▶ Exercice 1 – Traduisez
❶ Je préfère un croissant pour le petit-déjeuner. **❷** Un café, s'il vous plaît. **❸** Oui, c'est ça. **❹** La tartine est pour elle. **❺** Et l'expresso est pour moi.

***

Exercice 2 – Complétez
Ejercicio 2 – Completa con las palabras que faltan
❶ Un café y una tostada con mantequilla.
   .. café et … tartine ……. .
❷ El cruasán y la tostada.
   .. croissant et .. tartine.
❸ Dos cruasanes, por favor.
   …. croissants, …… …… ……. .
❹ No, de hecho, prefiero un café solo.
   …, ……. , je ……. un expresso.

5 • **cinq** *[sa^{n}k]*

Segunda lección / 2

2 **un café** es tanto la bebida (*un café*) como el lugar donde se toma (*la cafetería*). Si pides **un café** en Francia, te darán un café solo, también llamado **un expresso** o **un express**.

3 Aunque **s'il vous plaît** ("si le complace") puede parecer muy formal, en realidad no lo es. Significa simplemente *por favor*.

4 **une tartine beurrée** (o simplemente **une tartine**) es *una tostada con mantequilla*, un popular desayuno alternativo a **a croissant**. **Beurré** es el adjetivo formado a partir de **le beurre**, *mantequilla*. En esta frase, concuerda con el sustantivo **une tartine**, que es femenino, así que tenemos que añadir otra **-e**: **beurée**. Trataremos el tema de la concordancia más adelante.

5 **le déjeuner** significa *la comida*, así que **le petit-déjeuner** (literalmente *la pequeña comida*) es *el desayuno*. ¡Lógico!

6 Todos los sustantivos en francés tienen género (masculino o femenino), pero este no siempre coincide con el que tienen en español. Por eso te recomendamos que, cada vez que aprendas un sustantivo nuevo, te asegures de aprender también su género.

***

Soluciones al ejercicio 1
❶ Prefiero un cruasán para desayunar. ❷ Un café, por favor. ❸ Sí, eso es. ❹ La tostada es para ella. ❺ Y el café solo es para mí.

❺ Buenos días, señora y señor.
  Bonjour, ...

Soluciones al ejercicio 2
❶ Un – une – beurrée ❷ Le – la ❸ Deux – s'il vous plaît ❹ Non – en fait – préfère ❺ – madame et monsieur

[sis] **six** • 6

3

Troisième leçon [truasiem leso<u>n</u>]

Présentations

1 – Je me présente : je m'appelle [1] Sophie Mercier.
2   Et voici mon_ami Loïc Le Gall. Il est breton.
3 – Et vous, êtes-vous [2] bretonne [3] aussi ?
4 – Pas du tout, je suis de Nîmes, dans le Midi de la France.
5   Mais maintenant nous sommes [4] parisiens. ☐

Pronunciación
presaⁿtasioⁿ **1** ye me presaⁿt ye mapel sofi mersie **2** e vuasi moⁿ-ami lo-ic le gal il e bretoⁿ **3** e vu et vu breton osi **4** pa de tu: ye sui de nim daⁿ le midi de la fraⁿs **5** me maⁿtenaⁿ nu som parisaⁿ

Notas

1 appeler, *llamar(se)*. En este caso es equivalente a **Me llamo**… Los franceses pueden parecer a veces muy formales (**s'il vous plaît** para decir *por favor*, ver lección 2, nota 3), pero pronto te acostumbrarás a ello.

2 En la anterior lección hemos visto que puedes hacer una pregunta con una entonación ascendente al final de la frase afirmativa. Aquí tienes una manera más formal –pero muy sencilla– de formular una pregunta con el verbo **être** (*ser*): cambiando simplemente el orden del verbo y el pronombre **Vous êtes Breton ?** → **Êtes-vous Breton ?**

3 Recuerda que todos los sustantivos tienen género y, a veces, no basta con añadir una **e** a la forma femenina: **breton** → **bretonne**.

***

Exercice 1 – Traduisez

❶ Je m'appelle Loïc. ❷ Et voici mes deux amis. ❸ Êtes-vous parisien ? ❹ Pas du tout ! Je suis breton. ❺ Il est de Nîmes aussi.

Tercera lección

Presentaciones

1 – Me presento: me llamo Sophie Mercier.
2 Y este es *(aquí está)* mi amigo Loïc Le Gall. Él es bretón.
3 – Y usted, ¿es bretona también?
4 – Para nada *(no de todo)*, soy de Nimes, en el sur de Francia.
5 Pero ahora somos parisinos.

Notas de pronunciación
(1) La mayoría de las consonantes finales no se pronuncian. Por eso, la segunda **r** en **Mercier** es muda: *[mersie]*.
(2) Ten en cuenta la liaison: **mon‿ami** se pronuncia *[monami]*.

4 Ahora ya conoces las principales formas de **être**: **je suis**, **il est**, **vous êtes**, **nous sommes**, *yo soy*, *él es*, *usted es*, *nosotros somos*.

***

Soluciones al ejercicio 1
❶ Me llamo Loïc. ❷ Y estos son mis dos amigos. ❸ ¿Sois parisinos? ❹ ¡Para nada! Soy bretón. ❺ Él es de Nimes también.

4 / Quatrième leçon

Exercice 2 – Complétez

❶ Yo soy bretón y ella es bretona también.
   Je suis …… et elle est ………… ……

❷ Somos parisinos.
   …… …… parisiens.

❸ ¿Es usted de Nîmes?
   …… …… de Nîmes ?

❹ Me llamo Sophie. ¿Y usted?
   …… …… …… Sophie. …… …… ?

❺ Estoy en la tercera lección.
   …… …… maintenant à la ……… leçon.

4

Quatrième leçon [catriem leso^n]

L'heure [1]

1 – Pardon, est-ce que [2] vous‿avez l'heure ?
2 – Je n'ai pas [3] de montre mais je pense qu'il est midi [4] dix.
3 – Mais comment le savez-vous ?
4 – Parce que j'ai rendez-vous avec ma femme à midi …
5   … et elle a toujours dix minutes de retard !   □

Pronunciación

ler **1** pardo^n es ke vuss‿ave ler **2** ye ne pa de mo^{n}tre me ye pa^{n}s kil e midi dis **3** me coma^n le save vu **4** parske ye ra^{n}devu avec ma fam a midi **5** e el a tuyur di minut de retar

9 • **neuf** [nef]

Soluciones al ejercicio 2
❶ – breton – bretonne aussi ❷ Nous sommes – ❸ Êtes-vous – ❹ Je m'appelle – Et vous ❺ Je suis – troisième –

*Francia es un país enorme –el más grande de Europa occidental– con un paisaje increíblemente variado que va desde los escarpados acantilados de granito de la **Bretagne**, Bretaña, hasta los exuberantes olivares del sur de Francia. Aprenderemos más sobre las regiones francesas a medida que avancemos: hoy hemos conocido a un **Breton** y a una mujer de la zona conocida como **le Midi**, otra palabra para denominar el sur de Francia. (Si llegas entren a la capital belga, Bruselas, una de las dos principales estaciones es **Bruxelles-Midi**, llamada así porque está en el sur de la ciudad).*

Cuarta lección

La hora

1 – Perdón, ¿ *(es que)* tiene hora?
2 – No tengo reloj, pero creo que son las doce *(es mediodía)* y diez.
3 – Pero ¿cómo lo sabe?
4 – Porque tengo una cita con mi mujer a mediodía…
5   … ¡y siempre llega diez minutos tarde!

Notas de pronunciación
(1), (3), (4) La **-z** final de **avez** y de **savez** es muda. La misma regla aplica a **rendez** en la siguiente frase.
(2), (5) En la línea 2, **dix** se pronuncia *[dis]* porque está al final de la oración. Pero en la 5 va seguida de otra palabra, así que la **x** final es muda *[di minut]*.
(5) Recuerda que la **-s** final (casi) siempre es muda.

[dis] **dix** • 10

5 / Cinquième leçon

Notas

1 Sabemos que **le** y **la** son, respectivamente, los artículos definidos masculino y femenino (*el / la*). Pero si el sustantivo comienza por una vocal o una **h**, usamos **l'**.

***

Exercice 1 – Traduisez

❶ Est-ce que vous avez l'heure ? ❷ J'ai rendez-vous avec ma fille. ❸ Ma femme n'a pas de montre. ❹ Il a toujours dix minutes de retard. ❺ Je pense qu'il est midi.

***

Exercice 2 – Complétez

❶ ¿Tiene mujer?
   .... vous .... femme ?

❷ ¿Cómo lo sabe?
   Comment le .... ?

❸ No tengo reloj.
   .... de montre.

❹ Porque llego diez minutos tarde.
   .... dix minutes de ....

❺ Perdón, ¿son las doce?
   ......,..... midi ?

5

Cinquième leçon [sa{^n}kiem leso{^n}]

Je cherche le métro

1 – Excusez-moi, je cherche le métro [1] Saint-Michel.
2 – Désolée [2], madame, je ne suis pas d'ici.
3   Mais attendez une minute [3], j'ai un plan de la ville.

11 • **onze** *[o{^n}s]*

2 Otra forma muy común de hacer una pregunta es poniendo **est-ce que** (literalmente, "es eso que") antes del verbo. Así **Avez-vous l'heure ?** y **Est-ce que vous avez l'heure ?** significan lo mismo.

3 Para formar la oración negativa, necesitas dos palabras: **ne** (o **n'** antes de una vocal o una **h**) directamente antes del verbo, y **pas** directamente detrás de él: **Je n'ai pas** l'heure, *No tengo hora*.

4 En la última lección, hemos visto que **le Midi** es el sur de Francia. Esta palabra también significa "mediodía".

***

Soluciones al ejercicio 1
❶ ¿Tiene hora? ❷ Tengo una cita con mi hija. ❸ Mi mujer no tiene reloj. ❹ Siempre llega diez minutos tarde. ❺ Creo que es mediodía.

***

Soluciones al ejercicio 2
❶ Est-ce que – avez une – ❷ – savez-vous – ❸ Je n'ai pas – ❹ Parce que j'ai – retard – ❺ Pardon – est-il –

Uno de los principios básicos de nuestro método es que no intentamos explicarte todo de una vez. Creemos que cuando comienzas a aprender un idioma, es importante acostumbrarse a los nuevos sonidos y las nuevas construcciones sin intentar encontrar directamente una explicación a cada cosa. Confía en nosotros: ¡llevamos más de 90 años enseñando idiomas con éxito!

Quinta lección

Busco el metro

1 – Disculpe *(excuse-me)*, busco el metro Saint-Michel.
2 – Lo siento, señora, no soy de aquí.
3 Pero espere un minuto, tengo un plano de la ciudad.

5 / Cinquième leçon

4 Voilà [4] : traversez le boulevard et tournez à gauche à la fontaine.
5 – Merci beaucoup pour votre‿aide !   □

Pronunciación
ye shersh le metro **1** *excusse mua ye shersh le metro sa^n mishel* **2** *desole madam ye ne sui pa disi* **3** *me ata^{n}de ûn minut ye a^n pla^n de la vil* **4** *vuala traverse le bulevar e turne a gosh a la fo^{n}ten* **5** *mersi bocu pur votred*

Notas de pronunciación
(5) Observa lo que ocurre cuando una palabra acabada en vocal (**votre**) se encuentra con otra que también empieza en vocal: **votre aide** = *[votred]*.

***

Exercice 1 – Traduisez
❶ Excusez-moi, je cherche le métro. ❷ Désolé, je ne suis pas d'ici. ❸ Merci beaucoup de votre aide. ❹ Je n'ai pas de plan. ❺ Attendez une minute, s'il vous plaît.

***

Exercice 2 – Complétez
❶ Atraviese el bulevar y gire a la izquierda en la fuente.
   .... boulevard et .... à gauche à .. fontaine.

❷ Espere dos minutos, por favor.
   .... deux minutes, ...

❸ ¿Busca usted el metro?
   Vous .... métro ?

❹ Aquí hay un plano de la ciudad.
   .... plan .... ville.

❺ Lo siento, llego una hora tarde. (*la persona que habla es un hombre*)
   ......,...... heure de ....

13 • **treize** *[tres]*

Quinta lección / 5

4 Aquí está: atraviese el bulevar y gire a [la] izquierda en la fuente.
5 – ¡Muchas gracias por su ayuda!

Notas

1 **le Métropolitain**, conocido universalmente como **le métro**, es el sistema subterráneo de trenes de la mayoría de las ciudades, como París, Marsella o Lión. Esta palabra también se utiliza para referirse a una estación concreta: **le métro Châtelet**, *la estación de metro Châtelet*, así como al tren en sí mismo. (También puedes preguntar por **une station de métro**, *una estación de metro*.)

2 Observa la **e** final que se añade a **désolé** cuando la persona que habla es una mujer: **désolée**.

3 **une minute**, *un minuto*. Este es uno de los sustantivos en los que el género no coincide con el español.

4 **voilà** es la palabra complementaria de **voici** (lección 3, línea 2). En principio, usamos **voici** para designar algo o a alguien que está situado cerca de nosotros (como *aquí está*) y **voilà** para algo que está lejos (*ahí está*). Pero en la práctica, usamos **voilà** en los dos casos. Por ejemplo, **Voilà le métro**, *Aquí está el metro*. También podemos usarlo al principio de la oración para presentar algo o proporcionar información. Volveremos a ver **voilà** y **voici** en diferentes contextos en las próximas semanas.

***

Soluciones al ejercicio 1

❶ Perdone, busco el metro. ❷ Lo siento, no soy de aquí. ❸ Muchas gracias por su ayuda. ❹ No tengo un plano. ❺ Espere un minuto, por favor.

***

Soluciones al ejercicio 2

❶ Traversez le – tournez – la – ❷ Attendez – s'il vous plaît – ❸ – cherchez le – ❹ Voilà un – de la – ❺ Désolé – j'ai une – retard

[cators] quatorze • 14

6 / Sixième leçon

Sixième leçon [sisiem lesoⁿ]

À l'hôtel

1 – Bonsoir [1] monsieur, bonsoir madame. Bienvenue à l'Hôtel [2] Molière.
2 – Bonsoir, nous‿avons une chambre réservée pour deux nuits.
3 – Quel‿est votre nom [3], s'il vous plaît ?
4 – Je m'appelle Bailly : B-A-I deux‿L-Y. Alain.
5 – Absolument : une grande chambre avec‿un grand lit [4] et une salle de bains.
6 C'est‿au quatrième étage. Voici la clé.
7 Où sont vos [5] bagages ?

Pronunciación

a lotel 1 boⁿsuar mesie boⁿsuar madam biaⁿvenu a lotel molier 2 boⁿsuar nuss-avoⁿ un shaⁿbre reserve pur de nui 3 kele votre noⁿ silvuple 4 ye mapel ba-lli – be – a – i – duss-el – i grec alaⁿ 5 absolûmaⁿ un graⁿd shaⁿbre avecaⁿ graⁿ li e un sal de baⁿ 6 seto cat-ri-em etash vuasi la cle 7 u soⁿ vo bagash

15 • **quinze** [caⁿs]

*El distrito de Saint-Michel de París es sinónimo del **Quartier latin**, o Barrio Latino (llamado así porque allí se encuentra la Universidad de La Sorbona, donde originalmente se impartían las clases en latín). La **Place Saint-Michel** es un punto de encuentro central, dominado por una fuente monumental del siglo XIX. Merece la pena destacar el **Boulevard Saint-Michel**, famoso por sus librerías y cafés.*

Sexta lección

En el hotel

1 – Buenas tardes, señor, buenas tardes, señora. Bienvenidos al Hotel Molière.
2 – Buenas tardes, tenemos una habitación reservada para dos noches.
3 – ¿Cuál es su nombre, por favor?
4 – Me llamo Bailly: B-A-I-doble-L-Y. Alain.
5 – Por supuesto: una habitación grande con cama grande y cuarto de baño.
6 Está en la cuarta planta. Aquí está la llave.
7 ¿Dónde están sus maletas?

Notas

1 **bonsoir**, *buenas tardes*, es el saludo formal que se usa después de las 6 de la tarde. (Ver lección 1, nota 1).

2 Recuerda que el artículo definido **l'** sustituye a **le** o a **la** delante de una palabra que comienza por una vocal o por una **h**. **Un hôtel** es masculino.

3 **le nom**, *el nombre*. Esta palabra generalmente se refiere al apellido de una persona, cuyo término propio es **le nom de famille**, *apellido*. **Le prénom** (literalmente "prenombre") es el término adecuado para *el nombre de pila*.

[ses] seize • 16

4 **grand** es un adjetivo que significa *grande* o *alto*. Los adjetivos concuerdan con el género del sustantivo al que califican, así que diremos **un grand lit**, *una cama grande*, pero **une grande chambre**. Observa que *cama* es masculino en francés, de ahí la importancia de que aprendas el género de los sustantivos.

5 Otro tipo de concordancia: los pronombres también cambian dependiendo de si el sustantivo es singular o plural. **Vos** es el plural de **votre**: **votre nom**, *su nombre*, pero **vos bagages**, *sus maletas*. Más adelante aprenderemos más sobre las concordancias.

***

Exercice 1 – Traduisez

❶ Bienvenue à l'hôtel. ❷ Votre chambre est au sixième étage. Voici la clé. ❸ Votre nom est Bailly ? – Absolument. Mon prénom est Alain. ❹ J'ai une chambre réservée pour trois nuits. ❺ Où est la salle de bains, s'il vous plaît ?

***

Exercice 2 – Complétez

❶ Tengo una habitación grande con una cama grande.
J'ai .... chambre .... lit.

❷ ¿Dónde está la habitación y dónde están sus maletas?
.... chambre et .... bagages ?

❸ El cuarto de baño es grande.
.... est ....

❹ ¿Cuál es su nombre?
.... est ..... nom ?

❺ Buenas tardes. Me llamo Alain Bailly.
.... Alain Bailly.

Sexta lección / 6

Soluciones al ejercicio 1
❶ Bienvenido al hotel. ❷ Su habitación está en la sexta planta. Aquí está la llave. ❸ –¿Su apellido es Bailly? –Por supuesto. Mi nombre (de pila) es Alain. ❹ Tengo una habitación reservada para tres noches. ❺ ¿Dónde está el cuarto de baño, por favor?

***

Soluciones al ejercicio 2
❶ – une grande – avec un grand – ❷ Où est la – où sont les – ❸ La salle de bains – grande ❹ Quel – votre – ❺ Bonsoir – Je m'appelle –

Cuando comienzas a aprender un idioma, normalmente te parece que la gente habla muy rápido. En muchos casos, esto se debe a que se unen varias palabras para formar un solo sonido. En francés esto se debe habitualmente a la liaison, que puede hacer que cuatro palabras como **nous avons une chambre** *suene como si fueran solo dos, o incluso una sola: [nuss-avonssun shanbre]. Pronto te acostumbrarás a escuchar frases más que palabras sueltas.*

[disuit] dix-huit • 18

Septième leçon [setiem lesoⁿ]

Révision – Repaso

En cada bloque de siete lecciones, dedicamos la última a repasar y explicar con más detalle lo que has aprendido los días previos.

1 Género

Como ya has visto a lo largo de las lecciones anteriores, hay algunas palabras que no tienen el mismo género en francés y en español. Por eso, no dejamos de insistir en la importancia de aprender los sustantivos con el género correspondiente. Acompañar al sustantivo con el artículo correspondiente, te ayudará en esta tarea. Recuerda: *un* y *le* para el masculino y *une* y *la* para el femenino.

A continuación tienes una pequeña lista con algunas de las palabras más frecuentes que no comparten el mismo género. Algunas ya las has visto, y otras irán apareciendo en las siguientes semanas:

Sustantivos en francés	Sustantivos en español
minute (f)	*minuto* (m)
montre (f)	*reloj* (m)
voiture (f)	*coche* (m)
forêt (f)	*bosque* (m)
couleur (f)	*color* (m)
robe (f)	*vestido* (m)
bureau (m)	*oficina* (f)
lit (m)	*cama* (f)
dos (m)	*espalda* (f)

2 Verbos

Los verbos en francés se dividen en tres grupos, dependiendo de la terminación del infinitivo. Con diferencia, el mayor grupo es el de los verbos acabados en **-er**. Ya hemos visto bastantes, entre otros: **appeler**, *llamar(se)*, **chercher**, *buscar*, **désirer**, *desear, querer*, **penser**, *pensar, creer*, **présenter**, *presentar*, **tourner**, *girar*, y **traverser**, *atravesar, cruzar*.

Séptima lección

Al igual que en español, los verbos franceses cambian la terminación dependiendo de la 'persona' que realiza la acción (*pienso*, *piensa*…). Veamos lo que hemos aprendido hasta ahora:
je pense, *creo*, **vous pensez**, *usted cree*, y **nous pensons**, *creemos*.
También hemos visto algunas formas de un verbo esencial, **être**, *ser*, que es irregular. Recuerda:
je suis, *yo soy/estoy*, **il/elle est**, *él/ella es/está*, y **vous êtes**, *usted es/está*, pero también *vosotros/as sois/estáis*. Este verbo es muy importante porque también hace las veces de auxiliar, como veremos más adelante.
Otro verbo irregular importante es **aller**, *ir*: **je vais**, *yo voy*, **il/elle va**, *él/ella va*, **nous allons**, *nosotros/as vamos*, **vous allez**, *usted va y vosotros/as vais*, **ils/elles vont**, *ellos/ellas van*.
Ambos verbos **être** y aller se usan como auxiliares.
Por último, recuerda que necesitas dos palabras, **ne** (**n'** antes de vocal) y **pas**, a cada lado del verbo para formar la oración negativa:
Je n'ai pas l'heure, *No tengo hora*;
Il n'est pas breton, *Él no es bretón*.
Eso es suficiente por el momento. Pero solo piensa en lo que ya eres capaz de decir en francés ¡después de solo seis lecciones!

3 El alfabeto

Al igual que en español, cada letra del alfabeto francés tiene un nombre, que usamos para deletrear palabras. Aquí tienes una tabla para ayudarte a pronunciar los nombres de las letras.

Letra	Pronunciación	Letra	Pronunciación
a	[a]	g	[ye]
b	[be]	h	[ash]
c	[se]	i	[i]
d	[de]	j	[yi]
e	[e]	k	[ca]
f	[e]	l	[el]
m	[em]	t	[te]

[va^n] vingt • 20

7 / Septième leçon

n	[en]	u	[û]
o	[o]	v	[ve]
p	[pe]	w	[duble-ve]
q	[kû]	x	[ics]
r	[er]	y	[i grec]
s	[es]	z	[ssed]

***

Dialogue de révision – Diálogo de repaso

A continuación, se muestra un breve diálogo que repasa algunas de las principales cosas que has visto en las seis lecciones anteriores. Si tienes las grabaciones, escucha cada línea y repítela. (Leer en voz alta es vital para practicar la pronunciación). Luego, tradúcela. ¡Te sorprenderá tu progreso y tu capacidad para recordar!

 1 – Bonjour Chloé, comment allez-vous ?
 2 – Ça va très bien merci.
 3 – Et vous ?
 4 – Très bien. Est-ce que vous avez l'heure ?
 5 – Désolée, je n'ai pas de montre.
 6 – Mais je pense qu'il est midi.
 7   Comment le savez-vous ?
 8 – Parce que j'ai rendez-vous avec ma fille
 9 – et elle a toujours cinq minutes de retard.
10 – Merci beaucoup pour votre aide.

Séptima lección / 7

4 Vocabulario

El francés, al igual que el español, es una lengua romance y la mayor parte de su vocabulario proviene del latín, lo que puede hacer que muchas palabras te resulten fáciles de entender. Pero debes tener cuidado con lo que llamamos "falsos amigos": palabras que se escriben igual en ambos idiomas, pero que tienen diferentes significados. Por ejemplo, **dos** significa *espalda*, mientras que *dos* se escribe **deux**. Puede ser útil subrayar estas palabras, aunque solo sea como recordatorio.

***

Traduction

1 Buenos días Chloé, ¿cómo está? **2** Muy bien, gracias. **3** ¿Y usted? **4** Muy bien. ¿Tiene hora? **5** Lo siento, no tengo reloj. **6** Pero creo que es mediodía. **7** ¿Cómo lo sabe? **8** Porque tengo una cita con mi hija **9** y siempre llega cinco minutos tarde. **10** Muchas gracias por su ayuda.

No te preocupes: después de solo un par de semanas de práctica regular, todas estas cosas nuevas (pronunciación, orden de las palabras, géneros, etc.) te resultarán casi naturales.

[va^{n}t-de] vingt-deux • 22

Huitième leçon [uitiem lesoⁿ]

Une visite

1 – Bonjour mademoiselle, est-ce que votre père est‿à la [1] maison ?
2 – Non, monsieur ; il est‿au [1] bureau aujourd'hui [2].
3 – À quelle‿heure est-ce qu'il rentre après le travail ?
4 – Oh, pas avant huit‿heures normalement.
5   Vous voulez l'adresse de son bureau ?
6 – Oui, s'il vous plaît.
7 – Attendez un moment, je cherche mon carnet [3] d'adresses.
8   Voilà. Sept rue Marbeuf, dans le huitième.
9 – Merci beaucoup [4], mademoiselle. Au revoir.
10 – De rien, monsieur. Au revoir.

Pronunciación

Ya estás comenzando a familiarizarte con las reglas básicas de la pronunciación. Por lo tanto, para evitar repeticiones innecesarias, nos limitaremos de ahora en adelante a presentar solo las palabras (o grupos de palabras) nuevas o pronunciaciones poco convencionales.
1 … madmuassel … votr per etala messoⁿ **2** … o bûro oyordui **3** … keler eskil raⁿtr… **4** … pa(ss)avaⁿ uiter **7** … momaⁿ … shersh … carne … **8** … set rû marbuf … uitiem **10** … orevuar

Notas

1 **à** es una preposición y puede significar *a* o *en*, dependiendo del verbo precedente. Además, decimos **à la** si el sustantivo es femenino: **à la maison**, *en casa* y **au** si el sustantivo es masculino: **au bureau**, *en la oficina*.

2 Sabemos que **jour** significa *día* (como en **bonjour**, *buenos días*, o, más común, *hola*). El adverbio **aujourd'hui** significa *hoy*.

Octava lección

Una visita

1 – Buenos días, señorita. ¿Está su padre en *(la)* casa?
2 – No, señor; está en la oficina hoy.
3 – ¿A qué hora regresa después del trabajo?
4 – Oh, no antes de las 8 *(horas)* normalmente.
5 ¿Quiere la dirección de su oficina?
6 – Sí, por favor.
7 – Espere un momento, [que] busco mi libreta de direcciones.
8 Aquí está. 7 rue *(calle)* Marbeuf, en el octavo [distrito].
9 – Muchas gracias, señorita. Adiós.
10 – De nada, señor. Adiós.

3 **un carnet** es una palabra común que sirve para muchas cosas. El significado básico es *un cuaderno*, pero, si vas en metro en París, puedes comprar **un carnet de tickets**, *un talonario de billetes*, que es más barato que comprar los billetes individualmente. **Un carnet d'adresses**, *una libreta de direcciones*.

4 **beaucoup** es un adverbio de cantidad que se traduce por *mucho*, que no hace distinción entre sustantivos contables e incontables: **beaucoup de temps**, *mucho tiempo*; **beaucoup de croissants**, *muchos cruasanes*. **Merci beaucoup**, *Muchas gracias*.

[va^{n}t-catr] **vingt-quatre** • 24

9 / Neuvième leçon

Exercice 1 – Traduisez

❶ Est-ce que votre père est à la maison aujourd'hui ? ❷ Il est au bureau, monsieur. ❸ Voici l'adresse : il habite dans le sixième. ❹ Merci beaucoup, monsieur. – De rien, mademoiselle. ❺ À quelle heure est-ce qu'il rentre ? – Pas avant sept heures.

***

Exercice 2 – Complétez

❶ Mi padre está en casa y mi hija está en la oficina.
Mon .... est .... et ma fille est ....

❷ ¿Quiere la dirección? Espere, que busco mi libreta.
Vous ...... l'.......? Attendez, je ....

❸ ¿A qué hora regresa?
.... est-ce qu'il ......?

❹ Voy a la oficina y luego regreso.
Je vais......... et après je ....

❺ –¿Quiere la dirección de mi padre? –Sí, por favor.
.... voulez l'adresse .... ? – Oui, s'il vous plaît.

Neuvième leçon [neviem lesoⁿ]

À la mairie

1 Ce ¹ monsieur ² s'appelle Jérôme Laforge et cette ¹ dame est sa femme.
2 Ils sont_à la mairie pour demander une nouvelle carte d'identité pour leur fils.
3 – Quel âge a ³ cet_enfant ¹ ?
4 – Il a huit_ans ⁴, monsieur.
5 – Et il s'appelle Laforge ? Est-ce que c'est votre enfant ?

Soluciones al ejercicio 1

❶ ¿Está su padre en casa hoy? ❷ Está en la oficina, señor. ❸ Aquí está su dirección: vive en el sexto [distrito]. ❹ –Muchas gracias, señor. – De nada, señorita. ❺ –¿A qué hora regresa a casa? –No antes de las siete.

***

Soluciones al ejercicio 2

❶ – père – à la maison – au bureau ❷ – voulez – adresse – cherche mon carnet ❸ À quelle heure – rentre ❹ – au bureau – rentre ❺ Vous – de mon père –

Las tres ciudades más importantes de Francia (París, Lión y Marsella) están divididas en distritos llamados **arrondissements** *(del adjetivo* **rond***, redondo). París tiene 20* **arrondissements** *numerados desde el primer,* **le premier***, hasta el vigésimo,* **le vingtième***. En el lenguaje cotidiano, es frecuente omitir la palabra* **arrondissement** *detrás del número.* **Elle habite dans le septième**, Vive en el séptimo [distrito]. *En Bélgica,* **un arrondissement** *es una subdivisión de una de las diez provincias del país. Y en Suiza, la palabra se refiere a un área administrativa del cantón de Berna.*

Recuerda leer en voz alta los números **al comienzo de cada lección y en la parte superior de cada página.**

Novena lección

En el ayuntamiento

1 Este señor se llama Jérôme Laforge y esta señora es su mujer.
2 Están en el ayuntamiento para pedir un nuevo carné de identidad para su hijo.
3 – ¿Cuántos años *(qué edad)* tiene este niño?
4 – Tiene ocho años, señor.
5 – ¿Y se llama Laforge? ¿Es su hijo?

9 / Neuvième leçon

6 – Oui, monsieur.
7 – Bien. Et il habite chez [4] vous ?
8 – Mais évidemment, avec moi et sa mère ! *

Pronunciación
... mayri **1** ... sa famm **2** il soh^{n}tahlah mayri ... fiss **3** ... setäh^{n}fäh^n **4** ... uitäh^n ... **7** ... il ahbit shay ... **8** ... ayvidahmäh^n ...

Notas

1 *esto* o *eso* es **ce** para un sustantivo masculino y **cette** para un sustantivo femenino. **Ce garçon**, *este chico*; **cette femme**, *esta mujer*. Pero si un sustantivo masculino empieza por vocal o por una **h** muda, se escribe **cet**: **cet͜ ami**, *este amigo*; **cet͜ homme**, *este hombre*. (**cette** y **cet** se pronuncian igual).

***

Exercice 1 – Traduisez
❶ Quel âge a cet enfant ? – Il a neuf ans. **❷** Ce monsieur s'appelle Jérôme et cette dame s'appelle Marie. **❸** J'habite chez un ami à Lyon. **❹** Est-ce que c'est votre carte d'identité ? **❺** Oui, évidemment !

***

Exercice 2 – Complétez
❶ Este señor, esta señora y este niño son bretones.
.. monsieur,..... dame et ... enfant sont bretons.

❷ Aquí están Henri y su mujer. ¿Cómo están?
..... Henri et .. femme. Comment .... ?

❸ –¿Cuántos años tiene esta mujer? – Tiene veinte años.
.... femme ? – Elle. vingt ....

❹ Aquí está su nuevo carné de identidad.
Voici .... carte d'.........

❺ Vive con nosotros.
Il .... nous.

27 • **vingt-sept** *[va^{n}t-set]*

Novena lección / 9

6 – Sí, señor.
7 – Bien. ¿Y vive con ustedes?
8 – Pues claro, conmigo y [con] su madre.

2 **un monsieur** se usa como sustantivo formal con el sentido de *un señor*, *un caballero*. (Vimos esta palabra usada como saludo en la lección 2, línea 1.)

3 No confundas la preposición **à** (*a*, *en*) con a, la tercera persona singular del verbo **avoir** (*tener*). La pronunciación es la misma, pero el acento grave (`) nos indica la diferencia gramatical entre las dos palabras.

4 **chez** *[she]* significa básicamente "en casa de": *chez moi*, en *mi casa* (proviene de la palabra latina casa). Pero **chez** también puede significar *en la tienda de*; *chez le boulanger*: *en la panadería*. Veremos otros usos "abstractos" de **chez** más adelante.

***

Soluciones al ejercicio 1
❶ –¿Cuántos años tiene este niño? –Tiene nueve años. ❷ Este señor se llama Jérôme y esta señora se llama Marie. ❸ Vivo en casa de un amigo en Lion. ❹ ¿Este es su carné de identidad? ❺ Sí, ¡claro!

Soluciones al ejercicio 2
❶ Ce – cette – cet ❷ Voici – sa – ça va ❸ Quel âge a cette – a – ans ❹ – votre nouvelle – identité ❺ – habite chez –

[va^nt-uit] vingt-huit • 28

10 / Dixième leçon

La mairie *(del sustantivo personal* **un maire***, un alcalde) es equivalente al ayuntamiento. (En las ciudades grandes, cada* **arrondissement** *tiene su propio* **mairie***, y el principal centro administrativo se llama* **l'hôtel de ville**). **La mairie** *juega un papel fundamental en la vida de la comunidad: los ciudadanos registran allí los nacimientos,*

Dixième leçon [disiem lesoⁿ]

C'est très simple !

1 – D'accord ¹. Je fais mon travail, c'est tout.
2   Est-ce que vous‿avez le formulaire B-52 ?
3 – Oui monsieur, nous l'avons.
4 – Et l'imprimé A-65 ?
5 – Ça aussi, nous l'avons.
6 – Ah bon ? Mais est-ce que vous‿avez son passeport ² ?
7 – Bien sûr. Nous‿avons même ³ sa ² photo.
8 – Très bien. Alors je vous fais ⁴ la carte. Voilà.
9   Réglez à la caisse ⁵, s'il vous plaît.
10 – Zut ! ⁶ Je ne trouve ⁴ pas mon portefeuille ! □

Pronunciación
se tre saⁿpl **1** *dacor … travaie se tu* **2** *… be saⁿcaⁿt de* **4** *… a suasaⁿt saⁿc* **5** *sa osi … lavoⁿ* **6** *… soⁿ paspor* **9** *… regle a la kes …* **10** *ssut … truv … moⁿ portefeie*

Notas

1 **d'accord** se utiliza para expresar acuerdo o consentimiento. En el lenguaje cotidiano, sin embargo, muchos francófonos usan simplemente **OK** (¡o incluso **OK, d'accord!**), que se entiende universalmente.

2 A diferencia del español, el adjetivo posesivo en francés concuerda con el género del objeto poseído, no con el propietario. En la lección

29 • **vingt-neuf** *[vaⁿt-nef]*

Décima lección / 10

matrimonios y defunciones, y también renuevan **la carte nationale d'identité**, *o documento nacional de identidad, (ver la siguiente lección), que se utiliza, como en España, para trámites oficiales (votar, identificaciones, etc.) y, a veces, para recoger una carta o paquete certificado, etc.*

Décima lección

¡Es muy sencillo!

1 – De acuerdo. Hago mi trabajo, eso es todo.
2 ¿Tiene el formulario B-52?
3 – Sí, señor, lo tenemos.
4 – ¿Y el impreso A-65?
5 – Eso también, lo tenemos.
6 – ¿Ah, sí? ¿Pero tienen su pasaporte?
7 – Por supuesto. Tenemos incluso su foto.
8 – Muy bien. Entonces les hago la tarjeta. Aquí está.
9 Abonen en caja, por favor.
10 – ¡Maldita sea! ¡No encuentro mi cartera!

anterior, aprendimos **son bureau**. ¿Por qué **son**? Porque la oficina es masculina. Aquí tenemos **son passeport** y **sa photo** (*une photo*), los cuales "pertenecen" al chico. Pero lo que importa, en lo que respecta al adjetivo posesivo, es el género del sustantivo. Entraremos en mayor detalle en la lección 14.

3 **même** tiene varios significados: aquí significa *incluso*. Seguido de **que** significa *lo mismo que*. Por el momento, simplemente recuerda este uso. Más tarde aparecerán otras formas.

4 Observa que, al igual que en español, el presente simple puede expresar en francés un futuro inmediato (**je vous fais**, *les hago* = *les haré*).

5 **régler** es una manera formal de decir *pagar* (similar a nuestro *abonar*).

6 **Zut !** un improperio suave e inofensivo para expresar molestia, similar a nuestro *maldita sea*, *caray*, *caramba*, etc.

[tra^{n}t] **trente** • 30

11 / Onzième leçon

▶ Exercice 1 – Traduisez
❶ Est-ce que je règle à la caisse ? ❷ Il ne trouve pas son portefeuille. ❸ Est-ce que vous avez une photo ? ❹ Oui. J'ai même mon passeport. ❺ Ah bon ? Très bien.

***

Exercice 2 – Complétez
❶ Ella hace su trabajo, eso es todo.
  ………… travail, ……….

❷ Les hago su tarjeta y su pasaporte si quieren.
  Je vous ………… et ………… si vous …….

❸ Él hace su trabajo, eso es todo.
  Il ……………,c'est tout.

❹ Abone en la caja, por favor.
  …………caisse, s'il vous plaît.

❺ No, señor, no tenemos su pasaporte.
  Non, monsieur, ……………………….

Onzième leçon [oⁿssiem lesoⁿ]

▶ Au marché (Première partie)

1 – Pourquoi ¹ allons-nous au marché ? Il est trop cher.
2 – Parce que tous ² les placards sont vides !
3   Nous avons besoin de tout ² : de fruits et de légumes,
4   mais aussi de pain, de fromage, de beurre, de crème, de jambon, et…
5 – Bon, je comprends. Il n'y a rien à manger. Allons-y.
6 – Bonjour madame. Qu'est-ce que je peux faire pour vous ?
7 – Je vais acheter une livre ³ de cerises, un kilo de pommes,

31 • **trente et un** [traⁿte-aⁿ]

Undécima lección / 11

Soluciones al ejercicio 1
❶ ¿Abono en la caja? ❷ No encuentra su cartera. ❸ ¿Tiene una foto?
❹ Sí. Tengo incluso mi pasaporte. ❺ ¿Ah, sí? Muy bien.

***

Soluciones al ejercicio 2
❶ Elle fait son – c'est tout ❷ – fais sa carte – son passeport – voulez
❸ – fait son travail – ❹ Réglez à la – ❺ – nous n'avons pas son passeport

Undécima lección

En el mercado (primera parte)

1 – ¿Por qué vamos *(vamos nosotros)* al mercado? Es muy caro.
2 – Porque todos los armarios están vacíos.
3   Necesitamos *(tenemos necesidad)* de todo: *(de)* fruta, *(de)* verduras,
4   pero también *(de)* pan, *(de)* queso, *(de)* mantequilla, *(de)* nata, *(de)* jamón y...
5 – Bien, entiendo. No hay nada para comer. Vamos *(allí)*.
6 – Buenos días, señora. ¿Qué puedo hacer por usted?
7 – Quiero *(voy a comprar)* **medio kilo** *(una libra)* de cerezas, un kilo de manzanas,

[traⁿt-de] **trente-deux** • 32

11 / Onzième leçon

8 trois cents grammes de champignons, s'ils ne sont pas trop chers,
9 quelques [4] bananes, deux kilos de pommes de terre et un peu de lait frais. ☐

Pronunciación
o marshe premier parti **1** *purcua aloⁿ-nu o marshe il e tro sher* **2** *parske tu le placar soⁿ vid* **3** ....besuaⁿ de tu ... frui .....leguim **4** me osi ... paⁿ ....fromash ....ber ... crem ... yaⁿboⁿ ... **5** ... coⁿpraⁿ ilnia-riaⁿ a maⁿye aloⁿssi **7** ....seriss ... **8** trua saⁿ gram de shaⁿpiñoⁿ .... **9** kelke banan ... le fre*

Notas
1 **pourquoi**, *por qué*, y, sin embargo, **parce que**, *porque*. Observa el número de palabras en cada caso: ¡justo al contrario que en español!

***

Exercice 1 – Traduisez
❶ Nous allons au marché parce que nous avons besoin de fruits et de légumes. ❷ Qu'est-ce que je peux faire pour vous aujourd'hui ? ❸ Elle va prendre trois kilos de pommes de terre. ❹ Il n'y a rien à manger à la maison. ❺ J'ai besoin de quelques pommes et d'une livre de cerises.

***

Exercice 2 – Complétez
❶ Necesito un poco de leche y algunas manzanas, por favor.
  J'........ d'....... lait et de .... pommes, s'il vous plaît.

❷ Quiere todo el queso, todos los champiñones y todas las manzanas.
  Il veut .... le fromage,.... les champignons et ...... les pommes.

❸ Todos los armarios están vacíos.
  .... les placards sont ......

❹ Vamos a llevar algunos kilos de cerezas.
  .... prendre .... kilos de cerises.

❺ ¿No va usted al mercado? ¿Por qué?
  .... marché ? .... ?

33 • **trente-trois** *[traⁿt-trua]*

Undécima lección / 11

8 300 gramos de champiñones, si no son muy caros,
9 algunos plátanos, dos kilos de patatas *(manzanas de tierra)* y un poco de leche fresca.

2 Cuando se usa como adjetivo, **tout**, *todo*, al igual que en español, tiene que concordar en género y número con su sustantivo: **tout le fromage**, *todo el queso* (masculino singular); **toute la journée**, *todo el día* (lit. *toda la jornada*) (femenino singular); **tous les fruits**, *todas las frutas* (lit. *todos los frutos*) (masculino plural); **toutes les pommes**, *todas las manzanas* (femenino plural). También es pronombre (línea 2): **J'ai besoin de tout**, *Necesito de todo*.

3 **une livre**, *medio kilo*. Para pedir por peso, también puedes solicitar **un kilo** o un número de gramos: **huit cents grammes**, *800 gramos*. (**Une livre** también se usa hablar de la moneda británica *una libra esterlina*).

4 **quelque**, *algunos/as / unos/as*. Añade una 's' en el plural. **Quelques champignons**, *unos champiñones*. **Quelqu'un**, *alguien*; **quelque chose**, *algo*. **Quelque part**, *en alguna parte*.

***

Soluciones al ejercicio 1
❶ Vamos al mercado porque necesitamos frutas y verduras. ❷ ¿Qué puedo hacer por usted hoy? ❸ Va a comprar tres kilos de patatas. ❹ No hay nada para comer en casa. ❺ Necesito algunas manzanas y medio kilo de cerezas.

***

Soluciones al ejercicio 2
❶ – ai besoin – un peu de – quelques – ❷ – tout – tous – toutes – ❸ Tous – vides ❹ Nous allons – quelques – ❺ Vous n'allez pas au – Pourquoi

[tra^{n}t-catr] **trente-quatre** • 34

12 / Douzième leçon

TOUS LES PLACARDS SONT VIDES !

12

Douzième leçon [dussiem lesoⁿ]

Au marché (Deuxième partie)

1 – Et avec ceci ? Vous voulez des [1] fraises, peut-être ?
2 – Est-ce que je peux les goûter ?
3 – Allez-y [2]. N'hésitez pas ! Toutes mes fraises sont bio [3].
4 – Mm, c'est vrai, elles sont vraiment délicieuses. Elles sont à combien [4] ?
5 – Le prix ? Elles ne sont pas chères [5]. Seulement quinze euros le kilo.
6 – Non, c'est trop cher [5]. J'ai tout [6] ce que je veux pour l'instant.
7 – Alors, ça vous fait vingt-six euros soixante s'il vous plaît.
8 – Voilà trente.
9 – Et voici votre monnaie. Bonne journée.

Pronunciación
1 … avecsesi … fress petetr 2 … gute 3 alessi nesite pa … tut … bio 4 … soⁿtacoⁿbiaⁿ 5 … pri … sher … caⁿsuro … 6 … tu-se-ke yeve … laⁿstaⁿ 7 … vaⁿtsisuro … 8 … traⁿt 9 … mone …

35 • **trente-cinq** [traⁿt-saⁿk]

Duodécima lección / 12

Puede parecer que hay muchos detalles, pero no intentes recordar todo. Siempre repetimos los puntos importantes varias veces en diferentes situaciones para que te familiarices con ellos. ¡Solo relájate y disfruta! Y recuerda, no intentamos de explicar todo de una vez.

Duodécima lección

En el mercado (segunda parte)

1 – ¿Es todo *(Y con esto)*? ¿Quiere unas fresas, quizás?
2 – ¿Puedo probarlas *(Es que yo puedo las probar)*?
3 – Adelante *(vaya-alli)*. ¡No lo dude! Todas mis fresas son ecológicas.
4 – Mmm, es verdad, están realmente deliciosas. ¿Cuánto cuestan?
5 – ¿El precio? No son caras. Solo 15 euros el kilo.
6 – No, es muy caro. Tengo todo lo que quiero por ahora.
7 – Entonces, eso *(le)* hace 26 euros [con] 60, por favor.
8 – Aquí tiene 30.
9 – Y aquí [está] su cambio. [Que tenga un] buen día.

Notas

1 **des** en este contexto es un artículo indefinido. A veces se traduce en español como *unos/as*: Je veux des fraises, *Quiero unas fresas*, pero, dependiendo del contexto, también se puede omitir (*Quiero fresas*). Ahora ya conocemos los tres artículos indefinidos: **un** (masculino), **une** (femenino) y **des** (plural de ambos géneros).

2 **Allez-y** es una expresión útil siempre que quieras que alguien siga adelante y haga algo, pruebe algo, camine frente a ti, etc. Se traduce

[tra^{n}t-sis] trente-six

12 / Douzième leçon

por *Adelante / Vamos / Venga*, etc. También se puede usar en la primera persona del plural: **Allons-y**, vamos y con la forma familiar **tu**, que aprenderemos a su debido tiempo.

3 **bio** es una forma abreviada de **biologique** (literalmente "*biológico*"). Significa *ecológico*, *orgánico*. Como el adjetivo es idiomático, no concuerda con el sustantivo.

4 **combien (de)**, *¿cuánto/a?*; **Combien de kilos ?**, *¿Cuántos kilos?*; **Combien de beurre ?**, *¿Cuánta mantequilla?* La frase **Ils / Elles sont à combien ?** es una forma idiomática y habitual de preguntar por el precio de algo.

***

Exercice 1 – Traduisez
❶ Ça vous fait dix euros vingt, madame. ❷ Est-ce que tous vos fruits sont bio ? ❸ Les cerises sont vraiment délicieuses. Elles sont à combien ? ❹ N'hésitez pas. Allez-y ! ❺ Voilà trente euros. – Et voici votre monnaie.

***

Exercice 2 – Complétez
❶ El mercado es muy caro pero las fresas no son caras.
   . . . . est très . . . . mais . . . .

❷ Tengo todo lo que quiero por ahora.
   J'ai . . . . pour l'instant.

❸ Quiero algunas manzanas, algunas fresas y algunos champiñones, por favor.
   Je . . . . pommes, . . . fraises et . . . champignons, ... vous plaît.

❹ –Creo que son las doce. –¡Venga! Llegamos tarde.
   Je . . . . . qu'il est midi. – . . . . ! Nous . . . . . . en retard.

❺ –Cuántos kilos de patatas quiere? –¿Cuánto cuestan?
   . . . . kilos de pommes de terre voulez-vous ?
   – Elles . . . . ?

37 • **trente-sept** [tra^{n}t-set]

Duodécima lección / 12

5 Como hemos visto, **cher** –al igual que todos los adjetivos– concuerda en género y número con su sustantivo. Los adjetivos masculinos que acaban en "**er**" cambian a femenino colocando un acento grave sobre la "**è**" y añadiendo una "**e**" final muda: **le beurre n'est pas cher, la livre de fraises est chère**; *la mantequilla no es cara; el medio kilo de fresas es caro*. Cuando se usa como adverbio, **cher** siempre está en masculino: **C'est très cher**, *Es muy caro*. A medida que progresemos, aprenderemos más sobre cómo el género masculino tiene prioridad sobre el femenino.

6 **tout** se usa como pronombre indefinido con el significado de *todo*. Ver lección 11, nota 2.

Soluciones al ejercicio 1
❶ Eso hace diez euros [con] veinte, señora. ❷ ¿Todas sus frutas son ecológicas? ❸ Las cerezas están realmente deliciosas. ¿Cuánto cuestan? ❹ No lo dude. ¡Adelante! ❺ –Aquí tiene treinta euros. –Y aquí está su cambio.

***

Soluciones al ejercicio 2
❶ Le marché – cher – les fraises ne sont pas chères ❷ – tout ce que je veux – ❸ – veux des – des – des – s'il – ❹ – pense – Allons-y – sommes – ❺ Combien de – sont à combien

[tra^{n}t-uit] trente-huit • 38

13

Treizième leçon [tressiem lesoⁿ]

Un cadeau

1 – Louise, Lucas ! Venez voir mon cadeau d'anniversaire !
2 – Qu'est-ce que c'est ? [1]
3 – Vous ne savez pas ?
4 C'est un nouveau [2] téléphone.
5 Il fait absolument tout.
6 Vous pouvez [3] envoyer des messages, commander un repas,
7 payer vos courses, écouter la musique, regarder des vidéos…
8 et vous pouvez même parler à quelqu'un.
9 – Est-ce que je peux [3] l'essayer ?
10 – Non, malheureusement. Ce n'est pas possible.
11 – Il ne marche pas [4] ?
12 – Je ne connais [5] pas le code secret. □

Pronunciación

aⁿ cado… **1** luis luca vene-vuar … **2** keskese **4** setaⁿ nuvo … **5** … absolumaⁿ tu **6** aⁿvuaye … mesash … **7** … curs … video **8** … parle … kelcaⁿ … **9** … lesaye **10** … maleresmaⁿ … posibl **11** … marsh pa **12** … cone pa … cod secre

Notes

1 **Qu'est-ce** significa *Qué es esto/eso*. Pero en el francés cotidiano, generalmente se añade … **que c'est** (literalmente … *que es*), así que se dice **qu'est-ce que c'est…** ? El significado no cambia, y la respuesta comienza con **C'est…**

2 Sabemos que los adjetivos van normalmente **detrás** de los sustantivos a los que califican: **un téléphone portable**, *un teléfono móvil*. Pero algunos se colocan delante del sustantivo. Este es el caso de **nouveau** (fe-

39 • **trente-neuf** [traⁿt-nef]

Décima tercera lección

Un regalo

1 – ¡Louise, Lucas! ¡Venid [a] ver mi regalo de cumpleaños!
2 – ¿Qué es *(qué es eso que es)*?
3 – ¿No [lo] sabéis?
4 Es un nuevo teléfono *(nuevo teléfono)*.
5 Hace absolutamente todo.
6 Podéis enviar mensajes, pedir comida,
7 pagar las *(vuestras)* compras, escuchar música, ver vídeos…
8 y podéis incluso hablar con alguien.
9 – ¿Puedo probarlo *(es que yo puedo lo-probar)*?
10 – No, desgraciadamente. No es posible.
11 – ¿No funciona *(no camina)*?
12 – No sé el código de acceso *(secreto)*.

menino: **nouvelle**), *nuevo*. Aprenderemos más sobre estas excepciones más adelante.

3 **pouvez** y **peux** son respectivamente la segunda persona del plural y del singular del verbo **pouvoir**, *poder*. La primera persona del plural es **pouvons**.

4 **marcher** significa *caminar*, pero se usa coloquialmente con el sentido de *funcionar*. **Cette montre ne marche pas**, *Este reloj no funciona*. La expresión **Ça marche !** se usa idiomáticamente para indicar que la persona comprende o está de acuerdo. **– Deux cafés s'il vous plaît. – Ça marche !** *–Dos cafés, por favor. –¡Marchando!*

5 Al igual que en español, en francés hay dos formas para expresar que se sabe algo. Decimos **je sais** cuando se refiere a un hecho o a alguna otra cosa abstracta, y **je connais** para una persona o lugar. **Je connais sa mère**, *Conozco a su madre*. **Nous ne connaissons pas cette ville**, *No conocemos esta ciudad*. **Il sait beaucoup de choses**, *Él sabe muchas cosas*. Ambos verbos son irregulares, y sus infinitivos son **savoir** y **connaître**. Más adelante volveremos a verlos.

[cara^{n}t] **quarante** • 40

Exercice 1 – Traduisez

❶ Qu'est-ce que c'est ? – C'est mon nouveau téléphone.
❷ Est-ce que je peux parler à Louise, s'il vous plaît ?
❸ Malheureusement, ma montre ne marche pas. ❹ Je ne connais pas l'adresse de son bureau. ❺ Vous pouvez l'essayer si vous voulez.

***

Exercice 2 – Complétez

❶ Podemos escuchar música, pedir comida y enviar un mensaje.
Nous pouvons . . . . ,commander . . . . et . . . . message.

❷ –¿Puedo probarlo, por favor? –No, no funciona.
. . . . l'essayer, ... vous . . . . . ? Non, il . . . .

❸ –¿Qué es? –¿No lo sabéis?
Qu'. . . . . ? – Vous . . . . ?

❹ Mi nuevo smartphone hace absolutamente todo.
. . . . smartphone . . . . absolument . . . . .

Quatorzième leçon [catorssiem lesoⁿ]

Révision

1 Adjetivos posesivos

Mira estos ejemplos:

mi padre, **mon père**	*mi madre*, **ma mère**
tu hermano, **ton frère**	*tu hermana*, **ta sœur**
su hijo, **son fils**	*su hija*, **sa fille**

El posesivo cambia si el sustantivo singular es masculino o femenino. Para el plural, la palabra es **mes** *[me]* para los dos géneros: **mes parents**, **tes enfants**, **ses sœurs**.

Décima cuarta lección / 14

Soluciones al ejercicio 1

❶ –¿Qué es? –Es mi nuevo teléfono. ❷ ¿Puedo hablar con Louise, por favor? ❸ Desgraciadamente, mi reloj no funciona. ❹ No sé la dirección de su oficina. ❺ Puede probarlo si quiere.

❺ –¿Puedo enviar un mensaje a Louise? –No sé su dirección.
Est-ce que . . . . un message. Louise ? – Je . .
. . . . adresse.

Soluciones al ejercicio 2

❶ – écouter de la musique – un repas – envoyer un – ❷ Est-ce que je peux – s'il – plaît – ne marche pas – ❸ – est-ce que c'est – ne savez pas ❹ Mon nouveau – fait – tout ❺ – je peux envoyer – à – ne connais pas son –

Décima cuarta lección

Para *nuestro*, *vuestro* y *su* (de ellos o de usted) solo hay una forma para el singular y otra para el plural, sin importar el género:
votre carte (femenino), **votre père** (masculino); **vos parents** (plural);
notre bureau; **nos amis**; **leur adresse**; **leur maison**; **leurs photos**. (La **s** del plural es muda, excepto si el sustantivo comienza por vocal: **leurs‿amis**.)
Hay una excepción a esta regla de la concordancia: si el sustantivo calificado comienza por vocal, usamos el adjetivo masculino para facilitar la pronunciación. Por ejemplo: *sa amie sería difícil de pronunciar, así que se dice **mon‿amie**, **ton‿amie** y **son‿amie**, y el contexto nos dirá si se trata de un amigo o de una amiga.

[cara\(^n\)t-de] **quarante-deux** • 42

2 Verbos acabados en -er

En el último bloque de lecciones hemos visto diferentes verbos cuyos infinitivos acaban en **-er**. Esta es la categoría más numerosa de los verbos franceses, que literalmente tiene miles de "miembros". Veamos un ejemplo:

aimer; *gustar / querer*: **j'aime**, **il/elle aime**, **nous aimons**, **vous aimez**, **ils/elles aiment** (la terminación **-ent** es muda).

Como ya dijimos en la primera lección, también existe la forma **tu**, reservada para el ámbito familiar y de amigos muy cercanos, que veremos más adelante.

Este es el patrón para todos los verbos acabados en **-er**. ¿Recuerdas estos?

acheter	*comprar*
commander	*pedir, encargar*
demander	*preguntar*
écouter	*escuchar*
envoyer	*enviar*
essayer	*probar*
habiter	*vivir*
marcher	*caminar, funcionar (idiomático)*
parler	*hablar*
payer	*pagar*
regarder	*mirar*
rentrer	*regresar*
téléphoner	*llamar por teléfono*

Observa que el participio pasado, que hemos visto brevemente en la lección 9, se forma simplemente eliminando la **r** final del infinitivo y colocando un acento en la **e** final: **trouver → trouvé**; **aimer → aimé**, **payer → payé**, etc. La pronunciación no cambia.

3 *faire* y *pouvoir*

Ahora que ya conoces **aller** y **être**, aquí tienes otros dos verbos importantes irregulares:

– **Faire**, *hacer*:
je fais, il/elle fait, nous faisons, vous faites, ils/elles font
Qu'est que nous pouvons faire pour vous ?, *¿Qué podemos hacer por usted?*
Je fais quelque chose à manger, *Hago / Estoy haciendo algo para comer.*

– **Pouvoir**, *poder*, *ser capaz de*:
je peux, il/elle peut, nous pouvons, vous pouvez, ils/elles peuvent:
Est-ce que vous pouvez prendre des cerises au marché s'il vous plaît ?, *¿Puedes comprar cerezas en el mercado, por favor?*
Vous ne pouvez pas faire ça, *No puede usted hacer eso.*
(El sustantivo **le pouvoir** significa *el poder, la capacidad*).

4 *C'est*: Es

Hemos visto dos maneras de decir *es*: **c'est** y **il est** (o **elle est** con un sustantivo femenino). Hay una diferencia entre las dos.
Usamos **c'est** para explicar qué es una cosa (o quién es una persona):
Qu'est-ce que c'est ? – C'est une photo de famille.
–¿Qué es? –Es una foto de familia.
Regardez, c'est mon cadeau, *Mira, es mi regalo.*
o decir:
Soy yo – **C'est moi**
Es usted – **C'est vous**
o si el sustantivo está calificado por un adjetivo:
C'est un bon ami, *Es un buen amigo.*
El plural es **ce sont**.
Ce sont mes bons amis, *Son mis buenos amigos.*
Il /elle est se usa para referirse a un sustantivo que acaba de mencionarse:
Où est le beurre ? – Il est sur la table.
–¿Dónde está la mantequilla? –Está en la mesa.
Où est votre femme ? – Elle est au marché.

–¿*Dónde está su mujer?* –*Está en el mercado.*
También usamos **il est** cuando hablamos del tiempo:
Il pleut, *Llueve.* **Il fait beau**, *Hace bueno.*
o al decir la hora:
Il est huit heures et demie, *Son las ocho y media.*

5 Adjetivos

5.1 Masculino y femenino

En general, formamos el femenino singular de un adjetivo añadiendo una **e** al masculino:
petit (*pequeño*) → **petite**
blond (*rubio*) → **blonde**
fort (*fuerte*) → **forte**
Es importante recordar que algunos adjetivos masculinos acababan en **-e** y por lo tanto no cambian cuando se usan con un sustantivo en femenino:
un placard vide, *un armario vacío*; **un téléphone (portable)**, *un teléfono móvil*.
Pero si el masculino acaba en una **-é**, añadimos otra **e**:
occupé (*ocupado*) → **occupée**
fatigué (*cansado*) → **fatiguée**
Los adjetivos masculinos acabados en **-er** forman su femenino sustituyendo esa terminación por **-ère**:
dernier (*último*) → **dernière**
premier (*primero*) → **première**
Otro grupo de adjetivos acaban en **-eux** y sustituyen la x por **-se** en el femenino:
heureux (*contento*) → **heureuse**
délicieux (*delicioso*) → **délicieuse**
Hay un par de reglas más y algunas formas irregulares que aprenderemos más adelante.

5.2 ¿Delante o detrás?

Sabemos que los adjetivos se colocan generalmente detrás del sustantivo al que califican, pero algunos se colocan delante. Son los que describen **b**elleza, **e**dad, **t**amaño y **a**mabilidad. Para memorizarlos, puedes usar la palabra BETA:

Décima cuarta lección / 14

Belleza: **beau** (*guapo*), **joli** (*bonito*)
Edad: **vieux** (*viejo*), **jeune** (*joven*), **nouveau** (*nuevo*)
Tamaño: **grand** (*grande*), **petit** (*pequeño*), **haut** (*alto*), **gros** (*grande*)
Amabilidad: **bon** (*bueno*), **mauvais** (*malo*) **gentil** (*amable*), **vrai** (*verdadero*)

Algunos de estos adjetivos son nuevos para ti, pero no te preocupes: volveremos a verlos en breve. Hay algunos más que no caen en estas categorías; los iremos señalando a medida que avancemos.

***

Dialogue de révision

1 – Bonjour. Qu'est-ce que je peux faire pour vous ?
2 – Est-ce que votre père est à la maison aujourd'hui ?
3 – Non, il est au bureau toute la journée.
4   Il rentre avant sept heures normalement.
5   Est-ce que vous avez besoin de son adresse ?
6 – Non merci, je la connais.
7 – Voici son cadeau d'anniversaire.
8 – Qu'est que c'est ?
9 – C'est un téléphone qui fait absolument tout.
10 – Très bien. Merci beaucoup !

Traduction

1 Buenos días, ¿qué puedo hacer por usted? **2** ¿Está su padre en casa hoy? **3** No, Está en la oficina todo el día. **4** Regresa antes de las siete normalmente. **5** ¿Necesita su dirección? **6** No, gracias, [ya] la sé. **7** Aquí está su regalo de cumpleaños. **8** ¿Qué es? **9** Es un teléfono que hace absolutamente todo. **10** Muy bien. ¡Muchas gracias!

*Hasta aquí las reglas. Con el tiempo, "sentirás" el uso correcto, así que no intentes hacer demasiado de una sola vez. Pero a partir de ahora, cuando memorices el género de un sustantivo, intenta añadir un adjetivo simple (***grand** *o* **petit**, *por ejemplo) con su concordancia correspondiente: esto te ayudará a adquirir los reflejos correctos muy rápidamente.*

*[cara*ⁿ*t-sis]* **quarante-six** • 46

15 Quinzième leçon [ca⁽ⁿ⁾ssiem leso⁽ⁿ⁾]

Un tour dans Paris (Première partie)

1 – Bonjour mesdames, bonjour mesdemoiselles, bonjour messieurs. [1]
2 Mon nom est Michèle Laroche et je suis votre guide ce matin.
3 Nous traversons actuellement la place de la Concorde.
4 Devant vous, vous pouvez voir le Louvre et, à droite, la Tour [2] Eiffel.
5 – S'il vous plaît [3] madame, où sont... ?
6 – Un instant. Laissez-moi terminer, s'il vous plaît.
7 – Mais c'est très‿important : je ne peux pas attendre cet‿après-midi [4].
8 – Eh bien, qu'est-ce que vous voulez savoir ?
9 – Où sont les toilettes ?

Pronunciación

1 ... medam ... medemuasel ... mesie 2 ... mishel-larosh .... gid ... mata⁽ⁿ⁾ 3 ... traverso⁽ⁿ⁾ actuelma⁽ⁿ⁾ ... plass . ... co⁽ⁿ⁾cord 4 deva⁽ⁿ⁾ ... tur ef-el 6 ... a⁽ⁿ⁾sta⁽ⁿ⁾ ... termine 7 ... pe pa ata⁽ⁿ⁾dr setapre-midi 8 ... savuar 9 ... tualet

Notas

1 Sabemos que los adjetivos posesivos tienen distintas formas para el singular, plural, masculino y femenino (lección 7). Así pues, cuando los usamos en una palabra compuesta –**monsieur** (mon sieur), **madame** (ma dame), **mademoiselle** (ma demoiselle), respectivamente "mi señor", "mi señora", "mi damisela"– siguen la habitual regla de la concordancia: **monsieur → messieurs**, etc. Una forma casual de saludar a un grupo de personas de ambos sexos –que se escucha a menudo en cafés y bistrós– es **Messieurs-dames, bonjour**, *Buenos días, señores y señoras*. Debes poder reconocer esta frase, pero no te aconsejamos que la uses.

47 • **quarante-sept** [cara⁽ⁿ⁾t-set]

Décima quinta lección

Un recorrido por *(en)* París (Primera parte)

1 – Buenos días, señoras, buenos días, señoritas, buenos días, señores.
2 Mi nombre es Michèle Laroche y soy su guía esta mañana.
3 Atravesamos ahora *(actualmente)* la plaza de la Concordia.
4 Delante [de] ustedes pueden ver el Louvre y, a [la] derecha, la Torre Eiffel.
5 – Por favor, señora, ¿dónde están…?
6 – Un momento *(instante)*. Déjeme terminar, por favor.
7 – Pero es muy importante: no puedo esperar [hasta] esta tarde.
8 – Bueno, ¿qué quiere saber?
9 – ¿Dónde están los aseos?

---

2 Aprender el género de los sustantivos en francés es vital, especialmente porque algunos tienen dos géneros, cada uno con un significado distinto. Aquí tienes un ejemplo: **le tour** (masculino) es *un recorrido* mientras que **la tour** significa *una torre* (monumento, bloque de pisos, etc.). Otro ejemplo es la livre (ver lección 11, nota 4), *una libra* (esterlina, medida de peso), y **un livre**, *un libro*. Solo un puñado de estos sustantivos de doble género se utilizan en la conversación diaria, ¡pero hay que aprenderlos! Los veremos con más detalle al final del curso.

3 Ya hemos visto dos formas de atraer la atención cuando se hace una pregunta: **Pardon** (lección 4) y **Excusez-moi** (lección 5). También podemos usar **s'il vous plaît**, *por favor*, exactamente de la misma manera: **S'il vous plaît, où est le métro ?** *Por favor, ¿dónde está el metro?*

4 En la lección 4, nota 4, vimos **midi** con el sentido de *mediodía*. Aquí vemos **après-midi**, que literalmente es "después del mediodía", es decir, las primeras horas de la tarde. Las últimas horas de la tarde y primeras horas de la noche se dice *soir*. Y *noche* y *medianoche* se dicen **nuit** y **minuit** respectivamente.

[caraⁿt-uit] **quarante-huit** • 48

Exercice 1 – Traduisez

❶ Messieurs, mesdames, bonjour. ❷ Son nom est Michel Laroche et il est votre guide. ❸ Je ne peux pas attendre ce soir. ❹ Qu'est-ce que vous voulez savoir ? ❺ S'il vous plaît, où sont les toilettes ?

***

Exercice 2 – Complétez

❶ Pueden ver el Louvre delante de ustedes.
   Vous pouvez .... le Louvre ....

❷ Atravesamos actualmente la plaza de la Concordia.
   .... la place de la Concorde.

❸ Usted no puede esperar hasta esta tarde.
   Vous .... cet après-midi.

❹ Déjeme terminar, por favor.
   .... terminer ....

❺ No es muy importante.
   Ce .... très ....

Seizième leçon [sessiem lesoⁿ]

Un tour dans Paris (Deuxième partie)

1 – Comparé à d'autres capitales, comme Moscou ou Pékin, Paris n'est pas très grand.
2   Mais la région parisienne, c'est-à-dire la ville et sa banlieue, est grande comme Londres.
3   On [1] l'appelle La Ville Lumière, avec ses grands monuments et ses longues‿avenues,
4   ses grandes‿églises [2] et ses vieilles rues.
5   Regardez [3] là-bas : ce bâtiment superbe [4] est l'Opéra,

Soluciones al ejercicio 1
❶ Señores, señoras, buenos días. ❷ Su nombre es Michel Laroche y es su guía. ❸ No puedo esperar [hasta] esta tarde. ❹ ¿Qué es lo que quiere saber? ❺ Por favor, ¿dónde están los aseos?

***

Soluciones al ejercicio 2
❶ – voir – devant vous ❷ Nous traversons actuellement – ❸ – ne pouvez pas attendre – ❹ Laissez-moi – s'il vous plaît ❺ – n'est pas – important

La place (o **Place**) **de la Concorde** *es una gran plaza pública al final de* **les Champs-Elysées** *(los Campos Elíseos), una de las principales vías de París. Está cerca de* **le musée du Louvre** *(el museo del Louvre), una de las galerías de arte más importantes del mundo que alberga tesoros como* **La Joconde** *(La Gioconda),* **la Vénus de Milo** *y* **La Liberté guidant le peuple**, *("La Libertad guiando al pueblo", el cuadro de Eugène Delacroix que simboliza la república francesa).*

No olvides leer los números *al principio de cada lección y en el pie de cada página.*

Décima sexta lección

Un recorrido por *(en)* París (Segunda parte)

1 – Comparada con otras capitales, como Moscú o Pekín, París no es muy grande.
2   Pero la región parisina, es decir, la ciudad y sus alrededores, es tan grande como Londres.
3   Se la llama la Ciudad de la Luz, con sus grandes monumentos y sus largas avenidas,
4   sus grandes iglesias y sus viejas calles.
5   Miren allí: este magnífico edificio es la Ópera,

[sa^nca^nt] cinquante • 50

16 / Seizième leçon

6 construit par le grand‿architecte [5] Charles Garnier.
7 Derrière, vous‿avez les grands magasins, et, en face, on voit le Café de la Paix.
8 C'est un bon endroit pour une photo, et la lumière est bonne [6] aujourd'hui.
9 Vous pouvez faire beaucoup de belles‿images.
10 Si vous voulez, vous pouvez descendre du bus ici, à côté de l'arrêt. □

Pronunciación
1 coⁿpare a dotr ... moscu ... pecaⁿ ... **2** ... reyioⁿ ... setadir ... banlie ... loⁿdr **3** ...vil lumier .. monûmaⁿ ... loⁿgsavenû **4** se graⁿdseglis ... vieill rû **5** ...laba ... batimaⁿ superb ... lopera **6** ... coⁿstrui... graⁿtarshitect sharl garnie **7** derier ... oⁿvua. ... pe **8** ... aⁿdrua ... foto ... lumier ... **9** ... belsimash **10** ... desaⁿdr ... acote

Notas de pronunciación
(6) Cuando el adjetivo masculino **grand** va seguido de una palabra que comienza por vocal, por ejemplo, **architecte**, la **-d** final se pronuncia como una **t** al hacer la liaison: *[graⁿtarshitect]*.

Notas
1 **on** es un pronombre indefinido sujeto y siempre se construye con el verbo en tercera persona singular. Tiene diferentes traducciones en español, entre las cuales está el *se* impersonal que vemos aquí **On appelle Paris "la Ville lumière"**, *Se la llama la Ciudad de la Luz*, o como **nous** (*nosotros*): **On est en retard**, *Vamos tarde*, entre otras posibilidades. Veremos este peculiar pronombre con mayor detalle más adelante.

2 El adjetivo **grand**, *alto*, también se traduce como *grande*, *amplio*. Como todos los adjetivos, concuerda en género y número con su sustantivo:

***

Exercice 1 – Traduisez
❶ L'église est derrière ce grand bâtiment. **❷** Lutèce* est l'ancien nom de Paris. **❸** Le café est en face de l'Opéra. **❹** Vous pouvez descendre ici si vous voulez. **❺** Je pense que l'arrêt de bus est là-bas.

* *Ver la Nota cultural al final de esta lección.*

Décima sexta lección / 16

6 construido por el gran arquitecto Charles Garnier.
7 Detrás, tienen los grandes almacenes, y, enfrente, se puede ver el Café de la Paix *(el Café de la Paz)*.
8 Es un buen lugar para una foto, y la luz es buena hoy.
9 Pueden tomar muchas bellas imágenes.
10 Si quieren, pueden bajar del autobús aquí, al lado de la parada.

un **grand architecte** (*un gran arquitecto*), **une grande ville** (*una gran ciudad*), **ses grands magasins** (*sus grandes almacenes*), **ses grandes avenues** (*sus grandes avenidas*). Ver Nota cultural más abajo. Además, el adjetivo **vieille** es el femenino irregular de **vieux** (*viejo*).

3 La segunda persona (singular y plural) se usa sin pronombre como imperativo: **Regardez !** *¡Mira / Mire / Mirad / Miren!* La forma negativa es regular: **Ne traversez pas !** *¡No cruces / cruce / crucéis / crucen!*

4 Que un adjetivo termine en **e** no significa necesariamente que sea femenino. Adjetivos tales como **superbe**, *magnífico*, *precioso*, **facile**, *fácil*, **malade**, *enfermo*, y **moderne**, *moderno*, son tanto masculinos como femeninos. Ver lección 21.

5 Asimismo, no todos los sustantivos que terminan en **-e** son femeninos. Esto es particularmente cierto con palabras relacionadas con profesiones, como **un architecte**, *un arquitecto*. No obstante, la forma femenina se puede formar simplemente cambiando el artículo: **une architecte**. Este es un cambio reciente en el idioma francés, del que hablaremos a lo largo del curso.

6 Algunos adjetivos masculinos que terminan en consonante cambian al femenino doblando la última letra y añadiendo una **e**: **bon → bonne** (*bueno*), **ancien → ancienne** (*antiguo, viejo*). Para hacer el plural, simplemente añade una **-s** a cualquiera de las formas. Ver lección 14.

***

Soluciones al ejercicio 1
❶ La iglesia está detrás de ese edificio grande. ❷ Lutecia es el antiguo nombre de París. ❸ La cafetería está enfrente de la Ópera. ❹ Pueden bajar aquí si quieren. ❺ Creo que la parada del autobús está allí.

[saⁿcaⁿt-de] **cinquante-deux** • 52

Exercice 2 – Complétez

❶ ¡Espere! ¡No cruce la calle ahora!
   .... ! .... la rue maintenant !

❷ Hay grandes almacenes, grandes iglesias y un gran monumento cerca de la plaza del Louvre.
   Il y a de ...., de .... et ..... monument .... la place du Louvre.

❸ No es un buen lugar para una foto.
   Ce .... un .... pour une photo.

❹ Porque la luz no es muy buena.
   Parce ce que la lumière ....

❺ No se baje. Esta no es la estación correcta.
   .... ici. Ce .... station.

***

Literalmente, **un grand magasin** *significa* una gran tienda, *pero el término generalmente se refiere a* **un gran almacén**. *En París, se pueden encontrar varias de estas tiendas a lo largo de* **les Grands Boulevards**, *cerca de la Ópera. Otro famoso hito en ese barrio es* **le Café de la Paix**, *que se inauguró a mediados del siglo XIX y fue frecuentado por famosos compositores, escritores e intelectuales du-*

Dix-septième leçon [dissetiem leso⁽ⁿ⁾]

Quels sont vos projets ?

1 – Dites-moi, quels ¹ sont vos projets pour demain ?
2   Il y a ² une nouvelle‿exposition à La Piscine que j'ai très‿envie ³ de voir.
3   Vous voulez venir avec moi ?
4 – Je ne suis pas sûr : je dois ⁴ aller chez le médecin cet après-midi.
5 – À quelle‿heure est votre rendez-vous ?

53 • **cinquante-trois** [saⁿcaⁿt-trua]

Soluciones al ejercicio 2

❶ Attendez – Ne traversez pas – ❷ – grands magasins – grandes églises – un grand – à côté de – ❸ – n'est pas – bon endroit – ❹ – n'est pas très bonne – ❺ Ne descendez pas – n'est pas la bonne –

rante **La Belle Époque**, *el período de paz y prosperidad que precedió a la Primera Guerra Mundial.*
Lutèce *(Lutecia) es el nombre de la ciudad galo-romana que finalmente se convirtió en París. Hoy en día, el topónimo se puede encontrar en los nombres de cafeterías, restaurantes, hoteles y otros negocios en toda Francia.*

Décima séptima lección

¿Cuáles son sus planes?

1 – Dígame, ¿cuáles son sus planes *(proyectos)* para mañana?
2   Hay una nueva exposición en La Piscine *(La Piscina)* que tengo muchas ganas de ver.
3   ¿Quiere usted venir conmigo?
4 – No estoy seguro: tengo que ir al médico esta tarde.
5 – ¿A qué hora es su cita?

17 / Dix-septième leçon

6 – Assez tard : vers seize ⌣ ou dix-sept ‿ heures [5].
Ça ne laisse pas beaucoup de temps.
7   Mais on peut y aller aujourd'hui si vous voulez.
8 – Pourquoi pas ? Quelle heure est ‿ -il maintenant ?
9 – Il est presque treize ⌣ heures : très précisément,
midi quarante-cinq.
10 – Donc nous ‿ avons le temps : l'expo [6] ferme à
dix-huit heures.
11 – Quelles sont les choses à voir ? Et quel ‿ est le
titre de cette exposition ?
12 – "Le Sujet, l'objet et l'eau". Très profond, mais
pas très clair ! □

Pronunciación
*... proye **1** ditmua kel soⁿ ... demaⁿ **2** ilia ... nuveleksposisioⁿ ... pisin ... treseⁿvi ... **3** venir ... **4** ... sûr ... dua-ale she ... medsaⁿ **5** akeler ... raⁿdevu **6** ase-tar ... sessu disseter ... lespa bocu ... taⁿ **7** ... peiale ... **8** ... keler-etil **9** presk-tresser ... presisemaⁿ midi-caraⁿt-saⁿc **10** ... lekspo ferm ... dissuiter **11** ... kelsoⁿ ... shoss a vuar ... kele ... titr **12** ... suye ... lobye ... lo ... profoⁿ ... cler*

Notas de pronunciación
En palabras compuestas (con guiones), la liaison se pronuncia si la segunda palabra comienza por vocal o por **h** muda. Así **est-il** (8) es *[etil]*. (La liaison también se pronuncia en **treize heures** porque tanto la **e** final de la primera palabra como la **h** inicial de la segunda son mudas *[tresser]*).

Notes

1 El adjetivo interrogativo **quel** es el equivalente a *cuál, qué* o *quién*. **Quel est votre nom ?** *¿Cuál es su nombre?* Como todos los adjetivos, concuerda en género y número con el sustantivo asociado (**quelle heure**, **quelles choses**). Ver lección 21.

2 **il y a** (literalmente "él allí tiene") es una construcción invariable que básicamente significa *hay*: **Il y a une exposition**, *Hay una exposición*; **Il y a deux choses**, *Hay dos cosas*. (Cuidado: cuando se usa con una

55 • **cinquante-cinq** *[saⁿcaⁿt-saⁿk]*

Décima séptima lección / 17

6 – Bastante tarde: sobre las cuatro *(dieciséis)* o las cinco *(diecisiete horas)*. **Eso no deja mucho tiempo.**
7 Pero podemos ir *(allí)* hoy si quiere.
8 – ¿Por qué no? ¿Qué hora es ahora?
9 – Son casi la una *(trece horas)*: más exactamente *(muy precisamente)*, [las] doce cuarenta y cinco *(mediodía cuarenta y cinco)*.
10 – Entonces tenemos tiempo: la exposición cierra a las seis *(dieciocho horas)*.
11 – ¿Qué hay que ver *(cuáles son las cosas para ver)*? ¿Y cuál es el título de la exposición?
12 – "El Sujeto, el objeto y el agua". Muy profundo, ¡pero no muy claro!

expresión de tiempo, **il y a** significa *hace*: **Il y a trois jours**, *Hace tres días*. Volveremos a ver esto cuando aprendamos el pasado).

3 **avoir envie** de significa *tener ganas de*, *apetecer*: **J'ai envie de voir mes cadeaux**, *Tengo ganas de ver mis regalos*. **Envie** es invariable pero hay que conjugar el verbo **avoir** (ver lección 21). La construcción es parecida a **avoir besoin de** (ver lección 11, nota 3).

4 **devoir** significa *deber*, *tener que*. El verbo es irregular: **je dois, tu dois, il/elle doit** (pronunciadas las tres *[dua]*), **nous devons** (*[devo^n]*), **vous devez** (*[debe]*), **ils doivent** (*[duav]*). Cualquier verbo que siga a **devoir** va en infinitivo: **il doit aller...**, *él debe / tiene que ir...*

5 El formato de 24 horas se utiliza no solo en entornos oficiales o formales; también se encuentra con frecuencia en el lenguaje cotidiano. Ver lección 21.

6 Muchas palabras, especialmente las largas, se abrevian en el uso diario (este proceso se conoce como apócope). En lugar de **une exposition** o **le petit-déjeuner**, por ejemplo, es común escuchar **une expo** y **le petit-déj**. Aunque debes evitar el uso de términos tan familiares, es importante que los conozcas los comprendas.

[sa^{n}ca^{n}t-sis] **cinquante-six** • 56

Exercice 1 – Traduisez

❶ Le rendez-vous est à dix-sept heures. ❷ Ça laisse beaucoup de temps. ❸ On peut aller à l'expo demain. ❹ Vous voulez venir avec moi ? – Pourquoi pas ? ❺ Désolée, mais nous n'avons pas le temps.

***

Exercice 2 – Complétez

❶ ¿Cuál es su plan para mañana?
   .... votre projet pour ...... ?

❷ Tengo muchas ganas de ver esa nueva exposición sobre el agua.
   .... voir ..... nouvelle expo sur ..... .

❸ Monique tiene que ir al médico esta tarde.
   Monique .... le médecin ....

❹ Nosotros* podemos ir ahora si usted quiere.
   ...... y ..... maintenant ....

❺ ¿Qué hora es? Es mediodía.
   .... ? Il est ..... .

* Utiliza el pronombre impersonal.

18

Dix-huitième leçon [dissuitiem leso"]

Prenons rendez-vous avec le banquier

1 – Bonjour Monsieur Castille. Nous voulons prendre un rendez-vous avec vous.
2 – Est-ce que vous pouvez venir le mardi vingt-deux mars ?
3 Je suis libre entre neuf‿heures et onze‿heures, ou plus tard dans la journée [1].

Décima octava lección / 18

Soluciones al ejercicio 1
❶ La cita es a las cinco. ❷ Eso deja mucho tiempo. ❸ Podemos ir a la exposición mañana. ❹ –¿Quiere venir a la exposición conmigo? –¿Por qué no? ❺ Lo siento, pero no tenemos tiempo.

***

Soluciones al ejercicio 2
❶ Quel est – demain ❷ J'ai très envie de – cette – l'eau ❸ – doit aller chez – cet après-midi ❹ On peut – aller – si vous voulez ❺ Quelle heure est-il – midi

Al contrario de lo que muchos visitantes de Francia pueden pensar (junto con muchos parisinos), París no es la única ciudad con abundantes tesoros culturales. Por supuesto, lugares como Marsella, Lyon y Toulouse tienen muchos museos y monumentos espectaculares, pero también las pequeñas ciudades como Lens, que alberga una muestra del Louvre, y Metz, donde se establece parte del Centro de Arte Pompidou, con sede en París. Una de las atracciones más originales se puede encontrar en la antigua capital textil de **Roubaix**: **La Piscine** *es un museo de arte ubicado en lo que alguna vez fue una piscina art déco, de ahí el nombre. Cualquiera que pase tiempo en Francia debe alejarse de las rutas habituales para descubrir su rico y diverso patrimonio cultural, o* **le patrimoine culturel**.

18

Décima octava lección

Concertemos una cita con el banquero

1 – Buenos días, señor Castille. Queremos concertar *(tomar)* [una] cita con usted.
2 – ¿Pueden venir el martes veintidós [de] marzo?
3 Estoy libre entre las nueve *(horas)* y las once *(horas)*, o más tarde en el día.

[sa^{n}ca^{n}t-uit] **cinquante-huit** • 58

18 / Dix-huitième leçon

4 – Non, nous sommes pris toute la semaine, du [2] lundi vingt‿et un au [2] vendredi vingt-cinq.
5 Avez-vous une autre date ? En mai, par exemple ?
6 – Je regrette [3] : mai n'est pas possible, à cause des ponts.
7 Je ne peux pas vous voir avant le mercredi trente juin. Mon emploi du temps est très chargé [4].
8 – Mais nous, nous sommes en voyage en juin et juillet.
9 – Moi, je suis en vacances au mois d'août. Je prends l'avion le jeudi douze pour aller aux États-Unis.
10 – Septembre est hors de question à cause de la rentrée scolaire.
11 – Et en octobre j'ai déjà trois conférences et un stage de formation. Novembre ?
12 – Ce n'est pas un bon mois : mes parents passent trois semaines chez nous.
13 – Attendez : je peux vous proposer le samedi vingt-cinq décembre ou le dimanche vingt-six.
14 Mon agenda est enfin vide !

Pronunciación

…ba^{n}kie **1** … castill… **2** … mardi … mars **3** … nefer … o^{n}sser … **4** … pri … **5** … dat … me par-essa^{n}pl **6** … de-po^n **7** … yu^n … a^{n}plua …. sharye **8** … yuyie **9** …..muadut … ossetasuni **10** … or-de-kestio^n acos … ra^{n}tre … **11** co^{n}fera^{n}s … stash … formasio^n … **12** … pass … **13** … propose … samdi … dima^{n}sh … **14** … aye^{n}da … vid

Notas de pronunciación

(1) La terminación **-ille** se pronuncia *[-ill]*, como si detrás de la **ll** hubiera una **e** casi imperceptible. Por ejemplo, la antigua fortaleza parisina **La Bastille** se pronuncia *[la bastill^e]*.

59 • **cinquante-neuf** *[sa^{n}ca^{n}t-nef]*

Décima octava lección / 18

4 – No, estamos ocupados toda la semana, desde el lunes veintiuno al viernes veinticinco.
5 ¿Tiene otra fecha? ¿En mayo, por ejemplo?
6 – Lo lamento: mayo no es posible, por los puentes.
7 No puedo verles antes del miércoles treinta [de] junio. Mi calendario *(empleo del tiempo)* está muy lleno *(cargado)*.
8 – Pero nosotros *(nosotros, nosotros)* estamos de viaje en junio y julio.
9 – Yo *(yo, yo)* estoy de vacaciones el mes de agosto. Tomo el avión el jueves doce para ir a Estados Unidos.
10 – Septiembre está fuera de discusión *(duda)* debido al inicio del año escolar *(regreso escolar)*.
11 – Y en octubre ya tengo tres conferencias y un curso de formación. ¿Noviembre?
12 – No es un buen mes: mis padres pasan tres semanas en nuestra casa.
13 – Espere: Puedo proponerles el sábado veinticinco [de] diciembre o el domingo veintiséis.
14 ¡Mi agenda está por fin vacía!

Notas

1 la journée, *el día*, *la jornada*, se refiere al periodo entre el amanecer y el ocaso: **toute la journée** significa *todo el día* (o *toda la jornada*) en lugar de un día o de un momento específico de ese día, para el que usamos **le jour**: **le jour de mon mariage**, *el día de mi boda*. Una expresión de despedida muy común y útil es **Bonne journée**, *Que tengas un buen día*.

2 Los artículos partitivos se utilizan para indicar que se toma una parte de un todo. A estas alturas ya estás familiarizado con los artículos partitivos **de, de la, des** y **du**. Pero **de** también significa *de* (por ejemplo, **Il est de Nîmes**, lección 3). Cuando hablamos de un período de tiempo (*de… a / hasta*), decimos **de… à** (**de neuf heures à dix heures**, *de nueve a diez*) pero si el siguiente sustantivo va precedido de **le, la** o **les**, el partitivo se convierte en **du, de la** o **des**, respectivamente. Por ejemplo, **le lundi et le jeudi** → **du lundi au jeudi**.

[suasa{n}t] **soixante** • 60

18 / Dix-huitième leçon

3 regretter, *lamentar*, *sentir*, se puede usar en una conversación cuando se rechaza algo educadamente: **Je regrette mais je ne peux pas venir demain**, *Lo siento / Lo lamento, no puedo venir mañana*.

4 **chargé**, es el adjetivo y participio pasado de **charger**, *cargar*. En relación con un horario o programa significa *estar muy ocupado* (es decir, "cargado" de trabajo).

***

Exercice 1 – Traduisez

❶ Nous sommes libres toute la journée, de huit heures à dix-huit heures. **❷** Est-ce que nous pouvons prendre rendez-vous avec vous aujourd'hui ? **❸** Je suis en voyage au mois d'août. Je vais aux États-Unis. **❹** Avez-vous une autre date à proposer ? – Je regrette, mais non. **❺** Au revoir et bonne journée. – Bonne journée à vous aussi.

***

Exercice 2 – Complétez

❶ Yo ya estoy ocupado este lunes, martes y miércoles, y mi mujer está ocupada jueves y viernes.
   Je suis.... pris ce ....., ... et .... , et ma femme est prise ..... et ....

❷ No estamos libres desde el sábado tres de julio al domingo ocho de agosto.
   Nous ne sommes pas libres . . . . trois . . . .
   . . . . huit . . . . . .

❸ No es posible debido al curso de formación de mayo.
   Ce n'est pas possible . . . . de formation en . . . .

❹ –Espere: él puede proponernos el veinticinco de diciembre. –No estoy libre.
   . . . . : il peut nous proposer . . . .
   – Je . . . . libre.

❺ Septiembre está fuera de discusión: es el inicio del año académico.
   Septembre . . . . : c'est . . . .

Décima octava lección / 18

Soluciones al ejercicio 1
❶ Estamos libres todo el día, de ocho a seis. ❷ ¿Podemos concertar una cita con usted hoy? ❸ Estoy de viaje el mes de agosto. Voy a Estados Unidos. ❹ –¿Tiene otra fecha para proponer? –Lo siento, pero no. ❺ –Adiós y que tenga un buen día. –Buen día para usted también.

***

Soluciones al ejercicio 2
❶ – déjà – lundi – mardi – mercredi – jeudi – vendredi ❷ – du samedi – juillet au dimanche – août ❸ – à cause du stage – mai ❹ Attendez – le vingt-cinq décembre – ne suis pas – ❺ – est hors de question – la rentrée scolaire

Uno de los placeres de aprender un idioma es descubrir cómo se usan las palabras o términos comunes según cada cultura. Tomemos, por ejemplo, **la rentrée**, *que proviene del verbo* **rentrer**, *volver a entrar, regresar, y generalmente se refiere al comienzo del nuevo año académico (llamado oficialmente* **la rentrée scolaire**), *cuando los estudiantes regresan a clase. Pero el término se usa de manera más amplia para referirse a cualquier "regreso" posterior a las vacaciones, como* **la rentrée politique**, *cuando los parlamentarios regresan después del receso del verano, o* **la rentrée littéraire**, *el período de septiembre / octubre en el que se publican libros nuevos justo antes de la temporada de premios literarios.*

[suasaⁿt-de] **soixante-deux** • 62

19

Dix-neuvième leçon [disneviem lesoⁿ]

Un bel ¹⎴endroit pour une fête

1 – Hôtel Sacré Cœur. Comment est-ce que je peux vous⎴aider ?
2 – J'organise⎴une fête pour mon⎴anniversaire et je veux louer une salle.
3 – Pour combien ² de personnes ?
4 – Une trentaine ³ : il y a la famille, la belle-famille ¹, des copains.
5   Je veux quelque chose de beau ¹ et pas trop cher.
6 – C'est pour quand, cette fête ? Pas⎴à la fin de l'année, j'espère ?
7   Nous fermons entre Noël et le Nouvel⎴An ¹.
8 – Pas de problème : c'est pour la soirée ⁴ du trente juin, jusqu'à minuit.
9 – Voyons : j'ai une belle ¹ salle pour une cinquantaine de personnes.
10 C'est un bel⎴endroit pour une fête.
11 – Ça coûte combien ? Je n'ai pas un gros budget.
12 – Alors j'ai quelque chose de plus petit et moins cher :
13 le placard à balais : c'est gratuit !

Pronunciación

... belaⁿdrua ... **1** otel sacre ker... vusede **2** yorganis ... fet ... moⁿ-aniverser ... lue ... **4** ... traⁿten ... famill ... copaⁿ **5** ... bo ... **6** ... yesper **7** ... noel ... nuvelaⁿ ... **8** ... suare ... minui **9** ... saⁿcaⁿten ... **10** ... belaⁿdrua ... **11** ... gro bûye **12** ... muaⁿsher **13** ... placar-a-bale ... gratui

Décima novena lección

Un lugar encantador para una fiesta

1 – Hotel Sacré Cœur *(sagrado corazón)*. ¿En qué *(cómo)* puedo ayudarle?
2 – Estoy organizando *(organizo)* una fiesta para mi cumpleaños y quiero alquilar una sala.
3 – ¿Para cuántas *(de)* personas?
4 – Unas treinta *(una treintena)*: *(hay)* la familia, la familia política *(bonita familia)*, los amigos.
5 Quiero algo *(de)* bonito y no muy caro.
6 – ¿Para cuándo es *(es para cuándo)* esta fiesta? No para fin de año, espero.
7 Cerramos entre Navidad y Año Nuevo.
8 – No hay *(no de)* problema: es para la noche del treinta [de] junio, hasta medianoche.
9 – Veamos: tengo una bonita sala para unas cincuenta personas.
10 Es un lugar encantador para una fiesta.
11 – ¿Cuánto cuesta *(eso cuesta cuánto)*? No tengo un gran presupuesto.
12 – Entonces tengo algo *(de)* más pequeño y menos caro:
13 el armario de las escobas: ¡es gratis!

Notas de pronunciación
(1) La ligadura **œ** (llamada así porque la o y la e están unidas) se pronuncia de tres formas diferentes, dependiendo de la siguiente letra. En el caso de **cœur** y **œuf** se pronuncia *[e]*: *[ker]*, *[ef]*. Veremos las otras pronunciaciones más adelante.

Notas
1 El adjetivo **beau** tiene varios significados: *guapo, bonito, encantador, agradable, precioso*, etc. También es irregular: la forma femenina es **belle** y el plural masculino es **beaux**. Pero como el francés no permite el hiato

[suasa^{n}t-catr] **soixante-quatre** • 64

19 / Dix-neuvième leçon

(la ruptura entre el sonido de la vocal final de una palabra y la vocal inicial de la siguiente), por ejemplo: un *beau endroit, hay otra forma masculina: **bel**: **un bel endroit**. La misma regla se aplica a **nouveau/nouvelle** (*nuevo*): **nouvel an** (*año nuevo*). Hay otros tres adjetivos que tienen esta forma masculina adicional. (Hemos visto una construcción similar con **ce/cette**: **ce matin**, **cette femme**, pero **cet après-midi**).

Observa que **une belle-famille** (con guion) no tiene nada que ver con la belleza: significa *una familia política*, generalmente compuesta por **une belle-mère** (*una suegra*) y **un beau-père** (*un suegro*).

***

Exercice 1 – Traduisez

❶ Bruno organise une grande fête pour son anniversaire en mai. ❷ C'est pour quand ? – Pour le Nouvel An. ❸ Nous voulons quelque chose de beau et cher. ❹ Voyons voir si j'ai quelque chose de plus grand. ❺ Combien est-ce que ça coûte ? – C'est gratuit.

***

Exercice 2 – Complétez

❶ Es un lugar encantador. Los edificios son bonitos y los jardines son preciosos.
C'est ..... endroit. Les bâtiments .... et les salles ....

❷ Hay unas treinta cafeterías en esta ciudad y unos cincuenta restaurantes.
Il y a .... cafés dans cette ville et ... . restaurants.

❸ La sala está libre hasta medianoche, pero no es gratis.
La salle est .... minuit mais ....

❹ ¿Tiene algo más pequeño y menos caro?
Avez-vous .... de .... et .... ?

❺ –Estoy ocupado esta mañana. –No hay problema. Puedo venir esta tarde.
Je suis pris ...... –.......... Je peux venir ....

65 • **soixante-cinq** [suasa^{n}t-sa^{n}k]

Décima novena lección / 19

2 **combien** es una palabra útil (lección 12, nota 4). Recuerda que se traduce como *cuánto*. Una frase útil es **Ça coûte combien ?** o **Combien est-ce que ça coûte ?** *¿Cuánto cuesta?* (del verbo **coûter**, *costar*).

3 La terminación **-aine** se puede añadir a un número cardinal, generalmente un múltiplo de diez o de cinco (**dix**, **quinze**, **vingt**, etc.), para indicar una aproximación (**une dizaine**, *unos 10*, **une quinzaine**, *unos 15*, **une vingtaine**, *unos 20*). Ten en cuenta que **une douzaine** puede significar *unos doce* o, cuando se compran huevos, *una docena* (**une douzaine d'œufs**).

4 La diferencia entre estas dos palabras, **le soir** y **la soirée**, es la misma que entre **le matin** y **la matinée**. Pero **une soirée** también puede significar un evento celebrado por la noche, como **une soirée dansante**, *una cena con baile*.

***

Soluciones al ejercicio 1
❶ Bruno está organizando una gran fiesta para su cumpleaños en mayo. ❷ –¿Para cuándo es? –Para *(el)* Año Nuevo. ❸ Queremos algo bonito y caro. ❹ Veamos si tengo algo más grande. ❺ –¿Cuánto cuesta? –Es gratis.

***

Soluciones al ejercicio 2
❶ – un bel – sont beaux – sont belles ❷ – une trentaine de – une cinquantaine de – ❸ – libre jusqu'à – elle n'est pas gratuite – ❹ – quelque chose – plus petit – moins cher ❺ – ce matin – Pas de problème – cet après-midi

La Basilique du Sacré Cœur *(La basílica del Sagrado Corazón) es una famosa iglesia de finales del siglo XIX ubicada en lo alto de* **la Butte Montmartre**, *la colina que domina París. Construida en piedra blanca con una llamativa cúpula de estilo bizantino, sus detractores a veces la llaman* **la grosse meringue** *"el gran merengue", pero, sin embargo, es uno de los edificios más reconocibles de la capital.*

[suasaⁿt-sis] **soixante-six** • 66

20

Vingtième leçon [vantiem leso<u>n</u>]

Un monde idéal

1 – Le sujet de l'émission *Carte blanche* cette semaine est "Un monde‿idéal".
2 Nous‿avons posé la question suivante aux‿ambassadeurs [1] de quatre pays :
3 le Japon, l'Inde, les‿États-Unis et la France [2].
4 "Que voulez-vous pour Noël, Monsieur l'Ambassadeur ?"
5 Voici leurs réponses, dans l'ordre.
6 L'ambassadeur japonais [3] veut "du [4] bonheur, de la paix et des droits‿humains".
7 Son collègue indien veut "de la santé et de l'éducation pour tout le monde".
8 L'Américain [3] veut "des‿emplois, de l'argent et du bien-être" pour son pays [5].
9 Mais la réponse de l'ambassadeur français est la plus‿intéressante.
10 – Ah bon ? Qu'est-ce qu'il veut ?
11 "Des chocolats, du vin blanc et de la crème fraîche."
12 – Ce n'est pas vrai [6] ! Il est honnête, au moins ! □

Pronunciación

... mo<u>n</u>d-ideal **1** ... suye ... lemisio<u>n</u> ... bla<u>n</u>sh ... **2** ... nussavo<u>n</u> pose ... kestio<u>n</u> suiva<u>n</u>t ... ossa<u>n</u>bassader ... pei **3** ... yapo<u>n</u> la<u>n</u>d lessetassuni ... **4** ... noel ... **5** ... repo<u>n</u>s ... **6** ... yapone .... boner ... druassuma<u>n</u> **7** coleg-a<u>n</u>die<u>n</u> ... sa<u>n</u>te ... leducasio<u>n</u> ... tulemo<u>n</u>d **8** lamerica<u>n</u> ... a<u>n</u>plua ... larya<u>n</u> ... bia<u>n</u>-etr ... pei **9** ... plussa<u>n</u>teresa<u>n</u>t **10** ... keskilve **11** ... shocola ... va<u>n</u> bla<u>n</u> ... crem fresh **12** ... vre ... onet-omua<u>n</u>

67 • soixante-sept [suasa<u>n</u>t-set]

Vigésima lección

Un mundo ideal

1 – El tema del programa Carte Blanche *(carta blanca)* esta semana es "Un mundo ideal".
2 Hemos hecho *(puesto)* la siguiente pregunta a los embajadores de cuatro países:
3 *(el)* Japón, la India, *(los)* Estados Unidos y *(la)* Francia.
4 "¿Qué quiere por Navidad, señor *(el)* Embajador?"
5 Aquí están sus respuestas, por *(el)* orden.
6 El embajador japonés quiere "*(de la)* felicidad, *(de la)* paz y *(de los)* derechos humanos".
7 Su colega indio quiere "*(de la)* salud y *(de la)* educación para todo el mundo.
8 El americano quiere "*(del)* trabajo, *(del)* dinero y *(del)* bienestar" para su país.
9 Pero la respuesta del embajador francés es la más interesante.
10 – ¿Ah, sí? ¿Qué quiere?
11 "*(de los)* Bombones, *(del)* vino blanco y *(de la)* nata fresca".
12 ¡No me lo puedo creer! *(eso no es cierto)* ¡Al menos es honesto!

Notas

1 Sabemos que **au** *(al)* es el equivalente de **à la** para los sustantivos masculinos (lección 8, nota 1). **Aux** es el plural para ambos géneros: **Cet été, nous allons aux États-Unis** (masc.) / **Je vais aux toilettes** (fem.). Como todas las terminaciones del plural, la **-x** es muda *[o]* salvo que preceda a una vocal.

[suasaⁿt-uit] soixante-huit

20 / Vingtième leçon

2 Los nombres de los países, al igual que los sustantivos, son masculinos o femeninos. La mayoría de los que terminan en -e son femeninos (**la France**, **la Belgique** (*Bélgica*), **l'Italie** (*Italia*), **l'Espagne** (*España*), etc.); el resto son masculinos. Algunos topónimos son plural, como **les États-Unis**, *los Estados Unidos*. Hay unas pocas excepciones que veremos más adelante.

3 Los adjetivos de nacionalidad se escriben en minúscula (**l'ambassadeur américain**, *el embajador americano*), pero los gentilicios se escriben con mayúscula inicial: **un(e) Américain(e)**, *un/a americano/a*.

4 Los artículos partitivos **du**, **de la** y **des** se usan para indicar que se trata de una cantidad indeterminada de un todo. En algunos casos se traduce por *unos / algunos / algo de / un poco de*, pero en general se omite en español. **Du** y **des** son las formas contractas de **de le** y **de les**, respectivamente. **Il veut du pain, de la crème et des champignons**, *Él*

***

Exercice 1 – Traduisez
❶ Ses réponses sont les plus intéressantes. ❷ Qu'est-ce que vous voulez pour Noël ? ❸ Ils sont honnêtes, au moins ! ❹ Ne posez pas cette question à votre guide. ❺ Elle est en retard. – Ce n'est pas vrai !

***

Exercice 2 – Complétez
❶ Queremos felicidad, paz y trabajo.
   Nous voulons . . . . , ... et . . . .

❷ –¿Qué quiere usted para comer? –Quiero pan, fresas y nata fresca.
   . . . . manger ? – Je veux . . . . . . , . . . fraises et . . . . crème . . . .

❸ Este es Pablo, un argentino, y su amigo francés, Alain.
   Voici Pablo, ... , et . . . . , Alain.

❹ Y esta es su mujer, Marianne, y su amiga japonesa.
   Et voici . . . . , Marianne, et . . . .

❺ –Es importante tener dinero, salud, y buen vino. –¿Ah, sí?
   Il est important d'avoir . . . . , ... , et . . . .
   – Ah . . . ?

69 • **soixante-neuf** [suasa^{n}t-nef]

Vigésima lección / 20

quiere pan, nata y (unos) champiñones. Si acompañan a un sustantivo singular que empieza por vocal (o **h**), el artículo cambia a **de l'**, sin importar el género del sustantivo: (**de l'argent**, masc.; **de l'éducation**, fem.). ¡Otra buena razón para aprender los géneros!

5 A pesar de la **-s** final, **pays** puede ser singular y plural (**mon pays**, *mi país*, **nos pays**, *nuestros países*). Ocurre lo mismo en los sustantivos acabados en **-x** (**le prix/les prix**, *el precio / los precios*) y **-z**, como veremos más adelante.

6 **vrai(e)**, *verdadero*, *cierto*. La exclamación **Ce n'est pas vrai !**, *¡No es cierto!*, *¡No es verdad!* también se puede usar (como en la línea 12) para expresar **¡No me lo puedo creer!**, **¡No me digas!** En el uso diario del lenguaje, algunos hablantes tienden a suprimir la partícula negativa **n'**, pero no te aconsejamos que los imites.

***

Soluciones al ejercicio 1

❶ Sus respuestas son las más interesantes. ❷ ¿Qué quiere usted por Navidad? ❸ ¡Al menos son honestos! ❹ No le hagáis esa pregunta a vuestro guía. ❺ –Ella llega tarde. –¡No me lo puedo creer!

***

Soluciones al ejercicio 2

❶ – du bonheur – de la paix – des emplois ❷ Que voulez-vous – du pain – des – de la – fraîche ❸ – un Argentin – son ami français – ❹ – sa femme – son amie japonaise ❺ – de l'argent – de la santé – du bon vin – bon

[suasaⁿt-dis] **soixante-dix** • 70

Vingt et unième leçon [va{ⁿ}teuniem leso{ⁿ}]

Révision

1 *être, avoir* y *vouloir*

Estos son tres de los verbos más comunes en francés. Los dos primeros –**être** y **avoir**– son verbos principales y también auxiliares, como los verbos españoles *ser* y *haber*. Los tres son verbos irregulares (o "fuertes").

• **être**, *ser / estar*

je suis	yo soy / estoy	nous sommes	nosotros/as somos / estamos
tu es*	tú eres / estás	vous* êtes	vosotros/as sois / estáis usted es / está ustedes son / están
il/elle est	él/ella es / está	ils/elles sont	ellos/ellas son / están

• **avoir**, *tener (haber como auxiliar)*

j'ai	yo tengo / he	nous avons	nosotros/as tenemos / hemos
tu as*	tú tienes / has	vous* avez	vosotros/as tenéis / habéis usted tiene / ha ustedes tienen / han
il/elle a	él/ella tiene / ha	ils/elles ont	ellos/ellas tienen / han

El tercer verbo, **vouloir**, se usa para decir lo que quieres, y también al ofrecer algo o invitar a alguien:

• **vouloir**, *querer*

je veux	yo quiero	nous voulons	nosotros/as queremos
tu veux*	tú quieres	vous* voulez	vosotros/as queréis ils/elles veulent ellos/ellas quieren
il/elle veut	él/ella quiere	ils/elles veulent	ellos/ellas quieren

71 • **soixante et onze** [suasa{ⁿ}te-o{ⁿ}s]

Vigésima primera lección

* El francés, como muchos otros idiomas, tiene una forma formal y otra informal para dirigirse a las personas. Los pronombres correspondientes son **vous** (formal) y **tu** (informal). Por el momento, nos concentraremos en usar **vous** (el verbo es **vouvoyer**), que sirve para cuando hablamos con un extraño, con alguien que no es de nuestro círculo más cercano o con una persona a la que queremos mostrar respeto. **Vous** es también el pronombre de la segunda persona del plural, que se utiliza al dirigirse a más de una persona (*vosotros/as* o *ustedes*).

Como todos los verbos, el negativo de **vouloir** se forma con dos palabras: **ne** (o **n'**antes de una vocal o **h** muda) y **pas** (ver lección 7).
Je ne suis pas libre demain, *No estoy libre mañana*.
Elle n'a pas de projets, *Ella no tiene planes*.
Nous ne voulons pas manger, *Nosotros no queremos comer*.

La oración interrogativa se puede formar de tres formas, según el contexto:
– con una entonación ascendente al final de la oración interrogativa: **Vous voulez venir?** *¿Quieren ustedes venir?* Es muy formal (pero también muy común);
– añadiendo est-ce que (literalmente *"es eso que"*) antes del pronombre: Est-ce que vous voulez venir ? *¿Quieren ustedes venir?* (ver lección 4, nota 2). Esta es la construcción habitual en el francés hablado;
– invirtiendo el pronombre y el verbo **Voulez-vous venir ?** *¿Quieren ustedes venir?* Esta es la construcción más formal de las tres.

Estas formas (negativa e interrogativa) se utilizan para todos los verbos franceses. Elegir la adecuada dependerá de la persona que hable y del contexto. Por el momento, repasa las lecciones anteriores y toma nota de las construcciones que hemos utilizado.

2 Concordancia de sustantivos y adjetivos

Sabemos que los adjetivos concuerdan en género y número con los sustantivos a los que califican. Aquí tienes algunas reglas básicas para identificar los géneros de los sustantivos (aunque hay algunas excepciones).

[suasa^{n}t-dus] **soixante-douze** • 72

2.1 Sustantivos

En muchos casos, se puede identificar el género por la terminación.
– La mayoría de los sustantivos que terminan en **-age** y **-eau** son masculinos. Por ejemplo, **l'âge** (*la edad*), **un stage** (*un curso de formación*), **un bureau** (*una oficina / un despacho / un escritorio*), **un cadeau** (*un regalo*). Dos excepciones destacables son **une image** (*una imagen*) y **l'eau** (*el agua*).

Otra terminación típica masculina es **-er**: **le déjeuner** (*la comida del mediodía*) o **-ier**, **le quartier** (*el barrio*). Ambas terminaciones se encuentran a menudo en los sustantivos de trabajos o profesiones: **un boulanger** (*un panadero*), **un banquier** (*un banquero*), etc.

Por último, los sustantivos que acaban en **-in** generalmente son masculinos: **un jardin** (*un jardín*), **le matin** (*la mañana*). Probablemente la excepción más común es **la fin** (*el fin / el final*).

– La mayoría de los sustantivos que terminan en **-ion** y **-té** son femeninos: **une région** (*una región*), **l'éducation** (*la educación*), **la santé** (*la salud*), **la liberté** (*la libertad*). Dos excepciones son **le côté** (*el lado*) y **l'avion** (*el avión*).

Igualmente, la terminación **-ée** generalmente es femenina, por ejemplo, **la soirée** (*la tarde-noche*), **une idée** (*una idea*). Una de las poquísimas excepciones es **un musée** (*un museo*).

Hay algunas otras terminaciones "típicas" que veremos en la lección 28.

2.2 Adjetivos

Hemos aprendido las reglas básicas de la concordancia de los adjetivos, pero algunos tienen una forma femenina irregular. Estos son los tres más comunes:

le lait frais (masc. *la leche fresca*) → **une fraise fraîche** (fem. *una fresa fresca*) –observa el acento circunflejo sobre la **i**.

le vin blanc (masc. *el vino blanco*) → **une carte blanche** (fem. *una carta blanca*)

un long moment (masc. *un rato largo*) → **une longue avenue** (fem. *una avenida larga*).

Para el plural, simplemente se añade la **s** final.

Vimos en la lección 19 que algunos de los adjetivos que van delante de un sustantivo tienen dos formas masculinas, dependiendo de la primera letra de la siguiente palabra: una vocal (o **h**) o una consonante. Además de **beau** y **nouveau**, el tercer adjetivo comúnmente utilizado es **vieux**:

un vieux monument (*un monumento antiguo*) pero **un bel endroit** (*un lugar encantador*). Ten en cuenta que **bel** se pronuncia exactamente de la misma manera que la forma femenina **belle**.

Por último, hay unos veinte adjetivos acabados en **-e** que son masculinos y femeninos. Además de **superbe**, **facile**, **malade** y **moderne** (lección 16), **vide** (lección 18) y **honnête** (lección 20), otros tres que vale la pena aprender son **faible**, *débil*, **pauvre**, *pobre* y **triste**, *triste*. Y también **confortable**, *cómodo*, **drôle**, *gracioso* y **sincère**, *sincero*.

3 *Días, meses y fechas*

- Los días de la semana son:

lundi	lunes	jeudi	jueves
mardi	martes	vendredi	viernes
mercredi	miércoles	samedi	sábado
		dimanche	domingo

La sílaba final, **-di**, viene del latín ***dies***, *día*. Para referirse al *fin de semana*, la mayoría de los franceses (y belgas) utilizan un anglicismo, **le week-end**, más que el término **la fin de semaine**, que se usa más en Canadá.

- Los meses del año son:

janvier	enero	juillet	julio
février	febrero	août	agosto
mars	marzo	septembre	septiembre
avril	abril	octobre	octubre
mai	mayo	novembre	noviembre
juin	junio	décembre	diciembre

Al dar la fecha, el francés coloca el artículo definido masculino antes del día y no usa la preposición de delante del mes: **le lundi dix mai**, *lunes diez de mayo*, **le jeudi vingt et un août**, *jueves veintiuno de agosto*.

Se necesita un poco de práctica para dominar las construcciones de las fechas. Te recomendamos que mires un calendario de escritorio o del teléfono, diciendo las fechas en voz alta, lentamente al principio y luego, a medida que avanzas, cada vez más rápido. Te sorprenderá lo rápido que se convierte en algo natural.

4 Horas

El francés, al igual que el español, tiene dos palabras principales para el tiempo: **le temps** (un período medido o medible) y **l'heure**, un sustantivo femenino que literalmente significa *la hora*, que se usa para dar la hora exacta. Para preguntar la hora, utilice siempre la forma de pregunta invertida (nunca **est-ce que**): **Quelle heure est-il ?** *¿Qué hora es?* (literalmente "qué hora es él").
• No hay equivalente de *en punto*. Pon simplemente **heures** (o **heure** para la 1) después de la hora: **Il est une heure**, *Es la una en punto*, **Il est quatre heures**; *Son las cuatro en punto*. Observa que la construcción **Il est** es invariable.
• Los minutos que pasan de la hora se colocan detrás de la palabra **heure(s)** en lugar de *y*: **Il est trois heures dix,** *Son las tres y diez*; **Il est six heures vingt-cinq**, *Son las seis y veinticinco*.
• Para indicar los minutos que faltan antes de la próxima hora, se usa **moins**, *menos*, después de **heure(s)**: **Il est une heure moins dix**, *Es la una menos diez*, **Il est onze heures moins vingt**, *Son las once menos veinte*.
• Para los cuartos de hora, se usa **et quart**, *y cuarto*, y **moins le quart**, *menos cuarto*, colocados después de la palabra **heure(s)**: **Il est deux heures et quart**, *Son las dos y cuarto*, **Il est huit heures moins le quart**, *Son las ocho menos cuarto*. Observa que **quart** se escribe con *q*.
• El término para *y media* es **et demie**, colocado después de la hora. **Demi** significa *medio* y, como **une heure** es femenino, agregamos una **e** final: **Il est neuf heures et demie**, *Son las nueve y media*.
• Las palabras para *mediodía* y *medianoche* son **midi** *[midi]* y **minuit** *[minui]*.
• El francés usa el reloj de veinticuatro horas, no solo en contextos oficiales como citas y horarios de viajes, sino también en la conversación diaria:

treize heures	1 pm	seize heures	4 pm
quatorze heures	2 pm	dix-sept heures	5 pm
quinze heures	3 pm	dix-huit heures	6 pm

dix-neuf heures	7 pm	vingt-deux heures	10 pm
vingt heures	8 pm	vingt-trois heures	11 pm
vingt et une heures	9 pm	vingt-quatre heures	12 (medianoche)

A la hora le sigue simplemente el número de minutos (**et quart** y **moins le quart** no se utilizan): **Il est seize heures trente**, *Son las cuatro y media* (de la tarde); **Il est dix-neuf heures quarante**, *Son las ocho menos veinte* (de la tarde). Al principio puede que te cueste un poco acostumbrarte a este sistema, pero en realidad, es el mismo que utilizan los relojes digitales.

Dialogue de révision

1 – Je veux descendre du bus à la place de la Concorde.
2   C'est un bel endroit pour faire une belle photo de ce beau bâtiment et, en face, de cette grande église.
3 – Mais nous n'avons pas beaucoup de temps.
4 – Pourquoi ? Quelle heure est-il maintenant ?
5 – Il est déjà cinq heures et quart, presque cinq heures et demie.
6 – Dix-sept heures quinze ! Ce n'est pas vrai !
7   Nous devons attendre demain matin, je pense.
8   Nous avons la soirée libre.
9 – Qu'est-ce que vous voulez faire maintenant ?
10 – On peut aller regarder la Tour Eiffel : c'est gratuit !

Traduction

1 Quiero bajar del autobús en la plaza de la Concordia. **2** Es un lugar encantador para hacer una bonita foto de este precioso edificio y, en frente, de esta gran iglesia. **3** Pero no tenemos mucho tiempo. **4** ¿Por qué? ¿Qué hora es ahora? **5** Tenemos que esperar hasta mañana por la mañana, creo. **6** Ya son las cinco y cuarto, casi las cinco y media. **7** ¡Las cinco y cuarto! ¡No me lo puedo creer! **8** Tenemos la tarde-noche libre. **9** ¿Qué quiere hacer usted ahora? **10** Podemos ir [a] ver la Torre Eiffel: ¡es gratis!

22 / Vingt-deuxième leçon

Es posible que sientas que hay muchos detalles en la lección de revisión de hoy. Pero, de hecho, estamos repasando cosas que ya has aprendido y ayudándote a organizarlas. Salvo los géneros

Vingt-deuxième leçon

Réfléchissez, choisissez, jouez

1 – Je n'aime pas les jeux [1] de hasard, parce qu'ils sont tous [2] risqués. Et vous ?
2 – Je suis comme vous. Mais il y a un jeu que j'aime bien.
3 – Vraiment ? Lequel ? Les machines à sous ?
4 – Mais non ! [3] Ce sont les courses de chevaux [1].
5 Je regarde tous les journaux spécialisés, surtout un journal intitulé *Mille gagnants*,
6 et j'établis [4] une petite liste.
7 Je réfléchis [4] pendant quelques secondes, et quand je suis prêt,
8 je choisis [4] le cheval qui a une bonne chance de finir [4] en premier.
9 Puis je remplis [4] la grille de jeu… et je croise les doigts.
10 – Au fait [3], comment est-ce que vous choisissez [5] vos chevaux ?
11 Qu'est-ce que vous_espérez ?
12 – Je suis comme tous [2] les joueurs ; nous_avons tous [2] la même idée :
13 gagner [6] beaucoup d'argent et devenir très riche.
14 Au fait [3], est-ce que vous pouvez me prêter cinquante euros ?
15 Je n'ai pas un sou [6]. □

77 • **soixante-dix-sept** [suasa{n}t-diset]

de los sustantivos, no intentes aprender nada de memoria por el momento. Diviértete: ¡no tienes que aprobar ningún examen!

Vigésima segunda lección

Reflexione, elija, juegue

1 – No me gustan los juegos de azar, porque todos son arriesgados. ¿Y a usted?
2 – Yo soy como usted. Pero hay un juego que me gusta mucho *(bien)*.
3 – ¿De verdad? ¿Cuál? ¿Las máquinas tragaperras *(máquinas de moneda)*?
4 – ¡Claro que no *(pero no)*! Son *(estas son)* las carreras de caballos.
5 Miro todos los periódicos especializados, especialmente uno *(un periódico)* llamado *(titulado)* "Mil ganadores",
6 y hago *(establezco)* una pequeña lista.
7 Reflexiono durante unos segundos y, cuando estoy listo,
8 elijo el caballo que tiene buena posibilidad *(suerte)* de acabar primero.
9 Y después relleno la quiniela *(cuadrícula de juego)*... y cruzo los dedos.
10 – Por cierto *(al hecho)*, ¿cómo elige sus caballos?
11 ¿Qué espera?
12 – Yo soy como todos los jugadores; todos tenemos la misma idea:
13 ganar mucho dinero y volvernos ricos.
14 Por cierto, ¿puede prestarme cincuenta euros?
15 No tengo un duro.

[suasaⁿt-disuit] **soixante-dix-huit** • 78

22 / Vingt-deuxième leçon

Pronunciación
*refleshise shuasise yue **1** … ye de assar … tus riske … **3** … lekel … mashin-a-su **4** … curs de shevo **5** … regard tu … spesialisse surtu … yurnal a^{n}titule mil gaña^n **6** yetabli … list **7** … refleshi pa^{n}da^n … sego^{n}d …**8** … shuassi … sheval … sha^{n}s ….finir … premie **9** … ra^{n}pli … grill … cruass … dua **10** o fet … **11** … espere **12** … tu … yuer … tus … **13** gañe … devenir … rish **14** … prete sa^{n}ca^{n}t-ûro **15** … pa a^{n}su*

Notas de pronunciación
(9) El sonido de la **ll** se pronuncia de varias formas. Uno de los más complicados es **-ill-** precedido por una consonante, que generalmente se pronuncia *[ill^e]*. Ya conocemos **fille** (*[fill^e]*) y **Bastille** (*[bastill^e]*). Es el mismo que en **grille** (*[grill^e]*). Pero hay excepciones: **mille** en la línea 5 es *[mil]*. Te recomendamos que hagas una lista de las distintas pronunciaciones para no confundirte.

Notas

1 La mayoría de los sustantivos que acaban en **-eu** forman el plural con **-x**: **un jeu**, **des jeux**, *un(os) juego(s)*, **un feu**, **des feux**, *un(os) fuego(s)*. Otro grupo de sustantivos con una terminación irregular son los que terminan en **-al**. Se sustituye la **l** por **-ux**: **un cheval**, **des chevaux** (*un(os) caballo(s)*), **un journal**, **des journaux** (*un(os) periódico(s)*). Hay un par de formas irregulares más, pero las veremos más adelante.

2 **tous** es el masculino plural del adjetivo **tout**, *todo*. Delante de un sustantivo se pronuncia *[tu]*, igual que el singular (**tous les jeux**, *todos los juegos* → *[tu le ye]*). Pero si **tous** va detrás de un verbo, significa *todos*, y se pronuncia *[tus]*: **Je les aime tous**, *Me gustan todos* → *[ye lesem tus]*. Para pronunciarlo correctamente, comprueba siempre la palabra anterior a **tous**.

***

Exercice 1 – Traduisez

❶ Vous devez réfléchir avant de choisir. **❷** Je sais que tous les jeux de hasard sont risqués. **❸** Ils ont tous la même idée : devenir riche. **❹** Désolé, je ne peux pas vous prêter trente euros. **❺** Je suis comme vous, je n'ai pas un sou.

79 • **soixante-dix-neuf** *[suasa^{n}t-disnef]*

Vigésima segunda lección / 22

3 **Mais non !**, literalmente *"Pero no!"*, es una contradicción enfática, equivalente a *¡Claro que no!* o *¡Para nada!* **Vous êtes malade ? – Mais non, je vais très bien !**, –*¿Está usted enfermo? –Para nada, ¡estoy muy bien!* Otra expresión exclamativa habitual es la que aparece en las líneas 10 y 14: **Au fait**, literalmente *"al hecho"*. Situada al principio de una oración significa *Por cierto, A propósito*. **Au fait, quel est votre nom ?** *Por cierto, ¿cuál es su nombre?*

4 **établis** es la primera persona del singular de **établir**, *establecer*. Pertenece al segundo grupo mayoritario de verbos, los cuales terminan en **-ir** y se conjugan así: **j'établis, tu établis, il/elle établit, nous établissons, vous établissez, ils/elles établissent**. Otros verbos comunes de este grupo son **choisir**, *elegir*, **finir**, *terminar*, **remplir**, *rellenar*, y **réfléchir**, *reflexionar*. (Más detalles en la siguiente lección y un repaso en la lección 28.)

5 **choisissez** es la segunda persona del plural y la persona de cortesía *usted* de **choisir** (ver nota anterior). Ten en cuenta la pronunciación: *[shuasise]*.

6 **un sou** es el nombre de una antigua moneda francesa. Y no existe, pero al igual que ocurre con el *duro* español (antigua moneda de cinco pesetas), todavía forma parte de algunas expresiones populares –**Je n'ai pas un sou**, *No tengo un duro*; **Il est sans le sou**, *Está sin un duro*– al igual que en el término coloquial **une machine à sous**, *una tragaperras*. (Presta atención al contexto: **sous** también es una preposición que significa *bajo*).

Soluciones al ejercicio 1

❶ Debe reflexionar antes de elegir. ❷ Yo sé que todos los juegos de azar son arriesgados. ❸ Todos tienen la misma idea: volverse ricos. ❹ Lo siento, no puedo prestarle treinta euros. ❺ Soy como usted, no tengo un duro.

[catreva^n] quatre-vingts • 80

Exercice 2 – Complétez

❶ Reflexiono durante unos segundos y, cuando estoy listo, relleno el formulario.
Je .... pendant quelques .... et quand je suis...., je .... le formulaire.

❷ Todos los jugadores tienen la misma idea: ganar dinero.
.... les joueurs ... la même idée : ...... de ....

❸ ¿Puede prestarme veintidós euros?
.... vous .... vingt-deux euros ?

Vingt-troisième leçon

Comment réussir au loto

1 – Bonjour, qu'est-ce que je vous sers ?
2 – Je veux un café crème, un croque-monsieur et deux billets de loto, s'il vous plaît.
3 – Vous pouvez jouer au [1] loto en ligne, vous savez. C'est très simple.
4 – Et il n'y a pas de [2] queues au comptoir, comme ce matin.
5 – Je sais, mais je préfère venir ici : l'ambiance est sympa [3].
6 – Je saisis l'occasion pour quitter mon appartement et voir d'autres [4] gens.
7 – J'ai des clients qui viennent jouer tous les jours.
8 – Dites-moi [5] : avez-vous un secret pour le loto ?
9 – Tout‿à fait [6]. Je joue toujours les mêmes numéros [7] :

81 • **quatre-vingt-un** [catreva^n-a^n]

❹ Compramos tres periódicos todos los días para jugar a las carreras de caballos.
Nous achetons trois .... les jours pour jouer ...
....

❺ (A) Ella no le gustan los juegos de azar, sobre todo un juego llamado "Volverse rico".
Elle .... les .... de hasard, surtout ..... intitulé
"............ ".

Soluciones al ejercicio 2
❶ – réfléchis – secondes – prêt – remplis – ❷ Tous – ont – gagner – l'argent ❸ Est-ce que – pouvez me prêter – ❹ – journaux tous – aux courses de chevaux ❺ – n'aime pas – jeux – un jeu – Devenir riche –

Vigésima tercera lección

Cómo ganar en la loto

1 – Buenos días, ¿qué le sirvo?
2 – Quiero un café cortado *(café nata)*, un sándwich gratinado de jamón y queso *(bocado-señor)* y dos boletos *(billetes)* de [la] loto, por favor.
3 – Puede jugar a la loto en línea, si quiere. Es muy sencillo.
4 – Y no hay colas en el mostradors, como esta mañana.
5 – Lo sé, pero prefiero venir aquí: el ambiente es agradable.
6 – Aprovecho *(tomo)* la oportunidad para salir de *(dejar)* mi piso *(apartamento)* y ver otras personas.
7 – Tengo clientes que vienen a jugar todos los días.
8 – Dígame, ¿tiene un secreto para la loto?
9 – Así es *(todo al hecho)*. Juego siempre los mismos números:

[catrevande] quatre-vingt-deux • 82

23 / Vingt-troisième leçon

10 – tous ceux finissant [8] par quatre, plus le soixante-deux, le quarante-trois, le dix-sept, et le cinquante-cinq,
11 – ma date de naissance : le vingt-trois, douze, soixante-neuf,
12 – et, évidemment, le treize, mon chiffre [7] préféré.
13 – Avec ça, vous réussissez à gagner ? Je vous applaudis !
14 – Non, pas vraiment, mais j'investis pour l'avenir. Je vais gagner un de ces jours !

Pronunciación
*reusir ... **1** ... keske ... vuser **2** ... croc mesie ... bille ... **3** ... yue ... a^n liñ ... sa^{n}pl **4** ... ke ... co^{n}tuar ... **5** ... prefer ... la^{n}bia^{n}s ... sa^{n}pa **6** ... sesi locasio^n ... kite ... **7** ... clia^n ... vien ... **8** ditmua... sucre ... **9** tutafe... nûmero **10** ... finisa^n ... suasa^n-tde ... cara^n-trua ... disset ... sa^{n}ca^{n}t-sa^{n}c **11** ... dat de nesans ... **12** ... evidama^n ... shifr prefere **13** ... reusise ... aplodi **14** ... ya^{n}vesti ...*

Notas

1 Recuerda aprender siempre la preposición que acompaña generalmente a un verbo, sobre todo con los que no llevan la misma preposición en español. Aquí, **jouer**, *jugar*, va seguido de **à** si el sustantivo es femenino (**jouer à la loterie**, *jugar a la lotería*), **au** si es un sustantivo masculino singular (**jouer au loto**, *jugar a la loto*) y **aux** si es masculino o femenino plural: **jouer aux échecs**, *jugar al ajedrez*).

2 La partícula negativa **pas** va seguida de **de** (o **d'** delante de vocal) ya sea singular o plural el sustantivo al que precede: **Il n'a pas de billets**, *Él no tiene boletos*; **Elle n'a pas d'argent**, *Ella no tiene dinero*.

3 El adjetivo idiomático **sympa** es una forma abreviada de **sympathique**, equivalente a *simpático*, *amable*, *agradable*, etc. **Michel est une personne très sympa**, *Michel es una persona muy amable*. Dado que la palabra es una abreviatura, es invariable en singular, pero añade una **-s** final en el plural: **Ce sont des personnes très sympas**, *Son personas muy simpáticas*.

4 **autre** es un adjetivo indefinido, como **tout**, que se usa para dar una descripción general: **Choisissez un autre chiffre**, *Elija otro número*. Cuando va seguido de un sustantivo plural, va precedido del partitivo

83 • **quatre-vingt-trois** *[catreva^{n}trua]*

Vigésima tercera lección / 23

10 – todos los que terminan en *(por)* **4**, más el **62**, el **43**, el **17** y el **55**,
11 – mi fecha de nacimiento: el **23, 12, 69**
12 – y, evidentemente, el **13**, mi número preferido.
13 – ¿Con eso logra ganar? ¡Le aplaudo!
14 – No, realmente no, pero invierto para el futuro. ¡Voy a ganar un día de estos!

d': *Choisissez d'autres chiffres*, Elija otros números. Ahora revisa la lección 16, línea 1, y la lección 18, línea 5.

5 **dire** (pronunciado *[dir]*) es un verbo irregular importante que se traduce por **decir**. El presente es **je dis, tu dis, il/elle dit, nous disons, vous dites, ils/elles disent**. **Sami dit qu'il est désolé**, *Sami dice que lo siente*. **Dites-moi votre nom**, *Dígame su nombre*.

6 **tout à fait** "todo al hecho" es una expresión común de acuerdo o confirmación, equivalente a *así es, claro* o *absolutamente, por completo*: **Êtes-vous prêt ? – Tout à fait**, *–¿Estás listo? –Completamente*. También se puede usar para dar énfasis: **Je suis tout à fait d'accord**, *Estoy totalmente de acuerdo*.

7 Los términos para números, cifras y dígitos a veces son difíciles de traducir porque no siempre se usan con precisión. Así **un chiffre** se refiere a la representación gráfica del número: **le chiffre sept** se traduce como *el número 7*, y **un numéro** se refiere a una unidad específica, como **un número de teléfono** o *el número de una vivienda* (*numéro de téléphone / de maison*). Para complicar un poco más las cosas, también está la palabra **un nombre**, que veremos más adelante.

8 Los verbos del segundo grupo terminados en **-ir** se caracterizan por su participio presente, que termina en **-issant** (finir → finissant, applaudir → applaudissant, réussir → réussissant, etc.): **Il choisit tous les numéros finissant par huit**, *Él elige todos los números que terminan en ocho*.

[catreva^n catr] **quatre-vingt-quatre** • 84

23 / Vingt-troisième leçon

Exercice 1 – Traduisez

❶ Je suis tout à fait d'accord : l'ambiance dans ce bar n'est pas très sympa. ❷ J'ai un client qui vient tous les jours à la même heure. Et il est toujours là quand je ferme ! ❸ C'est très simple de jouer en ligne, vous savez. ❹ Nous jouons toujours les mêmes numéros : le vingt-trois, le soixante-neuf et le treize. ❺ Qu'est-ce que je vous sers, madame ? Un café crème ?

***

Exercice 2 – Complétez

❶ –Invierto para el futuro. –¡Le aplaudo!
 .... pour l'avenir. – Je vous .... !

❷ Dice que quiere ver otras personas, pero no siempre lo logra.
 Il .... .'il veut voir .... gens, mais il .... toujours.

❸ –¿No tenéis planes para las vacaciones? –No tenemos dinero.
 Vous .... projets pour les vacances ?
 – Nous ....'argent.

❹ Mis números favoritos son 57, 29, 48 y 62.
 Mes .... sont le ...., le ...., le
 .... et le ....

❺ –Elija otro nombre y otras fechas. –¿De verdad?
 .... nom et .... dates. – .... ?

85 • **quatre-vingt-cinq** [catreva^{n}sa^{n}k]

Vigésima tercera lección / 23

Soluciones al ejercicio 1

❶ Estoy totalmente de acuerdo: el ambiente de este bar no es muy agradable. ❷ Tengo un cliente que viene todos los días a la misma hora. ¡Y siempre está ahí cuando cierro! ❸ Es muy sencillo jugar en línea, ¿sabes? ❹ Siempre jugamos los mimos números: 23, 69 y 13. ❺ ¿Qué le sirvo, señora? ¿Un café cortado?

***

Soluciones al ejercicio 2

❶ J'investis – applaudis ❷ – dit qu – d'autres – ne réussit pas ❸ – n'avez pas de – n'avons pas d ❹ – numéros préférés – cinquante-sept – vingt-neuf – quarante-huit – soixante-deux ❺ Choisissez un autre – d'autres – Vraiment

Los cafés son una característica esencial de la vida cotidiana en Francia. El nombre genérico, **un café**, *se subdivide en varias categorías, en particular* **un tabac** *(literalmente "un tabaco") o* **un bar-tabac**, *una cafetería que también vende tabaco, periódicos, tarjetas telefónicas, sellos postales y billetes de lotería. Ahí es donde tiene lugar esta lección número 23. Como su nombre indica, en* **un café** *la bebida básica es el café, que se sirve solo (o expreso) (ver lección 2), con leche* **un café au lait**, *o cortado* **un café crème** *"café nata". La mayoría de los cafés también sirven alimentos básicos, especialmente* **un sandwich** *(plural:* **sandwichs**), **une omelette**, *una tortilla, o* **un croque-monsieur**, *un sándwich de jamón y queso cubierto de queso fundido. (El verbo* **croquer** *significa morder o crujir).*

[catrevaⁿsis] quatre-vingt-six • 86

Vingt-quatrième leçon

Je ne vais pas bien du tout

1 – Asseyez-vous, mademoiselle. Qu'est-ce qui [1] ne va [2] pas ?
2 – Je ne vais [2] pas bien du tout, docteur.
3 J'ai mal [3] _à la tête, mal_aux oreilles et mal_au genou droit,
4 et j'ai aussi de la fièvre. Est-ce que c'est grave ?
5 – En_effet, vous_avez l'air [4] fatiguée. Vous n'êtes pas_en forme.
6 Je vais prendre votre température. Mm, vous_avez trente-huit.
7 C'est_un peu élevé. Maintenant, ouvrez la bouche. Fermez.
8 Je vais vérifier votre tension et écouter votre cœur. Respirez.
9 Vous_avez une bonne vieille grippe, c'est tout.
10 Je vous donne trois médicaments, que vous devez prendre pendant huit jours.
11 D'abord, un sirop. Vous le [5] prenez trois fois par jour : le matin, le midi et le soir.
12 Ensuite, des comprimés. Il faut les [5] _avaler avec un grand verre d'eau.
13 Et enfin, il y a une gélule par jour. Vous la [5] prenez avant le dîner.
14 Voici votre ordonnance et une feuille de maladie.

Vigésima cuarta lección

No estoy nada bien (no voy bien en absoluto)

1 – Siéntese, señorita. ¿Cuál es el problema (qué es eso que no va)?
2 – No estoy nada bien, doctor.
3 Tengo dolor de cabeza (mal a la cabeza), dolor de oídos (mal a los oídos) y dolor en (dolor a) la rodilla derecha,
4 y también tengo fiebre. ¿Es grave?
5 – En efecto, parece (tiene el aire) cansada. No está bien.
6 Voy a tomarle la (su) temperatura. Mmm, tiene 38.
7 Está un poco alta. Ahora abra la boca. Cierre.
8 Voy a comprobar su tensión y [a] escuchar su corazón. Respire.
9 Tiene una buena gripe de toda la vida (buena vieja gripe), eso es todo.
10 Le doy tres medicamentos que tiene que tomar durante ocho días.
11 Primero, un jarabe. Lo toma tres veces al (por) día: mañana, tarde y noche.
12 Después, unos comprimidos. Tiene que tragarlos con un gran vaso de agua.
13 Y por último, hay una cápsula al (por) día. La toma antes de la cena.
14 Aquí tiene su receta y un informe médico (hoja de enfermedad).

Pronunciación
1 aseye-vu mademuasel keskinevapa 3 … malalatet malosorell … maloyenu drua 4 … fievr … grav 5 … fatiga … pasaⁿform 6 … taⁿperatûr … 7 … eleve … uvre … bush … 8 … taⁿsioⁿ … ecute … ker … 9 … viell grip … 10 … medicamaⁿ … deve … 11 … siro … 12 aⁿsuit … coⁿprime … avale … verdo 13 … yelûl … 14 … ordonaⁿs … foill de maladi

[catrevaⁿuit] **quatre-vingt-huit** • 88

24 / Vingt-quatrième leçon

Notas de pronunciación
(1), (3), (9,14) Más sobre el sonido de la *ll* (ver lección 22). Si la -ll- va precedida y seguida por una sola vocal, se pronuncia simplemente como una *[l]* (mademois**elle**, *[mademuasel]*). Cuando va precedida por dos vocales, vuelve a un sonido palatal que hemos representado aquí por *[ll]*. La pronunciación de la sílaba anterior depende de la combinación de las vocales. Así **oreille** y **vieille** se pronuncian *[orell]* y *[viell]*, mientras que **feuille** se pronuncia *[foill]*. Escucha la diferencia entre los sonidos de las vocales en las últimas sílabas de **fatigué** y **oreille**. Ahora vuelve a reproducir toda la pista de audio, repitiendo en voz alta **feuille**, **oreille** y **vieille** hasta que te familiarices con este sonido. Luego añade estas palabras a tu lista de -ll-.

***

Exercice 1 – Traduisez
❶ Qu'est-ce qui ne vas pas ? Vous n'allez pas bien ? ❷ Le docteur Lefebvre a l'air très fatigué. ❸ Votre température est un peu élevée, c'est tout. ❹ Asseyez-vous, madame. Qu'est-ce que je peux faire pour vous ? ❺ Comment va votre fils ? – Il est en forme.

***

Exercice 2 – Complétez
❶ Aquí está el jarabe. Tómalo dos veces al día.
   Voici le sirop. Vous .... deux ....

❷ Si tiene pastillas, debe tragarlas con un vaso de agua.
   Si vous avez ...., il faut .... avec un verre ....

❸ Marie llega esta tarde a París y nosotros la vemos mañana por la mañana.
   Marie .... ce soir et nous .... demain matin.

❹ Ella tiene dolor de cabeza, dolor de oídos y dolor en la rodilla derecha.
   Elle a ...., ... et ....

❺ Mi hijo tiene fiebre esta mañana, pero no es grave.
   Mon fils .... ce matin, mais ce ....

89 • **quatre-vingt-neuf** *[catrevaⁿnef]*

Vigésima cuarta lección / 24

Notas

1. **qu'est ce qui** es una expresión interrogativa que se refiere al sujeto de la oración: **Qu'est-ce qui est important pour vous ?** *¿Qué es importante para usted?* Compárala con **qu'est-ce que**, que se refiere al objeto directo: **Qu'est-ce que vous voulez ?** *¿Qué quiere?*

2. Sabemos que **aller**, *ir*, se usa para hablar sobre la salud de alguien (ver lección 1). **Je vais bien**, *Estoy bien*. La forma negativa, **Je ne vais pas bien** significa *No estoy bien*. Para preguntar por el problema, el médico dice **Qu'est-ce qui ne va pas ?** *¿Qué le ocurre?*, o, más coloquialmente, *¿Qué le pasa?*

3. **avoir mal** "tener mal" es una expresión intransitiva que se usa para hablar de dolor o malestar. Por lo general, va seguido de **à la** (o **au/aux**) y la parte del cuerpo que duele: **J'ai mal au ventre** "Tengo mal de estómago", *Me duele el estómago*.

4. El sustantivo masculino **l'air** significa *el aire*. Pero el significado de la expresión **avoir l'air (de)** es *parecer*. **Marc a l'air fatigué**, *Marc parece cansado*. **Elle a l'air d'une femme très sympa**, *Ella parece una mujer muy agradable*.

5. Los pronombres del objeto directo son **me**, *me*, **te**, *te*, **le/la**, *lo/la* **nous**, *nos*, **vous** os y **les**, *los/las*.

***

Soluciones al ejercicio 1

❶ ¿Qué pasa? ¿No está usted bien? ❷ El doctor Lefebvre parece muy cansado. ❸ Su temperatura es un poco alta, eso es todo. ❹ Siéntese, señora. ¿Qué puedo hacer por usted? ❺ –¿Cómo está su hijo? –Está bien.

Soluciones al ejercicio 2

❶ – le prenez – fois par jour ❷ – des comprimés – les avaler – d'eau ❸ – arrive à Paris – la voyons – ❹ – mal à la tête – mal aux oreilles – mal au genou droit ❺ – a de la fièvre – n'est pas grave

*En el sistema de salud de Francia (**le système de santé**), el costo de la atención médica está cubierto por el sistema nacional de seguridad social (**la Sécurité sociale**, abreviado a menudo como **la Sécu**). En la mayoría de los casos, las personas tienen libertad para elegir **un médecin traitant** o un médico general. Cuando termina una consulta médica, el médico rellena **une feuille de soins** (literalmente, "una*

Vingt-cinquième leçon

Déjeunons [1] ensemble

1 – Il est déjà midi ! J'ai faim, et vous ?
2 – Un petit peu, mais je vous‿accompagne avec plaisir.
3 – Je connais plusieurs restaurants dans le quartier [2] :
4 il y a une pizzéria près d'ici, une crêperie dans la rue à gauche, ou une brasserie à droite de l'église.
5 – Laquelle [3] est-ce que vous préférez ?
6 – Ça m'est‿égal. Et vous ?
7 – La crêperie : elle est excellente et pas chère. Ça vous dit ? [4]
8 – Où est-ce que c'est ? J'espère que ce n'est pas trop loin.
9 Je suis‿assez pressé parce que j'ai un rendez-vous à quatorze heures.
10 – Non, elle est‿à trois cents mètres d'ici. À seulement cinq minutes à pied.
11 On va tout droit puis à droite [5] et ensuite c'est la troisième rue à gauche.
12 Mais je viens de [6] penser à quelque chose : elle est fermée le lundi.
13 – Allons à la brasserie, alors. Mais faisons [1] vite. □

hoja de cuidados"), *que se envía, generalmente de forma electrónica, a la sucursal local de seguros de salud. Ten en cuenta que* **un médecin** *significa un médico (ver lección 17), mientras que la palabra* **docteur** *se usa solo como título (***le Docteur Bellier***, por ejemplo) o cuando nos dirigimos directamente al médico:* **Bonjour docteur**.

Vigésima quinta lección

Comamos juntos

1 – ¡Ya es mediodía! Tengo hambre, ¿y usted?
2 – Un poquito, pero le acompaño con gusto *(placer)*.
3 – Conozco varios restaurantes en el barrio:
4   hay una pizzería cerca de aquí, una crepería en la calle de [la] izquierda o una taberna a [la] derecha de la iglesia.
5 – ¿Cuál prefiere usted?
6 – Me da igual. ¿Y usted?
7 – La crepería: es excelente y no cara. ¿Le apetece *(esto le dice)*?
8 – ¿Dónde está? Espero que no esté muy lejos.
9   Tengo bastante prisa porque tengo una cita a las dos *(14 horas)*.
10 – No, está a 300 metros de aquí. A solo 5 minutos a pie.
11   Se va todo recto y luego a la derecha y después es la tercera calle a [la] izquierda.
12   Pero acabo de acordarme *(vengo de pensar)* algo: está cerrada los lunes.
13 – Vayamos a la taberna, entonces. Pero démonos prisa *(hagamos rápido)*.

[catreva^{n}dus] quatre-vingt-douze • 92

25 / Vingt-cinquième leçon

Pronunciación
*deyeno^n a^{n}sa^{n}bl **1** … ye fa^n … **2** … yevusaco^{n}pañ … plesir **3** … plusier restora^n … cartie.. **4** … pitsseria predisi … creperi … … braseri … druat … leglis **5** lakel … prefer **7** … ecsela^{n}t … savudi **8** ueskese … lua^n **9** … prese … ra^{n}devu **10** … truasa^n metr … **12** … via^n de pa^{n}se … ferme … **13** … feso^n vit*

Notas de pronunciación
(3) Recuerda que el francés es un idioma silábico, a diferencia del español, donde el acento juega un papel mucho más importante. Trata de no poner demasiado énfasis en una sola sílaba de las palabras francesas, por muy largas que sean.

Notas

1 Sabemos que la segunda persona del singular y del plural se utilizan en imperativo (lección 16, nota 3). Lo mismo ocurre con la primera persona del plural: **Déjeunons**, *Comamos*. **Faisons vite**, *Démonos prisa*. (Recuerda que la **-s** final es muda.) Ver lección 18.

2 No confundas **un quartier**, *un distrito* o *barrio* de una ciudad (lección 21) con **un quart**, *un cuarto* (de hora). El sustantivo también se puede usar atributivamente: **un restaurant de quartier**, un restaurante de barrio. (También se usa para referirse a un segmento de fruta.

3 **lequel** (masc.), **laquelle** (fem.) y **lesquels/lesquelles** (plural) son pronombres formados por la unión de los artículos definidos **le/la/les** y los adjetivos interrogativos **quel/quelle/quels/quelles**, y significan *cuál(es)*. En esta lección y en la lección 22, se usan como interrogativos: **J'aime ces trois restaurants. – Lequel est-ce que vous préférez ?** –*Me gustan*

***

Exercice 1 – Traduisez

❶ Je ne suis pas pressée ; je n'ai pas de rendez-vous cet après-midi. **❷** Ça vous dit, des fraises et de la crème fraîche ? – Ça m'est égal. **❸** Je ne vous accompagne pas à la crêperie, je n'ai pas faim. **❹** Faisons vite. Nous sommes déjà en retard. **❺** Ce n'est pas loin ; c'est seulement à deux minutes à pied.

Vigésima quinta lección / 25

estos tres restaurantes. –¿Cuál prefiere usted? **Nous cherchons la crêperie. – Laquelle ?** *–Estamos buscando la crepería. –¿Cuál?* Más adelante veremos cómo utilizar estos compuestos como pronombres.

4 Un modismo es una expresión cuyo significado no se puede adivinar a partir de sus diversas partes. Por ejemplo, **Ça vous dit ?** (literalmente: *"esto le dice"*) significa algo como ¿Le apetece? Recuerda tomar nota de los modismos y expresiones cada vez que encuentres alguno, porque el significado no siempre es obvio.

5 El adjetivo **droit** tiene dos significados: *derecha* (lo contrario de **gauche**, *izquierda*) y *recto*. **Le genou droit**, *la rodilla derecha*; **un chemin droit**, *un camino recto*. Por supuesto, ambos adjetivos concuerdan con sus sustantivos: **l'épaule droite**, *el hombro derecho*; **deux lignes droites**, *dos líneas rectas*. La expresión **tout droit**, *todo recto*, es un adverbio y, por tanto, invariable.

6 **venir de**, *venir de*, seguido de un infinitivo, es una forma idiomática de expresar el pasado inmediato. Es la traducción de *acabar de*: **Je viens de voir Elsa**, *Acabo de ver a Elsa*. La expresión no se usa en negativo y rara vez se encuentra en forma interrogativa.

Soluciones al ejercicio 1

❶ No tengo prisa; no tengo citas esta tarde. ❷ –¿Le apetecen fresas y nata? –Me da igual. ❸ No le acompaño a la crepería, no tengo hambre. ❹ Démonos prisa. Ya vamos tarde. ❺ No está lejos; está solo a dos minutos a pie.

*[catreva*n*cators]* **quatre-vingt-quatorze** • 94

Exercice 2 – Complétez

❶ Vaya recto, gire a la derecha y después a la izquierda.
Allez ...., tournez .... et puis ....

❷ –¿Tienen hambre? –No, acabamos de comer.
Est-ce que .... ? – Non, nous ....

❸ –Michel conoce varias pizzerías. –¿Cuál prefiere él?
Michel .... plusieurs pizzérias. – .... 'il préfère.

❹ ¿Hay una taberna en el barrio?
.... une brasserie dans .... ?

❺ Tenemos sándwiches y cruasanes. ¿Cuáles prefiere?
Nous avons ... sandwichs et ... croissants ....
que vous .... ?

26

Vingt-sixième leçon

Déjeunons ensemble (suite [1])

1 – Avez-vous une table pour deux s'il vous plaît ?
2 – Si vous voulez bien me suivre [1]. Est-ce que cette table vous convient ? [2]
3 – Non. Je veux être près de la fenêtre parce que j'ai chaud.
4 – Asseyez-vous ici. Je vous‿apporte le menu et la carte des vins.
5 J'arrive tout de suite [3]... Alors, vous‿êtes prêts ?
6 Quel [4] menu prenez-vous : celui à vingt euros ou celui à quarante ?

95 • quatre-vingt-quinze [catrevaⁿcaⁿs]

Soluciones al ejercicio 2

❶ – tout droit – à droite – à gauche ❷ – vous avez faim – venons de manger ❸ – connaît – Laquelle est-ce qu – ❹ Est-ce qu'il y a – le quartier ❺ – des – des Lesquels est-ce – préférez

---

Une brasserie *es un restaurante de servicio completo que ofrece cocina tradicional francesa durante todo el día y, a menudo, hasta altas horas de la noche. La palabra en realidad significa una fábrica de cerveza (de* **brasser** → *elaborar), porque las* **brasseries** *en algún momento elaboraron su propia cerveza.*
Observa cómo el sufijo **-ie**, *que generalmente denota un estado o condición, se usa para crear sustantivos –la mayoría de ellos femeninos– que indican una actividad o profesión:* **brasser** → **brasserie**; **une crêpe** *(un crepe)* → **une crêperie** *(una crepería),* **un sandwich** → **une sandwicherie** *(una sandwichería), etc. Además, de manera similar al español, muchas palabras que sirven para designar diferentes tipos de negocios terminan en* **-erie**: **une boulangerie** *(una panadería),* **une fromagerie** *(una quesería),* **une crèmerie** *(una lechería), etc. Estos son solo algunos ejemplos de cómo ampliar tu vocabulario a partir de un corpus de palabras básicas.*

Vigésima sexta lección

Comamos juntos (continuación)

1 – ¿Tiene una mesa para dos, por favor?
2 – Si quieren acompañarme *(Si quieren bien me seguir)*. ¿Esta mesa les parece bien *(conviene)*?
3 – No. Quiero estar cerca de la ventana porque tengo calor.
4 – Siéntense aquí. Les traigo el menú y la carta de vinos.
5   Vuelvo *(llego)* enseguida [...] Bueno, ¿están listos?
6   ¿Qué menú tomarán: el de 20 euros o el de 40?

26 / Vingt-sixième leçon

7 Le menu à vingt. Quel est le plat du jour ? Sinon, quelles [4] sont les spécialités ?
8 – Il n'y en‿a pas. Je vous conseille de prendre l'entrecôte ou le saumon froid.
9 – Dans ce cas, deux‿entrecôtes s'il vous plaît.
10 – Quelle [4] cuisson pour la viande, et avec quels [4] légumes ?
11 – Saignante [5] pour tous les deux, avec des frites.
12 – Voulez-vous boire quelque chose ? Du vin ou de la bière ?
13 – Juste une bouteille d'eau minérale. Nous‿avons soif. [...]
14 L'addition [6] s'il vous plaît. Est-ce que le service est compris ?
15 – Oui, mais pas le pourboire. *

Pronunciación
1 ... tabl ... *2* ... suivr ... coⁿvieⁿ *3* ... pre dela fenetr ... sho *4* ... aport ... menû ... cart-de-vaⁿ *5* yeariv tut suit ... vusset-pre *6* ... selui ... *7* kele ... pla-du-yur sinoⁿ kel-soⁿ ... spesialite *8* il-nieⁿ-apa ... coⁿseill ... aⁿtrecot ... somoⁿ frua ... *9* daⁿ-se-ca des-aⁿtrecot ... *10* kel cuissoⁿ ... viaⁿd ... kel legûm *11* señaⁿt ... frit *12* ... buar ... vaⁿ ... bier *13* yust-ûn buteill do mineral ... suaf *14* ladisioⁿ ... servis ... coⁿpri *15* ... purbuar

Notas

1 El verbo **suivre**, *seguir*, es la raíz de **la suite**, *la continuación*. La expresión **Si vous voulez bien me suivre** es una manera formal de pedirle a alguien que te siga. En un entorno menos formal, el camarero podría decir **Suivez-moi** (*Síganme*) mientras van hacia la mesa. Es importante reconocer el registro o el nivel de formalidad que se está utilizando para responder en consecuencia.

2 **convenir** es otro verbo bastante formal, que significa *adaptarse, ser conveniente / adecuado para*, etc. De momento, recuerda la expresión interrogativa **Est-ce que ça vous convient ?**, *¿Le conviene?* o, más idiomáticamente, *¿Le parece bien?* Y la respuesta **Ça me convient / Ça**

97 • **quatre-vingt-dix-sept** *[catrevaⁿdiset]*

Vigésima sexta lección / 26

7 El menú de 20. ¿Cuál es el plato del día? O *(si no)*, ¿cuáles son sus especialidades?
8 – No tenemos *(no aquí las hay)*. **Les recomiendo** *(aconsejo)* **tomar el entrecot o el salmón frío.**
9 – En ese caso, dos entrecots, por favor.
10 – ¿Cómo quieren la carne *(qué cocción para la carne)* y con qué guarnición *(verduras)*?
11 – Poco hecha *(sangrante)* para *(para todos)* los dos, con patatas fritas.
12 – ¿Quieren algo para beber *(beber algo)*? ¿Vino o cerveza?
13 – Solo una botella de agua mineral. Tenemos sed […]
14 La cuenta, por favor. ¿Está incluido el servicio?
15 – Sí, pero no la propina *(para-beber)*.

---

ne me convient pas, *Está bien / No me parece bien*. Recuerda que las frases idiomáticas se pueden traducir de diferentes formas, según el contexto, pero el significado básico es el mismo.

3 Hemos visto en la nota 1 que **la suite**, de **suivre**, *seguir*, significa *la continuación*. Pero **tout de suite** es una expresión idiomática que significa *inmediatamente, enseguida*. **Faites-le tout de suite**, *Hágalo enseguida*. Nota de pronunciación *[tut suit]*.

4 En la lección anterior conocimos un grupo de pronombres compuestos (**lequel**, etc.). La palabra raíz es el adjetivo interrogativo **quel**, *cuál*, *qué* o, cuando se trata de personas, *quién*, y tiene formas femenina y plural: **quel plat... ?**, *¿qué plato?*, **quelle carte... ?**, *¿qué carta?*, **quels légumes... ?**, *¿qué verduras...?*, **quelles tables... ?**, *¿qué mesas...?* Todos ellos se pronuncian de manera idéntica *[kel]*, excepto si el sustantivo siguiente comienza por vocal, en cuyo caso se produce una liaison: **quelles églises** *[kels‿eglis]*.

5 **le sang**, *la sangre*, es la raíz del verbo **saigner**, *sangrar*, y del adjetivo **saignant** (fem. **saignante**) que literalmente significa *sangrante o sangriento*, cuando se aplica a la carne, significa *poco hecha*.

6 **une addition**, literalmente "*una suma*", también significa *una cuenta* en el contexto de la restauración. **L'addition, s'il vous plaît.** *La cuenta, por favor.* Un sinónimo común es **la note** (pronunciado *[not]*). Y *una factura* es **une facture**.

[catrevaⁿdisuit] **quatre-vingt-dix-huit** • 98

26 / Vingt-sixième leçon

Exercice 1 – Traduisez
❶ Cette table ne me convient pas. Elle est trop petite. ❷ Et je ne veux pas être près de la fenêtre. J'ai froid. ❸ Puis-je avoir la carte des vins ? – J'arrive tout de suite. ❹ Une entrecôte s'il vous plaît. – Il n'y en a pas. ❺ Il me conseille de ne pas prendre le saumon.

***

Exercice 2 – Complétez
❶ ¿Con qué verduras puedo acompañar la carne?
Avec . . . . je . . . . accompagner la viande ?

❷ –Tenemos hambre y sed. –Síganme.
Nous . . . . et nous . . . . –. . . . .

❸ –¿Viene conmigo? –No estoy listo.
. . . . vous . . . . . avec moi ? – Je . . . .

❹ Cuál es la especialidad de su restaurante? ¿Y cuáles son los precios?
. . . . la spécialité de votre restaurant ? Et . . . . les prix ?

❺ ¿Quiere comer algo? ¿Cuál es su plato favorito?
. . . . manger . . . . ? . . . . votre plat préféré ?

***

99 • **quatrevingt-dix-neuf** *[catrevaⁿdisnef]*

Vigésima sexta lección / 26

Soluciones al ejercicio 1

❶ Esta mesa no me gusta. Es muy pequeña. ❷ Y no quiero estar cerca de la ventana. Tengo frío. ❸ –¿Me puede traer *(puedo tener)* la carta de vinos? –Vuelvo enseguida. ❹ –Un entrecot, por favor. –No tenemos. ❺ Me recomienda no tomar el salmón.

***

Soluciones al ejercicio 2

❶ – quels légumes est-ce que – peux – ❷ – avons faim – avons soif – Suivez-moi ❸ Est-ce que – venez – ne suis pas prêt ❹ Quelle est – quels sont – ❺ Voulez-vous – quelque chose – Quel est –

***

La mayoría de los restaurantes en Francia ofrece **une carte**, *una carta (de ahí la expresión* **manger à la carte**, *comer a la carta) y* **un menu** *(literalmente* "delgado", "fino" *o* "menudo"), *un menú del día. La mayoría de los* **menus** *incluyen* **un plat du jour**, *un plato del día. Y dado que la lista de vinos describe la selección completa de las botellas que se ofrecen, en lugar de una selección corta, el término es* **la carte** *(no* **le menu**) **des vins**. *Por último, los restaurantes franceses incluyen un cargo por el servicio (***le service***) en sus precios de menú (***service compris**, *servicio* "comprendido", *es decir,* incluido), *pero es costumbre dejar una propina (***un pourboire**, *literalmente* "para-beber") *si la experiencia gastronómica es satisfactoria.*

[saⁿ] cent • 100

27

Vingt-septième leçon

"Hôtel complet"

1 – Quels hôtels sont situés à proximité de l'aéroport ?
2 Mon vol [1] part très tôt le samedi matin et je n'ai pas envie de le rater.
3 – Pourquoi ne pas faire une recherche sur Internet ?
4 – Bonne idée ! Je me connecte.
5 Il y a un hôtel trois étoiles juste à côté du terminal et un autre à deux kilomètres.
6 – Regardons celui [2] qui est le plus près. Il s'appelle l'Hôtel des voyageurs.
7 Voici une chambre supérieure : qu'est-ce que vous en pensez ?
8 – Je préfère celles [2] au premier étage : elles ont l'air plus confortables.
9 Celle [2] qui est à côté de l'ascenseur est moins chère que les autres
10 mais je parie qu'elle est plus bruyante.
11 – Celles [2] au rez-de-chaussée sont petites, à mon avis [3]
12 mais les équipements sont identiques à ceux [2] des chambres supérieures
13 et les tarifs ne sont pas les mêmes. C'est beaucoup moins cher.
14 – Est-ce qu'il y a des chambres disponibles pour le vendredi soir ?
15 – Mince alors ! Tout est complet. Je vais regarder le deuxième hôtel.

Vigésima séptima lección

"Hotel completo"

1 – ¿Qué hoteles están situados cerca *(a proximidad)* del aeropuerto?
2 Mi vuelo sale muy temprano el sábado [por la] mañana y no quiero perderlo.
3 – ¿Por qué no buscas *(haces una búsqueda)* en internet?
4 – ¡Buena idea! Voy a conectarme *(me conecto)*.
5 Hay un hotel [de] tres estrellas justo al lado de la terminal y otro a dos kilómetros.
6 – Miremos el que está más cerca. Se llama el hotel de los Viajeros.
7 Hay una habitación superior: ¿qué te parece *(qué piensas de ella)*?
8 – Prefiero las del primer piso: parecen más cómodas.
9 La que está cerca del ascensor es menos cara que las otras
10 pero apuesto a que es más ruidosa.
11 – Las de la planta baja son pequeñas, en mi opinión
12 pero las instalaciones son idénticas a las de las habitaciones superiores
13 y las tarifas no son las mismas. Es mucho menos cara.
14 – ¿Hay habitaciones disponibles para el viernes noche *(tarde)*?
15 – ¡Caramba *(delgado entonces)*! Toto está completo. Voy a mirar el segundo hotel.

Pronunciación
otel co^nple **1** *kelsotel … situe a procsimite … leropor* **2** *… vol par tre to … rate* **3** *… reshersh … a^nternet* **4** *bonide … conect* **5** *… a^notel truasetul yust-a-cote … terminal … kilometr* **6** *regardo^n selui … vuayayer* **7** *… superier … vus-a^n-pa^nsse* **8** *… sel … co^nfortabl* **9** *sel …* **10** *… pari … bruya^nt* **11** *sel … re-de-shosse … amo^navi* **12** *… lesekipma^n … ida^ntic … se …* **13** *… tarif …* **14** *… disponibl …* **15** *ma^nssalor …*

[sa^n-de] cent deux • 102

27 / Vingt-septième leçon

Notas de pronunciación
(1), (5) Aunque la **h** inicial de **hôtel** es muda, es una "vocal silenciosa", por lo que se aplican las reglas que rigen la liaison. Así que, la **s** final de **quels** se une con la **o** del **hôtel**: *[kelsotel]*. Lo mismo se aplica al singular: **quel hôtel**: *[kelotel]*, **un hôtel**: *[aⁿotel]*.

***

Exercice 1 – Traduisez
❶ Pourquoi ne pas prendre un hôtel à proximité de l'aéroport ? ❷ Bonne idée ! Je vais faire une recherche sur Internet. ❸ Qu'est-ce que vous pensez de mon idée ? ❹ Mon bureau est au rez-de-chaussée, près de l'ascenseur. ❺ Est-ce que vous avez deux chambres disponibles pour le samedi vingt-six ?

***

Exercice 2 – Complétez
❶ Las habitaciones de la planta baja son idénticas a las del primer piso.
Les chambres . . . . sont . . . . à . . . . . . au premier étage.

❷ En mi opinión, las instalaciones son las mismas que las del hotel cerca del aeropuerto.
. . . ., les . . . . sont les mêmes que . . . . de l'hôtel . . . . l'aéroport.

❸ Preferimos la oficina del segundo piso: parecen más cómodas.
. . . . le bureau . . . . : il . . . . . plus
. . . .

❹ Para el menú, ¿quiere el de 30 euros o el de 40 euros?
Pour le menu, vous voulez . . . . . à . . . . . . euros ou . . . . . à . . . . euros ?

❺ ¿Qué botella de estas dos prefiere usted: la de la izquierda o la de la derecha?
. . . . de ces deux bouteilles préférez-vous : . . . . . de . . . . . . ou . . . . . de . . . . . . ?

103 • **cent trois** *[saⁿtrua]*

Vigésima séptima lección / 27

Notas

1 Ten cuidado con el verbo **voler**, que significa *volar* pero también *robar*. Por lo tanto, **un vol** significa *una huida* o *un robo*, ¡pero es de esperar que el contexto aclare el significado!

2 Los pronombres **celui** (masc. sing), **celle** (fem. sing.), **ceux** (masc. pl., ver lección 23) y **celles** (fem. pl.) son similares a *el/la* (or *los/las*) en español, y realizan la misma función de evitar la repetición de un sustantivo. **Il y a deux hôtels : celui près de l'aéroport est cher.** *Hay dos hoteles: el que está cerca del aeropuerto es caro.*

3 **un avis** comprarte la misma raíz que la palabra española *aviso* (*un aviso de tormenta* es **un avis de tempête**). Pero el significado más común es *una opinión*: **Donnez-nous votre avis**, *Deme su opinión*. Esta palabra se usa con frecuencia en expresiones con adjetivos posesivos: **à mon avis**, *en mi opinión*, **à son avis**, *en su opinión*, etc. El plural es el mismo que en singular: **Les avis sont partagés**, *Las opiniones están divididas*.

***

Soluciones al ejercicio 1

❶ ¿Por qué no buscar un hotel cerca del aeropuerto? ❷ ¡Buena idea! Voy a buscar en internet. ❸ ¿Qué le parece mi idea? ❹ Mi oficina está en la planta baja, cerca del ascensor. ❺ ¿Tiene dos habitaciones disponibles para el sábado 26?

***

Soluciones al ejercicio 2

❶ – au rez-de-chaussée – identiques – celles – ❷ À mon avis – équipements – ceux – à côté de – ❸ Nous préférons – au deuxième étage – a l'air – confortable ❹ – celui – trente – celui – quarante – ❺ Laquelle – celle – gauche – celle – droite

cent quatre • 104

Vingt-huitième leçon

Révision

1 El segundo grupo de verbos: *-ir*

La mayoría de los verbos que terminan en **-ir** forman el segundo grupo más grande de verbos regulares, después del grupo de los acabados en **-er** visto en la lección 7. Las terminaciones de la conjugación se añaden a la raíz, que se obtiene al eliminar la terminación del infinitivo. Estos son dos verbos acabados en **-ir** muy comunes:

choisir, *elegir, escoger*	
je choisis	*elijo*
tu* choisis	*eliges*
il/elle** choisit	*elige*
nous choisissons	*elegimos*
vous choisissez	*elegís / elige (usted) / eligen (ustedes)*
ils/elles choisissent	*eligen*

* Comenzaremos a usar *el tuteo*, **le tutoiement**, en los diálogos a partir de la lección 29.
** La tercera persona del singular también se usa con el pronombre impersonal de la tercera persona del singular **on**. Esto vale para todos los verbos.

Mince alors ! *Como todos los idiomas, el francés tiene muchos eufemismos que representan vulgarismos. Esto es especialmente cierto en el caso de exclamaciones y palabrotas. Ya conocemos* **Zut** *(ver lección 10). Ahora conocemos* **mince**, *un adjetivo que significa* delgado *o* menudo. *Sin embargo, usado como un improperio cortés, reemplaza a una palabra mucho más fuerte,* **merde**, mierda. *La razón por la que te mostramos este tipo de vocabulario es que muchos hablantes nativos usan estas palabras a diario, por lo que es importante que las conozcas. Sin embargo, te recomendamos que evites usarlas, al menos hasta que te sientas totalmente cómodo en francés.*

Vigésima octava lección

finir, *terminar, acabar*	
je finis	*termino*
tu finis	*terminas*
il/elle finit	*termina*
nous finissons	*terminamos*
vous finissez	*termináis / termina (usted) / terminan (ustedes)*
ils/elles finissent	*terminan*

Como siempre, la consonante (o la doble consonante) final es muda. Ten en cuenta también que las formas **nous** y **vous** tienen una sílaba extra (**je choisis, nous choisissons; tu finis, vous finissez**).
El negativo se forma de la forma habitual, con **ne... pas**:
Yo no termino, tu no terminas, etc.
Los interrogativos siguen el mismo patrón (entonación ascendente, **est-ce que** o inversión) que los verbos acabados en **-er**:
Vous finissez votre café ? ↗
Est-ce que vous finissez votre café ? } *¿Terminó su café?*
Finissez-vous votre café ?
(Recuerda que la forma interrogativa invertida es muy formal y rara vez se usa en el lenguaje cotidiano).
La característica distintiva de los verbos regulares del segundo grupo es un participio presente terminado en **-issant** (**finissant**, *terminado*, etc.). Es importante recordar esto porque algunos verbos acabados en **-ir** pertenecen al tercer grupo. Hablaremos de estos más adelante.

2 Pronombres de objeto directo

Aquí tienes una tabla completa de los pronombres de objeto directo:

me*	me
te*	te
le / la*	lo / la
nous	nos
vous	os / lo/la (usted) / los/las (ustedes)
les	los / las

* La vocal final se omite si la siguiente palabra comienza por vocal. Debido a esa omisión, es importante conocer el contexto de la oración. Por ejemplo, en **je l'écoute tous les jours**, el pronombre de objeto directo se puede referir a un sustantivo común o propio femenino (**la radio**, *la radio*, **la chanteuse**, *la cantante*) o masculino (**le bruit**, *el ruido*, **le guide**, *el guía*).

Por último, en una construcción con un auxiliar como **pouvoir** o **vouloir** seguido de un infinitivo, el pronombre se coloca entre los dos verbos:

Je peux le voir, *Yo puedo verlo*.
Nous voulons vous aider, *Queremos ayudarte*.

3 Adjetivos y pronombres interrogativos

3.1 *Quel..?*

Quel puede usarse con un sustantivo, en cuyo caso sirve como adjetivo, o como pronombre para reemplazar a un sustantivo:

quel	masc. sing.	
quelle	fem. sing.	*cuál/qué*
quels	masc. pl.	
quelles	fem. pl.	

Quel âge a votre enfant ? *¿Qué edad tiene su hijo?*
Quelle heure est-il ? *¿Qué hora es?*
Quels sont vos projets ? *¿Cuáles son sus planes?*
Quelles expositions sont intéressantes ? *¿Qué exposiciones son interesantes?*

Vigésima octava lección / 28

Por supuesto, la **-s** plural final es muda a menos que **quels/quelles** vaya antes de una palabra que comienza por vocal **quels‿enfants** [kelsa^{n}fa^n], **quelles‿expositions** [kelsecsposisio^n] o por una **h**: **quels‿hôtels** [kelsotel].

3.2 *Lequel...?*

Quel se usa para hacer preguntas sobre un grupo grande de cosas o personas, pero si el grupo es más pequeño o la elección se relaciona con un grupo predefinido, el adjetivo se combina con el artículo definido:

lequel	masc. sing.	
laquelle	fem. sing.	*cuál/cuáles*
lesquels	masc. pl.	
lesquelles	fem. pl.	

Lequel de ces hôtels préférez-vous ? *¿Cuál de estos hoteles prefiere usted?*
Laquelle des deux montres voulez-vous ? *¿Cuál de estos dos relojes quiere?*
Prendre des comprimés, d'accord, mais lesquels ? *Tome pastillas, vale, pero ¿cuáles?*
J'ai des grandes et des petites bananes. – Lesquelles sont les moins chères ? *–Tengo plátanos grandes y pequeños. –¿Cuáles son menos caros?*

4 Pronombres demostrativos: *celui*

Esta familia de pronombres se usa para referirse a algo que se ha mencionado anteriormente, y así evitar la repetición:

celui	masc. sing.	*el*
celle	fem. sing.	*la*
ceux	masc. pl.	*los*
celles	fem. pl.	*las*

Quel chemin prendre : celui de droite ou celui de gauche ? *¿Qué camino tomar: el de la derecha o el de la izquierda?*
Les deux chambres sont chères, mais celle du premier étage n'est pas très confortable, *Las dos habitaciones son caras, pero la del primer piso no es muy cómoda.*

cent huit • 108

Et celles du rez-de-chaussée sont petites.
Y las de la planta baja son pequeñas.
Les menus des crêperies sont moins chers que ceux des brasseries.
Los menús de las creperías son menos caros que los de las tabernas.

5 Números cardinales

Revisemos los números cardinales, que has asimilado de forma natural leyéndolos al pie de cada página. (Si has olvidado hacerlo, hazlo a partir de aquí y luego vuelve al principio del libro).

un	1	quinze	15
deux	2	seize	16
trois	3	dix-sept	17
quatre	4	dix-huit	18
cinq	5	dix-neuf	19
six	6	vingt	20
sept	7	trente	30
huit	8	quarante	40
neuf	9	cinquante	50
dix	10	soixante	60
onze	11	soixante-dix	70
douze	12	quatre-vingts	80
treize	13	quatre-vingt-dix	90
quatorze	14	cent	100

Para formar números superiores a 20, usa el múltiplo de diez seguido del segundo dígito, p. ej.: 66 = **soixante-six**. Sin embargo, esta regla no sirve para 70, 80 y 90, que se expresan en base 20 en lugar de base 10:

– 70 es 60+10 (**soixante-dix**), y así sucesivamente: **soixante et onze** (71), **soixante-douze** (72), **soixante-treize** (73), **soixante-quatorze** (74), **soixante-quinze** (75), **soixante-seize** (76), **soixante-dix-sept** (77), **soixante-dix-huit** (78), **soixante-dix-neuf** (79).

– 80 es 60+20: **quatre-vingts**, así pues: **quatre-vingt-un** (81), **quatre-vingt-deux** (82), **quatre-vingt-trois** (83), etc.

– 90 es 80+10: **quatre-vingt-dix**, y por tanto: **quatre-vingt-onze** (91), **quatre-vingt-douze** (92), **quatre-vingt-treize** (93), etc.

Este es el sistema utilizado en Francia. Al principio, requiere algo de práctica, pero pronto se convierte en algo natural. Por el contrario, Bélgica y Suiza tienen sistemas ligeramente diferentes –y posiblemente más lógicos. Ambos usan **septante** para 70 (por lo tanto, **septante et un** para 71, etc.) y **nonante** para 90 (**nonante et un**, etc.). Además, Suiza suele usar **huitante** para 80.

Las reglas que rigen la **-s** final en **vingt** y el uso de guiones son bastante complejas, por lo que por el momento concéntrate en aprender los números y adquirir el reflejo automático de verlos y decirlos en voz alta.

Por último, pero no menos importante, el número 0 en francés es **zéro**.

Dialogue de révision

1 – André joue à la loterie chaque semaine pour devenir très riche.
2 Il me dit qu'il lit le journal et réfléchit pendant quelques minutes.
3 Ensuite il choisit ses numéros – mais ce sont toujours les mêmes !
4 Et vous, comment est-ce que vous les choisissez ?
5 – Je joue les dates des anniversaires : celui de ma femme – je ne l'oublie pas – et ceux de mes deux fils.
6 Je choisis aussi des dates de mariage : celui de ma fille et celui de ma mère.
7 – Attendez : je finis de remplir la grille de jeu. Voilà.
8 Maintenant j'ai faim et j'ai soif : allons déjeuner ensemble.
9 Je connais une bonne pizzéria et aussi un restaurant breton dans le quartier : lequel préférez-vous ?
10 – Ça m'est égal. Disons celui qui ne me donne pas mal au ventre.
11 – Je suis tout à fait d'accord avec vous.

29 / Vingt-neuvième leçon

Traduction

1 André juega a la lotería todas las semanas para hacerse muy rico. **2** Me dice que lee el periódico y reflexiona durante unos minutos. **3** Después elige sus números –¡pero son siempre los mismos! **4** Y usted, ¿cómo los elige? **5** Yo juego las fechas de los cumpleaños: el de mi mujer –nunca lo olvido– y los de mis dos hijos. **6** También juego las fechas de boda: la de mi hija y la de mi madre. **7** Espere: acabo de rellenar la quiniela. Aquí está. **8** Ahora tengo hambre y sed: vayamos a comer juntos. **9** Conozco una buena pizzería y también un restaurante bretón en el barrio: ¿cuál prefiere? **10** Me da igual. Digamos el que no me dé dolor de estómago. **11** Estoy totalmente de acuerdo con usted.

29

Vingt-neuvième leçon

Comment vas-tu ?

1 – Salut [1], Louis ! Comment vas-tu [2] ?
2 – Je vais très bien. Et toi [2], Manon ? La forme ? [3]
3 – Ça va, merci. Qu'est-ce que tu fais ici ?
4 – Mes courses [4]. Je cherche une pâtisserie pour acheter une tarte ou un gâteau.
5 Les Mercier viennent dîner ce soir et je sais que Clément adore les pâtisseries [5].
6 Je dois aussi trouver un cadeau à leur offrir [6]
7 parce que c'est leur anniversaire [4] de mariage samedi prochain.
8 Mais je n'ai pas d'idées précises. Je ne connais [7] pas leurs goûts.
9 Est-ce que tu sais [7] où je peux acheter quelque chose d'original ?
10 – Il y a un centre commercial là-bas, près du bureau de poste. Tu le vois ?

111 • cent onze

Notarás que, de momento, las traducciones al español son bastante literales. Esto es deliberado porque queremos que te concentres en la sintaxis francesa, en lugar de comparar sistemáticamente los dos idiomas. No obstante, a medida que avancemos, las traducciones se volverán más idiomáticas.
Y ahora que estás familiarizado con las reglas básicas sobre las liaisons, ya no las marcaremos con el signo (vous_avez) que hemos utilizado únicamente para que te acostumbres a esta característica particular del francés hablado.

Vigésima novena lección

¿Cómo estás?

1 – ¡Hola, Louis! ¿Cómo estás?
2 – Muy bien. ¿Y tú, Manon? ¿Todo bien *(la forma)*?
3 – Bien, gracias. ¿Qué haces aquí?
4 – La compra *(mis compras)*. Busco una pastelería para comprar una tarta o un pastel.
5 Los Mercier vienen [a] cenar esta noche y que Clément adora los pasteles.
6 También tengo que encontrar un regalo para darles *(ofrecerles)*
7 porque es su aniversario de boda [el] próximo sábado.
8 Pero no tengo ideas precisas. No conozco sus gustos.
9 ¿Sabes dónde puedo comprar algo *(alguna cosa de)* original?
10 – Hay un centro comercial allí, cerca de la oficina de correos.

29 / Vingt-neuvième leçon

11 Dedans, tu as une superbe pâtisserie [5] qui vend des tartes délicieuses pour le dessert,
12 et des gâteaux [8] délicieux avec des noix, des morceaux [8] de chocolat et de la chantilly.
13 – Excellente idée ! Je sais que nos amis sont très gourmands.
14 Et pour le cadeau [8], qu'est-ce que tu penses d'un tableau [8] ?
15 – Plutôt [9] des tisanes, pour faciliter la digestion ! □

Pronunciación
... va-tû **1** salû lui ... **2** ... tua mano^n ... **3** ... keske-tû-fe ... **4** ... patiseri ... gato **5** le mersie vien dine ... clema^n ... **6** ... ofrir **7** ... mariash ... prosha^n **8** ... dide presiss ... ler gu **9** ... se ... doriyinal **10** ... se^{n}tr comersial laba ... tû-le-vua **11** deda^n ... tart-delisiess ... deser **12** ... delisie ... nua ... morso ... sha^{n}tilli **13** ecsela^{n}t-ide ... gurma^n **14** ... tablo **15** plûto de tisan ... fasilite ... diyestio^n

Notas de pronunciación
Como siempre, la **s** final de la segunda persona del singular, tú (va**s**, fai**s**, sai**s**, voi**s**, pense**s**, etc.) es muda: *[va]*, *[fe]*, *[se]*, *[vua]*, *[pans]*, etc.
(12) Observa la pronunciación de la doble l en **Chantilly**: *[sha^{n}ti-lli]*.

Notas

1 **Salut !** es un saludo familiar, equivalente a *¡Hola!* Como sustantivo singular, **un salut** es el gesto que se hace con la mano o con la cabeza.

2 **tu** es el pronombre de la segunda persona del singular, *tú*. Se usa cuando se habla con amigos cercanos, miembros de la familia y niños. **Toi**, en este contexto, es el pronombre de objeto directo.

3 **la forme**, que significa *la forma* también se utiliza para referirse a la forma física o la salud, como vimos en la lección 24. **Louis est en forme**

***

Chantilly *es una ciudad al norte de París, famosa por su castillo y sus jardines, una extensa biblioteca de manuscritos ilustrados y establos de entrenamiento de caballos de carreras de fama mundial. Pero podría decirse que es más conocida por el manjar que lleva su nom-*

113 • **cent treize**

Vigésima novena lección / 29

11 Dentro, tienes una pastelería extraordinaria que vende tartas deliciosas para el postre
12 y pasteles deliciosos con nueces, trocitos de chocolate y nata montada.
13 – ¡Excelente idea! Sé que nuestros amigos son muy golosos.
14 Y para el regalo, ¿qué te parece un cuadro?
15 – Mejor infusiones, ¡para facilitar la digestión!

> aujourd'hui, *Louis está en plena forma hoy*. La expresión educada **J'espère que tu es en forme ?** *¿Espero que estés bien?* se abrevia a menudo solamente con **La forme ?**, con una entonación ascendente, en contextos familiares.
>
> **4** Debes estar familiarizado con los dos significados de **les courses**: *la compra* (lección 13) y *carreras* (de caballos) (lección 22). De manera similar, **un anniversaire** puede significar tanto *un cumpleaños* como *un aniversario*. Recuerda tomar nota de estos homónimos, que a menudo pueden resultar desconcertantes.
>
> **5** **une pâtisserie** se refiere tanto a *un pastel* como a la tienda donde se compran, *una pastelería*.
>
> **6** **offrir**, *ofrecer*, también puede significar *dar* cuando se usa en el contexto de un regalo: **J'offre souvent des cadeaux à mes enfants**, *A menudo doy regalos a mis niños*. Ver también nota 8.
>
> **7** Ver lección 13, nota 5 y lección 35 para más detalles sobre la diferencia entre **savoir** y **connaître**.
>
> **8** Los sustantivos singular acabados en **-eau** forman el plural con una **x** (muda) final. Entre otros: **un cadeau** (*un regalo*), **un bureau** (*una oficina*), **un morceau** (*un trozo, un pedazo, una parte*), **un gâteau** (*un pastel*) y **un tableau** (*un cuadro*).
>
> **9** El adverbio **plutôt**, *mejor, más bien*, es una manera útil de calificar una declaración o expresar una preferencia: **Je n'aime pas les tartes, je préfère plutôt les gâteaux**, *No me gustan las tartas, prefiero mejor los pasteles*.

***

bre: **la crème de Chantilly** *–o, más comúnmente* **la crème chantilly** *(nata montada con vainilla y azúcar)– así como por* **la dentelle de Chantilly** *(el encaje Chantilly).*

cent quatorze • 114

Exercice 1 – Traduisez

❶ Clément n'est pas en forme. Il a la grippe. ❷ J'ai une excellente idée : je vais acheter une tarte aux noix pour le dessert. ❸ Je ne connais pas ses goûts et je ne sais pas ce qu'il aime. ❹ Nous devons acheter un cadeau pour Marc parce que c'est son anniversaire mardi prochain. ❺ Tu veux un café ? – Je préfère plutôt une tisane, s'il te plaît.

***

Exercice 2 – Complétez

❶ –Tenemos tres pasteles para el postre. –Deme tres trozos entonces.
Nous avons trois .... pour .... – .... trois .... alors.

❷ –¿Sabes dónde vas? –Sí, voy a la oficina de correos.
.... où ..... ? – Oui, je vais ....

❸ –¡Hola! ¿Qué tal estás? –Estoy muy bien. ¿Y tú?
..... ! .... ? – Je .... très bien. ...... ?

❹ La cena es excelente. Estos pasteles están deliciosos. Y el salón está delicioso también.
Le ..... est excellent. Ces .... sont .... Et le ...... est .... aussi.

Trentième leçon

J'ai un truc [1] à te demander...

1 – Excuse-moi un instant, Juliette. Je dois répondre au téléphone.
2 Allô ? [2] Ah, c'est toi, Antoine. Je t'entends [3] très mal.
3 Je perds le signal. Attends, ne quitte pas [4].
4 Reste où tu es. Je vais descendre au premier étage.
5 Tu sais que nous sommes au milieu de la campagne, sans antenne de téléphone !

Soluciones al ejercicio 1

❶ Clément no está bien. Tiene gripe. **❷** Tengo una idea excelente: voy a comprar una tarta con nueces para el postre. **❸** No conozco sus gustos y no sé qué le gusta. **❹** Tenemos que comprar un regalo para Marc porque es su cumpleaños el martes que viene. **❺** –¿Quieres un café? –Prefiero *(mejor)* una infusión, por favor.

***

❺ Tenemos que comprar algunos regalos para su hija porque es su cumpleaños mañana.
Nous .... des .... pour leur fille parce que c'est ... . demain.

Soluciones al ejercicio 2

❶ – gâteaux – le dessert – Donnez-moi – morceaux – **❷** Est-ce que tu sais – tu vas – au bureau de poste **❸** Salut – Comment vas-tu – vais – Et toi **❹** – dîner – pâtisseries – délicieuses – saumon – délicieux – **❺** – devons acheter – cadeaux – son anniversaire –

30
Trigésima lección

Tengo que preguntarte una cosa...

1 – Perdóname un momento *(instante)*, Juliette. Tengo que contestar al teléfono.
2 ¿Diga? Ah, eres tú, Antoine. Te escucho muy mal.
3 Pierdo la señal. Espera, no cuelgues.
4 Quédate donde estás. Voy a bajar al primer piso.
5 Sabes que estamos en medio del campo, ¡sin antena de teléfono!

30 / Trentième leçon

6 Voilà : est-ce que tu entends ma voix ? Je mets [5] le haut-parleur.
7 – Oui, c'est bien. J'ai un truc [1] à te demander, Stéphane.
8 – Vas-y [6]. Qu'est-ce que je peux faire pour toi ?
9 – Peux-tu me prêter ton aspirateur ? J'en ai besoin pour nettoyer ma piscine.
10 Le magasin dans notre village n'en vend pas.
11 Je promets de ne pas le perdre ! Tu peux me faire confiance.
12 – Écoute, je veux bien [7] mais ça ne dépend pas entièrement de moi.
13 Je vais demander à Juliette si elle en a besoin. […]
14 Bon, c'est d'accord si tu nous le rends avant la fin de la semaine.
15 – Merci. Je te le rends après-demain. À tout à l'heure [8].

Pronunciación
… trûc … **1** excus-mua … yuliet … repoⁿdr … **2** alo … aⁿtuan … taⁿtaⁿ … **3** … per la siñal … ataⁿ ne kit pa **4** … premier-etash **5** … o-milie … caⁿpañ saⁿs-aⁿten … **6** … aⁿtaⁿ ma vua … me … o-parler **7** … trûc … stefan **8** vasi … **9** … prete toⁿ-aspirater … besuaⁿ … netuaye … pissin **10** … vilash naⁿ-vaⁿ … **11** … prome … perdr … coⁿfiaⁿs **12** … depaⁿ … aⁿtiermaⁿ … **14** … raⁿ …

Notas de pronunciación
(4) La terminación **-ier** se pronuncia generalmente como *[-ie]*: **premier**, *[premie]*. Pero cuando la siguiente palabra comienza por una vocal, esa sílaba final se convierte en *[ier]*: **premier étage**: *[premier-etash]*.

Notas
1 **un truc** es una palabra coloquial y muy frecuente que significa *una cosa*, *algo*, etc.

117 • **cent dix-sept**

Trigésima lección / 30

6 Ya: ¿me oyes *(es que oyes mi voz)*? **Pongo el altavoz.**
7 – Sí, está bien. Tengo que preguntarte una cosa *(una cosa para preguntarte)*, **Stéphane.**
8 – Adelante *(ve alli)*. ¿Qué puedo hacer por ti?
9 – ¿Puedes prestarme el limpiafondos *(el aspirador)*? Lo necesito para limpiar la piscina.
10 La tienda de nuestro pueblo no los vende.
11 ¡Prometo no perderlo! Puedes confiar en mí *(me hacer confianza)*.
12 – Escucha, no me importa *(quiero bien)* pero no depende enteramente de mí.
13 Voy a preguntar a Juliette si lo necesita […]
14 Bien *(bueno)*, está bien si nos lo devuelves antes del fin de semana.
15 – Gracias. Te lo devuelvo pasado mañana. Hasta luego *(a todo a la hora)*.

---

2 **Allô** proviene del inglés *hello* y, en Francia, se usa solo para contestar el teléfono (en Quebec, también es un saludo, como *¡Hola!*). Esta palabra se encuentra a menudo en los nombres comerciales de los servicios de urgencias, como **Allô Serrurier** para un cerrajero 24 horas.

3 **entendre**, *escuchar*, junto con **vendre** (lección 29) y varios otros verbos en esta lección, proporcionan una introducción al Grupo Tres, que comprende tres tipos de terminaciones divididas en subcategorías. Los verbos de la primera subcategoría terminan en **-re**. Las inflexiones son **j'entends, tu entends, il/elle entend, nous entendons, vous entendez, ils entendent**. Ten en cuenta que la **-s** generalmente se elimina de la segunda persona del singular en el imperativo (ver también nota 5).

4 **quitter**, *dejar*, *salir de*, *abandonar*. **Quittez l'autoroute à la sortie trente**, *Salga de la autopista por la salida 30*. Al teléfono, **Ne quittez pas**, o **Ne quitte pas** en la forma familiar, significa *No cuelgue(s)*, *Espere/a* "No se/te vaya(s)".

5 **mettre**, *poner*, es un verbo importante (**je mets, tu mets, il/elle met, nous mettons, vous mettez, ils mettent**).

cent dix-huit • 118

30 / Trentième leçon

6 **Vas-y** es la forma familiar de **Allez-y**, *Vamos, adelante, venga* (lección 12, nota 2). La **-s** final se mantiene en el imperativo delante de los pronombres adverbiales **en** e **y** para facilitar la pronunciación (*[vassi]*).

7 **vouloir bien** (literalmente *"querer bien"*) se usa en expresiones corteses como **Je veux bien** o **Si vous voulez** / **tu veux bien** para expresar aceptación (similar a las expresiones formales *Si no le importa* o *Si me hace el favor* en español).

***

Exercice 1 – Traduisez

❶ Je vous entends très mal. – En effet, nous perdons le signal. ❷ J'ai un truc à vous demander. – Qu'est-ce que c'est ? ❸ Pouvez-vous me prêter votre voiture ? ❹ Allô ? Ne quittez pas : je vais voir si elle est là. ❺ Non, elle n'est pas au bureau actuellement mais elle revient tout à l'heure.

***

Exercice 2 – Complétez

❶ Discúlpeme un segundo. Ya está: ¿puede oírme ahora?
 . . . . un instant. Voilà : est-ce que . . . . maintenant ?

❷ Le presto el aspirador si promete devolvérmelo mañana.
 Je . . . . si . . . . de me le . . . . . . demain.

❸ ¿Qué podemos hacer por usted? ¿Pasteles? Lo siento, no los vendemos.
 Qu'est-ce que . . . . pour . . . . ? Des gâteaux ? Désolé, ... en . . . .

❹ Usted sabe que estamos en medio del campo, ¡y sin coche!
 . . . . que . . . . la campagne, et . . . . voiture !

❺ Quédese donde esté. Nosotros bajamos al tercer piso.
 . . . . . . où . . . . troisième étage.

119 • **cent dix-neuf**

Trigésima lección / 30

8 Usada con los tiempos presente o futuro, la locución adverbial **à tout à l'heure** "a todo a la hora" equivale a *dentro de un rato* o, como despedida, *Hasta luego*: Je reviens dans quelques minutes. – À tout à l'heure. –*Regreso en unos minutos.* –*Hasta luego.* También se puede usar en una oración en pasado, con el significado de *hace un momento*.

***

Soluciones al ejercicio 1

❶ –Le oigo muy mal. –De hecho, perdemos la señal. ❷ –Tengo que preguntarle una cosa. –¿Qué es? ❸ ¿Puede prestarme su coche? ❹ ¿Diga? No cuelgue, voy a ver si está allí. ❺ No, no está en la oficina en este momento, pero regresa dentro de un rato.

Soluciones al ejercicio 2

❶ Excusez-moi – vous m'entendez – ❷ – vous prête l'aspirateur – vous promettez – rendre – ❸ – nous pouvons faire – vous – nous n' – vendons pas ❹ Vous savez – nous sommes au milieu de – sans – ❺ Restez – vous êtes – Nous descendons au –

***

Al principio puede resultar difícil dominar le tutoiement *(¿cuándo usarlo?, ¿con quién?). En la mayoría de los casos, te ayudará el contexto: si alguien se dirige a ti con la forma* tu, *puedes responder de la misma manera. Si no estás seguro de qué forma es la apropiada (*tu *o* vous*) para dirigirte a alguien, opta siempre por la formal. Para más información, ver la lección 35.*

cent vingt • 120

31 Trente et unième leçon

J'en ai besoin rapidement

1 – Que puis-je [1] faire pour vous, madame ?
2 – Est-ce que vous avez des bouilloires électriques ?
3 – J'en [2] ai deux : celle-ci [3], à moins de cent euros,
4 et celle-là [3], qui est à quatre cents euros.
5 – Mais c'est hors [4] de prix ! Elle est en [5] argent [6] ?
6 – Bien sûr que non. C'est un appareil très sophistiqué : il est même connecté à Internet !
7 Tout le monde en parle, et j'en vends beaucoup.
8 Mais celle à cent euros marche très bien aussi, je vous assure.
9 – Est-ce que vous en êtes sûr [7] ?
10 – Oui, j'en suis certain. Tous mes clients en sont contents, enfin, presque tous…
11 – Bon, d'accord. Donnez-moi celle à quatre cents.
12 – Excellent choix. Je regarde sur mon ordinateur…
13 Ah, excusez-moi : nous n'en avons plus.
14 Vous en avez besoin aujourd'hui ? Sinon, je peux en commander une pour demain.
15 – Non, j'en ai vraiment besoin rapidement. Tant pis [8]. Merci pour votre aide.
16 – Je vous en prie [9]. Merci de votre visite. □

Pronunciación

yeⁿ-e-besuaⁿ rapidmaⁿ **1** ke puis … **2** … builluars electric **3** yeⁿ e de … sel-si … **4** … sel-la … catr saⁿ … **5** … or de pri … etaⁿ-aryaⁿ **6** … apareill tre sofistike … conecte a aⁿternet **7** tu le moⁿd … veⁿ … **8** … vuz-aseur **9** … vus eⁿ et sûr **10** … sertaⁿ … tu me cliaⁿ … coⁿtaⁿ … preske tus **12** … shua … ordinater **13** … neⁿ avoⁿ plû **15** … taⁿ pi … **16** ye vu seⁿpri …

121 • cent vingt et un

Trigésima primera lección

Lo necesito rápido

1 – ¿Qué puedo hacer por usted, señora?
2 – ¿Tiene hervidores eléctricos?
3 – Yo *(los)* tengo dos: este de aquí, a menos de cien euros,
4 y ese de allí, que está a cuatrocientos euros.
5 – ¡Pero es carísimo *(fuera de precio)*! ¿Está hecho de *(en)* plata?
6 – Por supuesto que no. Es un aparato muy sofisticado: ¡incluso está conectado a internet!
7 Todo el mundo habla de ello, y vendo muchos.
8 Pero el de *(at)* cien euros funciona muy bien también, se lo aseguro.
9 – ¿Está seguro *(de ello)*?
10 – Sí, estoy seguro. Todos mis clientes están contentos *(con él)*, bueno, casi todos…
11 – Vale, de acuerdo. Deme el de cuatrocientos.
12 – Excelente elección. Voy a ver en el ordenador…
13 Ah, discúlpeme: no nos queda ninguno *(no de él tenemos más)*.
14 ¿Lo necesita hoy? Si no, puedo *(de él)* pedir uno para mañana.
15 – No, realmente lo necesito rápido. No importa. Gracias por su ayuda.
16 – De nada *(se lo ruego)*. Gracias por su visita.

Notas de pronunciación
(2) Esta es otra palabra con -ll-. Como de costumbre, después de una vocal doble, el fonema se pronuncia *[ll]*: *[builluar]*. Vale la pena repetir la palabra varias veces en voz alta para familiarizarse con la pronunciación.

31 / Trente et unième leçon

Notas

1. Ya hemos visto **puis-je** en los Ejercicios de la lección 26. El término, derivado de la antigua forma interrogativa **je peux**, *puedo*, ahora solo se usa en preguntas formales y educadas: **Puis-je avoir votre nom ?** *¿Puede darme su nombre?*; **Que puis-je faire pour vous ?** *¿Qué puedo hacer por usted?* (**Puis-je** no se puede usar en preguntas formadas con **est-ce que… ?**, que, por definición, son menos formales que la interrogativa invertida).

2. El pronombre adverbial **en** ya lo conocimos en la lección anterior. Tiene varias funciones, especialmente la de evitar la repetición de un sustantivo. **En** se usa frecuentemente con los partitivos **du/de la/des**: **J'ai du café. Vous en voulez ?** *Tengo café. ¿Quiere uno?* Ver también nota 5.

3. Los pronombres demostrativos **celui / celle / ceux / celles** (lección 28) no se pueden usar por sí solos (**Les tartes ? J'aime celles aux fraises**). Pero pueden tomar los sufijos **-ci** (*aquí*, una abreviatura de **ici**, que no tiene cedilla debajo de la c) y **-là** cuando indican (o "demuestran") una cosa específica que está cerca o lejos del hablante: **Tu veux celui-ci ?**, *¿Quieres este [de aquí]?* **Nous préférons celles-là**, *Preferimos esos [de allí]*.

4. **hors** (pronunciado *[or]*) significa *fuera de*. Seguida de **de**, es una frase preposicional: **Il est hors du bureau pour le moment**, *Está fuera de la oficina de momento*. También se puede usar en expresiones hechas como **hors de question** (ver lección 18), **hors de prix** "fuera de precio", *demasiado* o *escandalosamente caro*, así como el término culinario **hors d'œuvre**, "fuera de trabajo", *un entrante*.

5. **en** también es una preposición que significa *en*. Se puede usar en frases que indican un estado –**en or**, *en/de oro*– o una situación, **en vacances**,

***

Exercice 1 – Traduisez

❶ Les clés de la voiture sont sur la table, j'en suis sûre.
❷ Qu'est-ce que je peux faire pour vous, monsieur ?
❸ Est-ce que cette montre est en or ? – Bien sûr que non !
❹ Avez-vous du lait pour le café ? – Non, nous n'en avons plus.
❺ Cet hôtel est hors de prix. Toutes les chambres sont à plus de cinq cents euros !

Trigésima primera lección / 31

de vacaciones. Por el momento, simplemente memoriza las frases que vayas encontrando. Aprenderemos más a medida que avancemos.

6 Sabemos que **l'argent** significa *dinero*, pero también significa *plata*. En este caso, va precedido de **de** (**la médaille d'argent**, *la medalla de plata*) o **en**: **Ma nouvelle montre est en argent**, *Mi nuevo reloj es de plata*.

7 No confundas la preposición **sur**, *sobre*, **en** con el adjetivo **sûr**, *seguro*. Ambas palabras (y el adjetivo femenino **sûre**) se pronuncian igual, pero el acento circunflejo de la segunda palabra hará que sea más fácil que las distingas.

8 **tant pis** es una frase hecha que significa *Mala suerte* o *No importa*. (**Pis** es una forma literaria de **pire**, *peor*, que veremos en breve).

9 **Je vous en prie** es la respuesta estándar a **Merci**, *Gracias*. La forma coloquial (**tu**) es **Je t'en prie**. Aunque la traducción literal, "se lo ruego", es muy formal (y rara vez se usa) en español, la expresión francesa –tanto con **vous** como con **tu**– es muy común.

Soluciones al ejercicio 1

❶ Las llaves del coche están sobre la mesa, estoy segura. ❷ ¿Qué puedo hacer por usted, señor? ❸ –¿Este reloj es de oro? –¡Por supuesto que no! ❹ –¿Tiene leche para el café? –No, no nos queda nada. ❺ Este hotel es carísimo. Todas las habitaciones están a más de quinientos euros.

cent vingt-quatre • 124

Exercice 2 – Complétez

❶ Tenemos dos tartas: esta, que es con chocolate, y esta, con fresas.
   Nous avons deux tartes : . . . ., qui est . . chocolat, et
   . . . ., . . fraises.

❷ –Lo siento, pero no nos queda ninguno. –Pero yo lo necesito antes de mañana.
   Je suis désolé, ...– Mais . . . .
   avant demain.

❸ Hay varios vinos: estos son rojos y esos son blancos. Pero yo, prefiero este.
   Il y a . . . . vins : . . . . . sont des . . . . . . et . . . . . sont
   des . . . . Mais moi, je préfère . . . .

32

Trente-deuxième leçon

Je ne peux plus continuer comme ça

1 – Pourquoi est-ce que vous êtes si [1] fatigué quand vous rentrez chez vous le soir ?
2 – Mon travail est vraiment épuisant, vous savez [2].
3   Je suis responsable d'une équipe d'une dizaine [3] de personnes
4   dans le service commercial d'une petite entreprise, *Gagner Plus*.
5 – Je connais cette société. Qu'est-ce que vous y faites ?
6 – Nous répondons aux mails des clients : nous en recevons [2] des centaines [3] chaque jour.
7   En principe, nous devons [2] les lire systématiquement, mais ce n'est pas toujours possible.

❹ –¿Estás seguro, Michel? –Estoy absolutamente seguro *(de ello)*. Todo el mundo habla de ello.
Vous êtes..., Michel ? – .... absolument .... !
.... parle.

❺ –Todos mis clientes están contentos. –¿Todos, o casi todos?
.... mes clients ... . –...., ou presque ....?

Soluciones al ejercicio 2

❶ – celle-ci – au – celle-là – aux ❷ – nous n'en avons plus – j'en ai besoin – ❸ – plusieurs – ceux-ci – rouges – ceux-là – blancs – celui-ci ❹ – sûr – J'en suis – certain – Tout le monde en – ❺ Tous – sont contents – Tous – tous

---

32

Trigésima segunda lección

Ya no puedo *(no puedo más)* seguir así

1 – ¿Por qué está tan cansado cuando regresa a casa [por] la tarde?
2 – Mi trabajo es realmente agotador, ¿sabe?
3   Soy responsable de un equipo de unas diez personas
4   en el departamento de *marketing* de una pequeña empresa, *Gagner Plus (Ganar más)*.
5 – Conozco esa compañía. ¿Qué hace allí *(allí hace)*?
6 – Respondemos a los emails de los clientes: *(los)* recibimos cientos cada día.
7   En principio, debemos leerlos sistemáticamente, pero no siempre es posible.

32 / Trente-deuxième leçon

8 Bien sûr, nous ne pouvons [2] pas répondre à chacun [4] d'entre eux, même si nous faisons de notre mieux.
9 Nous savons [2] que nous faisons quelque chose de très important.
10 Je ne refuse jamais [5] d'aider mes collègues : je jette un coup d'œil [6] à leur travail
11 et je leur [7] donne un coup de main quand je peux.
12 À la fin de la journée, j'ai mal aux yeux [6] et souvent des maux de tête [8].
13 Je ne peux plus [5] regarder la télé, même quand il y a quelque chose qui me [7] plaît.
14 Demain je vais voir le directeur et lui [7] dire que je ne peux plus [5] continuer comme ça.
15 – Ah, vous n'êtes pas au courant ? Vous ne pouvez plus lui [7] parler :
16 il vient de démissionner – à cause de la fatigue. □

Pronunciación
*... co*ⁿ*tinue com sa **1** ... si-fatigue ... **2** ... epuisa*ⁿ *... **3** ... respo*ⁿ*sabl ... ekip ... disen ... **4** ... ... e*ⁿ*trepris ... **5** ... sosiete ... fet **6** ... repo*ⁿ*do*ⁿ *o mail ... resevo*ⁿ *de se*ⁿ*ten ... shac ... **7** a*ⁿ *pra*ⁿ*sip ... .devo*ⁿ *... lir sistematicma*ⁿ *... **8** ... shaca*ⁿ *da*ⁿ*tre... feso*ⁿ *... mie **10** ... refûs yame... coleg ... yet ... cu-doill ... **11** ... ye ler don ... cu-de ma*ⁿ *... **12** ... mal o ye ... mo de tet **13** ... tele ... me ple **14** ... directer ... **15** ... o cura*ⁿ *... lui parle **16** ... demisione ... fatig*

Notas de pronunciación
(10) La ligadura œ no tiene un sonido equivalente en español. Para pronunciar **un œil**, *un ojo*, utiliza una 'o abierta' seguida de una *i* y acaba en una *ll*: *[oill]*. Escucha atentamente la grabación e intenta imitar al locutor.

Notas
1 Como sabemos, **si** significa *si*, pero también puede ser un intensificador, como *tan*. **Ma collègue est si fatiguée qu'elle ne peut plus continuer**, *Mi compañera está tan cansada que ya no puede continuar*.

127 • cent vingt-sept

Trigésima segunda lección / 32

8 Por supuesto, no podemos responder a cada uno *(de entre ellos)*, incluso si damos lo mejor de nosotros *(hacemos de nuestro mejor)*.
9 Sabemos que hacemos algo *(de)* muy importante.
10 Nunca me niego a ayudar a mis compañeros: echo un vistazo *(lanzo un golpe de ojo)* a su trabajo
11 y les echo una *(golpe de)* mano cuando puedo.
12 Al final del día, me duelen los ojos y, a menudo, [tengo] dolores de cabeza.
13 Ya no puedo ver la televisión, incluso cuando hay algo que me gusta.
14 Mañana voy a ver el director y le diré que ya no puedo seguir así.
15 – Ah, ¿no está usted al corriente? Ya no puede hablar con él:
16 acaba de renunciar… debido a la fatiga.

---

2 Esta lección analiza la segunda subcategoría de verbos del tercer grupo: los que terminan en **-oir**: **devoir**, *deber / tener que*; **pouvoir**, *poder / ser capaz de*; **recevoir**, *recibir*; **savoir**, *saber*; y **voir**, *ver*. Ya te has encontrado con la mayoría de ellos, así que ahora puedes ver que se conjugan de la misma manera.

3 Al igual que **une dizaine**, *aproximadamente / unos diez* (lección 19, nota 3), **une centaine** significa *unos cien*. El indefinido plural se puede usar de la misma manera que *cientos* en español: **Je reçois des centaines de mails d'une dizaine de collègues**, *Recibo cientos de emails de unos diez compañeros*.

4 Los pronombres indefinidos **chacun** (masculino) y **chacune** (femenino) están compuestos de **chaque** y **un/une**: *cada uno / una*. **Je regarde chacun des mails en détail**, *Miro cada email* (o, como alternativa, *cada uno de esos emails*) *en detalle*. Para enfatizar, el pronombre se puede colocar al final de la frase, como en español: **Ces bouilloires coûtent cent euros chacune**, *Estos hervidores cuestan cien euros cada uno*. No confundas **chacun(e)** con **chaque**, que va seguido de un sustantivo: **Chaque appareil coûte cent euros**, *Cada aparato cuesta cien euros*. Obviamente, ni **chacun(e)** ni **chaque** tienen forma plural.

cent vingt-huit • 128

32 / Trente-deuxième leçon

5 La forma negativa del verbo generalmente se construye con **ne… pas**. En algunos casos, sin embargo, **pas** se puede reemplazar con un adverbio, en particular **jamais** y **plus**. **Il ne répond jamais au téléphone**, *Nunca contesta el teléfono*; **Elle ne répond plus à mes messages**, *Ella ya no responde a mis mensajes*.

6 Otro plural irregular muy común es el sustantivo masculino para *el ojo*, **l'œil**, que se convierte en **les yeux** (pronunciado *[ye]*). Observa también el modismo **un coup d'œil**, *un vistazo*, que se usa con el verbo **jeter**, *lanzar*. (La expresión **donner un coup de main**, usada en la línea 11, es equivalente al modismo en español *echar una mano*).

***

Exercice 1 – Traduisez
❶ Mon collègue Simon est très fatigué parce qu'il travaille trop en ce moment. ❷ Je suis au courant que tu fais un travail très important. ❸ Je reçois des centaines de mails par jour et je réponds à chacun. ❹ Jetez un coup d'œil à cette photo. C'est qui ? ❺ Donnez-moi un coup de main, s'il vous plaît. J'ai mal à la tête.

***

Exercice 2 – Complétez
❶ Cada Navidad les doy un regalo, pero no me dicen nunca "Gracias".
  …… Noël ………… un cadeau mais ils ………
  …… "Merci".

❷ –¿Puedes prestarnos algo de dinero? –Quizás. No lo sé.
  ………… prêter ……… ? – Peut-être. Je ………

❸ Estos aparatos son muy caros. Cada uno cuesta unos cien euros.
  … appareils sont ……… . …… coûte une …… d'euros.

❹ Max nunca contesta mis cartas. Esto no puede seguir así.
  Max ………… à mes lettres. Ça …………
  comme ça.

❺ –No quieren ayudarme. –Voy a hablar con ellos, pero es su empresa.
  Ils ………… m'aider. – Je vais …. parler, mais c'est
  ………… .

129 • cent vingt-neuf

Trigésima segunda lección / 32

7 Los pronombres de objeto indirecto son **me, te, lui, nous, vous** y **leur**. Max **nous** donne un coup de main, *Max nos echa una mano*. Peux-tu **me** prêter dix euros ? *¿Puedes prestarme diez euros?* Son idénticos a los pronombres de objeto directo, excepto en las terceras personas del singular y del plural: **lui** y **leur**. Observa que el singular **lui** puede referirse a ella o a él. **Je lui donne un cadeau**: *Le doy un regalo (a él o a ella)*. Por último, no confundas el pronombre **leur** con el adjetivo posesivo, que es escribe exactamente igual: **leur travail**, *su trabajo*.

8 El plural de **un mal**, *un dolor*, es **des maux**. Ver lección 24, nota 3.

***

Soluciones al ejercicio 1
❶ Mi compañero Simon está muy cansado porque trabaja mucho en este momento. ❷ Estoy al corriente de que haces un trabajo muy importante. ❸ Recibo cientos de emails al día y respondo a cada uno. ❹ Echa un vistazo a esta foto. ¿Quién es? ❺ Échame una mano, por favor. Me duele la cabeza.

Soluciones al ejercicio 2
❶ Chaque – je leur donne – ne me disent jamais – ❷ Pouvez-vous nous – de l'argent – ne sais pas – ❸ Ces – très chers – Chacun – centaine – ❹ – ne répond jamais – ne peut plus continuer – ❺ – ne veulent pas – leur – leur société

cent trente • 130

Al igual que el español, el francés también ha tomado prestadas algunas palabras al inglés. Este es un primer ejemplo. La palabra email *se importó al francés hace décadas como sustantivo (pero no como verbo). Desde entonces, se han realizado serios esfuerzos para encontrar una palabra casera equivalente –especialmente* **un courriel**,

Trente-troisième leçon

Je n'ai rien dans ma garde-robe

1 – Ah, c'est toi, Margot. Entre [1] et assieds-toi [2].
2 – Je ne vous dérange pas ? Je peux revenir si vous voulez.
3 – Tu ne nous déranges pas du tout [3]. Qu'est-ce que tu veux ?
4 – J'ai besoin d'une nouvelle robe d'été : aidez-moi [2] à la choisir.
5 – Tu en as besoin, ou tu en as envie ? Ce n'est pas la même chose !
6 – Je sais bien, mais quelle importance ? Je veux en acheter une.
7 Je n'ai rien [4] dans ma garde-robe. Tous mes vêtements [5] sont vieux.
8 – Bien, regardons en ligne. Tu connais ce site, mode.fr ?
9 "Choisissez parmi des milliers [6] de modèles pour trouver le vêtement [5] de vos rêves".
10 C'est génial. Tu trouves tout : des robes, des jupes, des pulls, des manteaux.
11 Ce n'est pas vraiment bon marché [7] mais les prix sont raisonnables.
12 Regarde : ce chemisier est joli, n'est-ce pas ? Il existe en rouge, en bleu et en orange.

acrónimo de **le courrier électronique** *(correo electrónico), que se abre camino poco a poco (se usa sobre todo en Canadá). Pero en el uso diario, el sustantivo colectivo* **le mail** *y el singular* **un mail** *(pronunciado [mail]) cada vez se aceptan más. (Cuidado: el sustantivo* **émail***, con acento agudo, significa* esmalte*).*

Trigésima tercera lección

No tengo nada en el armario

1 – Ah, eres tú, Margot. Entra y siéntate.
2 – ¿No os molesto? Puedo volver más tarde si quieres.
3 – No nos molestas en absoluto. ¿Qué quieres?
4 – Necesito un vestido de verano nuevo: ayudadme a elegirlo.
5 – ¿Lo necesitas o lo quieres? ¡No es lo mismo!
6 – Lo sé bien, pero ¿qué importa *(importancia)*? Quiero comprar uno.
7 No tengo nada en mi armario. Toda mi ropa es vieja.
8 – Bien, veamos en línea. ¿Conoces este sitio, mode.fr *(moda.fr)*?
9 "Elige entre miles de modelos para encontrar la prenda de tus sueños".
10 Es genial. Encuentras [de] todo: vestidos, faldas, jerséis, abrigos.
11 No es realmente barato *(buen-mercado)* pero los precios son razonables.
12 Mira: esta camisa es bonita, ¿no? La hay *(existe)* en rojo, azul y naranja.

cent trente-deux • 132

33 / Trente-troisième leçon

13 – Je cherche une robe verte, noire ou bleue [8], pas un chemisier orange ou jaune !
14 – Et celle-là ? Qu'est-ce que tu en penses ? C'est très chic.
15 – Non, je ne vois rien [4] qui m'intéresse. Mais merci quand même ! À demain.

Pronunciación
1 ... margo a^n tr e asie-tua *2* ... dera^n y ... revenir ... *3* ... ve *4* ... rob dete ... *6* ... kel a^n porta^n s ... *7* ... vetma^n ... vie *8* ... a^n liñ ... sit mod pua^n ef er *9* ... parmi de milie de model ... vetma^n ... rev *10* se yenial ... yup ... pul ... ma^n to *11* ... resonabl *12* ... shemisie ... yoli nes pa ... ecsist ...rus ... ble ... ora^n sh *13* ... vert nuar ... yon *14* ... shic *15* ... ca^n mem ...

Notas

1 Recuerda que la segunda persona singular del imperativo de los verbos acabados en **-er** no tiene **-s** final (**tu entres** → **Entre !** *tú entras* → *¡Entra!*). Sin embargo, para todos los verbos regulares y muchos irregulares acabados en **-ir** y en **-re**, el imperativo es idéntico al indicativo: **tu attends** → **Attends !**

2 Cuando se usan con el imperativo, los pronombres de objeto directo **me** y **te** se convierten en **-moi** y **-toi**: **vous me donnez la clé** → **Donnez-moi la clé !**; **tu t'assieds** → **Assieds-toi !**

3 Ya vimos **pas du tout**, *en absoluto*, usado por sí solo (lección 3) como una negación enfática. La frase se puede usar también detrás de un verbo: **Je ne les connais pas du tout**, *No los conozco en absoluto*.

***

Exercice 1 – Traduisez

❶ Entrez et asseyez-vous. Vous ne nous dérangez pas. ❷ Et celui-ci, qu'est-ce que vous en pensez ? ❸ Est-ce que nous pouvons vous aider ? – Non, mais merci quand même. ❹ Nous pouvons revenir demain ou après-demain si tu veux. ❺ Ce vêtement est un peu trop petit, mais il est joli et bon marché.

133 • cent trente-trois

Trigésima tercera lección / 33

13 – Busco un vestido verde, negro o azul, ¡no una camisa naranja o amarilla!
14 – ¿Y esa de allí? ¿Qué te parece *(de ella)*? Es muy elegante.
15 – No, no veo nada que me interese. ¡Pero gracias de todas formas! Hasta mañana.

4 Esta es otra construcción negativa formada con **ne** y un adverbio (ver lección 32, nota 5), en este cadjgso **rien**: **Je n'ai rien à faire à la maison**, *No tengo nada que hacer en casa*; **Il ne voit rien la nuit**, *No ve nada de noche*. Recuerda que **pas** no se usa en este tipo de construcción, de lo contrario crearía una doble negación.

5 **les vêtements** significa *la ropa* (**Ses vêtements sont chics**, *Su ropa es elegante*) mientras que **un vêtement** es *una prenda de ropa*. **Ce vêtement est trop petit**, *Esta prenda es muy pequeña*.

6 **mille** es *mil* y **un millier** es *aproximadamente mil*, *miles*, igual que **dix** / **une dizaine** (lección 19, nota 3) y **cent** / **une centaine** (lección 32, nota 3). También tiene una forma plural: **Des milliers de gens**, *Miles de personas*. Y siempre es masculino.

7 El adjetivo compuesto **bon marché** "buen mercado" significa *barato* (sin una connotación negativa). Es invariable: **Voici une liste des hôtels bon marché à Bordeaux**, *Esta es una lista de hoteles baratos en Burdeos*. Un sinónimo es **pas cher**, *no caro*, pero en ese caso, el adjetivo concuerda: **des hôtels pas chers**.

8 Cuando se usan como adjetivos, los colores concuerdan generalmente con el sustantivo en género y número: **un manteau bleu**, *un abrigo azul*, **des jupes bleues**, *las faldas azules*. Por supuesto, si el adjetivo masculino acaba en **-e**, no cambia: **un pull jaune**, **une robe jaune**.

***

Soluciones al ejercicio 1

❶ Entre y siéntese. No nos molesta. ❷ Y esta, ¿qué le parece? ❸ –¿Le podemos ayudar? –No, pero gracias de todas formas. ❹ Podemos volver mañana o pasado mañana si quieres. ❺ Esta prenda es un poco pequeña, pero es bonita y barata.

cent trente-quatre • 134

Exercice 2 – Complétez

❶ –Entra. –No puedo, no tengo la llave. Dámela.
..... – Je ...., je n'ai pas la clé .....-la-....

❷ Hay miles de sitios de internet. Ayúdame a elegir, por favor.
Il y a .... sites Internet. .... choisir ....

❸ –Quiero comprar ropa: una falda, un jersey y un abrigo. –¿Eso es todo?
Je .... acheter ....: ...., ... et ....
– C'est .... ?

❹ –No tenemos nada que hacer mañana. –Lo sé, ¿pero qué importa?
Nous .... demain. – Je sais, ... ?

❺ –¿Su abrigo es verde o azul? –Creo que es negro.
Est-ce que .... est .... ou .... ? – Je pense ....

34

Trente-quatrième leçon

Les randonneurs

1 – Je ne cours [1] plus parce que j'ai trop mal aux genoux [2] – je souffre [1] énormément,
2 mais je ne peux pas rester sans rien [3] faire.
3 Cette année, je fais une marche de soixante-dix kilomètres
4 entre les villes de Colmar et Strasbourg, en Alsace.
5 Je pars [1] bien avant le soleil de midi, et j'arrive le lendemain vers vingt heures.
6 Je m'arrête à mi-chemin [4], près de Sélestat, pour manger et dormir [1].
7 J'y [5] passe la nuit et repars [1] après le petit-déjeuner.
8 – Vous faites cette randonnée tout seul, ou avec d'autres gens ?

135 • **cent trente-cinq**

Soluciones al ejercicio 2

❶ Entre – ne peux pas – donne – moi – ❷ – des milliers de – Aide-moi à – s'il te plaît ❸ – veux – des vêtements – une jupe – un pull – un manteau – tout ❹ – n'avons rien à faire – mais quelle importance – ❺ – son manteau – vert – bleu – qu'il est noir

***

Le Bon Marché *es el nombre del primer* **grand magasin** *(gran almacén) del mundo, que se inauguró en París en 1852. Aunque el francés utiliza la expresión verbal* **faire ses courses** *para hablar sobre la compra de alimentos y otros productos básicos, se prefiere el término* **faire du shopping** *cuando se habla de buscar y comprar otros productos, especialmente ropa. Naturalmente, a los puristas no les gusta esta importación –insisten en* **faire des achats** *(hacer compras), mientras que los canadienses de habla francesa dicen* **faire du magasinage**– *pero en el uso diario es en gran parte (y desafortunadamente) inevitable.*

Trigésima cuarta lección

Los excursionistas

1 – Ya no corro porque me duelen mucho las rodillas *(tengo mucho mal a las rodillas)* – lo paso muy mal *(sufro enormemente)*,
2 pero no puedo estar aquí sin hacer nada.
3 Este año, hago una marcha de 70 km
4 entre las ciudades de Colmar y Estrasburgo, en Alsacia.
5 Salgo mucho antes del sol de mediodía, y llego al día siguiente sobre las 8 de la tarde.
6 Paro a mitad de camino, cerca de Sélestat, para comer y dormir.
7 Paso allí la noche y me vuelvo a marchar después del desayuno.
8 – ¿Hace esta caminata solo, o con otras personas?

34 / Trente-quatrième leçon

9 – Avec des copains [6]. Ils l'organisent quatre fois par an, y compris en automne et en hiver.
10 Le temps [7] est souvent pluvieux et il peut faire très froid, mais ce n'est pas grave.
11 – Tu veux dire qu'il pleut ou il neige tout le temps [7] ? Moi, je ne mets pas le nez dehors.
12 – Oui, mais la pluie ne me gêne pas, et je ne sens [1] pas le froid.
13 – Moi, mon moment préféré, c'est l'arrivée. On va tout de suite au café.
14 – Le patron ouvre [1] la porte et nous dit :
15 – "C'est moi qui offre [1] la tournée : qu'est-ce que je vous sers [1] ?"

Pronunciación
... ra{ⁿ}doner **1** ... cur ... ye sufr enormema{ⁿ} **2** ... reste ... **3** ... marsh ... **4** ... colmar ... strasbur ... alsas **5** ... par ... la{ⁿ}dema{ⁿ} ... va{ⁿ}ter **6** ... mi-shema{ⁿ} ... selesth ... dormir **7** yi-pass ... repar ... **8** ... ra{ⁿ}done tu-sel ... **9** ... copa{ⁿ} ... lorganis ... par-a{ⁿ} i-compri a{ⁿ}oton ... a{ⁿ}iver **10** ... pluvie ... pa-grav **11** ... ple ... nesh ... ne de-or **12** ... plui ... yen-pa ... sa{ⁿ} **13** ... prefere ... larive ... **14** ... patro{ⁿ} ... **15** ... ki-ofr ... turne keske-ye vu-ser

Notas de pronunciación
(9) No te olvides de que la **h** intercalada entre vocales no se pronuncia (como en *zanahoria* en español) por eso con **en hiver**, la **n** final de **en** se une a la **i** de **hiver**: *[aⁿiver]*.

Notas

1 Esta es la subcategoría final de los verbos del tercer grupo que terminan en **-ir** pero son irregulares (a diferencia de los verbos del grupo 2). Incluyen **courir**, *correr*; **dormir**, *dormir*; **sentir**, *sentir*; **servir**, *servir*; **ouvrir**, *abrir*; **souffrir**, *sufrir*; **offrir**, *regalar, dar* (ver lección 29, nota 6); y **servir**, *servir*. Las terminaciones son, por ejemplo, **je cours, tu cours, il/elle court, nous courons, vous courez, ils/elles courent**.

2 Normalmente, el plural de los sustantivos acabados en **-ou** se forma añadiendo una **s** (**un trou**, *un hoyo, un agujero*, **des trous**). Pero hay

137 • **cent trente-sept**

Trigésima cuarta lección / 34

9 – Con los amigos. La organizan cuatro veces *(por)* año, incluso en otoño e invierno.
10 El tiempo a menudo es lluvioso y puede hacer mucho frío, pero no importa *(no es grave)*.
11 – ¿Quieres decir que llueve o nieva todo el tiempo? Yo no salgo *(pongo la nariz afuera)*.
12 – Sí, pero la lluvia no me molesta, y no siento el frío.
13 – [Para] mí, mi momento favorito es la llegada. Vamos directos a la cafetería.
14 – El jefe nos abre la puerta y nos dice:
15 – "Esta ronda la pago yo *(soy yo quien regala esta ronda)*: ¿qué os sirvo?".

unos cuantos, incluidos **un genou**, *una rodilla*, **un bijou**, *una joya*, y **un caillou** *[kaiu]*, *una piedra*, añaden una **-x**. Son siete en total estos sustantivos, pero estos tres son los más comunes.

3 **rien** significa *nada* (lección 33, nota 5). Ten en cuenta el lugar de este pronombre, que, a diferencia del español, va antes del verbo: **Il ne peut rien faire pour toi**, *Él no puede hacer nada por ti*.

4 **mi-** es una forma abreviada de **demi**, *medio*. Se utiliza en una serie de expresiones, en particular **à mi-chemin**, *a medio camino*: **Sélestat est à mi-chemin entre Colmar et Strasbourg**, *Sélestat está a medio camino entre Colmar y Estrasburgo*.

5 Sabemos que el adverbio **y** significa *allí*. Pero también se puede usar para evitar repetir un sustantivo, como **en** (lección 31, nota 2). **Tu connais Colmar ? – J'y habite**, *–¿Conoces Colmar? –Vivo allí*. Al igual que **rien** (nota 3), **y** va delante del verbo. También se puede utilizar en la expresión **y compris**, *incluido*. **Toute la famille est invitée, y compris ton frère**, *Toda la familia está invitada, incluido tu hermano*. En este caso, **y** no tiene un significado intrínseco.

6 Esta es otra palabra coloquial muy común: **un copain** (femenino: **une copine**) significa *un amigo*, *un compañero*. Dependiendo del contexto, el término puede usarse para *un novio/una novia*. **Le copain de Noémie est un artiste qui s'appelle Florian**, *El novio de Noémie es un artista llamado Florian*.

cent trente-huit • 138

34 / Trente-quatrième leçon

7 Al igual que en español, **le temps** puede hacer referencia a dos cosas: *el tiempo* y *el clima* (a pesar de la **s** final, la palabra es singular). **Un temps** también se usa para los verbos: **Le futur simple est un temps de l'indicatif**, *El futuro simple es un tiempo del indicativo*.

***

Exercice 1 – Traduisez

❶ Je connais très bien Strasbourg. J'y habite. ❷ Je me sens un peu fatiguée. Je dors tout le temps. ❸ Nous ne pouvons rien faire pour vous. Il est trop tard. ❹ Qu'est-ce que je te sers : un café ou une bière ? ❺ Ne mettez pas le nez dehors. Il fait trop froid.

***

Exercice 2 – Complétez

❶ Salimos mucho antes del mediodía y dormimos en Estrasburgo.
Nous .... avant midi et nous .... Strasbourg.

❷ Pasamos allí la noche y nos volvemos a ir al día siguiente, después del desayuno.
Nous .... la nuit et nous .... , après
.. ..

❸ Preferimos la oficina del segundo piso. Parece más cómoda.
.... le bureau du .... : il ...... plus
....

❹ –"Hay joyas en los agujeros debajo de tus rodillas". –"No. Son piedras".*
"Il y a des .... les .... tes .... " – "Mais
non, ce sont. .... ".

❺ –Puede hacer mucho frío porque llueve y nieva todo el tiempo. – No importa.
Il peut ...... très ..... parce qu'il ..... et il ..... tout
le temps. – Ce ....

139 • **cent trente-neuf**

Trigésima cuarta lección / 34

Soluciones al ejercicio 1
❶ Conozco muy bien Estrasburgo. Vivo allí. ❷ Me siento un poco cansada. Duermo todo el tiempo. ❸ No podemos hacer nada por usted. Es muy tarde. ❹ ¿Qué te sirvo: un café o una cerveza? ❺ No salgáis. Hace mucho frío.

***

Soluciones al ejercicio 2
❶ – partons bien – dormons à – ❷ – y passons – repartons le lendemain – le petit-déjeuner ❸ Nous préférons – deuxième étage – a l'air – confortable ❹ – bijoux dans – trous sous – genoux – des cailloux – ❺ – y faire – froid – pleut – neige – n'est pas grave

* Obviamente, estas oraciones que enlazan palabras sin mucho sentido no están diseñadas para su uso en una conversación común. Son ayudas mnemotécnicas para recordar reglas específicas de gramática o vocabulario. ¡Esperamos que disfrutes de ellas!

*Situada en el este de Francia, Alsacia es una región con una personalidad distinta. Limita con las montañas de los Vosgos (**les Vosges**, pron. [voy]) al oeste y el río Rin (**le Rhin**, pron. [ran]) al este, es parte del área administrativa conocida como **le Grand Est** "el gran este". Alsacia tiene fuertes lazos culturales con su vecina inmediata, Alemania. También tiene su propio idioma germánico, **l'alsacien** o **Elsassisch**, que se usa junto con el francés en la señalización de las carreteras y en los letreros de las calles, y todavía lo hablan algunos **Alsaciens** (alsacianos). La capital de la región, Estrasburgo, alberga el Parlamento Europeo.*

Trente-cinquième leçon

Révision

1 El tercer grupo de verbos: -re, -oir e -ir

El tercer grupo es el más complejo de los tres, en gran parte porque los verbos que lo componen son todos irregulares. Se puede dividir en tres subcategorías según las terminaciones: **-re**, **-oir** e **-ir**.

1.1 Verbos acabados en -re

• **prendre**, *tomar, coger, agarrar*

je prends	yo tomo	nous prenons	nosotros/-as tomamos
tu prends	tú tomas	vous prenez	vosotros/-as tomáis / usted(es) toma(n)
il/elle prend	él/ella toma	ils/elles prennent	ellos/ellas toman

Esta subcategoría incluye verbos comunes como **attendre**, *esperar*; **mettre**, *poner*; y **boire**, *beber*.

1.2 Verbos acabados en -oir

• **savoir**, *saber*

je sais	yo sé	nous savons	nosotros/-as sabemos
tu sais	tú sabes	vous savez	vosotros/-as sabéis / usted(es) sabe(n)
il/elle sait	él/ella sabe	ils/elles savent	ellos/ellas saben

Varios verbos clave entran en esta subcategoría, particularmente **vouloir**, *querer*; y **pouvoir**, *poder, ser capaz de*.

1.3 Verbos acabados en -ir

• **dormir**, *dormir*

je dors	yo duermo	nous dormons	nosotros/-as dormimos
tu dors	tú duermes	vous dormez	vosotros/-as dormís / usted(es) duerme(n)
il/elle dort	él/ella duerme	ils/elles dorment	ellos/ellas duermen

Trigésima quinta lección

Esta subcategoría, que comprende verbos irregulares como **sortir**, *salir*, **souffrir**, *sufrir*; **partir**, *irse* (y **repartir**, *volverse a ir*); y **ouvrir**, *abrir*, es un poco liosa porque puede confundirse con el segundo grupo de verbos regulares. La diferencia se puede ver en el participio presente que termina en **-issant** para el grupo 2 pero en **-ant** para el grupo 3. Así, **finir**, *acabar*, y **choisir**, *elegir*, son verbos regulares del grupo 2 con el participio presente **fin**issant y **chois**issant, mientras que el participio presente del irregular **dormir** es **dorm**ant.

El tercer grupo también contiene un verbo acabado en **-er** muy irregular: **aller**, *ir*.

Dado que los verbos del grupo 3 son, por definición, irregulares, deben aprenderse de memoria. Sin embargo, existen algunos patrones reconocibles, que veremos más adelante.

2 Sustantivos plurales: resumen

A estas alturas, deberías saber cómo formar el plural de los sustantivos y adjetivos. Aquí tienes un resumen.

La regla básica es simplemente agregar una **-s** final (y muda) al singular: **un croissant**, **deux croissants**. Por supuesto, hay varias excepciones según la terminación de la palabra:

- **-ail**: **travail → travaux**, *trabajo(s)*
- **-al**: **journal → journaux**, *periódico(s)*
- **-eu**: **jeu → jeux**, *juego(s)*
- **-eau**: **manteau → manteaux**, *abrigo(s)*

Los sustantivos singulares acabados en **-s**, **-x** o **-z** no cambian en plural:
un Français → des Français, *un francés*, *unos franceses*
une voix → des voix, *una voz*, *unas voces*
un nez → des nez, *una nariz*, *unas narices*

La letra final suele ser muda, pero hay un par de excepciones, en particular **un fils/des fils**, *un hijo/unos hijos* (escucha el diálogo de la lección 28).

3 *y* y *en*

Los pronombres adverbiales **y** y **en** no tienen equivalentes directos en español. El significado varía según su función y dónde están colocados en la oración. Hay unas reglas básicas:

cent quarante-deux • 142

3.1 y se usa para evitar la repetición

Le musée ferme dans trois heures. On peut y aller maintenant.
El museo cierra en tres horas. Podemos ir (allí) ahora.

El sustantivo no tiene que referirse a un lugar:

J'aime mon travail et j'y pense tout le temps.
Me gusta mi trabajo y pienso en él todo el tiempo.

Para formar la negación, coloca la partícula delante del pronombre: **je n'y pense pas**.

Es importante tener en cuenta que **y** no puede hacer referencia a una persona: **J'aime Annette : je pense à elle tout le temps**. (Los verbos en este tipo de oración van seguidos generalmente de la preposición **à**: **aller à**, **penser à**, etc.).

Y por supuesto, **y** se utiliza en la frase **il y a** "él allí tiene" para expresar la existencia de algo:

Il y a beaucoup de neige cet hiver, *Hay mucha nieve este invierno*.

3.2 *en* sustituye a una palabra, a menudo un verbo, seguido de *de*

Avez-vous du lait ? Oui, j'en ai, *–¿Tienes leche? –Yes. Siempre va delante del verbo.*

También puede sustituir al artículo partitivo (**du / de la / des**), con el significado de *de* o sobre *él/ella/ello*:

Est-ce qu'elle a des enfants ? – Oui, elle en a trois.
–¿Tiene hijos? –Sí, tiene tres.

Alain connaît bien l'Alsace : il en parle beaucoup.
Alain conoce bien la Alsacia: habla mucho de ella.

Como con **y**, la partícula negativa se coloca antes del pronombre: **il n'en parle pas beaucoup**.

De forma idiomática, **en** se usa en las expresiones **Je vous en prie / Je t'en prie**, *De nada*.

Por último, **en** también es una preposición, traducida normalmente como *en*:

Ils habitent en Bretagne, *Viven en Bretaña*.

Nous sommes en vacances la semaine prochaine, *Estamos de vacaciones la próxima semana*.

4 *savoir* y *connaître*

Ambos verbos significan *saber*, pero se usan de manera diferente. En esencia, **savoir** significa conocer un hecho o cómo hacer algo.

Suele utilizarse con una cláusula introducida por **que**, **qui**, **où**, **quand**, etc. Por ejemplo, **Je sais où habite Emmanuel**, *Sé dónde vive Emmanuel* (observa el orden de las palabras, con el verbo antes del objeto directo). Usado con un infinitivo, **savoir** significa *saber* (con el sentido de *poder*):
Il sait parler l'anglais et le français, *Sabe hablar inglés y francés*.
En contraste, **connaître** significa conocer o estar familiarizado con una persona o un lugar. En una oración, el verbo va seguido de un sustantivo objeto directo: **Je connais Emmanuel, Nous connaissons Paris**.
En resumen, podríamos decir **Je connais Emmanuel mais je ne sais pas où il habite**, *Conozco a Emmanuel pero no sé dónde vive*. Hay algunos cuantos casos en los que se puede usar cualquiera de los verbos en un contexto específico, pero estos son pocos y distantes entre sí.

5 Pronombres de objeto indirecto

Los pronombres de objeto indirecto se usan para evitar repetir un sustantivo. Representan a la persona sobre la cuál recae la acción. Son estos:

me	*me*	**nous**	*nos*
te	*te*	**vous**	*os*
lui	*le*	**leur**	*les*

me y **te** se convierten en **m'** y **t'** cuando van seguidos de una vocal. A diferencia del español, los pronombres de objeto indirecto en francés siempre van delante del verbo. En muchos casos, se usan con verbos seguidos de **à** (**écrire à**, *escribir a*, **donner à**, *dar a*, **parler à**, *hablar con*), reemplazando tanto el sustantivo como la preposición: **Je vais parler au directeur** = **Je vais lui parler**.
Los pronombres de tercera persona **lui** y **leur** sustituyen a sustantivos masculinos y femeninos:
Il faut demander au patron / à ma femme → Il faut lui demander.
J'écris à mes copains / à mes amies → Je leur écris.
El pronombre **leur** es invariable. No lo confundas con el adjetivo posesivo **leur / leurs**, que puede concordar con un sustantivo plural (**leurs amis**). Ver lección 14, apartado 1 y lección 32, nota 7.

6 Le *tutoiement*

Estas son algunas reglas básicas para usar el tuteo:
– **tu** se usa cuando se habla con familiares, amigos cercanos, amantes, niños y personas del mismo grupo social. Los jóvenes usan **tu** (el verbo es **tutoyer**) entre ellos más que las personas mayores; y siempre se **tutoie** a las mascotas, animales, Dios y objetos inanimados que puedan irritarte (ordenador, coche, etc.);
– **vous** (**le vouvoiement**, **vouvoyer**) es la versión formal, utilizada en la interacción diaria con personas que no conoces. También es el pronombre plural, usado colectivamente, incluso con familiares y amigos;
– usar **tu** en lugar de **vous** fuera de estos contextos puede verse como una falta de respeto o incluso de mala educación. Le **tutoiement** puede incluso ser una forma de insulto, por ejemplo, cuando la usan dos conductores involucrados en un accidente de tráfico.

En la práctica, sin embargo, las situaciones en las que se utiliza la forma familiar varían según una serie de factores. Por ejemplo, el personal de una gran empresa utilizará **vous** con los superiores y **tu** con los compañeros, mientras que los empleados de una empresa de tecnología utilizarán **le tutoiement**, independientemente de su rango o antigüedad. De manera similar, un adulto se dirigirá a un niño que no sea un miembro de la familia con **tu**, pero el niño responderá con **vous**. Y los miembros de un foro en línea se tutearán, aunque nunca se hayan visto en persona. Por lo tanto, en caso de duda, sigue la pauta simple de que **vous** siempre debe usarse con extraños y en situaciones formales. Puede que después te inviten a cambiar a la forma familiar (**On peut se tutoyer**). Deja que tome la iniciativa la persona con la que estás interactuando.

Estas son las formas vous y tu de cada grupo de verbos:

aimer	vous aimez	tu aimes
finir	vous finissez	tu finis
mettre	vous mettez	tu mets
boire	vous buvez	tu bois
dire	vous dites	tu dis

Dos frases familiares muy comunes son **Comment vas-tu ?** *¿Cómo estás?* y **Vas-y !** *¡Vamos!, ¡Adelante!* Y dado que **tu** es la forma familiar, a menudo se usa en un registro informal. En francés hablado,

Trigésima quinta lección / 35

tu as (*tienes*) se abrevia con frecuencia como **t'as** (y **tu n'as pas** a veces se convierte en **t'as pas**). No hace falta decir que no debes imitar estos coloquialismos, pero es importante que los puedas reconocer porque los hablantes nativos los usan constantemente.

Dialogue de révision

1 – Demain est l'anniversaire de ma sœur et elle organise une fête.
2 Je vais acheter des cadeaux. Et je vais aussi prendre quelques gâteaux.
3 – Est-ce qu'on peut venir avec toi, s'il te plaît ?
4 – Bien sûr, mais mettez vos manteaux : il fait froid dehors.
5 – Tu vas à quelle pâtisserie ?
6 – Celle à côté de la poste. C'est celle que je préfère.
7 – Mais leurs gâteaux sont hors de prix ! Chacun coûte au moins trente euros.
8 – Tant pis : c'est son anniversaire et je vais lui acheter un truc sympa.
9 – Voici les gâteaux : je prends celui-ci, aux fraises, celui-là, au chocolat, et aussi quelques sandwichs pour notre déjeuner.
10 – Les sandwichs sont là-bas, monsieur. Ceux-ci sont très bons, et ceux-là aussi. En fait, tout est bon chez nous.
11 – Où sont les sandwichs au jambon ? Je ne les vois pas.
12 – Il n'y en a plus. Mais je peux en commander si vous voulez.

Traduction

1 Mañana es el cumpleaños de mi hermana y organiza una fiesta. **2** Voy a comprar los regalos. Y también voy a comprar *(coger)* algunos pasteles. **3** –¿Podemos ir contigo, por favor? **4** Por supuesto, pero poneos los abrigos: hace frío fuera. **5** ¿A qué pastelería vas? **6** La que

cent quarante-six • 146

está al lado de correos. Es la que yo prefiero. **7** Pero sus pasteles son carísimos. Cada uno cuesta por lo menos 30 euros. **8** No importa: es su cumpleaños y le voy a comprar algo bonito. **9** Aquí están los pasteles: llevo este, con fresas, ese de chocolate, y también algunos sándwiches para la *(nuestra)* comida. **10** Los sándwiches están allí, señor. Estos son muy buenos, y esos también. De hecho, todo es bueno en nuestra tienda. **11** ¿Dónde están los sándwiches de jamón? No los veo. **12** No quedan. Pero puedo pedirlos si quiere.

36

Trente-sixième leçon

J'espère que je n'ai rien oublié...

1 – Ça y est [1]. J'ai commandé [2] le taxi. On peut partir à l'aéroport dans cinq minutes.
2 – Est-ce que tu as fermé [3] toutes les fenêtres et tous les volets ?
3 – Oui, j'ai tout [4] vérifié, même le grenier. Tout [4] est verrouillé [5].
4 J'ai vidé le réfrigérateur et le congélateur tout à l'heure [6]
5 et j'ai fermé la porte de la cave.
6 – Est-ce que tu as vidé les poubelles de la cuisine et la salle de bains ?
7 – Mais oui ! Et la corbeille à papier. Ne t'inquiète pas.
8 – Est-ce que tu as caché mes bagues et mes colliers ?
9 – J'ai fait tout ce que [7] tu m'as demandé.
10 Hier, j'ai fait aussi des copies de nos passeports et déposé tout sur notre coffre en ligne.
11 J'ai demandé à notre voisine de vérifier notre boîte à lettres et de la vider de temps en temps.

147 • cent quarante-sept

Sin duda, habrás observado que el contenido lingüístico de nuestras lecciones se está volviendo un poco más idiomático. Esto es a propósito porque en cuanto empieces a hablar en situaciones de la vida real, las personas con las que interactúes rara vez harán un esfuerzo por limitarse al francés académico "formal". Por lo tanto, sin aventurarnos en el argot duro, te presentaremos un lenguaje lo más realista posible y, al mismo tiempo, que te permita aprender a un ritmo relajado. Hablando de eso, no olvides estudiar o escuchar las grabaciones todos los días, aunque solo tengas diez minutos: C'est en forgeant qu'on devient forgeron, *"Forjando uno se convierte en herrero", equivalente al refrán español* La práctica hace al maestro.

Trigésima sexta lección

Espero no haberme olvidado nada...

1 – Ya está. He pedido el taxi. Podemos salir hacia el aeropuerto en cinco minutos.
2 – ¿Has cerrado todas las ventanas y todas las persianas?
3 – Sí, he comprobado todo, incluso la buhardilla. Todo está cerrado con cerrojo.
4   He vaciado la nevera y el congelador justo ahora
5   y he cerrado la puerta del sótano.
6 – ¿Has vaciado los cubos de basura de la cocina y del baño?
7 – ¡Pues claro *(Pero sí)*! Y la papelera. No te preocupes.
8 – ¿Has escondido mis anillos y mis collares?
9 – He hecho todo lo que me has pedido.
10 Ayer hice también copias de nuestros pasaportes y puse todo en nuestra caja fuerte en línea.
11 Le he pedido a nuestra vecina que compruebe nuestro buzón y que lo vacíe de vez en cuando.

36 / Trente-sixième leçon

12 – Moi, j'ai changé les draps, nettoyé [8] la cuisine et lavé la vaisselle.
13 J'ai arrosé les plantes et débranché le four et tous les autres appareils électriques.
14 Heureusement, j'ai pensé à tout et je n'ai rien oublié. [...]
15 – Bonjour, vos passeports et billets d'avion, s'il vous plaît.
16 – Oh non ! J'ai laissé mon sac à main sur la table du salon !

Pronunciación
... uble **1** saie ... coma^nde ... tacsi ... **2** ... ferme ... vole **3** ... tu verifie ... grenie ... veruille **4** ... vide ... refriyerater ... co^nyelater ... **5** ... cav **6** ... pubel ... **7** ... corbeill-a-papie ... ne-ta^nkiet-pa **8** ... cashe ... bag ... colie **9** ... dema^nde **10** ier ... copi ... depose ... cofr ... **11** ... vuasin ... buat-a-letr ... vide ... **12** ... sha^nye ... dra ... netuaye ... lave ... vesel **13** ... arose ... pla^nt ... debra^nshe ... fûr ... **14** eresema^n... ublie **16** ... sacama^n ... salo^n

Notas

1 La expresión *Ça y est* ("eso ahí está") es útil para reconocer que algo está por suceder –**Ça y est : la pluie arrive**, *Eso es: llega la lluvia*– o ha ocurrido: **Ça y est : le week-end est terminé**, *Ya está: se acabó el fin de semana*. Como es habitual, la traducción dependerá del contexto, pero la idea básica es la del reconocimiento. En cuanto a la pronunciación, las tres palabras se juntan y producen un solo sonido: *[saie]*.

2 Esto es *el pretérito perfecto* –**le passé composé**– de los verbos acabados en **-er**. Generalmente se forma con **avoir**, conjugado adecuadamente, y el participio pasado del verbo, y se usa para describir una acción que se *completó* en el pasado. Aunque es similar en estructura al pretérito perfecto en español (*he cerrado*), no siempre coincide exactamente. (Algunos verbos forman su **passé compose** con **être**, como veremos más adelante).

3 La forma interrogativa del tiempo perfecto se puede construir, como en el presente, de tres maneras: subiendo la voz, invirtiendo el auxiliar y el

149 • **cent quarante-neuf**

Trigésima sexta lección / 36

12 – Yo he cambiado las sábanas, limpiado la cocina y lavado los platos.
13 He regado las plantas y desenchufado el horno y todos los demás aparatos eléctricos.
14 Afortunadamente he pensado en todo y no he olvidado nada. [...]
15 – Buenos días, sus pasaportes y billetes de avión, por favor.
16 – ¡Oh, no! ¡Me he dejado el bolso en la mesa del salón!

pronombre o, como aquí, con **est-ce que**: Est-ce que vous avez fermé la fenêtre ? *¿Habéis cerrado la ventana?*

4 Cuando se usa con el tiempo perfecto, **tout** se coloca generalmente como un adverbio entre el auxiliar y el participio (Il a tout fermé, *Ha cerrado todo*). Recuerda que el adverbio **tout** es invariable (Il a tout fermé, *ils ont tout fermé*).

5 **fermer** significa *cerrar* (Le magasin est fermé, *La tienda está cerrada*) pero también *cerrar con llave*. Para evitar la ambigüedad, *cerrar con llave* también se puede expresar como *fermer à clé* ("cerrar a llave"). El sustantivo *una cerradura* es **une serrure**. Las puertas y las ventanas también se pueden asegurar con **un verrou**, *un cerrojo*, *un pestillo* y de ahí el verbo **verrouiller** (*[veruille]*), *cerrar con pestillo/cerrojo*.

6 Ya vimos en la lección 30, nota 8, que **tout à l'heure**, *dentro de un rato*, se podía usar en referencia al pasado. En este caso, se refiere a un hecho inmediato o muy reciente. **J'ai vérifié la cuisine tout à l'heure**, *He comprobado la cocina justo ahora / hace unos minutos / un poco antes*, etc. Recuerda que **tout** se usa aquí como parte de la expresión, no como adverbio, como en la línea 3 del diálogo.

7 El pronombre relativo **ce que**, visto antes en la lección 12, es equivalente a *lo que*. Funciona como objeto directo de una oración subordinada, a menudo con un pronombre sujeto: **Je mange ce que je veux**, *Como lo que quiero*. **Prenez ce que vous voulez**, *Toma lo que quieras*.

8 **nettoyer** es un verbo útil que significa *limpiar* o *asear*, dependiendo del contexto. Al igual que **fermer**, habitualmente va seguido de un sustantivo para hacer la acción más específica. Por ejemplo, **J'ai nettoyé la piscine à l'éponge**, *He limpiado la piscina*. El sustantivo **nettoyage à sec** significa *limpieza en seco*.

cent cinquante • 150

Exercice 1 – Traduisez

❶ Ça y est : le taxi est arrivé. – Déjà ? ❷ Ne vous inquiétez pas. Tout va bien, je vous assure. ❸ Mes frères ont pensé à tout. Tout est prêt et nous pouvons partir. ❹ Vous avez fermé la porte à clé ? Car j'ai oublié. ❺ Est-ce que vous pouvez vérifier la boîte à lettres et la vider tous les jours ?

***

Exercice 2 – Complétez

❶ Hemos cerrado todas las ventanas y comprobado todas las persianas.
   Nous .... les fenêtres et .... les volets.

❷ Ella no ha vaciado el cubo de basura, pero ha limpiado el horno.
   .... la .... mais .... le four.

❸ –¿Habéis cambiado las sábanas? –Sí, y yo he regado las plantas.
   .... les draps ? – Oui, et .... les plantes.

❹ –Mi mujer se ha dejado el bolso en la mesa de la cocina. –Lo sé, ¡yo lo escondí!
   Ma femme .... sac sur la table de ....
   – Je sais, ... !

❺ –Hemos hecho todo lo que nos ha pedido. –¿Habéis cerrado con cerrojo el sótano?
   Nous .... tout ..... vous .... – Est-ce que
   .... la cave ?

***

Las palabras pueden enseñarnos mucho sobre la cultura y la historia de un país. Esto es especialmente cierto con los epónimos, o palabras derivadas de los nombres propios de personas reales (o imaginarias). La palabra para un cubo de basura, **une poubelle,** *lleva el nombre de* **Eugène Poubelle,** *un administrador de la ciudad del siglo xıx que ordenó que se instalaran contenedores de basura en todos los edificios parisinos por razones de salud pública. El francés está bien dotado de epónimos, especialmente en ciencias y matemáticas, sin embargo,*

Trigésima sexta lección / 36

Soluciones al ejercicio 1

❶ –Ya está: ha llegado el taxi. –¿Ya? ❷ No se preocupe. Todo está bien, se lo aseguro. ❸ Mis hermanos han pensado en todo. Todo está listo y podemos irnos. ❹ ¿Habéis cerrado la puerta con llave? Porque yo me he olvidado. ❺ ¿Puedes comprobar el buzón y vaciarlo todos los días?

***

Soluciones al ejercicio 2

❶ – avons fermé toutes – vérifié tous – ❷ Elle n'a pas vidé – poubelle – elle a nettoyé – ❸ Est-ce que vous avez changé – j'ai arrosé – ❹ – a laissé son – la cuisine – je l'ai caché ❺ – avons fait – ce que – avez demandé – vous avez verrouillé –

***

muchas palabras comunes tienen su origen en personas que a menudo han quedado en el olvido. Por ejemplo, **un martinet** *es un tipo de látigo, llamado así por el severo* **Général Jean Martinet**; **la nicotine** *lleva el nombre del filólogo* **Jean Nicot**; *mientras que* **la guillotine** *fue inventada por un médico,* **Joseph Guillotin**, *¡como una forma de ejecución "humanitaria"! Rastrear la etimología de las palabras, particularmente los epónimos, es una excelente manera de reforzar el vocabulario.*

cent cinquante-deux • 152

37

Trente-septième leçon

J'ai réfléchi à la question du loyer…

1 – Ça fait deux mois que je cherche un appartement à louer.
2 – As-tu trouvé quelque chose ?
3 – Pas encore. C'est plus compliqué que ça, et ce n'est pas fini !
4   J'ai cherché d'abord dans l'arrondissement [1] où j'ai grandi [2], mais sans succès.
5   Ensuite, j'ai élargi [2] mes recherches [3], et j'ai aussi contacté un agent immobilier.
6   Je n'ai pas réussi [2] à le joindre par téléphone, mais j'ai rempli [2] le formulaire sur son site
7   et j'ai fourni [2] tous les renseignements nécessaires.
8   Il m'a rappelée le lendemain et nous avons choisi [2] plusieurs propriétés à visiter.
9 – Et alors ? Tu as trouvé ton bonheur [3] ?
10   Il y a deux apparts [4] dans mes moyens [5] : l'un est plus petit [6] que l'autre
11   mais il est aussi plus cher parce qu'il donne sur une cour intérieure très calme.
12   L'autre, au premier étage, est moins intéressant [6] : il est plus grand [6] mais aussi plus bruyant [6].
13   Il y en a un troisième, le plus spacieux [6], au dernier étage. Il est plus grand [6] que tous les autres
14   et beaucoup plus joli [6], avec une énorme terrasse tout autour et rien au-dessus [7].
15   Mais, malheureusement, le loyer est prohibitif. Il est plus élevé [6] que mon salaire mensuel.

Trigésima séptima lección

He pensado sobre el asunto del alquiler...

1 – Hace dos meses que busco un apartamento para alquilar.
2 – ¿Has encontrado algo?
3 – Todavía no. Es más complicado que eso, ¡y no se ha acabado!
4   Busqué primero en el distrito donde crecí, pero sin éxito.
5   Después, amplié mi búsqueda y contacté también con un agente inmobiliario.
6   No pude *(he tenido éxito)* localizarlo por teléfono, pero rellené el formulario de su sitio de internet
7   y proporcioné todas las informaciones necesarias.
8   Me devolvió la llamada al día siguiente y elegimos varias propiedades para visitar.
9 – ¿Y entonces? ¿Has encontrado lo que buscabas *(tu felicidad)*?
10   Hay dos apartamentos dentro de mis posibilidades *(en mis medios)*: uno es más pequeño que el otro
11   pero también es más caro porque da a un patio interior muy tranquilo.
12   El otro, en el primer piso, es menos interesante: es más grande, pero también más ruidoso.
13   Hay un tercero, el más espacioso, en el último piso. Es más grande que todos los otros
14   y mucho más bonito, con una enorme terraza todo alrededor y nada por encima.
15   Pero, desgraciadamente, el alquiler es prohibitivo. Es más alto que mi salario mensual.

37 / Trente-septième leçon

16 – Eh oui, mon amie ! C'est difficile mais il faut vivre au-dessous [7] de ses moyens.
17 Mais je peux t'aider, peut-être.
18 – En effet, j'ai réfléchi [2] sérieusement à la question : est-ce que tu peux garantir mon loyer… ?

Pronunciación
… refleshi … luaye **1** … lue **3** pasa^{n}cor … co^{n}plike … **4** … shershe … gra^{n}di … sucse **5** … elayi … aya^n imobilie **6** … reussi … yua^{n}dr … ra^{n}pli … **7** … furni … ra^{n}señema^n neseser **8** … rapele … shuasi … propriete … visite **9** … truve … boner **10** … des apart … muaya^n … **11** … cur a^{n}terier … calm **14** … enorm teras tut otur … o-desu **15** … proibitif … saler ma^{n}suel **16** … difisil …o-dessu … **18** … refleshi … seriesma^n … gara^{n}tir …

Notas de pronunciación
(3) En muchos casos, pronunciar la liaison dependerá de quién habla. La expresión **pas encore** es un buen ejemplo. Un hablante cuidadoso unirá las dos palabras, **pas‿encore** *[pasa^{n}cor]* mientras que alguien que hable rápido probablemente no lo haga *[pa a^{n}cor]*. La primera es más elegante; la segunda, más frecuente.

Notas

1 **un arrondissement**, *un distrito* (ver lección 8), viene del verbo del grupo 2 **arrondir**, *redondear*. El sufijo **-ment**, que generalmente denota un adverbio, también se encuentra en algunos sustantivos derivados de los verbos de "acción" de los tres grupos. Por ejemplo, **juger** (*juzgar*) → **un jugement** (*un juicio*) y **avertir** (*advertir, avisar*) → **un avertissement** (*una advertencia*). Es fácil distinguir los adverbios de los sustantivos acabados en **-ment** ya que los últimos van precedidos generalmente de un artículo definido o indefinido.

2 El tiempo perfecto de los verbos del Grupo 2 (regular, acabados en **-ir**) se construye generalmente con **avoir** y el participio pasado, que se forma eliminando la **-r** final del infinitivo. Por ejemplo, **grandir** (*crecer*) → **grandi**: j'ai grandi, tu as grandi, il/elle a grandi, nous avons grandi, vous avez grandi, ils /elles ont grandi. *¡Sencillo!*

155 • **cent cinquante-cinq**

Trigésima séptima lección / 37

16 – ¡Oh, sí, amigo mío! Es difícil, pero hay que vivir por debajo de tus posibilidades.
17 Pero quizás yo te puedo ayudar.
18 – De hecho, he pensado seriamente sobre el asunto: ¿puedes avalar mi alquiler…?

3 **le bonheur** significa *felicidad* o *buena suerte*. **Après, trois mariages, elle a enfin trouvé le bonheur : être seule**, *Después de tres matrimonios, finalmente ha encontrado la felicidad: estar sola*. La palabra también se puede usar en expresiones idiomáticas como **Est-ce que tu as trouvé ton bonheur ?**, *¿Has encontrado lo que querías / lo que buscabas?* Lo opuesto a **le bonheur** es **le malheur**, *infelicidad*, *desgracia*. Recuerda este refrán: **Un malheur n'arrive jamais seul**, *Las desgracias nunca vienen solas*. (La **h** es muda en ambas palabras).

4 **un appartement**, *un piso* o *un apartamento*, es una de las palabras polisilábicas que frecuentemente se abrevian en el francés hablado (lección 17, nota 6). Se convierte en **un appart**, con la **t** pronunciada.

5 **le moyen**, en singular, es *el medio* o *la manera*: **Je connais un bon moyen d'apprendre une langue**, *Conozco una buena manera de aprender un idioma*. En plural, es equivalente a *poder pagar*, **Nous n'avons pas les moyens d'aller en vacances cette année**, *No podemos permitirnos ir de vacaciones este año*.

6 A estas alturas, deberías estar familiarizado con los comparativos de superioridad e inferioridad, donde *más que* se traduce como *plus que* y *menos que* como **moins que**. **Lyon est plus grand que Toulouse mais plus petit que Paris**, *Lyon es más grande que Toulouse pero más pequeña que París*. Para formar el superlativo, coloca simplemente el artículo definido **le** o **la** para el singular (según sea el género del sustantivo) y **les** para el plural antes de **plus** o **moins**.

7 **dessus** y **dessous** significan *encima / arriba* y *debajo / abajo*, respectivamente. Se usan de diferentes formas, pero aquí las vemos, con **au-**, como adverbios. **J'habite au troisième étage et ma copine habite à l'étage au-dessus**, *Vivo en el tercer piso y mi novia vive en el piso de arriba*. **La température est deux degrés au-dessous de zéro**, *La temperatura es de dos grados bajo cero*. (Habrás reconocido la preposición **sous**, *bajo*). En algunos casos, **au-dessous** se sustituye por **en dessous**, pero el significado es exactamente el mismo.

cent cinquante-six • 156

Exercice 1 – Traduisez

❶ Mon père a garanti mon loyer. J'ai vraiment de la chance ! ❷ J'ai oublié mon manteau, et maintenant il pleut ! ❸ Je sais seulement qu'il a grandi dans le deuxième arrondissement de Marseille. ❹ Tu as les moyens de prendre des vacances cette année ? ❺ Est-ce que tu as réussi à joindre l'agent immobilier par téléphone ?

***

Exercice 2 – Complétez

❶ –¿Ha podido usted localizar al agente inmobiliario? –Todavía no.

 . . . . vous . . . . l'agent immobilier ?

 – . . . .

❷ –No ha proporcionado usted toda la información necesaria. –No he podido encontrarla.

 . . . . les renseignements nécessaires.

 – Je . . . . à . . . trouver.

❸ Ese piso es menos caro que el otro y también es más pequeño.

 . . . appartement est . . . . l'autre et il est aussi

 . . . .

38
Trente-huitième leçon

C'est de la part de qui ?

1 – Bonjour, j'essaie de joindre Alain Bolland. Est-il au bureau aujourd'hui ?
2 – Je ne sais pas, je vais vérifier. C'est de la part de [1] qui ?
3 – Dites-lui que Madame Lacroix veut lui parler.
4   Je l'ai rencontré au Salon de l'automobile et j'ai pris [2] sa carte de visite.

Soluciones al ejercicio 1

❶ Mi padre me ha avalado el alquiler. ¡Tengo mucha suerte! ❷ ¡He olvidado mi abrigo y ahora llueve! ❸ Solo sé que se crio en el segundo distrito de Marsella. ❹ ¿Puedes permitirte ir de vacaciones este año? ❺ ¿Pudiste localizar al agente inmobiliario por teléfono?

***

❹ Es el ejercicio más largo y más difícil que he hecho esta semana.
C'est l'exercice . . . . et . . . . que . . . . cette semaine.

❺ –Desgraciadamente, el alquiler es más alto que tu sueldo. –¡Pero vivo por encima de mis posibilidades!
. . . . , le loyer est . . . . ton salaire. – Mais je vis . . . . mes moyens !

Soluciones al ejercicio 2

❶ Est-ce que – avez réussi à joindre – pas encore ❷ Vous n'avez pas fourni tous – n'ai pas réussi – les – ❸ Cet – moins cher que – plus petit – ❹ – le plus long – le plus difficile – j'ai fait – ❺ Malheureusement – plus élevé que – en dessous de –

Trigésima octava lección

¿De parte de quién?

1 – Buenos días. Estoy intentando localizar a Alain Bolland. ¿Está en la oficina hoy?
2 – No lo sé, voy a comprobarlo. ¿De parte de quién?
3 – Dígale que la Sra. Lacroix quiere hablar con él.
4   Lo conocí en el Salón del automóvil y que quedé con su tarjeta de visita.

38 / Trente-huitième leçon

5 J'ai appris [2] qu'il est le nouveau directeur commercial pour l'Île de France.
6 Il m'a dit [3] de l'appeler en début de semaine pour organiser une visite de vos locaux.
7 – Je vous mets en attente. Ne quittez pas je vous prie [4]
8 Je regrette, mais son poste [5] ne répond pas. Il doit être à l'extérieur.
9 Je ne suis pas surpris parce que nous avons plein de [6] travail en ce moment et l'agenda de Monsieur Bolland est plein [6].
10 Voulez-vous laisser un message ?
11 – Pouvez-vous lui demander de me recontacter plus tard dans la journée ?
12 – Entendu [7]. Il a vos coordonnées [8], je présume ?
13 – Normalement oui, mais je vais vous donner un numéro où il peut me trouver à tout moment.
14 C'est le 07 28 91 12. Attendez, excusez-moi, c'est le 02 à la fin.
15 Si je ne réponds pas c'est parce que je suis en réunion.
16 – J'ai compris. Je lui laisse votre message. Au revoir et merci de votre appel.
17 – Un grand merci pour votre coopération. ☐

Pronunciación

se-delapar-deki **1** … *yesse … ala^n bola^n …* **3** … *lacrua …* **4** … *ra^{n}co^{n}tre … salo^n-de-lotomobil … pri … cart-de-visit* **5** … *lil-de-fra^{n}ss …* **6** … *ill-ma-di … loco* **7** … *me-a^{n}ata^{n}t …* **8** … *regret … post … alecsterier* **9** … *surpri … pla^n … aya^{n}da …* **11** … *reco^{n}tacte …* **12** … *co-ordone … presum* **14** … *sero-set va^{n}tuit catre-va^n-o^{n}s dus … sero-de …* **15** … *reunio^n …* **17** … *co-operassio^n*

Trigésima octava lección / 38

5 Me he enterado de que es el nuevo director comercial de la Île de France *(isla de Francia)*.
6 Me dijo que le llamara al comienzo de la semana para organizar una visita a sus instalaciones *(locales)*.
7 – Le dejo en espera. No cuelgue, por favor.
8 Lo siento, pero su extensión no contesta. Debe estar fuera *(en el exterior)*.
9 No me sorprende porque tenemos mucho trabajo en este momento y la agenda del Sr. Bolland está llena.
10 ¿Quiere dejar un mensaje?
11 – ¿Puede pedirle que contacte *(vuelva a contactar)* conmigo más tarde durante el día?
12 – Entendido. Tiene su información de contacto, supongo.
13 – Normalmente sí, pero le voy a dar un número donde me puede encontrar en cualquier momento.
14 Es el 07 28 91 12. Espere, perdone, es *(el)* 02 al final.
15 Si no respondo es porque estoy en una reunión.
16 – De acuerdo. Le dejo su mensaje. Adiós y gracias por su llamada.
17 – Muchas gracias *(un gran gracias)* por su ayuda.

] Notas

1 une part es *una parte* o *un trozo*: **Voulez-vous une part de gâteau au chocolat ?** *¿Quiere un trozo de pastel de chocolate?* Sin embargo, en una conversación telefónica, la expresión **de la part de** identifica a la persona que realiza la llamada. La pregunta estándar es **C'est de la part de qui ?**, y para contestar es suficiente con decir el nombre. La persona que llama también puede decir, por ejemplo, **Je l'appelle de la part de Michelle**, en cuyo caso, quien llama puede ser la propia Michelle o alguien que llama en su nombre.

2 Este es el tiempo perfecto de algunos verbos del Grupo 3 que terminan en **-re**, como **prendre**, *tomar*, *agarrar*, y sus derivados: **j'ai pris, tu as pris, il/elle a pris, nous avons pris, vous avez pris, ils/elles ont pris**.

cent soixante • 160

38 / Trente-huitième leçon

3 Otro conjunto de verbos acabados en **-re**, que incluyen **dire**, *decir*, **lire**, *leer*, y **écrire**, *escribir*, forman su participio pasado con una **-t** final (y muda): **j'ai dit, tu as dit, il/elle a dit, nous avons dit, vous avez dit, ils/elles ont dit**. Naturalmente, todos los verbos derivados de estos tres, como **contredire**, *contradecir*, se conjugan de la misma manera.

4 Ya conocemos **je vous en prie** (ver lecciones 31 y 35). En contextos muy formales, sin embargo, el en se puede eliminar, especialmente si la expresión aparece al final de una oración. **Entrez, je vous prie**, *Pase, por favor*. Es poco probable que utilices **je vous prie** (y la forma tu se utiliza rara vez); sin embargo, es probable que lo oigas en determinadas circunstancias, sobre todo por teléfono.

5 Algunos sustantivos tienen dos género, cada uno con un significado diferente. Uno de los más comunes es **poste**. **Une poste** es *una oficina de correos* (lecciones 29 y 35) pero **un poste** significa *un puesto* o *un trabajo*: **Il quitte le poste de directeur en mai**, *Deja el puesto de director en mayo*. En masculino también significa *una extensión* en una centralita telefónica: **Le poste ne répond pas**, *La extensión no contesta*. Por eso insistimos en que memorices no solo el significado de los sustantivos sino también su género.

***

Exercice 1 – Traduisez

❶ Tu ne reçois plus de mails parce que ta boîte est pleine. ❷ Je sais que Madame Doillon est en réunion mais puis-je laisser un message ? ❸ Vous pouvez la joindre à tout moment au 06 82 92 73. ❹ C'est de la part de qui ? Ah, c'est toi. Ne quitte pas. ❺ J'ai plein de travail en ce moment à cause du Salon de l'automobile.

***

L'Île de France –*literalmente "La isla de Francia"*– *es la designación oficial del área metropolitana de París, la más poblada de las 18 regiones del país, pero a menudo se la denomina simplemente la* **la région parisienne**. *El topónimo se usa para formar un adjetivo,* **francilien(ne)** *(refiriéndose a la región de París) y un gentilicio,* **un Francilien / une Francilienne**, *un habitante local.* **L'Île de France**

Trigésima octava lección / 38

6 El adjetivo **plein** (femenino **pleine**, pronunciado *[plen]*) significa *lleno* o *completo*: **Les hôtels sont toujours pleins en été**, *Los hoteles siempre están llenos en verano*. La expresión invariable **plein de** significa *lleno de* y, más ampliamente, *mucho*: **Elle a plein de choses à faire**, *Ella tiene mucho que hacer*.

7 **entendu** es el participio pasado de **entendre**, *oír*, *escuchar*: **J'ai entendu un bruit**, *He oído un ruido*. Pero la palabra también se puede usar sola en respuesta a una declaración que se reconoce o con la que se está de acuerdo. **Venez tôt demain. – Entendu.** *–Venga pronto mañana. –De acuerdo.* Por supuesto, la traducción real dependerá del contexto, pero, en cualquier caso, evita la (mala) costumbre francesa de decir **OK** en lugar de **Entendu**.

8 **les coordonnées**, *las coordenadas*, es el término geográfico para las distancias o números que identifican una posición. Por extensión, se usa comúnmente para referirse a la *información de contacto* en el sentido general. Por lo tanto, **Donnez-moi vos coordonnées** se puede traducir como *Deme su dirección / su información de contacto / su nombre y número de teléfono*, etc. Si se necesitan más detalles, se puede añadir un adjetivo, por ejemplo, **Donnez-moi vos coordonnées téléphoniques** o **bancaires** si se desea el teléfono de la persona o los datos bancarios.

***

Soluciones al ejercicio 1

❶ No recibes más correos porque tu bandeja de entrada *(caja)* está llena. ❷ Sé que la Sra. Doillon está en una reunión, pero ¿le puedo dejar un mensaje? ❸ Puede contactar con ella en cualquier momento en el 06 82 92 73. ❹ ¿De parte de quién? Ah, eres tú. No cuelgues. ❺ Tengo mucho trabajo en este momento debido al Salón del automóvil.

***

comprende ocho áreas administrativas, o **départements**, *que se subdividen en dos "anillos", uno interior (***la Petite Couronne***, o "la pequeña corona") y uno exterior,* **la Grande Couronne**, *"la gran corona"). La región está rodeada por una red de autovías y autopistas llamada…* **La Francilienne**.

cent soixante-deux • 162

39 / Trente-neuvième leçon

Exercice 2 – Complétez

❶ Me he enterado de que el Sr. Aubry deja su puesto de director de la oficina de correos este verano.
. . . . que Monsieur Aubry . . . . de directeur . . . . été.

❷ Nos dijeron que llamáramos al comienzo de semana para visitar sus instalaciones.
. . . nous . . . . en début de semaine . . . . visiter . . . .

❸ –¿Cuál es su nombre? –No lo sé: no cogí su tarjeta de visita después de la reunión.
. . . . son nom ? – Je ne sais pas : . . . . sa . . . . après . . . .

❹ Perdón, no lo he entendido. ¿Qué ha dicho usted?
Désolé, ... Qu'est-ce que . . . . ?

39

Trente-neuvième leçon

Le septième art

1 – La France possède [1] une longue tradition cinématographique, et le "septième art" est bien vivant aujourd'hui.
2   Malgré toutes les plateformes de diffusion [2] et tous les autres supports disponibles,
3   beaucoup de gens vont deux ou trois fois par semaine au cinéma.
4   Et les metteurs en scène [3] et comédiens français sont très appréciés par le public.
5   Le choix de films est énorme – comédies, aventures, policiers, dessins animés, et cætera.
6   Naturellement, il y a aussi beaucoup de films étrangers dans les "salles obscures [4]",

Trigésima novena lección / 39

❺ Su agenda está llena porque tiene mucho trabajo. Eso me sorprende.
Son .... parce qu'il .... travail. Ça ....

Soluciones al ejercicio 2
❶ J'ai appris – quitte le poste – de la poste cet – ❷ Ils – ont dit d'appeler – pour – vos locaux ❸ Quel est – je n'ai pas pris – carte de visite – la réunion ❹ – je n'ai pas compris – vous avez dit ❺ – agenda est plein – a plein de – m'a surpris

Trigésima novena lección

El séptimo arte

1 – Francia posee una larga tradición cinematográfica, y el "séptimo arte" está bien vivo hoy en día.
2 A pesar de todas las plataformas de distribución y todos los demás soportes disponibles,
3 mucha gente va dos o tres veces a la semana al cine.
4 Y los directores *(ponedor en escena)* y los actores franceses son muy apreciados por el público.
5 La variedad de películas es enorme: comedias, aventuras, policiacas, dibujos animados, etc.
6 Naturalmente, también hay muchas películas extranjeras en las "salas oscuras",

cent soixante-quatre • 164

39 / Trente-neuvième leçon

7 qu'on peut voir en version originale ou en version française (c'est-à-dire doublés).
8 Deux rendez-vous [5] annuels sont indispensables pour les cinéphiles [6] :
9 le festival de Cannes avec sa Palme d'Or, et la soirée des Césars ;
10 ces prix récompensent le meilleur du cinéma de l'année, notamment le meilleur film et le meilleur scénario.
11 La semaine dernière, des millions d'amateurs en ont suivi [7] la cérémonie de clôture.
12 Ils ont vu [8] la maîtresse et le maître de cérémonie présenter les prix aux gagnants.
13 – Et maintenant, le moment que nous attendons tous : le César du meilleur metteur en scène.
14 Cette année il est attribué à... Michel Bonnaud pour "Commencez sans moi".
15 Essayant [9] de rester décontracté, le gagnant répond :
16 – Merci, je n'ai jamais reçu un prix de la mise en scène [3].
17 Mais je suis étonné car je n'ai pas tourné un seul film depuis vingt ans.
18 – C'est justement pour ça que le jury vous donne cette récompense, mon cher Michel ! ☐

Pronunciación

setiem-ar **1** ... *lo^ng tradisio^n sinematografic* ... **2** ... *difusio^n ... supor* **3** ... *desutrua* ... **4** ... *meter-a^n-senn ... comedie^n* ... **5** ... *comedi ava^nter polisie dessan anime etsetera* **6** *naturelma^n ... film-setra^nye* ... *sals-obskiur* **7** ... *verssio^n oriyinal* ... **8** ... *anuel ... a^ndispa^nsabl* ... *sinefil* **9** ... *can ... sesar* **10** ... *reco^npans ... meyer ... notama^n* ... *senario* **11** ... *damater ... suivi ... seremoni ... clotûr* **12** ... *vû* ... *metress ... metr* ... **14** ... *atribue* ... **15** *essaya^n ... deco^ntracte ... repo^n* **16** ... *mia-a^n-senn* **17** ... *depui* **18** ... *yustema^n ... yuri* ...

165 • cent soixante-cinq

Trigésima novena lección / 39

7 que se pueden ver en versión original o en versión francesa (es decir, dobladas).
8 Dos citas anuales son indispensables para los cinéfilos:
9 el festival de Cannes con su Palma de Oro, y la velada de los César;
10 estos galardones premian al mejor cine del año, especialmente a la mejor película y al mejor guion.
11 La semana pasada, millones de aficionados siguieron la ceremonia de clausura.
12 Vieron a la maestra y al maestro de ceremonias presentar los premios a los ganadores.
13 – Y ahora, el momento que todos estamos esperando: el César al mejor director.
14 Este año se le concede a… Michel Bonnaud por su película *Comiencen sin mí*.
15 Tratando de permanecer relajado, el premiado responde:
16 – Gracias, nunca había recibido un premio a la dirección.
17 Pero estoy asombrado porque no he rodado una sola película en veinte años.
18 – ¡Por eso precisamente el jurado te entrega este premio, mi querido Michel!

Notas de pronunciación
(3), (6) En un registro formal, los hablantes cuidadosos, como los actores o los presentadores de noticias, tienden a usar la ligadura (ver *Introducción*) más de lo normal. Esta lección, contrasta las liaisons realizadas en **deux‿ou trois** y **films‿étrangers** con **je suis étonné** en la línea 16 y la oración 5 del primer Ejercicio, las cuales utilizan la pronunciación no formal que encontrarás en el habla cotidiana.

Notas
1 La mayor parte de este texto está en un registro formal, como se usa en la prensa, por ejemplo. En estos contextos, el francés a menudo evita los verbos "comunes" como **être** y **avoir**, reemplazándolos con

39 / Trente-neuvième leçon

sinónimos más elegantes. Aquí, por ejemplo, **La France a une longue tradition** se reformula utilizando el verbo regular **posséder**, *poseer*. Asimismo, el cine se conoce como **le septième art**, *el séptimo arte*. Esta tendencia a "mejorar" conceptos simples puede ser desconcertante al principio, pero pronto se convierte en un tropo familiar.

2 **la diffusion** proviene del verbo **diffuser**, *difundir*. El sustantivo se usa en términos como **la diffusion vidéo**, *la transmisión de vídeo en directo*, y **la baladodiffusion**, *la difusión de pódcast*. Estas son invenciones relativamente nuevas que ciertamente no han reemplazado los términos importados **le streaming** y **le podcasting** en el habla cotidiana.

3 Este es un buen ejemplo de cómo los sustantivos se derivan de los verbos. Del verbo **mettre**, *poner*, obtenemos **un metteur en scène** "un ponedor en escena", **un director de cine** o *un director teatral*; y **la mise en scène**, *la dirección*.

4 Otro recurso literario utilizado en la escritura formal es la metonimia, el uso de un término relacionado para representar un objeto o concepto: **les salles obscures** "las salas oscuras" se usa –siempre en plural– para referirse a los cines. No obstante, los adjetivos habituales para *oscuro* son **sombre** (ausencia de luz, pronunciado *[sonbre]*) o **foncé** (cualquier color que se aproxime al negro): **Mon nouveau pull est bleu foncé**, *Mi nuevo jersey es azul oscuro*.

5 Sabemos que **un rendez-vous** significa *una reunión* o *una cita* (lección 4, por ejemplo). Pero también se puede usar en sentido figurado cuando se refiere a un evento que atrae a un gran número de personas, **Le Salon de l'automobile est le rendez-vous annuel des tous ceux qui aiment les voitures**, *El Salón del automóvil es la reunión anual de todos*

***

Exercice 1 – Traduisez

❶ Cet artiste, qui est toujours vivant, vit près de Nice. ❷ Le public français apprécie vraiment cette jeune comédienne américaine Michelle May. ❸ Ce metteur en scène n'a pas tourné une comédie depuis dix ans. ❹ Et maintenant, le prix qui récompense le meilleur film étranger de l'année ! ❺ Il y a deux ou trois dessins animés que j'ai vraiment aimés cette année.

167 • cent soixante-sept

los amantes de los coches. Debido a que las letras finales en ambos componentes de este sustantivo compuesto son **-s** y **-z**, respectivamente, no cambia en plural (**des rendez-vous**).

6 Los orígenes latinos y griegos del francés son evidentes en muchas palabras cotidianas. Aquí, por ejemplo, tenemos el sufijo **phile** (del griego ***philos***, *amigo*). El sufijo opuesto es **-phobe** (de ***phobos***, *miedo*): **un aquaphobe** es alguien que tiene miedo al agua. Este tipo de palabras no se consideran formales.

7 **suivi** es el participio pasado del verbo del Grupo 3 **suivre**, *seguir*. Otros dos verbos comunes del mismo grupo con la terminación del participio en **-i** son **finir** → **fini** (*terminar/acabar*) y **dormir** → **dormi** (*dormir*).

8 Este es otro participio pasado de un verbo del Grupo 3: **voir** → **vu**, *ver* → *visto*. Ten en cuenta también **venir** → **venu**, *venir* → *venido* y **avoir** → **eu**, *tener* → *tenido*.

9 Introducido en la lección 23, nota 8, el participio presente de los tres grupos de verbos termina en **-ant**: **essayer** → **essayant** (*probar* → *el que prueba*), **finir** → **finissant** (*terminar* → *el que termina*), **rendre** → **rendant** (*devolver* → *el que devuelve*). Observa cómo también se usa este participio como adjetivo: **les arts vivants**, *las artes vivas*.

Soluciones al ejercicio 1
❶ Este artista, que está todavía vivo, vive cerca de Niza. ❷ El público francés aprecia realmente a esta joven actriz americana, Michelle May. ❸ Ese director no ha rodado una comedia en diez años. ❹ Y ahora, ¡el galardón que premia a la mejor película extranjera del año! ❺ Hay dos o tres dibujos animados que me han gustado realmente este año.

Exercice 2 – Complétez

❶ –No he visto a Michel en diez años. –¿Has visto a su mujer?

.... Michel ...... dix ans. – Est-ce que ...... sa femme ?

❷ Hemos recibido (*tenido*) un mensaje de Philippe. Nos ha dicho que su hijo no ha dormido en toda la noche.

.... un message de Philippe. Il .... que son fils .... de la nuit.

❸ ¿Has seguido *Les Césars* este año? Tres actores han ganado un premio.

Est-ce que .... les Césars cette année ? Trois comédiens .... un prix.

❹ –No he terminado todavía el libro que me has prestado, pero me gusta. –Sí, ha ganado varios premios.

.... encore .... le livre que ...., mais je l'adore. – Oui, il ...... plusieurs .....

❺ Tratando de mantenerse relajada, la actriz dijo: "Gracias, pero estoy asombrada".

.... de rester ...., ... a dit : "Merci, mais je suis ....".

40

Quarantième leçon

Tu es si impatient !

1 – Tu veux venir avec moi au ciné ce soir ? Il y a plein de nouveautés à voir cette semaine.
2 Où est-ce que j'ai mis [1] le guide des spectacles ? Je l'ai perdu [1] ? Non, le voici.
3 Regarde : "L'Etranger [2] du nord", c'est le dernier [3] film avec l'acteur russe que tu aimes bien.
4 – Bof [4], j'ai vu la bande-annonce. Je déteste les films d'action et, en réalité, je n'aime pas trop cet acteur.

Soluciones al ejercicio 2

❶ Je n'ai pas vu – depuis – tu as vu – ❷ Nous avons eu – nous a dit – n'a pas dormi – ❸ – tu as suivi – ont tous gagné – ❹ Je n'ai pas – fini – tu m'as prêté – a gagné – prix – ❺ Essayant – décontractée – la comédienne – très étonnée –

*En muchos países de habla francesa, el cine se conoce como **le grand écran** "la gran pantalla" y la televisión como **le petit écran** "la pequeña pantalla". Uno de los premios cinematográficos más importantes de Francia es **la Palme d'Or**, la Palma de Oro, ofrecida a la mejor película en **le Festival de Cannes**. Y en lugar de los Óscar, la industria cinematográfica francesa organiza sus propios premios anuales, **les Césars** (llamados así por el escultor que diseñó el trofeo). Las películas extranjeras son populares en Francia y generalmente se proyectan en dos versiones: **en VO (version originale**, con subtítulos) o **en VF (version française**, doblada al francés).*

Cuadragésima lección

¡Eres tan impaciente!

1 – ¿Quieres venir conmigo al cine esta tarde? Hay muchas novedades para ver esta semana.
2 ¿Dónde he puesto la guía de espectáculos? ¿La he perdido? No, aquí está.
3 Mira: *El extraño del norte*, es la última película del actor ruso que te gusta mucho.
4 – ¡Bah! He visto el tráiler *(tira-anuncio)*. Odio las películas de acción y, en realidad, no me gusta mucho ese actor.

40 / Quarantième leçon

5 – Fais un effort ! Bois ton café et aide-moi à choisir quelque chose.
6 – Je l'ai bu [1]. En fait, j'en ai déjà pris [1] trois ce matin. As-tu une autre proposition de film ?
7 – "Le Vieux port". L'action a lieu dans le sud de la France. J'ai entendu [1] de bonnes critiques.
8 – Ah non, il est nul [5] ce film ! Autre chose ?
9 – Une comédie musicale ? Non, ce n'est pas vraiment ton truc [6].
10 – Si, si [7]. J'en ai vu une – "Entre l'est et l'ouest" –, et elle m'a plu [1].
11 À quelle heure sont les séances au multiplexe du centre commercial ? [...]
12 – Dans quelle salle passe le film ? Il y en a une douzaine.
13 – Il faut d'abord faire la queue ici pour avoir le tarif étudiant.
14 – Comment, tu n'as pas pris les billets à la billetterie [8] en ligne ?
15 – Non, je suis bête [9]. Je n'y ai pas pensé.
16 – J'ai horreur d'attendre. Allons prendre un verre [10] quelque part.

Pronunciación

... a^npasia^n **1** ... sine ... nuvote ... **2** ... mi ... spectacl ... perdu ... **3** ... nor ... lacter russ ... **4** bof ... ba^nd-ano^nss ... detest ... realite ... **5** ... efor ... bua ... ed-mua ... **6** ... bû ... proposissio^n ... **7** ... por ... lacsio^n a lie ... sud ... a^nta^ndû ... critic **8** ... nul ... otr-shosh **9** ... musical ... **10** si-si ... lest ... luest ... plû **11** ... se-a^nss **12** ... dusenn **13** ... ke ... tarif-etudia^n **14** ... billetri ... **15** ... bet ... **16** ... orer ...

Cuadragésima lección / 40

5 – ¡Haz un esfuerzo! Bébete el *(tu)* café y ayúdame a elegir algo.
6 – [Ya] lo he bebido. De hecho, me he tomado tres esta mañana. ¿Tienes otra sugerencia de película?
7 – *El viejo puerto*. La acción tiene lugar en el sur de Francia. He oído buenas críticas.
8 – ¡Oh no, es una pésima película! ¿Otra cosa?
9 – ¿Una comedia musical? No, no es realmente lo tuyo.
10 – Sí, sí. He visto una –*Entre el este y el oeste*– y me ha gustado.
11 ¿A qué hora son las sesiones en el multicine del centro comercial? [...]
12 – ¿En qué sala ponen *(pasan)* la película? Hay una docena.
13 – Primero hay que hacer la cola aquí para tener la tarifa estudiante.
14 – ¿Cómo, no has comprado *(tomado)* las entradas *(los billetes)* en la taquilla en línea?
15 – No, soy tonto. No lo he pensado.
16 – Odio *(me horroriza)* esperar. Vamos a tomar algo a algún sitio.

] Notas

1 En esta lección nos encontramos con dos conjuntos de verbos del Grupo 3 con sus participios pasados: **mettre → mis** y **prendre → pris**; junto con **perdre → perdu**, **boire → bu**, **entendre → entendu**, y **plaire → plu**. Más detalles en la lección 42.

2 Hemos visto el adjetivo **étranger**, *extranjero*, en la lección 39. El sustantivo es idéntico: **un étranger / une étrangère**. No confundas los adjetivos **étranger** y **étrange**, *extraño/-a*: **Quelle question étrange !** *¡Qué pregunta más extraña!*

3 **dernier/dernière** significa tanto *último* (lección 14) como *reciente*. Una vez más, el contexto es clave, porque **le dernier film de l'acteur** puede significar *la última película del actor* (si no ha hecho más películas o ha fallecido) y *la última película del actor* (su actuación más reciente). En caso de duda, pregunta a un cinéfilo ¡o busca el nombre en Google!

40 / Quarantième leçon

4 El registro familiar de esta lección contrasta bastante con la formalidad de la anterior. Por ejemplo: la exclamación **Bof** es una forma idiomática concisa de expresar indiferencia. Se puede traducir de varias formas: **Qu'est-ce que tu penses de ce film ? – Bof.** *–¿Qué te parece esta película? –Vale/Bah/Como quieras*, etc.

5 Otra palabra coloquial es **nul**. Después de un sustantivo, la palabra significa literalmente *nulo* o *inexistente*. Pero en lenguaje idiomático, indica que la cosa o persona que se describe es *pésimo*, *inútil*, *terrible*, etc. **Cet acteur est nul**, *Ese actor es horrible*. Al ser un adjetivo, **nul** concuerda con su sustantivo: **Cette actrice est nulle**.

6 **un truc**, *una cosa* (lección 30, nota 1), se usa de la misma manera que en inglés para expresar algo que a uno le gusta o le interesa: **Ce n'est pas mon/son/leur truc**, *No es lo mío/suyo*. **Le sport, c'est son truc**, *El deporte es lo suyo*.

7 Sabemos que **si** significa tanto *sí* como *tan* (lección 32, nota 1). También se puede utilizar como **oui** al contradecir una afirmación negativa: **Il n'aime pas le chocolat. – Si.** *–No le gusta el chocolate. –Sí le gusta*. Para añadir más insistencia, se repite la palabra: **Si si, il l'adore**, *Sí, sí, le encanta*.

***

Exercice 1 – Traduisez

❶ Il y a de la pluie sur l'est et le sud de la France aujourd'hui et du soleil sur l'ouest et le nord. **❷** Pour avoir le tarif étudiant, il faut attendre, mais j'ai horreur de faire la queue. **❸** Ma femme joue au tennis ; moi, le sport, ce n'est pas mon truc. **❹** Faites un effort ! Buvez votre café et aidez-moi à choisir un film. **❺** Votre femme m'a dit que vous n'aimez pas le chocolat. – Si, si, je l'adore.

***

Identificar diferentes registros en otro idioma es difícil, especialmente en las primeras etapas del aprendizaje, y requiere bastante práctica. Esta lección y la anterior están diseñadas para subrayar algunas de las diferencias entre las interacciones formales e informales en el francés cotidiano. Por el momento, simplemente escucha los diálo-

Cuadragésima lección / 40

8 El sufijo **-erie**, visto en la lección 25, puede designar cualquier lugar que tenga una función específica: **un billet → une billetterie**, *una entrada / una taquilla*, **une huile → une huilerie**, *aceite* (vegetal, etc.) */ una almazara* o *fábrica de aceite*. Busca la palabra raíz y trabaja a partir ahí.

9 **une bête** significa *un animal* o *un bicho*. Como adjetivo, se usa coloquialmente con el sentido de *tonto* o *idiota*. **Ton idée est bête**, *Tu idea es tonta*. Una expresión útil, en respuesta a una sugerencia aceptable, es **Ce n'est pas bête**: **Nous allons vendre notre voiture, – Ce n'est pas bête**. *–Vamos a vender el coche. –No es mala idea.*

10 **un verre**, *un vaso* (lección 24, línea 12) se usa socialmente en la expresión **prendre un verre**, *tomar algo/una copa*: **Tu veux voir un film ou aller prendre un verre ?** *¿Quieres ver una película o ir a tomar algo?*

Soluciones al ejercicio 1

❶ Hoy llueve en el este y el sur de Francia y hace sol en el oeste y el norte. ❷ Para conseguir la tarifa de estudiante hay que esperar, pero odio hacer cola. ❸ Mi esposa juega al tenis; para mí, el deporte no es lo mío. ❹ ¡Haz un esfuerzo! Bébete el café y ayúdame a elegir una película. ❺ –Su mujer me ha dicho que no le gusta el chocolate. –Sí, sí, me encanta.

***

gos y haz los ejercicios. Pronto podrás diferenciar entre los distintos registros y participar activamente en conversaciones utilizando el lenguaje apropiado. **Continuez le bon travail !** *(¡Sigue trabajando igual de bien!)*

cent soixante-quatorze • 174

Exercice 2 – Complétez

❶ –¿Dónde has puesto la guía de París? –La he perdido.
.. est-ce que ...... le guide de Paris ? – Je ....

❷ –He leído una buena crítica de esta película. –La he visto y es pésima.
...... une ...... de ce film. – Je ...... et il est ...

❸ ¿En qué sala ponen la película y a qué hora son las sesiones?
Dans .... le film et .... les séances ?

❹ –¿Te has tomado *(bebido)* un expreso? –Qué pregunta tan extraña: me he tomado cuatro.
Est-ce que ...... un expresso ? – ...... question ...... :
.... quatre.

41

Quarante et unième leçon

Un accueil [1] désagréable

1 – Allô, bonjour. Je suis bien au restaurant "La Fleur d'Argent" ?
2 – Oui monsieur. Vous y êtes.
3 – J'essaie de vous joindre depuis [2] deux jours. Ça sonne toujours occupé.
4 – J'en suis conscient. Mais depuis [2] que nous sommes dans le guide touristique,
5 le téléphone n'arrête pas de sonner et nous sommes complets presque tous les soirs.
6 Vous pouvez toujours essayer de réserver avec l'application MaTable.fr. C'est plus sûr.
7 – Oui, je connais cette appli [3], mais je préfère avoir une voix humaine au bout du fil [4].
8 – Comme vous voulez. Combien êtes-vous et à quelle heure souhaitez-vous [5] dîner ?

❺ –¿No has comprado las entradas? –No, odio los musicales.
Vous . . . . les billets ? – Non, ...
comédies musicales.

Soluciones al ejercicio 2
❶ Où – tu as mis – l'ai perdu ❷ J'ai lu – bonne critique – l'ai vu – nul – ❸ – quelle salle passe – à quelle heure sont – ❹ – tu as bu – Quelle – étrange – j'en ai pris – ❺ – n'avez pas pris – j'ai horreur des –

Cuadragésima primera lección 41

Un recibimiento desagradable

1 – Hola, buenos días. ¿Hablo con *(estoy bien en)* el restaurante "La flor de plata"?
2 – Sí, señor, lo es.
3 – Intento comunicarme con ustedes desde hace dos días. Siempre da *(suena)* ocupado.
4 – Soy consciente de ellos. Pero desde que estamos en la guía turística,
5 el teléfono no ha parado de sonar y estamos completos casi todas las noches.
6 Siempre puede intentar reservar con la aplicación MaTable.fr. Es más seguro.
7 – Sí, conozco esta app, pero prefiero tener una voz humana al otro lado *(extremo)* del teléfono *(hilo)*.
8 – Como usted quiera. ¿Cuántos son y a qué hora desean cenar?

41 / Quarante et unième leçon

9 – Vers vingt heures trente, pour quatre couverts [6]. À la terrasse si possible.
10 – Huit heures et demie, dites-vous ? Oui, il me reste une petite table pour quatre.
11 Mais à l'intérieur, car toutes les tables dehors sont prises [7]. Cela vous convient-il ? [8]
12 – Si vous n'avez rien d'autre.
13 – Alors je note. C'est à quel nom ?
14 – Ferré, comme le chanteur. Mais rassurez-vous : je ne chanterai [9] pas.
15 – Très drôle... J'ai besoin d'un numéro de portable
16 ainsi que les détails de votre carte bancaire, pour éviter une annulation de dernière minute.
17 – Vous voulez aussi mon chéquier, ou mes empreintes digitales peut-être ?
18 – C'est bien ça. Vous pouvez me les envoyer par texto [10].

Pronunciación

... acueill desagreabl **1** ... lafler ... **2** ... vussi-et **3** ... son ... ocupe **4** ya-n-sui-co-n-sia-n ... turistic **5** ... sone ... **6** ... reserve ... laplicasio-n matabl-pua-n-ef-er ... **7** ... apli ... umen o-bu-de-fil **8** ... su-été ... dine **9** ... cuver ... **10** ... dit-vu ... **11** ... ala-n-terier ... pris ... **13** ... not ... **14** fere ... sha-n-ter ... rasure-vu ... sha-n-tere ... **15** ... drol ... **16** ... detaill... cart-ba-n-ker ... evite ... anulassio-n ... **17** ... a-n-pra-n-t diyital ... **18** ... texto

Notas de pronunciación

(Título) La terminación **-euil** tiene exactamente el mismo sonido que **œil** (lección 32), así que **accueil** se pronuncia *[ac-u-eiy]*. En el verbo **accueillir**, precede al sonido de la doble ele, así que se pronuncia *[ac-u-llir]*.

Cuadragésima primera lección / 41

9 – Hacia las ocho y media, para cuatro personas *(cubiertos)*. En la terraza si es posible.
10 – ¿Ocho y media, dice? Sí, me queda una pequeña mesa para cuatro.
11 Pero dentro, porque todas las mesas de fuera están ocupadas. ¿*(Eso)* Le conviene?
12 – Si no tiene nada más.
13 – Entonces, tomo nota. ¿A qué nombre?
14 – Ferré, como el cantante. Pero tranquilo *(tranquilícese)*: no cantaré.
15 – Muy gracioso... Necesito un número de móvil
16 así como los datos de su tarjeta bancaria, para evitar una anulación de último minuto.
17 – ¿Quiere también mi chequera, o quizás mis huellas digitales?
18 – Está bien así. Puede enviármelos por un mensaje de texto.

] Notas

1 **accueillir** tiene muchas traducciones diferentes. Básicamente, significa *dar la bienvenida*, pero se puede usar en el sentido más amplio de *recibir*, *acoger*, *hospedar*, etc. **Mon amie Nadège m'a accueilli à l'aéroport**, *Mi amiga Nadège me recibió en el aeropuerto*. El sustantivo **un accueil** significa *un recibimiento*, *una bienvenida*, pero la traducción dependerá del contexto: **Merci de votre accueil** puede significar *Gracias por darme la bienvenida* o *Gracias por invitarme*. En un edificio público, busca el letrero **Accueil**, *Recepción*.

2 La preposición **depuis** (lección 39, línea 17) se traduce como *desde* y *desde hace*. Se usa con el tiempo presente, no con el pasado: **Je connais cet homme depuis vingt ans**, *Conozco a ese hombre desde hace veinte años*. **Elle est malade depuis Noël**, *Está enferma desde Navidad*.

3 Aquí tienes otro ejemplo común de apócope (lección 17, nota 6): **une application** (línea 6), se abrevia generalmente como **une appli**, *una app*. Este proceso de truncar palabras largas es habitual en contextos técnicos como la informática.

cent soixante-dix-huit • 178

41 / Quarante et unième leçon

4 **un fil**, *un cable*, se usa a menudo en referencia a los teléfonos, a pesar de que los teléfonos fijos casi han desaparecido. Dos expresiones comunes son **passer un coup de fil**, *hacer una llamada, hablar con alguien por teléfono*, y **au bout du fil**, *al teléfono*. No confundas el plural **les fils** con la palabra para *hijo*: **un fils / des fils**. En el último caso, tanto el singular como el plural se pronuncian *[fis]*, en comparación con *[fil]* para **fil / fils**.

5 **souhaiter** es un verbo formal que significa *desear*. Es común en contextos de cortesía: **À quelle heure souhaitez-vous venir ?** *¿A qué hora desea venir?* El sustantivo, **un souhait** (*[sue]*) significa *un deseo*. La respuesta a alguien que estornuda es **À tes/vos souhaits !** "a tus/sus deseos", *¡Salud!*

6 **un couvert**, del verbo **couvrir**, *cubrir*, significa *un cubierto* en contextos culinarios, de ahí la expresión **mettre le couvert**, *poner la mesa*. En el contexto de un restaurante, el sustantivo se refiere a *un comensal*. No confundas **un couvert** con **un couvercle**, que significa *una tapa* de un contenedor.

7 Recuerda que los participios pasados usados como adjetivos deben concordar con su sustantivo, por tanto Gabriel est pris ce soir / Gabriel et Marc sont pris ce soir / Lucie est prise ce soir / Toutes les tables sont prises ce soir.

***

Exercice 1 – Traduisez

❶ Ce soir, à vingt heures trente, nous accueillons la grande chanteuse et comédienne, Elsa Violet. **❷** Michel, j'ai ton fils au bout du fil. Je lui dis d'attendre deux minutes ? **❸** Vous souhaitez venir à quelle heure ? **❹** Ça ne me convient pas, mais si vous n'avez rien d'autre… **❺** J'essaie de passer un coup de fil, mais la ligne sonne toujours occupée.

***

Léo Ferré *(1916–1993) fue un cantante, poeta y compositor francés que marcó a varias generaciones de fans con su música, escritura y política. Ferré, junto con sus contemporáneos* **Georges Brassens** *y* **Jacques Brel***, fue* **un auteur-compositeur-interprète** *"autor, compositor, intérprete", lo que aquí llamamos cantautor. Esa tradición, conocida como* **la chanson** *(la canción), otorga el mismo valor a la*

179 • **cent soixante-dix-neuf**

Cuadragésima primera lección / 41

8 Ver lección 26, nota 2. Usar un pronombre invertido, en lugar de **est-ce que**, para hacer una pregunta es formal pero bastante común en la interacción social formal. Así pues, en lugar de **Est-ce que cela vous convient ?** el dueño del restaurante pregunta **Cela vous convient-il ?** (Escucha la liaison entre la t final y la vocal inicial).

9 Este es nuestro cuarto encuentro con el tiempo futuro, que se forma cambiando la terminación del verbo: *chanter*, *cantar*, → **je chanterai**.

10 A pesar de la prevalencia del inglés, el francés ha logrado acuñar términos "nativos" en el campo de la tecnología. Un ejemplo es **un texto**, *un SMS*. **Donne-moi ton numéro et je t'envoie un texto tout à l'heure**, *Dame tu número y te enviaré un SMS más tarde*. Aun así, muchos jóvenes en Francia (aunque no en Canadá) optan por el término inglés **un SMS**. Lo cual es innecesario porque el verbo **texter** significa... *¡enviar un mensaje de texto!*

Soluciones al ejercicio 1

❶ Esta tarde, a las ocho y media, recibimos a la gran cantante y actriz Elsa Violet. ❷ Michel, tengo a tu hijo al teléfono. ¿Le digo que espere dos minutos? ❸ ¿A qué hora desea venir? ❹ No me viene bien, pero si no tiene nada más... ❺ Intento hablar con él por teléfono, pero su línea siempre da ocupada.

***

música y la letra. Más recientemente, la importancia de la palabra escrita en la música francesa ha dado lugar a varias generaciones de artistas de rap y hiphop que se han convertido en nombres familiares. Las letras de las canciones pueden ser difíciles de seguir para los estudiantes de idiomas, pero el placer de elegir un solo texto y aprenderlo de memoria vale la pena definitivamente.

Exercice 2 – Complétez

❶ Intentamos contactar con la recepción desde hace una hora, pero sin éxito.
Nous .... de contacter .... une heure, mais ....

❷ ¿Cuántos son y a qué hora desean venir?
.... et .... venir ?

❸ –Chantal está enferma desde Navidad. –¿Ah, sí? ¿Qué le pasa?
Chantal .... Noël. – ..... ? Qu'est-ce .... ?

Quarante-deuxième leçon

Révision

1 Participios

1.1 *Le participe présent* – El participio presente

La mayoría de los verbos regulares e irregulares forman el participio presente (lección 23, nota 8 y lección 39, nota 9) eliminando la terminación de la primera persona del plural del presente y agregando **-ant** a la raíz:
penser → pensons → pensant;
dormir → dormons → dormant;
perdre → perdons → perdant.
(Recuerda que los verbos acabados en **-cer** cambian la **c** por la cedilla en la primera persona del plural, y por tanto en el participio (**commencer → commençons → commençant**), mientras que los verbos acabados en **-ger** añaden una **e**: **manger → mangeons → mangeant**).

El participio presente en español ya prácticamente no existe, sino que se ha ido transformando en adjetivos (a veces sustantivados): *alarmante*, *asistente*, etc.; en palabras con el sufijo *-or*: *comedor*,

❹ La mesa grande de fuera está ocupada, pero pueden cenar dentro si lo desean.
La grande table ....,mais ....
.... si vous voulez.

❺ –¿Necesita un número de móvil? –Sí, para evitar una anulación de último minuto.
....'un numéro de portable ? – Oui, ...
une annulation.. ....

Soluciones al ejercicio 2
❶ – essayons – l'accueil depuis – sans succès ❷ Combien êtes-vous – à quelle heure souhaitez-vous – ❸ – est malade depuis – Ah bon – qui ne va pas ❹ – dehors est prise – vous pouvez dîner à l'intérieur – ❺ Avez-vous besoin d – pour éviter – de dernière minute

---

Cuadragésima segunda lección

vividor, etc.; y en perífrasis del tipo "el que...": *el que asiste*, *el que duerme*, etc. En francés, el participio presente se utiliza de dos maneras. La primera, para describir una acción en curso:
Les personnes habitant près d'un aéroport souffrent souvent de maux de tête, *Las personas que viven (habitantes) cerca del aeropuerto a menudo sufren dolores de cabeza*.

En este caso, el participio no concuerda con el sustantivo. Un uso similar se encuentra en las frases que comienzan con la preposición **en**:
En vérifiant la cave, j'ai trouvé la porte ouverte.
Aunque una traducción literal de esta primera oración sería *Comprobando el sótano...*, es más fácil reformularla así: *Al comprobar el sótano, encontré la puerta abierta*. La estructura puede ser muy diferente:
Il arrive. En attendant, commençons à nettoyer la cuisine.
Está en camino. Mientras, comencemos a limpiar la cocina.

El otro uso principal del participio presente es como adjetivo, en cuyo caso tiene que concordar con el sustantivo: **C'est une histoire intéressante**.

cent quatre-vingt-deux • 182

1.2 *Le participe passé* – El participio pasado

Además de funcionar como adjetivos, los participios pasados se usan para formar **le passé composé** (ver abajo). Por lo tanto son importantes.

• En los verbos del Grupo 1 (**-er**), simplemente se elimina la **-r** final y se sustituye la **-e-** por una **-é**. Por lo tanto **commander → commandé**, **fermer → fermé**, etc. No hay excepciones.

• La regla para el Grupo 2 (verbos regulares acabados en **-ir** con el participio presente acabado en **-issant**)) es todavía más sencillo: se elimina simplemente la última letra: **finir → fini**, **réussir → réussi**.

• Para los verbos del Grupo 3 (**-re**, **-oir**, **-ir** con el participio presente acabado en **-ant**), las reglas son:
-re se sustituye por **-u**: **vendre → vendu**; **attendre → attendu**
-oir también terminan en **-u**: **recevoir → reçu**; **vouloir → voulu**
-ir se comportan generalmente como los verbos regulares del Grupo 2: **partir → parti**; **sentir → senti**

Sin embargo, hay muchas excepciones, en particular los verbos de uso frecuente como **prendre → pris**; **faire → fait**; **dire → dit**; **courir → couru**; **mettre → mis**; y, lo que es más importante, los auxiliares **être → été**, y **avoir → eu**. Otros dos verbos comunes con participio pasado irregular son **pouvoir → pu**, y **savoir → su**.
Cada vez que aprendas un verbo nuevo, especialmente si es del Grupo 3, comprueba siempre su participio pasado.

Por último, cuando un participio pasado se usa solo como adjetivo, tiene que concordar en género y número con su sustantivo:
Toutes les tables sont pris*es*, *Todas las mesas están ocupadas*;
Cette robe est vend*ue* en plusieurs couleurs, *Este vestido se vende (es vendido) en muchos colores*.

2 *Le passé composé* – El pretérito perfecto

El pretérito perfecto se conoce como **le passé composé** porque está "compuesto" de dos partes: un auxiliar y un participio pasado. Se utiliza tanto en la lengua hablada como escrita, pero en la lengua hablada se utiliza para expresar cualquier declaración que se quiera expresar en pasado, por lo tanto, al traducirlo en español,

Cuadragésima segunda lección / 42

podemos utilizar otros tiempos del pasado según el contexto. También existe **le passé simple** ("simple" porque consiste solo en una palabra), del que solo hablaremos brevemente al final de este libro porque se utiliza principalmente en la literatura y, ocasionalmente, en el habla muy formal.

Generalmente se construye con el auxiliar **avoir**, aunque algunos verbos requieren de **être**, como veremos en el siguiente bloque de lecciones. El participio pasado a veces tiene que concordar con el objeto directo de la oración, pero más adelante veremos esta regla con más detalle, especialmente porque pocas veces afecta a la pronunciación.

• Grupo 1: **manger**, *comer*

j'ai mangé	he comido	nous avons mangé	hemos comido
tu as mangé	has comido	vous avez mangé	habéis / ha / han comido
il/elle a mangé	ha comido	ils/elles ont mangé	han comido

• Grupo 2: **finir**, *terminar, acabar*

j'ai fini	he terminado	nous avons fini	hemos terminado
tu as fini	has terminado	vous avez fini	habéis / ha / han terminado
il/elle a fini	ha terminado	ils/elles ont fini	han terminado

• Grupo 3: **voir**, *ver*

j'ai vu	he visto	nous avons vu	hemos visto
tu as vu	has visto	vous avez vu	habéis / ha / han visto
il/elle a vu	ha visto	ils/elles ont vu	han visto

En la negación, el auxiliar se coloca entre las dos partículas **ne... pas**:
je n'ai pas mangé, nous n'avons pas fini, ils n'ont pas vu.

Las tres formas de la interrogación son (i) elevación del tono **Tu as vu ?** (ii) con **est-ce que**: **Est-ce que tu as vu ?** o (iii) inversión: **As-tu vu ?**

El **passé composé** se utiliza para hablar de acciones que tuvieron lugar en el pasado y ya están completas. En este contexto, es equivalente al pretérito indefinido en español: **J'ai vu le notaire hier**, *Vi al notario ayer*. Pero si eliminamos el marcador temporal **hier**, el tiempo verbal francés sigue siendo el mismo (**J'ai vu le notaire**), mientras que el equivalente en español podría ser *Vi* (pretérito indefinido) o *He visto* (pretérito perfecto).

Cuando se usan adverbios como **jamais** y **toujours** con **le passé composé**, el verbo se traduce con el pretérito perfecto:
J'ai toujours voulu / Je n'ai jamais voulu apprendre le français.
Siempre / Nunca he querido aprender francés.

Por último, mientras que el español usa el pasado automáticamente para describir una acción o secuencia de acciones que tuvieron lugar anteriormente y que ya están completas, el francés tiende a usar el presente. Este recurso narrativo, conocido como **le présent historique**, o **présent de narration**, *presente histórico o narrativo*, da vida a los acontecimientos y los hace más atractivos: **Hier, je vais au marché pour faire les courses mais j'oublie mon portefeuille**, *Ayer fui al mercado a hacer la compra, pero me había olvidado el monedero.*

Por supuesto, también se puede usar **le passé composé** en estos casos, sin que varíe el significado.
Para resumir, **le passé composé** se puede utilizar para traducir el pretérito indefinido y el pretérito perfecto del español y, por esa razón, es más fácil de utilizar. Por ejemplo:
J'ai vu Max à Noël mais je ne l'ai pas vu depuis.
Vi a Max en Navidad, pero no lo he visto después.

3 Comparativos y superlativos

Se construyen igual que en español:
- El comparativo de superioridad se forma siempre con **plus** delante del adjetivo y **que** detrás:

Cuadragésima segunda lección / 42

Londres est plus grand que Paris. *Londres es más grande que París.*
• La misma regla aplica al comparativo de inferioridad, que se forma con **moins... que**:
Le film est moins intéressant que le livre.
La película es menos interesante que el libro.
(En algunos casos, especialmente **moins cher**, el español puede elegir entre el comparativo de superioridad o el de inferioridad: *más barato / menos caro*).
• Para formar el superlativo, simplemente hay que poner el artículo definido **le** o **la** para el singular (masculino/femenino) y **les** para el plural antes de **plus** o **moins**:
Le bus est le moyen le plus rapide d'aller à Lille.
El autobús es el medio de transporte más rápido para ir a Lille;
C'est l'arrondissement le moins bruyant de la ville.
Es el distrito menos ruidoso de la ciudad.

Hay unos pocos adjetivos irregulares, especialmente **bon**, **bien** y **mauvais**:

Adjetivo	Comparativo	Superlativo
bon, *bueno*	**meilleur (que)**, *mejor (que)*	**le meilleur / la meilleure**, *el / la mejor*
bien, *bien*	**mieux (que)**, *mejor (que)*	**le mieux / la mieux**, *el / la mejor*
mauvais, *malo*	**pire (que)**, *peor (que)*	**le/la pire**, *el / la peor*

Bien puede ser confuso al principio porque es un adjetivo (*bueno*) pero también es un adverbio (*bien*). Como veremos más adelante, es invariable cuando se usa como adjetivo: **Elle sont très bien, tes nouvelles chaussures**, *Tus zapatos nuevos son muy buenos*.
Para los adverbios, el superlativo se forma con **le** (nunca **la**) antes del comparativo **plus**: **le plus rapidement possible**, *lo más rápidamente posible* (y por supuesto, no tiene que concordar).

4 Al teléfono

Usar el teléfono puede resultar difícil, incluso en el idioma nativo, por muchas razones. En un idioma extranjero, esas dificultades se ven agravadas por un habla rápida, por un vocabulario desconocido y, usualmente, por la imposibilidad de ver a la persona con la que está hablando. Y aunque los mensajes de texto, las videoconferencias y otras formas de comunicación digital están omnipresentes, poder comunicarse por teléfono –**téléphone (portable)** (*móvil*) o **fixe** (*fijo*)– sigue siendo una habilidad importante que aprender. (Curiosamente, aunque la mayoría de las comunicaciones en la actualidad son inalámbricas, la expresión habitual para una llamada telefónica sigue siendo **un coup de fil**).

Estas son algunas de las frases establecidas que se utilizan en la mayoría de las conversaciones.
• **Allô** se usa para contestar una llamada o para comprobar que la persona a la que llamas puede oírte. (Una variante es **Allô oui ?**, aunque algunas personas responden simplemente **Oui ?**, que es tan abrupto como nuestro *¿Sí?* en español). Para preguntar por la identidad del que llama, se utiliza la expresión **Qui est à l'appareil ?** *¿Quién llama?*
• Para confirmar que has contactado con el número correcto, dirás **Je suis bien chez… ?** (para una persona) o **Je suis bien au/à la…** (para una empresa, la administración, etc.)
• Si quieres hablar con alguien distinto a la persona que contesta, generalmente te preguntarán: **C'est de la part de qui ?** (o, más escuetamente y con menos cortesía, **De la part de qui ?**) *¿De parte de quién?*
• Antes de pasar la llamada, la persona dirá **Ne quittez/quitte pas** (*No cuelgue(s)*) o **Je vous le/la passe**, *Le paso con él/ella*, o incluso ambas frases juntas.
• Si la línea está ocupada, el mensaje será *La ligne est occupée* o *Ça sonne occupé*. Si la persona con la que quieres hablar está ocupada, puede que quieras dejarle un mensaje: **Est-ce que je peux laisser un message ?** o pedir que te devuelvan la llamada **Est-ce qu'il/qu'elle peut me rappeler s'il vous plaît ?** O siempre puedes decir que volverás a llamar más tarde: **Je rappellerai plus tard**.
• Si no oyes a la otra persona, dile **Je ne vous entends pas, parlez plus fort s'il vous plaît**. Y si tienes dificultad para escuchar o para entender, usa una de estas frases: **Je ne vous entends pas bien**, *No le oigo bien*, o **Pouvez-vous répétez lentement s'il vous plaît ?** *¿Puede repetir más despacio, por favor?* (Recuerda que pedir simplemente que la persona repita no garantiza que lo haga más despacio o que pronuncie con más claridad).

Cuadragésima segunda lección / 42

Una cosa más: los números de teléfono se escriben y de pronuncian en grupos de dos dígitos. Por ejemplo 06 32 72 91 se dirá **zéro six / trente-deux / soixante-douze / quatre-vingt-onze**. Un consejo: cuando te den un número, si escuchas **soixante...** espera a que terminen el número porque el siguiente dígito puede ser **deux** (62) o **douze** (72). Y lo mismo con **quatre-vingt...**, que puede continuar como **quatre-vingt-quatre** (84) o **quatre-vingt-quatorze** (94). Recuerda: ¡la práctica hace al maestro!

Dialogue de révision

1 – Est-ce que vous avez vidé la corbeille à papier ce matin ?
2 – Oui. Pourquoi ? Avez-vous perdu quelque chose ?
3 – Je ne trouve pas mon chéquier, mais je l'ai peut-être oublié à la maison ce matin.
4 – Je suis sûr que je l'ai vu quelque part. Sur votre bureau, peut-être ?
5 – Non, j'ai regardé mais il n'y est pas. Mais où est-ce que je l'ai mis ?
6 Mais attendez, je suis bête ! Je l'ai laissé à l'accueil tout à l'heure.
7 – Heureusement que vous l'avez trouvé !
8 – J'ai oublié de vous que dire que Cécile Durieux, la comédienne, a appelé tout à l'heure.
9 – Ah bon ? Je suis étonné. Qu'est-ce qu'elle veut ?
10 – Elle dit qu'elle essaie de vous joindre depuis quelques jours.
11 Depuis mardi dernier, précisément. Elle a laissé plusieurs messages.
12 Pouvez-vous la rappeler ? Son numéro est le 07 70 80 90.

cent quatre-vingt-huit • 188

Traduction

1 ¿Has vaciado la papelera esta mañana? **2** Sí. ¿Por qué? ¿Has perdido algo? **3** No encuentro mi chequera, pero quizás la he olvidado en casa esta mañana. **4** Estoy seguro de que la he visto en alguna parte. ¿En tu escritorio, quizás? **5** No, he mirado, pero no está ahí. Pero ¿dónde la he puesto? **6** Espera, ¡soy tonta! Me la he dejado en recepción antes. **7** ¡Por suerte la has encontrado! **8** Olvidé decirte que Cécile Durieux, la actriz, llamó antes. **9** ¿Ah, sí? Me sorprende. ¿Qué quería? **10** Dice que está intentando localizarte desde hace días. **11** Desde el martes pasado, en

Quarante-troisième leçon

Le foot [1] féminin

1 – J'ai trouvé cet article, sur le-foot.fr, qui peut t'intéresser.
2 "Manuel Alonso est nommé entraîneur de l'équipe nationale de football féminine [2],
3 succédant à Madame Manon Bardouin, qui est partie [3] à la retraite après une carrière bien remplie.
4 Il est né [4] en Espagne en mille neuf cent quatre-vingt-dix-neuf. Ses parents sont morts dans un accident de la route.
5 Peu de temps après, Manuel est venu [3] vivre avec son oncle et sa tante dans le sud de la France.
6 Il est allé [3] au lycée à Nice et, ensuite, est monté [3] à Paris pour faire des études à l'université.
7 Il est entré [3] à la faculté de droit, où il est devenu un fan de sports d'équipe.
8 Un soir, il est allé [3] voir un match international féminin entre les Pays-Bas et l'Allemagne.

189 • cent quatre-vingt-neuf

concreto. Ha dejado varios mensajes. **12** ¿Puedes devolverle la llamada? Su número es el 07 70 80 90.

En las últimas seis lecciones, has ampliado tu conocimiento de los diferentes registros de la lengua que es probable que encuentres con frecuencia, ya sea directamente a través de una conversación o indirectamente a través de películas, libros o vídeos. Cuando regreses a esta serie de lecciones en la segunda ola, o fase productiva del proceso de aprendizaje, te darás cuenta de cuánto has aprendido en un espacio de tiempo relativamente corto.

Cuadragésima tercera lección

Fútbol femenino

1 – He visto este artículo en le foot.fr que te puede interesar.
2 "Manuel Alonso ha sido nombrado entrenador del equipo nacional de fútbol femenino,
3 sucediendo a la señora Manon Bardouin, que se ha retirado *(ido a la jubilación)* tras una carrera muy plena.
4 Nació *(es nacido)* en España en 1999. Sus padres fallecieron *(son muertos)* en un accidente de carretera.
5 Poco tiempo después, Manuel vino *(es venido)* a vivir con su tío y su tía al sur de Francia.
6 Fue *(es ido)* al instituto en Niza y después subió *(es montado)* a París para estudiar en la universidad.
7 Entró *(es entrado)* en la facultad de derecho, donde se convierte *(es convertido)* en un fan de los deportes de equipo.
8 Una tarde, fue *(es ido)* a ver un partido internacional femenino entre Países Bajos y Alemania.

43 / Quarante-troisième leçon

9 Le jeu lui a vraiment plu [5] et il a pris la décision de travailler comme entraîneur dans ce sport en Europe."
10 – Est-ce qu'il est rentré [3] en Espagne ?
11 – Non, il est retourné [3] à la fac pour étudier la gestion sportive [6]. L'article continue :
12 "Manuel est sorti [3] trois ans plus tard, avec son diplôme en poche et plusieurs offres d'emploi.
13 Il est allé [3] travailler avec l'équipe de Rennes, où il est resté [3] longtemps.
14 Après cette expérience, il est passé [3] d'un club à un autre pendant quelque temps [7]
15 avant d'être nommé au poste d'entraîneur officiel de l'équipe féminine de Bordeaux.
16 Il est arrivé [3] au bon [8] moment. L'équipe est montée [3] très vite en haut du classement,
17 et le directeur lui a demandé [5] de rester."
18 – Mais alors, pour quelle raison ? Pourquoi choisir un entraîneur et pas une entraîneuse ?
19 – Bonne question ! Je ne peux pas l'expliquer facilement.
20 Personne [9] ne le sait vraiment.

Pronunciación

*fut feminа^n **1** ... set-articl ... le-fut-pua^n-eff-er ... **2** manuel alo^nso ... nome a^ntrener ... futbol feminin **3** sucsedа^n ... manо^n barduа^n ... retret ... carier ... rа^npli **4** ne ... españe ... mor ... acsidа^n ... rut **5** ... venû ... o^ncl ... tа^nt ... **6** ... lisse ... nis ... mо^nte ... etûd ... luniversite ... **7** ... а^ntre ... facûlte ... devenû а^n fan ... spor-dekip **8** payi-ba ... lalemañe **9** ... plû ... dessisiо^n ... **11** returne ... fac ... yestiо^n sportiv **12** ... sorti ... diplom ... posh ... offr-dа^nplua **13** ren ... lо^ntа^n ... **14** ... ecsperiа^ns ... passe ... club ... **15** ... bordo **16** ... et-arive ... momа^n ... clasmа^n **18** ... а^ntrenes **19** ... ecsplike fasilmа^n **20** person ...*

191 • cent quatre-vingt-onze

Cuadragésima tercera lección / 43

9   Le gustó realmente el juego y decidió *(ha tomado la decisión de)* trabajar como entrenador en ese deporte en Europa".
10 – ¿Regresó *(es regresado)* a España?
11 – No, volvió *(es vuelto)* a la universidad para estudiar gestión deportiva. El artículo continúa:
12   "Manuel salió *(es salido)* tres años después, con un diploma en [el] bolsillo y varias ofertas de empleo.
13   Fue *(es ido)* a trabajar con el equipo de Rennes, donde permaneció *(es permanecido)* mucho tiempo.
14   Tras esa experiencia, pasó *(es pasado)* de un club a otro durante un tiempo
15   antes de ser nombrado para el puesto de entrenador oficial del equipo femenino de Burdeos.
16   Llegó *(es llegado)* en el momento adecuado (bueno). El equipo ascendió *(es subido)* muy rápido a la cima *(alto)* de la clasificación.
17   y el director le pidió *(ha pedido)* quedarse".
18 – Pero ¿por qué razón? ¿Por qué elegir un entrenador y no una entrenadora?
19 – ¡Buena pregunta! No puedo explicarlo fácilmente.
20   Nadie lo sabe realmente.

Notas

1 Los nombres de muchos deportes se han importado del inglés como sustantivos masculinos. Entre otros **le tennis**, **le golf**, **le squash** y **le volley-ball**. En algunos casos, los nombres se han abreviado. Especialmente es el caso de **le football** → **le foot** y de **le basket-ball** → **le basket** (la **t** final se pronuncia). Sin embargo, no todos los deportes franceses tienen nombres ingleses como, por ejemplo, **la natation**.

2 Para hacer la concordancia entre un sustantivo compuesto y un adjetivo, mira siempre la palabra raíz, en este caso **équipe**, que es femenino (**une équipe féminine**, ver línea 15). Con el sustantivo **l'équipe de football**, el adjetivo concuerda con la palabra inicial, **l'équipe**, no con el segundo sustantivo, **football**. En contraste, con un sustantivo simple, la concordancia es simple: **le football féminin**.

cent quatre-vingt-douze • 192

43 / Quarante-troisième leçon

3 Ciertos verbos se conjugan en el tiempo perfecto con **être** en lugar de con **avoir** cuando se usan de forma intransitiva. Esta lección contiene los principales que necesitas conocer, como **partir**, **irse**: **je suis parti, tu es parti, il est parti, nous sommes partis, vous êtes partis, ils sont partis**. Otra gran diferencia con los verbos conjugados con **avoir** es que el participio pasado concuerda con el sujeto (ver lección 42): **Monsieur Grégoire est parti / Madame Grégoire est partie**.

4 **naître** es un verbo muy irregular, que significa *nacer*. Se conjuga con **être** en el tiempo perfecto, así que **il est né / elle est née** significa *nació* (no *nace*). (El sustantivo de **naître** es **la naissance**, *el nacimiento*, ver lección 23). La misma regla de conjugación se aplica a **mourir**, *morir*: **je suis mort/morte, tu es mort/-e, il/elle est mort/-e**, *morí / moriste / murió*, etc.

5 **plaire** (participio pasado: **plu**) significa *gustar* (ver lección 32, línea 13) pero se usa con la preposición **à** y un complemento indirecto como *gustarle a alguien*. En este caso, en español se le suele dar la vuelta a la frase: **La nouvelle maison plaît à la famille**, *A la familia le gusta la nueva casa* (literalmente: *"La nueva casa gusta a la familia"*). Si un pronombre sustituye al sustantivo, se coloca delante del verbo: **Le film lui a plu**, *A él le ha gustado la película*. La misma regla se aplica, por ejemplo, a **demander à**: **Je vais demander à l'entraîneur → Je vais lui demander**, *Voy a preguntar al entrenador / Voy a preguntarle* (*a él* o *a ella*). Cuando aprendas un nuevo verbo, asegúrate de comprobar la preposición (si la hay) con la que va.

6 Los adjetivos acabados en **-if** forman el femenino con **-ive**: **sportif → sportive** (*deportivo/-a*), **créatif → créative** (*creativo/-a*), **agressif → agressive** (*agresivo/-a*).

***

Exercice 1 – Traduisez

❶ Deux de mes sports préférés sont le basket et le foot. – Moi, je préfère la natation. ❷ J'ai parlé à Simon Perret il y a quelque temps. Tu le connais ? ❸ Tu arrives au bon moment. J'ai besoin de ton aide. ❹ Je ne sais pas pourquoi, mais mon idée ne leur a pas plu. ❺ La date de naissance de votre femme est le trois janvier deux mille, n'est-ce pas ?

193 • **cent quatre-vingt-treize**

Cuadragésima tercera lección / 43

7 **quelque temps** es un adjetivo indefinido (y por tanto invariable) que describe un corto periodo de tiempo: *un rato*, o la traducción literal *algún tiempo*: **Je ne les ai pas vus depuis quelque temps**, *No los he visto desde hace algún tiempo*. Compara esto con **longtemps** (línea 13), *mucho tiempo*, que se escribe en una sola palabra. (No confundas **quelque temps** con la palabra **quelquefois**, *algunas veces*).

8 Al añadir el artículo definido a **bon**, *bueno*, el significado cambia ligeramente a *adecuado*, *correcto*, o *oportuno*: **Tu es arrivé au bon moment**, *Llegas en el momento oportuno*. **Ce n'est pas la bonne question**, *No es la pregunta adecuada*. Una de las guías clásicas de todos los tiempos de la gramática francesa (escrita por un belga) es **Le Bon Usage**, que se traduce como *El uso adecuado*.

9 Aquí, **personne** no es un sustantivo (lección 19, línea 3) sino un pronombre indefinido, que significa *nadie*. Puede ser el sujeto o el objeto del verbo, y el verbo que lo acompaña siempre está en negativo: **Personne ne le sait**, *Nadie lo sabe*; **Je ne connais personne ici**, *No conozco a nadie aquí*.

Soluciones al ejercicio 1

❶ –Dos de mis deportes favoritos son el baloncesto y el fútbol. –Yo prefiero la natación. ❷ Hablé con Simon Perret hace algún tiempo. ¿Lo conoces? ❸ Llegas en el momento oportuno. Necesito tu ayuda. ❹ No sé por qué, pero no les ha gustado mi idea. ❺ La fecha de nacimiento de tu mujer es el 3 de enero de 2000, ¿no?

cent quatre-vingt-quatorze • 194

Exercice 2 – Complétez

❶ –Luc no ha dicho nada, así que nadie sabe si le ha gustado el regalo. –Voy a preguntarle a su mujer.
Luc . . . . dit, donc . . . . si le cadeau . . . . –
Je vais . . . . femme.

❷ Élodie se fue temprano esta mañana. Creo que iba a la universidad.
Élodie . . . . tôt ce matin. Je pense . . . . à
. . . .

❸ Su padre nació en España, pero vino a Francia a los 20 años. Murió en Lyon en 1999.
Son père . . . . . en Espagne mais . . . . France à l'âge de vingt ans. Il . . . . Lyon . . . .

❹ André se jubiló el año pasado, pero todavía es activo, deportivo y creativo.
André . . . . à la . . . . l'année dernière, mais il est toujours . . . . . , ... et . . . .

Quarante-quatrième leçon

Perturbations dans les transports...

1 – Si vous n'avez pas un titre [1] de transport électronique, madame,
2 vous pouvez acheter votre billet dans le distributeur automatique au bout du quai [2].
3 – Merci, mais il m'en faut deux : un aller simple [3] pour moi et un aller-retour [3] pour mon cousin.
4 – Dans ce cas, la billetterie est là-bas, vers les consignes et les Objets trouvés.
5 Vous voyez les deux files d'attente devant les guichets ? Prenez celle de gauche :
6 elle avance plus vite que l'autre... enfin, moins lentement. [...]

❺ Le he preguntado si fue a trabajar el lunes. Me ha dicho que no.
Je . . . . s'il . . . . travailler . . . . Il . . . . . . "non".

Soluciones al ejercicio 2
❶ – n'a rien – personne ne sait – lui a plu – demander à sa – ❷ – est partie – qu'elle est allée – la faculté ❸ – est né – est venu en – est mort à – en mille neuf cent quatre-vingt-dix-neuf ❹ – est parti – retraite – actif – sportif – créaif ❺ – lui ai demandé – est allé – lundi – m'a dit –

El sistema escolar francés se divide en cuatro niveles: **l'ecole maternelle** *(educación infantil),* **l'ecole primaire** *(escuela primaria, de 1º a 5º en el sistema educativo español),* **le collège** *(la secundaria, de 6º EP a 3º ESO) y* **le lycée** *(de 4º ESO a 2º de Bachillerato). Los estudiantes que se gradúan con* **le baccalauréat** *(conocido coloquialmente como* **le bac***) pueden pasar a* **l'université**, *que consta de varias* **facultés**. *Sin embargo, esta palabra –a menudo abreviada como* **la fac**– *también se utiliza en un registro familiar como sinónimo de* universidad.

Cuadragésima cuarta lección

Interrupciones en el transporte...

1 – Si no tiene una tarjeta *(título)* electrónica de transporte, señora,

2 puede comprar su billete en el dispensador automático al final del andén.

3 – Gracias, pero necesito dos: uno de ida *(una ida sencilla)* para mí y uno de ida y vuelta *(un ida-vuelta)* para mi primo.

4 – En ese caso, la taquilla está allí, hacia la consigna y los Objetos perdidos *(objetos encontrados)*.

5 ¿Ve usted las dos filas de espera delante de las ventanillas?

6 Póngase en *(tome)* la de la izquierda: avanza más rápido que la otra... bueno, menos lentamente. [...]

44 / Quarante-quatrième leçon

7 – C'est bon, Jules, j'ai les billets. Je vais les composter.
8 – Fais attention à ne pas les mettre dans le mauvais [4] sens [5] dans la machine !
9 – C'est énervant ! On affiche partout "Le compostage [6] est obligatoire",
10 mais toutes les machines sont hors service et je n'ai pas pu valider les billets.
11 – À ce moment-là, il faut le signaler au contrôleur à bord du train.
12 Veux-tu de l'aide pour porter ton sac ? Il a l'air très lourd.
13 – Non merci, il est grand mais en réalité il est assez léger.
14 – Attends une minute, je regarde le tableau d'affichage [6] des trains de grandes lignes :
15 "Circulation perturbée : Nancy : Train en panne ; Colmar : Retard ; Mulhouse : Annulé".
16 Il n'y a même pas de trains omnibus ! C'est toujours la même chose et j'en ai marre ! [7]
17 À chaque fois il y a des soucis avec ces lignes, vrai ou faux [8] ?
18 – Je suis d'accord [9], mais il vaut [10] mieux prendre notre mal [11] en patience.
19 – Il n'en est pas question. Je vais plutôt prendre le car !

☐

Pronunciación

*perturbassioʰⁿ ... traⁿspor **1** ... titre ... electronic ... **2** ... distributer otomatic ... ke **3** ... aleretur ... cusa ⁿ **4** ... biyeteri ... coⁿsiñe ... obye ... **5** ... fil ... gishe **6** ... avaⁿs ... laⁿtmaⁿ ... **7** yul ... coⁿposte **8** .... move ... saⁿss ... **9** set-enervaⁿ ... afish ... coⁿpostash ... obligatuar **10** ... or-serviss valide ... **11** ... siñale ... controler a bor... **12** ... porte ... ler **13** realite ... leye **14** ... tablo dafishash ... **15** sirculassioⁿ perturbe ... naⁿsi ... pan ... colmar ... mulus ... anule **16** ... omnibus ... yaⁿ-e-mar **17** ... susi ... fo **18** vo-mie ... mal ... pasiaⁿs **19** ... car*

197 • **cent quatre-vingt-dix-sept**

Cuadragésima cuarta lección / 44

7 – Está bien, Jules, tengo los billetes. Voy a validarlos.
8 – ¡Ten cuidado *(haz atención)* de no ponerlos en la dirección incorrecta en la máquina!
9 – ¡Es desesperante! Se anuncia en todas partes: "La validación es obligatoria",
10 pero todas las máquinas están fuera de servicio y no podido validar los billetes.
11 – En ese caso, hay que decírselo al revisor *(a bordo)* del tren.
12 ¿Quieres ayuda para llevar tu bolso? Parece muy pesado.
13 – No, gracias, es grande, pero en realidad es bastante ligero.
14 – Espera un minuto, [que] miro el tablón de anuncios de los trenes de largo recorrido *(grandes líneas)*:
15 "Tráfico interrumpido: Nancy: Tren averiado; Colmar: Retraso; Mulhouse: Cancelado".
16 ¡Ni siquiera hay trenes ómnibus! ¡Siempre es lo mismo y estoy harto!
17 Siempre *(cada vez)* hay problemas con estas línea, ¿verdad o no *(verdadero o falso)*?
18 – Estoy de acuerdo, pero más vale *(vale mejor)* llevar nuestros problemas con paciencia *(tomar nuestro mal en paciencia)*.
19 – De ninguna manera *(eso no lo está en cuestión)*. ¡Prefiero tomar el autobús!

Notas de pronunciación
(8) sens: la **s** final se pronuncia: *[sens]*, al igual que en **fils** (*hijo/hijos*, lección 41, nota 4) y en **plus** (*más*) cuando va al final de una oración.

cent quatre-vingt-dix-huit • 198

44 / Quarante-quatrième leçon

 Notas

1 Ya sabemos que **un titre** significa *un título* (libro, película, etc., lección 17, línea 11). Por extensión también significa *un título* o *un derecho*, como aparece en expresiones como **un titre de transport**, *un billete, abono transporte* u otro "documento de carga". Como siempre, el contexto es fundamental: cuando compras un billete de tren, pides **un billet** pero un revisor podría pedirte que muestres tu **titre de transport**. (Recuerda que **un ticket** se usa para los billetes en **le métro**.)

2 **un quai** en una estación de tren es *un andén*, aunque el sinónimo **une voie** (*una vía*) también se usa, especialmente en los avisos a los pasajeros: **Le train partira de la voie numéro trois**, *El tren partirá de la vía número tres*.

3 En el contexto de los viajes, **un billet aller simple** (o **un aller simple**) significa *un billete sencillo* o *un billete de ida*. *Un billete de vuelta* (o *ida y vuelta*) es **un (billet) aller-retour**. El término para *un abono* es **une carte d'abonnement**, literalmente "un carné de abono", o simplemente **un abonnement** (del verbo **s'abonner**, *abonarse*).

4 En algunos casos, **mauvais** (fem. **mauvaise**), *malo*, puede significar *incorrecto*: Vous avez fait un mauvais numéro, *Ha marcado un número equivocado*. Por lo general, se usa como adjetivo atributivo y va delante del sustantivo, sin un verbo que lo conecte. Sin embargo, hay otras formas de decir *incorrecto*, incluido **faux** (línea 17), como veremos más adelante.

5 **un sens** generalmente significa *un sentido*, en términos de racionalidad, **L'écologie est une question de bon sens**, *La ecología es una cuestión de sentido común*, o de la capacidad para percibir algo: **Il a un grand sens de l'humour**, *Tiene un gran sentido del humor*. Pero **sens** también puede estar relacionado con la dirección: **Vous n'allez pas dans le bon sens**, *No vas por el camino correcto*. Al comprar un billete de tren, puedes seleccionar un asiento *que vaya en el sentido de la marcha*: **dans le sens de la marche**.

6 El sufijo **-age** se puede añadir a la raíz de algunos verbos para formar un sustantivo. Por lo tanto, **composter** significa *picar* o *validar un billete*, de ahí el sustantivo **le compostage**: *la validación*. (El contexto es de suma importancia aquí, porque el verbo también significa *compostar*). De la misma manera, **afficher**, *mostrar, anunciar* nos da **l'affichage**, *la visualización* o *colocación de carteles*.

199 • **cent quatre-vingt-dix-neuf**

Cuadragésima cuarta lección / 44

7 **marre**, que está vagamente relacionado con **la mer**, *el mar* de ahí la sensación de malestar o irritación provocada por el mareo, se encuentra en la expresión idiomática **en avoir marre**, *estar harto*. Esto se puede usar simplemente como una exclamación **J'en ai marre !**, *¡Estoy harto!*, *¡Ya basta!*, o con un objeto directo: **Il en a marre de son travail**, *Está harto de su trabajo*. (Al ser idiomática, la expresión usa tanto el objeto indirecto –**son travail**– como el pronombre **en**, que normalmente lo reemplazaría).

8 El adjetivo **faux** (fem. **fausse**) tiene varios significados, todos relacionados con cosas que son *incorrectas*, o *falsas*. Por ejemplo, **un faux billet** es *un billete falsificado* (también los de moneda) mientras que, en la música, **une fausse note** es *una nota incorrecta*. La expresión **C'est faux** significa *está mal* o *es falso*. Sin embargo, *estar equivocado* es **avoir tort**.

9 Lo contrario de **être d'accord avec**, *estar de acuerdo con* es **ne pas être d'accord avec**, *no estar de acuerdo*: **Je ne suis pas d'accord avec vous**, *No estoy de acuerdo con usted*. ¡Fácil!

10 **vaut** es la tercera persona singular del verbo irregular **valoir**, *valer*: **je vaux, tu vaux, il/elle vaut, nous valons, vous valez, ils/elles valent. Combien vaut ce tableau ?** *¿Cuánto cuesta ese cuadro?* Veremos este importante verbo con más detalle en otra lección.

11 **mal** puede ser un adverbio que significa *mal* (lección 30, línea 2) así como un sustantivo, que significa *dolor* o *enfermedad*, usado en la expresión invariable **avoir mal à** (lección 24, línea 3). También se puede utilizar en sentido figurado **du**: **J'ai du mal à le comprendre**, *Me cuesta comprenderlo*. (Recuerda que el plural es **maux**, lección 32, nota 8). La expresión **prendre son mal en patience** equivale a *resignarse* (observa que el adjetivo posesivo concuerda con la persona que "sufre": **je prends mon mal / tu prends ton mal en patience**, etc.).

deux cents • 200

45 / Quarante-cinquième leçon

Exercice 1 – Traduisez
❶ Vous arrivez toujours au mauvais moment : c'est l'heure du déjeuner. ❷ On dit que cet auteur canadien n'a pas le sens de l'humour, mais c'est faux. ❸ La machine est hors service et ils n'ont pas pu composter les billets. C'est énervant ! ❹ Les étudiants de cette fac n'ont jamais de mal à trouver du travail, vrai ou faux ? ❺ Je suis désolé mais je pense que j'ai fait un mauvais numéro.

***

Exercice 2 – Complétez
❶ –Sé que estos billetes son falsos, pero ¿cuánto valen realmente? –Estás equivocado, son auténticos.
Je sais que . . . ., mais . . . .-ils vraiment ? – . . . ., ils sont vrais.

❷ ¿Vuestros bolsos parecen muy pesados. ¿Queréis que os ayude a llevarlos?
Vos sacs . . . . Est-ce que . . . . pour . . . . ?

❸ –¡Tres trenes están cancelados! ¡Estoy harto! –Tiene que resignarse.
Trois trains sont . . . . ! . . . . ! – Il faut . . . .

45

Quarante-cinquième leçon

Il n'y a pas de métiers inutiles

1 – On m'a invitée aujourd'hui pour vous parler des réseaux sociaux [1] professionnels.
2 Bien entendu [2], le monde du travail a changé considérablement depuis vingt ans.
3 Mon père, que [3] j'admire, a travaillé toute sa vie dans la même usine,

Soluciones al ejercicio 1

❶ Siempre llegáis en mal momento: es la hora de comer. ❷ Dicen que este autor canadiense no tiene sentido del humor, pero es falso. ❸ La máquina está fuera de servicio y no pudieron validar los billetes. ¡Es desesperante! ❹ Los estudiantes de esta universidad nunca tienen dificultad para encontrar trabajo, ¿verdadero o falso? ❺ Lo siento, pero creo que he marcado el número incorrecto.

**

❹ –¿Va a tomar el autobús? –¡Por supuesto!
   Vous allez . . . . ? – . . . . !

❺ Tengo el número correcto, pero la dirección equivocada. Es mejor llamar.
   J'ai le bon numéro de téléphone mais . . . .
   Il . . . . passer un coup de fil.

Soluciones al ejercicio 2

❶ – ces billets sont faux – combien valent – Tu as tort – ❷ – ont l'air très lourds – vous voulez de l'aide – les porter ❸ – annulés – J'en ai marre – prendre son mal en patience ❹ – prendre le car – Il n'en est pas question ❺ – la mauvaise adresse – vaut mieux –

45

Cuadragésima quinta lección

No hay trabajos inútiles

1 – Me han invitado hoy para hablar sobre las redes sociales profesionales.
2   Por supuesto *(Bien entendido)*, el mundo del trabajo ha cambiado considerablemente en los últimos *(desde hace)* veinte años.
3   Mi padre, a quien admiro, trabajó toda su vida en la misma fábrica,

deux cent deux • 202

45 / Quarante-cinquième leçon

4 alors que mon frère, qui [3] a vingt-cinq ans, a déjà changé plusieurs fois d'entreprise.
5 De nos jours, on peut devenir avocat, ingénieur, journaliste, comptable ou programmeur,
6 mais aussi boucher, coiffeur, cuisinier ou plombier : il n'y a pas de métiers [4] inutiles.
7 Je veux vous parler de ce que [5] je sais faire, plutôt que de ce que je voudrais [6] faire.
8 Je suis conceptrice [7] multimédia et consultante,
9 un métier qui demande une excellente formation, et pas mal de [8] connaissances techniques.
10 Ce que [5] j'apprécie le plus dans mon travail c'est qu'il m'offre la possibilité de rencontrer des gens aussi passionnés que [9] moi.
11 Ce qui [5] est difficile est qu'on est toujours en train de [10] voyager : en avion, en train, parfois en bateau ;
12 on n'arrête pas de bouger ! Nous ne pouvons pas prendre de congés,
13 et nous ne passons jamais assez de temps dans les villes que nous visitons, ce qui est dommage.
14 Mais, bon, c'est comme ça. Et les choses changent tellement vite !
15 – Que faites-vous maintenant, madame ? Toujours le même métier ?
16 – Non, je suis entre deux emplois. Ce qui veut dire [11] que je suis au chômage [4].

Pronunciación

metie inutil **1** ... *aⁿvite* ... *reso sosio profesionel* **2** *biaⁿ-aⁿtaⁿde* ... *coⁿsiderablemaⁿ* ... **3** ... *yadmir* ... *usin* **4** *alor-ke* ... **5** ... *avoca aⁿyenier yurnalist coⁿtabl* ... *programer* **6** ... *bushe cuafer cuisinie* ... *ploⁿbie* **7** ... *vudre* ... **8** ... *coⁿseptris multi-media* ... *coⁿsultaⁿt* ... **9** ... *conesaⁿs tecnic* **10** ... *yapresi le plûs* ... *posibilite* ... *pasione*

Cuadragésima quinta lección / 45

4 mientras que mi hermano, que tiene veinticinco años, ya ha cambiado de empresa varias veces.
5 Hoy en día *(De nuestros días)*, puedes convertirte en abogado, ingeniero, periodista, contable o programador,
6 pero también en carnicero, peluquero, cocinero o fontanero: no hay trabajos inútiles.
7 Quiero hablarles sobre lo que sé hacer, no de *(en lugar de)* lo que me gustaría hacer.
8 Yo soy diseñadora y consultora multimedia,
9 un trabajo que requiere una excelente formación y bastante conocimiento técnico.
10 Lo que más me gusta de mi trabajo es que me da la oportunidad de conocer gente tan apasionada como yo.
11 Lo difícil es que siempre estamos viajando: en avión, en tren, a veces en barco;
12 ¡no paramos de movernos! No podemos tomarnos vacaciones,
13 y nunca pasamos suficiente tiempo en las ciudades que visitamos, lo cual es una lástima.
14 Pero, bueno, es así. ¡Y las cosas cambian tan rápido!
15 – ¿Qué hace usted ahora, señora? ¿Todavía el mismo trabajo?
16 – No, estoy entre dos trabajos. Lo que quiere decir que estoy desempleada.

... **11** ... parfua ... bato **12** ... buye ... coⁿye **13** ... domash **14** ... telmaⁿ ... **16** ... o-shoo-mash

Notas de pronunciación
(16) El acento circunflejo sobre la o de **chômage** alarga la vocal: *[shoo-mash]*; compara este sonido con la **o** de **dommage**: *[do-mash]*.

45 / Quarante-cinquième leçon

Notas

1 La mayoría de los adjetivos que terminan en **-al**, incluidos **social** y **royal**, forman su plural masculino con **-aux**: **sociaux**, **royaux**, etc. Las formas femeninas, **sociale**, **royale**, simplemente añaden una **-s** (**sociales**, **royales**). (*Un réseau*, *una red*, forma su plural con una **-x**, como se explica en la lección 29, nota 8).

2 **entendu**, el participio pasado de **entendre**, *escuchar* (lección 40, nota 1), se puede usar como respuesta, con el sentido de *de acuerdo* (lección 38, línea 12). La frase **Bien entendu** tiene el mismo significado pero es más flexible y se puede colocar al principio, en medio o al final de una oración completa: **Bien entendu, nous comprenons votre décision**, *Por supuesto, entendemos su decisión*.

3 **qui** y **que** son pronombres relativos que pueden referirse tanto a personas como a cosas, **qui** como sujeto y **que** como objeto directo. Es importante no traducir **qui** sistemáticamente como *quien* porque el sujeto puede ser inanimado: **Prenez le bus qui part à dix heures**, Tome el autobús que sale a las diez en punto.

4 Conocemos el sustantivo **un emploi**, *un trabajo* (lección 20, línea 8). Dos palabras relacionadas son **un métier**, que, además de *una ocupación*, también puede significar *un oficio*, y **une profession**, *una profesión*. (Los franceses también usan **un job**, con el sentido de un trabajo poco cualificado o mal pagado. ¡Evita esta opción, por favor!). Lo contrario, *el desempleo*, es **le chômage** (línea 17). **Être au chômage**, *estar desempleado*.

5 **ce qui** y **ce que** are son pronombres indefinidos que significan *lo cual* o *lo que*. Introducen una cláusula subordinada, de la misma manera que **qui** y **que**, pero se utilizan en oraciones donde el sustantivo o la frase a la que se refiere el pronombre no se expresa.

6 **voudrais** es la primera persona del singular del condicional de **vouloir**: **je veux → je voudrais**, *quiero → querría*.

7 Los nombres de trabajos masculinos que terminan en **-eur** que derivan directamente de un verbo tienen una forma femenina que termina en **-euse** – por ejemplo, **un programmeur** (del verbo **programmer**) se convierte en **une programmeuse**– mientras que los sustantivos acabados en **-eur** que no provienen de la raíz de un verbo tienen la terminación femenina **-trice**: **un concept → un concepteur/une conceptrice**.

Cuadragésima quinta lección / 45

8 La frase invariable **pas mal de** es útil para describir una cantidad bastante grande: **Il y a pas mal de neige ici en janvier**, *Hay mucha nieve aquí en enero*. A pesar del adjetivo **mal**, *malo*, el término no es peyorativo.

9 **aussi … que** es el comparativo de igualdad, equivalente *tan… como*: **Il est aussi grand que son père**, *Es tan alto como su padre*. El segundo sustantivo puede ser reemplazado por un pronombre tónico (pero nunca un pronombre de sujeto, como en español: **Elle est aussi surprise que moi**, *Está tan sorprendida como yo*.

10 Sabemos que los verbos franceses no tienen forma progresiva. Sin embargo, cuando es necesario, la expresión **en train de**, seguida de un infinitivo, nos permite insistir en la naturaleza continua de una acción: **Je ne peux pas venir, je suis en train de regarder le match**, *No puedo ir, estoy viendo el partido*. El elemento importante es la duración: **Voici une bonne adresse pour votre prochain voyage ou votre voyage en cours si vous êtes en train de voyager**, *Esta es una buena dirección para su próximo viaje o su viaje en curso si está viajando*. ¡No confundas **en train de** con **en train**, *en tren*!

11 En el verbo compuesto **vouloir dire** *querer decir* solo se conjuga **vouloir**: **Qu'est-ce que tu veux / vous voulez dire ?** *¿Qué quieres / quiere decir?* Sin embargo, con el sentido de *significar*, se usa el verbo **signifier**: **Que signifie ce mot ?** *¿Qué significa esta palabra?*

deux cent six • 206

Exercice 1 – Traduisez

❶ Alain a lu leur lettre et il est aussi surpris que moi. ❷ J'ai pas mal de travail à finir avant ce soir. Heureusement, je travaille vite ! ❸ Prends le train de huit heures, car je voudrais partir plus tôt, si possible. ❹ Je comprends ta décision, bien entendu, mais je ne suis pas du tout d'accord. ❺ Ce que j'apprécie le moins dans cette profession c'est que les choses changent trop vite.

***

Exercice 2 – Complétez

❶ Puedes convertirte en abogado o contable, pero también en peluquero o cocinero. No hay trabajos inútiles.
. . . . . . devenir . . . . . . ou . . . . mais aussi . . . . métiers inutiles.

❷ En las redes sociales se habla mucho sobre los jardines reales de Bruselas en este momento.
Sur les . . . . , on parle beaucoup . . . . de Bruxelles . . . .

❸ Os vamos a hablar de lo que podemos hacer por vosotros.
Nous . . . . parler . . . . nous . . . . pour vous.

46

Quarante-sixième leçon

Depuis, je n'ai aucune nouvelle

1 – J'ai perdu mon mari, monsieur [1] l'agent. Il a disparu.
2 – Quand l'avez-vous vu pour la dernière fois ?
3 – Hier matin. Nous sommes partis [2] ensemble pour faire les courses.

Cuadragésima sexta lección / 46

Soluciones al ejercicio 1

❶ Alain ha leído su carta y está tan sorprendido como yo. ❷ Tengo mucho trabajo que terminar antes de esta noche. ¡Afortunadamente, trabajo rápido! ❸ Tome el tren de las 8 porque me gustaría salir antes si es posible. ❹ Entiendo tu decisión, por supuesto, pero no estoy de acuerdo en absoluto. ❺ Lo que menos me gusta de esta profesión es que las cosas cambian demasiado rápido.

***

❹ –¿Qué significa la palabra "homage"? –Creo que quieres decir "chômage". Significa que una persona no tiene empleo.

.... le mot "homage" ? – Je pense que tu .... "chômage". .... qu'on n'a pas de ....

❺ Hélène es una diseñadora multimedia, y conoce gente tan apasionada como ella.

Hélène est .... multimédia, et elle .... des gens qui sont ....

Soluciones al ejercicio 2

❶ Tu peux – avocat – comptable – coiffeur ou cuisinier – Il n'y a pas de – ❷ – réseaux sociaux – des jardins royaux – en ce moment ❸ – allons vous – de ce que – pouvons faire – ❹ Que signifie – veux dire – Ça signifie – travail – ❺ – conceptrice – rencontre – aussi passionnés qu'elle

Cuadragésima sexta lección

Desde [entonces] no he tenido noticias

1 – He perdido a mi marido, señor agente. Ha desaparecido.
2 – ¿Cuándo lo vio por última vez?
3 – Ayer por la mañana. Salimos juntos para hacer la compra.

deux cent huit • 208

46 / Quarante-sixième leçon

4 Moi [3], je suis allée à l'hypermarché près du Boulevard périphérique et lui [3] est allé à la boulangerie.
5 Et depuis, je n'ai aucune [4] nouvelle, même pas un petit coup de téléphone.
6 – Pouvez-vous décrire votre époux [1], s'il vous plaît ?
7 – Il a une quarantaine d'années, mince et assez grand ; environ un mètre quatre-vingt-cinq.
8 Un visage carré avec des cheveux [5] bruns, longs et raides, et des lunettes noires.
9 – Comment est-il habillé ? En costume ? En jean [6] ?
10 – Il porte un pantalon [6] gris et une chemise à manches courtes, une écharpe et une veste en cuir marron.
11 Oh, et des chaussures noires et des chaussettes assorties.
12 – Voilà une description vraiment détaillée, meilleure [7] qu'une photographie !
13 – Je peux faire mieux [7] : j'ai un petit film sur mon téléphone. Vous voulez le voir ?
14 – Non, ce n'est pas la peine [8]. Vous le décrivez très bien. Mieux que moi !
15 – J'ai l'habitude de le perdre : il déteste faire du shopping et il disparaît une fois sur deux.
16 Mais cette-fois-ci je suis vraiment inquiète car il avait une grande valise dans une main et un billet d'avion dans l'autre.
17 – Aucun [4] souci [9] : nous allons faire de notre mieux pour le retrouver.

Cuadragésima sexta lección / 46

4 *(Me)* Yo fui al hipermercado cerca del Boulevard Périphérique *(bulevar periférico)* y *(le)* él fue a la panadería.
5 Y desde [entonces] no he tenido noticias, ni siquiera una llamadita de teléfono.
6 – ¿Puede describir a su marido *(esposo)*, por favor?
7 – Tiene unos 40 años, delgado y bastante alto, alrededor de 1 metro 85.
8 *(Una)* Cara cuadrada con cabello castaño, largo y liso, y gafas negras.
9 – ¿Cómo va vestido? ¿En traje? ¿En vaqueros?
10 – Lleva un pantalón gris y una camisa de manga corta, una bufanda y una chaqueta de cuero marrón.
11 Ah, y zapatos negros con calcetines a juego.
12 – Es una descripción realmente detallada, ¡mejor que una fotografía!
13 Puedo hacerlo mejor: tengo un pequeño vídeo en el teléfono. ¿Quiere verlo?
14 – No, no hace falta *(no es la pena)*. Lo ha descrito muy bien. ¡Mejor que yo!
15 – Estoy acostumbrada a *(Tengo el hábito de)* perderlo: odia hacer la compra y desaparece cada dos por tres *(una vez sobre dos)*.
16 Pero esta vez estoy realmente preocupada porque tenía una maleta grande en una mano y un billete de avión en la otra.
17 – No se preocupe *(Ninguna preocupación)*: haremos todo lo posible para encontrarlo.

Pronunciación
1 … laya^n … disparu *4* … lipermarshe … periferic … bula^{n}yeri *6* … decrir … epu … *7* … cara^{n}ten … *8* … visash care … sheve bra^n lo^n … red … lunet … *9* … abiye … costum … yin *10* … pa^{n}talo^n gri … shemis-a-ma^{n}sh-curt … esharp … vest … cuir maro^n *11* … shuasur nuar … shauset-asorti *12* … descripsio^n … detaye meyer … fotografi *14* … pen … decrive *15* … labitud *16* … a^{n}kiet … valis … *17* … retruve

deux cent dix • 210

46 / Quarante-sixième leçon

Notas

1. En el lenguaje formal, **monsieur** y **madame** (pero no **mademoiselle**) se utilizan, junto con un honorífico, cuando se dirigen a alguien en un cargo oficial: **monsieur le député**, "señor diputado", **madame la directrice**, "señora directora". **Un agent de police**, un agente de policía; aunque masculino, **l'agent** puede aplicarse a oficiales de ambos sexos. Del mismo modo, **un époux / une épouse**, *un esposo / una esposa*, se usa en contextos oficiales, en lugar de **un mari / une femme**, para referirse a *un marido / una mujer*.

2. Recuerda que el participio pasado de los verbos que forman su tiempo perfecto con **être** (lección 43, nota 3) concuerda en género y número con el sujeto, no con el objeto, de la oración. Si un sujeto plural comprende tanto un agente masculino como uno femenino, como aquí, entonces el masculino tiene prioridad, un tema que discutiremos con mayor detalle más adelante.

3. Los pronombres tónicos **moi**, **toi**, **lui**, **elle**, **nous**, **vous**, **eux** y **elles** se utilizan para enfatizar, especialmente cuando se trata de un contraste: **Moi, j'aime le café au petit-déjeuner, mais lui préfère le thé**. En este contexto, no es necesario traducir los pronombres al español: *A mí me gusta el café para desayunar, pero él prefiere el té*. Observa cómo el pronombre tónico va seguido inmediatamente por un pronombre sujeto (la segunda cláusula de nuestro ejemplo podría expresarse: …**mais lui, il préfère le thé**, para añadir un énfasis aún mayor).

4. **aucun** es un adjetivo y pronombre útil, que significa *ninguno*. Como determinante, no se usa en plural (proviene del francés antiguo, que significa "no uno") y, en una construcción negativa, no va seguido de **pas**: **Ils n'ont aucun problème de santé**, *No tienen ningún problema de salud*. No obstante, debe concordar con el sustantivo singular al que determina: **Je n'ai aucune idée**, *No tengo ni idea*. En el lenguaje informal, una oración con este negativo a menudo se abrevia: **Aucune idée**.

***

Con una superficie de apenas 84,5 kilómetros cuadrados, la ciudad de París es pequeña en comparación con Londres o Los Ángeles. Una de las razones es que está rodeada por una carretera de circunvalación de 35 km llamada **le Boulevard périphérique** *(en los nombres propios compuestos, solo la primera palabra suele llevar mayúscu-*

Cuadragésima sexta lección / 46

5 Algunos sustantivos van siempre en plural en francés, pero en español pueden ir en singular o plural: **les toilettes**, *el aseo* o *los aseos*; otro es **les cheveux**, *el cabello* o los cabellos: **Tes cheveux sont trop longs**, *Tu(s) cabello(s) es/son muy largo(s)*. El singular **un cheveu** se usa en ciertas expresiones, como **avoir un cheveu sur la langue** "tener un pelo en la lengua", *cecear* pero rara vez con el significado físico de *un cabello*.

6 Al igual que en español, en francés algunos sustantivos pueden ir indistintamente en singular o plural. Esta regla se aplica en particular a las prendas de "dos piernas": **un jean / les jeans**, *un vaquero / los vaqueros*, **un pantalon / les pantalons**, *un pantalón / los pantalones*.

7 **meilleur**, la forma comparativa de **bon** (lección 42, apartado 3), es un adjetivo y por lo tanto concuerda con su sustantivo: **J'ai une meilleure idée**, *Tengo una idea mejor*. **Ce café sert les meilleures crêpes et les meilleurs gâteaux de Bretagne**, *Esta cafetería sirve las mejores crepes y los mejores pasteles de Bretaña*. No confundas **meilleur** con **mieux**, el adverbio comparativo de **bien**, *bien* (ver lección 42, apartado 3) **Comment va ton frère ? – Il va mieux**.

8 El sustantivo abstracto **la peine** tiene varios significados, que van desde *el castigo* hasta *la dificultad*, además de *la pena*, *el dolor* o el esfuerzo. **Ce n'est pas la peine** es una expresión idiomática que significa *No hace falta* o *No vale la pena*. **Vous voulez de l'aide ? – Ce n'est pas la peine, merci.** *–¿Necesita ayuda? –No hace falta, gracias*. En una oración completa, la expresión va seguida de la preposición **de**: **Ce n'est pas la peine de chercher du sucre, il n'y en a plus**. *No vale la pena buscar el azúcar, no queda nada*.

9 Esta es otra expresión idiomática. **Un souci** es *una preocupación*, *una inquietud*. La interjección común **Aucun souci** es el equivalente a *No hay problema* o *No se/te preocupe(s)*. Una forma aún más común es **Pas de souci(s)**, en cuyo caso el sustantivo puede estar en plural.

***

la inicial). Por el contrario, toda la conurbación, conocida como **le Grand Paris** *(el Gran París), es diez veces más grande. La ciudad dentro de* **le Périph'** *–el apodo de la carretera de circunvalación–se conoce a menudo como* **Paris intramuros,** *de la frase en latín que significa "dentro de las murallas".*

Exercice 1 – Traduisez

❶ Elle porte un pantalon bleu, une chemise grise à manches longues, une veste en cuir et un sac à main. ❷ J'ai l'habitude de me perdre en ville. C'est pour ça que j'ai toujours mon téléphone avec moi. ❸ Vous chantez très bien. Enfin, mieux que lui. ❹ Ce n'est pas la peine d'appeler Marianne, elle est déjà partie. ❺ Nous n'avons aucune nouvelle d'eux depuis une semaine, et nous sommes très inquiets.

***

Exercice 2 – Complétez

❶ –¿Cuándo vio a su amigo por última vez? –Le vi ayer.
Quand avez-vous.. votre... pour la.......... ... ? – Je .... hier

❷ –"Chez Yannick" sirve las mejores crepes de la ciudad. –No, la mejor crepería es "Chez Rozenn".
"Chez Yannick" sert les.......... crêpes de la ville.
– Non, la........ crêperie, c'est "Chez Rozenn".

❸ Marianne habla japonés mejor que usted y yo. Es la mejor estudiante de la universidad, y nosotros tenemos que mejorar.
Marianne parle le japonais.............. . Elle est..
.... étudiante de la fac, et nous............. .

47

Quarante-septième leçon

Un déménagement

1 – J'ai un service à te demander : peux-tu nous aider à déménager samedi et dimanche prochains ?
2   Je vais aussi demander à Stéphane et à Olivier : plus on est nombreux, plus on s'amuse [1].
3 – Tu vas leur demander de travailler un samedi ? Bonne chance ! Ce sont [2] de gros [3] paresseux.

Cuadragésima séptima lección / 47

Soluciones al ejercicio 1

❶ Lleva pantalones azules, una camisa gris de manga larga, una chaqueta de cuero y un bolso. ❷ Estoy acostumbrado a perderme en la ciudad. Por eso siempre llevo el teléfono conmigo. ❸ Cantas muy bien. Bueno, mejor que él. ❹ No es necesario que llames a Marianne, ya se ha ido. ❺ No hemos tenido noticias de ellos desde hace una semana y estamos muy preocupados.

***

❹ Mi hija no tiene ningún problema de salud. Bueno, no tiene ninguna enfermedad grave.
   .. fille... ..... problème de...... Enfin, elle... ......
   .... grave.

❺ Estás muy mal vestido, hijo. Tus vaqueros son muy cortos y tu cabello es muy largo.
   Tu es très..........., mon fils.......... trop..... et...
   .... trop......

Soluciones al ejercicio 2

❶ – vu – ami – dernière fois – l'ai vu – ❷ – meilleures – meilleure – ❸ – mieux que vous et moi – la meilleure – devons faire mieux ❹ Ma – n'a aucun – santé – n'a aucune maladie – ❺ – mal habillé – Ton jean est – court – tes cheveux sont – longs –

Cuadragésima séptima lección

Una mudanza

1 – Tengo que pedirte un favor *(un servicio para pedirte)*: ¿puedes ayudarnos con la mudanza *(a mudarnos)* el próximo sábado y domingo?

2 También se lo voy a pedir a Stéphane y Olivier: cuantos más seamos *(más somos numerosos)*, más divertido *(nos divertimos)*.

3 – ¿Vas a pedirles que trabajen *(trabajar)* un sábado? ¡Buena suerte! Son muy *(grandes)* perezosos.

deux cent quatorze • 214

47 / Quarante-septième leçon

4 Tu pourrais éventuellement [4] parler à Didier, mon beau-frère : il a une entreprise de déménagement.
5 – Est-ce que tu peux lui parler, toi ? Je ne le connais pas. Tu penses qu'il peut le faire gratuitement ?
6 – J'en doute, car ses affaires vont mal, mais je peux toujours essayer. Je te tiens au courant [5]. […]
7 Mon beau-frère est d'accord pour t'aider. Je lui ai dit que tu es un de mes meilleurs amis.
8 En plus, il est aimable : il te facture [6] seulement la location du camion et une demi-journée [7] de travail.
9 En gros, cela te fait quelques centaines d'euros, au lieu de mille ou plus, son tarif normal.
10 – Il est très bien [8], ce Didier ! C'est très gentil de sa part. Tu peux le remercier ?
11 – Tu peux lui dire toi-même : il arrive dans une heure et demie [7] avec un collègue. On va les attendre. […]
12 – Maintenant, au boulot [9]. Tout ce qui est gros et lourd va dans le camion de Didier :
13 le canapé, les fauteuils, les lits, les armoires, la machine à laver, le lave-vaisselle et la cuisinière.
14 Le reste – la vaisselle, les tableaux, la télé, le linge, les rideaux,
15 les cartons dans l'escalier et les piles de bouquins [10] contre le mur –
16 on le prend avec nous dans la camionnette. Je vais la chercher tout de suite.
17 – Bon courage à tout le monde : on a une longue journée devant nous.
18 Plus vite on finit, plus vite [1] on peut se coucher. □

Cuadragésima séptima lección / 47

4 Tú podrías quizás *(posiblemente)* hablar con Didier, mi cuñado *(guapo-hermano)*: tiene una empresa de mudanzas.
5 – ¿Puedes preguntarle tú? Yo no lo conozco. ¿Crees que puede hacerlo gratis *(gratuitamente)*?
6 – Lo dudo, porque su negocio va mal, pero siempre puedo intentarlo. Te mantendré informado. […]
7 Mi cuñado está de acuerdo en ayudarte. Le he dicho que eres uno de mis mejores amigos.
8 Además, es amable: solo te cobra *(factura)* el alquiler del camión y media jornada de trabajo.
9 En resumen *(en grueso)*, eso te sale por (hace) unos cientos de euros, en lugar de mil o más, su tarifa normal.
10 – ¡Qué majo, Didier *(Es muy bueno ese Didier)*! Es muy amable de su parte. ¿Puedes darle las gracias?
11 – Puedes decírselo tú mismo: llegará en una hora y media con un compañero. Vamos a esperarlos. […]
12 – Ahora, al curro. Todo lo que es grande y pesado va en el camión de Didier:
13 el sofá, los sillones, las camas, los armarios, la lavadora, el lavavajillas y la cocina.
14 El resto: la vajilla, los cuadros, la tele, la ropa de casa, las cortinas,
15 las cajas de *(en)* las escaleras y las pilas de libros [que hay] contra la pared,
16 lo llevamos con nosotros en la furgoneta. Voy a buscarla ahora mismo *(de inmediato)*.
17 – Ánimo para todos: tenemos un largo día por delante.
18 [Cuanto] más rápido se acabe, antes *(más rápido)* nos podremos acostar.

47 / Quarante-septième leçon

Pronunciación

demenashma^n **1** … servis… **2** … stefan … olivie … no^{n}bre … samus **3** … parese **4** … eva^{n}tuelma^n … didie … bofrer … **5** … gratuitma^n **6** … dut … afer … tia^n o-cura^n **8** … emable … factûr … locasio^n … camio^n … demi-yurne … **9** a^n-gro … o-lie-de … **10** … remersie **11** … demi … **12** … bulo … **13** … canape … foteie … li … armuar … cuisinier **14** … tablo … la^{n}sh … rido … **15** … carto^n … lescalie … pil … buca^n … co^{n}tr … mûr **16** … camionet … **17** … curash … **18** … cushe

Notas

1 La frase comparativa en español *cuando más… más* tiene un equivalente directo en francés: **plus … plus**. Por lo general, este tipo de construcción utiliza el pronombre impersonal **on**: **Plus on gagne de l'argent, plus on dépense**, *Cuanto más dinero se gana, más se gasta*. (Otro dicho muy conocido, **Plus on est de fous, plus on rit** –literalmente "Cuantos más locos hay, más nos reímos"– es el equivalente de *Cuantos más, mejor*.)

2 **ce** es tanto un adjetivo demostrativo singular (lección 9, nota 1) como un pronombre demostrativo. Puede reemplazar a **il/elle est** (→ **c'est**) pero también a **ils/elles sont**, (→ **ce sont**), en cuyo caso se traduce por *ellos*. **Ce sont deux de mes films préférés**, *Son dos de mis películas favoritas*. Las diferencias entre **il/elle est** (**ils/elles sont**) y **c'est** (**ce sont**) son bastante complejas pero, en este caso, **c'est / ce sont** describe una situación "son vagos" en oposición a la persona u objeto específico.

3 Como sabemos, **gros / grosse** significa *grande* (lección 14, apartado 5.2). Pero tiene un significado mucho más amplio, que incluye *grueso* (**un gros manteau**, *un abrigo grueso*), e *importante*, *grave* (**une grosse erreur**, *un error grave*). Para traducir el adjetivo correctamente o encontrar un equivalente idiomático, comprueba siempre el sustantivo al que califica: **Tu es un gros paresseux !** *¡Eres un vago / un holgazán!* La expresión **en gros**, colocada generalmente al principio de una oración, significa *básicamente*, *en resumidas cuentas*, etc.

4 **éventuellement** es un falso amigo. Expresa la idea de posibilidad: **Je ne connais pas la réponse, mais vous pouvez éventuellement la trouver en ligne**, *No sé la respuesta, pero es posible que pueda encontrarla en línea*. **Nicole vient à la fête demain ? – Éventuellement**, *–¿Nicole vendrá a la fiesta mañana? –Quizás*. (El adjetivo es **éventuel**, *posible*).

Cuadragésima séptima lección / 47

5 **courant** es tanto un sustantivo como un adjetivo: **le courant** significa *la corriente* (agua, electricidad, etc.), mientras que el adjetivo significa *común*, *habitual*, *ordinario*, etc. **C'est un problème courant**, *Es un problema común*. La expresión **être au courant**, vista por primera vez en la lección 32, significa *ser consciente de algo*: **Ma belle-sœur arrive demain. – Oui, je suis au courant.** *–Mi cuñada llega mañana. – Sí, soy consciente / lo sé.* **Tenir au courant**, *Mantener informado / al tanto / al corriente a alguien*.

6 Algunos verbos no tienen equivalente directo en otros idiomas. Ese es el caso de *cobrar* (*algo a alguien*). El equivalente más apropiado puede ser **facturer**, *facturar*: **Le plombier m'a facturé six cents euros de l'heure**, *El fontanero me ha cobrado 600 euros la hora*. Otra posibilidad es **prendre**, *tomar*, *llevar*, generalmente con una cantidad monetaria o un adjetivo: **Combien prend-il pour une leçon privée ?** *¿Cuánto cobra por una lección (clase) privada?*

7 Cuando **demi**, *medio*, va delante de un sustantivo, es invariable: **une demi-heure**, **un demi-kilo**. Sin embargo, detrás del sustantivo puede ser femenino o masculino dependiendo del género –**une heure et demie**, **un kilo et demi**– pero nunca en plural. En todos los casos, la pronunciación es idéntica *[demi]*.

8 Hemos visto **bien** usado como adverbio que significa *bien*, pero también puede ser un adjetivo, generalmente como parte de una expresión antes de un sustantivo: **Elle est très bien, cette chanteuse**, *Es muy buena esa cantante*. En tales casos, sin embargo, no concuerda con el sujeto: **Les fauteuils sont très bien**, *Los sillones son muy buenos*.

9 **le boulot** es una palabra coloquial pero muy común para *el trabajo*, que podemos traducir por *el curro*: **J'ai beaucoup de boulot en ce moment**, *Tengo mucho curro en este momento*. La expresión imperativa **Allez, au boulot !** significa *¡Venga, a currar!* o *¡Manos a la obra!*

10 **un bouquin**, *un libro*, es otra palabra coloquial, pero esta no tiene un equivalente directo en español.

deux cent dix-huit • 218

47 / Quarante-septième leçon

Exercice 1 – Traduisez
❶ On est déjà en retard. Je vais chercher le camion en attendant ta belle-sœur. ❷ Il ne fera pas le déménagement aujourd'hui, mais éventuellement demain s'il a le temps. ❸ Mon comptable m'a facturé huit cents euros, mais son tarif normal est plus cher. ❹ Bon courage ! Vous avez une longue journée devant vous. ❺ Vous savez tous ce que vous devez faire. Maintenant, au boulot !

***

Exercice 2 – Complétez
❶ ¿Le has preguntado a tu cuñado? –Voy a preguntarle ahora mismo.
. . . . vous . . . . votre beau-frère ? – Je vais . . . . tout de suite.

❷ El autobús llega en media hora. –¡Pero le estoy esperando desde hace tres horas y media!
Le bus arrive . . . . – Mais je . . attends depuis . . . . !

❸ Pero estos sillones son muy buenos. ¿Por qué no te gustan?
Mais . . . . , ces fauteuils. Pourquoi tu . . . . ?

❹ Mis padres están de acuerdo en ayudarnos. Les he dicho que sois mis mejores amigos.
Mes parents . . . . pour . . . . aider. Je . . . . que vous étiez mes . . . .

❺ Hay unas cien personas para ayudarnos. –Voy a darles las gracias: ¡cuantos más, mejor!
Il y a . . . . de personnes pour . . . . – Je vais . . . . : . . . . de fous, ... rit !

Cuadragésima séptima lección / 47

Soluciones al ejercicio 1

❶ Ya llegamos tarde. Iré a buscar el camión mientras espero a tu cuñada. ❷ No hará la mudanza hoy, pero posiblemente mañana si tiene tiempo. ❸ Mi contable me ha cobrado 800 euros, pero su tarifa normal es mucho más cara. ❹ ¡Buena suerte! Tienes un largo día por delante. ❺ Todos sabéis lo que tenéis que hacer. Ahora, ¡manos a la obra!

***

Soluciones al ejercicio 2

❶ Est-ce que – avez demandé à – lui demander – ❷ – dans une demi-heure – l' – trois heures et demie ❸ – ils sont très bien – ne les aimes pas ❹ – sont d'accord – nous – leur ai dit – meilleurs amis ❺ – une centaine – nous aider – les remercier – plus on est – plus on –

L'argot *(la jerga) era el lenguaje de los ladrones, pistoleros y demás maleantes. En su aceptación actual, significa un conjunto de palabras y expresiones no técnicas utilizadas por un grupo social en particular, mientras que el lenguaje coloquial tiene un alcance mucho más amplio. En este libro, hemos evitado en gran medida la jerga, al tiempo que presentamos palabras y expresiones coloquiales, como* **un bouquin** *y* **le boulot**, *que se utilizan ampliamente en todas las clases y grupos sociales.*

deux cent vingt • 220

Quarante-huitième leçon

Ça ne me dit rien [1]

1 – Comme il fait chaud [2] aujourd'hui, nous allons pique-niquer dans la forêt de Fontainebleau.
2 – Honnêtement, un pique-nique ne me dit rien. C'est tellement inconfortable.
3 On est mal [3] assis par terre et on mange mal [3] : les chips, les salades de riz dégoûtantes [4],
4 des sandwichs de poulet sans goût, les bananes trop mûres – et des fourmis et des guêpes partout.
5 Et puis on a du mal [3] à manger proprement, avec les assiettes en [5] papier, les gobelets en [5] carton,
6 les fourchettes en [5] plastique et les couteaux qui ne coupent rien.
7 Bref, je ne supporte [6] pas les pique-niques.
8 – Mais ce n'est pas vraiment une mauvaise idée, tu sais. Au contraire.
9 D'abord, c'est nous qui allons préparer la nourriture, avec de bons [7] produits sains.
10 Ensuite, pas de problème de confort. Regarde ceci [8] : c'est notre nouveau panier à pique-nique [9].
11 – Mais ce n'est pas un panier, c'est un sac à dos [9] !
12 – Oui, mais c'est un sac à dos de luxe ! Il y a tout ce qu'il faut pour faire de vrais [7] repas.
13 Des couverts en métal, des assiettes en porcelaine, et des verres à vin [9] et à eau.
14 Et regarde cela [8]. Qu'est-ce que tu en penses ?
15 – Qu'est-ce que c'est ?
16 – C'est un sac spécifique pour les bouteilles de vin blanc. Sophistiqué, non ?

Cuadragésima octava lección

48

No me apetece nada *(eso no me dice nada)*

1 – Como hace calor hoy, vamos a hacer un picnic en el bosque de Fontainebleau.
2 – Sinceramente, un picnic no me apetece nada. Es tan incómodo.
3 Estamos mal sentados en el suelo y comemos mal: patatas fritas, asquerosas ensaladas de arroz,
4 sándwiches de pollo insípidos, plátanos demasiado maduros y hormigas y avispas por todas partes.
5 Y luego es difícil comer limpiamente, con platos de papel, vasos de cartón,
6 tenedores de plástico y cuchillos que no cortan nada.
7 En resumen *(Breve)*, no soporto los picnics.
8 – Pero en realidad no es una mala idea, ¿sabes? Al contrario.
9 Primero, somos nosotros quienes vamos a preparar la comida, con productos buenos y saludables.
10 Después, no hay problema de comodidad. Mira esto: esta es nuestra nueva cesta de picnic.
11 – Pero no es una cesta, ¡es una mochila!
12 – ¡Sí, pero es una mochila de lujo! Hay todo lo necesario para hacer una comida de verdad.
13 Cubiertos de metal, platos de porcelana y vasos de vino y agua.
14 Y mira eso. ¿Qué te parece?
15 – ¿Qué es?
16 – Se trata de una bolsa específica para botellas de vino blanco. Sofisticado, ¿no?

deux cent vingt-deux • 222

48 / Quarante-huitième leçon

17 On a aussi quatre chaises pliantes, une table basse et une vraie couverture.
18 Mais attends, qu'est ce qui se passe ? [10] La pluie commence à tomber.
19 – Oh, il pleut. Quel dommage ! Pas de pique-nique aujourd'hui…

 Pronunciación
1 … picnike … fore … fo^n*tenblo 2 onetma*^{n} *… picnic … a*^{n}*co*^{n}*fortabl 3 … mal-asi par ter … ships … salad-de-ri deguta*^{n}*t 4 … sa*^{n}*duich … pule … gu … banan … mûr … furmi … gep … 5 … proprema*^{n} *… goble … 6 … furshet-a*^{n}*-plastic … cuto … cup … 7 … suport … picnic … 8 … moves … o-co*^{n}*trer 9 … prepare … nuriter … produi sa*^{n} *10 … co*^{n}*for … panie … 11 … sac-a-do 12 … lucs … 13 … cuver … .metal … porselen 14 … sela … 16 … spesific … 17 … shes plia*^{n}*t … tablebas … cuvertur 18 … keskisepas 19 … ple …*

Notas de pronunciación
(3) chips, *patatas fritas (de bolsa)*, es una palabra importada. Por eso se pronuncia la **s** final. (Recuerda también que la **ch-** se pronuncia *[sh]*). Por tanto, la palabra se pronuncia *[ships]*.

 Notas

1 Ya hemos visto que **dire** se usa idiomáticamente con el significado de apetecer, etc. (lección 25, nota 5). Una expresión relacionada, **Ça ne me dit rien**, expresa desinterés: **Tu veux venir au cinéma avec nous ? – Ça ne me dit rien**, *–¿Quieres venir al cine con nosotros? –No tengo ganas / No me apetece nada*. Como en nuestro ejemplo (línea 2), **ça** puede ser reemplazado por un sustantivo. La misma estructura también puede expresar una falta de reconocimiento o familiaridad: **Ce nom ne me dit rien**, *Ese nombre no me dice nada / no me resulta familiar / no me suena*.

2 Cuando se habla del clima, **chaud** por sí solo puede significar tanto *calor* como *caliente*.

3 Al igual que **bien** (lección 47, nota 8), **mal** suele ser un adverbio –**Je dors mal quand il fait chaud comme ça**, *Duermo mal cuando hace tanto calor*–, pero a veces se puede usar como adjetivo. En este caso, suele ser invariable y solo se puede usar con verbos de estado como **être**: **Je**

223 • **deux cent vingt-trois**

Cuadragésima octava lección / 48

17 También tenemos con cuatro sillas plegables, una mesa baja y una manta de verdad.
18 Pero espera, ¿qué está pasando? Está empezando a llover *(La lluvia comienza a caer)*.
19 – Oh, está lloviendo. ¡Qué pena! No hay picnic hoy…

n'ai rien fait de mal, *No he hecho nada malo*. No confundas **mal** con el adjetivo **mauvais(e)**: **C'est une mauvaise idée**, *Es una mala idea*. Y no confundas **avoir mal**, *doler*, (lección 32, línea 12) con la expresión idiomática **avoir du mal** (lección 44, nota 11).

4 Recuerda que el adjetivo describe el sustantivo principal, en este caso **une salade**, y no al complemento, **de riz**. Por lo tanto, debe concordar en femenino plural. Por ejemplo, **une salade de fruits délicieuse**, *una deliciosa ensalada de fruta*. Esta regla se aplica a todos los sustantivos compuestos.

5 La preposición **en** se usa entre dos sustantivos para describir de qué está hecho el primer objeto: **une assiette en carton**, *un plato de cartón*, **deux tasses en porcelaine**, *dos tazas de porcelana*, etc.

6 **supporter**, *apoyar*, también significa *tolerar*. El verbo se usa a menudo idiomáticamente en negativo: **Je ne supporte pas cette émission**, *No soporto este programa*.

7 Cuando un adjetivo BETA (lección 14, apartado 5.2) va delante de un sustantivo plural, el artículo partitivo **des** se convierte en **de** (o **d'** delante de una vocal). Por ejemplo, **Nous achetons des produits sains**, *Compramos productos sanos*, pero **Nous achetons de bons produits sains**, *Compramos buenos productos sanos*.

8 **Ceci** y **cela** (línea 14) son pronombres demostrativos que significan *esto*, *eso*, y, en oraciones impersonales, *ello*. **Ceci** no se usa mucho en el lenguaje cotidiano, excepto cuando se refiere a algo que está a punto de ser mencionado o presentado: **Écoutez ceci et dites-moi ce que vous en pensez**, *Escucha esto y dime qué te parece*. **Cela** (lección 47, línea 9) suele abreviarse **ça** en el lenguaje informal: **Ça te fait quelques centaines d'euros**…

9 **à** se usa en sustantivos compuestos para indicar el propósito de un objeto designado: **un panier à pique-nique**, *una cesta de picnic*, **un sac à dos**, *una mochila* ("un bolso de espalda"). Del mismo modo, **un verre à eau**, *un vaso de agua*, etc. Ten cuidado de no confundir **à** con **de** (*de*) en este tipo de sustantivos: **un verre à vin**, *un vaso de (para tomar) vino*, **un verre de vin**, *un vaso de (que contiene) vino*. La diferencia puede ser decepcionante…

deux cent vingt-quatre

48 / Quarante-huitième leçon

10 **passer** significa *pasar*, como ya vimos en la lección 40, línea 12, así como en el modismo **passer un coup de fil** (lección 41, nota 4). Pero **se passer** es un verbo reflexivo, que estudiaremos en el próximo grupo de lecciones. En este contexto, el modismo **se passer** significa *pasar, suceder*: **Qu'est-ce qui se passe ?**, *¿Qué pasa? / ¿Qué está pasando?*

***

Exercice 1 – Traduisez

❶ Est-ce qu'il fait chaud dehors ? Moi, j'ai froid : regarde mes mains ! ❷ Qu'est-ce que c'est que ce bruit ? Qu'est-ce qui se passe ? ❸ Nous avons tout ce qu'il faut pour faire un vrai café mais ça ne me dit rien. ❹ Elle n'aime pas manger dans les assiettes en papier. C'est pour ça qu'elle ne supporte pas les pique-niques. ❺ Leur idée n'est pas bonne ; au contraire, elle est très mauvaise.

***

Exercice 2 – Complétez

❶ ¡Estas sillas plegables son muy incómodas! Estamos muy mal sentados.
Ces .... sont tellement .... ! On ... très ... .

❷ Hemos comido ensalada de frutas frescas en platos de porcelana de verdad.
Nous avons mangé une ...., servie sur .. ..

❸ Ven y escucha esto. Es un cantante indio. ¿Lo conoces? –No, no me suena ese nombre.
Viens ... et .... un chanteur indien. Tu le .... ? – Non, son nom ....

❹ Hace mucho frío para un picnic y llueve. –¡Qué pena!
Il .... pour un pique-nique, et il ...... – .... !

❺ Me cuesta ver la diferencia entre las respuestas correctas y las incorrectas.
J'ai .... la différence entre .... et .... réponses.

225 • **deux cent vingt-cinq**

Cuadragésima octava lección / 48

Soluciones al ejercicio 1
❶ ¿Hace calor afuera? Yo, tengo frío: ¡mira mis manos! ❷ ¿Qué es ese ruido? ¿Qué pasa? ❸ Tenemos todo lo necesario para hacer un café de verdad, pero no me apetece. ❹ No le gusta comer en platos de papel. Por eso no soporta los picnics. ❺ Su idea no es buena. Al contrario, es muy mala.

***

Soluciones al ejercicio 2
❶ – chaises pliantes – inconfortables – est – mal assis ❷ – salade de fruits frais – de vraies assiettes en porcelaine – ❸ – ici – écoute ceci – C'est – connais – ne me dit rien ❹ – fait trop froid – pleut – Quel dommage ❺ – du mal à voir – les bonnes – les mauvaises –

A cincuenta kilómetros al sureste de París, la ciudad de Fontainebleau es famosa por su enorme bosque, ahora clasificado como parque nacional, y su palacio real, **le Château de Fontainebleau***, que data del siglo XII.*

deux cent vingt-six • 226

Quarante-neuvième leçon

Révision

1 Verbos conjugados con *être* en lugar de con *avoir* en el tiempo perfecto

1.1 Los verbos

Un grupo de verbos que expresan movimiento o un cambio de lugar o condición forman su tiempo perfecto con **être** en lugar de con **avoir**. Hay dieciséis verbos principales:
Devenir (*convertirse en*); **R**evenir (*regresar*); **M**ourir (*morir*); **R**etourner (*dar la vuelta, devolver*); **S**ortir (*salir*); **V**enir (*venir*); **A**rriver (*llegar*); **N**aître (*nacer*); **D**escendre (*bajar*); **E**ntrer (*entrar*); **R**entrer (*volver a entrar*); **T**omber (*caer*); **R**ester (*descansar*); **A**ller (*ir*); **M**onter (*subir*); **P**artir (*irse*)

Cinco de ellos tienen participios pasados irregulares: **venir → venu**, y sus derivados devenir → **devenu** y revenir → **revenu**, así como **naître → né** y **mourir → mort** (ver lección 43, nota 4).
Hay otros miembros de esta familia, en particular el verbo **passer**, *pasar*, que puede ser tanto transitivo como intransitivo. Los veremos más adelante.

1.2 Conjugación

Todos estos verbos se conjugan con **être** en vez de con **avoir** en el tiempo perfecto. Esta breve historia edificante podría servir como regla mnemotécnica (o una advertencia).
Ce lundi, Paul est arrivé très en retard pour son rendez-vous. Il est entré dans l'immeuble en courant et puis est monté au deuxième étage. Personne. Il est descendu au premier étage. Toujours personne. Il est retourné à l'accueil, où on lui a dit. "Votre client ? Mais il est parti il y a une heure. Il est resté longtemps dans votre bureau mais vous n'êtes pas venu. Il est devenu très impatient et il est sorti en colère. Je pense qu'il est rentré chez lui. Ou il est peut-être allé au café en face. Une chose est sûre : il n'est pas revenu ici". Paul est sorti tellement vite du

Cuadragésima novena lección

bâtiment qu'il **est tombé** sous un camion. Pauvre Paul : il **est né** pour travailler mais il **est mort** au travail.

Este lunes, Paul llegó muy tarde a su cita. Entró corriendo al edificio y luego subió al segundo piso. Nadie. Bajó al primer piso. Tampoco nadie. Regresó al mostrador de recepción, donde le dijeron: "¿Su cliente? Se fue hace una hora. Estuvo en su oficina durante mucho tiempo, pero usted no apareció. Se puso muy impaciente y salió enojado. Creo que se fue a casa. O tal vez fue al café de enfrente. Una cosa es segura: no volvió aquí ". Paul salió corriendo del edificio tan rápido que cayó debajo de un camión. Pobre Paul: nació para trabajar, pero murió en el trabajo.

El participio pasado de estos verbos conjugados con **être** concuerda en género y número con el sujeto de la oración:
Marie est arrivée très en retard pour son rendez-vous,
Mary llegó muy tarde a su cita.
Les deux hommes sont montés au deuxième étage,
Los dos hombres subieron al segundo piso,
Les deux femmes sont retournées à l'accueil,
Las dos mujeres regresaron al mostrador de recepción,

Si los sujetos plurales de un verbo con **être** incluyen un sustantivo masculino y uno femenino, entonces el participio concuerda en masculino:
Paul et sa femme sont partis après le dîner.
Paul y su mujer se fueron después de cenar.
Les hommes et les femmes sont arrivés au même moment.
Los hombres y las mujeres llegaron al mismo tiempo.

Sin embargo, esta regla centenaria sobre la prioridad masculina –**Le masculin l'emporte sur le féminin**, *Lo masculino prevalece sobre lo femenino*– se cuestiona cada vez más, y **la règle de proximité**, *la regla de proximidad*, en la que los adjetivos (incluidos los participios) concuerdan con el género del sustantivo más cercano, progresa significativamente. Además, existe un debate abierto sobre la abolición total de la regla de la concordancia del participio pasado. Mientras tanto, nos ceñiremos a la regla establecida, aunque con poco entusiasmo.

deux cent vingt-huit • 228

2 Pronombres tónicos o enfáticos

Son estos:

moi	yo, me	nous	nosotros, nos
toi	tú, te	vous	vosotros, os ustedes, se
lui	él, se	eux	ellos, se
elle	ella, se	elles	ellas, se

Se utilizan si el pronombre personal se quiere enfatizar (de ahí lo de *enfáticos*) o si se quiere reflejar contraste con otro pronombre (o sustantivo), al que generalmente preceden.
Toi, tu es un vrai ami, *Tú eres un verdadero amigo*.
Alain adore les pique-niques mais moi, je ne les supporte pas, *Alain adora los picnics, pero yo no los soporto*.

Los pronombres tónicos también se utilizan en algunas construcciones imperativas o enfáticas:
Fais-le, toi ! *¡Hazlo!*
Trouvez-la moi, *Encuéntrala por mí*.

Los pronombres también se pueden usar con un sujeto múltiple:
Ma femme et moi, nous aimons travailler ensemble,
A mi mujer y a mí nos encanta trabajar juntos.

En estos ejemplos, podemos ver que el pronombre parece desconectado de la oración y podría, teóricamente, omitirse (por eso también se les llama pronombres disyuntivos). En francés se utilizan de forma casi sistemática, por lo que es importante aprenderlos en contexto.

Finalmente, hay un pronombre enfático impersonal de tercera persona, **soi**, que veremos más adelante.

3 Pronombres relativos

3.1 *qui y que*

Qui y que se utilizan para evitar la repetición de un sustantivo o pronombre. Los estudiantes a menudo confunden los dos porque pueden referirse tanto a personas como a cosas. En primer lugar, es importante evitar el error común de traducir sistemáticamente **qui**

Cuadragésima novena lección / 49

como *quien* y **que** como *que*. Piensa gramaticalmente: **qui** es el sujeto y **que** el objeto directo. En una cláusula subordinada, los pronombres equivalen a *que*, *quien*, *el/la/los/las que*, *el/la/los/las cual*, *quien*.

• **Qui**
El sujeto de una oración suele ser una persona, pero no siempre:
L'homme qui nous aide pour le déménagement est mon beau-frère.
El hombre que nos ayudó con la mudanza es mi cuñado.
J'ai horreur des couteaux qui ne coupent pas.
Odio los cuchillos que no cortan.

Dado que **qui** se refiere al sujeto, siempre va seguido de un verbo. También se puede usar con una preposición para reemplazar un objeto indirecto:
C'est quelqu'un à qui vous pouvez faire confiance.
Es una persona en la que usted puede confiar.
Le patron pour qui j'ai travaillé n'est plus là.
El jefe para el que trabajaba ya no está / se ha ido.

• **Que**
Este pronombre sustituye al objeto directo (persona o cosa) en una cláusula relativa y va seguido de un sustantivo o pronombre:
La Tour Eiffel, que tout le monde connaît, est située près de la Seine.
La Torre Eiffel, que todo el mundo conoce, está situada cerca del Sena.
Les personnes que nous allons rencontrer aujourd'hui vont nous aider.
Las personas con las que nos vamos a encontrar hoy nos ayudarán.

Antes de una vocal o de una **h**, **que** se convierte en **qu'**:
La banane est le fruit qu'elle aime le moins.
El plátano es la fruta que menos le gusta.
La chose qu'Henri déteste le plus est la pluie.
Lo que más odia Henri es la lluvia.

En todos los casos, los pronombres relativos y sus cláusulas posteriores deben colocarse inmediatamente después del antecedente, es decir, la palabra o palabras a las que reemplazan (**la Tour**, **les personnes**, **le morceau**, etc.)

3.2 *ce qui* y *ce que*

Al igual que **qui** y **que**, los pronombres relativos indefinidos **ce qui** y **ce que** introducen una cláusula subordinada. Significan lo que / lo cual y se usan en oraciones donde no se expresa el sustantivo o la frase referida por un pronombre.

Ce qui se relaciona con la frase que es el sujeto del verbo:
Mon mari a disparu, ce qui m'inquiète,
Mi marido ha desaparecido, lo cual me preocupa.
En esta oración, **ce qui** reemplaza al sintagma nominal *su desaparición me preocupa*.

Ce que se relaciona con el objeto del verbo:
Je ne comprends pas ce que vous voulez dire.
No entiendo lo que quieres decir.

El pronombre se usa a menudo para dar énfasis al comienzo de una oración, al igual que *lo que*:
Ce qu'il veut dire c'est que nous sommes en retard.
Lo que quiere decir es que llegamos tarde.

Ten en cuenta que **ce que** solo se abrevia **qu'** delante de una vocal.

4 Singular versus plural

Algunos sustantivos que siempre son plurales en francés pueden ser singulares o plurales en español o viceversa: **les toilettes**, *el aseo* o *los aseos* o **les cheveux**, *el cabello* o *los cabellos* (lección 46) o **un collant**, *las medias*, *los pantis*.
Además, hay otros sustantivos que pueden ir indistintamente en singular o plural. Generalmente se trata de prendas "con dos piernas". Además de a **un pantalon**, esta regla también se aplica a **un jean**, *un vaquero*; **un short**, *un pantalón corto*; y **un slip**, *un calzoncillo*. Para formar el plural –por ejemplo, *tres pantalones cortos*– simplemente se añade una *s* al sustantivo: **trois shorts**.

5 Preposiciones

Las preposiciones son de vital importancia porque conectan diferentes partes de una oración y pueden modificar el significado de los verbos. En algunos casos su uso no coincide con el español por eso es importante aprender la preposición que normalmente acompaña a un verbo. Aquí tienes una tabla que muestra las preposiciones principales (algunas de las cuales, marcadas con un asterisco, también son adverbios). Ya las has visto todas.

à	en, a, para, hacia	Passe le carton à Jérôme. *Pasa la caja a Jérôme.*
après*	después	Après vous, madame. *Después de usted, señora.*
avant*	antes	Venez avant neuf heures. *Venga antes de las nueve.*
avec*	con	Elle sort avec mon meilleur ami. *Está saliendo con mi mejor amigo.*
chez	en/en casa de	Je reste chez moi ce soir. *Me quedo en mi casa esta noche.*
contre*	contra	Le tableau est contre le mur. *El cuadro está contra la pared.*
dans	en	Ils connaissent un bon restaurant dans cette rue. *Conocen un buen restaurante en esta calle.*
de	de	Sorya vient de Marseille. *Sorya es de Marsella.*
depuis*	desde (hace)	Je suis là depuis ce matin. *Estoy aquí desde esta mañana.*
derrière*	detrás de	Le magasin est derrière l'église. *La tienda está detrás de la iglesia.*
devant*	delante de, en frente de	Le Louvre est devant vous. *El Louvre está delante de usted.*
en	en, a, de	Êtes-vous libre en avril ou en mai ? *¿Estáis libres en abril o mayo?*
entre	entre	Il y a un match entre la France et l'Espagne. *Hay un partido entre Francia y España.*
par	por, en, de	J'ai réussi à la joindre par téléphone. *Conseguí localizarla por teléfono.*
pendant	durante	Elle a réfléchi pendant quelques secondes. *Ella reflexionó durante unos segundos.*

deux cent trente-deux

49 / Quarante-neuvième leçon

pour	para, a, por, en	**Avez-vous un secret pour le loto ?** *¿Tienes un secreto para la lotería?*
près de	cerca de	**Ils sont assis près de la fenêtre.** *Están sentados cerca de la ventana.*
sous	bajo, debajo de	**Tes clés sont sous la table.** *Tus llaves están debajo de la mesa.*

***

▶ Dialogue de révision

1 – Quel est le monument le plus visité de France ?
2 Nous avons cherché sur Internet, mais il y a pas mal de réponses différentes,
3 ce qui nous fait penser que notre question est mal posée.
4 – En effet, ce n'est pas la bonne question. Vous n'avez pas assez réfléchi.
5 Ce qu'il faut chercher est "quel est le monument le plus visité cette année ?".
6 Regardez l'écran : "Le Louvre reçoit plus de visiteurs que la Tour Eiffel"
7 Et juste en-dessous "Le monument préféré des Français est le Château de Fontainebleau".
8 Je suis aussi surprise que vous par Fontainebleau. À mon avis, c'est certainement le Louvre.
9 – Moi, le musée que j'aime le plus est Orsay. Il a la meilleure collection de tableaux impressionnistes du monde.
10 – Peut-être, mais le Louvre est plus grand et plus intéressant. Plus je le visite, plus je le trouve superbe.
11 – Et la Tour Eiffel ? À mon avis, c'est elle qui reçoit le plus grand nombre de visiteurs. Même moi, j'y suis allé !

| sur | sobre, en, encima de, por | **On a fait des recherches sur Internet.** *Hemos hecho búsquedas en internet.* |
| vers | hacia, a | **Il va vers la gare.** *Va hacia la estación.* |

Utiliza esta tabla para revisar las preposiciones de vez en cuando, hasta que puedas reconocerlas al instante.

***

12 – Eh non, désolée. J'ai trouvé les dernières informations qui circulent. Le gagnant est… Le Louvre !
13 – Bien sûr. Nous, les Français, nous apprécions les artistes plutôt que les ingénieurs.
14 – Pensez ce que vous voulez, Michel, mais la raison est plus simple : le billet d'entrée du musée est moins cher que celui du monument.

Traduction

1 ¿Cuál es el monumento más visitado de Francia? **2** Hemos buscado en Internet, pero hay bastantes respuestas diferentes, **3** lo que nos hace pensar que nuestra pregunta está mal formulada. **4** De hecho, esta no es la pregunta correcta. No has pensado lo suficiente. **5** Lo que hay que buscar es "¿cuál es el monumento más visitado este año?". **6** Mira la pantalla: "El Louvre recibe más visitantes que la Torre Eiffel". **7** Y justo debajo: "El monumento favorito de los franceses es el castillo de Fontainebleau". **8** Estoy tan sorprendida como tú por Fontainebleau. En mi opinión, definitivamente es el Louvre. **9** A mí, el museo que más me gusta es Orsay. Tiene la mejor colección de pinturas impresionistas del mundo. **10** Quizás, pero el Louvre es más grande e interesante. Cuanto más lo visito, más magnífico me parece. **11** ¿Y la Torre Eiffel? En mi opinión, es la que más visitas recibe. ¡Incluso yo estuve allí! **12** No, lo siento. He encontrado las últimas noticias que circulan. El ganador es… ¡El Louvre! **13** Por supuesto. Los franceses valoramos a los artistas más que a los ingenieros. **14** Piensa lo que quieras, Michel, pero el motivo es más sencillo: la entrada al museo es más barata que la del monumento.

50 / Cinquantième leçon

Ya has completado la fase receptiva del método. La lección 50 marca el inicio de la fase productiva, cuando comienzas a generar tus propias frases y oraciones. Desde la 50 a la 100, cada vez que termines una lección, vuelve al principio del libro y estudia

50

Cinquantième leçon

A partir de ahora, solo proporcionaremos las transcripciones de las palabras que tengan una dificultad especial en la pronunciación.

Je m'ennuie [1]...

1 – Que faites-vous dans la vie ?
2 – Je m'ennuie. Tous les jours, sans exception, je fais exactement la même chose.
3 Je me réveille [1] à la même heure et je me connecte [1] à Internet pour lire les messages dans ma boîte de réception.
4 Si j'ai vraiment envie, j'écoute les informations à la radio [2] – je me méfie [3] des journaux télévisés
5 car je trouve qu'ils se trompent constamment et, de toute façon, les infos [4] me [5] dépriment.
6 Moins on les écoute, plus on est tranquille.
7 De temps à autre, je lis un magazine sur ma tablette, mais je le finis en [6] cinq minutes.
8 Au bout d'un quart d'heure, je me lève [7] très lentement – je ne me dépêche pas –
9 puis je vais dans la salle de bains, où je me rase, me lave et me brosse [7] les dents.
10 Ensuite je m'habille [7] et me prépare à partir au travail, en centre-ville.
11 J'y vais en [6] voiture, jamais en [6] bus ou en [6] métro, et j'y suis en vingt minutes.

235 • deux cent trente-cinq

una lección que ya hayas visto, como ya se te indicó, y traduce el diálogo principal y el primer Ejercicio al francés. Para más información, consulta la Introducción.
Maintenant, continuons *(Ahora, ¡sigamos!).*

Quincuagésima lección

Me aburro...

1 – ¿A qué te dedicas *(Qué haces en la vida)*?
2 – Me aburro. Todos los días, sin excepción, hago exactamente lo mismo *(la misma cosa)*.
3 Me despierto a la misma hora y me conecto a internet para leer los mensajes de *(en)* mi bandeja de entrada.
4 Si tengo realmente ganas, escucho las noticias de la radio. Desconfío de las noticias de la televisión
5 porque encuentro que constantemente se equivocan y, de todos modos, las noticias me deprimen.
6 Cuanto menos se las escucha, más tranquilo se está.
7 De vez en cuando, leo una revista en mi tableta, pero la termino en cinco minutos.
8 Pasado un cuarto de hora, me levanto muy despacio –no tengo prisa–
9 luego voy al cuarto de baño, donde me afeito, me lavo y me cepillo los dientes.
10 Después me visto y me preparo para ir a trabajar al centro de la ciudad.
11 Voy en coche, nunca en autobús o en metro, y estoy allí en veinte minutos.

50 / Cinquantième leçon

12 En arrivant [7], je m'installe dans mon bureau et ferme la porte à clé.
13 Je fais semblant de travailler, mais j'essaie surtout de ne pas m'endormir.
14 Le travail, c'est dur, vous savez. Je me demande si je suis fait pour ça.
15 C'est très stressant de ne rien faire. Je dois me détendre autant que possible.
16 Mon médecin m'a conseillé de ne pas m'énerver et de me reposer quand je peux.
17 – Mais vous vous amusez quand même un peu ? En fait, quel métier faites-vous ?
18 – Je suis Président-directeur général d'une des entreprises de mon père.
19 – Ça ne m'étonne pas !

Pronunciación
yemenui **2** … sa^{n}secsepsio^n … **3** … reveill **4** … lesa^{n}formasio^n … **5** … a^{n}fo … **6** … tra^{n}kil **7** … ta^{n}saotr … **9** … ras … lav **10** … mabill … **13** … sa^{n}bla^n **15** … ota^n … **16** … co^{n}seille **18** … presida^n … **19** … meton …

Notas de pronunciación
(6) tranquille: A pesar de que por la terminación (**-lle**) puede parecer femenino, el adjetivo **tranquille** es masculino, así que la última sílaba se pronuncia *[-il]*.

Notas
1 Esta lección analiza los verbos pronominales y, más específicamente, los verbos reflexivos, donde el sujeto es la persona o cosa que realiza la acción. En infinitivo van precedidos por **se** (o **s'** si el verbo comienza por vocal: s'ennuyer, por ejemplo). Al igual que en español, estos verbos siempre van acompañados por un pronombre reflexivo, aunque no siempre coinciden como verbos pronominales en los dos idiomas: **s'enfuir**, *huir*.

2 à con el artículo definido (**au** con un sustantivo masculino) se traduce *de* cuando nos referimos a los medios de comunicación como la televisión, la radio o el teléfono: **à la radio**, **à la télévision**, **au téléphone**. Ten cuidado de no utilizar **de**

Quincuagésima lección / 50

12 Cuando llego, me instalo en mi despacho y cierro la puerta con llave.
13 Finjo que trabajo, pero sobre todo trato de no dormirme.
14 El trabajo es muy duro, [ya] sabe. Me pregunto si estoy hecho para esto.
15 Es muy estresante no hacer nada. Tengo que relajarme todo lo posible.
16 Mi médico me ha aconsejado que no me enfade y que descanse cuando pueda.
17 – ¿Pero a pesar de todo se divierte un poco? De hecho, ¿qué profesión tiene?
18 – Soy presidente y director general de una de las empresas de mi padre.
19 – ¡Eso no me sorprende!

3 **se méfier (de)** significa *desconfiar* o *sospechar de*. (Es la forma negativa de **se fier à**, *confiar*). **Elle se méfie des informations qu'elle lit en ligne**, *Desconfía de las noticias que lee en línea*. (Recuerda: **de** se convierte en **des** porque **informations** es plural). El imperativo **Méfiez-vous !** se utiliza habitualmente como advertencia –**Méfiez-vous du chien !**, *¡Cuidado con el perro!*– y en algunos proverbios o refranes: **Il faut se méfier de l'eau qui dort** "Hay que desconfiar del agua que duerme", es decir, *Las apariencias engañan*.

4 Aquí tienes otro apócope (lección 17, nota 6): **les informations**, *las noticias*, se acortan en el habla cotidiana como **les infos**.

5 **me** es uno de los pronombres reflexivos, junto con **te**, **se**, **nous** y **vous**. Pero también es un pronombre de objeto directo (lección 24, nota 5). Por ejemplo, **Je me réveille à midi**, *me despierto al mediodía*, pero **Le bruit me réveille toutes les nuits**, *El ruido me despierta todas las noches*.

6 **en**, como ya sabemos, puede ser tanto un pronombre adverbial (lección 31, nota 2) como una preposición que significa *en*, *de*, *a*, etc. Observa cómo se usa en esta lección y cómo contrasta con **dans** (líneas 3 y 12). En particular, **en** se utiliza con modos de transporte –**en bus**, **en voiture**, etc.– pero no para caminar: **aller à pied** (lección 25, línea 10). Veremos **en** en contraste con **dans** con más detalle en la próxima lección de revisión.

7 Ver lección 42, apartado 1.1.

deux cent trente-huit • 238

50 / Cinquantième leçon

Exercice 1 – Traduisez

❶ Quand je me lève, je me douche, ensuite je me maquille, et enfin je me brosse les cheveux. ❷ Plus on écoute les infos, moins on est tranquille. – Et ça t'étonne ? ❸ Je sais que le travail est un peu stressant, mais détendez-vous ! ❹ Ils s'ennuient, car ils font la même chose tous les jours et toutes les semaines. ❺ Cette journaliste se trompe de temps à autre, mais ses articles sont toujours intéressants.

***

Exercice 2 – Complétez

❶ Se despierta muy temprano y se conecta inmediatamente a su bandeja de entrada.
Il . . . . très tôt et . . . . tout de suite . . . . de réception.

❷ –¿Vas allí en metro o en coche? –Voy a pie.
. . . . tu vas . . . . ? – . . . vais . . . .

❸ Cuando llega, va a su despacho, cierra la puerta y finge trabajar.
. . . ., il va . . . . son bureau, ferme la porte et . . . .
. . . .

❹ Guy no se pone nervioso. Descansa cuando puede y se duerme fácilmente por la noche.
Guy . . . . Il . . . . quand il peut, et il . . . . facilement le soir.

❺ Fingen estar aburridos. ¡Las apariencias engañan!
Ils . . . . de . . . . Il faut . . . . de . . . . !

***

Los títulos de los puestos a menudo son difíciles de traducir porque las estructuras corporativas difieren de un país a otro. Además, dado que el inglés se usa habitualmente en el mundo de los negocios, muchas empresas francesas utilizan el inglés en cierta medida en su vocabulario interno. Por lo tanto, una empresa puede tener tanto **un directeur** *como* **un manager**, *que ocupan puestos diferentes, aunque el segundo título sea la traducción del primero. Pero en la mayoría de las empresas públicas, el cargo principal es el mismo:* **le Directeur général**, *o director gerente (también conocido como*

Quincuagésima lección / 50

Soluciones al ejercicio 1

❶ Cuando me levanto, me ducho, luego me maquillo y, finalmente, me cepillo el pelo. ❷ –Cuanto más se escuchan las noticias, menos tranquilo se está. –¿Y eso te sorprende? ❸ Sé que el trabajo es un poco estresante, ¡pero relájese! ❹ Están aburridos porque hacen lo mismo todos los días y todas las semanas. ❺ Esta periodista se equivoca de vez en cuando, pero sus artículos siempre son interesantes.

***

Soluciones al ejercicio 2

❶ – se réveille – se connecte – à sa boîte – ❷ Est-ce que – y – en métro ou en voiture – J'y – à pied ❸ En arrivant – dans – fait semblant de travailler ❹ – ne s'énerve pas – se repose – s'endort – ❺ – font semblant – s'ennuyer – se méfier – l'eau qui dort

***

director ejecutivo). *En algunas empresas,* **le DG** *[de-ye], como se le llama a menudo, también puede ser el presidente de la empresa, en cuyo caso el título es* **le Président-directeur général**, *"presidente y director general" o* **le PDG** *[pe-de-ye]. Ten en cuenta que la mayoría de los sustantivos utilizados en los títulos de puestos corporativos franceses siguen siendo masculinos, aunque la persona que ocupe el cargo sea una mujer.*

Hoy comenzamos la fase productiva de nuestro método, como se explica al final de la lección 49.

Fase productiva: 1.ª lección

deux cent quarante • 240

Cinquante et unième leçon

Hâtez-vous lentement !

1 – Tout le monde est là ? Non, il manque [1] Brice. Où est-il ?
2 – Toujours au lit, mais ne l'attendons pas. Tu sais très bien qu'il ne se lève jamais [2] avant midi.
3 – Dépêchons-nous [3] ! Nous perdons du temps.
4 La pièce commence dans vingt minutes et nous allons manquer le début.
5 – On n'est pas encore prêts et le théâtre n'est pas tout près. Comment faire ? [4]
6 – Il est trop tard pour y aller en transports en commun, donc on va prendre la voiture
7 Nous y serons en [5] dix minutes si nous partons dans [5] deux minutes.
8 – Tu plaisantes ! On n'a pas le droit [6] de se garer [7] dans les rues autour du centre.
9 – Ne vous inquiétez pas [3] : c'est facile comme tout.
10 Je m'arrête [8] dix secondes dans une place de livraison mais je n'arrête [8] pas le moteur.
11 Vous descendez vite et je vais garer [7] la voiture dans le parking public qui se trouve [8] du côté droit du tribunal.
12 Pendant ce temps, vous achetez les billets et on se retrouve [9] dans le foyer.
13 Bon, on y va. Bougez-vous !
14 Euh, attendez un instant. Il y a un petit problème.
15 – Qu'est ce qui se passe [10] ? Nous allons être en retard !
16 – Je ne trouve pas mes clés de voiture.

Quincuagésima primera lección

Vísteme despacio, que tengo prisa
(date prisa lentamente)

1 – ¿Está todo el mundo? No, falta Brice. ¿Dónde está?
2 – Todavía en la cama, pero no le esperamos. Sabes muy bien que nunca se levanta antes del mediodía.
3 – ¡Démonos prisa! Estamos perdiendo el tiempo.
4   La obra comienza en veinte minutos y nos vamos a perder el comienzo.
5 – Todavía no estamos listos y el teatro no está muy cerca. ¿Qué hacemos *(hacer)*?
6 – Es muy tarde para ir *(allí)* en transporte público *(común)*, así que vamos en coche.
7   Estaremos allí en diez minutos si salimos en dos minutos.
8 – ¡Estás de broma! No podemos aparcar en las calles *(alrededor)* del centro.
9 – No os preocupéis: es realmente fácil.
10 Paro diez segundos en alguna plaza de reparto, pero no paro el motor.
11 Os bajáis rápido y yo aparco en el aparcamiento público que se encuentra en el lado derecho del juzgado.
12 Mientras tanto *(durante ese tiempo)*, compráis las entradas y nos encontramos en el vestíbulo.
13 Bien, vamos. ¡Moveos!
14 Eh, esperad un momento. Hay un pequeño problema.
15 – ¿Qué pasa? ¡Vamos a llegar tarde!
16 – No encuentro mis llaves del coche.

51 / Cinquante et unième leçon

17 Je ne me souviens pas où je les ai mises. Elles ne sont pas dans ma poche,
18 ni dans le tiroir du meuble en bas de l'escalier, où je les mets d'habitude.
19 Pourquoi souris-tu ?
20 – Parce qu'elles sont dans ta main, idiot ! Vite, dépêche-toi. En route !

Pronunciación

attay-vu … 1 … mäh^{n}c … briss … 3 daypeshoh^n nu … perdoh^n … 5 … pray … pray … 6 … träh^{n}spohr … 8 … playzäh^{n}t … garay 10 … suhgoh^{n}d … 12 … fua-yay 17 … suvyah^n … 18 … tiruahr … 20 … idyoh …

Notas de pronunciación
(5) A pesar de que se escriben distinto, el adjetivo **prêt** (*listo*) y el adverbio **près** (*cerca*) se pronuncian exactamente igual *[pre]*.
(10) La **c** del adjetivo y sustantivo **second(e)** se pronuncia casi como una "g" *[sego^n/sego^{n}d]*.

Notas

1 Cuando el verbo **manquer**, *faltar*, se usa en la forma impersonal, el pronombre **il** es invariable, incluso si el sujeto es plural: **Il manque** un mot dans cette phrase, *Falta una palabra en esta oración*. **Il manque** trois personnes, *Faltan tres personas*. Compara esto con **Où est-il ?**, donde **il**, por supuesto, significa *él*.

2 Como vimos en la lección anterior, la forma negativa de un verbo reflexivo se forma colocando la partícula **ne** antes del pronombre, y **pas** (o un adverbio, lección 32, nota 5) después del verbo: **Je ne me souviens pas où tu habites**, *No me acuerdo de dónde vives*, **Ils ne s'arrêtent jamais de travailler !** *¡Nunca dejan de trabajar!*

3 La forma imperativa de los verbos reflexivos depende de si la oración es negativa o afirmativa. En negativo, el pronombre va antes del verbo, como de costumbre: **Ne nous inquiétons pas** *No nos preocupemos*. En afirmativo, sin embargo, el pronombre va después: **Dépêchez-vous !**, *¡Date prisa!* Recuerda también que **te** se convierte en **toi** en afirmativo: **Dépêche-toi !**; pero no cambia si es negativo: **Ne te dépêche pas**.

243 • **deux cent quarante-trois**

Quincuagésima primera lección / 51

17 No recuerdo dónde las he puesto. No están en el bolsillo,
18 ni en el cajón del mueble al pie de la escalera, donde las pongo normalmente.
19 ¿Por qué sonríes?
20 – Porque están en tu mano, ¡idiota! Rápido, apúrate. ¡En marcha!

4 **Comment faire ?** (literalmente *"¿Cómo hacer?"*) es una forma útil y breve de preguntar qué hacer o cómo hacer algo. Se puede utilizar sola –**J'ai perdu mon mot de passe. Comment faire ?** *He perdido mi contraseña. ¿Qué hago?*– o con un complemento: **Comment faire pour fermer une boîte de dialogue ?** *¿Qué hay que hacer para cerrar un cuadro de diálogo?*

5 Conoces algunas de las diferencias entre **en** y **dans**, resumidas en la lección 50. Con una expresión de tiempo, la diferencia es bastante sutil pero muy importante. Mientras que **en** expresa el tiempo necesario para hacer algo –**Je peux le faire en cinq minutes**, *Puedo hacerlo en cinco minutos*– **dans** indica cuándo se realiza o realizará la acción: **Elle peut le faire dans cinq minutes**, *Ella podrá hacerlo dentro de cinco minutos*. Mira de nuevo la línea 7: **en** describe la duración del viaje al cine mientras que **dans** especifica cuándo comenzará ese viaje.

6 La expresión **avoir le droit (de)** significa *tener el derecho (a)* pero también, en el habla cotidiana, *tener permiso, poder*: **Vous n'avez pas le droit de vous garer ici**, *No puede estacionar aquí*. (Recuerda que **droit** también es un adjetivo, que significa *derecha*, en oposición a **gauche**, *izquierda*.)

7 He aquí un ejemplo de un verbo utilizado en las formas transitiva y reflexiva: **Où est-ce que tu gares ta voiture ?** *¿Dónde aparcas tu coche?* Si eliminamos el objeto directo de la oración (es decir, si el sujeto y el objeto son el mismo), usamos un reflexivo: **Où est-ce que tu te gares ?**, *¿Dónde aparcas?*

8 Algunos verbos tienen un significado ligeramente diferente cuando se usan en forma reflexiva. En este caso, **Je m'arrête** significa *Me detengo* (en un automóvil, por ejemplo) mientras que **J'arrête le moteur** significa *Apago el motor*. De manera similar, **se trouver** "encontrarse a sí mismo / uno mismo", la forma reflexiva de **trouver**, significa más o menos lo mismo que *estar*: **Trouville se trouve en face de Deauville**, *Trouville está enfrente de Deauville*.

deux cent quarante-quatre • 244

51 / Cinquante et unième leçon

9 **retrouver** (literalmente "encontrar de nuevo") significa *recuperar, encontrar* algo que uno ha perdido. Pero a menudo se traduce simplemente por *encontrar*: **J'ai retrouvé mes clés**, *He encontrado mis llaves*. La forma reflexiva generalmente significa *encontrarse con alguien*: **On se retrouve au restaurant à vingt heures**, *Nos reuniremos en el restaurante a las 8 de la tarde*.

***

Exercice 1 – Traduisez

❶ Tu n'as pas le droit de te garer du côté gauche de la rue. Gare-toi en face du tribunal. ❷ Je ne retrouve pas mon grand panier bleu. Je ne sais pas où je l'ai mis. ❸ Tout le monde est prêt à partir ? – Non, il manque Jade et Camille. ❹ Je ne me souviens pas comment faire pour ne pas perdre mes messages. ❺ Où se passe la fête demain soir ? – Chez Simone.

***

Exercice 2 – Complétez

❶ Él se para dos segundos delante del supermercado, pero no para el motor.
. . . . deux secondes . . . . . . le supermarché mais il . . . . le moteur.

❷ –¿Qué pasa? –Olvidé comprar las entradas. –¿Estás de broma?
. . . . ? – . . . . les billets.
– . . . . ?

❸ –Ha perdido sus llaves del coche. –Creo que están sobre el mueble donde las pone normalmente.
Il a perdu ses . . . . – Je pense . . . . sur . .
. . . . il . . . .

❹ –¿Dónde aparcas el coche? –Aparco en la calle, debajo de mi casa.
Où . . . . votre voiture ? – Je . . . . . . dans la rue, ... chez moi.

❺ –Podemos llegar *(ir)* allí a pie en una hora y media. –En ese caso, salgamos en diez minutos.
On peut . aller . . . . une heure et demie. – Dans ce cas, ... dix minutes.

245 • **deux cent quarante-cinq**

Quincuagésima primera lección / 51

10 Sabemos que el verbo pronominal **se passer** significa *suceder*, *pasar* (lección 48, nota 10). Sin embargo, la traducción real dependerá del contexto y, a menudo, es muy simple: **La fête se passe chez nous demain soir**, *La fiesta es en nuestra casa mañana por la noche*.

***

Soluciones al ejercicio 1

❶ No puedes aparcar en el lado izquierdo de la calle. Aparca frente al juzgado. ❷ No encuentro mi cesta grande azul. No sé dónde la he puesto. ❸ –¿Está todo el mundo listo para salir? –No, faltan Jade y Camille. ❹ No recuerdo lo que tengo que hacer para no perder mis mensajes. ❺ –¿Dónde es la fiesta mañana por la noche? –En casa de Simone.

***

Soluciones al ejercicio 2

❶ Il s'arrête – devant – n'arrête pas – ❷ Qu'est-ce qui se passe – J'ai oublié d'acheter – Vous plaisantez ❸ – clés de voiture – qu'elles sont – le meuble où – les met d'habitude – ❹ – est-ce que vous garez – me gare – en bas de – ❺ – y – à pied en – partons dans –

Los verbos simples como **être** *y* **avoir** *se suelen evitar –especialmente en el lenguaje escrito– en favor de sinónimos más complejos como* **se trouver** *y* **posséder**, *que tienen el mismo significado, pero suenan más "elegantes" que simplemente* ser *o* tener. *Así, se prefiere* **Ils possèdent une grande maison** *a* **Ils ont une grande maison**, *aunque las dos frases sean sinónimas. Este hábito estilístico, que subraya la impresión de formalidad comentada en la lección 7, puede resultar desconcertante al principio, pero pronto se convierte en algo natural.*

Fase productiva: 2.ª lección

52

Cinquante-deuxième leçon

Nous nous sommes bien amusés !

1 – J'ai accepté de répondre à un sondage sur "les attentes [1] des Français dans le domaine de l'audiovisuel".
2 Voulez-vous participer ou, au moins, donner votre point de vue sur cette première question :
3 "Quelle est votre série préférée, celle qui vous a fait rire ou pleurer le plus [2] ?"
4 La mienne [3] est l'émission d'humour "Puissance faible".
5 Et la tienne [3], Mathilde ? La vôtre [3], Léon et Adèle ?
6 – Moi, je ne suis pas fan [4] de séries. Je préfère les magazines et les documentaires.
7 – Et vous deux, vous préférez les divertissements ou les débats politiques ?
8 – Ni l'un ni [5] l'autre. Nous regardons la télévision pour nous distraire, pas pour nous instruire !
9 – C'est vrai mais j'ai quand même un faible [6] pour les concours de cuisine.
10 Pour moi, la meilleure émission de tous les temps est "Bon appétit !"
11 Vous vous en souvenez [7] ? Avec Maïka, la présentatrice célèbre, celle avec l'accent basque.
12 – La femme maladroite qui s'est coupé [8] la main plusieurs fois en faisant la cuisine [9] ?
13 – C'est bien elle. En fait, elle s'est coupée [8] une fois seulement, mais tout le monde s'en souvient [6].

Quincuagésima segunda lección

¡Nos divertimos mucho!

1 – Acepté responder a una encuesta sobre "las expectativas de los franceses en el ámbito audiovisual".
2 ¿Queréis participar o, al menos, dar vuestro punto de vista sobre esta primera pregunta?:
3 "¿Cuál es vuestra serie preferida, la que más os hizo reír o llorar?".
4 La mía es el programa de humor "Baja potencia".
5 ¿Y la tuya, Mathilde? ¿La vuestra, Léon y Adèle?
6 – Yo no soy muy fanática de las series. Prefiero los magacines y los documentales.
7 – Y vosotros dos, ¿preferís los programas de entretenimiento o los debates políticos?
8 – Ni lo uno ni lo otro. Vemos la televisión para entretenernos, no para instruirnos.
9 – Es cierto, pero a pesar de todo yo tengo debilidad por los concursos de cocina.
10 Para mí, el mejor programa de todos los tiempos es "¡Buen provecho!" *(apetito)*.
11 ¿Os acordáis de él? Con Maïka, la famosa presentadora, aquella con acento vasco.
12 – ¿La mujer torpe que se cortó varias veces la mano mientras cocinaba?
13 – Esa misma. En realidad, solo se cortó una vez, pero todo el mundo lo recuerda.

deux cent quarante-huit • 248

52 / Cinquante-deuxième leçon

14 L'émission s'est arrêtée [8] il y a [10] dix ans après huit saisons. Je l'ai regardée du début à la fin,
15 et je ne me suis jamais ennuyée un seul instant. Chère Maïka, vous me manquez [11] !
16 – Oui, nous nous sommes bien amusés [8], à l'époque. Maintenant, tout est en ligne.
17 Je vais écrire ça sur la feuille de réponse.
18 Zut, mon stylo ne marche plus. Prête-moi le tien, s'il te plaît Mathilde.
19 – Tu peux prendre le nôtre si tu veux. C'est amusant, ce petit jeu ! Continuons.

Pronunciación
… amuse **1** sondash … **3** … seri … plore … **4** la-mien … dumor … **5** … la-tien … la votr … leo[n] … **6** … fan … seri … **7** … divertisma[n] … **8** … distrer … a[n]struir **12** … maladruat … **14** … seso[n] … **17** … foill … **18** … stiloh … **19** … le-notr …

Notas de pronunciación
(17) El fonema **euille** se pronuncia como el sustantivo **œil**: *[oill]* (ver lección 32).

Notas
1 **une attente**, de **attendre**, *esperar*, tiene un significado literal, que se encuentra en términos como **une salle d'attente**, *una sala de espera*, y también en oraciones: **L'attente à la caisse est trop longue**, *La espera en la caja es demasiado larga*. Pero también puede significar *una expectativa*: **Nous essayons toujours de répondre aux attentes de nos clients**, *Siempre tratamos de satisfacer las expectativas de nuestros clientes*.

2 Cuando se utilizan como adverbios, los superlativos **le plus**, *el más*, y **le moins**, *el menos*, se pueden colocar tanto antes como después del verbo: **Quelle est l'émission qui vous a le plus fait rire ?** Ponerlo delante es más literario pero, sin embargo, bastante común.

Quincuagésima segunda lección / 52

14 El programa terminó hace diez años, después de ocho temporadas. Lo vi desde el principio hasta el final,
15 y nunca me aburrí un solo instante. Querida Maïka, ¡te echo de menos!
16 – Sí, nos divertimos mucho en aquella época. Ahora todo es en línea.
17 Voy a escribir eso en la hoja de respuestas.
18 Maldita sea, mi bolígrafo ha dejado de funcionar *(no funciona más)*. Préstame el tuyo, por favor, Mathilde.
19 – Puedes usar *(tomar)* el nuestro si quieres. ¡Es divertido este jueguecito! Sigamos.

---

3 Los pronombres posesivos (*otuy*, *mío*, etc.) se forman con un artículo definido (**le**, **la**, **les**) y una palabra pronominal (**mien**, **tien**, etc.). Al igual que los adjetivos posesivos, concuerdan en género y número con el/los sustantivo(s) a los que reemplazan, no con el poseedor. El pronombre **vôtre** añade un acento circunflejo sobre la **o** para distinguirlo del adjetivo posesivo votre: **Ceci est votre clé → C'est la vôtre**.

4 El adjetivo **fan**, abreviatura de **fanatique**, *fanático*, se usa idiomáticamente como *tremendamente entusiasta*. **Je suis fan de foot**, *Soy un fanático del fútbol*. La palabra también se puede usar como sustantivo: **C'est un fan de l'équipe de Bordeaux**, *Es un fanático del equipo de Burdeos* Tanto el adjetivo como el sustantivo se pronuncian *[fan]* (con una *[a]* corta) porque provienen de la palabra inglesa.

5 Hemos visto que **ni** se usa en una construcción negativa con el significado de *ni* (lección 51, línea 18). Como en español, si el verbo negativo se aplica a dos cosas (como *ni... ni*), simplemente se repite la conjunción en lugar de usar **pas**: **Mes enfants n'aiment ni les fruits ni les légumes**, *A mis hijos no les gustan ni las frutas ni las verduras*. **Ni l'un ni l'autre** normalmente se puede traducir simplemente como *ninguno*: **Ni l'un ni l'autre n'est venu**, *No vino ninguno*.

6 El adjetivo **faible** significa *débil* (ver lección 21), pero puede usarse en un sentido más amplio de carencia: **Elle a une faible chance de réussir**, *Tiene pocas posibilidades de tener éxito*; **Ces légumes sont faibles**

52 / Cinquante-deuxième leçon

en calories, *Estas verduras son bajas en calorías*. El sustantivo correspondiente es **la / une faiblesse**, *la / una debilidad*: **Ma faiblesse en français est un problème dans mon travail**, *Mi debilidad en francés es un problema en mi trabajo*. Por el contrario, la expresión **avoir un faible pour** significa *tener una debilidad* o, idiomáticamente, *tener debilidad por algo*: **J'ai un faible pour les émissions d'humour**, *Tengo debilidad por los programas de comedia*.

7 Mientras que muchos verbos pueden llevar un pronombre reflexivo si el sujeto y el objeto son idénticos, otros son siempre (o "esencialmente") pronominales. Por ejemplo, **se souvenir (de** significa *acordarse (de)* y, en el uso cotidiano, siempre es pronominal: **Est-ce que tu te souviens de cette émission ?**, *¿Te acuerdas de ese programa?* Un casi sinónimo de **se souvenir de** es **se rappeler** (sin artículo partitivo): **Je me rappelle cette émission**, *Recuerdo ese programa*. (En la forma no reflexiva, **rappeler** significa *recordar*: **Rappelez-moi votre nom**, *Recuérdame tu nombre*).

8 La concordancia de los participios pasados en los verbos pronominales es compleja. Si el pronombre reflexivo (**me**, **se**, etc.) es el objeto indirecto de la oración, el participio no concuerda con el pronombre reflexivo: **Ma femme s'est coupé la main**, *Mi mujer se ha cortado la mano*. Pero si el pronombre es el objeto directo, entonces el participio concuerda en género y número: **Ma femme s'est coupée**, *Mi mujer se ha cortado*. En algunos casos, especialmente en los verbos del primer grupo, no hay diferencia en la pronunciación del participio pasado (**coupé** y **coupée**

***

▶ Exercice 1 – Traduisez

❶ Viktor est faible en français, mais c'est pour ça que j'ai un faible pour lui ! ❷ C'est l'émission d'humour qui m'a le plus fait rire. – Oui, j'en suis fan aussi. ❸ Est-ce que vous vous souvenez de son nom ? – Oui, il s'appelle Marc. ❹ Le café me manque beaucoup mais je n'ai plus le droit d'en boire. ❺ Je regarde la télé pour me distraire, pas pour m'instruire. Et toi ?

251 • **deux cent cinquante et un**

Quincuagésima segunda lección / 52

se pronuncian *[cupe]*). Sin embargo, no ocurre lo mismo con los otros grupos de verbos, como veremos más adelante.

9 **faire la cuisine** significa *cocinar*. **Je fais toujours la cuisine pour mes amis**, *Yo siempre cocino para mis amigos*.

10 Usado con el tiempo pasado y seguido de un período de tiempo, **il y a** es el equivalente de *hace*: **J'ai vu ce présentateur il y a vingt ans**, *Vi a ese presentador hace 20 años*. La acción descrita siempre está completa.

11 Otros usos del verbo **manquer** (ver lección 51) son *perder* (el tren, el avión, etc.) y *extrañar* o *echar de menos (a alguien)*. La estructura de la oración en francés es inversa a la del español: *Te / Le echo de menos* es **Tu me manques** (o **Vous me manquez**), literalmente *"tú me faltas"*. Así, la persona (o cosa) "perdida" es el sujeto de la oración en francés, pero el objeto en español. Por lo tanto, si *Maïka me echa de menos*, diremos **Je manque à Maïka**.

***

Soluciones al ejercicio 1

❶ Viktor está flojo en francés, ¡pero por eso tengo debilidad por él! ❷ –Es el programa de humor que más me ha hecho reír. –Sí, yo también soy fan. ❸ –¿Se acuerda de su nombre? –Sí, se llama Marc. ❹ Echo de menos el café, pero ya no puedo beberlo. ❺ Yo veo la televisión para entretenerme, no para instruirme. ¿Y tú?

deux cent cinquante-deux • 252

Exercice 2 – Complétez

❶ –¿Se han lavado tus hijas esta mañana? –No realmente. Se han lavado la cara. –¡Es un comienzo!
Est-ce que tes filles . . . . ce matin ? – . . . .
Elles . . . . le visage. – C'est un début !

❷ El ruido cesó hace solo dos minutos. Ya lo echo de menos.
Le bruit . . . . deux minutes seulement. . . .
. . . . . . déjà !

❸ He perdido mi teléfono. Préstame el suyo, por favor. El nuestro ha dejado de funcionar.
J'ai perdu mon téléphone . . . . . . -moi . . . . . . s'il vous plaît. . . . . ne marche . . . . . .

❹ –Él se cortó el dedo cuatro veces preparando la cena. –¿Se cortó él mismo? ¡Qué idiota!
Il . . . . quatre fois . . . . le dîner.
– Il . . . . ? . . . . idiot !

Cinquante-troisième leçon

Je ne ferai plus jamais ça !

1 – Je ferai [1] mes courses comme d'habitude au marché ce vendredi.
2 J'achèterai [2] des produits frais, du poisson et de la charcuterie – du pâté et du saucisson.
3 Je prendrai [3] aussi des fruits : des pêches, des abricots, et des raisins s'il y en a.
4 Mais pour les produits du quotidien, j'essaierai [2] de passer une commande en ligne.
5 Dans le rayon [4] épicerie, il me faut des conserves, du sel, du poivre et de la moutarde.
6 J'ai besoin de jus de fruits, de farine, de pâtes, mais aussi de papier toilette et de dentifrice.

❺ –¿Cuáles son vuestras expectativas en el ámbito audiovisual? ¿Los documentales? ¿Los magacines? –Ninguno.

.... vos .... dans le .... de l'audiovisuel ?
Des .... ? Des .... ? – Nous ....
.. ..

Soluciones al ejercicio 2

❶ – se sont lavées – Pas vraiment – se sont lavé – **❷** – s'est arrêté il y a – Il me manque – **❸** – Prêtez – le vôtre – Le nôtre – plus – **❹** – s'est coupé le doigt – en préparant – s'est coupé – Quel – **❺** Quelles sont – attentes – domaine – documentaires – magazines – n'aimons ni l'un ni l'autre

Fase productiva: 3.ª lección

Quincuagésima tercera lección

¡No lo volveré a hacer nunca!

1 – Haré mis compras como de costumbre en el mercado este viernes.
2 Compraré productos frescos, pescado y charcutería: paté y salchichón.
3 También cogeré fruta: melocotones, albaricoques y uvas si las hay.
4 Pero para los productos de uso diario, intentaré realizar un pedido en línea.
5 En la sección de comestibles, me hacen falta conservas, sal, pimienta y mostaza.
6 Necesito zumos de frutas, harina, pasta y también papel higiénico y dentífrico.

53 / Cinquante-troisième leçon

7 Et aussi l'huile d'olive. J'en ajouterai à mon panier si elle est en promotion [5] cette semaine.
8 Voilà, je valide la commande et je règle mes achats.
9 Finalement, c'est simple comme bonjour [6]! [...]
10 – Bonjour madame, on vient vous livrer les courses que vous avez commandées ce matin.
11 Où est-ce qu'on les met ? Il y a quatre cartons en tout.
12 – Posez-les sur la table contre le frigo dans la cuisine si vous voulez bien.
13 C'est à gauche tout [7] au fond du couloir.
14 – Voulez-vous de l'aide pour vider les cartons ?
15 – D'abord je vais vérifier que tout est là.
16 Mais ce ne sont pas les articles que j'ai sélectionnés sur le site !
17 En plus, vous m'avez livré un paquet de lessive et un bocal de cornichons !
18 Je n'ai commandé aucun [8] des deux. Vous allez tout rapporter.
19 Je ne ferai plus jamais mes courses à distance : j'irai [8] au magasin et je parlerai avec un être humain.
20 – Ce ne sera [9] pas évident car il y aura beaucoup de monde aujourd'hui. ☐

Pronunciación

2 ... puaso[n] ... sharcuteri ... 3 ... resa[n] ... 4 ... cotidie[n] ... 5 ... rayo[n] ... 6 ... dantifris 7 ... luil-doliv ... promosio[n] ... 8 ... valid ... 10 ... livre ... 11 ... me 12 ... frigo ... 16 ... articl ... 17 ... paque ... 19 ... a-dista[n]s ... uma[n] 20 ... evida[n] ...

Quincuagésima tercera lección / 53

7 Y también aceite de oliva. Lo añadiré a mi carrito si está de oferta esta semana.
8 Aquí valido el pedido y pago mis compras.
9 Al final, ¡es muy sencillo *(es simple como buenos días)*!
[...]
10 – Buenos días, señora, venimos a entregar la compra que pidió esta mañana.
11 ¿Dónde la ponemos? Son cuatro cajas en total.
12 – Póngalas sobre la mesa contra el frigorífico si quiere.
13 Está a la izquierda, al final del pasillo.
14 – ¿Necesita *(Quiere)* ayuda para vaciar las cajas?
15 – Primero voy a comprobar que está todo *(ahí)*.
16 ¡Pero estos no son los artículos que seleccioné en la web *(en el sitio)*!
17 Además, ¡me han entregado un paquete de detergente y un frasco de pepinillos!
18 No he pedido ninguno de los dos. Se va a llevar todo de vuelta.
19 No volveré a comprar a distancia: iré a la tienda y hablaré con un ser humano.
20 – No será fácil porque hoy habrá mucha gente.

Notas

1 Esta es la primera persona del singular del futuro del verbo irregular **faire**, *hacer*: **je ferai, tu feras, il/elle fera, nous ferons, vous ferez, ils feront**. En la mayoría de los casos, este tiempo se corresponde con el futuro español. Observa la diferencia entre este tiempo y el futuro "inmediato" formado con **aller** antes del infinitivo (en la línea 4, por ejemplo).

2 El futuro de los verbos en los dos primeros grupos (terminados en **-er** e **-ir**) se forma añadiendo las terminaciones **-ai, -as, -a, -ons, -ez, -ont** a la raíz. (Ver lección 41, nota 9). En algunos casos, la raíz cambia ligeramente. Por ejemplo, con **acheter**, *comprar*, la primera **e** tiene un acento grave (**j'achèterai**, etc.) mientras que la **y** en **essayer** cambia a una **i** (**j'essaierai**, etc.). Ninguno de estos cambios produce una diferencia notable en la pronunciación.

53 / Cinquante-troisième leçon

3 Los verbos terminados en **-re** forman su futuro a partir del infinitivo, pero eliminan la **-e** final. Así, el futuro de **prendre**, *coger*, *tomar*, es **je prendrai, tu prendras, il/elle prendra, nous prendrons, vous prendrez, ils/elles prendront**.

4 **un rayon** significa *un radio* o *un rayo* (**Enfin un rayon de soleil !** *¡Por fin un rayo de sol!*). En un contexto de compras, sin embargo, significa *un departamento*, *sección* o *pasillo* en una tienda o supermercado. En este caso, no es necesaria una preposición entre rayon y el sustantivo calificativo: **le rayon frais**, *la sección de [productos] frescos*.

5 **une promotion** tiene muchos significados, incluido el de *promoción profesional*. En las tiendas, significa *una oferta especial*. **Les meubles de jardin sont en promotion cette semaine**, *Los muebles de jardín está de oferta esta semana*. A menudo se abrevia como **en promo**.

6 **Bonjour**, *Buenos días*, se utiliza en varios modismos, en particular **C'est simple comme bonjour**, *Es muy fácil / Es coser y cantar*. También se puede encontrar en la exclamación idiomática **Bonjour les dégâts !** "Hola los daños", equivalente a *¡Vaya desastre!*

7 **tout**, *todo* (ver línea 18) también se usa como adverbio de grado, como se ve en la lección 51, línea 5. **Nous habitons tout près d'ici**, *Vivimos muy cerca*

***

Exercice 1 – Traduisez

❶ Demain, j'irai seule au supermarché pour acheter de la lessive. **❷** Je ne commanderai plus jamais mes billets de train en ligne. C'est trop compliqué. **❸** Le pâté et le saucisson sont en promo au rayon charcuterie. **❹** On vous livrera la semaine prochaine. – Ça sera trop tard. **❺** Ce n'est pas évident de trouver une solution. – Au contraire, c'est simple comme bonjour.

***

La charcuterie *(del término* **la chaire cuite**, *o carne cocida) es un término general para los productos hechos de cerdo* **(le porc)** *entre los que se incluyen el jamón* **(le jambon)**, *el paté* **(le pâté)**, **une saucisse**, *una salchicha, el término genérico para cualquier tipo de salchicha que se come caliente, y* **un saucisson**, *un salchichón. La palabra* **charcuterie** *puede referirse tanto a los productos (fiambres o embutidos) como a la*

257 deux cent cinquante-sept

Quincuagésima tercera lección / 53

de aquí. Como tal, se refiere no solo a la distancia física sino también a la posición o la intensidad: **Ton nom est tout en haut de la liste**, *Tu nombre está en la parte superior de la lista*. Con esta función, **tout** es invariable.

8 Este es el futuro del verbo irregular **aller**, *ir*: **j'irai, tu iras, il/elle ira, nous irons, vous irez, ils/elles iront**. Ten en cuenta que solo la raíz es irregular, mientras que las terminaciones son exactamente las mismas que para los verbos regulares (ver nota 1).

9 Otro futuro irregular: **être**, *ser*, se convierte en **je serai, tu seras, il/elle sera, nous serons, vous serez, ils/elles seront**. El negativo se forma, como de costumbre, con **ne… pas**: **Les commandes ne seront pas livrées demain matin**, *Los pedidos no se entregarán mañana por la mañana*.

Soluciones al ejercicio 1

❶ Mañana iré yo solo al supermercado a comprar detergente. ❷ Nunca volveré a pedir mis billetes de tren en línea. Es demasiado complicado. ❸ El paté y el salchichón están de oferta en la sección de charcutería. ❹ –Se lo entregaremos la semana que viene. –Eso será demasiado tarde. ❺ –No es fácil encontrar una solución. –Al contrario, es coser y cantar.

***

tienda donde se compran. El término para una tienda de comestibles, **une épicerie**, *proviene del sustantivo* **une épice**, *una especia, que es lo que vendían originalmente estas tiendas. (La sílaba inicial* **ép-** *es a menudo –pero no siempre– el equivalente de* **esp-** *en español:* **une éponge**, *una esponja*, **les épinards**, *las espinacas*, **épier**, *espiar, etc.).*

deux cent cinquante-huit • 258

Exercice 2 – Complétez

❶ No compraremos alimentos enlatados, pero tomaremos algo de fruta, especialmente melocotones y albaricoques.
.... de conserves mais .... des fruits, surtout des ...... et des ....

❷ Viven muy cerca de aquí, creo, justo al final de esa calle a la derecha.
Ils habitent ...., je pense, ... cette rue ....

❸ Si quieres ayuda con tu mudanza, intentaré venir. Haré todo lo que pueda, te lo prometo.
Si tu veux de ...... pour ...., ... de venir. Je ..... de .... ,je te promets.

❹ –No le gusta ninguno de estos dos zumos de frutas. –¿Ninguno?
.... de ces deux .... – ......, ... ?

❺ Añadiremos su apellido y nombre a la lista, pero no añadiremos los detalles de su teléfono.
.... votre ... et ...... sur la liste mais .... vos coordonnées téléphoniques.

Cinquante-quatrième leçon

Votez pour moi : vous ne le regretterez pas...

1 – Les élections législatives auront lieu dans quelques mois
2 et nous aurons sans doute [1] un nouveau gouvernement.
3 Les deux partis de centre-gauche feront cause commune contre la droite
4 et présenteront un seul candidat, qui ne sera pas un politique professionnel.
5 Ils tiendront un grand meeting [2] à Grenoble ce week-end-ci [3]. Est-ce que vous viendrez ?

Soluciones al ejercicio 2

❶ Nous n'achèterons pas – nous prendrons – pêches – abricots ❷ – tout près d'ici – tout au fond de – à droite ❸ – l'aide – ton déménagement – j'essaierai – ferai – mon mieux – ❹ Il n'aime aucun – jus de fruits – Ni l'un – ni l'autre ❺ Nous ajouterons – nom – prénom – nous n'ajouterons pas –

Habrás notado cómo tu vocabulario crece a diario. Para consolidar lo que ha aprendido, estamos comenzando a reutilizar palabras de lecciones anteriores para que puedas pasar sin esfuerzo de la fase receptiva a la fase productiva. Asimismo, la traducción al español de los textos de las lecciones se está volviendo menos literal y más idiomática. Ahora estás bien encaminado para comprender y hablar francés todos los días. **Félicitations !** *(¡Felicidades!).*

Fase productiva: 4.ª lección

Quincuagésima cuarta lección

Vote por mí. No se arrepentirá...

1 – Las elecciones generales tendrán lugar en unos meses
2 y tendremos sin duda un nuevo gobierno.
3 Los dos partidos de centroizquierda harán causa común contra la derecha
4 y presentarán un solo candidato, que no será un político profesional.
5 Tendrán una reunión en Grenoble este fin de semana. ¿Vendréis?

54 / Cinquante-quatrième leçon

6 – Non, nous ne viendrons pas. Je ne serai pas en France et Romain ne pourra pas se libérer.
7 En tout cas, le fameux [4] candidat ne dira rien d'original. C'est toujours la même chanson.
8 – En es-tu sûre ? Qui sait ? Il nous surprendra peut-être quand il parlera [5] ce soir.
9 – J'en suis sûre et certaine, et c'est ça qui me rend triste [6] !
10 – Alors, contre qui vas-tu t'abstenir cette fois-ci ? […]
11 – "Français, Françaises, mes chers compatriotes, rassurez-vous : je ne serai pas long.
12 Je ne parlerai pas pendant des heures pour ne rien dire.
13 Je ne promettrai pas une solution miracle pour résoudre les problèmes du pays.
14 Mais c'est mon devoir [7] de dire la vérité : mon adversaire ne sera ni de droite, ni de gauche :
15 mon adversaire sera l'argent et la corruption qui l'accompagne.
16 Vous n'aurez jamais à douter de mon intégrité, je vous le jure.
17 Maintenant, vous savez que vous devrez faire le bon choix, pour vous et votre portefeuille, euh, votre pays.
18 La situation est urgente et vous ne pourrez plus dire : "Ça ne me concerne pas".
19 Vous n'aurez qu'un choix à faire : voter pour moi.
20 Le capitalisme, c'est l'exploitation de l'Homme [8] par l'Homme, mais ma philosophie, c'est le contraire !"

Quincuagésima cuarta lección / 54

6 – No, no iremos *(vendremos)*. Yo no estaré en Francia y Romain no podrá librarse.
7 En cualquier caso, el famoso candidato no dirá nada original. Siempre es la misma canción.
8 – ¿Estás seguro? ¿Quién sabe? Quizás nos sorprenda cuando hable esta noche.
9 – Estoy seguro, ¡y eso es lo que me entristece!
10 – Entonces, ¿de quién te vas a abstener esta vez? [...]
11 – «Franceses, francesas, mis queridos compatriotas, estad seguros: seré breve.
12 No hablaré durante horas para no decir nada.
13 No prometeré una solución milagrosa para resolver los problemas del país.
14 Pero es mi deber decir la verdad: mi adversario no será ni de derechas ni de izquierdas;
15 mi adversario será el dinero y la corrupción que lo acompaña.
16 No tendréis que dudar nunca de mi integridad, os lo juro.
17 Ahora, sabéis que deberéis tomar la decisión correcta, por vosotros y por vuestras billeteras, eh, vuestro país.
18 La situación es urgente y ya no podréis decir: "Eso no me concierne".
19 Solo tendréis que hacer una elección: votar por mí.
20 El capitalismo es la explotación del hombre por el hombre, ¡pero mi filosofía es la contraria!».

Pronunciación
1 ... oro^n lie ... 3 ... cos comun ... 4 ... ca^{n}dida ... 5 ... mitin ... 6 ... libere 7 ... fame ... 9 ... certen ... 11 ... co^{n}patriot ... 13 ... solusio^n miracl ... 15 ... corupsion ... 16 ... a^{n}tegrite ... 17 ... portefeill ... 18 ... situasio^n ... urya^{n}t ... 20 ... expluatasio^n ...

deux cent soixante-deux • 262

54 / Cinquante-quatrième leçon

Notas

1. El sustantivo abstracto **le doute** significa *duda*. **Je n'ai pas de doute sur leur réponse**, *No tengo duda de su respuesta*. La raíz del verbo es **douter (de)**. **Il doute de tout**, *Él duda de todo*. La frase **sans doute**, *sin duda*, puede usarse para significar *probablemente*: **Elle a raison sans doute, mais nous devons en être certains**, *Probablemente tenga razón, pero tenemos que estar seguros*.

2. El sustantivo **un meeting** se utiliza para describir una *reunión* o *asamblea política*. También se utiliza en atletismo (**un meeting d'athlétisme**). Como la mayoría de los extranjerismos, **meeting** es masculino. (No lo confundas con **une réunion**, *una reunión de negocios*, lección 38, línea 15).

3. El adverbio demostrativo **-ci** (lección 31, nota 3) se puede usar con periodos de tiempo para enfatizar la proximidad: **Ce mois-ci**, *Este mes que viene*. No tiene una forma plural: **ces jours-ci**, *[En] los próximos días*.

4. El adjetivo **célèbre** (lección 52, línea 11) significa *famoso* o *conocido*. Pero **fameux** tiene un significado mucho más amplio, a menudo relacionado con la calidad: **Son pâté est fameux !**, *¡Su paté es excelente!*

5. En una oración subordinada que comienza con una expresión de tiempo, como **quand**, el verbo está en futuro si el verbo de la oración principal también está en futuro. Esto contrasta con el español, que usa el subjuntivo. **Nous serons tous là quand il arrivera**, *Todos estaremos allí cuando llegue*.

6. Recuerda que los adjetivos siempre concuerdan en género con la persona a la que se refieren, pero los que terminan en **-e** (como **triste**, *triste*)

***

Exercice 1 – Traduisez

❶ On a fait de notre mieux, mais le résultat n'est pas fameux. ❷ Êtes-vous sûrs ? – Sûrs et certains. C'est ça qui nous rend tristes. ❸ Le candidat n'a rien dit d'original. C'est toujours la même chanson. ❹ Je regrette mais je ne pourrai pas me libérer demain. Je suis très occupée ces jours-ci. ❺ Tu as sans doute raison : il ne sait rien parce qu'il a toujours douté de tout !

Quincuagésima cuarta lección / 54

tanto en masculino como en femenino concuerdan solo con el plural: **des choses tristes**, *cosas tristes* (Ver lección 14).

7 **devoir** es un verbo, *deber* (lección 17, nota 4), pero también un sustantivo masculino: **C'est mon devoir de vous le dire**, *Es mi deber decíroslo*. En un contexto escolar, se usa en plural (**les devoirs**) para significar *la tarea*, *los deberes*.

8 **l'homme** se usa en el sentido general para referirse a *la humanidad*. Por esa razón, a menudo se escribe con una mayúscula inicial: **Le Musée de l'Homme à Paris est fermé le mardi**, *El Museo del Hombre de París está cerrado los martes*. En Francia se está realizando un esfuerzo concertado para avanzar hacia un lenguaje más neutro en cuanto al género, especialmente en contextos oficiales. Así que la expresión **les droits de l'homme** (o **l'Homme**), *"los derechos del hombre"* está dando paso a **les droits humains**. (La comunidad francófona canadiense utiliza desde hace tiempo el término **les droits de la personne**).

***

Soluciones al ejercicio 1

❶ Hicimos todo lo que pudimos, pero el resultado no es excelente. ❷ –¿Estáis seguros? –Completamente seguros. Eso es lo que nos pone tristes. ❸ El candidato no dijo nada original. Sigue siendo la misma canción. ❹ Lo siento, pero no podré liberarme mañana. Estoy muy ocupada estos días. ❺ Probablemente tengas razón: ¡no sabe nada porque siempre ha dudado de todo!

deux cent soixante-quatre • 264

55 / Cinquante-cinquième leçon

Exercice 2 – Complétez

❶ Nunca tendréis que dudar de vuestra decisión porque habéis tomado la decisión correcta.
Vous......... ...... à...... .. votre décision car.... ....
....

❷ El político hablará durante horas para no decir nada. Por eso no iré.
Le............ .... pendant des heures pour.. .....
..... .C'est pour ça que.. ... .

❸ Presentarán su programa cuando hablen por televisión esta noche, pero sin decir la verdad.
Ils............ leur programme..... .... ce soir à la télévision, mais sans.... ....

❹ En cualquier caso, el partido no presentará un candidato a las elecciones generales.
.... ,le parti.. .... de candidat... ....
....

❺ Tendré que irme justo después de comer porque habrá mucha gente en las carreteras.
Je....... ...... juste après le déjeuner car.. ....
.... sur les routes.

55

Cinquante-cinquième leçon

Mais c'est horrible, ton film !

1 – J'ai vu "La Mort atroce" hier. Je te le conseille vraiment.
2   Il a battu les records d'audience pour un film d'épouvante [1].
3 – Où l'as-tu vu ? En vidéo ?
4 – Non, à côté de chez moi il y a un complexe multisalles qui vient d'ouvrir.

265 • deux cent soixante-cinq

Soluciones al ejercicio 2

❶ – n'aurez jamais – douter de – vous avez fait le bon choix ❷ – politicien parlera – ne rien dire – je ne viendrai pas ❸ – présenteront – quand ils parleront – dire la vérité ❹ En tout cas – ne présentera pas – aux élections législatives ❺ – devrai partir – il y aura beaucoup de monde –

La política es un tema de conversación perenne en Francia. El país está organizado constitucionalmente como **une république**, *una república (el régimen actual, que data de 1958, es* **la quinta república**, *la cinquième république, desde 1792). Está presidida por* **le Président de la République**, *elegido por sufragio universal cada cinco años (el mandato se conoce como* **un quinquennat** *[cankena], un quinquenio).* **Les élections législatives** *(elecciones generales) también se celebran cada cinco años para elegir a* **les députés**, *los diputados, representantes que se sientan en el Congreso de los diputados,* **L'Assemblée nationale**, *a veces denominada por su antiguo nombre* **la Chambre des députés**. *Ten en cuenta que el presidente de la República tiene derecho a solicitar una disolución anticipada del parlamento,* **le parlement**. *Los miembros del Senado,* **le Sénat**, *se llaman* **les sénateurs** *y son elegidos cada nueve años.*

Fase productiva: 5.ª lección

Quincuagésima quinta lección

¡Pero tu película es horrible!

1 – Ayer vi "Muerte atroz". Te la recomiendo de verdad.
2 Ha batido los récords de audiencia para una película de terror.
3 – ¿Dónde la viste? ¿En vídeo?
4 – No, al lado de mi casa hay un multicine que acaba de abrir.

55 / Cinquante-cinquième leçon

5 La programmation est variée, les salles sont spacieuses, et on y vend de très bonnes glaces [2] !
6 – De quoi parle le film ?
7 – L'action se passe [3] à Annecy, où j'ai passé [3] toutes mes vacances quand j'étais petite.
8 L'une des vedettes est Jeanne Morteau, un monstre sacré [4] du cinéma.
9 Elle m'amuse [5] bien avec ses airs de grande dame ! Mais quelle actrice !
10 C'est l'histoire d'un vieux couple qui, en apparence, s'entend [6] à merveille.
11 Ils habitent dans un hameau qui se trouve [7] tout près d'un vieil immeuble.
12 Ils pensent que ce bâtiment est abandonné, mais les apparences peuvent tromper [8]...
13 Un jour, la femme est seule à la maison lorsqu'elle entend [6] des bruits étranges dehors.
14 Elle sort dans la cour, où elle trouve des dizaines d'oiseaux morts par terre.
15 Elle croit d'abord que c'est son chat qui les a tués.
16 Mais elle se trompe [8] ! Soudain elle voit son mari avec une énorme hache à la main.
17 Elle se bat [9] avec lui mais il est beaucoup plus fort et il la bat [9] à coups de bâton.
18 – Mais c'est horrible ! Qu'est ce qui se passe ensuite ?
19 – Je ne sais pas parce que je me suis cachée sous la table jusqu'à la fin.
20 Néanmoins, je me suis amusée [5] comme une gosse [10] et j'ai adoré le film.
21 Du moins, la première moitié...

Quincuagésima quinta lección / 55

5   La programación es variada, las salas son espaciosas ¡y venden muy buenos helados!
6 – ¿De qué trata la película?
7 – La acción tiene lugar en Annecy, donde pasé todas las vacaciones cuando era pequeña.
8   Una de las estrellas es Jeanne Morteau, una figura legendaria del cine.
9   ¡Me divierte mucho con sus aires de gran dama! ¡Qué actriz!
10 Es la historia de una pareja de ancianos que aparentemente se llevan de maravilla.
11 Viven en un caserío que se encuentra muy cerca de un edificio antiguo.
12 Creen que ese edificio está abandonado, pero las apariencias pueden engañar…
13 Un día, la mujer está sola en la casa cuando oye ruidos extraños fuera.
14 Sale al patio, donde encuentra decenas de pájaros muertos en el suelo.
15 Ella cree al principio que ha sido su gato quien los ha matado.
16 ¡Pero está equivocada! De repente ve a su marido con un hacha enorme en la mano.
17 Pelea con él, pero él es mucho más fuerte que ella y la golpea con un palo.
18 – ¡Pero eso es horrible! ¿Qué pasa después?
19 – No lo sé porque me escondí debajo de la mesa hasta el final.
20 No obstante, me divertí como una niña y me encantó la película.
21 Al menos, la primera mitad…

55 / Cinquante-cinquième leçon

Pronunciación
… oribl … **1** … mor-atross … **2** … ruhcor-dohdiäⁿss … **5** … glass **7** … zhetay … **10** … cupl … ahpahräⁿss … sähⁿtähⁿ … **11** … ahmoh … **13** … brui … **15** … shah … **16** … sudahⁿ … ash … **17** … suh-bah … lah-bah …

Notas

1 El sustantivo femenino **épouvante** significa *terror, espanto*. Es la raíz de un adjetivo común, **épouvantable**, que significa *espantoso* o *horripilante*. **Quel temps épouvantable !** *¡Qué tiempo tan horrible!* En el lenguaje cotidiano, un sinónimo de **un film d'épouvante** es **un film d'horreur**.

2 **La glace** significa *el hielo*, como en **l'ère glaciaire**, *la edad de hielo*. En el lenguaje cotidiano, sin embargo, **une glace** significa *un helado*.

3 Sabemos (lección 48, nota 10) que **passer** significa *pasar* y la forma reflexiva **se passer** significa *ocurrir, suceder*. Para recordar la diferencia, intenta memorizar la frase: **Le film se passe à Paris, où je passe mes vacances**, *La película tiene lugar en París, donde paso mis vacaciones*. Esta lección presenta otros ejemplos de verbos que tienen un significado ligeramente diferente en las formas indicativa y pronominal.

4 **un monstre sacré** "un monstruo sagrado" es un término admirativo similar al epíteto español *una figura legendaria*: **Gérard Grandieu est un monstre sacré du cinéma français**, *Gérard Grandieu es una figura legendaria del cine francés*. La expresión se aplica tanto a hombres como a mujeres. No obstante, el sustantivo **un monstre** se usa peyorativamente, como en español: **C'est un monstre horrible qui fait peur aux enfants**, *Es un monstruo terrible que asusta a los niños*.

5 **amuser** significa *divertir (a alguien)*: **Il m'amuse avec ses histoires drôles**, *Me divierte con sus graciosas historias*. La forma pronominal, vista en la lección 47, línea 2, generalmente significa *disfrutar* o *divertirse*. **Il joue mal de la guitare mais il s'amuse**, *Toca mal la guitarra, pero se divierte*.

6 **entendre** significa *escuchar* (y conocemos el participio pasado **entendu**, lección 38, nota 7, es decir, *Comprendo*). Y, como reflexivo, **s'entendre** significa *escucharse a uno mismo*: **Faites moins de bruit, je ne m'entends pas parler au téléphone**, *Haz menos ruido, no puedo oírme hablando por teléfono*. Como verbo pronominal idiomático, **s'entendre**

Quincuagésima quinta lección / 55

significa *llegar a un acuerdo* o, más comúnmente, *llevarse bien con alguien*. **Je m'entends très bien avec le frère de Jacques**, *Me llevo muy bien con el hermano de Jacques*.

7 Ver lección 51, nota 8.

8 **se tromper** (lección 50, línea 5), *equivocarse*, es la forma pronominal de **tromper**, *engañar*: **Le vendeur m'a trompé sur le prix des appels téléphoniques**, *El vendedor me engañó sobre el precio de las llamadas telefónicas*. El verbo transitivo también puede significar *ser infiel a*, *engañar*: **Si une femme trompe son mari, c'est souvent parce que le mari trompe sa femme**: *Si una esposa le es infiel a su esposo, a menudo es porque el esposo está engañando a su esposa*.

9 Ya hemos visto **un coup** en varias expresiones (**un coup d'œil, un coup de main**, lección 32, por ejemplo). Aquí tenemos el significado original, *un golpe*, *un impacto*, etc.: **J'ai pris un coup sur la tête**, *Recibí un golpe en la cabeza*. En estos contextos, el español es más flexible que el francés. Por ejemplo, **donner un coup de poing/de pied** "dar un golpe de puño / pie" es *dar un puñetazo / patear*. La expresión **à coups de** describe la cosa que da el golpe: **Elle le battait à coups de brosse**, *Ella lo golpeó con un cepillo*.

10 **un(e) gosse**, una palabra informal común para *un(a) niño/-a*: **Ils vont en vacances sans les gosses ce mois-ci**, *Se van de vacaciones sin los niños este mes*. Como **monstre sacré** (nota 4), el sustantivo es masculino pero puede aplicarse a ambos sexos. Dos modismos comunes relacionados son **un sale gosse** (*un mocoso*) y **un beau gosse**, *un chico guapo*. (Ten cuidado: en francés canadiense, **gosse** es una palabra coloquial para referirse a los testículos).

deux cent soixante-dix • 270

Exercice 1 – Traduisez

❶ Tout le monde dit que la situation économique du pays est épouvantable. ❷ Je vous conseille son nouveau film : vous vous amuserez beaucoup. ❸ As-tu entendu la nouvelle ? Jeanne est morte. Son mari l'a tuée. ❹ Ils passent toute une semaine seuls, sans les gosses, pour la première fois. ❺ Nous avons battu tous les records de froid pour un mois de décembre.

***

Exercice 2 – Complétez

❶ –¿Qué haréis para las vacaciones de este verano? –Las vamos a pasar cerca de Annecy.

Qu'est-ce qui . . . . . . pour les vacances . . . . . ? – Nous les . . . . 'Annecy.

❷ Estamos luchando para ayudar a nuestro equipo, pero creo que esta vez será derrotado.

. . . . pour aider . . . . mais je . . . . battue cette . . . . . .

❸ –¿Cien euros? Te has equivocado. –No, creo que fue el vendedor quien me engañó en la compra.

Cent euros ? Tu . . . . – Non, ... que c'est le vendeur . . . . sur mon achat.

Cinquante-sixième leçon

Révision

1 Verbos pronominales

Los verbos pronominales se dividen en dos clases: reflexivos, donde el sujeto y el objeto de una acción son el mismo, y recíprocos, que se usan cuando dos o más sujetos hacen lo mismo uno a otro. Ambas clases van precedidas de **se** (**s'** antes de una vocal inicial o **h**) en infinitivo y se conjugan de la misma forma, con un pronombre sujeto y un pronombre reflexivo:

Soluciones al ejercicio 1

❶ Todo el mundo dice que la situación económica del país es espantosa. **❷** Os recomiendo su nueva película: os divertiréis mucho. **❸** ¿Has escuchado las noticias? Jeanne está muerta. Su marido la mató. **❹** Pasan una semana entera solos, sin los niños, por primera vez. **❺** Hemos batido todos los récords de frío durante un mes de diciembre.

***

❹ En principio se llevan bien juntos, pero escucho a la gente decir que no es cierto.
En principe ils .... mais .... qui disent que . . . .

❺ –Se ha caído el cuchillo. Está debajo de la mesa. –Lo encontré.
Le couteau . . . . Il . . . . la table. – Je . . . .

Soluciones al ejercicio 2

❶ – se passe – cet été – nous passons près d – **❷** Nous nous battons – notre équipe – pense qu'elle sera – fois-ci **❸** – t'es trompé – je crois – qui m'a trompé – **❹** – s'entendent bien – j'entends des gens – ce n'est pas vrai **❺** – est tombé – se trouve sous – l'ai trouvé –

Fase productiva: 6.ª lección

Quincuagésima sexta lección

56

se laver, *lavarse*			
je me lave	*yo me lavo*	**nous nous lavons**	*nosotros/-as nos lavamos*
tu te laves	*tú te lavas*	**vous vous lavez**	*vosotros/-as os laváis usted(es) se lava(n)*
il/elle se lave	*él/ella se lava*	**ils/elles se lavent**	*ellos/ellas se lavan*

En el pretérito, los verbos pronominales se conjugan con **être** y el participio pasado, que generalmente concuerda con el sujeto.

je me suis lavé/-ée	nous nous sommes lavés/-ées
tu t'es lavé/-ée	vous vous êtes lavé / lavés/-ées
il s'est lavé / elle s'est lavée	ils se sont lavés / elles se sont lavées

(En la forma **vous** el participio pasado depende, entre otras cosas, de si el sujeto es singular o plural).

Para formar el negativo, coloca **ne** antes del pronombre reflexivo y **pas** (o **jamais**, etc.) después del verbo: **Il ne se lave pas**: *Él no se lava*.
La primera interrogativa (entonación ascendente) se forma con el pronombre sujeto seguido del pronombre reflexivo: **Tu te laves ?**, *¿Tú te lavas?* Para la segunda interrogativa, coloca **est**-ce que antes del pronombre del sujeto: **Est-ce que tu te laves ?** La tercera interrogativa (o de inversión, **Te laves-tu ?**) es un poco más compleja –y menos común– por lo que la veremos con mayor detalle más adelante en el curso.

Para el imperativo, la posición del pronombre depende de si la petición es afirmativa o negativa. En ambos casos, se elimina el pronombre sujeto. Con un imperativo negativo, comenzando con **Ne...**, el pronombre reflexivo va antes del verbo, como de costumbre: **Ne te lave pas**, *No te laves*. Sin embargo, en afirmativo, el pronombre reflexivo se reemplaza por un pronombre tónico, colocado después del verbo y unido con un guion: **Lave-toi !** *¡Lávate!*

• **Verbos reflexivos**: en general, son los que indican un cambio de estado (**se réveiller**, *despertarse*, **s'endormir**, *dormirse*) o describen una acción o movimiento cotidiano (**se laver**, *lavarse*, **s'habiller**, *vestirse*, **se promener**, *dar un paseo, pasearse*).
Algunos de estos verbos son "exclusivamente pronominales", por lo que sin el pronombre reflexivo no tienen significado. Entre los más utilizados se encuentran **s'absenter**, (*ausentarse*), **s'enfuir** (*huir*), **s'envoler** (*echar a volar*), **se fier** (*confiar en, fiarse de*), y **se méfier** (*tener cuidado, estar atento*). En pretérito, el participio pasado

siempre concuerda en género y número con el sujeto:
Anne s'est absentée la semaine dernière, *Anne estuvo fuera la semana pasada*;
Ils se sont absentés, etc.

Por el contrario, algunos verbos son "ocasionalmente pronominales" y pueden usarse transitiva o reflexivamente dependiendo del objeto directo. Por ejemplo:
Je lave ma voiture, *Yo lavo mi coche*;
Je me lave le visage, *Yo me lavo la cara*.

Cuando se conjugan en pretérito, el participio concuerda exactamente de la misma manera que lo hace con **avoir**, es decir, con el objeto directo si va antes del verbo. Por ejemplo, **elle s'est lavée** (**elle** es tanto el sujeto como el objeto del verbo). Veremos esta regla con más detalle en otra lección de revisión una vez que te hayas acostumbrado a usar los verbos reflexivos.

• Los verbos recíprocos se utilizan cuando el sujeto o los sujetos actúan entre sí. Por ejemplo: **se comprendre**:
Nous ne nous comprenons pas, *No nos entendemos*.
Otros recíprocos comunes incluyen **se détester** (**Ils se détestent**, *Se odian*), **se regarder** (**Nous nous regardons**, *Nos miramos*) y **se sourire** (**Elles se sourient**, *Se sonríen el uno al otro*). Lógicamente, muchos verbos se pueden usar recíprocamente y se traducen agregándose *entre sí / el uno al otro*.

• Algunos verbos pronominales tienen un significado ligeramente diferente cuando se usan de forma no recíproca, como vimos en la lección 55. Estos incluyen **passer** (*pasar, cruzar*) y **se passer** (*suceder, ocurrir*); **entendre** (*oír, escuchar*) y **s'entendre** (*llevarse bien con alguien*); **tromper** (*engañar*) y **se tromper** (*equivocarse*).

2 El futuro

El tiempo futuro se usa de la misma manera que su equivalente en español. Para formar el futuro de los verbos regulares, las terminaciones de **avoir** se añaden a la raíz, que, para los dos primeros grupos de verbos, suele ser el infinitivo:

ajouter, *añadir, agregar*			
j'ajouterai	*añadiré*	**nous ajouterons**	*añadiremos*
tu ajouteras	*añadirás*	**vous ajouterez**	*añadiréis / añadirá(n)*
il/elle ajoutera	*añadirá*	**ils/elles ajouteront**	*añadirán*

finir, *terminar, acabar*			
je finirai	*terminaré*	**nous finirons**	*terminaremos*
tu finiras	*terminarás*	**vous finirez**	*terminaréis / terminará(n)*
il/elle finira	*terminará*	**ils/elles finiront**	*terminarán*

Los verbos acabados en **-re** pero eliminan la **-e** final del infinitivo:

vendre, *vender*			
je vendrai	*venderé*	**nous vendrons**	*venderemos*
tu vendras	*venderás*	**vous vendrez**	*venderéis / venderá(n)*
il/elle vendra	*venderá*	**ils/elles vendront**	*venderán*

Hay algunos cambios de ortografía cuando se añaden las terminaciones del futuro a ciertos verbos acabados en **-er**, como vimos en la lección 53 con **acheter** y **essayer**. Los mismos cambios ocurren con **lever**, *levantar* (la **e** inicial tiene un acento grave) y **payer**, *pagar* (la **y** cambia a i): **j'achèterai**, **je lèverai**; **j'essaierai**, **je paierai**.

Otro cambio tiene que ver con verbos como **jeter** y **appeler**, que duplican la primera letra de la última sílaba: **je jetterai**, **j'appellerai**. Más adelante veremos cómo estos cambios afectan ligeramente a la pronunciación.

Algunos verbos irregulares importantes, particularmente los dos auxiliares **avoir** y **être**, cambian significativamente en el futuro. Son así:

j'aurai	je serai
tu auras	**tu seras**
il/elle aura	**il/elle sera**
nous aurons	**nous serons**

Quincuagésima sexta lección / 56

vous aurez	vous serez
Ils/elles auront	ils/elles seront

Otros dos verbos irregulares importantes son **faire** y **aller** (ver lección 53, notas 1 y 9).
Una diferencia estructural importante entre el francés y el español se refiere a las oraciones subordinadas vinculadas a una oración principal en futuro mediante una conjunción temporal, en particular **quand**, *cuando*. En español, la oración introducida por **quand**, lleva el verbo en subjuntivo, mientras que en francés, los verbos de ambas oraciones están en el futuro: **Quand je saurai ce qu'il veut, je te le dirai**, *Cuando sepa lo que quiere, te lo diré*. La misma regla se aplica al futuro perfecto, que veremos al final del curso.

3 Pronombres posesivos

Al igual que en español, los pronombres posesivos se forman con el artículo definido y una palabra pronominal.

le mien, la mienne, les miens, les miennes	el mío, la mía, los míos, las mías	le nôtres, la nôtre, les nôtres	el nuestro, la nuestra, los nuestros / las nuestras
le tien, la tienne, les tiens, les tiennes	el tuyo, la tuya, los tuyos, las tuyas	le vôtre, la vôtre, les vôtres	el vuestro, la vuestra, los vuestros / las vuestras el suyo, la suya, los suyos, las suyas
le sien, la sienne, les siens, les siennes	el suyo, la suya, los suyos, las suyas	le leur, la leur, les leurs	el suyo, la suya, los suyos, las suyas

Como los adjetivos posesivos, estos pronombres concuerdan en género y número con los sustantivos a los que reemplazan, no con el poseedor. Por ejemplo:
C'est mon stylo, *Es mi bolígrafo* → **C'est le mien**, *Es el mío*;
C'est ma voiture, *Es mi coche* → **C'est la mienne**, *Es el mío*.

deux cent soixante-seize • 276

Como ocurre en español, por la concordancia no es posible identificar el género del poseedor en la tercera persona del singular (**le sien**, **la sienne**). **C'est son manteau → C'est le sien** ya que el abrigo puede ser de él o de ella. Observa que el acento circunflejo de la **o** en **nôtre** y **vôtre** hace que sea posible distinguir entre el pronombre y el adjetivo posesivo (**votre**, **notre**):
C'est votre clé → C'est la vôtre.
En términos de pronunciación, la **o** del pronombre es un poco más larga.

4 Preposiciones: *en*, *dans* y *à*

Si bien la mayoría de las preposiciones francesas son fáciles de dominar, estas tres a menudo se confunden (además, **en** también es un pronombre adverbial, como **y**). Revisemos los diferentes usos preposicionales que hemos visto desde que comenzó este curso.

4.1 *Dans* y *en*

• Una característica básica es que **en** nunca va seguido de un artículo definido o de un partitivo (excepto en una serie de expresiones fijas, como **en l'air**, en el aire). Se utiliza, entre otros, para hablar de idiomas (**en français**, **en anglais**), modos de transporte (**en avion**, **en train**, etc.), materiales (**en papier**, **en or**), épocas y fechas (**en 1789**, **en avril**) y estaciones con excepción de la primavera: (**en été**, **en automne**, **en hiver** pero **au printemps**). **En** también se puede usar con lugares, **Il est en prisión** y países que son sustantivos femeninos: **Je vis en France** (los países masculinos llevan **au**, como verás en la lección 57). Por último, se usa antes de un participio presente: **en arrivant**, *al llegar*. (En este caso, la traducción al español no requiere necesariamente de un participio: **En arrivant je leur ai dit bonjour**, *Al llegar les dije hola*).

• A diferencia de **en**, **dans** debe ir seguido de un artículo, ya sea definido (**le** / **la** / **les**), indefinido (**un** / **une**) o partitivo (**du**, **de la**, **des**). **Dans** designa la ubicación de algo (**dans ma poche**) y, en este contexto, es más preciso que **en**. Por ejemplo, diría **Mes vacances en montagne**, *Mis vacaciones en la montaña*, pero **Mes vacances dans les montagnes du Jura**, *Mis vacaciones en las montañas del Jura*. Cuando va seguido de un artículo y un sustantivo, **dans** significa *en*: **Elle est dans son bureau**, *Ella está en su despacho*.

Quincuagésima sexta lección / 56

Dans también se usa para una medida de tiempo específica (**dans dix minutes**), pero recuerda (lección 51, nota 5) que **en** también se puede usar en este contexto, pero con una ligera diferencia de significado: **Je peux faire le travail en vingt minutes**, *Puedo hacer el trabajo en 20 minutos* (es decir, me llevará 20 minutos) en comparación con **Je peux faire le travail dans vingt minutes**, *Puedo hacer el trabajo dentro de 20 minutos* (es decir, en el futuro).

4.2 *Dans* y *à*

Aquí también las diferencias son sutiles. El que puede confundir más a los hispanohablantes es el uso de **à** para traducir *en* cuando el pronombre no significa dentro. Un uso típico es **à la maison**, *en casa*. **Où est Rosie? – Elle est à la maison**, *–¿Dónde está Rosie? –Está en casa*. Por el contrario, **J'entends quelqu'un dans la maison**, *Escucho a alguien dentro de la casa*. Del mismo modo, **J'ai vu le film au cinéma**, *Vi la película en el cine*, versus **J'ai perdu ma montre dans le cinéma**, *Perdí el reloj en* (es decir, *dentro*) *del cine*.
À también se usa para hablar de ciudades o pueblos: **Elle habite à Paris**, *Ella vive en París*. (Recuerda que cuando **à** va seguida de **le / les** se convierte en **au / aux**: **Elle habite au quatrième étage**, *Ella vive en el cuarto piso*).
Por último, **à** se utiliza con determinados medios de comunicación: **à la télévision**, **à la radio**, **au téléphone**.
Hay otras sutilezas que asimilarás a medida que avances. Y si confundes **en** con **dans**, por ejemplo, es casi seguro que la persona con la que estás hablando te entienda y, con un poco de suerte, te corrija.

Dialogue de révision

1 – Comment va Hélène ? Est-ce qu'elle est toujours en Allemagne ?
2 – Non, elle est rentrée il y a six semaines et elle travaille maintenant à Grenoble.
3 – Ça se passe bien pour elle ? Elle s'amuse, j'espère ?
4 – Non, elle s'ennuie parce qu'il n'y a pas assez à faire au boulot.

5 Hier, elle s'est connectée à Internet pour faire ses courses en ligne !

6 – Pas comme moi, alors ! Je n'ai pas le temps de m'ennuyer.

7 Je me suis levée à cinq heures ce matin pour aller au bureau.

8 Je ne me suis même pas douchée parce que je n'avais pas assez de temps.

9 J'ai pris la voiture pour arriver plus vite mais, en arrivant,

10 je me suis arrêtée devant l'immeuble et j'ai vu que la porte était fermée à clé.

11 Je n'ai même pas arrêté le moteur.

12 – Qu'as-tu fait ?

13 – Je suis repartie très en colère.

Cinquante-septième leçon

Vive les Bretons !

1 – Comment ça se fait [1] que vous parlez tous les deux [2] le breton ?

2 – L'explication est simple. Nous avons vécu à Vannes pendant dix ans quand nous étions [3] plus jeunes.

3 J'enseignais [4] au collège et mon mari travaillait [4] dans une entreprise de construction navale.

4 Beaucoup de gens autour de nous parlaient cette langue, ce qui nous a motivé à l'apprendre.

5 – Est-ce que c'était difficile à maîtriser ?

6 – Nous avions beaucoup de chance parce que nous habitions un quartier de la ville

Traduction

1 ¿Cómo está Hélène? ¿Sigue en Alemania? **2** No, regresó hace seis semanas y ahora trabaja en Grenoble. **3** ¿Le va bien? Espero que se esté divirtiendo. **4** No, está aburrida porque no hay mucho que hacer en el trabajo. **5** ¡Ayer se conectó a internet para hacer sus compras en línea! **6** ¡No como yo, entonces! No tengo tiempo para aburrirme. **7** Me he levantado a las cinco de la mañana para ir a la oficina. **8** Ni siquiera me he duchado porque no tenía suficiente tiempo. **9** Fui en coche para llegar más rápido, pero cuando llegué, **10** me detuve frente al edificio y vi que la puerta estaba cerrada. **11** Ni siquiera paré el motor. **12** ¿Qué hiciste? **13** Me di la vuelta muy enfadada.

A partir de ahora, ya no daremos sistemáticamente las traducciones de palabras —especialmente los principales verbos como être, avoir *y* faire— *en nuestros ejemplos. A estas alturas, deberías estar completamente familiarizado con ellos.*

Fase productiva: 7.ª lección

Quincuagésima séptima lección

¡Vivan los bretones!

1 – ¿Cómo es *(eso se hace)* que ambos *(todos los dos)* hablan bretón?
2 – La explicación es sencilla. Vivimos en Vannes durante diez años cuando éramos más jóvenes.
3 Yo enseñaba en el instituto y mi esposo trabajaba en una empresa de construcción naval.
4 Muchas personas a nuestro alrededor hablaban este idioma, lo que nos motivó a aprenderlo.
5 – ¿Fue difícil dominarlo?
6 – Tuvimos mucha suerte porque vivíamos en una parte de la ciudad

57 / Cinquante-septième leçon

7 où les commerçants avaient presque tous le breton comme première langue,
8 donc nous étions obligés de le parler, rien que pour acheter du pain !
9 À propos, saviez-vous [5] que le verbe "baragouiner" [6] était d'origine bretonne ?
10 – C'est vrai ? Je ne le savais pas. Vous m'apprenez [7] quelque chose !
11 – Autrefois, beaucoup de Bretons [8] montaient à Paris pour trouver du travail.
12 Le voyage était très long et ils arrivaient souvent affamés.
13 Ils entraient dans le premier café qu'ils trouvaient
14 et commandaient du pain et du vin. Mais ils ne parlaient que le breton,
15 donc ils demandaient du *bara* et du *guin* – et personne ne les comprenait.
16 "Que disent ces Bretons ? On n'y comprend rien [9]", disaient les Parisiens.
17 "Ils baragouinent !". Et voilà d'où vient ce mot.
18 – Elle est absolument fascinante, ton histoire. Je ne la connaissais [10] pas.
19 Pourtant j'allais souvent en Bretagne avec mes parents quand j'étais petit.
20 J'aimais bien la région, mais il pleuvait tout le temps et on ne sortait presque jamais de la maison.
21 – Il pleuvait sans doute, mais au moins en été la pluie bretonne est plus chaude.

Quincuagésima séptima lección / 57

7 donde casi todos los comerciantes tenían el bretón como primera lengua,
8 así que estábamos obligados a hablarlo ¡incluso para comprar el pan!
9 Por cierto, ¿sabía que el verbo *baragouiner* [farfullar] era de origen bretón?
10 – ¿Es eso cierto? No lo sabía. ¡Es la primera vez que lo oigo *(me ha enseñado algo nuevo)*!
11 – Antiguamente, muchos bretones iban a París a buscar trabajo.
12 El viaje era muy largo y con frecuencia llegaban hambrientos.
13 Entraban a la primera cafetería que encontraban
14 y pedían pan y vino. Pero solo hablaban bretón,
15 así que pedían "bara" y "guin", y nadie los entendía.
16 "¿Qué dicen esos bretones? No entendemos nada", solían decir los parisinos.
17 "¡Farfullan!". Y de ahí viene esa palabra.
18 – Su historia es absolutamente fascinante. No la conocía.
19 No obstante, yo solía ir a Bretaña con mis padres cuando era pequeña.
20 Me gustaba la zona, pero llovía todo el tiempo y casi nunca salíamos de casa.
21 – Sin duda llovía, pero al menos en verano la lluvia bretona es más cálida.

Pronunciación
2 ... vecû ... etio^n ... *3* ... colesh *4* ... parle ... *5* ... metrise *6* ... avio^n ... abitio^n ... *7* ... comersa^n ... ave ... *9* ... baranguine ... doriyin ... *10* ... save ... *11* ... otrfua ... *12* ... arrive ... *14* ... coma^{n}de ... parle ... *15* ... dema^{n}de ... bara ... guin ... co^{n}prene *16* ... dise ... *17* ... baraguin ... *18* ... conese ... *19* ... yele ... *20* yame ... plûve ... sorte ...

57 / Cinquante-septième leçon

Notas de pronunciación
(7) commerçant *[comersa^n]*: Observa cómo la cedilla debajo de la letra **c** hace que cambien la pronunciación de una *[k]* a una *[s]* sibilante o suave. La **ç** solo se usa delante de las vocales **a** (**ça**), **o** (**garçon**) y **u** (**reçu**) porque la **c** siempre es sibilante delante de **e**, **i** e **y**.

Notas

1 **Comment ça se fait ?** "Cómo eso se hace" es una forma idiomática de hacer una pregunta, algo así como *¿Cómo es eso?* **Il n'est pas parti en vacances cette année. – Comment ça se fait ?** *–No se ha ido de vacaciones este año. –¿Cómo es eso?* La expresión también se puede utilizar en una oración completa: **Comment ça se fait que le train est en retard ?** *¿Cómo es que el tren va con retraso?* En este caso, sin embargo, a menudo es necesario poner el verbo principal en subjuntivo, lo que aprenderemos más adelante.

2 El francés no tiene una palabra para *ambos*, sustituyéndolo por varias construcciones según la función gramatical. Como adjetivo, se usa **les/des/aux deux**: **J'ai mal aux deux genoux**, *Me duelen ambas rodillas*. Como pronombre, se usa **tous les deux**: **Ils sont bretons, tous les deux**, *Ambos son bretones*.

3 Este es el **imparfait** (*imperfecto*), visto de pasada en la lección 55, línea 7. Se usa para describir situaciones o acciones en el pasado, sin especificar cuándo comenzaron o terminaron. Las formas del **imparfait** del verbo irregular **être** es **j'étais, tu étais, il/elle/on était, nous étions, vous étiez, ils/elles étaient**.

4 El **imparfait** del resto de verbos distintos de **être** (ver nota 3) se forma eliminando las terminaciones **-ons** de la forma **nous** del presente y añadiendo las siguientes terminaciones: **enseignons: j'enseignais, tu enseignais, il / elle enseignait, nous enseignions, vous enseigniez, ils / elles enseignaient**. En general, en español se traduce por el imperfecto: *enseñaba, enseñabas*, etc. En esta misma oración, **travaillait** es el **imparfait** en tercera persona del singular de **travailler**.

5 Este es el **imparfait** de **savoir**: **savons** → **je savais, tu savais, il/elle/on savait, nous savions, vous saviez, ils/elles savaient**. (Ver también la nota 9).

6 **baragouiner** es un verbo coloquial que significa *farfullar, balbucear* o, menos insultante, *chapurrear un idioma*: **Il baragouinait le russe**, *Chapurreaba el ruso*.

283 • **deux cent quatre-vingt-trois**

Quincuagésima séptima lección / 57

7 Sabemos que **apprendre** significa *aprender* y **enseigner** *enseñar*. Sin embargo, cuando se usa con un objeto directo y un objeto indirecto en la misma frase, **apprendre** significa *enseñar* (algo a alguien). Entonces, **J'apprends le français**, *Aprendo francés*, pero **Je leur apprends le français**, *Les enseño francés*. Por el contrario, **enseigner** solo significa *enseñar*: **Je leur enseigne le français**. La expresión idiomática **Vous m'apprenez / Tu m'apprends quelque chose** es el equivalente a *Eso es nuevo para mí*, *Es la primera vez que lo oigo* (o, más simplemente, *No tenía ni idea*).

8 Sabemos que los adjetivos de nacionalidad no llevan mayúscula inicial, mientras que los gentilicios sí (lección 20, nota 3). Lógicamente, la regla de las minúsculas se aplica a los adjetivos derivados de regiones, pueblos, etc., así como a los idiomas: **C'est un Normand qui parle mal l'anglais**, *Es un normando que habla mal el inglés*. Ten cuidado de no confundir los gentilicios (que son sustantivos) con los adjetivos de nacionalidad: **Ce sont des Bretons** pero **Ils sont bretons**. (O bien, **Ils sont d'origine bretonne**, *Son de origen bretón*).

9 Sabemos que el pronombre adverbial **y** se refiere a un objeto indirecto mencionado anteriormente, generalmente una cosa o un lugar, normalmente introducido por **à** (ver lección 35, apartado 3.1.) Así, en la frase idiomática **on n'y comprend rien**, **y** sustituye al objeto indirecto **le film**: **À la fin du film, on n'y comprend rien** (es decir, **au film**), *Al final de la película, no se entiende nada*. Sin embargo, si el objeto indirecto va detrás del verbo, no se usa **y**, y **rien** vuelve a su lugar habitual, directamente detrás del verbo: **On n'a rien compris au film**.

10 Para recordar cómo se usa **connaître** (línea 18) y **savoir** (línea 10), repasa la lección 35, apartado 4.

deux cent quatre-vingt-quatre • 284

Exercice 1 – Traduisez

❶ Loïc ? C'est un Breton qui ne parle pas le breton. Il le baragouine un tout petit peu, c'est tout. ❷ Leur explication est beaucoup trop compliquée. On n'y comprend rien. ❸ Comment ça se fait que nous n'avons pas reçu la lettre qu'il a promise ? ❹ Ta cousine et son amie étaient invitées à la fête, et elles sont venues toutes les deux. ❺ Votre histoire est fascinante. Nous ne la connaissions pas.

***

Exercice 2 – Complétez

❶ –Hablaban inglés y nadie los entendía. –Eso me sorprende.
 . . . . en . . . . et . . . . !
 – Ça . . . .

❷ Mona tenía mucha suerte porque vivía en un barrio muy agradable.
 Mona . . . . parce qu' . . . . dans un quartier très sympathique.

❸ –Por cierto, ¿sabías que la palabra "chapurrear" era de origen bretón? –No, no lo sabía.
 . . . . . . , ... que le mot " . . . . " d'origine
 . . . . ? – Non, ...

❹ La gente de mi entorno hablaba ruso todo el día, lo que me motivó para aprender ese idioma.
 Des gens . . . . le russe . . . . , ... à . . . . cette langue.

Cinquante-huitième leçon

Un grincheux

1 – Allons à Auxerre ce week-end, puisque mardi est férié.

2 Nous pourrons faire le pont du premier novembre et passer quatre jours complets.

285 • **deux cent quatre-vingt-cinq**

Quincuagésima octava lección / 58

Soluciones al ejercicio 1
❶ ¿Loïc? Es un bretón que no habla bretón. Lo chapurrea un poco, eso es todo. ❷ Su explicación es demasiado complicada. No se entiende nada. ❸ ¿Cómo es que no recibimos la carta que prometió? ❹ Tu prima y su amiga fueron invitadas a la fiesta, y vinieron las dos. ❺ Vuestra historia es fascinante. No la conocíamos.

***

❺ Ambos enseñábamos en Vannes, que nos gustaba mucho aunque llovía todo el tiempo.
Nous .... à Vannes, que nous .... beaucoup même s'il ....

Soluciones al ejercicio 2
❶ Ils parlaient – anglais – personne ne les comprenait – m'étonne ❷ – avait beaucoup de chance – elle habitait – ❸ À propos – savais-tu – baragouiner était – bretonne – je ne le savais pas ❹ – autour de moi parlaient – toute la journée – ce qui m'a motivé – apprendre – ❺ – enseignions tous les deux – aimions – pleuvait tout le temps

Fase productiva: 8.ª lección

Quincuagésima octava lección

Un cascarrabias

1 – Vayamos a Auxerre este fin de semana, ya que el martes es festivo.
2 Podemos hacer *(el)* puente el *(del)* uno de noviembre y pasar cuatro días completos.

deux cent quatre-vingt-six • 286

58 / Cinquante-huitième leçon

3 Ça sera chouette [1], non ? Un peu de ciel bleu, ça nous changera les idées.
4 Tu n'as pas l'air enthousiaste. Qu'est-ce qu'il y a ? [2]
5 – D'abord, qu'est-ce qu'il y a à voir à Auxerre ? C'est une ville comme une autre.
6 – Mais il y a plein de choses à visiter : regarde dans le guide de voyage :
7 "La vieille ville, la Tour de l'Horloge, l'abbaye, les beaux hôtels particuliers [3],
8 et des maisons à pans de bois sont parmi les sites incontournables à apprécier".
9 Ça vaut [4] la peine, je t'assure. Tu ne le regretteras pas.
10 – À vrai dire, j'ai la flemme [4] de quitter la maison, surtout pour un long week-end.
11 D'abord, il faudra partir au petit matin car la plupart des Parisiens seront sur la route, et il y aura un monde fou [5].
12 La dernière fois que je suis allé en Bourgogne, j'ai mis une demi-journée à faire cinquante kilomètres !
13 Je suis resté coincé dans les embouteillages pendant quatre heures et demie, et ce n'était pourtant [6] pas un jour férié.
14 Pire, il faisait un froid de canard [7] et il tombait des cordes [8].
15 – Selon la météo [9], il fera beau, chaud et ensoleillé toute la semaine.
16 – Peut-être bien, mais les hôtels seront complets ou ruineux,
17 et je n'ai pas les moyens de jeter l'argent par les fenêtres.
18 – J'abandonne ! Tu es têtu comme une mule. ☐

Quincuagésima octava lección / 58

3 Será genial, ¿no? Un poco de cielo azul nos despejará la mente *(cambiará nuestras ideas)*.
4 No pareces entusiasmado. ¿Qué pasa?
5 – Primero, ¿qué hay para ver en Auxerre? Es una ciudad como cualquier otra.
6 – Pero hay un montón de cosas para visitar: mira en esta guía de viajes:
7 "El casco antiguo, la Torre del Reloj, la abadía, las hermosas mansiones privadas,
8 casas con entramado de madera se encuentran entre los sitios imperdibles para disfrutar".
9 Merece la pena, te lo aseguro. No te arrepentirás.
10 – En realidad, me da pereza salir de casa, especialmente para un fin de semana largo.
11 Primero, tendremos que salir temprano por la mañana porque la mayoría de los parisinos estarán en la carretera y habrá mucha gente *(un mundo loco)*.
12 La última vez que fui a Borgoña ¡tardé medio día en recorrer cincuenta kilómetros!
13 Estuve atrapado en atascos durante cuatro horas y media y, sin embargo, no era un día festivo.
14 Peor aún, hacía mucho frío y llovía a cántaros *(caían cuerdas)*.
15 – Según la previsión meteorológica, hará bueno, cálido y soleado toda la semana.
16 – Quizás, pero los hoteles estarán llenos o [serán] carísimos *(ruinosos)*,
17 y no puedo permitirme tirar el dinero por la ventana *(las ventanas)*.
18 – ¡Me rindo *(Abandono)*! Eres terco como una mula.

deux cent quatre-vingt-huit

58 / Cinquante-huitième leçon

Pronunciación
*... graⁿshe **2** ... puroⁿ ... coⁿple **3** ... shuet ... **4** ... aⁿtusiast **5** ... kes-kilia a ... **7** ... abei **8** ... paⁿ dû bua ... **10** ... flem ... **11** ... fodra ... plûpar ... **13** ... aⁿbuteyash ... **14** pir ... **15** ... meteo ... **16** ... rûno **17** ... shete ... **18** ... tetû ... mûl*

Notas de pronunciación
(4) enthousiaste: recuerda que el fonema **th** se pronuncia siempre como una **t**: *[aⁿtusiast]*.
(5) a à: las dos letras se pronuncian igual y son sonoras: no te olvides de pronunciar la segunda.

Notas

1 Aunque **une chouette** significa *una lechuza*, la palabra se usa a menudo como un adjetivo coloquial que significa *genial, bonito, agradable*, etc. **Il est vraiment chouette, ton nouveau sac**, *Tu nuevo bolso es realmente bonito*. **Chouette** también se puede usar como una exclamación, a veces seguida de **alors**: **On ira à Auxerre demain. – Chouette alors !** *–Iremos a Auxerre mañana. –¡Genial!*

2 El modismo **Qu'est-ce qu'il y a ?** significa *¿Qué pasa?* A diferencia de **Qu'est-ce qui ne va pas ?** (lección 24, línea 1), donde algo está visiblemente mal, **Qu'est-ce qu'il y a ?** normalmente es una forma más general de realizar una consulta: **Qu'est-ce qu'il y a ? – Je veux vous parler**, *–¿Qué pasa? –Quiero hablar contigo*.

3 Este es otro uso de la tercera persona de **valoir** (lección 44, línea 18): la expresión impersonal **Ça vaut...** seguida de un sustantivo significa *Merece...* **Ça vaut la peine**, *Merece/Vale la pena* (ver la lección 46, nota 8). Algunas guías turísticas califican monumentos, sitios e incluso restaurantes importantes simplemente como **Vaut le voyage**, *Merece el viaje*.

4 El sustantivo femenino **la flemme** se deriva del término médico **le flegme**, *la flema*, y transmite la idea de pereza. Se usa casi exclusivamente en la expresión **avoir la flemme**: **J'ai la flemme de faire le lit**, *Me da pereza hacer la cama*.

5 Sabemos que **le monde**, *el mundo*, es sinónimo de *personas* (**tout le monde, beaucoup de monde**). La expresión idiomática **Il y a un monde fou** "un mundo loco" significa *Está muy concurrido / Hay mucha gente / Está a tope*, etc. **Il y a un monde fou dans les magasins à Noël**, *Las tiendas están muy concurridas en Navidad*.

289 **deux cent quatre-vingt-neuf**

Quincuagésima octava lección / 58

6 El adverbio **pourtant**, visto en la lección anterior, es una forma útil de expresar una contradicción, como *aunque*, *sin embargo* o *no obstante*. Se puede usar directamente después de un verbo: **Il reste pourtant beaucoup de choses à faire**, *No obstante, aún hay mucho que hacer*, o al comienzo de una oración, generalmente con **Et...**, como respuesta. **Tu es en retard. – Et pourtant, je me suis levé tôt**, *–Llegas tarde. –Y sin embargo me levanté temprano*.

7 **un canard** significa *un pato*: **Suzanne vend des poulets et des canards au marché depuis dix ans**, *Suzanne vende pollos y patos en el mercado desde hace diez años*. Dado que los patos son aparentemente más fáciles de cazar en el invierno, se han convertido en sinónimo de un frío intenso: **Il fait un froid de canard dehors**, *Hace mucho frío afuera*.

8 **une corde** significa *una cuerda*. Dado que las corrientes de lluvia intensa pueden parecerse a cuerdas gruesas, la expresión **tomber** (o **pleuvoir**) **des cordes** significa *llover a cántaros*.

9 **un bulletin météorologique** es el término oficial para *un pronóstico del tiempo*, *una previsión meteorológica*. Por simplicidad, se suele abreviar como **la météo**, otro ejemplo de la tendencia a acortar frases más largas en el lenguaje cotidiano (lección 17, nota 6). **As-tu entendu la météo pour aujourd'hui ?** *¿Has oído el pronóstico del tiempo para hoy?* Y **la météo** también puede significar simplemente *el clima*, *el tiempo*. **Si la météo est mauvaise, nous ne sortirons pas le bateau**, *Si hace mal tiempo, no sacaremos el barco*.

deux cent quatre-vingt-dix • 290

58 / Cinquante-huitème leçon

Exercice 1 – Traduisez
❶ Il pleut des cordes ! Pourtant, la météo était bonne hier. ❷ Il y aura un monde fou sur les routes ce week-end : la plupart des Parisiens sont en vacances. ❸ Avez-vous visité la vieille ville ? Selon moi, ça ne vaut pas la peine. ❹ J'ai la flemme de sortir : il fait un froid de canard. ❺ Le voyage est ruineux. Ce n'est pas la peine de jeter l'argent par les fenêtres.

***

Exercice 2 – Complétez
❶ Estuvimos atrapados en atascos durante media hora, hasta las ocho y media.
Nous .... dans .... pendant ...., jusqu'à ....

❷ Habrá que salir a primera hora de la mañana porque habrá mucha gente en las carreteras. Pero vale la pena.
.... partir au petit matin car .... sur les routes. ....

❸ –¿Qué pasa? –Es muy caro. No quiero tirar el dinero por la ventana.
.... ? – C'est trop ..... Je ne veux pas ....

❹ –Vamos a Borgoña este fin de semana. –¡Genial! Eso me despejará la mente.
Nous allons .... ce week-end. – .... ! Ça .. ..

❺ –Le aseguro que no hay nada que visitar. –¡Usted es terco como una mula!
Je .... qu' .... – Vous .... !

Quincuagésima octava lección / 58

Soluciones al ejercicio 1

❶ ¡Llueve a cántaros! Aunque ayer hizo buen tiempo. ❷ Las carreteras estarán a tope este fin de semana: la mayoría de los parisinos están de vacaciones. ❸ ¿Has visitado el casco antiguo? En mi opinión, no merece la pena. ❹ Me da pereza salir: hace mucho frío. ❺ El viaje es carísimo. No hay que tirar el dinero por la ventana.

***

Soluciones al ejercicio 2

❶ – sommes restés coincés – les embouteillages – une demi-heure – huit heures et demie ❷ Il faudra – il y aura beaucoup de monde – Mais ça vaut la peine ❸ Qu'est-ce qu'il y a – cher – jeter l'argent par les fenêtres – ❹ – en Bourgogne – Chouette – me changera les idées ❺ – vous assure – il n'y a rien à visiter – êtes têtu comme une mule

Aunque Francia es un país laico (**un pays laïc**), *tiene una fuerte tradición católica, y muchos días festivos –además de* **Noël** *(*Navidad*) y* **Pâques** *(*Pascua, Semana Santa*)– son de origen religioso. Los principales son* **le quinze août** *o* **l'Assomption**, *el 15 de agosto o La Asunción, y* **le premier novembre**, *o* **la Toussaint**, *el 1 de noviembre o Día de Todos los Santos. Estos y otros días festivos se conocen colectivamente como* **les jours fériés**, *los días festivos. Del mismo modo,* **une fête**, *generalmente traducido como* una fiesta, *también es* un día festivo. *La tradición de desear a una persona* **Bonne fête** *en el día de la fiesta del santo que lleva su nombre, está desapareciendo rápidamente a medida que Francia se vuelve cada vez más multicultural. La expresión* **faire le pont**, *se traduce como* hacer puente, *cuando un día laborable queda entre dos festivos.*

Fase productiva: 9.ª lección

Cinquante-neuvième leçon

Il ne gagnait (presque) jamais

1 – Quand mon père était jeune, les moyens [1] de communication que nous avons aujourd'hui n'existaient pas.
2 S'il voulait contacter un parent [2] ou un ami, il devait écrire une lettre ou, en cas d'urgence [3], envoyer un télégramme…
3 – Un quoi ? Je pensais qu'un télégramme était un journal breton !
4 – Non, imbécile, les télégrammes permettaient … Laisse tomber [4], tu n'étais même pas né.
5 Je disais donc que papa ne pouvait jamais s'attendre à une réponse instantanée.
6 Il ne pouvait pas non plus obtenir une information immédiatement.
7 – Comme c'est affreux ! Il n'avait pas le téléphone ? Ça existait alors [5], non ?
8 – Bien sûr, mais les appels coûtaient très cher donc on ne téléphonait que rarement.
9 – Si j'ai bien compris, les forfaits [6] illimités n'existaient pas encore ?
10 – C'est ça. Et on utilisait des pigeons voyageurs pour communiquer. Non, je plaisante.
11 À cette époque, papa [7] jouait au Tiercé toutes les semaines.
12 Comme lui et maman vivaient loin du village voisin [8], il prenait son vélo [9] pour aller au PMU.
13 Il ne gagnait jamais mais ça l'amusait de jouer et il aimait bien se balader à la campagne.

Quincuagésima novena lección

(Casi) Nunca ganaba

1 – Cuando mi padre era joven, los medios de comunicación que tenemos hoy no existían.
2 Si quería contactar con un familiar o un amigo, tenía que escribir una carta o, en caso de emergencia, enviar un telegrama…
3 – ¿Un qué? ¡Pensaba que un telegrama era un periódico bretón!
4 – No, idiota, los telegramas permitían… Olvídalo, ni siquiera habías nacido.
5 Por eso decía que papá no podía esperar *(esperarse)* nunca una respuesta instantánea.
6 Tampoco podía obtener una información de inmediato.
7 – ¡Qué horror! ¿No tenía teléfono? Ya existía, ¿no?
8 – Por supuesto, pero las llamadas eran muy caras, por lo que rara vez llamábamos.
9 Si lo he entendido bien, ¿los planes ilimitados todavía no existían?
10 – Eso es. Y usábamos palomas mensajeras para comunicarnos. No, estoy bromeando.
11 En aquella época, papá jugaba al Tiercé todas las semanas.
12 Como él y mamá vivían lejos del pueblo vecino, cogía su bici para ir a la oficina de apuestas.
13 Nunca ganaba, pero le divertía jugar y le gustaba dar un paseo por el campo.

59 / Cinquante-neuvième leçon

14 – Je suis sûr que tes parents espéraient toucher le gros lot.
15 – C'est possible mais j'en doute. Malheureusement, mon père choisissait ses chevaux au hasard [10].
16 Il lançait des dés ou jouait à pile ou face, c'est pourquoi il perdait toujours.
17 Enfin, presque toujours. Une nuit, pendant qu'il dormait, il a fait un rêve…
18 Le lendemain, il ne se souvenait pas exactement du nom du gagnant mais pensait qu'il s'appelait "Fortune".
19 Mais ce jour-là il pleuvait tellement fort que papa n'a pas pu aller au village.
20 Et heureusement, car il n'y avait pas de "Fortune".
21 C'est la semaine suivante que "Bonne Fortune" a remporté la course et papa a touché… une petite fortune !

Pronunciación
2 … durya^{n}s … telegram 3 … pa^{n}se … 4 … a^{n}besil … 5 … a^{n}tasta^{n}e … 8 … cute … telefone … rarma^n 9 … forfe ilimite … 10 … pisho^n voyasher … 11 … tierse … 12 … vuasa^n … velo … pe-em-u 13 … gañe … lamuse … eme … 14 … gro lo 15 … shuasise … o-asar 16 … la^{n}se de-de … a pil-u-fas … 17 … rev 18 … fortun 21 … ra^{n}porte … tuche …

Notas

1 Sabemos que **les moyens** puede significar *recursos financieros* (lección 37, nota 5) pero también es la palabra para *la manera*, *la forma*, es decir, el método para lograr algo. **J'ai trouvé un moyen de le contacter**, *He encontrado una manera de ponerme en contacto con él*. **Il y a deux moyens de payer: par téléphone ou par carte**, *Hay dos formas de pago: por teléfono o por tarjeta*.

2 **un parent** significa *un padre*, pero también *un pariente* (primo, sobrina, etc.). Así pues, **mes parents et amis** puede significar *mis padres* o *mis*

295 • deux cent quatre-vingt-quinze

Quincuagésima novena lección / 59

14 — Estoy seguro de que tus padres esperaban ganar el premio gordo.
15 — Es posible, pero lo dudo. Desgraciadamente mi padre elegía los caballos al azar.
16 Lanzaba los dados o lo echaba *(jugaba)* a cara o cruz, por eso siempre perdía.
17 Bueno, casi siempre. Una noche, mientras dormía, tuvo *(hizo)* un sueño…
18 Al día siguiente, no recordaba exactamente el nombre del ganador, pero pensaba que se llamaba "Fortune".
19 Pero ese día llovía tan fuerte que papá no pudo ir al pueblo.
20 Y afortunadamente, porque no había "Fortune".
21 La semana siguiente, "Bonne Fortune" ganó la carrera y papá consiguió *(tocó)*… ¡una pequeña fortuna!

parientes y amigos. La palabra también se usa en la expresión **le parent pauvre**: **Le changement climatique est le parent pauvre des politiques de ce gouvernement**, *El cambio climático es el pariente pobre de las políticas de este gobierno*. ¡Ten en cuenta siempre el contexto!

3 El sustantivo femenino **urgence** significa *urgencia* y, en algunos casos, *prisa*: **Il n'y a pas d'urgence, ça peut attendre**, *No hay prisa; eso puede esperar*. Con el partitivo **d'**, significa *emergencia*: **La mairie a pris des mesures d'urgence**, *El ayuntamiento ha tomado medidas de emergencia*. Y el *servicio de urgencias* de un hospital, **le service des urgences**, a menudo se denomina simplemente **les urgences**.

4 El verbo compuesto **laisser tomber** significa *tirar algo*, es decir *dejar caer* (sin intención): **Attention, il va laisser tomber le sac par terre !**, *¡Cuidado, va a tirar el bolso al suelo!* Idiomáticamente, la expresión puede significar *dejar*, *abandonar*: **Il a laissé tomber ses études de médecine**, *Abandonó sus estudios de Medicina*. Como interjección, **Laisse(z) tomber !** es equivalente a *¡Olvídalo!*, para expresar enfado o aburrimiento: **Cet exercice est trop difficile. – Laissez tomber**, *–Este ejercicio es demasiado difícil. –¡Olvídalo!* En este contexto, no hay necesidad de un objeto directo.

5 **alors**, visto varias veces con el significado *así* o *entonces*, significa literalmente *en ese/aquel momento*, *en ese entonces* (de **lors**, que veremos más adelante): **Je l'ai connue à la fac. Elle était alors étudiante**,

deux cent quatre-vingt-seize • 296

La conocí en la uni. En ese entonces, era estudiante). Una forma más corta y elegante de decir **à cette époque** (línea 12), **alors** nunca se usa al principio de una oración en este contexto.

6 **un forfait** básicamente significa *un paquete financiero integral* o *una cantidad fija*. Se usa ampliamente en dos contextos: en viajes (por ejemplo, **un forfait avion-hôtel**, *un paquete de vuelo más hotel*) y en telefonía, donde el significado básico es *un plan de teléfono*: **J'ai dépassé mon forfait**, *He excedido el límite de mi plan*.

***

Exercice 1 – Traduisez

❶ Seulement deux restaurants grecs existaient alors dans le voisinage. ❷ Si je comprends bien, tu as dépassé ton forfait ? ❸ C'est vrai que tes parents gagnaient régulièrement au Tiercé ? ❹ Cette décision est trop importante. On ne peut pas lancer des dés ou jouer à pile ou face. ❺ Est-ce que Léa est toujours à la fac ? – Non, elle a laissé tomber ses études.

***

Exercice 2 – Complétez

❶ Mamá y papá no ganaban nunca la lotería, pero les gustaba jugar.
..... et .... ne .... à la loterie mais ça ...
.... quand même d'y ......

❷ Internet no existía en alquel entonces, y tampoco teníamos teléfono.
Internet .... et ....
de téléphone.

❸ He dejado mi plan de teléfono porque era muy caro.
J'ai .... parce qu'il ..... beaucoup trop cher.

❹ Les gustaba tanto ese viejo programa de televisión, que recordaban incluso el nombre de la presentadora.
... . tellement .... émission qu' ....
.... même du nom ....

❺ –Cuando éramos jóvenes, teníamos que ir a la escuela solo hasta los trece años. –¡Es espantoso!
Quand ...., nous .... à l'école ....
..... de treize ans seulement. – C'est .... !

Quincuagésima novena lección / 59

7 **papa** y el equivalente femenino **maman** son los equivalentes de *mamá* y *papá*. **Papa et maman sont mariés depuis plus de trente ans**, *Papá y mamá llevan casados más de 30 años*. En el uso diario, **une maman** es más común que **une mère**.

8 **un voisin** significa *un vecino* (vimos la forma femenina en la lección 36) pero la palabra también puede ser un adjetivo, es decir, *vecino*, *cercano*, etc. **Ils habitent dans le rue voisine**, *Viven en la calle de al lado*. Por extensión, **le voisinage** significa *el barrio*, *el vecindario*.

9 **un vélo**, *una bici*, proviene de **vélocipède**, *velocípedo*, y es la forma cotidiana de nombrar a la bicicleta, aunque el término "técnico" es **une bicyclette**. Tal es la popularidad del ciclismo en Francia desde hace mucho tiempo que el término cariñoso para la máquina es **la petite reine** "la pequeña reina".

10 **un hasard** (lección 22, línea 1) significa *suerte* o *casualidad*. **Je l'ai rencontré par hasard dans la rue hier**, *Me lo encontré por casualidad ayer en la calle*. La expresión **au hasard** significa *al azar*. **Il répondait toujours au hasard à mes questions**, *Siempre respondía a mis preguntas al azar*.

***

Soluciones al ejercicio 1

❶ En aquel momento, solo existían dos restaurantes griegos en el barrio. **❷** Si he entendido bien, ¿has excedido tu plan de teléfono? **❸** ¿Es verdad que tus padres ganaban habitualmente la Tiercé? **❹** Esa decisión es muy importante. No podemos lanzar los dados o echarlo a cara o cruz. **❺** –¿Léa está todavía en la uni? –No, ha dejado sus estudios.

***

Soluciones al ejercicio 2

❶ Maman – papa – gagnaient jamais – les amusait – jouer **❷** – n'existait pas à cette époque – nous n'avions même pas – **❸** – laissé tomber mon forfait – était – **❹** Ils aimaient – cette vieille – ils se souvenaient – de la présentatrice **❺** – nous étions jeunes – devions aller – jusqu'à l'âge – affreux

*Francia tiene un sistema estatal para las apuestas de carreras de caballos. Se controla a través de una organización llamada **le Pari mutuel urbain**, o **PMU**, que lleva el nombre de un sistema de apuestas mutuas (**un pari**, una apuesta), aunque **un PMU** también puede significar una oficina de apuestas. Originalmente, las apuestas se realizaban en una combinación de tres caballos, de ahí el nombre **Tiercé**. Aunque el sistema se ha ampliado desde entonces a cuatro (**Quarté**) o cinco (**Quinté**) ganadores, le Tiercé se usa ampliamente*

Soixantième leçon

Le voisinage est de plus en plus dangereux !

1 – L'incendie a commencé peu après [1] la fermeture du bar, aux environs [2] de minuit.
2 Que faisiez-vous à ce moment-là ? Étiez-vous dans les environs [2] ?
3 – Non, je n'y étais plus. Je rentrais chez moi à pied et je n'ai rien vu du tout.
4 – J'ai quelque chose à vous dire, monsieur le brigadier…
5 – Un peu de [3] patience, madame, s'il vous plaît. Et vous monsieur ? Qu'avez-vous vu ?
6 – Je sortais de la bouche du métro lorsque [4] j'ai aperçu un grand nuage de fumée.
7 Je pensais d'abord que c'était du brouillard car le temps était maussade et il bruinait depuis peu [5].
8 Mais je me suis rendu compte [5] que l'immeuble à l'angle de l'avenue brûlait.
9 J'ai pris mon téléphone pour appeler les secours mais quelqu'un l'avait déjà fait.
10 Les pompiers ont mis peu de [3] temps à venir – moins de trois minutes, pas plus [6].

como un término genérico para las apuestas de caballos. A la mayoría de los apostadores les encantaría ganar **le gros lot** *"premio gordo", también conocido como* **le jackpot**.
Aunque los telegramas se eliminaron gradualmente en Francia en 2018, la palabra se usa en la cabecera de varios periódicos populares en Bretaña, en particular **Le Télégramme de Brest**.

Fase productiva: 10.ª lección

Sexagésima lección

El barrio es cada vez más *(de más en más)* peligroso

1 – El fuego comenzó poco después del cierre del bar, hacia la medianoche.
2 ¿Qué estaba usted haciendo en ese momento? ¿Estaba por los alrededores?
3 – No, ya no estaba. Iba a pie a mi casa y no vi nada en absoluto.
4 – Tengo algo que decirle, señor policía…
5 – Un poco de paciencia, señora, por favor. ¿Y usted, señor? ¿Qué vio?
6 – Salía de la boca del metro cuando vi una gran nube de humo.
7 Al principio pensé que era niebla porque el tiempo estaba gris y había lloviznado hacía poco.
8 Pero me di cuenta de que estaba ardiendo el edificio de la esquina de la avenida.
9 Cogí el teléfono para llamar a emergencias, pero alguien ya lo había hecho.
10 Los bomberos tardaron poco tiempo en llegar, menos de tres minutos, no más.

11 En tout cas, ils sont arrivés juste à temps car le toit était complètement en flammes.
12 – Mais laissez-moi parler ! Saviez-vous que le voisinage était de plus en plus dangereux ?
13 – Peu importe [8]. Continuez, monsieur. Combien y avait-il de camions, plus ou moins ?
14 – Au début il y en avait peu – trois ou quatre je crois, pas plus [7] –,
15 mais d'autres sont arrivés peu de temps après. J'en ai vu plus d'une dizaine, environ [2].
16 Ils sont arrivés pendant que l'immeuble continuait à brûler de plus en plus fort.
17 Les équipages ont réalisé un travail formidable.
18 – S'il vous plait, j'attends depuis longtemps [5]. Écoutez-moi et, après, je ne dirai plus rien.
19 – Encore vous ! Mais que voulez-vous ?
20 – Je voulais vous prévenir que pendant que [7] vous parliez avec ces gens quelqu'un a volé votre voiture, celle qui était garée là-bas.
21 – Et quand aviez-vous l'intention de m'en parler ? Plus tard, peut-être ?

☐

Pronunciación

… da{n}yere **4** … brigadie **6** … apersû … nuash … **7** … bruyard … mosad … brûne … **8** … randû compt … **9** … secûr … **10** … pa plûs **11** … tua … flam **13** pe amport … **17** … realise … formidabl **18** … dire … **20** … prevenir … **21** … la{n}ta{n}sio{n} …

Notas de pronunciación

La pronunciación del adverbio **plus** cambia según sea su función. Escucha con atención la grabación del texto y el ejercicio. Encontrarás las reglas en la lección 63.

Sexagésima lección / 60

11 De todos modos, llegaron justo a tiempo porque el tejado estaba completamente en llamas.
12 – ¡Pero déjeme hablar! ¿Sabe que el barrio es cada vez más peligroso?
13 – No importa. Continúe, señor. ¿Cuántos camiones había, más o menos?
14 – Al principio había pocos, tres o cuatro creo, no más,
15 pero llegaron otros poco tiempo después. Vi unos diez.
16 Llegaron mientras el edificio seguía ardiendo cada vez más fuerte.
17 Los equipos realizaron un trabajo tremendo.
18 – Por favor, llevo mucho tiempo esperando. Escúcheme y después no diré nada más.
19 – ¡Otra vez usted *(Todavía usted)*! Pero ¿qué quiere?
20 – Quería avisarle de que mientras hablaba con esta gente alguien le ha robado el coche, el que estaba aparcado allí.
21 – ¿Y cuándo tenía intención de decírmelo? ¿Después, quizás?

Notas

1 El adverbio **peu** se usa en muchos contextos. Por sí mismo, en una oración temporal, significa *poco*: **Je suis arrivé peu avant la fermeture du magasin**, *Llegué poco antes de que cerraran la tienda*.

2 Sabemos que **environ** significa *alrededor de*, *aproximadamente* (lección 46, línea 7). Como adverbio, no concuerda con el sustantivo. Sin embargo, puede añadir una **s** en la expresión **dans les environs**, que significa *en los alrededores*, **Il habite dans les environs**, *Vive en los alrededores*. Si se añade más información, necesitamos la preposición **de**: **Ils habitent dans les environs de la gare**, *Viven en los alrededores de la estación*. Cuando la idea de proximidad se refiere al tiempo, usamos la expresión **aux environs de**: **Il est arrivé aux environs de midi**, *Llegó hacia el mediodía*.

3 Vimos **un peu de**, *un poco de*, *un poquito de*, en la lección 11. No confundas el sustantivo **un peu** con el adverbio **peu de**, que significa *poco/-a/-os/-as*.

60 / Soixantième leçon

4 La conjunción **lorsque**, *cuando*, es un sinónimo de **quand**. No hay diferencia de significado entre las dos, pero **lorsque** es más elegante. (La palabra raíz es **lors**, vista en **alors**, lección 59, nota 5.)

***

Exercice 1 – Traduisez
❶ Nous avons besoin de plus de moyens car nous ne voulons plus travailler vingt-quatre heures sur vingt-quatre. ❷ Comme disait un des candidats à l'époque : "Travailler plus pour gagner plus". ❸ Plus tard dans la nuit, les bruits devenaient de plus en plus forts, mais je n'avais plus peur. ❹ Prenez le métro pour y aller. Tu mettras plus de temps en bus. ❺ Tu connais l'expression "Plus ça change, plus c'est la même chose" ?

***

Exercice 2 – Complétez
❶ Creo que él dormía porque no escuché ningún ruido en su habitación.

.... car .... bruit dans sa chambre.

❷ Mi hijo y mi hija salieron de la casa cuando vieron las llamas que ascendían hacia el tejado.

.... la maison quand .... des flammes qui .... vers le .....

❸ Los primeros bomberos tardaron más o menos tres minutos en llegar.
Les premiers .... trois minutes à ....

❹ Me he dado cuenta de que has realizado un trabajo tremendo. Solo quiero decirte gracias.

.... que .... formidable. .... vous dire merci.

❺ Mientras buscábamos un parking, alguien robó nuestro camión.
.... un parking, quelqu'un .... camion.

303 • **trois cent trois**

Sexagésima lección / 60

5 El verbo reflexivo **se rendre compte** significa *darse cuenta*. Cuando va seguido de un objeto directo, lleva detrás **de**: **Est-ce qu'il se rend compte de la situation ?** *¿Él se da cuenta de la situación?* (Dado que **compte** es el objeto directo del verbo reflexivo, **rendu** no concuerda ni en género ni en número: **Elle s'est rendu compte**…).

6 Cuando se usa **plus** al final de una oración con el sentido de *más*, la **s** final se pronuncia. Las reglas de pronunciación de **plus** son bastante complejas (ver lección 63).

7 **pendant** seguido de un periodo de tiempo significa *durante* (ver tabla, lección 49). Seguido de la conjunción **que** significa *mientras*. En una oración en pasado, el verbo siguiente va normalmente en imperfecto: **Le téléphone a sonné pendant qu'ils dormaient**, *El teléfono sonaba mientras dormían* (es decir, la acción duró un cierto periodo de tiempo).

8 El verbo **importer** significa *importar* (traer de fuera), pero también *ser importante*. Se encuentra a menudo en la exclamación **Peu importe !**, *¡No importa!* **C'est très cher ! – Peu importe !** *–¡Es muy caro! –¡No importa!* En el siguiente bloque de lecciones veremos algunas otras expresiones que utilizan la forma negativa **n'importe**.

***

Soluciones al ejercicio 1

❶ Necesitamos más recursos porque ya no queremos trabajar las veinticuatro horas del día. ❷ Como decía uno de los candidatos en aquel momento: "Trabajar más para ganar más". ❸ Más tarde por la noche, los ruidos se volvieron cada vez más fuertes, pero ya no tenía miedo. ❹ Toma el metro para ir allí. Tardarás más tiempo en bus. ❺ ¿Conoces la expresión "Cuanto más cambian las cosas, más es todo igual"?

***

Soluciones al ejercicio 2

❶ Je pense qu'il dormait – je n'entendais aucun – ❷ Mon fils et ma fille sortaient de – ils ont vu – montaient – toit ❸ – pompiers ont mis plus ou moins – arriver – ❹ Je me suis rendu compte – vous avez réalisé un travail – Je voulais juste – ❺ Pendant que nous cherchions – a volé notre –

trois cent quatre • 304

61 / Soixante et unième leçon

Les secours d'urgence o, *más frecuentemente,* **les secours,** *es el término general para* l*os servicios de emergencias. Además de* **la police,** *la policía, que en Francia está organizada a nivel nacional, de ahí el nombre de* **la Police nationale,** *el otro servicio principal es*

61

Soixante et unième leçon

La célébrité ne me dit pas grand-chose

1 – Mon invitée est la photojournaliste Isabelle Rossi, pour son nouveau livre "L'Histoire en images".
2 Bonjour, Isabelle. Pouvez-vous raconter à nos auditeurs comment vous avez choisi votre carrière ?
3 – Avec plaisir. Je suis née il y a soixante-dix ans à Ajaccio dans une famille plutôt modeste.
4 Je savais très jeune que je voulais devenir peintre et que, pour ça, il fallait [1] quitter la Corse,
5 m'installer en Métropole, et fréquenter des gens avec les mêmes intérêts que les miens.
6 C'était dur au début car j'étais plutôt timide et je ne connaissais pas grand monde [2].
7 Mais petit à petit je me suis fait des amis et aussi j'ai fait la connaissance [3] d'autres gens comme moi.
8 – Mais vous avez laissé tomber [4] assez vite la peinture. Pourquoi cette décision ?
9 – Je me suis rendu compte que, en définitive, je n'étais pas si douée que ça.
10 En revanche, j'avais un don pour la photographie [5], pas des paysages ou la mode,

el cuerpo de bomberos, **les sapeurs-pompiers** *(aunque la primera parte del nombre generalmente se omite en el lenguaje cotidiano). El origen del término **un pompier** es **une pompe**, una bomba.*

Fase productiva: 11.ª lección

Sexagésima primera lección

La fama no significa mucho para mí

1 – Mi invitada es la fotoperiodista Isabelle Rossi, por su nuevo libro "La Historia en imágenes".
2 Hola, Isabelle. ¿Puede contarle a nuestros oyentes cómo eligió su carrera?
3 – Con mucho gusto. Nací hace setenta años en Ajaccio en una familia más bien modesta.
4 Supe muy joven que quería convertirme en pintora y que, para eso, había que dejar Córcega,
5 instalarme en la Francia continental y relacionarme con personas con los mismos intereses que los míos.
6 Fue duro al principio porque yo era bastante tímida y no conocía a mucha gente *(gran mundo)*.
7 Pero poco a poco fui haciendo amigos y también conocí a otras personas como yo.
8 – Pero abandonó la pintura bastante rápido. ¿Por qué esa decisión?
9 – Me di cuenta de que, en definitiva, no era tan buena.
10 En cambio *(en revancha)*, tenía un don para la fotografía –no de paisajes o de moda–

trois cent six • 306

61 / Soixante et unième leçon

11 mais plutôt pour, à la fois [6] des portraits et des scènes de la vie ordinaire.
12 Cependant il y avait peu de femmes photographes professionnelles à ce moment-là ;
13 et, pour réussir, j'ai dû [7] surmonter des obstacles et apprendre à ne jamais baisser les bras.
14 J'ai enfin trouvé ma voie – et mon bonheur – en devenant photographe de rue.
15 J'adorais flâner à travers la ville, le matin de bonne heure, quand la journée commençait,
16 et prendre en photo les gens qui s'occupaient de leurs affaires et vivaient leur vie.
17 Il fallait leur demander la permission d'être photographiés mais la plupart d'entre eux disaient oui.
18 Certains refusaient, souvent par timidité, et je savais que ça ne valait [8] pas la peine d'insister.
19 – Mais vous avez réussi brillamment et vous êtes devenue très vite célèbre.
20 – Vous savez, la célébrité ne me dit pas grand-chose [9]. En fait ça m'énerve,
21 car une belle photo vaut mieux qu'un long discours ou le succès médiatique.

Pronunciación
1 … aⁿvite … 2 … oditer … 5 … frecaⁿte … 6 … timid … 9 … aⁿ definitif … due 10 an revansh … peisash … mod 11 … portre … sen … 13 … ye dû … obstacl … bra 14 … vua … boner … 15 … de boner … 17 …permissioⁿ … 18 … timidite … daⁿsiste 19 … reusi brillamaⁿ … 20 … selebrite 21 … discur … sucse …

Notas de pronunciación
(14), (15) La **h** inicial normalmente es muda cuando se une con la consonante final de la palabra anterior. Por eso **bonne heure** se pronuncia igual que **bonheur** *[boner]*.

307 trois cent sept

Sexagésima primera lección / 61

11 sino más bien para los retratos y las escenas de la vida cotidiana.
12 Sin embargo, había pocas fotógrafas profesionales en aquel momento
13 y, para tener éxito, tuve que superar obstáculos y aprender a no rendirme *(bajar los brazos)* nunca.
14 Finalmente encontré mi camino –y mi felicidad– al convertirme en una fotógrafa callejera.
15 Me encantaba pasear por la ciudad por la mañana temprano *(de buena hora)*, cuando comenzaba el día
16 y hacía fotos de las personas que se ocupaban de sus asuntos y vivían su vida.
17 Había que pedirles permiso para ser fotografiados, pero la mayoría *(de entre ellos)* dijeron que sí.
18 Algunas personas se negaron, a menudo por timidez, y sabía que no valía la pena insistir.
19 – Pero lo logró de manera brillante y se volvió famosa muy rápido.
20 – Sabe, la fama no me dice gran cosa. En realidad, me molesta
21 porque una foto bonita vale más que un discurso largo o un éxito mediático.

Notas

1 Ya conocemos **falloir**, *hacer falta / ser necesario / deber*. Este verbo impersonal es defectivo también, lo que significa que solo tiene una conjugación en cada tiempo: la tercera persona del singular. En imperfecto es **fallait**: Il ne fallait pas inviter ce journaliste, *No hacía falta invitar a este periodista*.

2 Sabemos que el adjetivo **grand**, *alto*, también puede significar *grande*, *amplio*, etc. (lección 16, nota 2). También puede significar *principal*. Observa la sutil diferencia de significado en esta oración: **La grande difficulté est de trouver une salle assez grande**, *La principal dificultad es encontrar una habitación lo suficientemente grande*. En resumen,

trois cent huit • 308

grand designa cualquier cosa de tamaño, importancia, valor o antigüedad. (Ver también nota 9).

3 En la expresión **faire la connaissance**, *conocer*, **connaissance** sigue siendo abstracto. Pero también puede ser un sustantivo concreto: **Simon n'est pas un ami, plutôt une connaissance**, *Simon no es un amigo, más bien un conocido*. (El sustantivo sigue siendo femenino, independientemente del género del conocido). Recuerda que la raíz del verbo es **connaître**.

4 Sabemos que **laisser tomber** significa *tirar algo* o *dejar caer algo sin intención* (lección 59, nota 4). En el tiempo perfecto, no se pueden juntar dos participios, por lo que, en cualquier verbo compuesto de dos palabras –**faire cuire**, *cocer*, *hervir*, por ejemplo– el segundo verbo permanece en infinitivo: **J'ai fait cuire des pommes de terre**, *He cocido unas patatas* o, como en la lección 59, **Il a laissé tomber son sac**, *Tiró su bolso*.

5 **un(e) photographe**, *un(a) fotógrafo/-a*, **une photographie**, *una fotografía* (a menudo abreviado como **une photo**, *una foto*) y **la photographie** (o **la photo**), *la fotografía*. Esta última se clasifica como **numérique** (*digital*) o **argentique**, un neologismo de **l'argent**, *la plata*, generalmente traducido como *analógica*.

***

Exercice 1 – Traduisez

❶ Ils se sont rendu compte de leur erreur, mais il était déjà trop tard. ❷ Il ne faut jamais baisser les bras, car on est toujours doué pour quelque chose. ❸ La plupart d'entre vous ont déjà entendu cette histoire, mais ça vaut la peine de la raconter. ❹ En cas d'urgence, deux têtes valent mieux qu'une, et même s'il n'y a pas d'urgence. ❺ Le restaurant est excellent : les plats sont à la fois simples, bons et pas chers.

***

*La Corse, Córcega, es una isla a 170 kilómetros de la costa mediterránea de Francia. Conocida como **l'Île de Beauté** la Isla de la Belleza, es famosa por sus espectaculares paisajes, su terreno montañoso, sus playas de arena y su exuberante vegetación. Córcega tiene su propia lengua (**le corse**, el corso) y una identidad cultural muy fuerte que combina influencias de todo el Mediterráneo y más allá.*

6 **à la fois** significa *al mismo tiempo, a la vez*: **N'essaie pas de faire trop de choses à la fois**, *No intentes hacer demasiadas cosas a la vez*. Cuando se trata de relacionar dos o más sustantivos, la expresión simplemente se puede eliminar, **La solution est à la fois simple, rapide et pas chère**, *La solución es simple, rápida y económica*.

7 **dû** es el participio pasado de **devoir**: **Nous avons dû partir car nous étions en retard**, *Tuvimos que irnos porque llegamos tarde*. El acento circunflejo es importante para distinguir la palabra del partitivo **du**, así como el acento grave nos permite distinguir entre **ou** (*o*) y **où** (*dónde*). En ningún caso el acento cambia la pronunciación.

8 **valait** es el imperfecto de **valoir** (lección 44, nota 10).

9 La expresión **pas grand-chose** significa *poco, no mucho*. **On ne sait pas grand-choose de lui**, *No sabemos mucho de él. / No se sabe mucho de él*. La expresión **Ça ne me dit pas grand-chose** significa *No significa mucho para mí* o, en un registro más coloquial, *No me llama la atención*. Ten en cuenta que usamos **grand** aunque el sustantivo sea femenino. La misma forma se encuentra en un par de sustantivos más, especialmente **une grand-mère**, *una abuela* (el masculino es **un grand-père**, *un abuelo*).

***

Soluciones al ejercicio 1

❶ Se dieron cuenta de su error, pero ya era demasiado tarde. **❷** No hay que rendirse nunca, porque siempre se es bueno en algo. **❸** La mayoría de ustedes ha escuchado ya esta historia, pero vale la pena contarla. **❹** En caso de emergencia, dos cabezas son mejor que una, e incluso si no hay emergencia. **❺** El restaurante es excelente: los platos son sencillos, buenos y baratos.

***

Los corsos –entre otros– se refieren a menudo a la Francia continental como **le Continent**, *el Continente, o* **la Métropole** *"Francia metropolitana", a menudo sin la* **m** *mayúscula, ya que la palabra se utilizaba para diferenciar un país de sus colonias o posesiones.*

Exercice 2 – Complétez

❶ ¿Dónde está el cine? Has debido de decírmelo, pero lo he olvidado.
.... ? Tu .... me le dire, mais ....

❷ Juliette fue abuela a los cincuenta años, pero no sabemos mucho de ella.
Juliette .... à l'âge de cinquante ans mais on ne ....

❸ Raymond es un fotógrafo famoso: comenzó [con] la fotografía muy joven.
Raymond est .... : il .... très jeune ....

❹ –He tirado mi bolso al suelo. –Intentas hacer demasiadas cosas a la vez.
.... mon sac par terre. – Tu .... de faire ....

Soixante-deuxième leçon

J'ai mis le doigt sur ton problème...

1 – On m'a dit "Apprends à coder et les entreprises t'accueilleront les bras ouverts !".
2 "Elle font les yeux doux [1] aux informaticiens qui ont les dents longues [2]."
3 J'ai eu un coup de cœur [3] pour le métier de programmateur – eh oui, ça arrive –
4 et j'ai fait la sourde oreille [4] à ceux qui me déconseillaient de poursuivre.
5 J'ai commencé une formation mais j'ai vite appris que ce n'était pas si évident que ça.
6 Si certains concepts sont simples, d'autres me passent au-dessus de la tête.

❺ –Él ha tenido que irse temprano para evitar los atascos. –Levantarse temprano es el secreto de la felicidad.

Il . . . . pour éviter les . . . .
– Se lever tôt est le . . . . !

Soluciones al ejercicio 2

❶ Où est le cinéma – as dû – j'ai oublié ❷ – est devenue grand-mère – sait pas grand chose d'elle – ❸ – un photographe célèbre – a commencé – la photographie ❹ J'ai laissé tomber – essaies – trop de choses à la fois ❺ – a dû partir de bonne heure – embouteillages – secret du bonheur

Fase productiva: 12.ª lección

Sexagésima segunda lección

He identificado tu problema…

1 – Me dijeron "Aprende a codificar y las empresas te recibirán con los brazos abiertos".
2   "Miran con buenos ojos *(Hacen ojos dulces)* a los científicos informáticos ambiciosos *(con dientes largos)*".
3   Me enamoré *(Tuve un golpe de corazón)* de la profesión de programador –oh, sí, eso pasa–
4   e hice oídos sordos *(la oreja sorda)* a los que me desaconsejaban que siguiera.
5   Empecé a formarme *(una formación)*, pero pronto aprendí que no era tan fácil como parecía *(tan evidente como eso)*.
6   Aunque algunos conceptos son simples, otros sobrepasan *(pasan por encima de)* mi cabeza.

trois cent douze • 312

62 / Soixante-deuxième leçon

7 Je me creuse la tête [5] pour essayer de comprendre,
8 mais c'est souvent impossible et je m'arrache les cheveux.
9 J'ai envie de prendre mes jambes à mon cou [6] et fuir l'école,
10 mais j'ai peur de mettre les pieds dans le plat [7] parce que mon prof est très sympa.
11 Par contre, les autres étudiants ne lèvent pas le petit doigt pour m'aider.
12 Je pourrais serrer les dents et leur demander de l'aide, mais l'idée me fait froid dans le dos [8].
13 Si seulement quelqu'un voulait me donner un coup de main…
14 – Doucement ! Ne te casse pas la tête [5].
15 Je te conseille de changer ton fusil d'épaule et d'essayer une approche différente.
16 D'abord il faut mettre un peu d'huile de coude, travailler davantage,
17 mais en utilisant des nouveaux outils pédagogiques pour surmonter les difficultés.
18 On pense souvent qu'ils coûtent les yeux de la tête [9] mais c'est faux !
19 Tu peux même en avoir certains à l'œil [9]. Mais il faut les utiliser.
20 – Oh, quelle barbe ! [10] J'en ai marre d'étudier continuellement.
21 – C'est décourageant, peut-être, mais fais ce que je te dis maintenant.
22 Tu seras bientôt diplômé et tu pourras dormir sur tes deux oreilles [11].

Sexagésima segunda lección / 62

7 Me rompo *(cavo)* la cabeza para tratar de entender,
8 pero a menudo es imposible y me tiro de los pelos.
9 Quiero salir pitando *(Tengo ganas de ponerme las piernas en mi cuello)* y huir de la escuela,
10 pero tengo miedo de meter la pata *(los pies en el plato)* porque mi profe es muy agradable.
11 Por otro lado *(Por contra)*, los otros estudiantes no mueven un dedo *(levantan el meñique)* para ayudarme.
12 Podría apretar los dientes y pedirles ayuda, pero la [simple] idea me da escalofríos *(hace frío en la espalda)*.
13 Si tan solo alguien me echara una mano *(diera un golpe de mano)*…
14 – ¡Despacio *(Suavemente)*! No te rompas la cabeza.
15 Te aconsejo que cambies de opinión *(cambies tu fusil de hombro)* y pruebes un enfoque diferente.
16 Primero hay que esforzarse *(poner aceite de codo)*, trabajar más,
17 pero utilizando las nuevas herramientas pedagógicas para superar las dificultades.
18 A menudo pensamos que cuestan un ojo de la cara *(los ojos de la cabeza)*, ¡pero no es cierto *(es falso)*!
19 Incluso puedes conseguir algunas gratis *(tener algunas al ojo)*. Pero hay que usarlas.
20 – ¡Oh, qué fastidio *(qué barba)*! Estoy harto de estudiar continuamente.
21 – Puede ser desalentador, pero haz lo que te digo ahora.
22 Pronto te graduarás y podrás dormir a pierna suelta *(sobre tus dos orejas)*.

Pronunciación
*1 … coday … tacuhyuhroh^n … brahzuvair **2** … lezyuh-du ah^{n}formatissyah^n … **3** … cu-duh-cuhr … metyay … **4** … surd-orayy … daycoh^{n}say-yay … **7** … cruhz … **9** … zhäh^{n}b … fuir … **12** … seray … doh **15** … feuzi … **16** … duil … dahväh^{n}tazh **17** … uti … **18** … cut … **21** … daycurahzhäh^n …*

trois cent quatorze • 314

Notas

1 El adjetivo **doux** (fem. **douce**; adverbio **doucement**) significa *suave, tierno, blando*, etc. **Il fait un temps doux et sec**, *El clima es suave y seco*. **Ce savon laisse vos mains douces**, *Este jabón le deja las manos suaves*. La expresión idiomática **faire les yeux doux (à)** es el equivalente a *ver con buenos ojos a alguien*. Por extensión puede significar *cortejar, rondar*, etc. **L'équipe fait les yeux doux au jeune joueur marocain**, *El equipo ve con buenos ojos al jugador marroquí*.

2 **avoir les dents longues** "tener los dientes largos" significa *ser ambicioso*: **Il ira loin, Jean, il a les dents longues**, *Jean llegará lejos. Es ambicioso*.

3 **avoir un coup de cœur (pour quelque chose / quelqu'un)** ("tener un golpe de corazón") significa *enamorarse*. Un uso común del sustantivo **un coup de cœur** es como sinónimo de *favorito*. **Nos coups de cœur de cette semaine**: *Nuestros favoritos de esta semana*.

4 El adjetivo **sourd** significa *sordo*. **Faire la sourde oreille**, *hacer oídos sordos*.

5 **la tête**, *la cabeza*, se usa en muchos modismos franceses. Con la forma reflexiva del verbo **creuser**, *cavar*, **se creuser la tête** es el equivalente a *romperse la cabeza, devanarse los sesos*. **Je me suis creusé la tête mais je ne m'en souviens pas**, *Me he devanado los sesos, pero no lo recuerdo*. El verbo se usa a menudo en la expresión **Ne vous cassez / te casse pas la tête**, *No se / te preocupe(s)*. Por el contrario, **casser la tête à** "romper la cabeza a" significa *partirle la cara a alguien*.

6 **prendre ses jambes à son cou** "ponerse las piernas al cuello" dibuja una caricatura de una persona que huye rápidamente: *salir pitando*. Observa que, a diferencia de muchos otros modismos, este no usa la forma reflexiva del verbo.

***

Exercice 1 – Traduisez

❶ Tu peux dormir sur tes deux oreilles. Demain, il fera doux et sec. ❷ Je pense que j'ai mis les pied dans le plat. J'ai dit que Max n'est pas tout jeune. ❸ Ne te casse pas la tête, mon frère peut me donner un coup de main. ❹ Il faut faire davantage pour aider les sourds à surmonter les obstacles qu'ils rencontrent. ❺ Mon patron n'a pas levé le petit doigt pour m'aider ! C'est très décourageant.

Sexagésima segunda lección / 62

7 Al igual que otras muchas, esta expresión también recuerda a su homóloga española: **mettre les pieds dans le plat**, *meter la pata*, aunque con pequeñas diferencias: en francés se habla de **pieds**, *pies* (en plural) y no de **patte**, *pata*, y dan un poco más de detalle (*le plat*, *el plato*).

8 A pesar de la **-s** final, **le dos**, *la espalda* (lección 48), al igual que **le bras** (lección 61), es singular y no cambia en plural. La expresión **faire froid dans le dos** significa *sentir escalofríos*. Se puede usar de manera impersonal (**Ça fait froid dans le dos**) o con un pronombre de objeto indirecto: **Ce qu'ils ont trouvé leur fait froid dans le dos**, *Lo que encontraron les dio escalofríos*.

9 Muchos modismos hacen referencia a **un œil / les yeux**. Si algo se obtiene **à l'œil**, es *gratis* (los comerciantes solían juzgar la solvencia de una persona para darle crédito con solo verla). Por el contrario, si algo es extremadamente caro, **il coûte les yeux de la tête**, *cuesta un ojo de la cara* ("ojos de la cabeza"). Al igual que en español también hay otra forma de decirlo (*costar un riñón*), en francés también usan **coûter un bras** para expresar lo mismo.

10 **une barbe**, *una barba* se usa como exclamación **La barbe ! / Quelle barbe !**, *¡Qué fastidio! / ¡Qué lata!* De ahí el adjetivo coloquial **barbant**, *aburrido*.

11 Si duermes profundamente, no oyes nada. Es-te es probablemente el origen de **dormir sur ses deux oreilles** "dormir sobre las dos orejas", que también significa *dormir a pierna suelta*. Otra forma de expresarlo es **dormir comme une souche**, *dormir como un tronco*.

Soluciones al ejercicio 1

❶ Puedes dormir a pierna suelta. Mañana el tiempo será bueno y seco.
❷ Creo que he metido la pata. Dije que Max no es muy joven. ❸ No te preocupes, mi hermano puede echarme una mano. ❹ Hay que hacer más para ayudar a los sordos a superar los obstáculos que enfrentan.
❺ ¡Mi jefe no movió un dedo para ayudarme! Es muy desalentador.

trois cent seize • 316

Exercice 2 – Complétez

❶ Nos tiramos de los pelos porque nuestros alcaldes hacen oídos sordos a nuestras dificultades.
   Nous .... car les maires ....
   ...... à nos difficultés.

❷ Me enamoré de su último libro, aunque algunos textos me sobrepasan la cabeza.
   J'ai eu .... pour son dernier livre, ...
   certains textes me ....

❸ –Maurice quiere tener éxito; es muy ambicioso. –Sí, pero no es muy joven.
   Maurice veut réussir ; il .... – Oui, mais ..
   ....

❹ –Me estoy rompiendo la cabeza para encontrar una solución. –Es fácil: esforzarse.
   Je .... pour trouver une solution. – C'est simple : mettez ....

Soixante-troisième leçon

Révision

1 *L'imparfait*: el imperfecto

El imperfecto se utiliza para describir acciones realizadas con regularidad o durante un período prolongado en el pasado, sin mencionar cuándo comenzaron o terminaron. (El tiempo debe su nombre al hecho de que tales acciones no están "perfeccionadas" o completadas). Equivale al pretérito imperfecto en español, pero se utiliza sobre todo en la lengua escrita.

El imperfecto para los tres grupos de verbos (incluidos los verbos irregulares) se forma a partir de la primera persona del plural del presente, eliminando la terminación **-ons** y añadiendo las terminaciones **-ais**, **-ais**, **-ait**, **-ions**, **-iez**, y **-aient** a la raíz. A continuación se muestran ejemplos de los tres grupos:

317 • **trois cent dix-sept**

❺ –Tienes que apretar los dientes y sonreír. –La idea me da escalofríos.
Il faut .... et sourire. – L'idée ....
......

Soluciones al ejercicio 2

❶ – nous arrachons les cheveux – font la sourde oreille – ❷ – un coup de cœur – même si – passent au-dessus de la tête ❸ – a les dents longues – il n'est pas tout jeune ❹ – me creuse la tête – de l'huile de coude ❺ – serrer les dents – me fait froid dans le dos

*Estás empezando a aprender los tipos de expresiones idiomáticas que los hablantes nativos utilizan con regularidad. Algunos de los de esta lección le resultarán familiares; otros puedensorprenderte. Pero una vez que los domines (*vous en prenez l'habitude*, te acostumbras), hablarás un francés absolutamente coloquial.*

Fase productiva: 13.ª lección

Sexagésima tercera lección

enseigner, *enseñar* → enseign-	
j'enseignais	nous enseignions
tu enseignais	vous enseigniez
il/elle enseignait	ils/elles enseignaient

finir, *acabar* → finiss-	
je finissais	nous finissions
tu finissais	vous finissiez
il/elle finissait	ils/elles finissaient

savoir, *saber* → sav-	
je savais	nous savions
tu savais	vous saviez
il/elle savait	ils/elles savaient

63 / Soixante-troisième leçon

La única excepción es **être**:

j'étais	nous étions
tu étais	vous étiez
il/elle était	ils/elles étaient

Hay dos casos especiales: el verbo impersonal **falloir** (ver apartado 2) y el verbo defectivo **pleuvoir**, *llover*, que se usan solamente en la tercera persona del singular: **il fallait**; **il pleuvait**.

Las formas negativa e interrogativa del imperfecto se forman de la manera habitual: **tu ne connaissais pas ?**; **est-ce-que tu connaissais ? / connaissais-tu ?**, etc.

En algunos casos, la raíz cambia ligeramente. En el caso de los verbos acabados en **-er** como **lancer**, *lanzar* (lección 59), la **c** lleva una cedilla antes de la letra **a**: **il lançait** (si no, la **c** sería una *[c]* dura). Del mismo modo, en verbos como **manger**, *comer* y **déranger**, *molestar*, la **g** se convierte en **ge** delante de **a** y **o**: **tu mangeais**, **il dérangeait** (de lo contrario, la **g** sería *[g]* dura).

El imperfecto se usa para acciones continuas o habituales en el pasado (**Elle vivait à Lyon à l'époque**, *Ella vivía en Lyon en ese momento*). Se usa sobre todo en oraciones donde una acción continua es interrumpida por una sola acción en el pasado:
Elle dormait quand son téléphone a sonné.
Ella dormía cuando sonó su teléfono.

Un uso muy común es para narrar hechos:
Quand nous habitions à Grenoble, j'enseignais le français et mon ami travaillait à Colombe. Nous avions beaucoup de chance car nous habitions à trente kilomètres de la montagne. En été, j'allais faire de la randonnée toutes les semaines.
Cuando vivíamos en Grenoble, yo enseñaba francés y mi amigo trabajaba en Colombe. Tuvimos mucha suerte porque vivíamos a treinta kilómetros de la montaña. En verano, yo iba de excursión todas las semanas.

Observa la diferencia entre **En été, j'allais faire de la randonnée toutes les semaines** y esta frase: **En été, je suis allé faire de la**

Sexagésima tercera lección / 63

randonnée quatre fois, *En verano, fui de excursión cuatro veces*. En ambos casos hay una acción repetitiva, pero la primera oración describe una acción habitual (y menos precisa).

2 *valoir* y *falloir*

Estos dos verbos irregulares, que a veces se confunden, se usan idiomáticamente. Veamos:

• valoir

	Présent	Futur simple	Imparfait	Passé composé
je/j'	vaux	vaudrai	valais	ai valu
tu	vaux	vaudras	valais	as valu
il/elle	vaut	vaudra	valait	a valu
nous	valons	vaudrons	valions	avons valu
vous	valez	vaudrez	valiez	avez valu
ils/elles	valent	vaudront	valaient	ont valu

Valoir significa *valer*:
Cette maison vaut deux millions, *Esta casa vale dos millones*.
El sustantivo derivado, el *valor*, es **la valeur**:
Je n'ai aucune idée de la valeur de ce produit.
No tengo ni idea del valor de este producto.

Si dejamos a un lado el valor pecuniario, **valoir** transmite la noción de mérito o calidad:
Ces nouvelles mesures ne valent pas grand-chose.
Estas nuevas medidas no valen mucho.
En este contexto, la expresión impersonal **valoir par** se usa para enfatizar la cualidad principal de algo, expresada en un sustantivo:
Cet hôtel vaut par son ambiance.
Este hotel vale la pena por su ambiente.

La impersonal tercera persona del singular, **vaut**, se combina con el comparativo **mieux**, *mejor*, para hablar de algo preferible o más deseable:
Il vaut mieux partir de bonne heure.
Es mejor salir temprano.

trois cent vingt • 320

Otro uso impersonal común es la expresión **Ça vaut la peine**, *Vale la pena*, o, más coloquialmente, **Ça vaut le coup**.

Hay otros usos idiomáticos de **valoir**, algunos de los cuales veremos en las siguientes lecciones, pero el tema subyacente es el valor. Intenta aprenderte todas las que puedas: **Ça vaut le coup !**

- **falloir** es un verbo impersonal cuyo significado básico es *necesitar* o *ser necesario*. Se conjuga solo en tercera persona del singular:

	Présent	Futur simple	Imparfait	Passé composé
il	faut	faudra	fallait	a fallu

El verbo es impersonal –nunca puede llevar sujeto– y generalmente va seguido de un sustantivo o de un infinitivo. La traducción depende, como siempre, del contexto. Por ejemplo, **Il faut beaucoup d'argent pour voyager** se traduce como *Se necesita / Es necesario mucho dinero para viajar*.

Para personalizar **faloir**, tienes que añadir un pronombre de objeto indirecto (**me**, **lui**, etc.) antes de la forma conjugada: **Il me/lui faut de l'argent** (see lecciones 44 línea 3 y 53 línea 5).
Il vous faut tourner à gauche, *Tienes que girar a la izquierda*.

En interrogativo, la forma de pregunta invertida es muy común, especialmente en un registro formal. Al comprar, por ejemplo, es posible que te pregunten: **Vous faut-il autre chose ?** *¿Necesita algo más?* en lugar de **Est-ce qu'il vous faut autre chose ?**

Naturalmente, **falloir** se usa en expresiones idiomáticas, muchas de las cuales se refieren a la idea de una acción adecuada. Por ejemplo:
Il a dépensé une fortune ! – Il faut ce qu'il faut.
–¡Ha gastado una fortuna! –Bien lo merece ("es necesario lo que es necesario").
Otra expresión concisa, tan concisa que se ha importado al español, es **comme il faut**, que sugiere un comportamiento adecuado o necesario:
Le travail doit être fait comme il faut.
El trabajo se debe realizar correctamente.
Estate atento a otras expresiones de **falloir** y toma nota de ellas.

3 Cuándo pronunciar la "s" en *plus*

La pronunciación, o no, de la **s** final en el adverbio y el sustantivo **plus** depende, entre otras cosas, de la función gramatical de la palabra y su posición en la oración o expresión.
Una regla básica es que la **s** se pronuncia si **plus** tiene un significado positivo y es muda si es negativo.

• Se pronuncia
La **s** se pronuncia *[plus]* cuando **plus** significa *más*:
Il faut plus de moyens… *Se necesitan más medios…*

Lo mismo cuando va al final de una oración:
Ce n'est pas assez ; il faut un peu plus.
No es suficiente; es necesario un poco más.

… y como sustantivo:
Ce stage est un plus pour ta carrière.
Estas prácticas son un plus para tu carrera.
De manera más general, se pronuncia cuando va seguida de un adjetivo que comienza por vocal: **plus‿intéressant**, *[plusanteresan]*.

• Es muda
La **s** es muda (*[plu]*) cuando **plus** se usa en la negación **ne… plus** o al final de una frase con **non plus**:
Nous n'avons plus d'argent, *No tenemos más dinero*.
– Et nous n'en avons pas, non plus, *Y nosotros tampoco tenemos*.

Asimismo, es muda en el comparativo si el adjetivo al que precede comienza con una consonante: **Ils sont plus grands**, *Son más grandes*. Sin embargo, en el intensificador **plus en plus**, la primera **s** se pronuncia para hacer la liaison: *[de plusanplu]*.

En resumen, es muy importante recordar la función gramatical de plus:
Est-ce qu'il y a un peu plus (*plus*) **de lait ? – Non, je n'en ai plus** (*plu*).

4 Adverbios conjuntivos (*pourtant, cependant*, etc.)

Los adverbios conjuntivos pueden modificar o calificar las declaraciones u oraciones que preceden o siguen. Estos son algunos de los que has visto hasta ahora:

- **Pourtant** se utiliza para contrastar o contradecir, de la misma manera que *aunque*, *sin embargo*, *no obstante* o *aun así*.
Je ne la connais pas bien. Pourtant, je lui fais confiance.
No la conozco bien. Aun así, confío en ella.
El contraste a menudo se resalta con **mais**:
C'est difficile à croire mais pourtant vrai.
Es difícil de creer, pero sin embargo es cierto.
o, especialmente, con **et**:
"Et pourtant elle tourne!" disait Galilée.
"¡Y sin embargo se mueve (gira)!" dijo Galileo.
El adverbio se usa a menudo antes del verbo:
Il faut pourtant le faire.
Sin embargo, es necesario hacerlo.

- **Cependant** tiene casi exactamente el mismo significado, pero es más formal que **pourtant**. Lo más importante es que no va precedido de **et**:
C'est difficile à croire, cependant c'est vrai.
Es difícil de creer, sin embargo es cierto (ver arriba).

- **Néanmoins** es la traducción de *sin embargo* (**néant** significa *vacío*, *nada*):
J'espère néanmoins que vous vous êtes amusés.
Sin embargo, espero que te hayas divertido.

- **Alors** tiene varios significados. Como adverbio de consecuencia significa *así pues*, *entonces*, *por lo tanto*:
Alors, tu viens ?, *Entonces, ¿vienes?*
El adverbio también se usa con frecuencia en exclamaciones:
Alors ça, ça me fait plaisir, *Entonces eso me hace feliz.*
Pero **alors** también se remonta al pasado, como *en ese momento*, *en ese entonces*:
Je l'ai connu en 2018. Il était alors mon directeur.
Lo conocí en 2018. Entonces era mi director.

En todos los casos, la traducción dependerá del contexto, el registro y la persona que habla. (Y recuerda, es posible que no exista un equivalente exacto en español). Te recomendamos que anotes cualquier ejemplo de uso que te sorprenda.

5 Modismos (1): partes del cuerpo

Los modismos son una parte vital de un idioma, pero pueden ser difíciles de entender porque su significado general es diferente del significado literal de las palabras individuales que las componen. Debido a las similitudes entre el francés y el español, algunos modismos son comunes o muy parecidos en ambos idiomas, como hemos visto en la lección 62 (**mettre les pieds dans le plat**); y otros son totalmente diferentes o no tienen un equivalente directo (**à l'œil**).

Una de las mejores formas de aprender los modismos es agruparlos por categoría. En las últimas lecciones, hemos visto algunos de los que se encuentran en la categoría "partes del cuerpo":

accueillir (quelqu'un) les/à **bras** ouverts	*recibir (a alguien) con los brazos abiertos*
baisser les **bras**	*rendirse*
coûter un **bras**	*costar un riñón*
s'arracher les **cheveux**	*tirarse de los pelos*
avoir un coup de **cœur**	*enamorarse*
mettre de l'huile de **coude**	*esforzarse*
serrer les **dents**	*apretar los dientes*
ne pas lever le petit **doigt**	*no mover un dedo*
mettre le **doigt** sur quelque chose	*identificar algo*
faire froid dans le **dos**	*dar escalofríos*
changer son fusil d'**épaule**	*cambiar de opinión*
prendre ses **jambes** à son **cou**	*salir pitando*
donner un coup de **main** (à quelqu'un)	*echar una mano (a alguien)*
avoir quelque chose à **l'œil**	*conseguir algo gratis*
dormir sur ses deux **oreilles**	*dormir a pierna suelta*
faire la sourde **oreille**	*hacer oídos sordos*
mettre les **pieds** dans le plat	*meter la pata*
se casser la **tête**	*romperse la cabeza / devanarse los sesos*
casser la **tête** (à quelqu'un)	*partirle la cara a alguien*

passer au-dessus de la tête (de quelqu'un)	sobrepasar la cabeza de alguien
coûter les yeux de la tête	costar un ojo de la cara
faire les yeux doux (à)	ver con buenos ojos

Obviamente, la traducción exacta dependerá del contexto, pero los equivalentes anteriores son estándar.

● Dialogue de révision

1 – Nous avons vécu en Bretagne quand nous étions jeunes.
2   Jacques enseignait le français et moi, je travaillais dans le tourisme.
3 – Vous comprenez le breton, alors ?
4 – Non, je n'y comprends rien. Pourtant, j'ai essayé de l'apprendre quand j'y habitais.
5   J'aimais beaucoup cette région, même s'il faisait souvent un froid de canard !
6   Les gens étaient très sympathiques : ils nous ont accueillis les bras ouverts,
7   même s'ils n'ont pas levé le petit doigt pour nous aider avec leur langue !
8   J'ai commencé à prendre des leçons, mais j'ai laissé tomber au bout de quelques mois.

Soixante-quatrième leçon

Je crains le pire…

1 – Entrez, entrez monsieur. Est-ce que je peux vous renseigner [1] ?
2 – Il me faut des vacances parce que je suis épuisé. Qu'est-ce que vous pouvez me proposer ?

9 – Il fallait continuer ! Il ne faut jamais baisser les bras.
10 – Non, ça ne valait pas la peine parce que je savais que nous n'allions rester que deux ou trois années.
11 En fait, nous avons dû revenir à Paris au bout d'un an. Ensuite, nous sommes repartis en Corse.
12 J'ai eu tout de suite un coup de cœur pour l'Île de Beauté : c'est un des plus beaux endroits du monde.

Traduction

1 Vivíamos en Bretaña cuando éramos jóvenes. **2** Jacques enseñaba francés y yo trabajaba en el turismo. **3** Entonces, ¿entiendes el bretón? **4** No, no lo entiendo nada. No obstante, intenté aprenderlo cuando vivía allí **5** Me gustaba mucho esa región, ¡aunque a menudo hacía mucho frío! **6** La gente era muy simpática: nos recibieron con los brazos abiertos, **7** ¡aunque no movieron un dedo para ayudarnos con la lengua! **8** Empecé a tomar lecciones, pero lo dejé después de unos meses. **9** ¡Tenías que haber continuado! No hay que rendirse nunca. **10** No, no valía la pena porque sabía que solo nos quedaríamos dos o tres años. **11** De hecho, tuvimos que volver a París después de un año. Luego nos fuimos a Córcega. **12** Inmediatamente me enamoré de la Isla de la Belleza: es uno de los lugares más bonitos del mundo.

Fase productiva: 14.ª lección

Sexagésima cuarta lección

Me temo lo peor...

1 – Pase, pase, señor. ¿Le puedo dar información?
2 – Necesito unas vacaciones porque estoy agotado. ¿Qué me puede ofrecer?

64 / Soixante-quatrième leçon

3 – Tout dépend : combien de temps pouvez-vous partir ? À quelles conditions et à quel moment ?
4 Si vous partez [2] avant le mois de juillet, normalement [3] vous serez tranquille,
5 mais si vous attendez [2] les grandes vacances, ça sera réellement l'enfer.
6 Tout est bondé en cette période, les prix grimpent et les températures aussi.
7 Les moments les plus agréables [4] sont soit début-juin soit fin-septembre.
8 Ce sont les moments où il y a le moins de monde. Pour moi, ce sont les plus beaux mois [4].
9 – Et quel est le pire mois de l'année, d'après vous [5] : juillet ou août ?
10 – Ils sont aussi mauvais l'un que l'autre, mais je pense qu'août est pire que juillet.
11 S'il fait beau [2], les plages sont saturées de touristes, et s'il fait mauvais on ne peut pas se baigner.
12 Pour éviter ça, si vous avez envie, vous pourrez essayer quelque chose de plus original.
13 Par exemple, vous pourrez faire de la plongée sous-marine [6] dans le Var,
14 ou bien de la randonnée à cheval dans le Massif central. C'est merveilleux à cette période de l'année.
15 – Non, aucun des deux ne me tente. Je ne sais pas nager,
16 je ne sais pas monter à cheval, et je n'ai pas envie de prendre des cours [7] non plus.
17 – J'ai une autre possibilité, qui est très reposante, très confortable mais pas donnée [8].
18 Une semaine dans un grand hôtel, Le Domaine des Dieux, sur la Côte d'Azur.

327 • trois cent vingt-sept

Sexagésima cuarta lección / 64

3 – Todo depende: ¿cuánto tiempo puede irse? ¿En qué condiciones y cuándo?
4 Si sale antes del mes de julio, normalmente estará tranquilo,
5 pero si espera hasta las vacaciones de verano *(grandes vacaciones)*, realmente será un infierno.
6 Todo está abarrotado en ese periodo, los precios suben y las temperaturas también.
7 Las épocas más agradables son a principios de julio o a finales de septiembre.
8 Son los momentos en que hay menos gente. Para mí, son los mejores meses.
9 – ¿Y cuál es el peor mes del año según usted: julio o agosto?
10 – Son igual de malos uno que el otro, pero creo que agosto es peor que julio.
11 Si hace bueno, las playas están saturadas de turistas, y si hace malo, uno no se puede bañar.
12 Para evitarlo, si le apetece, puede probar alguna cosa más original.
13 Por ejemplo, puede hacer buceo en el Var,
14 o pasear a caballo en el Macizo Central. Es maravilloso en esta época del año.
15 – No, ninguno de los dos me tienta. No sé nadar,
16 no sé montar a caballo, y tampoco tengo ganas de hacer un curso.
17 – Tengo otra posibilidad, que es muy relajante, muy cómoda, pero no barata.
18 Una semana en un gran hotel, el Dominio de los dioses, en la Costa Azul.

64 / Soixante-quatrième leçon

19 C'est un des plus beaux palaces [4] de la région.
20 Il y a une offre de dernière minute avec une réduction exceptionnelle de deux pour cent.
21 – Et c'est combien ? Je crains le pire…
22 – La formule [9] tout compris est à dix mille euros, hors taxes pour quatre jours en demi-pension.
23 – Mm, je vois. Et des cours de plongée, ça serait combien ?

Pronunciación
… cra^n … **5** … la^{n}fer **6** … gra^{n}p … **11** … plash … bañe **13** … plonshe sumarin … **14** … masif santral … mervelle … **15** … ta^{n}t… nashe **16** … cur … **18** … gra^{n}t-otel … **19** … palas … **20** … reducsio^n ecsepsionel … **22** or-tax

Notas de pronunciación
(18) grand hôtel: Dado que la **h** es una semivocal, la regla de pronunciación explicada en la lección 16 funciona aquí, es decir la **d** final se pronuncia *[t]*: *[grant-otel]*.

Notas

1 **renseigner** es el verbo del que deriva el sustantivo masculino **renseignement** (lección 37, línea 7). Significa *dar información* o *informar*. **Pouvez-vous me renseigner ?** es la manera formal de pedir información. La pregunta **Est-ce que je peux / Puis-je vous renseigner ?** es la que suele usar el personal de la industria de servicios para saludar a los clientes: *¿En qué le puedo ayudar? / ¿Le puedo ayudar en algo?* El mostrador de información de un edificio público está señalizado con **RENSEIGNEMENTS**.

2 Esta es la condicional real que, al igual que en español, usa la construcción presente + presente o futuro: **Si vous partez maintenant, vous arriverez avant midi**, *Si sale ahora, llegará antes del mediodía*. En algunos casos, la oración con **si** presenta una observación simple, en cuyo caso, se usa el presente en ambas partes de la oración y se puede sustituir por **quand**: **S'il fait / Quand il fait mauvais, les plages sont vides**, *Si/Cuando hace mal tiempo, las playas están vacías*.

329 • **trois cent vingt-neuf**

Sexagésima cuarta lección / 64

19 Es uno de los palacios más bonitos de la región.
20 Hay una oferta de último minuto con un descuento excepcional del dos por ciento.
21 – ¿Y cuánto es? Me temo lo peor…
22 – El paquete "todo incluido" está a diez mil euros, sin incluir tasas, para cuatro días en media pensión.
23 – Mmm, ya veo. ¿Y cuánto costarían las lecciones de buceo?

---

3 **normalement**, *normalmente* (lección 8, línea 4) también se usa para expresar una condición: **Il vient tout à l'heure ? – Normalement oui**, *–¿Ella llegará a tiempo? –Normalmente sí*. En este contexto, se puede entender como *en circunstancias normales* o *si todo va bien*.

4 La construcción de una oración superlativa depende de si el adjetivo va detrás del sustantivo, que es la regla general, o delante (la regla BETA, lección 14). En el primer caso, se repite el artículo: **les mois les plus agréables**; pero no en el segundo: **les plus beaux mois**.

5 **après vous** significa *después de usted*, **Je suis arrivé(e) après vous**, *Llegué después de usted*. También es una forma educada de permitir que alguien te adelante. Pero **d'après** con un sustantivo o un pronombre significa *según*: **D'après Jamel, il y a beaucoup de monde au mois d'août**, *Según Jamel, agosto está muy concurrido*.

6 La construcción, **faire du/de la/de l'** + deporte a veces se puede traducir en español por un verbo simple, **faire de la natation**: *hacer natación* o *nadar*; **faire du cheval**, *montar a caballo*. **Quand elle était au lycée, elle faisait de la natation tous les jours**, *Cuando estaba en la escuela secundaria, hacía natación/nadaba todos los días*.

7 **un cours** (singular, a pesar de la **s**) puede referirse a *un curso* o a *una clase* como sinónimo de **une leçon**, *una lección*. Podemos decir **un cours de français** o **une leçon de français**.

8 El modismo **Ce n'est pas donné** significa *No es barato* ("eso no está dado"). Y, como en nuestro ejemplo, **pas donné** se puede incorporar a una oración: **Leurs produits ne sont pas donnés mais ils sont de très bonne qualité**, *Sus productos no son baratos, pero son de muy buena calidad*.

9 El término técnico **une formule**, *una fórmula*, se usa a menudo en un contexto comercial con el sentido de *un paquete, una opción*: **Notre formule "tout compris" comprend les vols, les hôtels et les repas**, *Nuestra opción o Nuestro paquete "todo incluido" incluye, vuelos, hoteles y comidas*. El término **une formule déjeuner** se encuentra habitualmente en ofertas de restauración y lo que ofrece es un precio cerrado por comida, algo así como *un menú*.

***

Exercice 1 – Traduisez

❶ Après vous, madame. – Non, après vous, monsieur. L'âge avant la beauté. ❷ Nous avons passé plusieurs jours dans un bel hôtel sur la côte, où j'ai pris des leçons de tennis. ❸ Si tu pars tout de suite en voiture, tu arriveras avant eux. Mais sais-tu conduire ? ❹ Pouvez-vous me renseigner ? Est-ce que Madame Marceau est là ? – Normalement oui. ❺ Si tu vas sur la Côte d'Azur tu pourras faire de la natation ou même de la plongée.

***

Exercice 2 – Complétez

❶ Es la playa menos concurrida y más bonita de la costa.
C'est . . . . et . . . . de la côte.

❷ Si el tiempo es malo mañana, no iremos a la playa.
. . . . demain, ... à la plage.

❸ –¿En qué época del año hay que ir? –No espere a las vacaciones de verano: todo está a tope.
. . . . de l'année . . . . ? – . . . . les grandes vacances : . . . .

❹ –Son tan malos uno como el otro. –Sí, me temo lo peor.
Ils sont . . . . **.** – Oui, je . . . .

❺ Si le apetece hacer algo original, puede probar este paquete "todo incluido".
Si vous avez envie de . . . . , vous . . . . . . essayer . . . . " . . . . ".

Sexagésima cuarta lección / 64

Soluciones al ejercicio 1

❶ –Después de usted, señora. –No, después de usted, señor. La edad antes que la belleza. ❷ Hemos pasado varios días en un bonito hotel de la costa, donde he tomado lecciones de tenis. ❸ Si sales ahora mismo en coche, llegarás antes que ellos. Pero ¿sabes conducir? ❹ –¿Me puede dar información? ¿Está ahí la señora Marceau? – Normalmente sí. ❺ Si vas a la Costa Azul, podrás nadar o incluso bucear.

***

Soluciones al ejercicio 2

❶ – la plage la moins bondée – la plus belle – ❷ S'il fait mauvais – nous n'irons pas – ❸ À quel moment – faut-il partir – N'attendez pas – tout est bondé ❹ – aussi mauvais l'un que l'autre – crains le pire ❺ – faire quelque chose d'original – pouvez – cette formule – tout compris –

Escucha con atención las grabaciones y recuerda repetir el diálogo en voz alta, junto con el diálogo de la *fase productiva* ***correspondiente.***

Fase productiva: 15.ª lección

Soixante-cinquième leçon

Cent pour cent des gagnants ont tenté leur chance !

1 – Voici une bonne occasion de partir en vacances gratuitement !
2 La bibliothèque municipale organise un jeu-concours avec un tirage au sort [1] des billets gagnants.
3 Si tu gagnais le premier prix, tu pourrais [2] passer une semaine aux sports d'hiver.
4 J'irais [3] tous les ans à la montagne si je pouvais. Pas toi ?
5 – Je n'y suis jamais allée, et je dois dire que ça ne m'attire pas vraiment.
6 J'aurais [4] besoin d'équipements spéciaux et je suppose qu'ils me coûteraient [5] une fortune.
7 – Pas nécessairement : on peut soit les acheter, soit les louer, et la location serait [6] beaucoup moins chère.
8 Si tu voulais [7], tu pourrais demander à Amir et Yasmine s'ils accepteraient [5] de te prêter le nécessaire.
9 Je suis sûr qu'ils diraient [8] oui. De quoi d'autre aurais-tu besoin ?
10 – Tout, absolument tout. Il me faudrait [9] une combinaison, des gants, des chaussures…
11 – Je vois ce que tu veux dire ! Te faut-il autre chose ?
12 – Si j'allais dans une station à la mode [10], comme celles en Suisse,
13 il me faudrait au moins un nouveau tailleur ainsi qu'un ensemble décontracté pour l'après-ski.

Sexagésima quinta lección

¡El cien por cien de los ganadores ha probado *(tentado a la)* suerte!

1 – ¡Esta es una buena oportunidad para irse de vacaciones gratis!
2 La biblioteca municipal organiza un *(juego-)*concurso con un sorteo de billetes ganadores.
3 Si ganas el primer premio, podrás pasar una semana practicando deportes de invierno.
4 Iría a la montaña todos los años si pudiera. ¿Tú no?
5 – Nunca he estado, y debo decir que no me atrae realmente.
6 Necesitaría un equipamiento especial y supongo que costaría una fortuna.
7 – No necesariamente: puedes comprarlos o alquilarlo, y el alquiler sería mucho más barato *(menos caro)*.
8 Si quieres, podrías preguntarles a Amir y Yasmine si te prestarían lo que necesitas *(lo necesario)*.
9 Estoy seguro de que te dirían que sí. ¿Qué más necesitas?
10 – Todo, absolutamente todo. Necesitaría un mono, guantes, botas *(zapatos)*…
11 – ¡[Ya] veo lo que quieres decir! ¿Necesitas algo más?
12 – Si fuera a una estación de moda, como las de Suiza,
13 necesitaría al menos un traje nuevo y un conjunto casual para el après-ski.

trois cent trente-quatre • 334

65 / Soixante-cinquième leçon

14 Je devrais me renseigner pour la tenue vestimentaire, d'ailleurs.
15 Penses-tu que les stations françaises sont aussi huppées que les stations suisses ?
16 – Elles sont pareilles [11], je crois. Elles sont toutes fréquentées par les mêmes millionnaires !
17 Et si tu allais ailleurs ? Si tu avais la possibilité, où choisirais-tu d'aller ?
18 – Je n'en sais rien. Qu'est-ce que tu me conseillerais, toi ?
19 Je serais prête à aller n'importe où.
20 – Si j'étais toi, je choisirais une petite station quelque part dans les Pyrénées.
21 Mais, avant de faire tous ces projets, tu devrais acheter un billet pour le jeu…

Pronunciación
1 … ohcazyoh[n] … 2 … biblyotec … tirazh-oh-sor… 6 … daycipmäh[n] spessyoh … 9 … diray … oray-teu … 10 … coh[n]binayzoh[n] … gäh[n] … 13 … tie-yuhr … 15 … eupay … 16 … parayy … fraycäh[n]tay … 18 … coh[n]sayeray … 20 … piraynay 21 … prozhay …

Notas de pronunciación
(16) pareille: el femenino y el masculino (**pareil**) exactamente igual tanto en singular como en plural: *[pareill]*.

Notas

1 **tirer** significa *tirar (de)*: **Tirez les rideaux et laissez entrer la lumière**, *Corra las cortinas y deje entrar la luz*. Usado con el sustantivo **le sort**, *la suerte* (con el artículo definido cambiado por la preposición **au**), significa *elegir (a alguien o algo) al azar*, hacer un sorteo: **Les élèves ont tiré au sort quatre gagnants**, *Los estudiantes eligieron cuatro ganadores al azar*.

2 Esta es otra oración condicional, que expresa el posible resultado de una acción hipotética. **Pouvoir** es un verbo irregular, cuyo condicional es así **je pourrais, tu pourrais, il/elle pourrait, nous pourrions, vous pourriez, ils/elles pourraient**. En estas oraciones, se usa el **condition-**

335 • **trois cent trente-cinq**

Sexagésima quinta lección / 65

14 Debería informarse del código de vestimenta, por cierto.
15 ¿Crees que las estaciones francesas no son tan exclusivas con las estaciones suizas?
16 – Son parecidas, creo. ¡Todas son frecuentadas por los mismos millonarios!
17 ¿Y si fueras a otra parte? Si tuvieras la posibilidad, ¿adónde elegirías ir?
18 – No lo sé *(No sé de eso nada)*. ¿Qué me aconsejarías?
19 Estaría listo para ir a cualquier parte *(no importa dónde)*.
20 – Si yo fuera tú, elegiría una estación pequeña en algún lugar de los Pirineos.
21 Pero, antes de hacer todos estos planes *(proyectos)*, deberías comprar un boleto para el juego…

nel présent en la oración principal y el **imparfait** después de **si**: Il pourrait t'aider si tu voulais, *Él podría ayudarte si quisieras*.

3 El condicional presente de **aller** es **j'irais, tu irais, il/elle irait, nous irions, vous iriez, ils/elles iraient**. La primera persona del singular se pronuncia igual que el futuro (**j'irai**), es decir, la **s** final es muda. La misma regla se aplica a todos los verbos.

4 El condicional de **avoir** es **j'aurais, tu aurais, il/elle aurait, nous aurions, vous auriez, ils/elles auraient**. (Recuerda: **j'aurais** es un homófono del futuro **j'aurai**.)

5 Con la mayoría de los verbos comunes, el condicional se forma añadiendo las terminaciones del imperfecto al infinitivo. Así, el condicional de **coûter** es **je coûterais, tu coûterais, il/elle coûterait, nous coûterions, vous coûteriez, ils/elles coûteraient**.

6 El condicional de **être** es **je serais, tu serais, il/elle serait, nous serions, vous seriez, ils/elles seraient**.

7 Encontrarás el condicional de **vouloir** en la lección 70. Ver también lección 45, nota 6.

8 En el condicional de los verbos acabados en **-re**, la **e** final se elimina (como en el futuro): Así pues **dire** → **je dirais, tu dirais, il/elle dirait, nous dirions, vous diriez, ils/elles diraient**.

9 El condicional del verbo defectivo **falloir** (ver lección 63, nota 2) es **il faudrait**.

trois cent trente-six • 336

65 / Soixante-cinquième leçon

10 **la mode** generalmente significa *moda* (ropa, etc., ver lecciones 33 y 61), por lo que la frase adjetiva **à la mode** significa *moderno, a la moda*: **Les investissements verts sont à la mode cette année**, *Las inversiones verdes están de moda este año.*

***

Exercice 1 – Traduisez
❶ Si nous avions les investissements nécessaires, nous pourrions commencer le projet demain. ❷ Droite, gauche, centre, c'est du pareil au même. Les gens en ont marre de la politique. ❸ Je pense que notre méthode pourrait être utilisée avec des étudiants étrangers. ❹ Je ne pense pas que tu gagneras un prix mais tu devrais quand même tenter ta chance. ❺ Ça serait une bonne occasion de tirer des leçons pour l'avenir, n'est-ce pas ?

***

Exercice 2 – Complétez
❶ Si yo fuera usted, señor, pediría la opinión de un colega. Podría ayudarle a elegir.
. . . ., monsieur, je . . . . l'avis d'un collègue. Cela . . . . vous aider . . . .

❷ –Vosotros los hombres, sois todos iguales. –Pero las mujeres también son todas iguales.
Vous . . . ., vous êtes . . . . ! – Mais . . . . aussi . . . .

❸ Necesitarían una llave especial pero costaría una fortuna.
Ils . . . . d'une clé . . . . mais ça . . . . une fortune.

❹ Amir y yo estaríamos dispuestos a ir a cualquier parte. ¿Qué nos aconsejaría?
Amir et moi . . . . aller . . . . .Qu'est-ce que . . . . ?

❺ ¿Qué dirían tus amigos si supieran que no estamos casados?
Qu'est-ce qu' . . . ., tes amis, s'ils . . . . que nous . . . . mariés ?

337 • **trois cent trente-sept**

11 El adjetivo masculino **pareil** (fem. **pareille**) significa *lo mismo* o *similar*. **Les deux mots sont pareils**, *Las dos palabras son iguales*. La diferencia básica entre *pareil* y *même* es que la primera se usa sola, mientras que la segunda requiere un artículo y un sustantivo, generalmente **chose**. **Tu viens jeudi ou vendredi ? – Pour moi, c'est pareil / c'est la même chose**. La expresión **C'est du pareil au même** "Es de parecido a similar" significa *Es lo mismo*, etc. **Lire ou écouter un livre audio, c'est du pareil au même**, *Leer o escuchar un audiolibro es lo mismo*.

***

Soluciones al ejercicio 1

❶ Si tuviéramos la inversión necesaria, podríamos comenzar el proyecto mañana. ❷ Derecha, izquierda, centro, es lo mismo. La gente está harta de la política. ❸ Creo que nuestro método podría usarse con estudiantes extranjeros. ❹ No creo que vayas a ganar un premio, pero aun así deberías probar suerte. ❺ Esa sería una buena oportunidad para aprender algunas lecciones para el futuro, ¿no es así?

***

Soluciones al ejercicio 2

❶ Si j'étais vous – demanderais – pourrait – à choisir – ❷ – les hommes – tous pareils – les femmes – sont toutes pareilles ❸ – auraient besoin – spéciale – coûterait – ❹ – serions prêts à – n'importe où – vous nous conseilleriez ❺ – ils diraient – savaient – ne sommes pas –

Les Pyrénées, los Pirineos, *es una cadena montañosa que forma una frontera natural entre Francia y España y que abarca varios* **départements**, *incluidos* **les Pyrénées Orientales**, *los Pirineos orientales*, **les Hautes-Pyrénées**, *los altos Pirineos, y* **les Pyrénées-Atlantiques** *(que bordean el océano Atlántico). Una sección de la cordillera es un hermoso parque nacional,* **le parc national des Pyrénées.**

Fase productiva: 16.ª lección

Soixante-sixième leçon

Président d'un jour

1 Les élèves d'un lycée lyonnais [1] sont invités à participer au débat sur le climat à l'Assemblée nationale,
2 avec, comme thème, "Que feriez-vous [2] si vous étiez Président de la République ?"
3 – "Mesdames et messieurs les députés, j'invite Mademoiselle Noura Bouris à prendre la parole [3].
4 Alors, Noura, si vous étiez présidente, que feriez-vous pour combattre le changement climatique ?
5 Est-ce qu'il serait possible, à votre avis, de prendre rapidement des mesures efficaces ?
6 – Nous croyons que [4] oui, et il faudrait en effet agir vite car nous sommes tous en danger.
7 – Que feriez-vous ? Interdiriez-vous [5] à tous les véhicules à essence et diesel de rouler en ville ?
8 – Je n'interdirais pas les petits véhicules utilitaires car les artisans ont besoin de se déplacer,
9 mais je ne permettrais pas aux camions de livraison de circuler pendant la journée.
10 – Et que feriez-vous pour approvisionner les magasins ? Interdiriez-vous n'importe quel [6] camion
11 à n'importe quelle heure, n'importe où dans la ville ? Ça ne serait pas très pratique.
12 – Peut-être, mais je n'aimerais pas que mes enfants respirent constamment de l'air pollué.
13 – Tout le monde est contre les voitures particulières, mais elles sont un mal [7] nécessaire, non ?

Sexagésima sexta lección

Presidente por un día

1 Los estudiantes de una escuela secundaria lionesa están invitados a participar en el debate sobre el clima en la Asamblea Nacional,
2 con el tema «¿Qué harías si fueras el presidente de la República?».
3 – Señoras y señores diputados, invito a la señorita Noura Bouris a tomar la palabra.
4 Entonces, Noura, si usted fuera presidenta, ¿qué haría usted para combatir el cambio climático?
5 ¿Sería posible, en su opinión, tomar medidas eficaces rápidamente?
6 – Creemos que sí, y de hecho debemos actuar con rapidez porque todos estamos en peligro.
7 – ¿Qué haría usted? ¿Prohibiría que todos los vehículos de gasolina y diesel circularan por la ciudad?
8 – No prohibiría los vehículos utilitarios porque los trabajadores necesitan desplazarse,
9 pero no permitiría que los camiones de reparto circularan durante el día.
10 – ¿Y qué haría para abastecer a las tiendas? ¿Prohibiría cualquier camión
11 en cualquier momento y en cualquier lugar de la ciudad? Eso no sería muy práctico.
12 – Quizás, pero no me gustaría que mis hijos respiraran constantemente el aire contaminado.
13 – Todo el mundo está en contra de los vehículos particulares, pero son un mal necesario, ¿no?

trois cent quarante • 340

14 – Nous ne sommes pas contre les voitures, monsieur, mais contre le réchauffement planétaire.
15 Tous les véhicules polluent mais certains [8] sont pires que d'autres, et de loin.
16 Et, au bout d'un certain [8] temps, les résultats seront catastrophiques.
17 Il faut à tout prix réduire notre empreinte carbone.
18 – N'importe quoi [6] ! Si nous savions comment éliminer les gaz à effet de serre, nous l'aurions fait il y a longtemps.
19 – Nous avons la nette [9] impression que vous ne nous écoutez pas.
20 – Mais si, mais si, ma petite. Sinon, nous ne vous aurions pas invités aujourd'hui.
21 Maintenant, deux autocars attendent dehors pour vous ramener à la maison.
22 – C'est bien ce que nous pensions ! Vous ne nous prenez pas au sérieux.

Pronunciación
2 ... tem ... **3** ... depute ... **4** ... shaⁿshemaⁿ climatic **5** ... mesur ... **6** ... ayir ... daⁿshe **7** ... veicul-a-esaⁿs ... diesel ... **8** ... artisaⁿ ... **9** ... sircule ... **11** ... pratic **12** ... polue **13** ... particulier ... **14** ... reshofmaⁿ ... **16** ... catastrofic **17** ... aⁿpraⁿt carbon **18** ... efe-de-ser ... **19** ... net aⁿpresioⁿ ... **22** ... serie

Notas de pronunciación
(19) **net** es irregular porque la **t** final se pronuncia, lo mismo que en femenino **nette**: *[net]*.

Notas
1 Sabemos que los adjetivos de nacionalidad (lección 65: **la Suisse** → **suisse**) o de ubicación (aquí la ciudad de **Lyon** → **lyonnais**) no llevan mayúscula inicial. Como con el resto de adjetivos, es obligatorio hacer

Sexagésima sexta lección / 66

14 – No estamos en contra de los coches, señor, sino contra el calentamiento global.
15 Todos los vehículos contaminan, pero algunos son peores que otros, y mucho.
16 Y, después de un tiempo, los resultados serán catastróficos.
17 Es necesario reducir nuestra huella de carbono a toda costa *(a cualquier precio)*.
18 – ¡Tonterías! Si supiéramos cómo eliminar los gases de efecto invernadero, lo habríamos hecho hace mucho tiempo.
19 – Tenemos la clara impresión de que ustedes no nos escuchan.
20 – Claro, claro, jovencita. De lo contrario, no os habríamos invitado hoy.
21 Ahora, dos autobuses os esperan fuera para llevaros a casa.
22 – ¡Eso es exactamente *(bien)* lo que pensamos! Ustedes no nos toman en serio.

la concordancia: **les écoles lyonnaises**, *las escuelas lionesas/de Lyon*. Pero recuerda que, con un artículo indefinido (a menudo precedido de **un(e)**), tales palabras son sustantivos y, por lo tanto, llevan mayúscula: **Notre magazine est lu par un Lyonnais sur deux**, *Nuestra revista es leída por uno de cada dos lioneses*. (Ver nota cultural).

2 La tercera interrogativa (inversión) se usa comúnmente con la forma condicional porque es más agradable para el oído que la forma **est-ce que** (qu'est-ce que vous feriez), aunque, no obstante, también se usa.

3 **une parole**, al igual que **un mot**, significa *una palabra*, pero se refiere más a los pensamientos o significados subyacentes que a las palabras mismas. **Combien de mots y a-t-il dans cette phrase ?** *¿Cuántas palabras hay en esta frase?*, pero **Je te donne ma parole**, *Te doy mi palabra*. **Prendre la parole**, *tomar la palabra*, es un término formal que se usa generalmente en foros públicos.

4 Al igual que en español, **croire**, *creer*, puede ser sinónimo de *pensar*, seguido de **que** si se usa en una oración: **Je pense/crois qu'il était surpris**,

trois cent quarante-deux • 342

66 / Soixante-sixième leçon

Creo que se sorprendió. El relativo también se usa cuando cualquiera de los verbos va seguido de **oui** o **non**: **Je crois / pense que non**, *Creo que no*.

5 **interdire** significa *prohibir* y generalmente se usa en forma impersonal con **de**: **Il est interdit de fumer dans la plupart des lieux publics**, *Está prohibido fumar en la mayoría de los lugares públicos*. Si el verbo tiene un objeto directo, sin embargo, necesita la preposición **à**: **Je vais interdire à mon fils d'utiliser son téléphone le soir**, *Voy a prohibir a mi hijo que use su teléfono por la noche*. El participio pasado, **interdit**, se usa en señales de advertencia: **INTERDIT DE VAPOTER**, *PROHIBIDO VAPEAR*.

6 En la lección 65, línea 19, vimos la expresión pronominal indefinida **n'importe où**, *en cualquier lugar*. **N'importe** puede ir seguido de otras preposiciones o pronombres: **Choisissez n'importe quelle carte**, *Elija cualquier carta*. **N'importe qui peut entrer dans mon bureau**, *Cualquiera puede entrar a mi oficina*. En tales casos, el significado básico es *cualquier(a)*. **N'importe quoi !** es una exclamación desdeñosa: *¡Tonterías!*

7 Sabemos que **un mal** puede significar *un dolor*, *un mal*, *un daño*, etc. (lección 24, nota 3). Pero **le mal**, también es *el mal, la maldad*: **le bien et le mal**, *el bien y el mal, lo correcto y lo incorrecto* o incluso simplemente *una dificultad*, **Nous avons réussi à la joindre, mais non sans mal**, *Logramos localizarla, pero no sin dificultad*.

***

Exercice 1 – Traduisez

❶ Je vois ce qu'il veut dire : ses explications sont claires et nettes. ❷ Qu'est-ce que tu ferais si tu étais millionnaire ? – Rien du tout ! ❸ Je pense que les députés ne prennent pas au sérieux la jeune écologiste. ❹ J'ai eu du mal à lui faire comprendre qu'il faut agir vite et interdire le tabac au bureau. ❺ Je ne devrais plus conduire ma voiture. De toute façon, on ne peut plus circuler dans Paris.

***

Se puede hacer referencia a los habitantes de aldeas, pueblos y ciudades de toda Francia mediante un gentilicio, derivado del nombre del lugar y generalmente formado con el sufijo **-ien(ne)** *o* **-ais(e)**: **un(e) Parisien(ne)**, **un(e) Lyonnais(e)**, *etc. Cuando los alcaldes se dirigen formalmente a sus ciudadanos, empiezan con estos nombres propios (siempre poniendo el femenino en primer lugar):* "**Parisiennes,**

Sexagésima sexta lección / 66

8 **certain** significa no solo *cierto* sino, más ampliamente, *un*, *algún* (como en la línea 16: **un certain temps**, *un tiempo*). En este caso, el adjetivo debe concordar con su sustantivo: **Certaines personnes, notamment des écologistes, sont végétariennes**, *Algunas personas, especialmente los ecologistas, son vegetarianas*. En algunos casos, cualquiera de las dos traducciones es correcta (**dans certains cas**, *en algunos / en ciertos casos*), pero debes tener en cuenta la diferencia básica.

9 **net** (femenino **nette**) significa *limpio* u *ordenado* (ver **nettoyer**, *limpiar*, lección 30, línea 9 y lección 36, nota 8). Por extensión, el adjetivo puede significar *claro*, *agudo* o *preciso*. **Je n'aime pas les photos numériques car les images sont moins nettes**, *No me gustan las fotos digitales porque las imágenes son menos nítidas*.

Soluciones al ejercicio 1

❶ Entiendo lo que él quiere decir: sus explicaciones son claras y nítidas. ❷ –¿Qué harías si fueras millonario? –¡Nada de nada! ❸ Creo que los diputados no se toman en serio a la joven ecologista. ❹ Me costó mucho lograr que entendiera la necesidad de actuar rápido y prohibir fumar en la oficina. ❺ No debería seguir conduciendo mi coche. En cualquier caso, ya no podemos circular por París.

***

Parisiens, je compte sur vous", "*Parisinas, parisinos, cuento con vosotros*".
L'Assemblée nationale, *La Asamblea nacional es la cámara baja del parlamento francés. Sus legisladores,* **les député(e)s**, *se sientan en* le Palais Bourbon, *la sede oficial, en el margen izquierdo del río Sena. (El senado es* **le Sénat**, *como vimos en la lección 54)*.

trois cent quarante-quatre • 344

Exercice 2 – Complétez

❶ La señora diputada ha dicho: "Si supiera cómo reducir nuestra huella de carbono, lo haría inmediatamente".
Madame . . . . a dit " . . . . notre empreinte carbone, ... immédiatement".

❷ Internet no existía en aquella época, y ni siquiera teníamos teléfono.
Internet . . . . et . . . . de téléphone.

❸ Podrías hacer estos ejercicios en cualquier momento y cualquier día si quisieras.
Tu . . . . ces exercices . . . . et . . . . jour si tu . . . .

❹ No nos gustaría que nuestros hijos respiraran este aire contaminado todos los días.
. . . . que nos enfants respirent . . . . . . pollué . . . . les jours.

Soixante-septième leçon

L'encre la plus pâle...

1 Madame Claudie Marchand est rentrée [1] à la maison lundi dernier après avoir passé un mois à l'hôpital.
2 – Claudie est toujours coincée dans son appartement au douzième étage, la pauvre.
3 – Comment ça ? [2]
4 – L'ascenseur est tombé en panne il y a trois semaines et il ne marche toujours pas.
5 C'est pénible [3] – surtout pour elle, qui n'est pas sortie [4] de chez elle depuis trois jours.
6 Quand je suis rentré hier, je suis monté [5] la voir pour savoir si elle avait besoin de quelque chose.

❺ Claro que me alegro de verte, Jacques. De lo contrario, no te habría invitado.

 . . . . . . , je suis content de te voir, Jacques. . . . . . , ...

Soluciones al ejercicio 2
❶ – la Députée – Si je savais comment réduire – je le ferais – ❷ – n'existait pas à cette époque – nous n'avions même pas – ❸ – pourrais faire – à n'importe quelle heure – n'importe quel – voulais ❹ Nous n'aimerions pas – cet air – tous – ❺ Mais si – Sinon – je ne t'aurais pas invité

Fase productiva: 17.ª lección

Sexagésima séptima lección

La tinta más pálida...

1 La señora Claudie Marchand llegó a casa el lunes pasado después de haber pasado un mes en el hospital.
2 – Claudie sigue atrapada en su apartamento del duodécimo piso, la pobre.
3 – ¿Cómo [es] eso?
4 – El ascensor se rompió hace tres semanas y todavía no funciona.
5 Es penoso, sobre todo para ella, que no ha salido de su casa desde hace tres días.
6 Cuando llegué a casa ayer, subí a verla para saber si necesitaba algo.

67 / Soixante-septième leçon

7 J'ai rentré [1] ses plantes, qui étaient sur le balcon depuis un mois et demi, et j'ai descendu [6] sa poubelle.

8 J'ai même sorti [4] son petit chien pour le promener.

9 – Moi, je suis passée [7] la voir ce matin. J'ai monté [5] quelques courses et son courrier.

10 Après, j'ai passé [7] l'aspirateur, fait un peu de ménage et rangé le désordre.

11 Magali, sa voisine du dessus, est descendue [6] la voir et elles ont bavardé [8] pendant une bonne heure.

12 – Je suis sûr que, à son âge, Claudie n'a pas d'ordinateur.

13 Sinon, elle aurait pu entrer [9] sa liste de courses dans une appli et demander à être livrée à domicile.

14 – Tu serais surpris ! Madame Marchand est très bien équipée pour une sénior.

15 La première fois que je suis allée chez elle, je suis entrée [9] dans une petite pièce à côté de la cuisine

16 et j'ai vu qu'elle avait un nouveau portable, une imprimante, et même une connexion Internet.

17 Le problème, c'est qu'après un mois à l'hôpital, Claudie a oublié ses identifiants.

18 Je suis retournée [10] avant-hier et j'ai regardé partout, sur les étagères,

19 dans ses classeurs et ses boîtes de rangement, mais je n'ai rien trouvé.

20 En dernier ressort, j'ai retourné [10] son tapis de souris.

21 Bingo ! Les codes et les mots de passe étaient collés là-dessous.

22 – Comme on dit : "L'encre la plus pâle vaut mieux que la meilleure mémoire" !

347 trois cent quarante-sept

Sexagésima séptima lección / 67

7 Traje sus plantas, que habían estado en el balcón durante mes y medio, y le bajé la basura.
8 Incluso saqué a pasear a su perrito.
9 – Pasé a verla esta mañana. Le subí algo de compra y su correo.
10 Después, pasé el aspirador, hice un poco de limpieza y arreglé el desorden.
11 Magali, su vecina de arriba, bajó a verla y charlaron durante una buena hora.
12 – Estoy seguro de que, a su edad, Claudie no tiene ordenador.
13 De lo contrario, podría haber metido su lista de la compra en una aplicación y haber pedido que se la enviaran a domicilio.
14 – ¡Te sorprenderías! La señora Marchand está muy bien equipada para [ser] mayor.
15 La primera vez que fui a su casa, entré en una pequeña habitación al lado de la cocina
16 y vi que tenía un portátil nuevo, una impresora e incluso conexión a internet.
17 El problema es que después de un mes en el hospital, Claudie ha olvidado sus claves de acceso.
18 Volví antes de ayer y miré por todas partes, en los estantes,
19 en sus archivadores y cajas de almacenamiento, pero no encontré nada.
20 Como último recurso, di la vuelta a la alfombrilla del ratón.
21 ¡Bingo! Los códigos y las contraseñas estaban pegados allí debajo.
22 – Como dicen: ¡"La tinta más pálida vale más que la mejor memoria"!

67 / Soixante-septième leçon

🗨 Pronunciación
*la^{n}cr … pal **7** … pla^{n}t … balco^n … **9** … curie **14** … senior **16** … a^{n}prima^{n}t … **17** … ida^{n}tifa^n **20** … resor … tapi-de-suri*

📙 Notas

1 Un puñado de verbos se pueden conjugar tanto con **avoir** como con **être**, pero con un ligero cambio de significado. En la forma intransitiva, **rentrer** significa *volver, regresar*: **Tu es rentré(e) tard hier soir !** *¡Regresaste tarde anoche!* La forma transitiva significa *meter, entrar*: **As-tu rentré ta voiture au garage ?** *¿Metiste tu coche en el garaje?*

2 El interrogativo **Comment ça se fait ?** (lección 57, nota 1) a menudo se abrevia como **Comment ça ?** en francés coloquial para pedir una explicación: **Il n'est pas dans son bureau. – Comment ça ?** *–No está en su oficina. –¿Cómo es eso?* Se pueden utilizar otras formas similares, en particular **Où ça ? – Regarde ce petit chien ! – Où ça ?** *–¡Mira ese perrito! –¿Dónde?*

3 El adjetivo **pénible**, de **la peine** (lección 46, nota 8) describe algo que es *difícil, laborioso*, etc. **Le voyage en avion était pénible**, *El viaje en avión fue difícil.* Cuando se usa para describir a una persona, significa *insoportable, pesado,* etc. **Qu'est-ce qu'il est pénible !**, *¡Qué pesado!*

4 Usado intransitivamente como *salir* (lección 35, apartado 1.3), **sortir** se conjuga con **être** (**Elle est sortie**, *Ella salió*). La forma transitiva –observa el objeto directo (**clés**)– se conjuga con **avoir** y significa *sacar*: **Il a sorti ses clés de sa poche**, *Sacó las llaves del bolsillo.*

5 El verbo intransitivo **monter**, *subir*, tiene un significado similar en la forma transitiva: *subir, alzar*: **J'ai laissé mes lunettes en bas. Peux-tu**

***

▶ Exercice 1 – Traduisez

❶ Le voisin du dessus n'a pas l'air sympa. – Et pourtant il est très gentil, et très bavard ! ❷ Je suis passé chez elle tout à l'heure, mais elle était en train de passer l'aspirateur. ❸ Vous n'auriez pas dû entrer votre code PIN avant d'avoir validé votre commande. ❹ Peux-tu m'aider à descendre ces six valises ? C'est tellement pénible ! ❺ J'ai monté le courrier et je l'ai mis quelque part dans leur bureau. – Où ça ?

349•**trois cent quarante-neuf**

Sexagésima séptima lección / 67

les monter s'il te plaît ? *Me he dejado las gafas abajo. ¿Puedes subirlas por favor?* (Recuerda que **monter à cheval** significa *montar a caballo*).

6 Lo contrario de **monter** es **descendre**, *bajar* (lección16, línea 10). Sigue el mismo patrón cuando se usa con un objeto directo: **Pouvez-vous m'aider à descendre ma valise ?** *¿Puedes ayudarme a bajar la maleta?*

7 Conocemos el uso intransitivo de **passer**: **À quelle heure passe le bus pour le centre-ville ?**, *¿A qué hora pasa el autobús para el centro de la ciudad?* La forma transitiva es evidente por sí misma: **Passe-moi le savon**, *Pásame el jabón*. Recuerda la diferencia entre **passer** y **se passer**, *suceder* (lección 56, apartado 1).

8 El verbo regular **bavarder** significa *charlar* o, según el contexto, *cotillear*. **On a bavardé un bon quart d'heure**, *Charlamos durante una buena media hora*. Sin embargo, tanto el adjetivo (**bavard(e)**) como el sustantivo (**un(e) bavard(e)**) son un poco más críticos: **Qu'est-ce qu'il est bavard !**, *¡Qué charlatán!*

9 La forma transitiva de **entrer** se usa, como en español, con el sentido de *introducir* o *insertar* algo: **Entrez votre code PIN et validez**, *Introduzca su PIN y confírmelo*.

10 En la forma intransitiva, **retourner** (generalmente con **à**) significa *volver*, *regresar (a)*: **Nous sommes retournés à notre hôtel après la réunion**, *Regresamos a nuestro hotel después de la reunión*. El verbo transitivo significa *dar la vuelta*, *devolver*, etc. **Retournez le poisson au bout de deux minutes et ajoutez les légumes**, *Dé la vuelta al pescado después de dos minutos y añada las verduras*.

***

Soluciones al ejercicio 1

❶ –El vecino de arriba no parece agradable. –¡Y sin embargo es muy simpático y muy hablador! ❷ Pasé por su casa antes, pero estaba pasando el aspirador. ❸ No debería haber ingresado su código PIN antes de confirmar su pedido. ❹ ¿Puedes ayudarme a bajar esas seis maletas? ¡Es tan trabajoso! ❺ –Recogí el correo y lo puse en algún lugar de su oficina. –¿Dónde?

trois cent cinquante • 350

Exercice 2 – Complétez

① –¿Has metido el coche en el garaje, cariño? –Todavía no. He regresado hace solo dos minutos.

. . . . la voiture . . . . ,chéri ? – Pas encore. . . . . deux minutes seulement.

② Subimos al cuarto piso y bajé el cubo de basura que había estado allí durante dos días.

. . . . au quatrième étage et . . . . la poubelle qui était là . . . .

③ No he salido esta mañana porque hace demasiado frío. Pero mi mujer sacó al perro.

. . . . ce matin, car il . . . . Mais . . femme . . . .

④ –¿Qué ocurre? –El autobús pasa en unos minutos. Pásame mi abrigo.

Qu'est ce . . . . ? – Le bus . . . . . dans quelques minutes. . . . . manteau.

⑤ Recuerda: "La tinta más pálida vale más que la mejor memoria".

. . . . -toi : "L'encre . . . . mémoire."

Soixante-huitième leçon

La visite de la petite-fille [1]

1 – Salut Papy, salut Mamie [2]. Ça fait longtemps [3] que je ne vous ai pas vus !

2 Vous allez bien tous les deux [4] ? En tout cas, vous avez bonne mine [5].

3 – Bonjour ma petite [6] ! C'est très gentil de nous rendre visite.

4 Ton grand-père et moi sommes tous les deux [4] contents.

Sexagésima octava lección / 68

Soluciones al ejercicio 2

❶ As-tu rentré – au garage – Je suis rentré il y a – ❷ Nous sommes montés – j'ai descendu – depuis deux jours ❸ Je ne suis pas sorti – fait trop froid – ma – a sorti le chien ❹ – qui se passe – passe – Passe-moi mon – ❺ Souviens – la plus pâle vaut mieux que la meilleure –

Habrás notado que poco a poco vamos reduciendo la sección de pronunciación porque, por supuesto, ya deberías estar familiarizado con la mayoría de los sonidos en francés y, en especial, con los distintos tiempos verbales. De ahora en adelante, indicaremos solo las palabras nuevas que presentemos y cualquier pronunciación inusual o irregular. ¡Puedes evaluar el progreso que has logrado hasta ahora! (Si tienes dudas sobre cómo se pronuncia una palabra o grupo de palabras en particular, escucha atentamente las grabaciones).

Fase productiva: 18.ª lección

Sexagésima octava lección

La visita de la nieta

1 – Hola, abuelito, hola, abuelita. ¡Hace mucho que no os veía!
2 ¿Estáis bien? En cualquier caso, tenéis buen aspecto.
3 – ¡Hola, mi niña! Es muy agradable que nos visites *(de visitarnos)*.
4 Tu abuelo y yo estamos contentos.

5 On te voit si peu ces jours-ci : tu dois être très occupée.
6 – Oui, je fais un tas [7] de choses et je cours à droite et à gauche, comme toujours,
7 mais dès que [8] j'ai un moment, je viens vous voir, vous le savez bien.
8 – Mais tu viens toujours seule : tu n'as pas un amoureux [6] ? Un petit-ami ? Ou même une petite-amie ?
9 Tu sais bien que tu peux nous présenter qui que ce soit [9] : nous sommes des vieux jeunes !
10 – Mamie, je t'en prie ! Chaque chose en son temps.
11 – J'ai une blague à te raconter : "Un muet dit à un sourd qu'un aveugle les espionne,
12 en se cachant derrière les cheveux d'un chauve". C'est drôle, non ?
13 – Papy, comment te dire… ? Je ne suis pas morte de rire.
14 Tu devrais savoir que notre vocabulaire a changé depuis que toi et Mamie étiez jeunes.
15 Par exemple, on ne dit plus un aveugle mais un "non-voyant";
16 et "un malentendant" est plus juste que "un sourd", tu comprends ?
17 – Bon, changeons de sujet : comment vas-tu rentrer à Paris ?
18 – Une amie m'a déposée ici en voiture mais je vais rentrer en train.
19 Je crois qu'il y en a un vers dix-huit heures. Avez-vous un horaire ?
20 – Oui il circule toutes les heures dès [8] treize heures. Je t'amènerai à la gare.

Sexagésima octava lección / 68

5 Te vemos tan poco estos días: debes estar muy ocupada.
6 – Sí, hago un montón de cosas y voy de acá para allá *(corro de derecha a izquierda)*, como siempre,
7 pero en cuanto tengo un momento, vengo a veros, ya lo sabéis.
8 – Pero siempre vienes sola: ¿no tienes un enamorado? ¿Un novio? ¿O incluso una novia?
9 Sabes muy bien que puedes presentarnos a cualquiera: ¡somos viejos jóvenes!
10 – ¡Abuelita, por favor! Cada cosa a su tiempo.
11 Tengo un chiste para contaros: "Un mudo le dice a un sordo que un ciego los está espiando,
12 escondido detrás del pelo de un calvo". Es gracioso, ¿no?
13 – Abuelito, ¿cómo te lo digo…? No me muero de risa.
14 Debes saber que nuestro vocabulario ha cambiado desde que la abuela y tú erais jóvenes.
15 Por ejemplo, ya no decimos un "ciego" sino una "persona con discapacidad visual";
16 y "una persona con discapacidad auditiva" es más preciso que "un sordo", ¿entiendes?
17 – Está bien, cambiemos de tema, ¿cómo vas a volver a París?
18 – Un amigo me trajo *(dejó)* aquí en coche, pero regresaré en tren.
19 Creo que hay uno hacia las seis. ¿Tienes un horario?
20 – Sí, circula cada hora desde las ocho hasta la una de la tarde. Te llevaré a la estación.

trois cent cinquante-quatre • 354

68 / Soixante-huitème leçon

21 – Merci, je reviendrai dès que [8] possible, c'est promis. Au fait, peux-tu me prêter vingt euros ?
22 Je suis temporairement sans ressources. Autrement dit, fauchée [10].

Pronunciación
2 … min 4 … gra{n}per … 6 … ta … 7 … de-ke … 8 … petit-ami … petit-ami 11 … mue … sur … 13 … mort … 21 … promi … 22 … foshe

Notas de pronunciación
(6) un tas: como siempre, la **s** final es muda: *[ta]*. Y, por supuesto, el plural se pronuncia igual.

(8) *[petit-ami / petit-ami]*. Tanto la forma masculina como la femenina tienen la misma pronunciación, así que es importante escuchar bien el artículo (*un/une*)

Notas

1 **une petite-fille** (masc. **un petit-fils**) significa *una nieta* (masc. *un nieto*). El guion es esencial porque ambas palabras son sustantivos compuestos; sin él, **une petite fille** (**un petit fils**) significaría *una hija pequeña* (masc. *un hijo pequeño*). Las formas plurales son **petites-filles** y **petits-fils**. Casi no hay diferencia en la pronunciación entre el sustantivo compuesto y la formación de adjetivo + sustantivo, tanto en singular como en plural, por lo que el contexto es de suma importancia.

2 **papy** (o **papi**) y **mamie** son los equivalentes de *abuelito* y *abuelita*. Como en español, los términos a veces se usan peyorativamente (*anciano, anciana*) o con humor: **le papy boom**, que sería algo así como *el yayo boom* (el neologismo que se usa para hablar de la jubilación de los "baby boomers").

3 **Ça fait…** puede introducir una oración temporal (lección 37, línea 1). Por sí solo **Ça fait longtemps** significa *Hace mucho tiempo*. También se puede usar en una oración, generalmente con el **présent** o el **passé composé**: **Ça fait longtemps que tu apprends le français ?** *¿Hace mucho tiempo que estudias francés?* **Ça fait longtemps qu'elle a quitté son pays**, *Hace mucho tiempo que dejó su país*.

4 Sabemos que en francés no hay una palabra para *ambos* (lección 57, nota 2). Donde el español usa la palabra como adverbio (*a ambos*, por ejemplo), se traduce como **tous les deux / toutes les deux**, generalmente detrás del

355 • **trois cent cinquante-cinq**

Sexagésima octava lección / 68

21 – Gracias, volveré lo antes posible, lo prometo. Por cierto, ¿puedes prestarme veinte euros?
22 Estoy temporalmente sin recursos. En otras palabras, sin blanca.

verbo: **Michel et moi aimons tous les deux la campagne française**, *A ambos, a Michel y a mí, nos gusta la campiña francesa*.

5 **une mine** hace referencia a la cara o al aspecto físico de una persona: **Elle a mauvaise mine. Qu'est-ce qu'elle a ?** *Tiene mala cara. ¿Qué tiene?* **Ne faites pas cette mine triste**, *No pongas esa cara triste*. (**Une mine** también significa *una mina*, pero el contexto despejará cualquier ambigüedad).

6 Los adjetivos se pueden usar fácilmente como sustantivos singulares en francés. **Mon petit** (fem. **ma petite**) suele ser una manera cariñosa de dirigirse a una persona más joven, un poco como *mi niño/-a*. Otros ejemplos de adjetivos usados como sustantivos: **Il est amoureux de toi**, *Él está enamorado de ti* → **C'est un amoureux de la musique**, *Es un amante de la música*.

7 **un tas** significa *un montón* o *una pila*. **Il y avait un grand tas de livres dans le coin de la chambre**, *Había una gran pila de libros en la esquina del dormitorio*. El plural es **des tas**: **J'ai des tas de choses ...**

8 Utilizada en una oración temporal, la preposición **dès** – observa el acento grave– significa *a partir de*: **L'agence ouvrira ses portes dès midi**, *La agencia abrirá sus puertas a partir del mediodía*. **Dès** siempre marca el comienzo de la acción, pero no se usa en un contexto *desde-hasta* (**L'agence ouvrira ses portes de midi à dix-huit heures**.) **Dès que** significa *tan pronto como* o *en cuanto*: **Donne-moi des nouvelles dès que possible**, *Envíame noticias lo antes posible*.

9 **soit** es la tercera persona del singular del subjuntivo de **être** (el equivalente a **est** en presente). La frase **...que ce soit**, precedida de un pronombre como **qui**, **quoi** o **où**, tiene el sentido indefinido de *cualquiera* + pronombre: **La règle est la même, où que ce soit en France**, *La regla es la misma, en cualquier lugar de Francia*. Más adelante aprenderemos más sobre el subjuntivo.

10 El verbo **faucher** significa literalmente *segar*, *cosechar*. Sin embargo, el adjetivo **fauché(e)** se usa idiomáticamente con el sentido de *pelado* o *partido*. El vínculo entre los significados literal y metafórico es evidente en la expresión **être fauché comme les blés**, literalmente "*estar pelado como el trigo*", es decir, *estar sin blanca*.

trois cent cinquante-six • 356

Exercice 1 – Traduisez

❶ Salut, Maxime ! Ça fait longtemps. – Oui, ça fait au moins deux ans. ❷ Nous verrons ça plus tard : chaque chose en son temps. ❸ Nous aimerions beaucoup t'accompagner à la soirée mais nous sommes fauchés. ❹ Pouvez-vous nous amener à la gare ? Il n'y a plus de bus après vingt heures trente. ❺ Chaque fois que j'entends cette blague, je suis mort de rire.

***

Exercice 2 – Complétez

❶ ¿Se debe decir "un ciego" o "una persona con discapacidad visual"?
 . . . . . dire " . . . . " ou un " . . . . " ?

❷ No tienes buen aspecto. ¿Qué tienes?
 Vous . . . . Qu'est-ce . . . . ?

❸ Volveremos a veros lo antes posible. A partir de la semana que viene si todo va bien.
 . . . . vous voir . . . . . possible. . . . .
 . . . . , si tout va bien.

❹ Ambos, mi mujer y yo, apreciamos lo que hacéis.
 . . . . apprécions . . . . vous faites.

❺ Vais de acá para allá, como siempre. ¿Puedo hacer algo para ayudaros?
 Vous . . . . , comme toujours. Est-ce que je peux faire . . . . pour vous aider ?

Soixante-neuvième leçon

"Les animaux ne mentent pas…"

1 – As-tu le temps de manger un morceau avec moi ce midi ?

2 Je devais déjeuner avec mon fils, mais il m'a posé un lapin [1].

Sexagésima novena lección / 69

Soluciones al ejercicio 1

❶ –¡Hola, Maxime! Cuánto tiempo. –Sí, hace por lo menos dos años. ❷ Eso lo veremos más adelante: cada cosa a su tiempo. ❸ Nos encantaría ir contigo a la fiesta, pero estamos sin blanca. ❹ ¿Puedes llevarnos a la estación? No hay más autobuses después de las 8:30 p.m. ❺ Cada vez que escucho este chiste, me muero de risa.

***

Soluciones al ejercicio 2

❶ Doit-on – un aveugle – non-voyant – ❷ – avez mauvaise mine – qu'il y a – ❸ Nous reviendrons – dès que – Dès la semaine prochaine – ❹ Ma femme et moi – tous les deux ce que – ❺ – courez à droite et à gauche – quoi que ce soit –

*Al igual que en español, la terminología diseñada para evitar ofender a un colectivo de personas en particular también se ha introducido en el francés. Este modo de expresión se aplica sobre todo a ciertas formas de discapacidad física o mental (por ejemplo **non-voyant**, persona con discapacidad visual, en lugar de **aveugle**, ciego). El lenguaje culturalmente sensible es cada vez más común, especialmente en los medios de comunicación, y vale la pena prestarle mucha atención. En Canadá, en particular, se ha hecho un gran esfuerzo por encontrar la terminología adecuada en francés.*

Fase productiva: 19.ª lección

Sexagésima novena lección

"Los animales no mienten..."

1 – ¿Tienes tiempo para comer algo *(un trozo)* conmigo este mediodía?
2 Se suponía que iba a *(Debía)* comer con mi hijo, pero me ha dado plantón *(me ha puesto un conejo)*.

trois cent cinquante-huit • 358

69 / Soixante-neuvième leçon

3 Je pense qu'il a d'autres chats à fouetter [2] que de sortir avec son vieux papa.
4 – Ça serait avec le plus grand plaisir !
5 Il y a quelques jours, j'étais malade comme un chien.
6 J'avais une fièvre de cheval [3] et plein de courbatures.
7 Je commençais à avoir le cafard [4] parce que j'étais clouée au lit depuis une semaine.
8 Dehors, il faisait toujours gris et moche [5] – un vrai temps de chien [6].
9 Je m'ennuyais comme un rat mort et j'avais un appétit d'oiseau.
10 Julien, mon voisin du dessous, venait parfois me rendre visite,
11 mais il est bavard comme une pie [7] et j'avais juste envie de dormir comme un loir.
12 Mais depuis deux jours, je vais mieux
13 et je commence tout doucement à reprendre du poil de la bête [8]
14 Surtout, j'ai une faim de loup !
15 – Je passe du coq à l'âne [9], mais savais-tu que Patrice a trouvé un nouveau boulot ?
16 – Il est malin [10] comme un singe, celui-là !
17 Il a l'air doux comme un agneau, mais il est vachement [11] ambitieux. Qu'est-ce qu'il va faire ?
18 – Tu ne devineras jamais. Vas-y : essaie !
19 – Je sais qu'il court toujours plusieurs lièvres à la fois [12] et il peut tout faire.
20 Bijoutier ? Chirurgien ? Éboueur ? Chauffeur de taxi ? Jardinier ?

Sexagésima novena lección / 69

3 Creo que tiene otras cosas más importantes que hacer *(otros gatos para azotar)* que salir con su viejo padre *(papá)*.
4 – ¡*(Sería)* Con mucho gusto!
5 Hace unos días, me encontraba fatal *(estaba enfermo como un perro)*.
6 Tenía una fiebre de caballo y mucho dolor muscular.
7 Estaba empezando a estar deprimido *(tener la cucaracha)* porque había estado postrado *(clavado)* en la cama durante una semana.
8 Afuera, siempre estaba gris y feo, un auténtico tiempo de perros.
9 Estaba muerto de aburrimiento *(aburrido como una rata muerta)* y comía como un pajarito *(tenía un apetito de pájaro)*.
10 Julien, mi vecino de abajo, venía a veces a visitarme,
11 pero habla como una cotorra *(es charlatán como una urraca)* y yo solo tenía ganas de dormir como un lirón.
12 Pero desde hace dos días estoy mejor
13 y poco a poco *(muy suavemente)* comienzo a recuperarme *(a agarrar el pelo del animal)*.
14 Sobre todo, ¡tengo más hambre que un lobo *(tengo hambre de lobo)*!
15 – Cambio de tema *(Paso del gallo al burro)*, pero ¿sabes que Patrice ha encontrado un trabajo nuevo?
16 – ¡Ese es astuto como un zorro *(un mono)*!
17 Parece un corderito *(tan suave como un cordero)*, pero es superambicioso. ¿Qué va a hacer?
18 – Nunca lo adivinarías. Venga, ¡inténtalo!
19 – Sé que siempre tiene varios asuntos entre manos *(corre varias liebres a la vez)* y puede hacer [de] todo.
20 ¿Joyero? ¿Cirujano? ¿Basurero? ¿Taxista? ¿Jardinero?

69 / Soixante-neuvième leçon

21 Non ? Alors je donne ma langue au chat ! [13] Dis-le-moi s'il te plaît.

22 – Il va être vétérinaire, et il est heureux comme un poisson dans l'eau. □

Pronunciación

2 ... lapa^n 3 ... sha ... fuete ... 6 ... curbatûr 7 ... cafar ... 8 ... mosh ... 9 ... ra mor 11 ... pi ... luar 13 ... pual ... bet 14 ... lu 15 .... coc-a-lan ... 16 ... mala^n ... sa^n 17 ... año ... a^n bisie ... 19 ... lievr ... 20 ... shirurshia^n ... yardinie

Notas

1 **un lapin** significa *un conejo*, y **poser**, *poner* o *colocar* (lección 53, línea 12). La expresión idiomática **poser un lapin** (à quelqu'un) significa *dejar plantado a alguien* o, simplemente, *no presentarse*: **La chanteuse Nala a posé un lapin à ses fans**, *La cantante Nala dio plantón a sus fans*.

2 **un fouet** significa *un látigo*, de ahí el verbo **fouetter** (observa la doble t). **Avoir d'autres chats à fouetter** "tener otros gatos para azotar" es uno de los muchos modismos que utilizan diferentes animales para transmitir una idea.

3 Un símbolo de fuerza o tamaño, **un cheval**, *un caballo* (pl. **des chevaux**, lección 22) aparece en muchos modismos y símiles, como **une fièvre de cheval**, *una fiebre de caballo*, y su antídoto **un remède de cheval**, *un remedio o cura drástica*.

4 **un cafard** es el insecto más impopular del mundo: *una cucaracha*. Y dado que una plaga de cucarachas puede causar depresión, **avoir le cafard** significa *sentirse deprimido* o *desanimado*. Otra expresión común es **avoir un coup de cafard**, *tener un ataque de melancolía*.

5 l adjetivo idiomático **moche** es útil para describir la fealdad (**Il est moche comme un pou** "feo como un piojo", *Es más feo que Picio*), o lo desagradable en general: **Le match contre Lyon était assez moche**, *El partido contra el Lyon fue bastante malo*. La palabra se usa a menudo para describir el mal tiempo.

6 En francés, los perros aparecen en muchos modismos, generalmente expresando trabajo pesado, duro, etc. **Une vie de chien**, *Una vida de perro*. Del mismo modo, **J'ai eu un mal de chien à le convaincre**, *Me costó mucho convencerlo*.

Sexagésima novena lección / 69

21 ¿No? ¡Entonces me rindo *(le doy mi lengua al gato)*! Dímelo, por favor.
22 – Va a ser veterinario, y está feliz como una perdiz *(como un pez en el agua)*.

---

7 une pie, *una urraca*, aparece en la metáfora **être bavard comme une pie**, que puede traducirse simplemente como *ser una cotorra*.

8 **reprendre du poil de la bête** significa *recuperar fuerzas, recuperarse*, etc. **Le marché a repris du poil de la bête depuis le début du mois**, *El mercado se ha recuperado desde principios de mes*. Ten en cuenta que **un poil / des poils** se refiere al vello del cuerpo y al pelo de los animales, mientras que **un cheveu / des cheveux** se usa para el cabello humano.

9 El vínculo (o la falta de él) entre los dos animales en esta expresión –**un coq**, *un gallo* y **un âne**, *un burro*– se pierde en las brumas del tiempo, pero la expresión **passer** (o **sauter**) **du coq à l'âne** significa *pasar o saltar de un tema a otro, sin relación alguna*.

10 El adjetivo **malin** (fem. **maligne**) proviene de **le mal**, visto en la lección 66, nota 7. En el francés cotidiano, sin embargo, significa *inteligente, astuto*: **Ce n'est pas très malin, ce que tu viens de faire**, *Lo que acabas de hacer no es muy inteligente*. Debido al origen ""malvado"" de la palabra, el énfasis está en la astucia más que solo en la inteligencia. **Un singe**, *un mono*.

11 **vachement**, de **une vache**, *una vaca*, es un intensificador idiomático que se usa comúnmente tanto con los adjetivos, **Elle est vachement intelligente**, *Ella es superinteligente*, como con los verbos, **Il pleut vachement**, *Llueve a tope*. Ver lección 70. Esta palabra debe usarse con precaución porque es bastante coloquial.

12 **une lièvre** significa *una liebre* y el verbo **courir**, *correr*: **courir plusieurs lièvres à la fois**, literalmente "*cazar varias liebres a la vez*" significa concentrarse en más de una cosa, o *tener varios asuntos entre manos*. (También se pueden tener **trop de lièvres**, *demasiados asuntos*).

13 **donner sa langue au chat** "darle la lengua al gato" significa *darse por vencido* o *dejar de adivinar*: **Si tu donnes ta langue au chat, je te donnerai la réponse**, *Si te rindes, te diré la respuesta*.

Exercice 1 – Traduisez

❶ Je la trouve moche comme un pou mais elle est maligne comme un singe ! ❷ Stéphane s'ennuie comme un rat mort dans son boulot. ❸ Elle a dormi comme un loir cette nuit et maintenant elle a une faim de loup. ❹ J'ai du mal à vous suivre car vous sautez du coq à l'âne tout le temps. ❺ J'ai eu un mal de chien à trouver un taxi ce matin.

***

Exercice 2 – Complétez

❶ Los mercados se han recuperado desde la semana pasada.
Les marchés . . . . la semaine dernière.

❷ –¡No adivinarías nunca lo que he aprendido! –No, me rindo.
Vous . . . . ce que j'ai appris ! – Non, ...

❸ Vuestra propuesta no les interesa. Tienen otras cosas más importantes que hacer.
Votre proposition . . . . Ils . . . .

❹ A Lisa le dio un ataque de melancolía cuando se enteró de la noticia, pero ahora está tan feliz como una perdiz.
Lisa a eu . . . . en apprenant la nouvelle mais maintenant elle est . . . .

Soixante-dixième leçon

Révision

1 *Le conditionnel*: el condicional

Hasta ahora, hemos visto dos tipos de oraciones condicionales formadas con una oración con **si** (*si*) y una oración principal:
• El condicional real, que usa los mismos tiempos verbales que en español:
<u>Presente + presente</u>: expresa simplemente una verdad general
S'il fait froid, les plages sont vides, *Si hace frío, las playas están vacías*.

Septuagésima lección / 70

Soluciones al ejercicio 1

❶ ¡Me parece más fea que Picio, pero es astuta como un zorro! ❷ Stéphane se muere de aburrimiento en su trabajo. ❸ Anoche durmió como un lirón y ahora tiene más hambre que un lobo. ❹ Me cuesta seguirte porque cambias de un tema a otro todo el tiempo. ❺ Me costó mucho encontrar un taxi esta mañana.

***

❻ –¡Pero comes como un pajarito! –No, ayer me encontraba fatal.
Mais tu . . . . ! – Non, j'étais . . . . hier.

Soluciones al ejercicio 2

❶ – ont repris du poil de la bête depuis – ❷ – ne devinerez jamais – je donne ma langue au chat ❸ – ne les intéresse pas – ont d'autres chats à fouetter ❹ – un coup de cafard – heureuse comme un poisson dans l'eau ❺ – as un appétit d'oiseau – malade comme un chien –

Fase productiva: 20.ª lección

Septuagésima lección

70

En la mayoría de los casos, la primera parte de la proposición puede introducirse mediante **quand** (*cuando*) en lugar de **si** (*si*).

<u>Presente + futuro</u>: describe una proposición causa-efecto (es decir, si se cumple la condición, el resultado es cierto). En este caso, el verbo de la subordinada condicional (la oración con **si**) va en presente y la oración principal en futuro.
Si vous achetez ce sac en ligne, vous le payerez plus cher.
Si compras ese bolso en línea, lo pagarás más caro.

• El condicional irreal en presente: se utiliza para expresar un resultado hipotético, imposible de cumplirse. La oración principal

trois cent soixante-quatre • 364

se conjuga en condicional presente y la oración subordinada en imperfecto (ver lección 63).
Il pourrait t'aider si tu voulais, *Él podría ayudarte si quisieras*.

Para formar el condicional, se añaden las terminaciones del imperfecto (**-ais, -ais, -ait, -ions, -iez, -aient**) al infinitivo del verbo. Para los verbos del Grupo 3 que terminan en **-re**, la letra final se omite antes de añadir las terminaciones:

	gagner	finir	boire
je	gagnerais	finirais	boirais
tu	gagnerais	finirais	boirais
il/elle	gagnerait	finirait	boirait
nous	gagnerions	finirions	boirions
vous	gagneriez	finiriez	boiriez
ils/elles	gagneraient	finiraient	boiraient

Esta regla se aplica a todos los verbos. Sin embargo, cuatro de los verbos irregulares más importantes tienen cambios en la raíz:

	avoir	être	aller	vouloir
j'/je	aurais	serais	irais	voudrais
tu	aurais	serais	irais	voudrais
il/elle	aurait	serait	irait	voudrait
nous	aurions	serions	irions	voudrions
vous	auriez	seriez	iriez	voudriez
ils/elles	auraient	seraient	iraient	voudraient

Estas no son las únicas excepciones –los principales verbos como **devoir**, **pouvoir**, **venir** y **voir** son todos irregulares– así que, por favor, consulta el apéndice.

En cuanto a la ortografía, algunos verbos del Grupo 1 cambian muy poco. Esto tiene que ver con los verbos terminados en **-eler** y **-eter**, que duplican la consonante final: **j'appellerais, vous appelleriez; je jetterais, vous jetteriez**, etc. Como vimos con el futuro (lección 56, apartado 2), verbos como **acheter** y **lever** llevan acento grave (**j'achèterais, tu lèverais**). Por último, el condicional de los verbos acabados en **-ayer**, como **essayer**, se pueden escribir de dos formas: **j'essayerais** o **j'essaierais**. Ambas formas son correctas y se pronuncian de forma idéntica.

Lo más importante de recordar en la construcción del condicional irreal en presente es que el verbo que sigue a **si** va en imperfecto. Esto es fácil de ver en una oración con **être**:
Si j'étais vous, je serais content de partir.
Si yo fuera usted, estaría feliz de irme.

Como en español, el condicional se usa en muchas expresiones de cortesía (**Je voudrais un café s'il vous plait**). Sin embargo, para responder educadamente a una invitación (–*¿Te gustaría venir?* –*Sí, me encantaría.*), en francés no usamos el condicional porque sugeriría cierta reserva: *Me gustaría ir, pero no puedo*. La respuesta habitual a una invitación como esa, **Voudriez-vous venir ?** suele ser **Avec plaisir**.

Hay una tercera construcción, el condicional irreal en pasado, que no veremos en este curso.

2 Verbos que se pueden conjugar con *être* y con *avoir*

Como vimos en la lección 67, el **passé composé** de algunos verbos comunes se puede formar con **être** o con **avoir**, dependiendo del significado. La diferencia básica es el uso transitivo e intransitivo del verbo. Para recordar la diferencia, memoriza este nombre: DR PREMS: **D**escendre, **R**entrer, **P**asser, **R**etourner, **E**ntrer, **M**onter, **S**ortir.

Il est descendu du bus.	Il a descendu l'escalier.
Se bajó del bus.	*Bajó las escaleras.*
Nous sommes rentrés tard.	*Volvimos tarde a casa.*
Nous avons rentré la poubelle.	*Metimos dentro el cubo de basura.*
Elle est passée tout à l'heure.	*Ella pasó hace un rato.*
Elle m'a passé le sel.	*Ella me pasó la sal.*
Je suis retourné en Bretagne.	*Volví a Bretaña.*
J'ai retourné la crêpe.	*Di la vuelta al crepe.*
Ils sont entrés sans payer.	*Entraron sin pagar.*
Ils ont entré toutes les données.	*Metieron todos los datos.*
Elles sont montées au premier étage.	*Subieron al primer piso.*
Elles ont monté les courses.	*Subieron la compra.*

| **Je suis sorti trop tard.** | *Salí demasiado tarde.* |
| **J'ai sorti la voiture du parking.** | *Saqué el coche del parking.* |

En cada par, los dos significados están relacionados, pero son diferentes. En términos de construcción, la forma intransitiva va seguida inmediatamente por una preposición o un adverbio, mientras que la forma transitiva lleva un objeto directo.

Al igual que **entrer** y **rentrer**, algunos de estos verbos con doble auxiliar pueden tener un prefijo: **descendre** / **redescendre** (*volver a bajar*), **monter** / **remonter** (*volver a subir*) y **passer** / **repasser** (*volver a pasar*, aunque **repasser** también significa *planchar*). Todos estos verbos con prefijo siguen las mismas reglas.

3 Todo sobre *tout*

Tout, que significa *todo* (y en algunos casos *muy*), puede resultar confuso porque tiene varias funciones y puede usarse como adjetivo, adverbio, pronombre o sustantivo.

• Como adjetivo, *tout* siempre precede y concuerda en género y número con los sustantivos a los que califica. Las cuatro formas son **tout** (masculino singular), **toute** (femenino singular), **tous** (masculino plural) y **toutes** (femenino plural).

Aquí tienes una simple oración para ayudarte a recordar:
Tout le temps et toute la journée, tous mes frères et toutes mes sœurs sont à la maison.

Además de a sustantivos, **tout** puede calificar adjetivos, tanto posesivos:
Toute ma famille vit à Marseille, *Toda mi familia vive en Marsella*; como demostrativos:
Tous ces gens sont ici pour nous aider, *Toda esa gente está aquí para ayudarnos*. (Recuerda que el género de los sustantivos no siempre coindice en francés y español: **gens** es masculino plural).

En cuanto a la pronunciación, los adjetivos **tout** y **tous** son idénticos (*[tu]*) al igual que **toute** y **toutes** (*[tut]*).

• Como adverbio, **tout** suele ser invariable:
Allez tout droit et tourner au feu rouge.
Siga recto y gire en el semáforo en rojo.

Septuagésima lección / 70

Si se usa con otro adverbio, **tout** significa *muy* o *bastante*:
Je commence tout doucement à m'ennuyer.
Empiezo a aburrirme muy despacio.

Otras tres expresiones comunes en las que **tout** es un adverbio son **tout à fait**, *absolutamente* (lección 23), **tout droit**, *todo recto* (lección 25) y **tout à l'heure**, *más tarde* (lección 30).

• Como pronombre, solo tiene tres formas: **tout**, **tous** y **toutes**. El pronombre singular significa *todo, cualquier cosa*, etc.
Tout est possible ! *¡Todo es posible!*
Les enfants sont tous dans la chambre.
Los niños están todos en la habitación.
Les commandes sont toutes arrivées en retard.
Todos los pedidos llegaron tarde.

En términos de pronunciación, **tout** y **toutes** se pronuncian de la misma manera que las formas adjetivas, pero la **s** final de **tous** se pronuncia: *[tus]*:
Tous *tu* **les hommes sont pareils. / Les hommes sont tous** *tuss* **pareils.**
Todos los hombres son iguales / Los hombres son todos iguales.
Cuando **tout** va seguido de una oración de relativo que comienza con **que**, tenemos que añadir **ce**:
Tout ce que vous voulez, *Todo lo que usted quiera*.

• Otras expresiones vistas hasta ahora: **tout le monde**, *todo el mundo* (lección 20), **tout de suite**, *enseguida* (26), **tout le temps**, *todo el tiempo* (34), **tout à l'heure**, *más tarde/hace un momento* (30), **en tout cas**, *en todo/cualquier caso* (54), también escrito **en tous cas**, y **rien du tout**, *nada en absoluto* (66).
C'est tout pour le moment, *¡Es todo por el momento!*

4 N'importe

Sabemos (lección 60, nota 8) que **importer** significa *importar / ser importante*. En caso afirmativo, el verbo es bastante formal y se usa a menudo con el subjuntivo. Pero en sentido negativo, se incluye en muchas expresiones indefinidas comunes. Las más simples son **N'importe** y **Peu importe**. Generalmente se usan en respuesta a una pregunta y significan *No importa*.

trois cent soixante-huit • 368

Que voulez-vous boire ? – N'importe.
–*¿Qué quiere beber? –Cualquier cosa.* (es decir, "no importa").

Algunos indefinidos se forman simplemente añadiendo un pronombre o adverbio detrás de **n'importe**, el equivalente de *cualquier, cualquiera*.
J'irais n'importe où avec lui, *Iría a cualquier parte con él.*
N'importe qui peut y aller, *Cualquiera puede ir.*
Tu peux venir à n'importe quelle heure ou n'importe quel jour.
Puedes venir a cualquier hora o cualquier día.
En fait, tu peux venir n'importe quand, *De hecho, puedes venir en cualquier momento.*
Il faut cliquer sur une page, n'importe laquelle.
Hay que hacer clic en una página, en cualquiera.

Con **quoi**, hay varias posibilidades. El significado literal es *cualquier cosa*:
Il ferait n'importe quoi pour attirer mon attention.
Haría cualquier cosa para llamar mi atención.
En ligne, on trouve tout et n'importe quoi.
En línea, se encuentra de todo y cualquier cosa.

Pero **n'importe quoi** también puede referirse a algo que es absurdo o sin sentido.
Tu dis n'importe quoi, *Dices tonterías.*

En este sentido, se suele utilizar como exclamación para criticar o desestimar una afirmación anterior:
Les Français sont les meilleurs ! – N'importe quoi !
–*¡Los franceses son los mejores! –¡Tonterías!*
Una forma más larga, pero con el mismo significado, es **C'est du n'importe quoi**.

5 Modismos (2): animales

Como vimos en la última lección de revisión, es una buena idea aprender expresiones idiomáticas en grupos temáticos. Esta segunda entrega analiza los modismos basados en animales, que aparecen en la mayoría de los idiomas.

Septuagésima lección / 70

être doux comme un agneau	ser suave como un corderito
reprendre du poil de la bête	recuperarse
avoir le cafard	estar deprimido
donner sa langue au chat	rendirse
avoir d'autres chats à fouetter	tener cosas más importantes que hacer
avoir une fièvre de cheval	tener una fiebre de caballo
être malade comme un chien	encontrarse/sentirse fatal
faire un temps de chien	hacer un tiempo de perros
passer / sauter du coq à l'âne	cambiar de un tema a otro
poser un lapin	dar plantón
courir plusieurs lièvres à la fois	tener varios asuntos entre manos
dormir comme un loir	dormir como un lirón
avoir une faim de loup	tener más hambre que un lobo
avoir un appétit d'oiseau	comer como un pajarito
être bavard comme une pie	hablar como una cotorra
être heureux comme un poisson dans l'eau	estar feliz como una perdiz
s'ennuyer comme un rat mort	morirse de aburrimiento
être malin comme un singe	ser astuto como un zorro

Como se mencionó anteriormente, la traducción exacta dependerá del contexto, pero los equivalentes anteriores son los que se usan generalmente en español.

Una palabra que vimos en la lección 69 es el adjetivo **vachement**, que aparentemente proviene de **une vache**, *una vaca*. La palabra era originalmente un adverbio que significaba *desagradablemente* (el adjetivo **vache** todavía tiene ese significado: **une remarque vache**, *un comentario desagradable*) pero ahora se usa como intensificador. Aunque es muy común, **vachement** es una palabra muy coloquial y, según el registro del lenguaje, puede ser el equivalente de *maldito* o *condenado*. Por lo tanto, como ocurre con la jerga y los modismos en general, no se debe utilizar si no se tiene un buen conocimiento del francés estándar.

trois cent soixante-dix

Dialogue de révision

1 – Salut Gérard, ça fait longtemps ! Comment vas-tu ?
2 – Ça va mieux, merci. J'étais malade comme un chien toute la semaine dernière,
3 mais je reprends du poil de la bête depuis quelques jours.
4 Maintenant, ma femme et moi aimerions beaucoup aller quelque part en vacances.
5 D'après mon fils, nous devrions tous aller dans le sud, quelque part où il ferait meilleur.
6 – C'est vrai que si vous alliez dans le Midi, vous trouveriez peut-être du soleil.
7 – Qu'est-ce que tu me conseillerais ?
8 Quels sont les endroits les plus agréables pour passer une semaine ?
9 – Si tu vas dans le Vaucluse, vers Avignon, tu pourrais avoir du beau temps.
10 Mais dès que tu descendras vers la côte, tu trouveras certainement ce que tu cherches.
11 La température de la mer est agréable, donc vous pourriez vous baigner n'importe quand.
12 – Ce n'est pas la peine : je ne sais pas nager. Et ma femme n'aimerait pas la plage en hiver.

Soixante et onzième leçon

"La Dame de Fer"

1 – Écoutons le commentaire sur ce nouvel audioguide touristique qu'on m'a recommandé.
2 – "La Tour Eiffel, le monument emblématique de Paris, est construite [1] à la fin du dix-neuvième siècle.

13 – Dans ce cas, pourquoi ne pas aller à la montagne ?
14 – Mais qu'est-ce que je ferais s'il n'y avait pas de neige, ou s'il faisait un temps de chien ?
15 Je m'ennuierais comme un rat mort ! Finalement, on ferait mieux de rester chez nous.

Traducción

1 Hola Gérard, ¡cuánto tiempo! ¿Cómo estás? **2** Estoy mejor, gracias. Estuve fatal toda la semana pasada, **3** pero me he ido recuperando durante los últimos días. **4** Ahora a mi mujer y a mí nos encantaría ir a algún lugar de vacaciones. **5** Según mi hijo, todos deberíamos ir al sur, a cualquier parte donde haga mejor tiempo. **6** Es cierto que si fueras al sur, quizás encontrarías algo de sol. **7** ¿Qué me aconsejarías? **8** ¿Cuáles son los mejores lugares para pasar una semana? **9** Si vas a Vaucluse, hacia Aviñón, podrías tener buen tiempo. **10** Pero en cuanto bajes a la costa, seguro que encontrarás lo que buscas. **11** La temperatura del mar es agradable, por lo que podríais ir a nadar en cualquier momento. **12** No vale la pena: no sé nadar. Y a mi esposa no le gustaría ir a la playa en invierno. **13** En ese caso, ¿por qué no ir a la montaña? **14** Pero ¿qué haría yo si no hubiera nieve o si el clima fuera de perros? **15** ¡Me moriría de aburrimiento! Al final, será mejor que nos quedemos en casa.

Fase productiva: 21.ª lección

Septuagésima primera lección

"La Dama de Hierro"

1 – Escuchemos el comentario de esta nueva audioguía turística que me han recomendado.
2 – «La Torre Eiffel, el monumento emblemático de París, fue construida a finales del siglo XIX.

71 / Soixante et onzième leçon

3 Aujourd'hui, elle est visitée par à peu près [2] sept millions de visiteurs, bon an, mal an [3].
4 Mais peu connaissent la vraie histoire de la Dame de Fer, comme on l'appelle [4] affectueusement.
5 D'abord, elle n'est pas conçue par Gustave Eiffel lui-même mais par deux de ses collègues.
6 Inspirée par deux ingénieurs américains, elle est d'abord baptisée "La tour de trois cents mètres"
7 et construite en deux ans pour l'Exposition universelle de mil huit cent quatre-vingt-neuf.
8 La tour n'est pas destinée à durer plus de vingt ans, mais l'Histoire en décide autrement.
9 Comme elle est utilisée non seulement pour la météorologie mais aussi pour la téléphonie,
10 la décision est prise de ne pas la démolir.
11 La Tour Eiffel est restée le monument le plus élevé du monde pendant quarante ans
12 mais, à l'époque, elle n'est pas appréciée par tout le monde.
13 Beaucoup de gens la trouvent laide, et elle est vivement [5] critiquée par des écrivains et d'autres artistes.
14 Rira bien qui rira le dernier [6], car elle est déjà plus que centenaire !
15 Depuis qu'elle est ouverte, la Tour a reçu plus de deux cent cinquante millions de visiteurs !
16 Elle est même "vendue" dans les années mil neuf cent vingt par un escroc à un entrepreneur naïf,
17 qui pense faire une bonne affaire [7] en l'achetant pour récupérer la ferraille !
18 Plus récemment, elle est convoitée par une jeune femme, qui l'épouse et adopte son nom !

Septuagésima primera lección / 71

3 Hoy en día, es visitada por alrededor de siete millones de visitantes, año tras año.
4 Pero pocos conocen la verdadera historia de la Dama de Hierro, como la llaman cariñosamente.
5 En primer lugar, no es diseñada por el propio Gustave Eiffel sino por dos de sus colegas.
6 Inspirada por dos ingenieros estadounidenses, en principio se la bautizó como "La torre de los trescientos metros"
7 y fue construida en dos años para la Exposición Universal de 1889.
8 La torre no está destinada a durar más de veinte años, pero la historia decide lo contrario.
9 Dado que se utiliza no solo para la meteorología sino también para la telefonía,
10 se toma la decisión de no demolerla.
11 La Torre Eiffel siguió siendo el monumento más alto del mundo durante cuarenta años,
12 pero, en ese momento, no era apreciada por todo el mundo.
13 Mucha gente la encuentra fea y es fuertemente criticada por escritores y otros artistas.
14 Quien ríe el último, ríe mejor, ¡porque ya tiene más de cien años!
15 Desde su inauguración, ¡la Torre ha recibido a más de ciento cincuenta millones de visitantes!
16 Incluso es "vendida" en los años 1920 por un estafador a un empresario ingenuo,
17 ¡que piensa que está haciendo un buen negocio al comprarla para recuperar la ferralla!
18 Más recientemente, es codiciada por una joven, ¡que se casa con ella y adopta su nombre!

71 / Soixante et onzième leçon

19 Même si des copies ont été construites par d'autres villes dans le monde, il n'y qu'une seule Tour Eiffel.
20 Alors "gigantesque cheminée d'usine" ou magnifique symbole dont la France est fière [8] ?
21 La réponse est donnée d'avance par des millions de touristes qui viennent chaque année rendre hommage à la belle Dame de Fer."

Pronunciación
5 … coⁿsu … 6 aⁿspire … batise … 13 … led … 16 … escro … na-if 17 … ferie 18 … coⁿvuate … 20 … shemine … fi-er 21 … omash …

Notas de pronunciación
(6) La **p** en **baptisé** no se pronuncia en ninguna de las diferentes formas del verbo: aquí, *[batise]*.
(20) El adjetivo masculino **fier** y el femenino **fière** se pronuncian ambos *[fier]*.

Notas

1 El francés a menudo usa el presente para describir acciones pasadas (**le présent historique**, lección 42). Aquí, **être** es el auxiliar de la voz pasiva, junto con el participio pasado: **Eiffel construit son monument en deux ans → Le monument est construit en deux ans par Eiffel**. *Eiffel construyó el monumento en dos años → El monumento fue construido en dos años por Eiffel*. Dado que el participio pasado se comporta como un adjetivo, tiene que concordar con el sujeto: **Eiffel construit sa tour… → Sa tour est construite…**

2 **à peu près** "a poco cerca" es una frase adverbial útil que significa *aproximadamente*. **Il est à peu près huit/vingt heures**, *Son alrededor de las 8 en punto*. Aunque es sinónimo de **environ** (lección 60, nota 2), también puede usarse para calificar adverbios, reemplazando a **presque**: **Cet acteur est connu à peu près partout**, *Ese actor es conocido en casi todas partes*.

3 El modismo **bon an, mal an** "año bueno, año malo" significa *año tras año*. **Bon an, mal an, la tour attire des millions de touristes**, *Año tras año, la torre atrae a millones de turistas*. En esta expresión se utiliza siempre **an**, nunca **année**.

375 • **trois cent soixante-quinze**

Septuagésima primera lección / 71

19 Aunque se han construido copias en otras ciudades del mundo, solo hay una Torre Eiffel.
20 Así pues, ¿"una gigantesca chimenea de fábrica" o un magnífico símbolo del que Francia está orgullosa?
21 La respuesta la dan de antemano millones de turistas que vienen cada año para rendir homenaje a la bella Dama de Hierro».

4 El pronombre impersonal **on** a menudo hace el mismo trabajo que la voz pasiva. Así, **Il est appelé l'Homme de fer** y **On l'appelle l'Homme de fer** ambas significan *Se le llama el Hombre de Hierro*. Mira de nuevo la primera oración: **Le guide qu'on m'a recommandé**, *La guía que me han recomendado*.

5 El adjetivo **vif** (fem. **vive**) significa *vivo, despierto*. El adverbio **vivement** significa *agudamente, vivamente, fuertemente*, etc. **En ville, il est vivement recommandé d'utiliser les transports en commun**, *En la ciudad, se recomienda encarecidamente utilizar el transporte público*.

6 Los proverbios en francés a menudo usan construcciones antiguas o literarias. **Rira bien qui rira le dernier** es el equivalente de *Quien ríe el último, ríe mejor*. Observa cómo las dos oraciones están invertidas en el proverbio francés (y el antecedente **qui** se omite en la primera oración).

7 Como ya sabes, **les affaires** puede significar *los negocios* en el sentido de una actividad económica (lección 47) o los asuntos personales (lección 61). En singular, **une affaire** generalmente significa *un asunto, un trato* o *un caso*, por ejemplo, **l'affaire Dreyfuss**, *el caso Dreyfuss*. (Sin embargo, la palabra francesa nunca se refiere a un vínculo romántico.) La expresión **une bonne affaire** significa *un buen trato* o *un buen negocio*. A menudo se usa con **faire**: **Nous avons fait une bonne affaire en vendant notre maison**, *Hicimos un buen trato cuando vendimos nuestra casa*.

8 El adjetivo **fier** (fem. **fière**) significa *orgulloso* (ver Notas de pronunciación). **Elle est fière de ses origines basques**, *Está orgullosa de sus orígenes vascos*. La palabra también se puede usar con el modo subjuntivo, como veremos más adelante. Una expresión muy común e invariable, similar a su contraparte en español, es **Il n'y a pas de quoi être fier**, *No hay de qué sentirse orgulloso*. El sustantivo es **la fierté**, *el orgullo*. (No confundas **fier** con el verbo **se fier**, que se pronuncia *[fie]*, *confiar*, lección 50, nota 3).

trois cent soixante-seize • 376

71 / Soixante et onzième leçon

Exercice 1 – Traduisez

❶ On trouve de bons ordinateurs pas chers à peu près partout maintenant. ❷ On l'appelle tous Willi : il est très fier de ses origines alsaciennes. ❸ Tu n'as payé que cinq euros pour cet audioguide ? Tu as vraiment fait une bonne affaire. ❹ Le résultat n'est pas donné d'avance. Tout peut arriver dans ce sport. ❺ Il est vivement recommandé de réserver dans cet hôtel car, bon an, mal an, il est souvent plein.

***

Exercice 2 – Complétez

❶ El monumento ha recibido a más de dos millones de visitantes desde su inauguración.
Le monument . . . . . plus de deux millions de visiteurs
. . . .

❷ El francés no se usa solo en Francia sino también en muchos otros países del mundo.
Le . . . . en France . . . .
dans . . . . pays . . . .

❸ Gérard no es muy querido por sus colegas. Es duramente criticado.
Gérard . . . . ses collègues. Il . . . .

❹ Mi decisión está tomada. Quien ríe el último, ríe mejor.
. . décision . . . . le . . . .

❺ Este edificio plantea problemas desde que está abierto.
Ce bâtiment . . . . des problèmes . . . .

***

Una de las mayores atracciones turísticas de Francia y del mundo, la Torre Eiffel estuvo inspirada en el trabajo de dos ingenieros estadounidenses que querían diseñar y construir una torre de 300 metros de altura. Finalizado para coincidir con el centenario de la Revolución Francesa de 1789, el monumento debía desmantelarse después de una década, pero Gustave Eiffel hizo todo lo posible para garantizar que su trabajo perdurara, a pesar de la oposición de escritores, arquitectos e intelectuales, que lo compararon a una chimenea de

Septuagésima primera lección / 71

Soluciones al ejercicio 1

❶ Se pueden encontrar ordenadores buenos y económicos en casi todas partes ahora. ❷ Le llamamos Willi: está muy orgulloso de sus orígenes alsacianos. ❸ ¿Has pagado solo cinco euros por esta audioguía? Realmente has hecho un buen negocio. ❹ El resultado no se da por adelantado. Cualquier cosa puede pasar en este deporte. ❺ Se recomienda encarecidamente reservar en este hotel porque, año tras año, suele estar lleno.

***

Soluciones al ejercicio 2

❶ – a reçu – depuis qu'il est ouvert ❷ – français est utilisé non seulement – mais aussi – plusieurs autres – dans le monde ❸ – n'est pas apprécié par – est vivement critiqué ❹ Ma – est prise – Rira bien qui rira – dernier ❺ – pose – depuis qu'il est ouvert –

***

fábrica. Las anécdotas sobre la venta de la torre para chatarra por un tramposo embaucador y el matrimonio con una estadounidense excéntrica son ciertas. Y aunque cierta política británica intentó una vez hacer suyo el sobrenombre de la Dama de Hierro, ¡en realidad solo hay una **Dame de fer**!

Fase productiva: 22.ª lección

trois cent soixante-dix-huit • 378

Soixante-douzième leçon

Ça ne se fait pas !

1 – Éric Camus nous quitte à la fin du mois et nous allons organiser un pot de départ [1] avec tous ses amis
2 pour lui souhaiter bonne chance dans les années à venir.
3 – Depuis combien de temps est-ce qu'il gère le service ? On me dit qu'il est là depuis des lustres [2].
4 – Il ne faut pas exagérer. Éric nous a rejoints il y a une dizaine d'années.
5 Auparavant, il était salarié dans une compagnie d'assurances en province,
6 mais on lui a fait comprendre qu'il n'aurait pas d'avancement parce qu'il était trop jeune.
7 C'est un de ses amis qui [3] a mentionné notre entreprise : Éric a postulé et on l'a embauché aussitôt [4].
8 – On dit qu'il est très apprécié de [5] ses collègues. Est-ce vrai ?
9 – Oui, Éric est aimé par [5] tous ceux qui ont travaillé avec lui, surtout les chefs d'équipe.
10 Il est toujours de bonne humeur [6] et ne se dispute jamais avec personne ;
11 il sait écouter et prendre des décisions. Il a fait de grandes choses [7] pour cette société.
12 – Pour le pot, à quel moment allez-vous le faire ? En fin de journée ?
13 – Il est préférable de le faire à midi : comme ça il y aura plus de monde

Septuagésima segunda lección

¡Eso no se hace!

1 – Éric Camus nos deja a final de mes y le vamos a organizar una copa de despedida con todos sus amigos
2 para desearle buena suerte en los próximos años.
3 – ¿Hace cuánto que presta sus servicios? Me han dicho que está aquí desde hace muchos años.
4 – No hay que exagerar. Éric se unió a nosotros hace diez años.
5 Anteriormente, estaba empleado en una compañía de seguros en provincias,
6 pero se le dio a entender *(hizo comprender)* que no tendría un ascenso porque era demasiado joven.
7 Uno de sus amigos mencionó nuestra empresa: Éric presentó una solicitud y se le contrató inmediatamente.
8 – Se dice que es muy apreciado por sus compañeros. ¿Es eso cierto?
9 – Sí, Éric es querido por todos los que han trabajado con él, sobre todo los jefes de equipo.
10 Siempre está de buen humor y no discute nunca con nadie;
11 Sabe escuchar y tomar decisiones. Ha hecho grandes cosas por esta empresa.
12 – Para la fiesta *(bote)*, ¿cuándo la vais a hacer? ¿Al final de la jornada?
13 – Es preferible hacerla a mediodía: de esta manera *(como así)* habrá más gente.

14 – Qu'allez-vous faire : l'organiser vous-mêmes ou faire appel [8] à quelqu'un ?
15 – C'est nous qui allons tout préparer, à part le buffet, qui a été commandé chez un traiteur.
16 – Des petits fours salés et sucrés seront livrés vers onze heures, onze heures trente au plus tard.
17 Tout se mange [9] froid, donc il n'y a pas besoin de cuisine.
18 – Et c'est vous qui achetez le cadeau de départ ?
19 – Non, c'est un autre collègue qui s'en charge, mais il sera choisi par un comité de quatre personnes,
20 et un discours sera prononcé lors du buffet.
21 Et il se fera [9] en anglais. Après tout, nous sommes une entreprise moderne et dynamique.
22 – Ah non, ça ne se fait pas [9] ! Ici, on parle français, monsieur.

Pronunciación
1 … po-de-depar *3* … yer … *4* … reyua^n … *5* … prova^{n}s *7* … a^{n}bushe … *10* … bon-umer … *16* … puti-fur … *19* … sa^n shars …

Notas de pronunciación
(5) province : Observa la vocal abierta *[a^n]* en la segunda sílaba: *[prova^{n}s]*. No confundas esta palabra con **Provence**, la bonita región del sureste de Francia, que se pronuncia *[prove^{n}s]*.

Notas

1 **un pot** significa *un bote* –**un pot de fleurs**, *un jarrón de flores*– o *un frasco*, **un pot de confiture** *un frasco de mermelada*. (Recuerda la importante diferencia entre **à** y **de** en este caso, lección 48, nota 9). En un registro coloquial, **un pot** significa *una bebida* (generalmente alcohólica): **Tu viens boire un pot avec nous ?** *¿Vienes a tomar una copa con nosotros?* En un contexto laboral, significa *una fiesta*, o, específicamente, **un pot de départ** o **d'adieu**, *una copa de despedida*.

Septuagésima segunda lección / 72

14 – ¿Qué vais a hacer: organizarla vosotros mismos o vais a llamar a alguien?
15 – Nosotros somos los que vamos a preparar todo, aparte del bufé, que se ha encargado a un servicio de catering.
16 – Los canapés *(pequeños hornos)* salados y dulces se servirán *(entregarán)* hacia las once, once y media como muy tarde.
17 Todo se come frío, así que no se necesita cocina.
18 – ¿Y será usted quien compre el regalo de despedida *(salida)*?
19 – No, otro compañero está al cargo, pero será elegido por un comité de cuatro personas,
20 y se pronunciará un discurso durante el bufé.
21 Y se hará en inglés. Después de todo, somos una empresa moderna y dinámica.
22 – Ah, no, ¡eso no se hace! Aquí se habla francés, señor.

---

2 **un lustre** significa *brillo* (o *lustre*). Sin embargo, la expresión coloquial **depuis des lustres** (de la palabra latina para un período de cinco años, y siempre en plural) simplemente significa *durante mucho tiempo / muchos años*. **Il est ici depuis des lustres**, *Ha estado aquí durante lustros / muchos años*.

3 Una forma de evitar la voz pasiva en una oración es poner el énfasis en el sujeto (la persona que realiza la acción). Para ello, usamos **c'est** (sing.) o **ce sont** (pl.) al comienzo de la oración seguido de **qui/que**. Así, en lugar de **Votre entreprise a été mentionnée par un ami** decimos **C'est un ami qui a mentionné votre entreprise**. En español, **c'est / ce sont ... qui** no necesita traducción: *Un amigo mencionó su empresa*.

4 El adverbio **aussitôt**, formado por **aussi**, *también*, y **tôt**, *temprano*, es una forma elegante de decir de *inmediato*, *enseguida*. **La neige est tombée cette nuit mais a disparu aussitôt**, *La nieve cayó anoche, pero desapareció inmediatamente*. A menudo se puede sustituir por **immédiatement**. Una expresión común y fácil de recordar es **Aussitôt dit, aussitôt fait**, *Dicho y hecho*.

72 / Soixante-douzième leçon

5 El agente pasivo generalmente se presenta con **par**: **La décision a été prise par le directeur**, *La decisión fue tomada por el director*. (Ver lección 71, nota 1). Pero si el verbo expresa un sentimiento o emoción, **par** se puede sustituir por **de**: **Il est aimé par** o **de ses collègues**, *Es querido por sus compañeros*. *El significado no cambia*.

6 Ten cuidado de no confundir el sustantivo masculino **l'humour**, *el humor* (consulta la pronunciación en la lección 52) con el femenino **l'humeur**, *el humor* (estado de ánimo). **Elle est de bonne humeur ce matin**, *Está de buen humor esta mañana*. La palabra también puede referirse al temperamento de una persona: **Il est d'humeur changeante depuis qu'il a arrêté de fumer**, *Ha estado de mal humor desde que dejó de fumar*. Otra expresión "animal" (lección 69) es **être d'une humeur de chien**: **Le chef est d'une humeur de chien depuis deux jours**, *El jefe ha estado de un humor de perros durante dos días*.

7 Sabemos que **grand** significa no solo *alto* sino también *grande*, *amplio* (lección 16, nota 2). Por lo tanto, **faire / accomplir de grandes choses** significa *hacer / lograr grandes cosas*. No confundas esta construcción de adjetivo más sustantivo con el modismo **ne pas faire grand-chose** (siempre en singular), visto en la lección 61.

8 **un appel**, del verbo **appeler**, *llamar*, significa *una llamada* (teléfono, apelación, etc., lección 38, línea 16). Por lo tanto, *hacer una llamada (telefónica)* es **passer un appel (téléphonique)**. Por tanto, la expresión **faire appel à** significa *invocar* o *apelar*. El objeto directo del verbo puede ser una persona –**Nous avons fait appel à un expert pour nous**

***

Exercice 1 – Traduisez

❶ Attendons un peu pour aller boire un pot. Comme ça il y aura plus de monde. ❷ Je n'ai pas vu Benoît depuis des lustres. Toujours de mauvaise humeur ? ❸ On fait appel à elle parce que c'est une experte dans ce domaine. ❹ Lors de la réunion, je leur ai demandé une copie du discours. Aussitôt dit, aussitôt fait ! ❺ Qui achètera le cadeau de départ ? – Ce sont eux qui vont tout faire, je pense.

383   trois cent quatre-vingt-trois

Septuagésima segunda lección / 72

aider, *Pedimos ayuda a un experto*– pero también un sustantivo abstracto: **Je fais appel à vos connaissances en informatique**, *Apelo a sus habilidades informáticas*.

9 Otra forma de evitar la pasiva es con la forma verbal pronominal en tercera persona del singular: **Tout se fait en français dans notre entreprise**, *Todo se hace en francés en nuestra empresa*. Esta solución alternativa se utiliza generalmente en situaciones en las que el agente es desconocido o no es relevante: **Le billet s'achète en ligne**, *El billete se compra en línea*. También se puede utilizar si el agente se sobreentiende, especialmente cuando se dirige a él directamente, en cuyo caso la frase anterior significa *Usted compra el billete en línea*. La expresión **Ça ne se fait pas**, que significa *Eso no se hace*, se puede usar en una gran variedad de contextos (*Para nada, No puedes hacer eso*, etc.).

***

Soluciones al ejercicio 1

❶ Esperemos un poco para tomar una copa. De esa forma habrá más gente. ❷ No he visto a Benoît desde hace años. ¿Sigue de mal humor? ❸ Se la llama porque es una experta en esta área. ❹ En la reunión les pedí una copia del discurso. ¡Dicho y hecho! ❺ –¿Quién comprará el regalo de despedida? –Ellos son los que harán todo, creo.

trois cent quatre-vingt-quatre • 384

Exercice 2 – Complétez

❶ –¿Quién dijo: "Necesito un frasco de mermelada para hacer un frasco de mermelada"? –¡Nadie!
Qui a dit : "J'ai besoin .... pour en faire .. .. " ? – .... !

❷ Los billetes de tren se compran en línea. Todo se hace en internet o en el smartphone desde hace años.
Les billets de train .... sur Internet ou smartphone ....

❸ –¿Debemos dar propina al servicio de catering? –No, eso no se hace.
Est-ce qu'on .... donner .... ? – Non, ...

❹ Tres compañeros se encargarán de organizar la fiesta para Éric, que es muy querido por todo el mundo.
...... trois collègues qui .... pour Éric, qui ....

Soixante-treizième leçon

Je n'en peux plus !

1 – Mais qu'est-ce que tu as ? On dirait que ça ne va pas fort.
2 – Effectivement. J'en peux plus. J'en ai plein le dos [1].
3 – Avant-hier, je me réveille en pleine nuit en mauvais état avec une rage de dents
4 et je n'ai rien dans l'armoire à pharmacie pour soulager la douleur.
5 J'ai dû attendre le matin pour appeler mon dentiste, mais j'avais oublié que son cabinet est fermé le week-end.
6 Tout comme la pharmacie du coin. Ce sont tous des fainéants !

❺ Nos han dado a entender que el momento está mal escogido y que es preferible esperar unos meses.

. . . . que le moment est mal choisi et qu'. . . . . quelques mois.

Soluciones al ejercicio 2

❶ – d'un pot à confiture – un pot de confiture – Personne ❷ – s'achètent en ligne – Tout se fait – depuis des années ❸ – doit – un pourboire au traiteur – ça ne se fait pas – ❹ Ce sont – se chargeront d'organiser le pot – est très apprécié de tout le monde ❺ On nous a fait comprendre – il est préférable d'attendre –

Fase productiva: 23.ª lección

Septuagésima tercera lección

¡No puedo más!

1 – Pero ¿qué te pasa? Parece *(Se diría)* que las cosas no van bien *(eso no va fuerte)*.
2 – Efectivamente. No puedo más. Estoy harto *(tengo llena la espalda)*.
3 – Anteayer, me despierto en plena noche en mal estado con un dolor de muelas
4 y no tengo nada en el botiquín *(armario de farmacia)* para aliviar el dolor.
5 Tuve que esperar hasta la mañana para llamar a mi dentista, pero olvidé que su consulta está cerrada los fines de semana.
6 Al igual que *(Todo como)* la farmacia de la esquina. ¡Son todos unos vagos!

73 / Soixante-treizième leçon

7 J'ai voulu prendre le métro pour aller aux urgences, mais il était en grève [2].

8 J'ai réussi à trouver un taxi mais on a été pris dans les bouchons [3] pendant une heure.

9 À l'hôpital, les urgences étaient débordées et ils m'ont fait patienter pendant trois heures.

10 – Trois heures ? C'est pas possible ! Quelle galère ! [4]

11 – Après, ils m'ont cassé les pieds [5] parce que je n'avais pas ma carte d'assurance maladie.

12 Pour couronner le tout, j'ai été soigné par un stagiaire, pas un vrai dentiste, et j'ai toujours mal.

13 – C'est dingue ! [6] Quelle histoire de fou.

14 – Tout est comme ça maintenant, et il y en a marre [7]

15 N'importe qui fait n'importe quoi, n'importe comment – c'est toujours pareil.

16 Rien ne marche comme il faut : tout est sens dessus dessous [8], et ça m'énerve.

17 Et quand tu le fais remarquer aux gens, ils te répondent "Ah bon ? Nous, on ne peut pas se plaindre [9]."

18 Qu'est-ce qu'ils sont fatigants ! Même toi, tu commences à me fatiguer !

19 – Qu'est-ce que je pourrais faire pour te remonter le moral [10] ? T'inviter à dîner ?

20 – Ne t'en fais pas. [11] C'est vrai que j'en ai ras le bol,

21 mais tu connais les Français : nous ne sommes heureux que lorsque nous nous plaignons. □

Pronunciación

3 … rash … *5* … da^n tist … cabine … *6* … fene-a^n *8* … busho^n … *9* … pasia^n te … *10* … galer *11* … dasura^n s … *12* … suañe … stayer … *13* … da^n g … *16* … sa^n -desu-desu … *17* … pla^n dr *19* … moral … *21* … pleño^n

Septuagésima tercera lección / 73

7 Quise tomar el metro para ir a urgencias, pero estaba en huelga.
8 Me las arreglé para encontrar un taxi, pero quedamos atrapados en un atasco durante una hora.
9 En el hospital, las urgencias estaban desbordadas y me hicieron esperar durante tres horas.
10 – ¿Tres horas? ¡No es posible! ¡Qué pesadilla!
11 – Luego me dieron la lata *(rompieron los pies)* porque no tenía la tarjeta sanitaria.
12 Para colmo *(coronar el todo)*, me atendió un estudiante en prácticas, no un dentista de verdad, y todavía tengo dolor.
13 – ¡Qué locura! Qué historia tan loca.
14 – Todo es así ahora, y ya está bien.
15 Cualquiera hace cualquier cosa de cualquier forma, siempre es lo mismo.
16 Nada funciona bien: todo está al revés y eso me enfada.
17 Y cuando se lo señalas a la gente, responden: "¿Ah, sí? No podemos quejarnos".
18 ¡Qué cansinos! ¡Incluso tú me estás empezando a cansar!
19 – ¿Qué podría hacer para animarte *(remontar la moral)*? ¿Invitarte a cenar?
20 – No te preocupes. Es cierto que estoy harto
21 pero ya conoces a los franceses: solo estamos contentos cuando nos quejamos.

Notas de pronunciación

En el francés informal, el adverbio **ne** a menudo se omite de una construcción negativa cuando se habla rápido. Así, **j'en peux plus** (línea 2), pronunciado *[ye^n pe plû]*, es la manera informal de decir **je n'en peux plus** *[ye na^n pe plû]*. De manera similar, **c'est pas possible** (línea 10) sustituye a **ce n'est pas possible**. Encontrarás estas formas (gramaticalmente incorrectas) escritas en letras de canciones, entradas de blogs, publicaciones en redes sociales y similares. No hace falta decir que no las imites, pero prepárate para encontrarte algún **ne** omitido.

73 / Soixante-treizième leçon

Notas

1 Vimos **le dos**, *la espalda*, en la lección 62, nota 8. La expresión idiomática **en avoir plein le dos** significa básicamente *estar harto, estar hasta el moño*. Puede usarse como una exclamación, como aquí, o con un objeto directo, en cuyo caso va acompañada de **de**: **J'en ai plein le dos de leurs excuses**, *Estoy hasta el moño de sus excusas*. Del mismo modo, **Je n'en peux plus** expresa la incapacidad para lidiar con lo desagradable, usando la misma imagen que las expresiones en español como *No puedo más, No lo soporto más*.

2 **une grève** significa *una huelga, un paro laboral*. Generalmente se usa con **faire** (a veces sin artículo) o **être en** (nunca con artículo): **Les ouvriers font [la] grève / L'usine est en grève**, *Los trabajadores hacen huelga / La fábrica está en huelga*.

3 **un bouchon** significa *un tapón*. Para describir la congestión del tráfico, el francés utiliza la misma imagen que el español: un tapón de botella. **Un bouchon** es más o menos sinónimo de **un embouteillage** (lección 58, línea 13), que literalmente significa *un embotellamiento, un atasco* y generalmente se usa para describir la congestión urbana. Sin embargo, solamente se puede usar **bouchon** como verbo: **Ça commence à bouchonner sur la route des vacances**, *Comienzan a formarse embotellamientos en las carreteras por las vacaciones*.

4 **une galère** es literalmente *una galera* (un barco propulsado a remo). El gran esfuerzo realizado por los remeros del barco proporciona el contexto para una palabra que describe las penurias y dificultades de un viaje infernal. Por ahora, simplemente aprende la exclamación **Quelle galère !**, *¡Qué infierno / tormento / pesadilla!*

5 El modismo **casser le pieds** "romper los pies" es una manera idiomática de decir que alguien te está molestando, es decir, *molestar, irritar, fastidiar*, etc. **Il me casse les pieds avec toutes ces questions !** *¡Me saca de quicio con todas esas preguntas!* También hay un adjetivo derivado –**C'est casse-pieds de changer son mot de passe chaque mois**, *Es una pesadilla cambiar tu contraseña todos los meses*– y el sustantivo: **Mon nouveau voisin est un vrai casse-pieds**, *Mi nuevo vecino es un verdadero fastidio*.

6 El adjetivo coloquial **dingue**, derivado de una antigua palabra del argot para la malaria, básicamente significa *loco, chiflado*, etc. **Ce truc me rend dingue !** *¡Esta cosa me está volviendo loco!* En este sentido, es

389 • **trois cent quatre-vingt-neuf**

Septuagésima tercera lección / 73

sinónimo de **fou** (lección 58). Los significados derivados incluyen *increíble*, *extraordinario*, etc. **Les prix dans ce restaurant sont dingues !** *¡Los precios de ese restaurante son increíbles!* El sustantivo es **un(e) dingue**: *C'est un dingue de moto*, *Es un loco de las motos*.

7 **en avoir marre**, como vimos en la lección 44, nota 7, significa *estar harto*. **Il y en a marre !** es una exclamación impersonal que se traduce más o menos como *¡Ya está bien!*, *¡Ya basta!*

8 Los adverbios **dessus**, *encima* y **dessous**, *debajo*, se combinan en la expresión **sens dessus dessous**, *del revés*, *patas arriba*: **Tu as mis ma vie sens dessus dessous**, *Has puesto mi vida patas arriba*. Ten en cuenta el orden de los dos adverbios: el que tiene la letra extra (**o**) va en segundo lugar.

9 **plaindre** significa *compadecer*, *sentir lástima por*: **Si vous n'avez pas encore la réponse, je vous plains**, *Si aún no tienes la respuesta, lo siento por ti*. También puede significar *quejarse*, *lamentarse*, etc. **Arrête de te plaindre tout le temps**, *Deja de quejarte todo el tiempo*. La expresión **On ne peut pas se** (o **Je ne peux pas me**) **plaindre** es el equivalente de la respuesta estoica *No podemos quejarnos*.

10 **le moral** significa *la moral*, es decir, *el entusiasmo*: **Qu'est qu'il y a ? Tu n'as pas le moral ?** *¿Qué pasa? ¿No tienes ánimo?* Ten cuidado de no confundirlo con **la morale**, *la moral* en el sentido de las normas que distinguen entre el bien y el mal.

11 **s'en faire**, *preocuparse / estar preocupado*, es sinónimo de **s'inquiéter** (lección 51, línea 9). Se utiliza principalmente en la expresión **Ne vous en faites pas** (colq. **Ne t'en fais pas**): *No te preocupes*. Se puede añadir un objeto directo, introducido por: **Ne t'en pas pour lui, il va bien**, *No te preocupes por él, está bien*.

trois cent quatre-vingt-dix • 390

73 / Soixante-treizième leçon

▶ Exercice 1 – Traduisez
❶ Ils font grève juste avant Noël. J'en ai plein le dos ! ❷ Ces jeunes nous cassent les pieds avec ces histoires de réchauffement climatique. ❸ Quelle galère ! Nous étions coincés dans les bouchons sur l'autoroute pendant trois heures. ❹ Je n'en peux plus de ce bruit, qui me réveille à trois heures toutes les nuits. ❺ Le service est débordé et, pour couronner le tout, ils ne répondent plus au téléphone.

***

Exercice 2 – Complétez
❶ Me hicieron esperar durante veinte minutos, pero no me puedo quejar.
On . . . . vingt minutes, mais . . . .

❷ Se quejan todo el tiempo y eso me está volviendo loco porque el problema no es tan serio.
Ils . . . . tout le temps et . . . . , car le problème n'est pas . . . . que ça.

❸ Me señalaron que todo está patas arriba, y es cierto. ¡Qué historia más loca!
On . . . . que tout est . . . . , et . . . . histoire . . . . . . !

❹ Me estás empezando a hartar con tus preguntas. Eres un verdadero fastidio.
Vous . . . . avec vos questions. . . . . vraiment . . . .

❺ No tengo ánimo: cualquiera puede hacer cualquier cosa, de cualquier manera.
Je . . . . : . . . . fait . . . . , ... comment.

391 • trois cent quatre-vingt-onze

Soluciones al ejercicio 1

❶ Hacen huelga justo antes de Navidad. ¡Estoy harto! ❷ Estos jóvenes nos están dando la lata con estas historias sobre el calentamiento global. ❸ ¡Qué pesadilla! Estuvimos atrapados en los atascos de la carretera durante tres horas. ❹ No puedo más con este ruido, que me despierta a las tres en punto todas las noches. ❺ El servicio está desbordado y, para colmo, ya no responden al teléfono.

***

Soluciones al ejercicio 2

❶ – m'a fait patienter pendant – je ne peux pas me plaindre ❷ – se plaignent – ça me rend dingue – si grave – ❸ – m'a fait remarquer – sens dessus dessous – c'est vrai – Quelle – de fou ❹ – commencez à me fatiguer – Vous êtes – casse-pieds ❺ – n'ai pas le moral – n'importe qui – n'importe quoi – n'importe –

A menudo hacemos hincapié en la importancia de la etimología y la asociación en la construcción de un vocabulario sustancial. Por ejemplo **une grève**, *una huelga. Hasta el siglo "xviii", uno de los principales lugares de reunión pública en París era un terreno arenoso en la orilla derecha, o playa (***grève***), del río Sena, donde los trabajadores desempleados se reunían en busca de un día de trabajo en la descarga de las barcazas de los muelles cercanos. El lugar se conocía como* **Place de Grève**, *y el nombre finalmente se convirtió en sinónimo de ocio e, irónicamente, de paros laborales deliberados. Más inquietantemente, la plaza también fue sede de ejecuciones públicas. (Pasó a llamarse* **Place de l'Hôtel de Ville**, *es decir,* Plaza del Ayuntamiento, *a principios del siglo xix).*

Fase productiva: 24.ª lección

Soixante-quatorzième leçon

Les soldes [1]

1 – Ce sont les soldes en janvier, et ça tombe bien [2] parce que j'ai grand besoin d'un nouveau chapeau.
2 – Ah bon ? Tu es vraiment courageuse d'aller à la chasse aux bonnes affaires.
3 – Ce n'est pas une question de courage. Il y a des bons plans [3] à saisir partout.
4   Si tu voulais, tu pourrais m'accompagner. Ça me ferait plaisir.
5   Qui sait ? Peut-être que tu trouveras ces caleçons que tu cherchais.
6 – Je hais les centres commerciaux, tu le sais bien. C'est la pagaille [4] à tous les étages !
7   Et les grands magasins sont pires car il y a toujours la foule.
8   Quant aux [5] boutiques de mode, n'en parlons pas. On peut à peine respirer, tellement il y a de monde.
9 – Arrête de râler tout le temps et viens avec moi. […]
10 – Bonjour madame, bonjour monsieur. Vous cherchez quelque chose ? Puis-je vous aider ?
11 – Merci [6], mais pas pour l'instant. Nous ne faisons que regarder.
12 – Toi, peut-être. Mais moi, je suis à la recherche de mon chapeau et, éventuellement, de bottes.
13 – Et pourquoi pas un nouveau manteau pendant que tu y es ?
14 – J'ai justement ce qu'il vous faut, madame. Par ici, s'il vous plaît.

Septuagésima cuarta lección

Las rebajas

1 – Son las rebajas de enero, y llegan en el momento justo *(caen bien)* porque necesito urgentemente un sombrero nuevo.
2 – ¿De verdad? Eres realmente muy valiente por ir a la caza de gangas *(buenos negocios)*.
3 – No es cuestión de valentía. Hay buenas ofertas para conseguir por todas partes.
4 Si quisieras, podrías acompañarme. Me gustaría.
5 ¿Quién sabe? Quizás encuentres esos calzoncillos que buscas.
6 – Odio los centros comerciales, lo sabes. ¡Es el desmadre en todos los pisos!
7 Y los grandes almacenes son peores porque siempre están a tope *(hay multitud)*.
8 En cuanto a las tiendas de moda, no hablemos de ellas. Apenas se puede respirar, de tanta gente que hay *(hay tanta gente)*.
9 – Deja de quejarte todo el tiempo y ven conmigo. […]
10 – Buenos días, señora, buenos días, señor. ¿Buscan algo? ¿Les puedo ayudar?
11 – Gracias, pero de momento no. Solo estamos mirando.
12 – Tú, quizás. Pero yo estoy buscando mi sombrero y, probablemente unas botas.
13 – ¿Qué tal un abrigo nuevo mientras tú estás en eso?
14 – Tengo justo lo que necesita, señora. Por aquí, por favor.

74 / Soixante-quatorzième leçon

15 – J'hésite entre cette parka et cet imperméable. Lequel [7] des deux me va [8] le mieux ?
16 – Prenez l'imperméable. Il est bien à votre taille, il tombe bien [2], et il vous va à merveille.
17 – Est-ce qu'il me va vraiment ? Je ne suis pas folle de la couleur. L'avez-vous en gris clair ?
18 – Non, mais il se trouve que [9] ce modèle est soldé [1] à moins soixante pour cent aujourd'hui.
19 – Je le prends ! Et toi, Paul : ne veux-tu pas cette belle casquette, décorée de plumes…
20 – Il n'en est pas question ! Où se trouve [9] le rayon bricolage [10] ?

Pronunciación
*2 … curayes … shas … **5** … calso^n … **6** … e … pag-eye … **12** … bot **15** … a^{n}perme-abl … **16** … tie **20** … bricolash*

Notas de pronunciación
(6) El verbo **haïr**, *odiar*, es complicado. La diéresis, que muestra que tanto la **a** como la **i** deben pronunciarse, está presente en el infinitivo *[a-iir]* y las tres formas del plural en presente (**haïssons**, *[a-iiso^n]*, **haïssez** *[a-iise]*, **haïssent** *[a-iis]*) pero no las del singular: **hais** y **hait**, ambas pronunciadas *[e]*.

Notas

1 El sustantivo masculino **les soldes**, generalmente plural en este contexto, significa *rebajas* (bienes a precio reducido). El singular, "un solde", significa *un saldo*, es decir, una cantidad restante. Así, **le solde des marchandises** significa *la mercancía sobrante*. El verbo **solder** significa *liquidar*, mientras que el participio adjetivo **soldé** generalmente significa *precio reducido, rebajado*: **Cette veste est soldée à moins quinze pour cent**, *Esta chaqueta está rebajada un 15 %*.

2 La expresión **tomber bien** "caer bien" se usa de dos maneras. Aplicado a la ropa (abrigo, falda, etc.), significa *tener buena caída* (línea 16). Por extensión, el significado idiomático es *llegar en el momento justo*. **Ce**

395 • **trois cent quatre-vingt-quinze**

Septuagésima cuarta lección / 74

15 – Dudo entre esta parka y este impermeable. ¿Cuál de los dos me queda *(va)* mejor?
16 – Llévese *(Tome)* el impermeable. Es su talla, tiene buena caída *(cae bien)* y le queda *(va)* de maravilla.
17 – ¿Me queda bien realmente? No me vuelve loca *(estoy loca por)* el color. ¿Lo tiene en gris claro?
18 – No, pero da la casualidad de que *(se encuentra que)* este modelo está rebajado el sesenta por ciento hoy.
19 – ¡Me lo llevo! ¿Y tú, Paul, no quieres esa bonita gorra decorada con plumas…?
20 – ¡Ni hablar *(no hay cuestión)*! ¿Dónde está el departamento de bricolaje?

chèque tombe bien : j'ai besoin d'argent: *Este cheque llega en el momento justo: necesito dinero*. Una exclamación útil es **Ça tombe bien !** que significa *¡Viene bien!* o *¡Buen momento!* Lo contrario, por supuesto, es **Ça tombe mal**.

3 un plan significa *un mapa* (lección 5, línea 3) o *un plan*, *un proyecto*. Pero la expresión idiomática **un bon plan** tiene un significado similar a **une bonne affaire** (lección 71, nota 7). Dependiendo del contexto, puede significar *un buen negocio* o *una ganga* o, en turismo, *un buen consejo* o *recomendación*, etc. **On est déjà vendredi ! Voici nos bons plans pour le week-end**, *¡Ya es viernes! Estas son nuestras recomendaciones para el fin de semana*.

4 la / une pagaille significa *lío*, *confusión*, *caos*, *desmadre*. **À cause de la grève, c'est la pagaille dans les transports en commun**, *Debido a la huelga, el transporte público es un desastre*. Precedida por la preposición **en**, el significado es *en abundancia*, *a tutiplén*, *montones*: **Elle a des idées en pagaille**, *Ella tiene un montón de ideas*. (Una ortografía alternativa es **une pagaïe**, pero debe evitarse porque es demasiado similar a **une pagaie** *[pague]*, *una pala* o *remo corto*).

5 quant à significa *con respecto a*, *en cuanto a*: **Quant à lui, il n'est même pas venu**, *En cuanto a él, nunca vino*. Este adverbio se utiliza a menudo para acentuar un contraste, en cuyo caso no es necesario traducirlo: **J'aime les sports mais mon mari, quant à lui, les hait**, *Me encantan los deportes, pero mi ma-rido los odia*. No confundas **quant** con **quand**, *cuando* (truco: siempre va seguido de **à**).

trois cent quatre-vingt-seize • 396

6 **Merci**, *Gracias*, también es una forma educada de expresar un rechazo. **Vous voulez un thé ? – Merci**. *Do you want some tea? – No thanks*. Esto puede resultar confuso para los hispanohablantes, que suelen utilizar **merci** pensando que es una respuesta positiva (*sí, gracias*). En caso de duda, siempre puedes decir: **Non merci**.

7 Este es un ejemplo común de cómo el género masculino domina al femenino. Si se usan juntos dos sustantivos con géneros diferentes, cualquier pronombre que se use después, especialmente **lequel/laquelle**, etc., va en masculino: **Je peux vous montrer un passeport ou une carte d'identité. Lequel voulez-vous ?** *Puedo mostrarte un pasaporte o un carné de identidad. ¿Cuál quiere?*

8 El francés no tiene un equivalente directo de *quedar / sentar bien* (especialmente cuando se trata de ropa). **Convenir** se puede utilizar para expresar la noción de ser aceptable o conveniente (lección 26, nota 2). Pero, si el significado es *realzar* o *quedar bien*, usamos una paráfrasis como **aller bien**: **Cet imperméable bleu vous va très bien**, *Ese impermeable azul le queda realmente bien*. La preposición habitual es **à**, por lo que el pronombre es indirecto: **La parka lui va bien**, *La parka le queda bien*.

9 **se trouver**, *estar situado* (lección 51, nota 8) también se puede usar en tercera persona para expresar una coincidencia, algo así como *da la casualidad* o *resulta que*. **Il se trouve que j'ai le même prénom que**

***

Exercice 1 – Traduisez

❶ Jacques, tu tombes bien. Tu peux m'aider à faire un peu de bricolage ? ❷ Voulez-vous manger quelque chose ? Moi, j'ai mangé tout à l'heure et je n'ai plus faim. ❸ Vous ne pourriez pas sortir, même si vous le vouliez. Il fait un temps de chien. ❹ Le ministre a dit : "Nous haïssons cette taxe et nous allons la faire disparaître". ❺ Mon mari râle toujours quand je l'amène dans le rayon lingerie du magasin.

Septuagésima cuarta lección / 74

leur mère, *Resulta que tengo el mismo nombre que su madre*. Como regla general, si la traducción habitual de una palabra no te ayuda a comprender la oración (como **tomber bien** en la nota 2), observa siempre el contexto más amplio. Y, por supuesto, ¡consulta un buen diccionario!

10 **le bricolage**, del verbo *bricoler*, es una institución en Francia. Usado de manera despectiva, el significado es *hacer algo apresuradamente, improvisar, arreglar algo provisionalmente*: **Le travail est mal fait : c'est du bricolage**, *El trabajo está mal hecho: es una chapuza*.

ON PEUT À PEINE RESPIRER, TELLEMENT IL Y A DE MONDE

***

Soluciones al ejercicio 1
❶ Jacques, llegas en el momento oportuno. ¿Puedes ayudarme a hacer bricolaje? ❷ ¿Quiere comer algo? Yo he comido antes y ya no tengo hambre. ❸ No podríais salir, aunque quisierais. Hace un tiempo de perros. ❹ El ministro ha dicho: "Odiamos este impuesto y lo eliminaremos". ❺ Mi marido siempre se queja cuando lo llevo a la sección de lencería de la tienda.

trois cent quatre-vingt-dix-huit • 398

Exercice 2 – Complétez

❶ ¿Vas al centro comercial? Compra *(Lleva)* café y leche mientras estás allí.
Vous .... ? Prenez du café et du lait ....

❷ A mi esposa le gusta el abrigo gris de allí. Yo prefiero este. Me queda bien.
Ma femme aime ....,........ ......, je préfère .... Il ....

❸ Tenemos lo que necesita, señor. Mire, estas parkas están rebajadas un 30 %.
Nous avons .... , monsieur. Regardez, ... parkas .... trente ....

Soixante-quinzième leçon

Le Prix "Accord majeur"

1 – Bienvenue à l'émission qui récompense tous les talents de toutes les musiques.
2 Nous avons l'immense plaisir d'accueillir le célèbre chanteur Alain Poupon
3 qui entame [1] sa toute dernière tournée après une carrière longue de quatre décennies.
4 Il recevra le prix "Accord majeur", décerné [2] à un musicien ou une musicienne d'exception pour l'ensemble de sa carrière.
5 Bonsoir Alain, et merci d'être venu. Vous avez eu une vie fabuleuse, n'est-ce pas ?
6 Vous avez même dit dans une interview que personne n'avait accompli autant de choses que vous.

❹ –¿Tienes planes para el fin de semana? –No, me quedo en casa. El transporte público es un desastre.

……… des ……… pour le weekend ? – Non, je reste ………. C'est ………. dans les transports.

❺ Solo estoy mirando. Pero ¿quién sabe? Quizás encuentre algo que me guste.

……………… mais, …… ? ………. peut-être quelque chose qui ………

Soluciones al ejercicio 2

❶ – allez au centre commercial – pendant que vous y êtes ❷ – le manteau gris – là-bas – Quant à moi – celui-ci – me va bien ❸ – ce qu'il vous faut – ces – sont soldées à moins – pour cent ❹ Avez-vous – bons plans – chez moi – la pagaille – ❺ Je ne fais que regarder – qui sait – Je trouverai – me plaît

Fase productiva: 25.ª lección

75

Septuagésima quinta lección

El premio "Mejor acorde"

1 – Bienvenidos al programa que premia a todos los talentos de todo tipo de música *(todas las músicas)*.
2 Tenemos el inmenso placer de recibir al famoso cantante Alain Poupon
3 que comienza su última gira después de una larga carrera de cuatro décadas.
4 Recibirá el premio "Mejor acorde", otorgado a un músico o una música excepcional por toda su carrera.
5 Buenas noches, Alain, y gracias por venir. Usted ha tenido una vida fabulosa, ¿no es así?
6 Ha dicho incluso en una entrevista que nadie había logrado tanto *(tantas cosas)* como usted.

quatre cents • 400

75 / Soixante-quinzième leçon

7 – Je doute ³ d'avoir dit exactement ça, mais je n'ai jamais douté de ³ mon talent.

8 – Je m'en doutais ! ³ Vous avez eu une carrière passionnante, et très mouvementée.

9 – Ça vous pouvez le dire ! J'ai fait un tas de choses que je n'aurais jamais imaginées ⁴

10 avant de devenir chanteur, mais j'ai toujours été très apprécié.

11 À l'école, j'avais beaucoup de succès et plein de potes ⁵.

12 Il faut dire que j'étais très fort dans toutes les matières, pas seulement la musique.

13 J'ai quitté le lycée à seize ans parce qu'on ne pouvait plus rien m'apprendre.

14 Ensuite, j'ai touché à tout ⁶. J'ai bossé ⁷ dans une librairie, puis comme maçon, et électricien.

15 Enfin j'ai rencontré le guitariste Charlot, avec qui j'ai entamé ma brillante carrière.

16 J'ai d'abord été pianiste et trompettiste avant de me mettre à ⁸ chanter.

17 – Vous saviez faire tout ça ? Mais vous étiez surdoué !

18 – J'étais bien obligé ! Vous savez, il faut avoir confiance en soi ⁹ et en son talent

19 et je n'en ai jamais douté. Je dois avouer que je suis confiant de nature.

20 – Qui suis-je pour vous contredire ? Et maintenant, notre Questionnaire de Proust :

21 "Quelle qualité appréciez-vous le plus chez les gens ?"

22 – La modestie. Il faut aimer les autres comme soi-même ⁹. □

Septuagésima quinta lección / 75

7 – Dudo que haya dicho exactamente eso, pero nunca he dudado de mi talento.
8 – ¡Lo imaginaba! Ha tenido una carrera emocionante y llena de acontecimientos *(muy movida)*.
9 – ¡Y que lo diga *(Eso puede decirlo)*! He hecho un montón de cosas que jamás hubiera imaginado
10 antes de ser cantante, pero siempre he sido muy popular.
11 En el colegio, tenía mucho éxito y tenía muchos amigos.
12 Hay que decir que era muy bueno *(fuerte)* en todas las asignaturas, no solo en música.
13 Dejé la escuela secundaria a los dieciséis años porque no me podían enseñar nada.
14 Después, hice de todo *(toqué de todo)*. Curré en una librería [y] luego como albañil y electricista.
15 Finalmente conocí al guitarrista Charlot, con quien comencé mi brillante carrera.
16 Primero fui pianista y trompetista antes de empezar a cantar.
17 – ¿Sabía usted hacer todo eso? Pero ¡usted es un superdotado!
18 – ¡Estaba obligado! Ya sabe, hay que tener confianza en uno mismo y su talento
19 y yo nunca he dudado de él. Debo admitir que soy confiado por naturaleza.
20 – ¿Quién soy yo para llevarle la contraria? Y ahora, nuestro Cuestionario Proust:
21 "¿Qué cualidad aprecia más en las personas?".
22 – La modestia. Hay que amar a los otros como a uno mismo.

Pronunciación
… acor … **1** … tala^n … **3** … deseni **4** … musisie^n … musisien … **6** … intervû … **11** … pot **14** … libreri … mason … **15** … gitarist … **17** … surdue **18** … sua … **20** … co^{n}tredir … kestioner … **22** … sua-mem

quatre cent deux • 402

75 / Soixante-quinzième leçon

Notas

1 El verbo regular **entamer** significa literalmente *cortar / rebanar* (**la tranche d'entame** es la primera rebanada del pan o del jamón). A menudo se utiliza como sinónimo de **commencer**, es decir, *comenzar* una acción que dura un cierto periodo de tiempo (**Nous avons commencé / entamé notre voyage**). Pero mientras que **commencer** puede ser tanto transitivo como intransitivo (**Le voyage a commencé**), **entamer** solo es transitivo.

2 El verbo regular **décerner** significa *otorgar*: **Le Prix Goncourt a été décerné à Proust en 1919**, *El Premio Goncourt fue otorgado a Proust en 1919*.

3 **douter** se puede usar transitiva y pronominalmente, con una ligera diferencia de significado. La forma transitiva (lección 54, línea 16) significa *dudar* y, con un objeto directo, va seguida de **de**: **Malgré trois excellents albums, elle a toujours douté de ses qualités de chanteuse**, *A pesar de [sus] tres excelentes álbumes, siempre ha dudado sus habilidades como cantante*. Por el contrario, **se douter de** significa *sospechar* o *imaginar algo*: **Je ne savais pas mais je m'en suis douté**, *No lo sabía, pero lo sospechaba*. Una expresión útil, utilizada como respuesta, es **Je m'en doute !** *¡Me lo imagino!*

4 Recuerda que el participio pasado se comporta como un adjetivo y concuerda con el objeto directo (aquí, el plural femenino **choses**) si va antes del verbo. Compara eso con **Il a utilisé des mots** (m.) **que je n'aurais jamais imaginés**, *Él ha usado palabras que nunca hubiera imaginado*. Por supuesto, las dos formas del participio se pronuncian de forma idéntica.

5 Otro sustantivo idiomático de uso común es **un pote**, *un compañero*, *un amigo*. A diferencia de **un copain** (lección 34, nota 6), no implica un

***

Exercice 1 – Traduisez

❶ Damien est un vrai touche-à-tout : il était maçon avant de se mettre à la musique. ❷ Saviez-vous que ce médicament peut être très dangereux ? – Je m'en doutais. ❸ Nous allons nous mettre au travail demain, c'est promis. ❹ Marion a beaucoup de succès, mais je n'ai toujours pas confiance en elle. ❺ On lui a décerné deux fois le même prix. Quelle histoire de fou !

403 **quatre cent trois**

interés romántico. Anteriormente utilizada solo en círculos cerrados, la palabra volvió a estar de moda a finales del siglo XX con el eslogan antirracista **Touche pas à mon pote**, *No toques a mi amigo*, actual eslogan oficial de una ONG.

6 **toucher** significa *tocar*: **Cet armoire touche le plafond**, *Este armario toca el techo*. Como verbo transitivo indirecto (que actúa sobre o para su objeto), requiere la preposición **à**: **Il n'a pas touché à sa nourriture**, *No ha tocado su comida*. La expresión idiomática **toucher à tout** significa *intentarlo todo*.

7 Otra palabra de la jerga común, **bosser**, significa *currar* y se usa en lugar de **travailler**. Referido a los estudios, también puede significar *empollar*. **Tu viens ? – Non, je bosse mes cours**, *–¿Vienes? –Estoy empollando la lección*.

8 La forma pronominal de **mettre**, como la mayoría de los verbos comunes, tiene varios significados. Cuando va seguido de **à** (o **au** / **aux**) y un objeto o un infinitivo, puede significar *comenzar* o *ponerse manos a la obra*: **Je vais me mettre au travail dès demain**, *Mañana me voy a poner manos a la obra*. (Ver la lección 77 para más información sobre la diferencia entre los verbos base y los pronominales).

9 El pronombre enfático impersonal en tercera persona **soi** (al que se hace referencia en la lección 49, apartado 2) significa *uno* o *uno mismo*. A menudo se usa con un pronombre indefinido: **Chacun pour soi**, *Cada persona para sí misma* o en una oración sin antecedente: **Il faut tout faire soi-même**, *Hay que hacer todo uno mismo*. Este contexto impersonal está subrayado por el uso del pronombre indefinido **on**: **On est toujours mieux chez soi**, *No hay lugar como el hogar de uno*.

***

Soluciones al ejercicio 1

❶ Damien es un verdadero experto en todos los oficios: fue albañil antes de dedicarse a la música. ❷ –¿Sabía usted que este medicamento puede ser muy peligroso? –Me lo imaginaba. ❸ Nos pondremos manos a la obra mañana, lo prometo. ❹ Marion tiene mucho éxito, pero todavía no confío en ella. ❺ Se le ha otorgado el mismo premio dos veces. ¡Qué historia más loca!

Exercice 2 – Complétez

❶ Debo admitir que son realmente buenos. No hay nada más que podamos enseñarles.

. . . . qu'ils sont très . . . . . . On . . . . apprendre.

❷ Incluso si no lo desea, debe hacerlo todo usted mismo y tener confianza en sí mismo.

. . . . . . on ne veut pas, il faut . . . . et . . . . !

❸ Duda que siempre haya tomado las decisiones correctas, pero nunca ha dudado de su talento.

. . . . toujours les bons choix mais . . . . ses talents.

❹ Jérémie no ha tocado su comida. Está empollando sus lección de francés desde esta mañana.

Jérémie . . . . de français . . . . matin.

❺ Esta semana, he aprendido algo que nunca hubiera imaginado.

Cette semaine, j'ai appris . . . .

76

Soixante-seizième leçon

"Culture générale": le jeu radiophonique

1 – Cette semaine nous sommes dans le beau village de Montluc, avec deux candidats : Marthe et Lucien.
2 Mais d'abord, une petite précision ¹ car une erreur s'est glissée dans notre dernière émission.
3 Des dizaines de mails nous ont été envoyés pour préciser ¹ que Napoléon est né en Corse.

405 quatre cent cinq

Soluciones al ejercicio 2

❶ Je dois avouer – forts – ne peut plus rien leur – ❷ Même si – tout faire soi-même – avoir confiance en soi – ❸ Il doute d'avoir fait – il n'a jamais douté de – ❹ – n'a pas touché à son repas – Il bosse ses cours – depuis ce – ❺ – une chose que je n'aurais jamais imaginée –

Marcel Proust (1871-1922) es uno de los más grandes novelistas y estilistas de la prosa francesa. Su obra maestra, **À la recherche du temps perdu***, En busca del tiempo perdido, se publicó entre 1913 y 1927. Proust acuñó el término* **la mémoire involontaire***, la memoria involuntaria, para describir los recuerdos provocados por señales encontradas por casualidad, específicamente los recuerdos de la infancia que se desencadenan cuando el protagonista de la novela sumerge una magdalena,* **une madeleine***, en su té. Hoy, la expresión* **la madeleine de Proust** *se refiere a un pequeño evento que despierta fuertes emociones. Proust era fanático de un juego inglés llamado* "**Confessions**"*, donde preguntas aparentemente triviales (***Quel est votre animal préféré ?*** ¿Cuál es tu animal favorito?) Se enmarcan para descubrir la naturaleza interior de una persona. Posteriormente, el juego se conoció como* **le questionnaire de Proust** *y los presentadores de programas de entrevistas lo utilizan a menudo hoy en día para obtener más información sobre sus invitados.*

Fase productiva: 26.ª lección

Septuagésima sexta lección

"Cultura general": el juego de la radio

1 – Esta semana estamos en el bonito pueblo de Montluc, con dos candidatos: Marthe y Lucien.
2 Pero primero, una pequeña aclaración porque se deslizó un error en nuestra última emisión.
3 Decenas de mails nos han sido enviados para especificar que Napoleón nació en Córcega.

76 / Soixante-seizième leçon

4 On a donc répondu brillamment [2] à notre question. [3] C'est nous qui ne sommes pas brillants [2] !

5 Maintenant, place au [4] jeu ! Marthe, on commence avec vous. Allez, c'est parti !

6 Quel tableau, qui mesure soixante mètres de large et dix mètres de haut [5], est la plus grande fresque du monde

7 – Que c'est difficile ! [6] Je ne m'y connais [7] pas en art mais je vais tenter le coup : est-ce la Joconde ?

8 – Bonne tentative mais, non. Celle-ci ne mesure que quatre-vingts centimètres de hauteur et un peu plus de cinquante de longueur.

9 La bonne réponse sera donnée à la fin de l'émission. Lucien, c'est à votre tour.

10 Quel est le fleuve le plus profond de France, qui prend sa source en Suisse ?

11 – Euh…je l'ai sur le bout de la langue…

12 – On se dépêche s'il vous plait !

13 – Vous n'êtes pas très patient [8] !

14 – Au contraire, j'attends patiemment [8] depuis deux minutes mais votre temps est écoulé.

15 C'est une question fréquente dans ce type de jeux : on la pose fréquemment.

16 Et quand on y réfléchit, la réponse est évidente : c'est le Rhône, évidemment !

17 Qui a écrit *Les Misérables* et a créé quelques-uns des personnages les plus mémorables de notre littérature ?

18 – Mm… Ça me dit quelque chose. Est-ce un auteur récent ?

19 – Non, il n'a rien écrit récemment car il est mort depuis presque un siècle et demi.

Septuagésima sexta lección / 76

4 Así que nuestra pregunta fue respondida de manera brillante. ¡Somos nosotros los que no somos brillantes!
5 Ahora, ¡juguemos! Marthe, comenzaremos con usted. ¡Allá vamos!
6 ¿Qué cuadro, que mide *(es)* 60 metros de ancho y 10 metros de alto, es el fresco más grande del mundo?
7 – ¡Qué difícil! No sé nada de arte, pero lo voy a intentar *(intentar el golpe)*: ¿es la Mona Lisa?
8 – Buen intento, pero no. Ese solo mide 80 centímetros de alto y un poco más de 50 de largo.
9 La respuesta correcta será dada al final del programa. Lucien, es su turno.
10 ¿Cuál es el río más profundo de Francia, que nace *(toma su fuente)* en Suiza?
11 – Er... lo tengo en la punta de la lengua...
12 – ¡Dese prisa, por favor!
13 – ¡Usted no es muy paciente!
14 – Al contrario, espero pacientemente desde hace dos minutos, pero su tiempo se acabó.
15 Esta es una pregunta frecuente en este tipo de juegos: se hace *(pone)* con frecuencia.
16 Y cuando lo piensa, la respuesta es evidente: ¡es el Ródano, por supuesto!
17 ¿Quién escribió "Los Miserables" y creó algunos de los personajes más memorables de nuestra literatura?
18 – Mmm... Eso me suena *(Eso me dice alguna cosa)*. ¿Es un autor reciente?
19 – No, no ha escrito nada recientemente porque está muerto desde hace casi un siglo y medio.

quatre cent huit • 408

76 / Soixante-seizième leçon

20 Pour moi, la réponse est évidente mais pas pour vous évidemment : c'était Victor Hugo.
21 On va recommencer l'émission la semaine prochaine avec deux candidats un peu plus cultivés.
22 Au revoir et à bientôt ! ☐

Pronunciación
*ceulteur ... **2** ... prayssizyoh^n ... **6** ... larzh ... **7** ... täh^ntay ... **8** ... täh^ntativ ... **10** ... profoh^n ... surss ... **14** ... passyahmäh^n ... **15** ... fraycahmäh^n **17** ... mizairabl ... pairssonazh ... maymorahbl ... litayrateur ... **18** ... rayssäh^n **19** ... rayssahmäh^n ...*

Notas de pronunciación
Dos sufijos adverbiales comunes son **-emment**, formado a partir de adjetivos terminados en **-ent** (frequent → fréquemment), y **-amment**, de adjetivos terminados en **-ant** (brillant → brillamment). En ambos casos, la vocal inicial del sufijo (**e**, **a**) se pronuncia como una *[a]* abierta: *[brillama^n]* / *[frecama^n]*. Escucha atentamente las oraciones 4 y 15.

Notas

1 Conocemos el adjetivo **précis** (lección 29, línea 8) y el adverbio **précisément** (lección 17, línea 9). El verbo regular **préciser** significa *especificar, aclarar*, etc. **Nous voudrions préciser quelques détails**, *Quisiéramos aclarar algunos detalles*. Así, mientras que el sustantivo general **la précision** significa *la precisión, la exactitud*, la forma contable significa *una aclaración, un detalle*, etc.: **J'ai besoin d'une précision**, *Necesito una aclaración*.

2 A diferencia de **précis/précisément**, algunas formaciones de adverbio son ligeramente irregulares. Los adjetivos que terminan en **-ant** forman su adverbio reemplazando las dos últimas letras por **m** y luego agregando el sufijo habitual **-ment**: brilla**nt** → brilla**mm**ent (lección 61, línea 19). Ver también la nota 8 y las Notas de pronunciación.

3 A diferencia del español, la voz pasiva francesa no se puede utilizar con un objeto indirecto. Así pues, una oración como *Mi pregunta ha sido respondida por la audiencia* no se puede traducir directamente. Las opciones son utilizar el pronombre impersonal: **On a répondu à ma question**, en cuyo caso se elimina el objeto indirecto **public**, o utilizar el demostrativo **c'est ... + qui**: **C'est** le public **qui** a répondu à ma question.

409 quatre cent neuf

Septuagésima sexta lección / 76

20 Para mí, la respuesta es evidente, pero no para usted evidentemente: fue Victor Hugo.
21 Vamos a empezar el programa de nuevo la semana que viene con dos candidatos más cultos.
22 ¡Adiós y hasta pronto!

4 faire place à significa *dar paso a*: **La croissance économique rapide a fait place à une expansion plus modérée.** *El rápido crecimiento económico ha dado paso a una expansión más moderada.* La expresión **Place à** (**Place aux jeunes**, *Abran paso a los jóvenes*) se utiliza a menudo como introducción. **Et maintenant, place à la fête**, *Y ahora, que comience la fiesta.*

5 Las dimensiones, como *la altura* (**la hauteur**), *la anchura* (**la largeur**) y *la longitud* (**la longueur**) se encuentran entre los tipos de información introducida por **de** (lección 75, nota 2). Por ejemplo **L'horloge de la gare mesure neuf mètres de hauteur**, *El reloj de la estación mide 9 metros de altura.* Pero también podemos usar los adjetivos **haut**, *alto*, **large**, *ancho* y **long**, *largo* como sustantivos (masculinos): **…neuf mètres de haut**. No hay diferencia de significado entre las dos formas.

6 **que** se puede usar, como **quel**, para introducir una expresión exclamativa: **Que c'est beau !** *¡Qué bonito!* Sin embargo, cuando va seguido de un pronombre personal, que no se traduce necesariamente: **Que je suis fatigué !** *¡Estoy realmente cansado!*

7 Literalmente, **se connaître** significa *conocerse a uno mismo*: **Je me connais : si je ne le fais pas maintenant, je ne le ferai pas du tout**, *Yo me conozco: si no lo hago ahora, no lo haré nunca.* Pero con el pronombre **y**, el significado es *conocer* o *saber*. **Elle s'y connaît en littérature française**, *Sabe mucho de literatura francesa.* Ten en cuenta el uso de **en** para introducir el complemento.

8 Los adjetivos terminados en **-ent** forman su adverbio sustituyendo las dos últimas letras por **m** y añadiendo el sufijo habitual **-ment**: **patient → patiemment**. Ver también la nota 2 y las Notas de pronunciación.

Exercice 1 – Traduisez

❶ On se dépêche, s'il te plaît ! Allez, c'est parti. À bientôt, j'espère. ❷ Son nom nous dit quelque chose mais nous ne pensons pas l'avoir rencontré. ❸ Il va te demander des conseils car il ne s'y connaît pas en investissement. ❹ Ça sera difficile mais tentons le coup quand même. ❺ L'auteur de "Notre-Dame de Paris" ? Attends, je l'ai sur le bout de la langue…

***

Exercice 2 – Complétez

❶ Jean-Philippe es brillante. Respondió brillantemente a todas las preguntas que se le hicieron.
Jean-Philippe est………. Il………………… toutes les questions………. ……….

❷ Nathalie se conoce muy bien a sí misma. Ella sabe que si no se va mañana, no se irá nunca.
Nathalie……………….…….Elle sait que………………
demain……. ……………….

❸ –¡Es tan bonito! ¿Quién escribió este poema? –La respuesta es evidente.
………. beau !………. ce poème ? –………..
est……...

❹ –Mi novia no es muy paciente. –Al contrario, te espera pacientemente desde hace dos horas.
Ma copine……………………. –………,………
………………. deux heures.

❺ Annie ha escrito la carta, pero algunos errores se deslizaron en ella. Necesitamos una aclaración.
Annie a écrit la lettre mais……………. s'y………….
Nous avons……………. ………….

Septuagésima sexta lección / 76

Soluciones al ejercicio 1

❶ ¡Démonos prisa, por favor! Allá vamos. Espero verte pronto. ❷ Su nombre nos suena, pero no creemos que lo hayamos conocido. ❸ Te pedirá un consejo porque no sabe mucho sobre inversiones. ❹ Será difícil, pero intentémoslo de todos modos. ❺ ¿El autor de "Nuestra Señora de París"? Espera, lo tengo en la punta de la lengua...

Soluciones al ejercicio 2

❶ – brillant – a répondu brillamment à – qu'on lui a posées ❷ – se connaît très bien – si elle ne part pas – elle ne partira jamais ❸ Que c'est – Qui a écrit – La réponse – évidente ❹ – n'est pas très patiente – Au contraire – elle t'attend patiemment depuis – ❺ – quelques erreurs – sont glissées – besoin de précisions

***

Victor Hugo (1882-1885), novelista, poeta, dramaturgo, político e historiador social, es una de las figuras literarias más importantes de Francia. Fuera de su país de origen, es más conocido por sus novelas **Notre-Dame de Paris** *(Nuestra Señora de París), publicada en 1831, y* **Les Misérables** *(Los Miserables, 1862). El último libro es de tal alcance y embergadura (un capítulo incluso relata la Batalla de Waterloo) que se conoce con razón como* **une épopée du peuple**, *una epopeya popular.*
(Respuesta a la primera pregunta del cuestionario: la pintura más grande del mundo es **La Fée Électricité**, *de Raoul Duffy, que se encuentra en* **le Musée d'Art Moderne** *de París).*

Fase productiva: 27.ª lección

quatre cent douze • 412

Soixante-dix-septième leçon

Révision

1 *Le passif*: la voz pasiva

La voz pasiva se usa si el objeto –una persona o una cosa– de un enunciado activo es más importante que el sujeto. La voz pasiva francesa es idéntica a la española en términos de construcción.

1.1 Formation

La voz pasiva de un verbo se forma con **être** y el participio pasado.
Les gens l'aiment, *La gente lo quiere* → **Il est aimé**, *Es amado*.
El participio pasado de **être** es **été** y los dos participios van uno detrás del otro:
Ils ont fermé le pont hier, *Ellos cerraron el puente ayer*.
→ **Le pont a été fermé hier**, *El puente fue cerrado ayer*.
En estos dos ejemplos se utiliza la pasiva porque el hecho de ser amado o cerrado es más importante que el sujeto que ama o cierra. El participio pasado, al ser un adjetivo, tiene que concordar con el sujeto del verbo pasivo: **Ils ont fermé la fenêtre** → **La fenêtre a été fermée**. (Es un buen momento para que repases los participios pasados).

Si el sujeto activo se incorpora como agente a la oración pasiva, va precedido de **par**, *por*:
Le maire a fermé le pont, *El alcalde ha cerrado el puente*.
→ **Le pont a été fermé par le maire**, *El puente fue cerrado por el alcalde*.
Por supuesto, las reglas de concordancia del participio no cambian (**L'école a été fermée par le maire**). Cuando se menciona el agente, **par** se usa con casi todos los verbos. Sin embargo, aquellos que expresan un sentimiento o emoción (**aimer**, **respecter**, **admirer**) o un estado (**entourer**, **couvrir**, **décorer**, etc.) tienden a usar **de** en lugar de **par**:
Le metteur en scène est respecté de tout le monde.
El directo es respetado por todo el mundo.

Septuagésima séptima lección

Solo hay un puñado de verbos que funcionan así, por lo que es fácil aprenderlos.

La negativa y las dos primeras formas de la interrogativa siguen las normas usuales:
Le pont n'a pas été fermé ; **Est-ce que le pont a été fermé ?**
La tercera forma de la interrogativa es ligeramente más complicada –**Le pont a-t-il été fermé ?**– pero se usa mucho menos que las otras dos formas.

1.2 Uso

La voz pasiva, al igual que en español, se usa poco en francés, en primer lugar porque las formas activas son preferibles al describir acciones y, en segundo lugar, porque el francés tiene varias formas de eludir las construcciones pasivas. Hay tres soluciones principales: con **on**, con la forma pronominal y con **c'est ... qui**.

• con **on**:
El pronombre impersonal de tercera persona **on** se usa cuando el sujeto está implícito o no es importante. Sustituye a **nous**, **ils/elles**, **quelqu'un**, **tout le monde**, etc. Por lo tanto, una tienda puede usar una oración como **Ici, on parle anglais** para informar a los clientes potenciales de que todo su personal habla inglés (*Se habla inglés*). Como sabes, con frecuencia también se usa **on** en lugar de **nous**, simplemente porque la forma del verbo en primera persona del plural a menudo suena demasiado formal.

• con los verbos pronominales, se forma con **se**:
Esta estructura se usa mucho en francés para sustituir una voz pasiva por la forma reflexiva de la voz activa: **Ce plat se mange chaud ou froid** significa *Este plato se come caliente o frío*. Esta forma solo es posible con la tercera persona del singular o del plural: **Les voitures neuves se vendent bien cette année**, *Los coches nuevos se venden bien este año*. Un conjunto muy común de frases pasivas cortas se forma con **ça** (o, más formalmente, **cela**) seguido de un verbo pronominal: **Il est français. – Ça s'entend**, –*Es*

francés. –Se entiende. **Elle a très mal. – Cela se voit**, –Tiene mucho dolor. –Se nota, etc.

• con **c'est** (plural: **ce sont**) **... qui**:
Esta solución alternativa evita la voz pasiva enfatizando el sujeto. Por tanto, una frase como *El informe fue escrito por mi colega alemán* puede traducirse literalmente por **Le rapport a été écrit par mon collègue allemand**, que es gramaticalmente correcta, o, más coloquialmente, por **C'est mon collègue allemand qui a écrit le rapport**.

2 Adverbios de tiempo

Repasemos esta importante categoría de adverbios, la mayoría de los cuales ya has aprendido y asimilado. Recuerda que muchos adverbios se forman a partir de la forma femenina de los adjetivos (**dernier → dernière → dernièrement**). Si el verbo consta de una sola palabra, el adverbio se coloca detrás, pero si el verbo está formado por dos palabras (o es un verbo conjugado y su auxiliar), el adverbio se coloca en medio.

Ahora que llevas usando la mayoría de estas palabras durante varios meses, las siguientes explicaciones etimológicas te ayudarán a recordarlas.

– **actuellement**, *actualmente, en la actualidad, ahora, en este momento*:
Del adjetivo **actuel**, *actual*:
Elle travaille actuellement à Brest, *Trabaja actualmente en Brest*.

– **alors**:
Del verbo **lors** (ver abajo), **alors** significa *entonces, en ese entonces, por lo tanto*:
Il était alors directeur de l'usine,
En aquel entonces él era director de la fábrica.
También significa *entonces, en tal caso*: **Alors, tu viens ?** *Entonces, ¿vienes?*

– **après**, *después, luego*:
Je l'ai revue longtemps après, *La volví a ver mucho tiempo después*.

– **auparavant**, *antes, en otro tiempo*:
Elle avait annoncé son départ une semaine auparavant.
Ella había anunciado su partida una semana antes.

Septuagésima séptima lección / 77

Sinónimo de **avant** (como adverbio, no como preposición), **auparavant** es más común en el lenguaje escrito que en el hablado.

– **aussitôt**: sinónimo de **immédiatement**, *enseguida*, *inmediatamente*:
J'ai appelé un taxi et il est arrivé aussitôt.
Llamé un taxi y vino enseguida.
Está formado por **aussi** y **tôt** pero se escribe siempre en una sola palabra.

– **autrefois**, *antes*, *en el pasado*, *antaño*:
Autrefois, on vivait différemment, *Antes, se vivía de manera diferente.*
(de **autre**, *otro*, y **fois**, *vez*). Algunos sinónimos son: **dans la passé**, *en el pasado* y **avant** (ver abajo)

– **avant**: como adverbio, **avant** es un sinónimo menos formal de **autrefois** y **auparavant** (con el que comparte etimología). Ver **dorénavant**.

– **bientôt**, *pronto*, *dentro de poco*:
On arrive bientôt, *Llegamos dentro de poco*.
Se usa con frecuencia en la expresión **à bientôt**, *Hasta luego*.

– **d'abord**, *primero*:
Nous allons d'abord t'acheter une casquette.
Primero iremos a comprarte una gorra.
Cuando se cita la razón principal de algo, **d'abord** significa *en primer lugar*:
D'abord tu es trop jeune, *En primer lugar, tú eres muy joven*.

– **déjà**, *ya*:
Il est déjà dix-sept heures ! *¡Ya son las siete!*

– **depuis**, *desde / desde hace* según el contexto:
depuis Noël, *desde Navidad*; **depuis dix ans**, *desde hace diez años*.

– **dernièrement**, *recientemente*:
Je ne l'ai pas vue dernièrement, *No la he visto recientemente*.

– **dorénavant**, *en adelante*, *a partir de ahora*:
Dorénavant, c'est moi qui prendrai les décisions,
A partir de ahora, tomaré yo las decisiones. (Observa la palabra raíz, **avant**.)

quatre cent seize • 416

– **enfin**, *al final, finalmente*:
Ils sont enfin arrivés, *Por fin han llegado*.
También se utiliza en contextos declarativos o explicativos:
C'est mon mari, enfin, mon copain, *Es mi marido, bueno, mi novio*.

– **ensuite**, *luego, después*:
Je téléphonerai d'abord et j'écrirai ensuite.
Llamaré primero y escribiré después.
(**suite**, de **suivre**, significa *desarrollo, continuación*).

– **jamais**, *nunca, jamás*:
Elle n'a jamais lu "Notre Dame de Paris".
Ella nunca ha leído "Nuestra Señora de París".
En algunos casos, **jamais** se puede usar sin **ne**:
Jamais plus ! *¡Nunca más!*

– **longtemps**, *mucho tiempo*:
Je n'ai pas attendu longtemps, *No esperé mucho tiempo*.
El adjetivo raíz (**long**) es masculino; no se puede usar como adverbio.

– **lors de**, *durante*:
L'ascenseur a été installé lors de la construction de la tour.
El ascensor se instaló durante la construcción de la torre.
En el francés moderno no se usa **lors** solo.
Como ves, muchos de estos adverbios son fáciles de entender de forma intuitiva gracias a los conocimientos que ya has adquirido. Una forma segura de ampliar tu vocabulario es mediante la asociación de palabras.

3 Verbos base y pronominales con diferentes significados

Sabemos que el francés usa verbos pronominales (es decir, reflexivos o recíprocos) con mucha frecuencia, para evitar la voz pasiva. En algunos casos, hay pequeñas diferencias idiomáticas de significado entre el verbo base y su forma pronominal. Como siempre, el factor más importante es el contexto.

– **Faire**: El verbo base significa *hacer* por lo que el significado literal de la forma reflexiva es *hacerse*.
Je me fais un sandwich au jambon, *Me hago un bocadillo de jamón*.

Idiomáticamente, **se faire un film** o **un restaurant** significa *hacerse un cine* o *un restaurante*, o sea *ir al cine* o *al restaurante*.
Otro modismo muy común es **s'en faire**, *preocuparse*, *inquietarse*. A menudo se usa en forma negativa:
Ne t'en fais pas, je t'aiderai, *No te preocupes, te ayudaré*.
Y la expresión **Ça se fait / Ça ne se fait pas** establece lo que es correcto o no hacer:
Chez nous, ça ne se fait pas, *En nuestra casa, eso no se hace*. (Ver también lección 57, nota 1).

– La forma recíproca de **mettre**, *poner*, se usa con la ropa:
Je n'ai rien à me mettre, *No tengo nada que ponerme*.
También puede indicar un movimiento hacia algo:
Mettez-vous au chaud, *Entrar en calor*.
Seguido de **à**, **se mettre** significa *ponerse a* (una actividad), *comenzar a*:
Il s'est mis au tennis, *Ha comenzado a jugar al tenis* (ver lección 75, nota 9). Y cuando el objeto se sobreentiende, se sustituye por **y**.
Je vais m'y mettre, *Voy a ponerme con eso*.

– Otros pares de verbos comunes con ligeras diferencias son: **attendre**, *esperar*, y **s'attendre**, *esperarse*, *presentir* (lección 59); **entendre**, *oír*, y **s'entendre**, *entenderse*, *llevarse bien* (con alguien), *congeniar* (lección 55); **plaindre**, *compadecer*, y **se plaindre**, *quejarse*; **douter** (**de**), *dudar de*, y **se douter** (**de**), *imaginar algo o sospechar* (ambos en la lección 73).
Si no puedes deducir el significado de un verbo pronominal a partir de su forma base, nuestro consejo, como siempre, es que busques en un buen diccionario bilingüe.

4 Adjetivos de dimensión

Las dimensiones se pueden expresar de varias formas. Los adjetivos **long(ue)**, **haut(e)**, **large** y **profond(e)** van delante del sustantivo, junto con el partitivo **de**:
Le bâtiment est haut de trente étages, *El edificio tiene treinta pisos de altura*.
Y, por supuesto, tienen que concordar:
La Tour Eiffel est haute de trois cent vingt mètres.
La Torre Eiffel tiene trescientos veinte metros de altura.

Otra posibilidad es poner los sustantivos **la longueur** (*longitud*), **la hauteur** (*altura*), **la largeur** (*anchura*) y **la profondeur** (*profundidad*), precedidos por **de**, detrás del sustantivo:
Le salon fait trois mètres de largeur o **Une tour de cent mètres de hauteur**.
En este caso, en español usaremos un adjetivo al traducir las frases: *El salón tiene tres metros de largo* o *Una torre de cien metros de alto*.
Por último, **long**, **haut** y **large** también son sustantivos masculinos (**le haut du visage**, *la parte superior de la cara*, por ejemplo) y pueden usarse en la misma posición predicativa que los adjetivos equivalentes. Así pues, se puede decir **vingt kilomètres de long** o **de longueur**, *veinte kilómetros de largo* o *de longitud*; **un mètre de haut** o **de hauteur**, *un metro de alto* o *de altura*; y **deux centimètres de large** o **de largeur**, *dos centímetros de ancho* o *de anchura*. La excepción a esta regla es **profondeur**, *profundidad*: **trois mètres de profondeur** (*de profond, *de profundo*, es incorrecto). La única pequeña diferencia es el registro: el sustantivo se considera un poco más elegante que el adjetivo. Sin embargo, en términos prácticos, los dos son equivalentes.

5 Refranes y dichos

Las máximas son una parte integral de cualquier idioma y se usan con frecuencia, ya sea directa o indirectamente, pues son una parte importante de la cultura popular. Dado que el francés y el español están estrechamente relacionados, muchos refranes son idénticos o muy similares en ambos idiomas. Ya hemos aprendido **Rira bien qui rira le dernier**, *Quien ríe el último, ríe mejor*. Aquí tienes cinco más:
Pierre qui roule n'amasse pas mousse, *Piedra que rueda no acumula moho*;
À mauvais ouvrier point de bons outils, *No hay herramientas buenas para un mal trabajador*;
Tout ce qui brille n'est pas or, *No es oro todo lo que reluce*;
Mieux vaut tard que jamais, *Más vale tarde que nunca*;
Il ne faut pas mettre tous ses œufs dans le même panier, *No se deben poner todos los huevos en la misma cesta*.
En las próximas lecciones aprenderemos más sobre dichos con el mismo significado, pero con una redacción ligeramente diferente.

***

Dialogue de révision

1 – Pourquoi es-tu de mauvaise humeur ? On dirait que ça ne va pas fort.
2 – Je n'en peux plus. Avant-hier, j'ai bossé toute la journée jusqu'à vingt-deux heures,
3 mais je n'ai pas pu rentrer chez moi en voiture parce que l'autoroute a été fermée.
4 Finalement, j'ai dû rentrer à la maison à pied. Quelle galère !
5 – On a fermé l'autoroute ? Mais pourquoi ?
6 – Je n'en sais rien. Tu me casses les pieds avec tes questions !
7 La décision a été prise de la fermer pendant plusieurs jours. C'est tout.
8 On nous annonce qu'il est "vivement recommandé de prendre les transports en commun".
9 – Au fait, la route est en mauvais état et il faut la réparer.
10 Il paraît qu'ils ont fait appel à une entreprise étrangère pour faire les travaux.
11 – En tout cas, rien ne marche comme il faut et il est impossible de circuler normalement.
12 Ça tombe mal car je suis débordée cette semaine.
13 C'est la pagaille dans les transports en commun, qui sont en grève.
14 Je vais être obligée de me mettre au vélo.
15 – Je m'en doutais ! C'est pour ça que tu es d'une humeur de chien.

***

Traduction

1 ¿Por qué estás de mal humor? Parece que las cosas no van bien. **2** No puedo más. Anteayer curré todo el día hasta las diez, **3** pero no pude conducir a casa porque la carretera estaba cortada. **4** Finalmente, tuve que ir a pie a casa. ¡Qué pesadilla! **5** ¿Han cortado la autopista? Pero ¿por qué? **6** No lo sé. ¡Me sacas de quicio con tus preguntas! **7** Se tomó la decisión de cerrarla durante varios días. Es todo. **8** Se nos dice que "se recomienda encarecidamente utilizar el transporte público". **9** Por cierto,

Soixante-dix-huitième leçon

"Les voyages forment la jeunesse"

1 – Vous avez des projets pour le pont de l'Ascension ? Je suis à la recherche [1] d'inspiration.
2 – Nous allons rendre visite [2] à mes neveux et ma nièce à Nîmes, enfin pas à Nîmes même, mais juste à côté.
3 – Vous y allez avec les enfants, j'imagine. Quelle chance ils ont !
4 – Non, pas cette fois-ci.
5 – Nous le leur [3] avons proposé mais ils n'étaient pas très chauds. [4]
6 – Ils sont difficiles, vos gamins [5]. Moi, je sauterais sur l'occasion de visiter [2] la Provence.
7 – Je ne leur en veux pas. On les y [3] a souvent emmenés quand ils étaient jeunes.
8 Ils s'y sont beaucoup amusés.
9 Mais maintenant ils préfèrent s'amuser avec les copains plutôt que de rester avec leurs parents !
10 – Et pourtant, les voyages forment la jeunesse, dit-on.

la carretera está en mal estado y necesita ser reparada. **10** Al parecer, contrataron a una empresa extranjera para hacer el trabajo. **11** En cualquier caso, nada funciona como debería y es imposible circular con normalidad. **12** Me viene mal porque estoy desbordada esta semana. **13** Es un desastre el transporte público, que está en huelga. **14** Voy a tener que subirme a mi bicicleta. **15** ¡Lo sospechaba! Por eso estás de tan mal humor.

Fase productiva: 28.ª lección

Septuagésima octava lección

"Los viajes forman a la juventud"

1 – ¿Tenéis planes para el puente de la Ascensión? Estoy buscando inspiración.
2 – Vamos a visitar a mis sobrinos y mi sobrina a Nimes, bueno, no Nimes, pero justo al lado.
3 – Vais con los niños, imagino. ¡Qué suerte tienen!
4 – No, esta vez no.
5 – Se lo hemos propuesto, pero no estaban muy animados *(no estaban muy calientes)*.
6 – Vuestros niños son difíciles. Yo aprovecharé *(saltaré sobre)* la ocasión para visitar Provenza.
7 – No se lo reprocho. Los llevábamos a menudo cuando eran pequeños *(jóvenes)*.
8 Se divertían mucho.
9 Pero ahora prefieren divertirse con sus amigos más que estar *(quedarse)* con sus padres.
10 – Y sin embargo, dicen que "los viajes forman a la juventud".

78 / Soixante-dix-huitième leçon

11 – Je le leur [3] ai dit mais ils n'en ont rien à faire [6] et je n'arrive pas à les convaincre [7].
12 Ils me disent qu'ils ont peur de s'embêter [8] avec les vieux, qu'ils trouvent trop ennuyeux.
13 Je leur réponds que c'est dans les vieux pots qu'on fait la meilleure soupe.
14 Qu'importe [9]. Ce sont eux les perdants dans l'histoire.
15 – Revenons à notre sujet. Vu que [10] vous serez dans la région nîmoise,
16 est-ce que vous pouvez m'acheter du miel de lavande et des herbes de Provence ?
17 – Bien sûr, on en rapporte aussi pour Alex et Théo. Nous leur en avons promis.
18 – Et si vous voyez un beau vase en céramique avec un motif de cigales dessus
19 le souvenir touristique par excellence –, vous pouvez me le prendre ?
20 – Oui, je connais une boutique qui en vend : nous y en avons déjà acheté pour d'autres amis.
21 Mais vu [10] les prix, ça risque de te revenir [11] cher, tu sais.
22 – Alors je vais te faire un chèque tout de suite.
23 – Ne me le [3] donne pas maintenant ; donne-le-moi à la fin du mois.

☐

Pronunciación
… yenes **1** … lasaⁿsioⁿ … daⁿspirasioⁿ **2** … neve … nies … **6** … gamaⁿ … **12** … aⁿnuie **13** … po … **14** caⁿport … **16** … miel … erb … **18** … sigal … **19** … ecselaⁿs … **22** … shec …

423 **quatre cent vingt-trois**

Septuagésima octava lección / 78

11 – Se lo he dicho, pero no les importa y no logro *(llego a)* convencerlos.
12 Me dicen que tienen miedo de aburrirse con los viejos, a quienes encuentran muy aburridos.
13 Yo les respondo que "la mejor sopa se hace en ollas viejas".
14 No importa. Son los perdedores de la historia.
15 – Volvamos a nuestro tema. Ya que vas a *(Visto que estarás en)* la región de Nimes,
16 ¿puedes comprarme miel de lavanda y hierbas provenzales?
17 – Por supuesto, las voy a traer también para Alex y Théo. Se lo hemos prometido.
18 – Y si ves un bonito jarrón de cerámica con dibujos de cigarras *(encima)*
19 el souvenir turístico por excelencia– ¿me lo puedes traer *(coger)*?
20 – Sí, conozco una tienda que los vende: ya hemos comprado allí algunos para otros amigos.
21 Pero vistos los precios, puede resultarte caro, ya sabes.
22 – Entonces te voy a hacer un cheque ahora mismo.
23 – No me lo des ahora; dámelo a fin de mes.

Notas

1 **la recherche**, *la investigación*, *la búsqueda*, se usa en la expresión **à la recherche de**, *en busca de*, **Nous sommes à la recherche de nouveaux locaux**, *Estamos buscando nuevos locales*.

2 Es importante no confundir **rendre visite**, *visitar o ir a ver a una persona* (ver lecciones 68 línea 3 y 69 línea 10), y **visiter**, *visitar un lugar* (lección 37, línea 8). Una forma de evitar **rendre visite** es decir simplemente **aller voir**: **Nous sommes allés voir Théo hier**, *Fuimos a ver a Théo ayer*.

quatre cent vingt-quatre • 424

78 / Soixante-dix-huitième leçon

3 Cuando una oración contiene un pronombre de objeto directo y otro de objeto indirecto, estos deben seguir un orden estricto. En una oración afirmativa, el objeto directo **le** tiene que preceder al **leur** indirecto. Por ejemplo, en singular, y con un objeto directo femenino, la oración se leería **Nous la lui avons proposée**. En una oración negativa (línea 23), **ne** precede al primer pronombre y **pas** va detrás del verbo: **Ne me la propose pas** … Mira los ejemplos de esta lección y luego revisa la lección 84 para una explicación más completa.

4 **être chaud pour** no tiene nada que ver con la temperatura; significa *estar entusiasmado* o *dispuesto a hacer algo*. **Fabien est chaud pour venir avec nous à Nîmes**, *Fabien está entusiasmado por venir con nosotros a Nîmes*. Podría decirse que la expresión se usa con más frecuencia en forma negativa. **Tu viens ? – Je ne suis pas très chaud.** –¿*Vienes? –No estoy muy animado*. (Por supuesto, *tener calor* es **avoir** chaud).

5 **un gamin** es un sinónimo de **un(e) gosse**, (lección 55, nota 10), y ambos significan *un(a) niño/-a*. Las dos palabras son coloquiales, no jerga, o sea, que las puedes usar tranquilamente.

6 Aquí hay otra construcción idiomática con **faire**: **n'en avoir rien à faire** significa *no interesar*, *no importar*. **Ils sont trop ocupa ou, peut-être, ils n'en ont rien à faire**, *Están demasiado ocupados, o tal vez no les importa*. La clave de la naturaleza idiomática de la expresión está en **en**, porque **Ils n'ont rien à faire** simplemente significa *No tienen nada que hacer*.

7 Otro significado de **arriver**, *llegar*, es *conseguir* o *lograr*. En este caso, va seguido de **à**, y cualquier verbo posterior está en infinitivo: **Je n'arrive pas à la joindre par téléphone**, *No consigo comunicarme con ella por teléfono*.

***

▶ Exercice 1 – Traduisez

❶ La dernière fois que je l'ai vue, elle n'était qu'une gamine. Aujourd'hui elle étudie à la fac de droit. ❷ Je peux donner un coup de main, vu que j'ai terminé mon travail et n'ai rien à faire avant ce soir. ❸ Si votre enfant est malade, ne vous embêtez pas à lui prendre la température. Laissez-le dormir. ❹ Il n'arrivera pas à convaincre les gens de voter pour lui, mais qu'importe ! ❺ Moi, je préfère écrire à mes copains plutôt que de leur téléphoner. Ça revient moins cher.

425 **quatre cent vingt-cinq**

Septuagésima octava lección / 78

8 Aquí hay otro verbo que cambia ligeramente de significado en la forma pronominal (ver lección 77): **embêter** significa *molestar*, *fastidiar*, etc.: **N'embêtez pas votre frère, il travaille**, *No molestes a tu hermano, está trabajando*. Pero **s'embêter**, sinónimo de **s'ennuyer**, significa *aburrirse*: **Elle s'embête en cours d'anglais**, *Se aburre en la clase de inglés*. En el sentido de *preocuparse*, las formas pronominal y base pueden tener el mismo significado: **Ne vous embêtez pas avec ça**, *No te preocupes por eso*.

9 **Qu'importe** es una forma más elegante de decir **Peu importe**. Ambas significan *No importa* (lección 60, nota 8).

10 **vu**, el participio pasado de **voir**, *ver*, es una forma útil de decir *en vista de que* (o, más simplemente, *ya que*). Puede ir seguido de un sustantivo: **Vu le temps, on restera à la maison**, *En vista del tiempo, nos quedaremos en casa*, o por **que** y una oración verbal, **Vu qu'il faut beau, en ira à la plage**, *Como hace buen tiempo, iremos a la playa*. En la construcción **que**, se puede usar **vu que** como **puisque** (lección 58, línea 1).

11 **revenir**, *volver*, *regresar*, se usa idiomáticamente para hablar del coste de algo: **Avec l'essence, le voyage reviendra à cent euros**, *Con la gasolina, el viaje saldrá a 100 euros*. Una expresión común es **Ça revient cher**. *Eso cuesta/sale caro*.

Soluciones al ejercicio 1

❶ La última vez que la vi era solo una niña. Hoy estudia en la facultad de derecho. ❷ Puedo echar una mano porque he terminado mi trabajo y no tengo nada que hacer hasta esta noche. ❸ Si su hijo está enfermo, no se moleste en tomarle la temperatura. Déjelo dormir. ❹ No podrá convencer a la gente de que vote por él, ¡pero no importa! ❺ Prefiero escribir a mis amigos que llamarlos. Es más barato.

quatre cent vingt-six • 426

Exercice 2 – Complétez

❶ –¿El dinero? Iré a buscarlo ahora mismo. –No me lo des ahora; dámelo mañana.
L'argent ? Je .... tout de suite. – .... maintenant ; ....

❷ Prefiere divertirse con sus amigas. Es su elección y no se lo reprochamos.
Elle préfère .... C'est son choix et ....

❸ –¿Os acompañarán vuestros hijos? –Se lo propuse, pero no aprovecharon la oportunidad.
Est-ce que vos enfants .... ? – Je .... mais ils ....

❹ –Vamos a visitar a mi sobrina en Nimes, luego visitaremos la ciudad. –¡Qué suerte tienes!
Nous allons .... à Nîmes, puis nous .... – .... !

❺ –Voy a traerle un poco de miel a mi mejor amiga: le prometí un poco. –¿Puedes traerme un poco también, por favor?
Je vais .... pour ma .... : je .... – Peux-tu .... aussi s'il te plaît ?

Soixante-dix-neuvième leçon

Il faut que je trouve une bonne excuse...

1 – Allô, c'est toi, Thomas ? Je suis content que [1] tu sois [2] là.
2 Il faut que je te parle, et il faut que tu sois franc avec moi. Je ne te dérange pas ?
3 – Non, non. Je suis heureux que [1] tu m'appelles [3], Martin. C'est à quel sujet ?
4 – C'est à propos d'Alexis, l'associé de mon père.

Soluciones al ejercicio 2

❶ – vais vous le chercher – Ne me le donnez pas – donnez-le-moi demain **❷** – s'amuser avec ses copines – nous ne lui en voulons pas – **❸** – vous accompagneront – le leur ai proposé – n'ont pas sauté sur l'occasion **❹** – rendre visite à ma nièce – visiterons la ville – Quelle chance vous avez **❺** – rapporter du miel – meilleure amie – lui en ai promis – m'en prendre –

L'Ascension *es una fiesta cristiana que se celebra cuarenta días después de la Pascua. Como siempre cae en jueves, mucha gente aprovecha el puente para hacer una escapada. (Ver Nota cultural, lección 18)*

Tu conocimiento del francés no solo es cada vez más amplio y con más contenido gramatical, sino que también es más profundo y coloquial. En esta lección has aprendido dos proverbios más: **Les voyages forment la jeunesse** *y* **C'est dans les vieux pots qu'on fait la bonne / meilleure soupe,** *que los hablantes nativos usan con regularidad. En otras palabras, ¡estás aprendiendo francés "real"!*

Fase productiva: 29.ª lección

Septuagésima novena lección

Tengo que encontrar una buena excusa...

1 – Hola, ¿eres *(tú)* Thomas? Me alegro de que estés ahí.
2   Tengo que hablar contigo, y necesito que seas sincero conmigo. ¿No te molesto?
3 – No, no. Me alegro de que me llames, Martín. ¿De qué se trata *(Es a cuál tema)*?
4 – Es sobre Alexis, el socio de mi padre.

79 / Soixante-dix-neuvième leçon

5 Il veut que [1] je l'aide à peindre son salon et sa salle à manger.
6 – Et alors ? Qu'est-ce qui t'en empêche [4] ? Tu es bien peintre professionnel, non ?
7 – Oui, c'est vrai, mais tu connais Alexis : il est aussi exigeant que maniaque [6].
8 Par exemple, il aimerait que je sois là à l'aube et que je passe toute la journée avec lui.
9 Il faut que j'apporte [6] le matériel – pinceaux, rouleaux, couteaux et tout et tout –
10 mais aussi que j'amène [6] mon employé pour faire les plafonds et les endroits les plus délicats.
11 Et, quand on aura terminé, il faudra sans doute que j'emporte [6] les déchets à la déchetterie !
12 En résumé, je ne sais pas quoi lui dire. Je ne veux pas qu'il soit [1] fâché contre moi.
13 – Tu permets que je sois [2] tout à fait honnête et que je te donne un bon conseil ?
14 Il suffit de le regarder droit dans les yeux et lui dire, gentiment mais fermement :
15 "Je préfère que vous trouviez quelqu'un d'autre, Alexis."
16 À défaut, il vaudrait mieux que tu ne sois pas disponible ce jour-là,
17 que toi et ton apprenti, vous soyez [8] sur un autre chantier.
18 ou, au pire, que vous soyez malades tous les deux. Rien de trop grave, bien sûr,
19 mais des épidémies de rougeole ou de scarlatine sont bien utiles dans des cas pareils !
20 – N'empêche [4], j'ai peur qu'il [1] soit vexé quand même.

Septuagésima novena lección / 79

5 Quiere que le ayude a pintar su salón y su comedor.
6 – ¿Y qué? ¿Qué te lo impide? Eres un pintor profesional, ¿no?
7 – Sí, es cierto, pero ya conoces a Alexis: es tan exigente como maniático.
8 Por ejemplo, le gustaría que estuviera allí al alba y pasara todo el día con él.
9 Tengo que llevar el material –brochas, rodillo, espátulas y todo eso *(todo y todo)*–
10 pero también que lleve a mi empleado para hacer los techos y los lugares más delicados.
11 Y cuando hayamos acabado, ¡tendré que llevar los residuos al punto limpio!
12 En resumen, no sé qué decirle. No quiero que se enfade conmigo.
13 – ¿Me permites que sea completamente honesto contigo y te dé un buen consejo?
14 Basta con que le mires directo a los ojos y le digas, suave pero firmemente:
15 "Prefiero que busque *(encuentre)* a otro, Alexis".
16 Si eso falla *(en defecto)*, sería mejor que no estuvieras disponible ese día,
17 que tu aprendiz y tú estuvierais en otra obra,
18 o, en el peor de los casos, que los dos estuvierais enfermos. Nada demasiado grave, por supuesto,
19 pero las epidemias de rubeola o de escarlatina son muy útiles en esos casos *(casos parecidos)*.
20 – Aun así, me temo que se ofenderá de todos modos.

79 / Soixante-dix-neuvième leçon

21 – Il ne t'en voudra pas. [7] Il sera triste que [1] tu ne puisses [8] pas l'aider, c'est tout.
22 – Et comment le sais-tu ?
23 – Parce qu'il m'a posé exactement la même question hier et je lui ai donné exactement la même excuse. ☐

Pronunciación

2 … fra^n … *5* … pa^ndr … *6* … pa^ntr … *7* … maniac *9* … pa^nso … *10* … delica *11* … deshe … deshetri *17* … suaye … *19* … rushol … scarlatin … *20* … vecse … *21* … puis …

Notas

1 Esta lección trata del modo subjuntivo, utilizado para expresar una posibilidad, emoción, deseo o consejo sobre una situación o acción. Se usa con ciertos verbos en oraciones de dos partes que tienen sujetos diferentes. Los verbos en nuestros ejemplos (**être content, falloir, être heureux, être triste, avoir peur**, etc.) van seguidos de **que**, que los enlaza (o "subjunta") al segundo verbo subjuntivo de la oración: **J'ai peur qu'**il soit fâché, *Temo que se enfade*.

2 La conjugación completa e irregular de **être** en subjuntivo es (**que) je sois, tu sois, il/elle soit, nous soyons, vous soyez, ils/elles soient**.

3 El subjuntivo de los verbos regulares acabados en **-er** es el mismo que el presente, excepto en la primera y segunda persona del plural, que añaden una **i**: (**que) j'appelle, tu appelles, il/elle appelle, nous appelions, vous appeliez, ils/elles appellent**. Recuerda: dado que el segundo verbo está "subjuntado" al verbo inicial, va precedido por **que**: **Il faut que nous appelions notre bureau**, *Es necesario que llamemos a nuestra oficina*.

4 **empêcher** significa *impedir* o *evitar*: **On m'a empêché de sortir**, *Se me impidió salir*. El sustantivo asociado, **un empêchement** significa *un impedimento*, *un obstáculo*, *un contratiempo*, a menudo inesperado: **Elle voulait y aller mais elle a eu un empêchement**, *Ella quería ir, pero tuvo un contratiempo*. La expresión invariable **n'empêche**, bastante informal, es el equivalente de *aun así*, *de todos modos*: **N'empêche, ils**

431 • **quatre cent trente et un**

Septuagésima novena lección / 79

21 – No te culpará. Estará triste de que no puedas ayudarlo, eso es todo.
22 – ¿Y cómo lo sabes?
23 – Porque me pidió *(puso)* exactamente lo mismo *(la misma pregunta)* ayer y le di exactamente la misma excusa.

auraient pu téléphoner, *Aun así, podrían haber llamado*. Más adelante veremos cómo usar la expresión en un contexto menos informal.

5 Ver lección 45, nota 9. **Aussi … que** también se puede usar para comparar dos adjetivos: **Elle est aussi intelligente que sympathique**, *Ella es tan inteligente como agradable*.

6 Los verbos **apporter** (lección 26), **amener** (68) y **emmener** (78), que básicamente significan *traer* o *llevar*, pueden resultar un poco confusos. La regla básica es que **apporter / emporter** significa llevar algo al lugar adonde se va, **amener** significa lo mismo pero se aplica a personas o animales que se transportan, y **emmener** significa *llevar* a alguien o a seres vivos fuera del lugar de origen: **J'apporte mes outils, j'amène mon assistant et j'emporte les déchets**, *Traigo mis herramientas y a mi ayudante y me llevo la basura*. Más detalles en una lección posterior.

7 Aquí hay otro uso de un verbo común: **en vouloir à** significa *reprochar* algo a alguien (ver lección 78, línea 7) o *estar molesto* con alguien. **Martin m'en veut parce que j'ai oublié son anniversaire**, *Martin está enojado conmigo porque olvidé su cumpleaños*. Una expresión útil, usada en forma de disculpa, es **Vous ne m'en voulez pas ?** *¿No me lo reprocharás?*

8 El subjuntivo del verbo irregular **pouvoir** es (**que**) **je puisse, tu puisses, il/elle puisse, nous puissions, vous puissiez, ils/elles puissent**.

quatre cent trente-deux • 432

Exercice 1 – Traduisez

❶ Nous avons une question à vous poser. – À quel sujet ? **❷** Je ne sais pas quoi leur dire. J'ai peur qu'elles soient vexées si je refuse de les aider. **❸** Je sais que c'est un empêchement de dernière minute mais, n'empêche, tu aurais pu me prévenir. **❹** Il faut qu'on se parle. C'est à propos d'Alexis : il arrive à l'aube demain, et rien n'est encore prêt. **❺** Je suis triste que ta femme soit occupée ce soir car je voulais que nous dînions ensemble, tous les quatre.

***

Exercice 2 – Complétez

❶ Alex y su hijo son tan inteligentes como divertidos. Debemos invitarlos uno de estos días.
Axel et son fils sont..................... Il........
.... un de ces jours.

❷ Va a traer a sus amigos, que van a traer algunos pasteles para la fiesta. Luego, los llevaré a la estación.
Il..... ses amis, qui vont......... des....... pour la fête. Après, je.......... à la gare.

❸ Mi esposa está feliz de que puedas pasar el día aquí. Los amigos son importantes en casos como este.
Ma femme est................................ la journée ici. Les amies sont................................

❹ ¿Permitís que seamos honestos y os demos un consejo?
Vous.......... que........... et.............. un conseil ?

❺ Sería mejor si usted y su colega fueran los únicos que conocieran esa contraseña.
.... vous et votre collègue............
.... ce mot de passe.

433 • **quatre cent trente-trois**

Soluciones al ejercicio 1

❶ –Tenemos una pregunta para ti. –¿De qué se trata? ❷ No sé qué decirles. Me temo que se enfadarán si me niego a ayudarlos. ❸ Sé que esto es un contratiempo de última hora, pero aun así podrías haberme advertido. ❹ Necesitamos hablar. Se trata de Alexis: vendrá mañana al amanecer y todavía no hay nada listo. ❺ Me entristece que tu esposa esté ocupada esta noche porque quería que cenáramos los cuatro juntos.

***

Soluciones al ejercicio 2

❶ – aussi intelligents que drôles – faut que nous les invitions – ❷ – amène – apporter – gâteaux – les emmène – ❸ – heureuse que vous puissiez passer – importantes dans des cas pareils – ❹ – permettez – nous soyons honnêtes – que nous vous donnions – ❺ Il vaudrait mieux que – soyez les seuls à connaître –

Seguro que eres consciente de que hemos ido reduciendo la sección de pronunciación figurativa que aparece debajo del diálogo principal. A estas alturas ya deberías estar familiarizado con los sonidos franceses y ser capaz de extrapolar, por ejemplo, un infinitivo como **aimer** *a su participio pasado* **aimé** *o al imperfecto* **aimait.** *Continuaremos brindándote orientación para los sonidos nuevos o inusuales, pero el objetivo ahora es eliminar esta muleta en la que has estado confiando durante las últimas 79 lecciones. Además, la gramática cada vez es más compleja. Pero debido a que ya has asimilado muchas de las construcciones antes de que se expliquen en las lecciones de revisión, te resultará más fácil comprender y adquirir los mecanismos necesarios.* **Bonne continuation !** *(¡Buen progreso!)*

Fase productiva: 30.ª lección

Quatre-vingtième leçon

"Notre action ne dépend que de vous."

1 – Les syndicalistes de l'SSP, le Syndicat des services publics, ont déposé un préavis de grève pour la fin janvier.
2 Ils réclament [1] des augmentations de salaire, mais leurs exigences vont au-delà de la seule question salariale
3 et des négociations sur les conditions d'accès aux congés [2] maladie.
4 Le SSP exige que [3] ces réclamations [1] soient entendues par le gouvernement et le patronat
5 dans le cadre de la réduction du temps de travail.
6 Pour l'instant, la grogne est limitée à une trentaine de grandes entreprises
7 mais elle pourrait devenir un mouvement massif touchant plusieurs secteurs,
8 y compris la sidérurgie [4] et l'agroalimentaire.
9 Ce matin, un des leaders [5] syndicaux a prononcé un discours devant ses militants.
10 – Camarades, notre action ne dépend que de vous [6] !
11 Il faut que nous élargissions [7] et durcissions le mouvement pour qu'il ne faiblisse pas dans les semaines à venir.
12 En matière de congés maladie, il est flagrant que les employeurs nous imposent deux poids, deux mesures [8].
13 Si un ouvrier oublie de faire quelque chose, il est paresseux ;

Octogésima lección

80

"Nuestra acción solo depende de vosotros".

1 – Los sindicalistas del SSP, el Sindicato de los Servicios Públicos, ha presentado *(depositado)* una convocatoria *(preaviso)* de huelga para finales de enero.
2 Reclaman aumentos de salario, pero sus exigencias van más allá de mera cuestión salarial
3 y las negociaciones sobre las condiciones de acceso a las bajas por enfermedad.
4 El SSP exige que estas quejas *(reclamaciones)* sean atendidas por el gobierno y la patronal
5 en el marco de la reducción de la jornada *(de los tiempos de trabajo)*.
6 Por el momento, el descontento se limita a una treintena de grandes empresas
7 pero podría convertirse en un movimiento masivo que afecte a varios sectores,
8 incluida la industria siderúrgica y la agroalimentaria.
9 Esta mañana, uno de los líderes sindicales pronunció un discurso ante sus militantes.
10 – Camaradas, ¡nuestra acción solo depende de vosotros!
11 Debemos ampliar y endurecer el movimiento para que no se debilite en las próximas semanas.
12 Sobre *(en materia de)* las bajas por enfermedad, es obvio *(flagrante)* que los empleadores nos imponen un doble rasero *(dos pesos, dos medidas)*.
13 Si un trabajador olvida hacer algo, es un holgazán;

quatre cent trente-six • 436

80 / Quatre-vingtième leçon

14 mais si son patron l'oublie, c'est simplement parce qu'il est trop occupé.
15 Il est dommage que [3] vous n'ayez [9] pas la reconnaissance que vous méritez.
16 Supposez que vous ayez la grippe et que vous choisissiez de ne pas aller au boulot
17 pour ne pas incommoder vos camarades. Qu'est ce qui va se passer ?
18 Le patron ne va pas attendre que [3] vous finissiez votre traitement et que vous soyez guéri ;
19 il va exiger que [3] vous reveniez travailler dans les plus brefs délais ! Quelle honte ! [10]
20 Car si c'est lui qui est malade, ses collègues vont insister pour qu'il obéisse au médecin du travail,
21 et qu'il y réfléchisse à deux fois avant de revenir au bureau.
22 Cela démontre bien que tous les hommes sont égaux,
23 mais que certains sont plus égaux que d'autres ! □

Pronunciación

1 ... saⁿdicalist ... pre-avi ... 4 ... reclamasioⁿ ... 6 ... groñe ... 8 ... siderurshi ... 9 ... militaⁿ 12 ... flagraⁿ ... pua ... 17 .... aⁿcomode ... 18 ... tretmaⁿ ... gueri 19 ... kele-oⁿt 22 ... ego

Notas

1 El verbo regular **réclamer** significa *exigir, pedir, reclamar*: **Les syndicats réclament des résultats**, *Los sindicatos exigen resultados*. El sustantivo **es une réclamation**, *una reclamación, una queja*. Si un consumidor desea

Octogésima lección / 80

14 pero si su jefe lo olvida, es simplemente porque está muy ocupado.
15 Es una pena que no tengáis el reconocimiento que os merecéis.
16 Suponed que tenéis la gripe y que decidís no ir al trabajo
17 para no molestar a vuestros compañeros. ¿Qué va a pasar?
18 El jefe no va a esperar a que terminéis vuestro tratamiento y os recuperéis;
19 ¡exigirá que volváis al trabajo lo antes posible! ¡Qué vergüenza!
20 Porque si él es el que está enfermo, sus colegas insistirán en que obedezca al médico del trabajo,
21 y que se lo piense dos veces antes de volver a la oficina.
22 Eso demuestra que todos los hombres son iguales,
23 ¡pero algunos son más iguales que otros!

---

presentar una queja sobre los productos o servicios de una empresa, puede ponerse en contacto con **le service / le bureau des réclamations**.

2 **un congé**, traducido a menudo como *vacaciones* (lección 45, línea 12), también abarca la noción de *baja temporal*, es decir, ausencia del trabajo, y se usa en sustantivos compuestos como **les congés payés**, *las vacaciones pagadas*, **un congé de maladie**, *una baja por enfermedad*, o **un congé de maternité**, *una baja de maternidad*. (En el uso común, a menudo se omite **de**: **un congé maladie**, etc.).

3 Esta lección se basa en las construcciones explicadas en la lección 79, nota 1. Verbos como **exiger que**, *exigir que*, **être dommage que**, *ser una vergüenza que* y **attendre que**, *esperar que*, implican un elemento de incertidumbre o contingencia sobre la acción descrita en el segundo verbo de la oración subordinada, que por lo tanto va en subjuntivo. (Ten en cuenta que **insister** requiere **pour** antes de **que**: **J'insiste pour que tu choisisses entre nous deux**, *Insisto en que elijas entre nosotros dos*).

quatre cent trente-huit • 438

80 / Quatre-vingtième leçon

4 El sustantivo masculino **l'acier** significa *el acero*: **Cette porte est en acier**, *Esta puerta es de acero*. El sustantivo **la sidérurgie** abarca tanto el acero como *el hierro*, **le fer**, (ver lección 71) y, por lo tanto, se refiere a la industria metalúrgica o siderúrgica.

5 Aunque el francés tiene sustantivos perfectamente correctos como **un dirigeant** o **un responsable**, es decir, *un dirigente* o *un responsable*, a menudo usa la palabra inglesa **un leader**, *un líder*, en un contexto político o administrativo (y también **le leadership**, *el liderazgo*).

6 La forma negativa **ne ... que** significa *solo*: **Elle ne m'appelle qu'une fois par semaine**, *Me llama solo una vez a la semana*. La construcción se puede utilizar en lugar de **seulement**, *solamente* (**Elle m'appelle seulement une fois par semaine**). **Que** también se puede usar con otra construcción negativa de dos partes, como **ne ... pas**, con el mismo significado: **Il ne reste plus que trois candidats**, *Solo quedan tres candidatos*.

7 Las terminaciones del presente de subjuntivo de los verbos regulares acabados en **-ir** son un poco más complejas que las de los verbos acabados en **-er**. Así **élargir**, *ensanchar* (de **large**, *ancho*): **(que) j'élargisse, tu élargisses, il/elle élargisse, nous élargissions, vous élargissiez, ils/elles élargissent**. Recuerda que el subjuntivo suele ir precedido de **que**.

8 **le poids**, *el peso*, lleva una **-s** tanto en singular como en plural: **Quel poids faites-vous ?**, *¿Cuánto pesas?* **Une mesure** significa *una medi-*

***

Exercice 1 – Traduisez

❶ Où est Martine ? Il est dommage qu'elle ne soit pas avec nous. ❷ J'insiste pour que vous y réfléchissiez à deux fois avant de poursuivre le projet. ❸ Je pense qu'on devrait attendre que tu finisses la fac avant de prendre une décision sur ton avenir. ❹ Nous réclamons des résultats et nous n'allons pas attendre que vous ayez fini vos petites discussions. ❺ Les dirigeants n'entendent pas la grogne des syndicalistes, qui veulent élargir et durcir leur grève.

439 • **quatre cent trente-neuf**

Octogésima lección / 80

da (lección 66, línea 5). La expresión **deux poids, deux mesures** significa *un doble rasero*: **Le gouvernement applique deux poids, deux mesures sur cette question**, *El gobierno aplica un doble rasero a esta cuestión*.

9 El presente de subjuntivo de **avoir** es **(que) j'aie, tu aies, il/elle ait, nous ayons, vous ayez, ils/elles aient**.

10 **la honte** significa *la vergüenza, la deshonra*. **Leurs actions sont une source de honte pour nous tous**, *Sus actos son una fuente de vergüenza para todos nosotros*. Sin embargo, no traduce la noción de pena o lástima contenida en expresiones como *¡Qué pena!*, que es **Quel dommage** (lección 48, línea 19). **C'est une honte !** *¡Es una vergüenza!, ¡Es vergonzoso!*

***

Soluciones al ejercicio 1

❶ ¿Dónde está Martine? Es una lástima que no esté con nosotros. ❷ Insisto en que lo piense dos veces antes de continuar con el proyecto. ❸ Creo que deberíamos esperar hasta que termines la universidad antes de tomar una decisión sobre tu futuro. ❹ Pedimos resultados y no vamos a esperar hasta que terminen sus pequeñas discusiones. ❺ Los dirigentes no escuchan el descontento de los sindicalistas, que quieren ampliar y endurecer su huelga.

quatre cent quarante • 440

Exercice 2 – Complétez

❶ Insisten en que elijamos el equipo más caro, pero eso no depende solo de mí.
Ils .... le matériel ....,
mais ça ....

❷ Exigimos que los empleados tengan aumentos de salario y que su demanda sea escuchada.
Nous .... les employés ....
.... et ... leur ....

❸ –¡Es una pena que no haya participado en la huelga! –No, es una vergüenza.
C'est .... participé à la grève. – Non,
.... !

Quatre-vingt-unième leçon

La réaction des patrons

1 – Le Groupement des employeurs et de l'emploi s'est réuni hier à Lille pour discuter des demandes des grévistes.
2 Voici un extrait du compte-rendu de la réunion qui s'est déroulée pendant plus de quatre heures :
3 – Bien que [1] nous fassions [2] tous les efforts nécessaires, mes amis, nous sommes dans un dialogue de sourds.
4 Nous nous sommes fait attaquer par les médias qui nous désignent comme les méchants [3].
5 C'est ridicule, bien entendu. Il n'empêche que [4] nous devons d'être très attentifs.

❹ Supongamos que necesitemos un médico y que está de vacaciones. ¿Qué va a pasar?
.... nous .... du médecin et qu'.........
...... Qu'est-ce .... ?

❺ No debemos tener un doble rasero; no todos los casos son iguales.
Il ne faut pas ....,.......... ; tous les cas ....

Soluciones al ejercicio 2
❶ – insistent pour que nous choisissions – le plus cher – ne dépend pas que de moi ❷ – exigeons que – aient des augmentations de salaire – que – réclamation soit entendue ❸ – dommage qu'il n'ait pas – c'est une honte ❹ Supposons que – ayons besoin – il soit en congé – qu'il va se passer ❺ – que nous ayons deux poids – deux mesures – ne sont pas égaux

Fase productiva: 31.ª lección

Octogésima primera lección

La respuesta (reacción) de los jefes

1 – La Groupement des Employeurs et de l'Emploi *(agrupación de empleadores y del empleo)* se reunió ayer en Lille para discutir las demandas de los huelguistas.
2 Este es un extracto del acta *(cuenta rendida)* de la reunión, que se desarrolló durante más de cuatro horas:
3 – Aunque hacemos todos los esfuerzos necesarios, amigos míos, estamos en un diálogo de sordos.
4 Nos han atacado los medios de comunicación, que nos señalan *(designan)* como los malos.
5 Eso es ridículo, por supuesto. Sea como sea, debemos estar muy atentos.

81 / Quatre-vingt-unième leçon

6 Leur déléguée du personnel, Inès Laurent, est très adroite et, de plus, c'est une négociatrice expérimentée.

7 Il n'est pas certain qu'elle [5] attende [6] la fin des pourparlers avant de déclencher un grand mouvement social.

8 Quoi qu'il en soit [7], ses idées gagnent du terrain et on doit être sur le qui-vive.

9 – Je suis d'accord. Il faut qu'on fasse très attention car tout peut arriver.

10 – Il est peu probable que [5] Madame Laurent comprenne notre stratégie ou qu'elle connaisse notre vraie position.

11 En revanche, il est tout à fait probable qu'elle [5] suspendra les négociations si elle n'obtient pas ce qu'elle veut.

12 – De toutes les façons, les délégués du personnel en général nous en veulent à tous.

13 – Ce qui est sûr c'est que nous ne pouvons pas nous tourner les pouces en attendant que le problème se règle tout seul.

14 Au contraire, il faut patienter jusqu'à ce que [8] Laurent soumette un document avec ses propositions.

15 Si elle ne le fait pas dans un délai [9] de quarante-huit heures, nous aurons le droit de rompre les négociations sans préavis.

16 – Disons d'ici à vendredi ? Pourvu que [10] nous soyons tous du même avis,

17 je préparerai un communiqué de presse, comme prévu et on le publiera plus tard.

Octogésima primera lección / 81

6 Su delegada de personal, Inès Laurent, es muy hábil y, lo además, es una experta **negociadora** *(experimentada)*.
7 No es seguro que espere hasta el final de las conversaciones antes de iniciar un gran movimiento social.
8 De todos modos, sus ideas ganan terreno y tenemos que **estar alertas** *(sobre lo que vive)*.
9 – Estoy de acuerdo. Tenemos que estar muy atentos porque puede pasar de todo.
10 – Es poco probable que la señora Laurent entienda nuestra estrategia o conozca nuestra verdadera posición.
11 Por otro lado, es muy probable que suspenda las negociaciones si no obtiene lo que quiere.
12 – En cualquier caso, los delegados de personal en general están enfadados con todos nosotros.
13 – Lo cierto es que no podemos **quedarnos de brazos cruzados** *(dar vueltas a los pulgares)* esperando que el problema se resuelva por sí solo.
14 Al contrario, debemos esperar hasta que Laurent **presente** *(someta)* un documento con sus propuestas.
15 Si no lo hace en un plazo de 48 horas, tendremos derecho a romper las negociaciones sin preaviso.
16 – ¿Digamos el viernes? Mientras todos tengamos la misma opinión,
17 prepararé un comunicado de prensa, según lo previsto, y lo publicaremos más tarde.

quatre cent quarante-quatre • 444

81 / Quatre-vingt-unième leçon

18 – Avant que [8] tu finisses, Yann, j'ai une anecdote qui illustre le genre d'individus à qui nous avons affaire.

19 Un jeune homme, fraîchement sorti d'une école de commerce, me sollicite pour un poste de commercial et me demande le salaire.

20 Je lui propose le salaire minimum pour commencer

21 en lui disant qu'il serait augmenté de manière conséquente au bout de sa période d'essai de six mois.

22 Vous savez ce qu'il m'a répondu ?

23 "D'accord, dans ce cas je reviendrai dans vingt-quatre semaines"

24 – C'est inadmissible, sans doute, mais c'est logique.

Pronunciación

… reacsio^n … **3** … dialog … **4** … mesha^n **6** … adruat … **8** … terra^n … **14** … docuoma^n … **18** … anecdot … **20** … minimom … **21** … co^{n}seca^{n}t **24** … inadmisibl …

Notas

1 Algunas conjunciones que introducen una condición o conjetura (*aunque*, etc.) van seguidas de un verbo en subjuntivo. Por ejemplo, **bien que**, generalmente colocado al principio de una oración, significa *aunque*, etc. **Bien que nous soyons souvent absents, nous pensons à toi**, *Aunque muchas veces estemos ausentes, pensamos en ti*. Observa una vez más cómo el subjuntivo va introducido por **que**. Sin embargo, ten cuidado de distinguir entre la conjunción **bien que** y el adverbio **bien** cuando introduce una oración subordinada que comienza con **que** (lección 80, línea 22).

2 El presente de subjuntivo del verbo irregular **faire** es (que) **je fasse, tu fasses, il/elle fasse, nous fassions, vous fassiez, ils/elles fassent**.

3 El adjetivo **méchant** significa literalmente *cruel*, *malvado*, etc. **Il faut que tu apprennes à ne pas être méchant avec les autres**, *Tienes que apren-*

445 **quatre cent quarante-cinq**

Octogésima primera lección / 81

18 — Antes de que termines, Yan, tengo una anécdota que ilustra el tipo de gente *(individuos)* con la que estamos tratando.
19 Un joven, recién *(frescamente)* salido de la escuela de negocios, me solicita un puesto de comercial y me pregunta el salario.
20 Le propongo el salario mínimo para empezar,
21 diciéndole que aumentaría significativamente *(de manera consecuente)* al final de su periodo de prueba de seis meses.
22 ¿Sabe lo que me respondió?
23 "De acuerdo, en ese caso volveré dentro de veinticuatro semanas".
24 — Es inadmisible, sin duda, pero es lógico.

---

der a no ser malo con los demás. Veremos otros usos más adelante. El sustantivo personal **un(e) méchant(e)** significa *una persona desagradable* o *mala* y, por extensión, "villano" en una novela o película. **Dans les tous premiers films, le méchant portait toujours un chapeau noir,** *En las primeras películas, el malo siempre usaba un sombrero negro.*

4 **Il n'empêche que** tiene el mismo significado que **n'empêche**, visto en la lección 79, nota 5, pero es un poco más formal (*ello no impide que, sea como sea*). Cualquier verbo que siga a la expresión va en indicativo, no en subjuntivo: **Je sais que vous ne les aimez pas. Il n'empêche qu'ils ont raison,** *Sé que no te gustan. Sea como fuere, tienen razón.*

5 Cuando se usan en negativo, los verbos impersonales como **être certain / être sûr** indican duda y, por lo tanto, requieren el subjuntivo: **Il n'est pas sûr qu'elle soit d'accord avec nous**, *No es seguro que ella esté de acuerdo con nosotros*. En indicativo, sin embargo, la duda desaparece, al igual que el subjuntivo. En tales casos, el verbo suele ir en futuro: **Il est certain qu'elle sera accord avec nous**, *Seguro que ella estará de acuerdo con nosotros*. Lo mismo se aplica, por supuesto, a la probabilidad: véanse las líneas 10 (subjuntivo) y 11 (indicativo).

6 Este es el subjuntivo de los verbos del Grupo 3 (acabados en **-re**): **(que) j'attende, tu attendes, il/elle attende, nous attendions, vous attendiez, ils/elles attendent**. Ten cuidado de no confundir el subjuntivo con el imperfecto en la primera y segunda persona del plural, que son idénticas.

81 / Quatre-vingt-unième leçon

7 Ver lección 68, nota 9. Esta expresión, formada con el pronombre relativo y el subjuntivo, significa *lo que sea*, *no importa*. **Quoi que nous fassions, nous aurons toujours tort**, *Hagamos lo que hagamos, siempre estaremos equivocados*.

8 Algunas conjunciones de tiempo también llevan subjuntivo. Las más comunes son **jusqu'à ce que**, hasta que, y **avant que**, *antes de que* (fíjate en el **que** en ambos casos): **Avant que tu partes, j'ai quelque chose à te dire**, *Antes de que te vayas, tengo algo que decirte*. **Tu peux le garder jusqu'à ce que je revienne ?** *¿Puedes quedártelo hasta que vuelva?*

9 **un délai** significa básicamente *un plazo* o *un límite de tiempo*: **Il faut**

***

Exercice 1 – Traduisez

❶ Pourvu que vous ayez tous les documents nécessaires, tout ira bien. ❷ Je comprends votre décision de partir mais je vous en veux à tous les deux. ❸ Il faut lui répondre dans un délai de deux semaines. Ce n'est pas sûr qu'il attende le mois prochain. ❹ Quoi que tu fasses, ton patron ne sera jamais d'accord avec toi : tu auras tort ! ❺ Il est peu probable qu'elle connaisse tous les détails des négociations.

***

Exercice 2 – Complétez

❶ Aunque usted tenga razón, no es seguro que el representante de los empleados esté de su lado.
. . . . raison, il n'est pas certain que . . . .
. . . . de votre côté.

❷ Roger se fue sin su sombrero y sus guantes. ¿Puede quedárselos hasta que vuelva?
Roger . . . . sans . . . . et . . . . Pouvez-vous les garder . . . . ?

❸ No es posible romper el diálogo antes de que acabemos las negociaciones salariales.
Il n'est pas possible . . . .
les négociations . . . .

447 quatre cent quarante-sept

Octogésima primera lección / 81

le faire dans un délai de dix jours, *Debe realizarse en un plazo de diez días*. La traducción real depende del contexto –por ejemplo, **Quel est le délai pour ce travail ?** *¿Cuál es la fecha límite para este trabajo?*– pero la noción subyacente es el paso del tiempo. (En alguna expresión, **délai** puede ser plural, ver lección 80, línea 19).

10 pourvu que, *siempre que*, *con tal que*, *mientras*, es una conjunción invariable que introduce automáticamente una condición y por tanto requiere el subjuntivo: **Ma fille peut faire ce qu'elle veut de sa vie, pourvu qu'elle soit heureuse**, *Mi hija puede hacer lo que quiera con su vida, siempre y cuando sea feliz*.

***

Soluciones al ejercicio 1

❶ Siempre que usted tenga todos los documentos necesarios, todo irá bien. ❷ Entiendo vuestra decisión de marcharos, pero os lo recrimino a ambos. ❸ Hay que responderle en dos semanas. No es seguro que espere hasta el próximo mes. ❹ Hagas lo que hagas, tu jefe nunca estará de acuerdo contigo: ¡no tendrás razón! ❺ Es poco probable que ella conozca todos los detalles de las negociaciones.

***

❹ Es usted muy hábil, Michel. Sea como sea, no tiene la experiencia para presentar este proyecto.
Vous êtes très ......, Michel. ....
l'expérience pour .... ce projet.

❺ –Si tenemos que esperar un poco más, esperaremos. –¿Qué esperan exactamente?
S'il .... encore, nous ....
– Qu' .... -vous précisément ?

Soluciones al ejercicio 2

❶ Bien que vous ayez – le délégué de personnel soit – ❷ – est parti – son chapeau – ses gants – jusqu'à ce qu'il revienne ❸ – de rompre le dialogue avant qu'on finisse – salariales ❹ – adroit – Il n'empêche que vous n'avez pas – soumettre – ❺ – faut que nous attendions – attendrons – attendiez –

quatre cent quarante-huit • 448

*Incluso una lectura por encima de los medios de comunicación franceses revelará un vocabulario completo de palabras y términos relacionados con el empleo (**l'emploi**), el desempleo (**le chômage**) y las relaciones laborales (**les relations de travail**). El adjetivo **social** se refiere a las interacciones entre empleadores y empleados, denominados colectivamente **les partenaires sociaux** (agentes sociales).*

Quatre-vingt-deuxième leçon

Qu'ils sont idiots !

1 – Qu'on [1] le veuille [2] ou non, les sondages font partie intégrante de la période pré-électorale.
2 Pour certains [3], s'entretenir dans la rue avec un inconnu ne pose aucun problème ;
3 alors que pour d'autres, ça n'a aucun intérêt – et ils le font savoir.
4 – Bonjour. Accepteriez-vous de répondre à un court questionnaire sur nos institutions politiques ?
5 – Je n'ai ni le temps, ni l'envie de discuter avec quelqu'un que je ne connais pas sur un trottoir encombré.
6 – Il ne s'agit pas [4] de parler de tout et de rien mais simplement de répondre à quelques petites questions.
7 – Puisque vous insistez. Mais je n'ai que [5] quelques instants à vous accorder, alors faites vite.
8 – Je ne dépasserai même pas cinq minutes, je vous le jure. Commençons avec le premier ministre :
9 ferait-il un meilleur ou un moins bon président que le locataire actuel de l'Élysée ?
10 A-t-il [6] plus ou moins de qualités ? Qu'en pensez-vous ?

*Los actores clave incluyen la dirección (**la direction**) y los representantes del personal (**e/la délégué(e) du personnel**), que buscan mantener **le dialogue social** y evitar cualquier movimiento social (**un mouvement social**).*

Fase productiva: 32.ª lección

Octogésima segunda lección

¡Qué idiotas son!

1 – Nos guste o no, los sondeos son una parte integral del periodo preelectoral.
2 Para algunos, hablar en la calle con un desconocido no es *(pone)* un problema;
3 mientras que otros, eso no tiene ningún interés, y lo hacen saber.
4 – Buenos días. ¿Aceptaría responder a un pequeño cuestionario sobre las instituciones políticas?
5 – No tengo tiempo ni ganas de discutir con alguien que no conozco en una acera llena de gente.
6 – No se trata de hablar de lo que sea *(de todo y de nada)*, sino simplemente de responder a unas breves preguntas.
7 – Ya que insiste. Pero solo tengo un momento, así que dese prisa *(hágalo rápido)*.
8 – No serán más de *(superaré incluso)* cinco minutos, se lo juro. Empecemos con el primer ministro:
9 ¿sería un mejor o peor *(menos bueno)* presidente que el actual inquilino del Elíseo?
10 ¿Tiene más o menos cualidades? ¿Qué piensa?

82 / Quatre-vingt-deuxième leçon

11 – Je n'ai pas d'opinion tranchée là-dessus [7]. En vérité, je n'ai aucune opinion, tout court [8].

12 – Le mandat présidentiel, dure-t-il [6] trop longtemps, est-il trop court, ou n'y a-t-il [6] rien à changer ?

13 – Ça m'est indifférent. Ça durera le temps que ça durera, ni plus, ni moins.

14 – C'est noté. Venons-en maintenant aux questions relatives à la majorité et l'opposition, si vous permettez.

15 – Si vous y tenez [9].

16 – Le nouveau président de l'Assemblée, est-il efficace en ce qui concerne la direction des débats ?

17 Arrivera-t-il [6] à imposer son autorité et à se faire respecter par les députés ?

18 Connaissez-vous les députés, au moins ?

19 – Je n'en connais aucun. Ils sont sans aucun intérêt. Personne ne me passionne.

20 Le sondeur s'en va, découragé. Mais, en partant, il entend la voix de l'homme qui marmonne :

21 – Qu'ils sont idiots, ces sondeurs ! [10] Ils ne posent aucune question intéressante. □

Pronunciación

... idio **1** ... veuill ... **5** ... trotuar ... **6** il-ne-sashi-pa ... **8** ... shur ... **12** ... ma^{n}da ... **13** ... a^{n}difera^n ... **14** ... loposisio^n ... **16** ... direcsio^n ... deba **19** ... na^n cone oca^n ...

Notas de pronunciación

(1) El sonido de la vocal media en **veuille** / **veuillez** se pronuncia con la misma ligadura que *œil* (ver lección 32).

(19) En el francés conversacional, se suele omitir **ne** (ver la nota de la lección 73). Por eso probablemente escuches a algunas personas decir **j'en connais aucun** *[ye^n cone oca^n]*.

451 • quatre cent cinquante et un

Octogésima segunda lección / 82

11 – No tengo una opinión firme sobre esto. En verdad, no tengo ninguna opinión en absoluto *(todo corto)*.
12 – El mandato presidencial, ¿dura demasiado, es muy corto o no hay nada que cambiar?
13 – Me es indiferente. Durará el tiempo que dure, ni más ni menos.
14 – Se nota. Pasemos *(Vayamos)* a cuestiones relativas a la mayoría y la oposición, si me lo permite.
15 – Si insiste *(lo valora)*.
16 – El nuevo presidente de la asamblea, ¿es eficaz en lo relativo a la dirección de los debates?
17 ¿Conseguirá *(Llegará a)* imponer su autoridad y se hará respetar por los diputados?
18 ¿Conoce usted a los diputados, por lo menos?
19 – No conozco a ninguno. No me interesan *(son de interés)*. Nadie me apasiona.
20 El encuestador se va desanimado. Pero al irse, escucha la voz del hombre murmurando:
21 – ¡Qué idiotas son los encuestadores! No hacen ninguna pregunta interesante.

Notas

1 **que** se puede usar al comienzo de una oración para introducir una alternativa, como *Tanto si… como si no*. En este caso, el siguiente que le sigue va en subjuntivo: **Que vous l'aimiez ou non, il tient à vous**, *Te guste o no, él te quiere*. El **non** negativo puede ser reemplazado por **pas** (**Que tu l'aimes ou pas…**) sin cambio de significado.

2 El subjuntivo del verbo irregular **vouloir** es (**que**) **je veuille, tu veuilles, il/elle veuille, nous voulions, vous vouliez, ils/elle veuillent**. Al igual que con los verbos del Grupo 3, ten cuidado de no confundir el subjuntivo con el imperfecto en la primera y segunda persona del plural (lección 81, nota 6).

3 El pronombre plural indefinido **certain** puede usarse para un grupo de personas (lección 61, línea 18), como *unas* o *algunas personas*. **Certains sont d'accord, d'autres pas**. *Algunas (personas) están de acuerdo, otras no*.

quatre cent cinquante-deux • 452

82 / Quatre-vingt-deuxième leçon

4 El verbo impersonal **s'agir de**, que generalmente se encuentra en la tercera persona del singular **il s'agit de**, se traduce como *se trata de* o *tiene que ver con*: **Je dois vous parler : il s'agit de votre salaire**, *Tengo que hablar contigo. Se trata de tu salario*. Volveremos a esto más adelante.

5 Recuerda que la forma negativa **ne … que** significa *solo*: **Le gouvernement n'a que deux choix : accepter ou démissionner**. *El gobierno solo tiene dos opciones: aceptar o dimitir*. En este contexto, **ne … que** se puede reemplazar por **seulement**, sin cambio de significado: **Le gouvernement a seulement deux choix**, etc. Veremos otros usos de **ne … que** en breve.

6 Las preguntas que hace el encuestador son formales, por lo que se utiliza la interrogativa tipo 3. Para evitar la yuxtaposición de dos vocales iniciales (**a il**), se coloca la letra **t** entre guiones: **a-t-il ?** Esta regla no se limita al verbo **avoir** o al presente. Ver línea 12, **dure-t-il**, y línea 17, **arrivera-t-il**.

7 **là-dessus**, *ahí*, puede usarse literalmente para describir una posición física o idiomáticamente para reemplazar **sur cela/ça**: **Tu peux compter sur ça → Tu peux compter là-dessus**, *Puedes contar con eso*. Por extensión, también puede significar *a continuación*, *con eso*: **Charles a marmonné quelque chose et, là-dessus, il est parti en courant**, *Charles murmuró algo y, a continuación, se escapó*.

8 La frase adverbial **tout court** "todo corto" es útil para indicar brevedad o simplicidad: **Ne m'appelez pas Madame la Présidente mais Madame, tout court**, *No me llames señora presidenta, solo señora*. La

***

Exercice 1 – Traduisez

❶ Que vous le vouliez ou non, vous n'aurez pas d'autre choix que d'accepter leur proposition. **❷** Tu veux regarder "Certains l'aiment chaud" avec moi ce soir ? **❸** Il a joué plusieurs chansons, toutes très belles, mais je n'en connaissais aucune. **❹** Marine n'arrivera pas à imposer son autorité, il n'y a pas de doute là-dessus. **❺** Est-ce qu'il a vraiment autant de qualités que ça ? Qu'est-ce que vous en pensez ?

***

Los francófonos a menudo se refieren a un lugar o una institución utilizando una palabra estrechamente relacionada con él (el término técnico para esto es metonimia). **Le Palais de l'Élysée** *(el Palacio del Elíseo), generalmente abreviado como* **l'Élysée**, *es la residencia ofi-*

453 • **quatre cent cinquante-trois**

Octogésima segunda lección / 82

traducción cambia según el contexto: **L'opposition veut le pouvoir, tout court,** *La oposición quiere el poder, y punto*. En resumen, ¡que la traducción sea breve!

9 El significado de **tenir**, *sostener*, cambia ligeramente cuando va seguido de **à**: *tener cariño, apreciar (a alguien)*: *Ils tiennent à leur indépendance, Aprecian su independencia*. El objeto directo puede ser reemplazado por **y**: **C'est mon mari qui m'a donné cette écharpe et j'y tiens,** *Mi esposo me dio este pañuelo y le tengo mucho cariño*. La expresión **si tu y tiens / si vous y tenez** significa *Si insistes* (es decir, "*si estás apegado a*" o "*valoras esa cosa*"), que también puede expresarse mediante **si tu insistes / si vous insistez**.

10 Así como **qu'est-ce que** se puede eliminar en un interrogativo de tipo 3, también se puede omitir en una exclamación: **Qu'est-ce qu'il est pénible !** (lección 67, nota 3) **Qu'il est pénible !** Si se agrega un sustantivo de sujeto, viene después de la exclamación: **Qu'ils sont sympathiques, ces gens !** *¡Qué amables son esas personas!*

Soluciones al ejercicio 1
❶ Quieras o no, no tendrás más remedio que aceptar su propuesta. ❷ ¿Quieres ver "A algunos les gusta caliente" conmigo esta noche? ❸ Tocó varias canciones, todas muy bonitas, pero yo no conocía ninguna. ❹ Marine no podrá imponer su autoridad, de eso no hay duda. ❺ ¿Realmente tiene tantas cosas buenas? ¿Qué piensas?

***

cial del presidente francés, ubicada al pie de los Campos Elíseos (Nota cultural, lección 15). Así, **l'Élysée** *es una metonimia de la residencia del presidente, mientras que* **le locataire** *(literalmente "el inquilino")* **de l'Élysée** *es el presidente mismo (o, algún día, la presidenta).*

quatre cent cinquante-quatre • 454

83 / Quatre-vingt-troisième leçon

Exercice 2 – Complétez

❶ –Usted solo tiene dos posibilidades: marchar-se o quedarse. –Me da igual.
Vous .... deux possibilités : partir ou rester.
– ....

❷ –¡Qué aburrido es este debate! –¡Estamos de acuerdo en eso!
.... , ce débat ! – .... , on est d'accord.

❸ –No tenemos tiempo ni ganas de hablar de lo que sea. –¡Y lo dejas bien claro!
Nous .... le temps .... de ....
..... . – Et .... !

❹ –¿No hay nada que cambiar? –No, porque no se trata de comprender sino de creer.
.... à changer ? – Non, car ....
comprendre ....

Quatre-vingt-troisième leçon

Du beurre dans les épinards…

1 – Bon réveil à toutes et à tous. Merci de votre fidélité.
2 C'est un plaisir de vous retrouver sur nos antennes chères auditrices et chers auditeurs.
3 Comme tous les jours, nous sommes en direct dès le petit matin, avec ma coéquipière Mireille.
4 Guy vous attend au standard pour notre jeu : "Complétez l'expression".
5 Il faut que vous sachiez [1] que, personne n'ayant gagné cette semaine, la cagnotte s'élève dorénavant à mille euros.

❺ –¿Conoce a estos hombres? –No, no conozco a ninguno de ellos. Te lo aseguro, desconocidos para mí.
. . . . ces hommes ? – Non,. . . . . Je vous assure ce sont des. . . . . pour moi.

Soluciones al ejercicio 2
❶ – n'avez que – Ça m'est indifférent ❷ Qu'il est ennuyeux – Là-dessus – ❸ – n'avons ni – ni l'envie – parler de tout et de rien – vous le faites savoir ❹ N'y a-t-il rien – il ne s'agit pas de – mais de croire ❺ Connaissez-vous – je n'en connais aucun – inconnus –

Fase productiva: 33.ª lección

Octogésima tercera lección

83

Dinero extra *(Mantequilla en las espinacas)*...

1 – Buen despertar para todos y todas. Gracias por su fidelidad.
2   Es un placer volver a encontrarles en las ondas *(antenas)*, queridos y queridas oyentes.
3   Como todos los días, estamos en directo desde primera hora de la mañana *(la pequeña mañana)*, con mi compañera de equipo Mireille.
4   Guy les espera en la centralita de nuestro juego: "Complete la expresión".
5   Deben saber que, dado que nadie ha ganado esta semana, el bote asciende ahora a mil euros.

83 / Quatre-vingt-troisième leçon

6 De quoi mettre du beurre dans les épinards [2], quoi ! Eh oui, le sujet de la semaine, c'est la nourriture !
7 Donc vous avez du pain sur la planche [3] ce matin. J'espère que vous avez la pêche [4].
8 Bon, je m'arrête là. Je ne vais pas en faire tout un fromage [5].
9 – Non, mais ça suffit Fabrice. Arrête de faire l'andouille [6].
10 – Tu vois, c'est contagieux ! Bon, puisque tu insistes, je vais être sérieux.
11 Notre premier candidat ce matin s'appelle Olivier, qui habite à Montpellier.
12 Salut, Olivier. Quel aliment trouve-t-on dans une expression qui veut dire "partager équitablement quelque chose" ?
13 Par exemple: "Pendant longtemps je ne pouvais pas me décider puis, tout à coup, j'ai …"
14 – Celle-là, je la connais. C'est une poire. "J'ai coupé la poire en deux". [7] C'est-à-dire, je l'ai partagée.
15 – Bravo ! Mais vous n'êtes pas sorti de l'auberge [8], si je puis dire, car les questions deviennent de plus en plus dures.
16 Par exemple : on dit de quelqu'un qui s'évanouit qu'il ou elle tombe dans un fruit ou un légume. Lequel ?
17 – Ah, ça m'est complètement sorti de la tête. Je vais donner une réponse au hasard : les choux ?
18 – Mais non ! Si vous êtes dans les choux, vous êtes dans une mauvaise situation.

457 • quatre cent cinquante-sept

Octogésima tercera lección / 83

6 ¡Un poco de dinero extra *(De qué poner mantequilla en las espinacas)*, en otras palabras *(qué)*! Sí, el tema de la semana es ¡la comida!

7 Así que tienen ustedes mucho trabajo por delante *(el pan en la tabla)*. Espero que estén en buena forma *(tengan el melocotón)*.

8 Bien, aquí me paro. No quiero hacer un mundo de esto *(hacer un queso entero)*.

9 – No, pero es suficiente, Fabrice. Deja de hacer el tonto *(la androlla)*.

10 – ¡Ves, es contagioso! Bueno, ya que insistes, me pondré serio *(voy a ser serio)*.

11 Nuestro primer candidato esta mañana se llama Olivier, que vive en Montpellier.

12 Hola, Olivier. ¿Qué alimento se encuentra en una expresión que quiere decir "compartir algo equitativamente"?

13 Por ejemplo: "Durante mucho tiempo no podía decidirme, pero de repente…".

14 – Esta la conozco. Es una pera. "Corté la pera en dos" [Encontré la solución]". Es decir, la compartí.

15 – ¡Bravo! Pero esto no se ha acabado *(no ha salido del albergue)*, por así decirlo *(si puedo decirlo)*, porque las preguntas son cada vez más difíciles *(se vuelven de más en más duras)*.

16 Por ejemplo: cuando alguien se desmaya, se dice que cae sobre una fruta o una verdura. ¿En cuál?

17 – Ah, no me sale *(me salió completamente de la cabeza)*. Voy a dar una respuesta al azar: ¿las coles?

18 – ¡No! Si uno está "en las coles", está en una mala situación.

83 / Quatre-vingt-troisième leçon

19 Quelqu'un qui perd connaissance tombe dans les… ? Allez, c'est une spécialité de la Normandie. Toujours pas ?
20 Les pommes ! On dit qu'il tombe dans les pommes [9]. Il faut que vous alliez [10] plus souvent en vacances dans le nord.
21 Allez, un petit effort mon cher Olivier. Sinon, vous n'allez pas gagner un radis… Désolé.
22 Nous reviendrons après une courte page de publicité. À tout de suite.

Pronunciación
3 … coekipiar … 4 gi … staⁿdar … 5 … sashie … cañot … 9 … laⁿduill 10 … coⁿtashie … 12 … ekitablemaⁿ … 14 … puar … 16 … sevanui … 17 … shu 21 … radi …

Notas

1 El subjuntivo del verbo irregular **savoir** es (que) **je sache, tu saches, il/elle sache, nous sachions, vous sachiez, ils/elles sachent**.

2 El plural masculino **les épinards** significa *las espinacas* (el singular rara vez se usa). La mantequilla da algo de sabor a las espinacas, haciéndolas más apetecibles. Entonces, el modismo **mettre du beurre dans les épinards** significa *aumentar los ingresos, ganar un poco más*: **Souvent les étudiants cherchent des petits travaux afin de mettre du beurre dans les épinards**, *Los estudiantes a menudo buscan trabajos ocasionales en para ganar un poco más.*

3 **une planche** significa *un tablón* o *una tabla*, como en **une planche à découper**, *una tabla de cortar*. La expresión **avoir du pain sur la planche** "tener el pan en la tabla" se asemeja a *tener mucho tajo*: **J'ai du pain sur la planche si je veux finir avant midi**, *Tengo mucho que hacer si quiero terminar antes del mediodía.*

4 **une pêche**, *un melocotón* (lección 53, línea 3), aparentemente da mucha energía porque **avoir la pêche** significa *estar en plena forma*.

5 El modismo **en faire tout un fromage** "hacer un queso entero" significa *hacer una montaña de un grano de arena* o, para usar un símil culinario,

459 • **quatre cent cinquante-neuf**

Octogésima tercera lección / 83

19   ¿Alguien que pierde el conocimiento cae en las...? Vamos, es una especialidad de Normandía. ¿Todavía nada *(no)*?
20   ¡Las manzanas! Se dice que "cae sobre las manzanas" [le da un patatús]. Usted necesita ir más a menudo de vacaciones al norte.
21   Vamos, esfuércese un poco *(un pequeño esfuerzo)*, mi querido Oliver. Si no, no ganará nada *(un rábano)*... Lo siento.
22   Volveremos después de una breve pausa *(página)* para la publicidad. Hasta ahora.

---

monter un pollo. **Elle en a fait tout un fromage parce que j'avais dix minutes de retard**, *Me montó un pollo porque llegué diez minutos tarde*.

6   **une andouille** es una salchicha fría hecha de costillas de cerdo. Sin embargo, el modismo **faire l'andouille** no tiene nada que ver con la carnicería, porque significa *hacer(se) el tonto*. Usado como interjección, **Andouille !** significa *¡Bobo!*, *¡Imbécil!*

7   **une poire**, *una pera*, se usa en el modismo **couper la poire en deux** "cortar la pera en dos", que significa *encontrar una solución salomónica / un punto medio*. **Coupons la poire de deux : tu prends les enfants cette semaine et moi je les prendrai le week-end**, *Lleguemos a un acuerdo: tú te llevas a los niños esta semana y yo los llevaré el fin de semana*.

8   **une auberge**, *un albergue*, *un hostal*, se encuentra a menudo en los carteles de los restaurantes, y también en *los albergues juveniles* (**les auberges de jeunesse**). La expresión **ne pas être sorti de l'auberge** (siempre la forma negativa) significa *no haber salido del túnel / pozo*, *tener algo para rato*, *no haber acabado con algo*.

9   **tomber dans les pommes** "caer en las manzanas" significa *desmayarse*, *darle a alguien un patatús*: **Hier, elle était tellement fatiguée qu'elle est tombée dans les pommes**, *Ayer estaba tan cansada que se desmayó*. (La expresión probablemente deriva de **se pâmer**, *desfallecer*).

10   El subjuntivo del verbo irregular **aller** es (que) **j'aille, tu ailles, il/elle aille, nous allions, vous alliez, ils/elles aillent**.

quatre cent soixante • 460

83 / Quatre-vingt-troisième leçon

Exercice 1 – Traduisez

① Je connaissais la réponse à cette question mais elle m'est sortie de la tête. – Ah bon ? ② Ça fait trois ans que tu joues au loto et tu n'as toujours pas gagné un radis. ③ Le candidat est dans les choux, avec seulement un pour cent des intentions de vote. ④ J'ai vu qu'il n'avait pas la pêche. Il avait l'air très fatigué, puis, tout d'un coup, il s'est évanoui. ⑤ Il faut que j'aille à Montpellier tôt demain matin mais je reviendrai le soir.

***

Exercice 2 – Complétez

① ¿Dónde se puede encontrar la lista de resultados del concurso? ¿He ganado? Tengo que saberlo.
. . . . la liste des . . . . ? . . . . gagné ? Il faut . . . . !

② Ganaron el primer juego, pero no hay necesidad de hacer una montaña de un grano de arena.
. . . . le premier jeu, mais ce n'est pas la peine . . . .

③ Hemos decidido llegar a un acuerdo y compartir el premio acumulado de dos mil euros entre los tres.
Nous avons . . . . . . de . . . . et de . . . . de . . . . euros . . . . . nous trois.

④ Solo gana el salario mínimo, por lo que busca aumentar sus ingresos.
Il . . . . le salaire minimum, donc il cherche à . . . .

⑤ No hagas el tonto. Tengo mucho trabajo que hacer y tengo que terminar antes de la medianoche.
. . . . l'andouille ! J'ai . . . . et je . . . . avant minuit.

Octogésima tercera lección / 83

Soluciones al ejercicio 1

❶ –Sabía la respuesta a esa pregunta, pero simplemente no me salía. –¿De verdad? ❷ Llevas tres años jugando a la lotería y todavía no has ganado nada. ❸ El candidato está en una mala situación, con solo el uno por ciento de las intenciones de voto. ❹ Vi que no estaba en forma. Parecía muy cansado, luego, de repente, se desmayó. ❺ Tengo que ir a Montpellier mañana por la mañana temprano, pero volveré por la noche.

***

Soluciones al ejercicio 2

❶ Où trouve-t-on – résultats du concours – Ai-je – que je sache ❷ Ils ont gagné – d'en faire tout un fromage – ❸ – décidé – couper la poire en deux – partager la cagnotte – deux mille – entre – ❹ – ne gagne que – mettre du beurre dans les épinards ❺ Ne fais pas – du pain sur la planche – dois terminer –

Un problema que surge de la escasez de sustantivos epicenos franceses –los que tienen una sola forma para ambos sexos– es la necesidad de utilizar las dos formas, especialmente cuando alguien se dirige al público. En estos contextos, en particular los discursos y los comentarios de los medios de comunicación, las formas femenina y masculina de un sustantivo (en ese orden) se utilizan conjuntamente para garantizar la inclusión de género (ver lección 66, línea 3). Los presentadores de televisión, por ejemplo, a menudo comienzan sus programas con el saludo **Chères téléspectatrices, chers téléspectateurs** *(Queridas espectadoras, queridos espectadores), y los presentadores de radio dicen* **Chères auditrices, chers auditeurs** *(Queridas y queridos oyentes). Del mismo modo, el director de una revista podría comenzar un editorial con* **Chères lectrices, Chers lecteurs** *(Queridas lectoras, queridos lectores), mientras que un funcionario público en, digamos, Lyon, podría comenzar una entrada de blog con* **Chères Lyonnaises, Chers Lyonnais**. *Por engorrosas que parezcan, estas formas duales son muy importantes, por razones políticas.*

Fase productiva: 34.ª lección

Quatre-vingt-quatrième leçon

Révision

1 Le subjonctif: el subjuntivo

El modo subjuntivo describe una situación hipotética. Generalmente se usa en una oración subordinada para hablar de acciones o eventos que son deseables, imaginarios o posibles, y que generalmente dependen de un verbo inicial en indicativo..

El verbo de la oración subordinada va precedido de **que**. Por ejemplo, **Je veux que tu sois heureuse**, *Quiero que seas feliz* (es decir, la persona con la que hablo parece triste –mi opinión subjetiva– y desearía que no lo estuviera)..

Hay cuatro tiempos de subjuntivo (**présent**, **passsé**, **imparfait** y **plus-que-perfect**) pero en el francés conversacional moderno, generalmente usamos el **présent** (y ocasionalmente el **passé**).

1.1 Formación

El presente de subjuntivo se forma a partir de la tercera persona del plural del presente de indicativo, sustituyendo la terminación **-ent** por las que se muestran a continuación.

aimer	finir	attendre
j'aime	je finisse	j'attende
tu aimes	tu finisses	tu attendes
il/elle aime	il/elle finisse	il/elle attende
nous aimions	nous finissions	nous attendions
vous aimiez	vous finissiez	vous attendiez
ils/elles aiment	ils/elles finissent	ils/elles attendent

Ten en cuenta que la primera y segunda personas del plural del subjuntivo son idénticas a las equivalentes del imperfecto, pero la estructura de la oración (y, a menudo, la presencia de **que**) hará que sea fácil distinguir entre las dos.

Octogésima cuarta lección

El negativo sigue el patrón habitual (**vous n'aimiez pas**, etc.), mientras que el interrogativo casi nunca se usa.

Estas reglas se aplican a todos los verbos regulares e irregulares. Sin embargo, hay algunas formas irregulares, especialmente de los verbos principales, que deben memorizarse:

être	avoir
je sois	j'aie
tu sois	tu aies
il/elle soit	il/elle ait
nous soyons	nous ayons
vous soyez	vous ayez
ils/elles soient	ils/elles aient

faire	pouvoir	vouloir
je fasse	je puisse	je veuille
tu fasses	tu puisses	tu veuilles
il/elle fasse	il/elle puisse	il/elle veuille
nous fassions	nous puissions	nous voulions
vous fassiez	vous puissiez	vous vouliez
ils/elles fassent	ils/elles puissent	ils/elles veuillent

aller	
j'aille	nous allions
tu ailles	vous alliez
il/elle aille	ils/elles aillent

Hay otros verbos que cambian de raíz, los cuales veremos en las próximas lecciones.

1.2 Uso

Uno de los usos más comunes del subjuntivo es cuando el sujeto de una oración expresa un sentimiento personal, como arrepentimiento, esperanza, preferencia o expectativa, sobre una acción realizada –o no– por otra persona. En este caso, el primer verbo

quatre cent soixante-quatre • 464

está en indicativo, seguido de **que**, y el segundo en subjuntivo. Aquí tienes algunos ejemplos:
Je suis content / heureux / ravi que vous veniez ce soir.
Estoy contento / feliz / alegre de que vengas esta noche.
Elles veulent que vous téléphoniez tout à l'heure.
Quieren que les llame usted más tarde.
Il espère que son film puisse être distribué en France.
Espera que su película pueda distribuirse en Francia.
Nous préférons que vous leur demandiez.
Preferimos que les pregunte.

Verbos similares incluyen **aimer que** (*querer que*), **attendre que**, **s'attendre à ce que** (*esperar que*) **demander que** (*pedir que*), **douter que** (*dudar (de) que*), **être désolé que** (*lamentar que*), **être triste que** (*estar triste de que*), **être dommage que** (*ser una pena que*), **exiger que** (*exigir que*) e **insister pour que** (*insistir en que*). Regresa a la lección 80 y revisa estos verbos en contexto, y observa cómo el subjuntivo en la oración subordinada está "unido" al verbo indicativo en la oración principal.

– El subjuntivo también es obligatorio con los verbos impersonales, especialmente **falloir**: *ser necesario que*, etc.
Il faut que tu finisses rapidement, *Es necesario que acabes rápidamente*.
Otras formas impersonales, como **être certain / être sûr que**, lógicamente llevan el indicativo en afirmativo:
Il est certain que nous pouvons les aider, *Seguro que les podemos ayudar*.
En negativo, sin embargo, el resultado es dudoso, por lo que se usa el subjuntivo:
Il n'est pas certain que puissions les aider.
No es seguro que les podamos ayudar.

– El subjuntivo se usa después de las conjunciones subordinadas, como **bien que**, **quoi que** y **pourvu que**, que introducen una hipótesis o condición. Estas también van seguidas del subjuntivo.
Bien que nous soyons amis, je ne peux pas vous aider.
Aunque seamos amigos, no puedo ayudaros.
Quoi que tu fasses, rien ne changera.
Hagas lo que hagas, nada cambiará.

Pourvu qu'il vienne ! ¡Siempre que venga!
Veremos otros ejemplos en las próximas lecciones.

– De manera similar, el subjuntivo es necesario si usamos un imperativo para plantear una condición:
Supposons que quelqu'un vienne te dire : "Vous avez gagné au loto". Que ferais-tu ?, *Supongamos que viene alguien y te dice: "Ha ganado usted la lotería". ¿Qué harías?*

– El subjuntivo también es obligatorio con ciertas conjunciones temporales:
Faites-vite, avant qu'elle parte en vacances.
Date prisa, antes de que se vaya de vacaciones.
Je reste ici jusqu'à ce que tu me dises la vérité.
Me quedo aquí hasta que me digas la verdad.
En las próximas seis lecciones, veremos otros tipos de construcción en los que el subjuntivo es obligatorio, así como los casos en los que se puede utilizar o no, según el matiz del significado.

2 Orden de los pronombres

Cuando se usan varios pronombres indirectos antes de un verbo, estos deben seguir un orden estricto. Ya conoces los patrones básicos, vistos a lo largo de las lecciones anteriores. Una forma de recordar la secuencia correcta es visualizar un equipo de fútbol jugando en una formación 5-3-2, con un portero (**y**) y el balón (**en**).

1	2	3	4	5
me				
te	le			
se	la	lui	y	en
nous	les	leur		
vous				

La secuencia es en realidad más fácil de lo que parece. En la mayoría de los casos, solo se usan juntos dos pronombres indirectos (el máximo es tres), siendo la combinación más común la Columna 1 y la Columna 2. Los pronombres de la primera y tercera columnas nunca van juntos. Del mismo modo, los pronombres de la misma columna no se pueden colocar juntos. Por ejemplo, **Ils se présentent à nous**, *Ellos se nos presentan* (nunca *****Ils nous se présentent**).

Mira estos ejemplos, todos ellos comienzan con un pronombre sujeto, que es el más cercano al verbo.
Je te donnerai l'adresse de la boutique. → Je te la donnerai.
Te daré la dirección de la tienda. → Te la daré.
Elle veut donner le vase à Alex. → Elle veut le lui donner.
Quiere darle el jarrón a Alex. → Quiere dárselo.
Nous avons proposé le voyage à nos enfants. → Nous le leur avons proposé.
Propusimos el viaje a nuestros hijos. → Se lo propusimos.
Vous me parlez souvent de vos amis. → Vous m'en parlez souvent.
A menudo me habláis de vuestros amigos. → A menudo me habláis de ellos.
Nous emmenons nos enfants à Nîmes demain. → Nous les y emmenons demain, *Mañana llevaremos a nuestros hijos a Nimes. → Les llevaremos mañana allí.*

En negativo, los pronombres van inmediatamente detrás de la primera partícula negativa, **ne**, mientras que **pas**, va detrás del verbo, como de costumbre: **Je ne te le donnerai pas**, **Il ne la lui donnera pas**, etc.

Con un imperativo, el orden de las palabras es ligeramente diferente. Primero, sabemos que **me** y **te** se convierten en **moi** y **toi** (lección 33, nota 3). En segundo lugar, los pronombres de la segunda columna preceden a los de la primera columna:
Passez-moi la tablette. → Passez-la moi.
Donnez-lui le miel. → Donnez-le lui.

3 Construcciones negativas

La forma sencilla de negar un verbo es con **ne ... pas** (**Il comprend → Il ne comprend pas**). Pero hay otras construcciones en las que **pas** se sustituye por un adverbio. Revisémoslos:

• **ne ... jamais**, *nunca*
Ils ne veulent jamais venir en vacances avec nous.
No quieren venir nunca de vacaciones con nosotros.

Octogésima cuarta lección / 84

Para enfatizar, el adverbio a veces va al principio:
Jamais ils ne veulent venir en vacances...
Nunca quieren venir de vacaciones...

- **ne ... plus**, *ya no*, *no... más*

On ne peut plus continuer comme ça, *No podemos continuar más así.*
Recuerda que un artículo definido o indefinido que va después de **plus** se convierte en **de**:
Il y a une grève / Il y a des grèves → Il n'y a plus de grève/grèves

- **ne ... que**, *solo*, *solamente*

Je n'ai que deux minutes à vous accorder.
Solo tengo dos minutos para usted.
En algunos casos, **ne ... que** se puede sustituir por **seulement**:
J'ai seulement deux minutes à vous accorder, pero se considera menos elegante.

- **ne ... aucun(e)**, *ninguno/-a*

Nous n'avons aucune nouvelle de lui, *No tenemos ninguna noticia de él.*
Aucun(e) se puede usar por sí solo como respuesta a una pregunta:
Avez-vous des nouvelles de lui ? – Aucune.
–¿Tenéis noticias de él? –Ninguna.

- **ne ... rien**, *nada*

Je n'ai rien à vous dire, *No tengo nada que decirle.*
Cuando se niega un verbo compuesto, como **avoir besoin**, rien va después del artículo partitivo: **Je n'ai besoin de rien**. Sin embargo, cuando se usa **rien** como objeto directo de una oración, no forma parte de la construcción negativa: **Elle ne mange jamais rien**, *Ella nunca come nada.*

- **ne ... personne**, *nadie*

Il n'aime personne, *No quiere a nadie.*
Si personne es el sujeto de la oración, el verbo solo necesita la partícula **ne** (recuerda la regla de la doble negación):
Personne ne l'aime, *Nadie le quiere.*

- **ne ... ni ... ni**, *ni... ni*

Je n'ai ni le temps ni l'envie, *No tengo tiempo ni ganas.*
Al igual que con **ne ... personne**, **ni ... ni ...** puede negar los sujetos de la oración. En este caso, la igual que en español, el verbo generalmente va en plural:

quatre cent soixante-huit • 468

Ni la pluie ni la neige ne me gênent.
Ni la lluvia ni la nieve me molestan.

En algunos casos, sin embargo, también se puede usar el singular, especialmente si cada uno de los sujetos se considera individualmente (**Ni Rachida ni Anne n'est la mère de cet enfant**). Pero las reglas sobre esto son bastante complejas, así que, en caso de duda, usa el plural.

En algunos casos, se pueden usar dos adverbios negativos juntos, por ejemplo, **Je ne l'ai plus jamais revu**, *No lo he vuelto a ver nunca*, pero el significado siempre será claro.

Por último, en francés hablado, a menudo se omite la parte **ne** de una construcción negativa, dejando solo el adverbio (**"Il vient jamais"**, por ejemplo). Por supuesto, esto es incorrecto y no debe imitarse, pero seguramente lo escucharás.

4 La *t* eufónica en la interrogativa

Mientras que **est-ce que** es la construcción interrogativa más común en el francés cotidiano, especialmente en el lenguaje hablado (**Est-ce qu'il vit à Paris ?**), la interrogativa invertida es más frecuente en contextos escritos y formales. En términos de pronunciación, esto no plantea ningún problema si la forma del verbo termina en consonante (**vit-il...**), que puede enlazarse con la vocal inicial del pronombre (*[vit-il]*); pero si el verbo termina en vocal, **Il parle le français**, la liaison es imposible y una forma invertida sería difícil (y fea) de pronunciar. Entonces, para evitar esto, se inserta una **t** eufónica, que no cambia el significado, entre el verbo y el pronombre, y se une a ellos con guiones: **Parle-t-il le français ?** (En tercera persona del plural, sin embargo, esta solución no es necesaria: **Parlent-ils ?**). Por último, si la tercera persona del singular termina en **d** (**il prend**, por ejemplo), basta con invertir el orden (**prend-il**); pero esa **d** se pronuncia como una **t** eufónica: *[pra^n-til]*.

5 Más modismos: comida

Dado que Francia tiene una reputación gastronómica envidiable, no es de extrañar que muchos de los modismos de su idioma estén relacionados con la comida. Este es un breve resumen de lo que has aprendido:

avoir du **pain** sur la planche	tener mucho trabajo que hacer
avoir la **pêche** / **frite**	estar en forma
couper la **poire** en deux	encontrar un punto medio
être dans les **choux**	estar en una mala situación
faire **l'andouille**	hacer el tonto
en faire tout un **fromage**	hacer una montaña de un grano de arena
mettre du **beurre** dans les **épinards**	ganar dinero extra
ne pas être sorti de l'**auberge**	no haber acabado con algo
ne pas gagner un **radis**	no ganar nada
tomber dans les **pommes**	desmayarse

Todas estas expresiones se utilizan en el lenguaje cotidiano. Otras dos expresiones comunes relacionadas con la comida son **un navet** (literalmente *un nabo* pero, idiomáticamente, aplicado a una película, *un bodrio*, *una birria*, etc.: **Son dernier film est un vrai navet**, *Su última película es un verdadero bodrio*) y **avoir un cœur d'artichaut**, (literalmente "*tener corazón de alcachofa*") *ser una persona enamoradiza*. En esta última expresión, la persona así descrita (**Il a un cœur d'artichaut, celui-là**) tiene tantos amantes como hojas tiene un corazón de alcachofa.

Y no olvides los dos dichos que se ven en la lección 78:
Les voyages forment la jeunesse, *Los viajes forman a la juventud*, y
C'est dans les vieux pots qu'on fait la bonne/meilleure soupe.
La mejor sopa se hace en ollas viejas.

Dialogue de révision

1 – Je vous appelle à propos des travaux de peinture que vous nous avez commandés.
2 – Je crains une mauvaise nouvelle… Dites-la-moi.
3 – Personne ne vous a prévenue ? Je pensais que mon collègue avait appelé.
4 – Non, personne ne m'a appelée. De quoi s'agit-il ?
5 – Bon, il n'est pas certain que nous puissions venir la semaine prochaine.

6 Je suis dans les choux car j'ai deux ouvriers qui sont malades et personne pour les remplacer.
7 Je veux que vous sachiez que je ferai tout pour venir, comme prévu, mais il faut que vous soyez prête à reporter le rendez-vous.
8 – Eh bien, vu que je n'ai pas le choix. Que me proposez-vous comme nouvelle date ?
9 – Je suis désolé de ne pas pouvoir être plus précis, mais ça ne dépend pas que de moi.
10 – Je vais faire appel à un collègue, mais il est sur un autre chantier en ce moment.
11 – Quand il aura terminé, peut-il se libérer rapidement ?
12 – Je ne sais pas quoi vous dire. Il n'est pas certain que son chantier soit terminé d'ici à la fin de la semaine.
13 – Je sens que nous ne sommes pas sortis de l'auberge !

Quatre-vingt-cinquième leçon

Comment ça [1], je massacre le français ?

1 – Tu sors par ce temps, Michel ? Tu ne vois pas qu'il fait un froid glacial ?
2 Et ils annoncent à nouveau de gros orages pour tout à l'heure.
3 Il est où ton pardessus [2]? Et, de toute façon, où tu vas [3] à cette heure-ci ?
4 – Pourquoi tu veux savoir ? Ce ne sont pas tes oignons [4], mon frère.
5 – C'est quoi [5], ton problème ? Pourquoi tu es si grognon ce matin ?

Traduction

1 Le llamo por el trabajo de pintura que nos ha encargado. **2** Me temo una mala noticia… Dígame. **3** ¿No le avisó nadie? Pensé que había llamado mi compañero. **4** No, no me llamó nadie. ¿De qué se trata? **5** Bueno, no estoy seguro de que podamos ir la semana que viene. **6** Estoy en una situación difícil porque tengo dos trabajadores que están enfermos y no tengo a nadie que los sustituya. **7** Quiero que sepa que haré lo que sea para ir, según lo previsto, pero debe estar preparado para posponer la cita. **8** Bueno, ya que no tengo otra opción. ¿Qué nueva fecha me propone? **9** Lo siento, no puedo ser más preciso, pero eso no solo depende de mí. **10** Llamaré a un compañero, pero ahora mismo tiene otra obra. **11** ¿Cuándo terminará, podrá liberarse rápidamente? **12** No sé qué decirle. No es seguro que su trabajo esté terminado al final de la semana. **13** ¡Me parece que esto no se ha terminado todavía!

Fase productiva: 35.ª lección

Octogésima quinta lección

¿Cómo que *(cómo eso)* estoy destrozando *(masacrando)* el francés?

1 – ¿Sales con este tiempo, Michel? ¿No ves que hace un frío que pela *(glacial)*?
2 Y están pronosticando *(anunciando)* de nuevo grandes tormentas eléctricas para dentro de un rato.
3 ¿Dónde está tu abrigo? Y, de todas formas, ¿dónde vas a estas horas?
4 – ¿Por qué lo quieres saber? No es asunto tuyo *(no son tus cebollas)*, mi hermano.
5 – ¿Cuál es tu problema? ¿Por qué estás tan gruñón esta mañana?

85 / Quatre-vingt-cinquième leçon

6 – Je vais à ma banque, si tu veux savoir. Ça te va comme explication ?
7 On m'appelé et on m'a demandé de passer à l'agence au plus vite.
8 Il paraît que mon compte est à découvert [6]. Je suis tombé des nues [7] quand je l'ai appris.
9 – Ils t'ont appelé quand ? C'est quand le rendez-vous ?
10 Tu pars à quelle heure ? Ton conseiller de clientèle sera là-bas, au rendez-vous ?
11 – Tu poses toutes ces questions pourquoi ? Tu mets ton nez partout.
12 Tu ne sais pas qu'il ne faut pas être curieux et se mêler des affaires des autres ?
13 Bon, assez discuté. Quelle heure il est ? Il faut que je file [8].
14 – Arrêtez, vous deux, pour l'amour du ciel ! Où avez-vous appris le français ?
15 Je vous écoute depuis cinq minutes, et vous massacrez la langue de Molière !
16 On doit dire "Où allez-vous ?" ou "Quand est ton rendez-vous ?".
17 De même, on ne dit pas "Il est arrivé quand ? mais "Quand est-il arrivé ?".
18 Et "À quelle-heure pars-tu ?" est dix fois plus élégant que "Tu pars à quelle heure ?"
19 – Pour en revenir à toi, Michel. Pourquoi tu vas… euh… vas-tu à la banque ?
20 – C'est-à-dire que j'ai emprunté ta carte de crédit et je me suis acheté quelques petit trucs…
21 – Tu as dépensé combien, espèce [9] de petit voyou ? Pardon : combien as-tu dépensé, mon frère adoré ?

Octogésima quinta lección / 85

6 – Voy al banco, si lo quieres saber. ¿Te vale como explicación?
7 Me llamaron y me pidieron que pasara por la oficina *(agencia)* lo antes posible.
8 Parece que mi cuenta está en descubierto. Me quedé boquiabierto cuando me enteré.
9 – ¿Cuándo te llamaron? ¿Cuándo es la cita?
10 ¿A qué hora te vas? ¿Tu asesor de clientes estará allí, en la cita?
11 – ¿Por qué me haces todas estas preguntas? Metes la nariz en todo.
12 ¿No sabes que no se debe ser curioso y meterse en los asuntos de otros?
13 Está bien de discutir. ¿Qué hora es? Tengo que irme.
14 – ¡Parad, vosotros dos, por amor de Dios *(del cielo)*! ¿Dónde habéis aprendido francés?
15 Llevo escuchándoos cinco minutos, ¡y estáis destrozando el idioma de Molière!
16 Se dice: "¿Dónde vas?" o "¿Cuándo es tu cita?".
17 Del mismo modo, no se dice "¿Él llegó cuándo?" sino "¿Cuándo llegó?".
18 Y "¿A qué hora te vas?" es diez veces más elegante que "¿Te vas a qué hora?".
19 – Volviendo a ti, Michel. ¿A qué vas... ejem, ¿por qué vas al banco?
20 – Digamos que tomé prestada tu tarjeta de crédito y me compré algunas cosillas...
21 – ¿Has gastado cuánto, pedazo de *(especie de)* gamberro? Perdón: ¿cuánto has gastado, mi querido hermano?

85 / Quatre-vingt-cinquième leçon

22 – Occupe-toi de tes affaires. Je veux dire : La curiosité est un vilain défaut, cher ami.
23 – Vilain défaut ? Et comment ! [1]

Pronunciación
1 … glasial *4* … oñoⁿ … *5* … groñoⁿ … *8* … .nû … *13* … fil *18* … elegaⁿ … *21* … vuayu … *22* … vilaⁿ defo …

Notas

1 **comment**, *cómo*, se usa como interjección para expresar sorpresa, enfado o incredulidad (lección 40, línea 14). **Comment, tu as perdu mes clés de voiture ?** *¿Cómo que has perdido las llaves de mi coche?* Se puede utilizar como **Comment ça** (lección 67, nota 2): **Comment ça, je parle trop fort ?** *¿Cómo es eso de que yo hablo muy alto?* **Comment** puede usarse como un intensificador positivo, **Et comment !**, en respuesta a un comentario o pregunta, *¡Ya lo creo!, ¡Y que lo digas!, ¡Vaya que sí!*, etc. **Donc tu as aimé le jeu ? – Et comment !** *–Así que ¿disfrutaste el juego? –¡Ya lo creo!* (No confundas el intensificador y el interrogativo: ver Ejercicios a continuación).

2 **un pardessus** es *un abrigo*. La palabra proviene de la preposición con guion **par-dessus**, *por encima*: **Mets un pull par-dessus ta chemise, il fait un froid glacial**, *Ponte un jersey encima de la camisa, hace un frío que pela*.

3 En un registro coloquial, donde el sujeto de una oración interrogativa es un pronombre personal (**je, me**, etc.), la pregunta puede formarse simplemente comenzando con una palabra interrogativa y evitando la inversión o **est-ce que**: **Où vous allez?** *¿Adónde vas?* en lugar de **Où allez-vous / Où est-ce que vous allez?** Aunque no se recomienden, sobre todo en textos escritos, estos interrogatorios idiomáticos son muy comunes.

4 **un oignon** (a veces deletreado **ognon**), *una cebolla*, se usa en varias expresiones idiomáticas donde el equivalente en español es *asuntos*. Los más comunes son **Ce ne sont pas** (o simplemente **Ce n'est pas**) **mes oignons**, *No es asunto mío*, y **Occupe-toi de tes oignons**, *Ocúpate de sus propios asuntos*.

5 Otra forma idiomática de formular una pregunta es poner **C'est...** delante de la palabra interrogativa (**qui, comment**, etc.): **C'est qui, ton meilleur ami ?** *¿Quién es tu mejor amigo?* **Comment tu es venu ce matin ?** *¿Cómo has venido esta mañana?* Estas formas idiomáticas se utilizan a menudo en anuncios, letras de canciones, etc., para reflejar el habla cotidiana.

475 • quatre cent soixante-quinze

Octogésima quinta lección / 85

22 – Ocúpate de tus asuntos. Quiero decir: la curiosidad es un defecto feo, querido amigo.
23 – ¿Defecto feo? ¡Y tanto!

6 **découvrir**, (de **couvrir**, *cubrir*, ver lección 41, nota 6), significa tanto *descubrir* como *destapar*. El participio pasado, **découvert**, se utiliza como adjetivo: **une piscine découverte**, *una piscina al aire libre*. Pero el sustantivo **un découvert** significa *un descubierto* (es decir, gastos no cubiertos por los importes entrantes). El adjetivo es **être à découvert**, *estar en descubierto*, *tener un descubierto*.

7 El adjetivo **nu** significa *desnudo*. **Il faisait tellement chaud que nous étions torse nu**, *Hacía tanto calor que estábamos sin camisa* ("torso desnudo"). Sin embargo, en la expresión **tomber des nues**, es el plural de una palabra antigua para *una nube* (**un nuage** en francés moderno). El significado del modismo es *estar atónito*, *quedarse boquiabierto*: **Je suis tombé des nues quand j'ai appris la nouvelle**, *Me quedé boquiabierta cuando recibí la noticia*.

8 **filer** significa literalmente *hilar* (algodón, etc.), por lo tanto, **un fil**, *un hilo*, *un alambre* (recuerda **passer un coup de fil**, lección 41, nota 4). Usado idiomáticamente, el verbo significa *irse volando*, *salir corriendo*, etc. Una expresión muy común es **Il faut que je file**, *Tengo que irme volando*.

9 En francés técnico, **une espèce** es *una especie* (referido a los animales, por ejemplo). Pero en una conversación ordinaria, significa *una especie de*: **La galette est une espèce de crêpe au blé noir**, *La "galette" es una especie de crepe de trigo sarraceno*. La palabra también se usa en un registro coloquial, sin el artículo indefinido y seguida de una interjección (como *pedazo de…* en español). **Espèce d'idiot !** *¡Pedazo de idiota!* (**Un voyou** *significa un gamberro*, *un golfo*, etc., y, cuando se aplica a un niño, *un diablillo*, *un granuja*).

quatre cent soixante-seize • 476

85 / Quatre-vingt-cinquième leçon

Exercice 1 – Traduisez
❶ Gérard est tombé des nues quand il a découvert que son compte en banque était à découvert. ❷ Où est-ce que vous avez appris le français ? Et comment ? ❸ Je sais que je ne dois pas me mêler des affaires des autres, mais je suis quand même curieux. ❹ Pourquoi êtes-vous si grognon aujourd'hui ? – Ce ne sont pas vos oignons. ❺ Assez discuté, il faut qu'on file. – Quand est-il votre rendez-vous ?

***

Exercice 2 – Complétez
❶ –¿Por qué no le han escrito? –¿Por qué me hace todas estas preguntas?
Pourquoi ne .... ? – Pourquoi .... questions ?

❷ –Nos ha estado escuchando, sin decir nada, durante media hora. –La curiosidad es un mal defecto.
Il .... sans .... – La .... est un ....

❸ –¿Cómo que le has pedido prestados 1000 euros a tu mejor amigo? –Ocúpate de tus propios asuntos.
.........., tu .... mille euros .... ? – de ....

❹ ¿Cómo llegasteis vosotros dos aquí ayer? ¿Y a qué hora os fuisteis?
Comment .... hier, vous deux ? Et .... partis ?

❺ ¿Le vale esto como respuesta o necesita más explicaciones?
Est-ce que .... ou .... plus .... ?

Octogésima quinta lección / 85

Soluciones al ejercicio 1

❶ Gérard se quedó boquiabierto cuando descubrió que su cuenta bancaria estaba en descubierto. ❷ ¿Dónde aprendiste francés? ¿Y cómo? ❸ Sé que debería no meterme en los asuntos de otras personas, pero no obstante, soy curioso. ❹ –¿Por qué estás tan gruñón hoy? –No es asunto tuyo. ❺ –Basta de discutir, tenemos que irnos volando. –¿Cuándo es tu cita?

***

Soluciones al ejercicio 2

❶ – vous ont-ils pas écrit – me posez-vous toutes ces – ❷ – nous écoute – rien dire depuis une demi-heure – curiosité – vilain défaut ❸ Comment ça – as emprunté – à ton meilleur ami – Occupe-toi – tes oignons ❹ – êtes-vous venus – à quelle heure êtes-vous – ❺ – ça vous va comme réponse – vous faut-il – d'explications

Molière, el nombre artístico de **Jean-Baptiste Poquelin**, *es uno de los mayores dramaturgos de Francia, que vivió de 1622 a 1673. En obras como* **Tartuffe** *(Tartufo),* **Le Misanthrope** *(El misántropo) y* **L'Avare** *(El avaro), ensartó la pretensión, el poder y la hipocresía con una sátira mordaz y un ingenio brillante. Su influencia en el idioma es tal, que a menudo se hace referencia al francés en sentido figurado como* **la langue de Molière** *(y de manera similar, el español es* la langue de Cervantes*).*

Gran parte del idioma que aprenderás en estas últimas seis lecciones es idiomático y coloquial. A estas alturas, no solo deberías poder detectar estos registros, sino también reconocer más o menos instintivamente cuándo y dónde se utilizan. No obstante, puedes contar con nosotros para seguir informándote y asesorándote. **Amusez-vous !** *(¡Disfruta!)*

Fase productiva: 36.ª lección

quatre cent soixante-dix-huit

Quatre-vingt-sixième leçon

Un entretien avec un chasseur de têtes

1 – Nous sommes à la recherche d'un responsable du commerce international
2 qui s'occupera plus particulièrement des pays voisins de la France.
3 La Suisse est un des marchés que [1] nous essayons de pénétrer depuis très longtemps.
4 En fait, c'est le marché le plus difficile que [1] nous ayons connu jusqu'à présent.
5 La personne à qui [1] nous confierons le poste sera quelqu'un d'exceptionnel –
6 une femme ou un homme dont [2] les compétences techniques sont reconnues et dont [2] nous pouvons être sûrs.
7 Nous n'avons pas encore finalisé le profil de ce poste ni le périmètre dont [2] le nouveau directeur sera responsable
8 car cela dépendra en partie de la personne que nous trouverons ou qui nous sera présentée par votre cabinet.
9 Il se peut que [3] ce soit quelqu'un en interne, qui travaille dans le groupe, mais ce n'est pas la piste [4] que nous privilégions pour l'instant.
10 En tout état de cause [5], il ou elle aura une excellente expression écrite et orale,
11 une parfaite connaissance des marchés français, suisse et belge [7] et de leurs différentes langues,
12 ainsi que de la rigueur, une vision stratégique, et, surtout, l'esprit cartésien.

Octogésima sexta lección

Una entrevista con un cazatalentos

1 – Buscamos un gerente de comercio internacional
2 que se ocupará más especialmente de los países vecinos de Francia.
3 Suiza es uno de los mercados en los que hemos intentado penetrar desde hace mucho tiempo.
4 De hecho, es el mercado más difícil que hemos conocido hasta el presente.
5 La persona a quien confiaremos el puesto será alguien excepcional:
6 una mujer o un hombre cuyas habilidades técnicas sean reconocidas y de quien podamos estar seguros.
7 No hemos finalizado todavía el perfil del cargo ni el alcance del que será responsable el nuevo director
8 porque dependerá en parte de la persona que encontremos o nos presente su empresa.
9 Puede que sea alguien interno, que trabaje en el grupo, pero esta no es la vía que privilegiamos de momento.
10 En cualquier caso, él o ella tendrá una excelente expresión escrita y oral,
11 un conocimiento perfecto de los mercados francés, suizo y belga, y de sus diferentes lenguas,
12 así como disciplina *(rigor)*, una visión estratégica, y, sobre todo, un espíritu cartesiano.

quatre cent quatre-vingts • 480

86 / Quatre-vingt-sixième leçon

13 C'est pour cette raison que nous avons besoin de vos services, dont [2] on nous dit le plus grand bien.
14 Le recrutement en ligne a ses limites, dont [2] vous êtes certainement au courant.
15 – Je vous remercie de votre confiance, dont [2] nous nous montrerons dignes, je vous le promets.
16 Nous saurons dénicher la personne dont [2] vous avez besoin, celui ou celle qui correspondra au mieux à vos exigences.
17 Nous avons plusieurs possibilités, dont [2] un Belge. Mais je pense connaître [6] LE candidat qu'il vous faut.
18 Il s'agit d'une femme ayant une grande expérience à l'export et dont [2] les qualités sont reconnues par tous ses collègues.
19 Je la connais personnellement. Je peux vous affirmer qu'elle pourra fidéliser les clients,
20 accroître les ventes et développer votre groupe, dont [2] l'activité est en pleine croissance.
21 Parmi ses nombreux atouts, elle est trilingue et, surtout, elle est suisse.
22 – Il me la faut [7] ! Qui est-ce, cette perle rare, et quand pouvez-vous me la présenter ?
23 – Rien de plus facile : elle est assise en face de vous en ce moment !

☐

Pronunciación
6 … co"peta"s … 7 … finalise … profil … 15 … diñe … 18 … lecspor … 20 … acruatr … 21 … atu … trila"g …

Octogésima sexta lección / 86

13 Esta es la razón por la que necesitamos de sus servicios, de los que nos han hablado muy bien.
14 El reclutamiento en línea tiene sus límites, de los cuales seguro que están al corriente.
15 – Le agradezco su confianza, de la cual seremos dignos, se lo prometo.
16 Sabremos descubrir a la persona que necesitan, el o la que mejor responda a sus exigencias.
17 Tenemos varias posibilidades, incluido un belga. Pero creo que conozco al candidato que necesita.
18 Se trata de una mujer con una enorme experiencia en exportación y cuyas cualidades son reconocidas por todos sus colegas.
19 La conozco personalmente. Puedo afirmar que podrá fidelizar a los clientes,
20 aumentar las ventas y desarrollar su grupo, cuya actividad está en pleno crecimiento.
21 Entre sus numerosas virtudes, es trilingüe y, sobre todo, es suiza.
22 – ¡La necesito! ¿Quién es esa rara perla, y cuándo me la puede presentar?
23 – Nada más fácil: ¡está sentada ante usted en este momento!

Notas

1 Recuerda que, en una oración de relativo, **qui** sustituye al sujeto y **que** al objeto (lección 49, apartado 3). Ambos pueden referirse a personas o cosas. Qui también puede reemplazar al objeto indirecto después de una preposición: **la personne à qui nous confierons le poste**, *la persona a la que le confiaremos el cargo*.

2 El pronombre relativo **dont**, visto en la lección 71, línea 20, significa básicamente *de quién*, *del que* o *del cuál*, en referencia al objeto de una oración de relativo: **Je suis fier de cette jeune équipe → L'équipe dont je suis fier est jeune** *El equipo del que estoy orgulloso es joven*. **Dont**

86 / Quatre-vingt-sixième leçon

también se puede utilizar, como en la línea 17, para traducir *incluido* (o *de las cuales*): **Deux chambres d'hôtel, dont une avec une salle de bain**, *Dos habitaciones de hotel, una de las cuales tiene baño*.

3 La construcción idiomática **il se peut que** (de **pouvoir**) indica una posibilidad, como *puede que*, etc. Y debido a la condicionalidad, el verbo acompañante está en subjuntivo: **Il se peut que je sois en retard car j'ai une réunion à midi**, *Puede que llegue tarde porque tengo una reunión al mediodía*.

4 **une piste** significa *una pista* o *una vía*, *un carril*. Entre los muchos otros significados están *una pista de aterrizaje* (**piste d'aéroport**), *una pista de baile* (**piste de dance**), etc. Pero el sustantivo se usa a menudo en sentido figurado, como en **Il faut trouver une solution rapidement, et nous avons plusieurs pistes à explorer**. *Necesitamos encontrar una solución rápidamente y hay varias vías por explorar*. En resumen, **une piste** es algo que lleva a alguna parte.

5 **une cause**, *una causa*, *una razón*, características en una serie de expresiones, en particular **à cause de**, *a causa de*, *por*, *debido a* (lección 18, línea 6) **y en tout état de cause** "en cualquier estado de causa", *en cualquier caso*, *de todos modos*: **En tout état de cause, vous devez prendre vos va-**

***

Exercice 1 – Traduisez

❶ **Nous n'avons pas encore finalisé les activités dont sera responsable le nouveau directeur.** ❷ **Les pays voisins de la France sont la Belgique, la Suisse, l'Allemagne, l'Italie et l'Espagne.** ❸ **J'essaierai de me montrer digne de ta confiance. En tout état de cause, je ferai de mon mieux.** ❹ **Cette perle rare dont tu me parles depuis une heure est en face de toi.** ❺ **Leur directrice commerciale est la femme la plus intelligente que j'aie connue depuis très longtemps.**

***

René Descartes *fue un matemático y filósofo del siglo XVII que argumentó que el conocimiento solo se puede lograr a través del razonamiento racional. Su frase más famosa*, **Je pense, donc je suis** *(Pienso, luego existo), forma parte de la cultura francesa, tanto in-*

483 quatre cent quatre-vingt-trois

Octogésima sexta lección / 86

cances avant la fin du mois de décembre, *En cualquier caso, debe tomar sus vacaciones antes de finales de diciembre*. La expresión es sinónimo de **quoi qu'il en soit** (lección 81, nota 7), y ambas son bastante formales.

6 Cuando **penser** significa *pensar, considerar*, puede ir seguido directamente de un infinitivo **Je pense acheter une voiture neuve**, *Estoy pensando en comprarme un coche nuevo*. Por supuesto, si repetimos el pronombre, el verbo que sigue a **penser** debe ir conjugado: **Je pense que je vais acheter une voiture neuve**, pero no hay diferencia de significado entre las dos construcciones. Otro verbo común que puede ir seguido de infinitivo es **croire**, *creer*: **Je crois savoir que vous êtes avocat**, *Creo saber que usted es abogado*.

7 Esta es la forma personalizada de **falloir** (lección 63, apartado 2) con el pronombre de objeto indirecto (**me**) y el pronombre de objeto directo que sustituye al sustantivo (aquí, **la femme**, línea 18). Entonces, por ejemplo, si el objeto directo es plural masculino (**les atouts**) y el pronombre del objeto indirecto es **nous**, la oración es **Il nous les faut**, *Los necesitamos*. Cuando te enfrentas a una oración que tenga varios pronombres, intenta siempre dividirla en sus componentes.

***

Soluciones al ejercicio 1

❶ Aún no hemos finalizado las actividades de las que será responsable el nuevo director. ❷ Los países vecinos de Francia son Bélgica, Suiza, Alemania, Italia y España. ❸ Intentaré demostrar que soy digno de tu confianza. En cualquier caso, lo haré lo mejor que pueda. ❹ Esta rara perla de la que me has estado hablando durante una hora está frente a ti. ❺ Su directora comercial es la mujer más inteligente que he conocido en mucho tiempo.

***

telectual como popular. La influencia de Descartes y su famoso razonamiento racional es tal que el país se enorgullece de ser **cartésien** *(cartesiano), es decir, desapasionado y lógico.*

quatre cent quatre-vingt-quatre • 484

Exercice 2 – Complétez

❶ Creemos que conocemos a la persona que necesita para el trabajo. Es un suizo.

Nous .... la personne .... pour ce poste .... d'un ....

❷ El policía me ha dicho que eran posibles varias pistas, pero que privilegiaba la solución más simple.

Le policier m'a dit que .... mais qu'il .... la solution ....

❸ Exigimos el libre acceso al mercado belga. En cambio, el mercado suizo del gas ha reabierto.

Nous .... un accès libre au .... En revanche, ... du gaz ....

87

Quatre-vingt-septième leçon

Le commissaire Périer mène l'enquête

1 – Mes chers collègues, j'ai la nette impression que la guerre froide vient de se réchauffer.
2 Un agent secret travaillant pour les services de sécurité de nos ennemis
3 a été trouvé sans vie sur les marches du Trocadéro.
4 – Tu veux dire qu'on a descendu [1] un de leurs espions ? C'est super ! [2]
5 – Pas si vite. L'histoire est plus compliquée qu'il ne [3] paraît.
6 L'homme qu'on a retrouvé mort était un agent double, un des nôtres,

❹ –Creemos saber que el documento del que está hablando aún no se ha publicado. –Lamentablemente no.
Nous .... le document .... n'a pas encore été publié. – ....,non.

❺ Jean Garnier podrá fidelizar a todos nuestros clientes, cuyas necesidades son muy variadas.
Jean Garnier .... tous nos clients, ... sont très variés.

Soluciones al ejercicio 2
❶ – pensons connaître – dont vous avez besoin – Il s'agit – Suisse
❷ – plusieurs pistes étaient possibles – privilégiait – la plus simple
❸ – exigeons – marché belge – le marché suisse – est rouvert –
❹ – croyons savoir que – dont vous parlez – Malheureusement –
❺ – pourra fidéliser – dont les besoins –

Fase productiva: 37.ª lección

Octogésima séptima lección

El comisario Périer dirige la investigación

1 – Mis queridos colegas, tengo la clara impresión de que la guerra fría acaba de volver a calentarse.
2 Un agente secreto que trabaja para los servicios de seguridad de nuestros enemigos
3 ha sido hallado muerto en la escalinata de Trocadero.
4 – ¿Quieres decir que nos hemos cargado *(descendido)* a uno de sus espías? ¡Es genial!
5 – No tan rápido. La historia es más complicada de lo que *(no)* parece.
6 El hombre que encontramos muerto era un agente doble, uno de los nuestros,

87 / Quatre-vingt-septième leçon

7 qui avait obtenu [4] des renseignements à propos d'une arme secrète redoutable,
8 capable de contaminer les réserves d'eau potable de nos plus grandes agglomérations.
9 Antoine était sur le point de nous transmettre ces informations vitales quand...
10 – C'est honteux ! Voilà quelqu'un qui a risqué sa peau en travaillant dans l'ombre, et nous étions incapables de le protéger.
11 – Taisez-vous [5], Lucas ! Vous ne connaissez pas le fin [6] mot de l'histoire. Antoine a été trahi par quelqu'un de chez nous.
12 – Qui oserait faire une chose pareille ?
13 – C'est justement ce qu'on va essayer de savoir. Vous pouvez compter sur moi.
14 Je ne lâcherai pas l'enquête tant qu'on [7] n'aura pas mis la main sur le tueur et le commanditaire du meurtre.
15 – Est-ce qu'on sait au moins comment est mort notre collègue ? Abattu ? Poignardé ?
16 – Selon toute vraisemblance [8], il a été empoisonné.
17 Sur le lieu du crime, il flottait comme une drôle [9] d'odeur – on aurait dit des amandes amères.
18 Tout laisse à penser qu'il a bu quelque chose, probablement une tisane, avec son assassin, inconscient du danger qui le menaçait.
19 Il a disparu de la circulation, jusqu'à ce qu'on [7] trouve le cadavre.
20 Avant de me lancer [10] à la recherche du meurtrier, vous devez savoir que vous êtes tous des suspects.

Octogésima séptima lección / 87

7 que había obtenido información sobre una temible arma secreta,
8 capaz de contaminar las reservas de agua potable de nuestras grandes ciudades *(aglomeraciones)*.
9 Antoine estaba a punto de pasarnos *(transmitirnos)* esa información vital cuando...
10 – ¡Es vergonzoso! Era alguien que arriesgó su piel trabajando en la sombra, y fuimos incapaces de protegerle.
11 – ¡Cállese, Lucas! No conoce el meollo *(fin palabra)* de la historia. Antoine fue traicionado por alguien de nuestra casa.
12 – ¿Quién osaría hacer tal cosa?
13 – Eso es exactamente lo que intentaremos saber. Podéis contar conmigo.
14 No abandonaré la investigación hasta que le pongamos las manos encima al asesino y al autor intelectual *(comisionado)* del asesinato.
15 – ¿Sabemos al menos cómo murió nuestro compañero? ¿Disparado *(Abatido)*? ¿Apuñalado?
16 – Con toda probabilidad, fue envenenado.
17 En la escena *(el lugar)* del crimen, flotaba un olor extraño, se diría que de almendras amargas.
18 Todo apunta *(deja a pensar)* que bebió algo, probablemente una tisana, con su asesino, ajeno *(inconsciente)* al peligro que lo amenazaba.
19 Desapareció de la circulación, hasta que se encontró el cadáver.
20 Antes de lanzarme a la busca del asesino, debéis saber que todos vosotros sois sospechosos.

87 / Quatre-vingt-septième leçon

21 Je veux que vous sachiez que je n'épargnerai personne dans mon enquête et que le coupable n'ira pas en prison.
22 – Comment ? Vous allez le laisser filer ?
23 – Surtout pas ! Mais les accidents malheureux sont si vite arrivés, vous savez… □

Pronunciación
1 … guer … 4 … super 7 … redutabl 8 … potabl … 9 … vital … 10 … oⁿte … po … 11 … tra-i … 14 … tuer … 16 … aⁿpuasone 17 … crim … 18 … tisan … asasaⁿ … 20 … suspe 21 … neparniere … prisoⁿ …

Notas

1 Recuerda que **descendre** es uno de esos verbos que se pueden usar transitiva e intransitivamente (lección 70, apartado 2). Entre sus significados transitivos, basados en la noción de bajar, está *derribar* o, en jerga, *cargarse a alguien*.

2 Al igual que su homóloga en español, **super** se puede usar como adjetivo (invariable) –**Elle est super, la nouvelle pharmacienne**, *La nueva farmacéutica es genial*– y como intensificador, antes de un adjetivo: **Elle est super sympa**, *Ella es supersimpática*. La palabra también se puede utilizar como exclamación: **Super !**, *¡Excelente! / ¡Genial!*, etc. No lo confundas con otro adjetivo invariable, **superbe**, *precioso, magnífico, extraordinario*, etc. **Quelle journée superbe !**, *¡Qué magnífico día!*

3 Con algunos verbos, **ne** se usa como un expletivo, una palabra que completa una oración sin añadir significado. Este uso se encuentra a menudo en construcciones de subjuntivo: **Le mauvais temps a empêché qu'ils ne partent**, *El mal tiempo les impidió irse*. Más detalles en una próxima lección.

4 Este es el pluscuamperfecto, formado con el imperfecto de **avoir** (o **être**, según el verbo) y el participio pasado. Se usa de la misma manera que en español: **Elle était déjà partie quand je suis arrivé**, *Ella ya se había ido cuando yo llegué*.

5 El verbo irregular **se taire** significa *callar(se), guardar silencio*: **Quand je demande qui va payer, tout le monde se tait**, *Cuando pregunto quién*

489 • **quatre cent quatre-vingt-neuf**

Octogésima séptima lección / 87

21 Quiero que sepáis que no se librará nadie de mi investigación y que el culpable no irá a prisión.
22 – ¿Cómo? ¿Le va a dejar escapar?
23 – ¡De ningún modo *(Sobre todo no)*! Pero los desafortunados accidentes ocurren muy rápido, ya sabéis…

va a pagar, todos se callan. El imperativo **Taisez-vous** (familiar: **Tais-toi**) significa *Cállate* o *Silencio*, según el contexto. El participio pasado (sigue el mismo patrón que **plaire**, **plu**, *complacer / gustar*) es **tu**: **Tout à coup, il s'est tu**. *De repente, se calló*.

6 No confundas el sustantivo femenino **la fin**, *el final*, con el adjetivo **fin(e)**, que significa *fino/-a, delgado/-a*: **Ajoutez une fine couche de chocolat**, *Añada una fina capa de chocolate*. Por extensión, también puede significar *fino, delicado, de clase alta*, etc. **Notre magasin propose une gamme complète de vins fins**, *Nuestra tienda ofrece una gama completa de vinos finos*. **Fin** también se puede utilizar como intensificador, algo así como *último, final*: **Ils habitent au fin fond de la campagne**, *Viven en lo más recóndito del campo*. De ahí el significado de la expresión **le fin mot de l'histoire**, "*la última palabra de la historia*", es decir, *la verdad real, el meollo*.

7 El adverbio **tant que** significa *siempre que*: **Tant que vous buvez avec modération, vous n'avez pas de soucis**, *Mientras beba con moderación, no tiene nada de qué preocuparse*. En algunos contextos, **tant que** también puede significar *hasta que*: **Vous ne pouvez pas accéder à votre compte tant que vous n'avez pas payé**, *No puede acceder a su cuenta hasta que haya pagado*. En este caso, tiene el mismo significado que **jusqu'à ce que**: … **jusqu'à ce que Laurent soumette un document**… (ver lección 81, línea 14).

8 Formado a partir de **vrai**, *verdadero* y **sembler**, *parecer*, **la vraisemblance** significa *la verosimilitud*. Se utiliza generalmente en la expresión **selon toute vraisemblance**, *con toda probabilidad / muy probablemente*. Por tanto, el adjetivo **vraisemblable** significa *verosímil, posible*: **Il est très vraisemblable qu'elle perdra son travail**, *Es muy posible que pierda su trabajo*.

9 Sabemos que **drôle** significa *divertido, gracioso* (lección 41, línea 15). Y, como en español, el significado subyacente puede ser *extraño, raro, peculiar*: **C'est un drôle de type, ton ami**, *Tu amigo es un tipo extraño*.

87 / Quatre-vingt-septième leçon

 10 Una forma de evitar el subjuntivo es cambiar la estructura de la oración. Por ejemplo, **Avant qu'il soit un espion, notre agent était comptable**, *Antes de que fuera espía, nuestro agente era contable* puede ser refor-

***

Exercice 1 – Traduisez
❶ Il y a une nette différence aujourd'hui entre le nord, pluvieux, et le sud, ensoleillé. ❷ Nous étions sur le point de sortir quand, tout à coup, j'ai aperçu un homme dans l'ombre. ❸ C'est un drôle de type, Arnaud. Il habite au fin fond de la campagne, sans voiture ni téléphone. ❹ C'est honteux : elle était si faible qu'on aurait dit un cadavre. ❺ Est-ce que tu pourrais me parler de ton expérience avec les élections, avant que je me lance, moi aussi ?

***

Exercice 2 – Complétez
❶ El comisario quiere que sepamos que no perdonará a nadie y que encontrará a los culpables.
   Le commissaire .... qu'il ....
   .... et qu'il trouvera ....

❷ ¡Cállate! No podrás hacer nada hasta que tengamos en nuestras manos esa información.
   .... ! Tu ne pourras rien faire ....
   .... sur ces ....

❸ Nolan nunca conoció el meollo de la historia porque murió en un desafortunado accidente.
   Nolan .... jamais .... l'histoire car .....
   ....

❹ Intente leer este libro. Verás, es mucho más interesante de lo que parece.
   ...... de lire ce livre. Tu verras, c'est ....
   ....

❺ –¿Se atreverá usted a hacer la pregunta antes de que sea demasiado tarde? –Todo sugiere que no responderá.
   .... lui poser la question, ...
   .... ? – .... qu'il ne répondra pas.

491 • **quatre cent quatre-vingt-onze**

Octogésima séptima lección / 87

mularse como **Avant de devenir espion**, etc. Veremos más formas de sortear el subjuntivo más adelante.

***

Soluciones al ejercicio 1
❶ En la actualidad, existe una clara diferencia entre el norte lluvioso y el sur soleado. ❷ Estábamos a punto de salir cuando de repente vi a un hombre en las sombras. ❸ Es un tipo extraño, Arnaud. Vive en lo más recóndito del campo, sin coche ni teléfono. ❹ Es vergonzoso: estaba tan débil que parecía un cadáver. ❺ ¿Podrías contarme tu experiencia con las elecciones antes de que yo también me lance?

***

Soluciones al ejercicio 2
❶ – veut que nous sachions – n'épargnera personne – les coupables ❷ Tais-toi – tant que nous n'aurons pas mis la main – informations – ❸ – n'avait – connu le fin mot de – il est mort dans un accident malheureux – ❹ Essaie – beaucoup plus intéressant qu'il ne paraît – ❺ Oserez-vous – avant qu'il ne soit trop tard – Tout laisse à penser –

Fase productiva: 38.ª lección

Quatre-vingt-huitième leçon

Le commissaire Périer mène l'enquête (suite)

1 – Qui qu'il [1] soit, où qu'il [1] se cache, et quoi qu'il [1] fasse pour s'échapper
2 on le retrouvera, ce flingueur [2], quelle que [1] soit sa vraie identité.
3 Il fera sans doute une gaffe. Et, là, je lui mettrai personnellement trois balles dans le corps.
4 Vous êtes avec moi, les gars [3] ? Je ne veux pas faire le sale boulot tout seul.
5 – Carrément [4] ! Mais Gaëtan a quelque chose à nous dire, il me semble.
6 – C'est exact. Un mec [3] vient me voir hier et me dit qu'il a un tuyau sur l'assassinat d'Antoine.
7 Je crois qu'il bosse [2] pour une boîte [2] plus ou moins réglo [2] qui revend des bagnoles [2] d'occasion.
8 Je lui demande combien il veut et il me répond qu'il va me faire une fleur [5],
9 qu'il ne veut pas de fric [2] parce qu'Antoine était un de ses potes [2].
10 D'après lui, les services secrets ont démasqué notre homme et découvert son secret.
11 Il était fichu [6], le pauvre Antoine. Il ne portait même pas de flingue [2] pour se défendre.
12 – Ce type avec qui tu as causé [2], il était comment ?
13 – Grand, costaud et mal fringué [2], pas très propre, avec une vraie gueule [2] de bandit.
14 Ça se voyait qu'il n'était pas un enfant de chœur, si tu vois ce que je veux dire.

Octogésima octava lección

El comisario Périer dirige la investigación (continuación)

1 – Sea quien sea, [se esconda] dónde se esconda, y [haga] lo que haga para escapar,
2 encontraremos a ese matón *(pistolero)*, sea cual sea su identidad.
3 Sin duda cometerá un error. Y, entonces, yo personalmente le meteré tres balas en el cuerpo.
4 ¿Estáis conmigo, tíos *(muchachos)*? No quiero hacer el trabajo sucio yo solo.
5 – ¡Totalmente! Pero parece que Gaëtan tiene algo que decirnos.
6 – Cierto *(Es exacto)*. Ayer viene a verme un chico y me dice que tiene un soplo *(dato)* sobre el asesinato de Antoine.
7 Creo que curra *(trabaja)* para una empresa más o menos legal que revende coches de ocasión.
8 Le pregunto cuánto quiere y me responde que me va a hacer un favor *(una flor)*,
9 que no quiere la pasta porque Antoine era uno de sus colegas *(amigos)*.
10 Según él, los servicios secretos habían desenmascarado a nuestro hombre y descubierto su secreto.
11 Estaba jodido *(acabado)*, el pobre Antoine. Ni siquiera llevaba una pipa *(pistola)* para defenderse.
12 Ese tipo con el que charlaste, ¿cómo era?
13 – Alto, fuerte y mal vestido, no muy limpio, con una jeta *(cara)* total *(verdadera)* de chorizo *(bandido)*.
14 Se veía que no era un santo *(niño de coro)*, si sabéis a lo que me refiero.

88 / Quatre-vingt-huitième leçon

15 – C'est bizarre, tu ne trouves pas ? Pourquoi il n'est pas allé voir les flics [2] directement ?
16 – Je suis d'accord que c'est une histoire dingue [7], et ce type est carrément louche,
17 mais ça ne veut pas dire pour autant qu'il raconte des salades.
18 – C'est clair, et c'est le seul renseignement plus ou moins fiable que nous ayons [8] reçu jusqu'à présent,
19 la meilleure piste que nous puissions [8] suivre. Mais aussi, peut-être, le plus gros mensonge qui soit [8].
20 N'empêche, il faut y aller carrément [4], coûte que coûte. La tâche est difficile, mais je m'en fiche.
21 – J'en ferai mon affaire, patron. Je suis l'unique personne qui connaisse [8] notre indic.
22 – Si tu insistes, mais sois [9] prudent. Il ne faut pas que tu boives une infusion avec lui ! ☐

Pronunciación
2 ... fla^{n}guer ... 3 ... cor 4 ... le ga ... sal ... 6 ... tuiyo ... 11 ... fishu ... fla^{n}g ... 13 ... fra^{n}gue ... guel ... 14 ... ker ... 16 ... da^{n}g ... 21 ... a^{n}dic ...

Notas

1 Ciertos adverbios van siempre seguidos del subjuntivo. Ya hemos visto **quoi que** (lección 81, nota 7); otros son: **qui que**, *quienquiera que*, **où que**, *dondequiera que*, y **quel que**, *cualquiera que* (este último concuerda en género y número con el siguiente sustantivo).

2 Esta lección se basa en una serie de términos de la jerga común, que se explican en detalle en la lección 91. Por ahora, lee solo la traducción del diálogo, teniendo en cuenta que muchos términos coloquiales en francés no tienen equivalentes directos en español, y vice-versa.

3 **un gars** es una palabra coloquial, derivada de **un garçon**, y a veces se usa como *un chaval*. Pero el uso más común es como sinónimo de **un type**, *un tío*, *un tipo*, (lección 87, nota 9), especialmente en plural: **Venez voir, les gars**, *Venid a verlo, chicos / tíos*. Un sinónimo es **un mec**: Ce

495 • quatre cent quatre-vingt-quinze

Octogésima octava lección / 88

15 – Es extraño, ¿no te parece? ¿Por qué no fue a ver a la pasma *(policía)* directamente?
16 – Estoy de acuerdo en que es una historia increíble, y que ese tipo es claramente sospechoso,
17 pero eso no quiere decir que cuente cuentos *(ensaladas)*.
18 – Está claro, y esta es la única información más o menos fiable que hemos recibido hasta ahora,
19 la mejor pista que podamos seguir. Pero también, quizás, que sea la mayor mentira.
20 Aun así, hay que ir directamente, cueste lo que cueste. La tarea es difícil, pero no me importa.
21 – Asumiré *(Haré mío)* el caso, jefe. Soy la única persona que conoce a nuestro soplón.
22 – Si insistes, pero sé prudente. ¡No te tomes *(no debes beber)* una infusión con él!

---

mec n'a jamais lu un bouquin de sa vie, *Ese tío jamás ha leído un libro en su vida.* (Observa cómo el uso del coloquial **un bouquin**, visto en la lección 47, nota 10, refuerza el registro coloquial de la oración.) **Un mec** también se puede usar en el sentido de *un novio*, **Elle a quitté son mec**, *Ella ha dejado a su novio.*

4 Derivado de **un carré**, *un cuadrado*, el adverbio **carrément** significa *directamente, sin rodeos*, etc.: **Je lui ai dit carrément ce que je pensais de lui**, *Le dije directamente lo que pensaba de él.* La palabra se usa mucho como intensificador: **Ce gars est carrément dingue**, *Ese tío está totalmente loco.* (La palabra "estándar" sería **complètement**, *completamente*). Por último, **carrément** puede usarse como una afirmación que expresa acuerdo o apoyo: **Tu aimes ce chanteur ? – Carrément !** *–¿Te gusta ese cantante? –¡Totalmente!*

5 **une fleur**, *una flor* (vista en la lección 41, línea 1), se usa en varias expresiones coloquiales en las que encarna algo primordial o excelente. **Les deux comédiens sont dans la fleur de l'âge**, *Los dos actores están en la flor de la vida.* Por lo tanto, **faire une fleur (à quelqu'un)** significa *hacerle a alguien una buena acción* o *un favor*. **L'hôtel nous a fait une fleur, en nous donnant une suite au lieu d'une chambre double.** *El hotel nos hizo un favor al darnos una suite en lugar de una habitación doble.*

88 / Quatre-vingt-huitième leçon

6 En un registro coloquial, **ficher** (que, en francés estándar significa *fichar*) reemplaza los verbos estándar, particularmente **faire**, que significa *hacer*, *poner*, etc. **Qu'est-ce qu'il fiche, Georges ? Il est en retard**, *¿Qué hace Georges? Llega tarde*. La forma pronominal, **s'en fiche(r)** (línea 21), se encuentra generalmente en expresiones como **Je m'en fiche**, *No me importa*. Pero el participio pasado, **fichu**, usado con **être**, significa *estar acabado*, *no tener remedio*, etc. **Si les joueurs entrent sur le terrain avec la peur au ventre, ils sont fichus**, *Si los jugadores entran al campo con miedo en el estómago, están acabados*.

7 El adjetivo coloquial **dingue** (ver lección 73, nota 6) significa *loco* y, como en español, puede tener un sentido melliorativo –(**On a passé une soirée dingue chez eux**, *Pasamos una noche de locura en su casa*)– y

***

Exercice 1 – Traduisez

❶ Êtes-vous avec moi, mes amis ? Je ne peux pas faire ce travail difficile tout seul. **❷** Il me semble que ce monsieur travaille dans une entreprise qui fait le commerce de voitures d'occasion. **❸** À quoi ressemblait cet homme avec qui vous avez eu une conversation ? **❹** On lui a dit carrément de quitter son petit-ami parce qu'il était méchant avec elle, mais elle s'en fiche. **❺** Il faut que vous soyez prêt à terminer la tâche, coûte que coûte, car il reste peu de temps.

Octogésima octava lección / 88

peyorativo: **Cette assurance nous coûte un fric dingue**, *Ese seguro nos está costando una pasta alucinante*. El sustantivo **un dingue** significa *un chiflado*, *un loco*.

8 El subjuntivo se usa en oraciones relativas con superlativos (**le plus gros**, **le meilleur**) y otras expresiones de unicidad (**le seul**, **l'unique**). Por ejemplo, **C'est l'hiver le plus froid qu'on ait connu depuis longtemps**, *Es el invierno más frío que hemos conocido en mucho tiempo*; o **Tu es la seule personne qui puisse m'aider**, *Eres la única persona que puede ayudarme*.

9 La forma imperativa de **être** es idéntica al subjuntivo. **Il faut que vous soyez / tu sois là à midi**, *Es necesario que esté(s) allí a mediodía*; **Soyez / Sois là à midi**, *Esté / Estate allí al mediodía*.

***

Soluciones al ejercicio 1

❶ ¿Estáis conmigo, mis amigos? No puedo hacer este trabajo duro por mi cuenta. ❷ Me parece que este señor trabaja en una empresa que comercia con coches de ocasión. ❸ ¿Qué aspecto tenía ese hombre con el que tuvo una conversación? ❹ Le dijimos sin rodeos que dejara a su novio porque era malo con ella, pero no le importa. ❺ Debe estar listo para terminar la tarea, cueste lo que cueste, porque queda poco tiempo.

***

El francés usa el tiempo presente con fines narrativos y descriptivos cuando habla de eventos pasados, como muestra la historia de Gaëtan. Conocido como **le présent historique**, *o presente histórico, su uso no se limita a contextos hablados o coloquiales, ya que incluso aparecen en los titulares de las noticias. Una de las razones del presente histórico, además de dar vida a los eventos pasados de manera vívida, es evitar* **le passé simple** *(también conocido como* **le prétérit**)*, que se usa casi exclusivamente en la prosa escrita, particularmente en literatura. Veremos brevemente el* **passé simple** *en el último bloque de lecciones.*

Exercice 2 – Complétez

❶ No debe beber alcohol. Si no, tendrá un gran problema con la policía.

Il . . . . d'alcool. Sinon, ... avec . . . .

❷ Quienesquiera que sean y dondequiera que vivan, no me importa. Están contando un cuento, estoy seguro.

. . . . ,et . . . . , ...Ils . . . . , j'en suis sûr.

❸ –Totalmente. Le pregunté dónde vivían, pero no respondió. –¡Eso es una locura!

. . . . Je . . . . ils . . . . mais il . . . . – C'est . . . . . . !

89

Quatre-vingt-neuvième leçon

Il faut le faire !

1 – Oh là là, pourquoi est-ce que tu fais cette tête ?[1] Qu'est qu'il t'arrive, ma pauvre amie ?
2 – Je devais partir hier aux sports d'hiver avec une bande de copains.
3 On allait faire la fête – et peut être un peu de sport – dans un super chalet au pied des pistes.
4 J'avais fait les valises, préparé mes affaires de ski et commandé un taxi pour cinq heures –
5 il n'est pas question de faire la grasse matinée [2] quand on est en vacances à la neige !

❹ Piense lo que piense, soy la única persona que conoce toda la verdad y que conoce su verdadera identidad.

.... vous ...., je suis .... toute la ...... et .... leur vraie identité.

❺ Es obvio que no son santos, si entendéis lo que queremos decir.

.... que ce ...., si .... nous ....

Soluciones al ejercicio 2

❶ – ne faut pas que vous buviez – vous aurez un gros problème – les flics ❷ Qui qu'ils soient – où qu'ils habitent – je m'en fiche – racontent des salades – ❸ C'est exact – lui ai demandé où – habitaient – ne m'a pas répondu – dingue ❹ Quoi que – pensiez – la seule personne qui sache – vérité – qui connaisse – ❺ Ça se voit – ne sont pas des enfants de chœur – vous voyez ce que – voulons dire

Fase productiva: 39.ª lección

Octogésima novena lección

¡Hace falta valor (Hay que hacerlo)!

1 – ¡Madre mía! ¿Por qué pones esa cara *(haces esa cabeza)*, mi pobre amiga?
2 – Se suponía que ayer me iba a hacer *(Debía salir ayer a los)* deportes de invierno con un grupo *(una banda)* de amigos.
3   Íbamos de *(a hacer la)* fiesta –y quizás [a hacer] un poco de deporte– en un gran chalé a los pies de las pistas.
4   Había hecho las maletas, preparado mi equipo de esquí y pedido un taxi para las cinco [de la mañana],
5   ¡nada de levantarse tarde cuando se está de vacaciones en la nieve!

89 / Quatre-vingt-neuvième leçon

6 Je quittais la maison quand j'ai reçu un message du bureau disant que ma présence était demandée.

7 J'avais fait le point [3] avec mes collègues la veille, mais ils m'ont quand même fait venir aux aurores.

8 Du coup, j'ai dû faire une croix sur [4] les vacances. Voilà pourquoi je fais la tête [1].

9 Mais à vrai dire, ça me soulage un petit peu aussi car je devais partir avec Gaspard et Noé.

10 – Partir avec ces deux-là, ensemble ? Il faut le faire ! [5]

11 – Gaspard s'est fait connaître [6] pour son esprit de compétition bien développé

12 – Pour ne pas dire esprit agressif ! Quand il est en compétition, celui-là, il ne fait pas de cadeau ! [7]

13 D'ailleurs, il s'est fait un certain nombre d'ennemis à cause de ça.

14 – Mais il sait aussi se faire respecter. Gaspard est ami avec toutes les stars du sport, à qui il fait la bise.

15 – Comment se fait-il [8] qu'il soit devenu un si bon skieur ? Il a dû se faire [6] aider par quelqu'un, non ?

16 – Non, il s'est fait tout seul, sans entraîneur, sans équipe et sans sponsor.

17 – Et Noé ?

18 – Il me fait de la peine, celui-là : c'est un désastre ambulant.

19 On lui a souvent dit de faire gaffe [9] mais il n'en fait qu'à sa tête [10].

20 L'année dernière, il n'a fait que quelques mètres avant de tomber et se fracturer les deux bras.

21 Il a dû se faire secourir par hélicoptère.

501 cinq cent un

Octogésima novena lección / 89

6 Salía de casa cuando recibí un mensaje de la oficina diciendo que se solicitaba mi presencia.
7 Había concretado la salida con mis amigos el día anterior, pero de todas formas me llamaron al amanecer.
8 Así que tuve que renunciar *(hacer una cruz)* a las vacaciones. Por eso estoy enfadada.
9 Pero a decir verdad, me alivia un poco porque se suponía que iba con Gaspard y Noé.
10 – ¿Ir con esos dos, juntos? ¡Hace falta valor!
11 – Gaspard se es conocido por su espíritu competitivo *(de competición)* bien desarrollado.
12 – ¡Por no hablar de su espíritu agresivo! Cuando compite *(está en competición)*, ¡no deja pasar ni una *(no hace regalo)*!
13 De hecho, se ha ganado *(hecho)* una serie de enemigos por eso.
14 – Pero también se ha hecho respetar. Gaspard es amigo de todas las estrellas del deporte, a quienes saluda con un beso *(hace el beso)*.
15 – ¿Cómo llegó a ser tan buen esquiador? Debe haber tenido alguien que lo ayude, ¿no?
16 – No, lo hizo él solo, sin entrenador, sin equipo ni patrocinador.
17 – ¿Y Noé?
18 – Me da pena de él: es un desastre ambulante.
19 Le decimos a menudo que tenga cuidado, pero hace lo que le da la gana.
20 El año pasado, solo avanzó unos metros antes de caerse y romperse los dos brazos.
21 Tuvo que ser rescatado en helicóptero.

89 / Quatre-vingt-neuvième leçon

22 – Cela dit, il a visiblement fait des progrès car l'année d'avant, il s'était cassé la cheville en descendant du train à la station de ski.

Pronunciación
7 … veill … 8 … crua … 14 … bis 21 … elicopter 22 … progre …

Notas

1 La expresión idiomática **faire la tête** significa *estar enfadado, poner cara larga*, etc. **Pourquoi est-ce qu'il me fait la tête ? Je ne lui ai rien fait !** *¿Por qué me pone mala cara? ¡No le he hecho nada!* También puede utilizar un objeto indirecto: **Pourquoi est-ce que tu me fais la tête ?** *¿Por qué me pones esa cara?* Ver también la nota 10.

2 Derivado de **le gras**, *la grasa*, el adjetivo **gras(se)**, *grasoso/-a, grasiento/-a*, significa *graso* (y, por extensión, *alimentos grasos*): **Évitez de manger gras avant une activité physique**, *Evite comer alimentos grasos antes de una actividad física*. La expresión **faire la grasse matinée**, *levantarse tarde, dormir hasta tarde*: **J'aime faire la grasse matinée le dimanche**, *Me encanta levantarme tarde los domingos*.

3 **faire un/le point** es un término de navegación que significa *tomar un rumbo preciso*. Esa noción de precisión se refleja en el uso coloquial de la expresión, donde el significado básico es *repasar* o *resumir una situación, poner al día (a alguien)*, etc. **Nous allons faire un point sur les orages dans le Midi**, *Vamos a actualizar la información sobre las tormentas en el sur de Francia*. Lógicamente, este modismo se utiliza a menudo en relación con la cobertura de noticias.

4 **une croix**, *una cruz*, se encuentra en la expresión idiomática **faire une croix sur**, que significa *renunciar, cancelar, despedirse de algo*, etc.: **On devra faire une croix sur les vacances à la montagne cette année**, *Este año tendremos que renunciar a nuestras vacaciones en la montaña*. Si el nombre del objeto ya ha sido mencionado, se sustituye por **dessus**, *sobre, encima*, para evitar la repetición: **Si tu lui prêtes ta moto, tu peux faire une croix dessus**, *Si le prestas tu moto, puedes despedirte de ella*.

5 **Il faut le faire** significa literalmente *hay que hacerlo*: **Si vous voulez le faire, il faut le faire maintenant**, *Si quieres hacerlo, tienes que hacerlo ya*. Sin embargo, si se usa como exclamación, el significado es algo así

503 **cinq cent trois**

22 – Dicho esto, claramente ha hecho progresos porque el año anterior, se había roto el tobillo al bajar del tren en la estación de esquí.

---

como *¡Eso requiere un esfuerzo!*, *¡Hay que tener valor!* Puede ser admirable o irónico, según el contexto: **Il a perdu non seulement ses clés mais aussi son portefeuille : il faut le faire !**, *Ha perdido no solo sus llaves sino también su billetera: ¡todo un logro!* (En francés hablado, el pronombre en tercera persona a menudo se elimina: **Faut le faire !**)

6 Esta forma "causativa" del reflexivo, **se faire** seguida de un infinitivo (lección 82, línea 17), nos dice que algo o alguien actúa sobre el sujeto de la oración: **Il s'est fait aider par un journaliste pour écrire l'article.** *Recibió la ayuda de un periodista para escribir el artículo.*

7 **faire cadeau de** significa *dar algo*, a menudo como *regalo*: **Mon copain m'a fait cadeau de cette ceinture**, *Mi novio me regaló este cinturón*. En negativo, la expresión se usa en sentido figurado con el significado de *no perdonar (a alguien)* o *no dejar pasar ni una, no ser fácil*. **L'équipe n'a pas fait de cadeau à ses adversaires**, *El equipo hizo pasar un mal rato a sus oponentes*.

8 Esta es la forma invertida –por lo tanto más elegante– de **comment ça se fait… ?** (lección 57, nota 1). Aquí, sin embargo, el siguiente verbo está en subjuntivo porque el hablante expresa duda o incertidumbre.

9 El término de pesca **une gaffe**, *un bichero* o *gancho* se utiliza en la expresión **faire une gaffe**, *cometer un error* (lección 88, línea 3). Sin embargo, **faire gaffe** (sin artículo definido) significa *prestar atención*, *tener cuidado*: **Il faut faire gaffe parce que l'étagère est très lourde**, *Hay que tener cuidado porque el estante pesa mucho*. El verbo se usa más comúnmente como imperativo: **Faites/Fais gaffe : c'est vachement lourd !** *Tenga/Ten cuidado, pesa muchísimo*. Cualquiera que sea el contexto, la expresión es coloquial y sustituye a la más formal **faire attention** (lección 44, línea 8).

10 La expresión idiomática **n'en faire qu'à sa tête** no tiene nada que ver con enfadarse (nota 1): significa *hacer exactamente lo que uno quiera* (escuchar solo lo que está en la cabeza de uno, presumiblemente): **Quoi qu'on lui dise, elle n'en fera qu'à sa tête**, *Le digamos lo que le digamos, ella hará exactamente lo que quiera*.

89 / Quatre-vingt-neuvième leçon

Exercice 1 – Traduisez
❶ La vie ne leur a pas fait de cadeau, mais ils ont quand même réussi brillamment. ❷ Noé n'a pas gagné le concours cette fois-ci, mais il n'a certainement pas fait une croix dessus. ❸ Gaspard et Sylvie me font de la peine parce qu'il se disputent constamment. ❹ Rémi aurait pu se faire aider par la personne de son choix, mais il n'en a fait qu'à sa tête. ❺ Fais gaffe où tu mets tes pieds : tout est sale et gras.

***

Exercice 2 – Complétez
❶ ¿Cómo es que se las ha arreglado para que lo quieran? Se ha ganado demasiados enemigos durante su carrera.
Comment . . . . qu'il . . . . ? Il . . . .
. . . . dans sa carrière.

❷ Vamos a hacer una actualización sobre la situación para darnos una idea de las necesidades alimentarias.
Nous . . . . la situation pour . . . .
. . . . des besoins en nourriture.

❸ ¿Por qué pongo esta cara? Porque se suponía que íbamos a ir a esquiar con nuestros amigos, pero acaban de cancelar.
Pourquoi est-ce . . . . ? Parce . . . .
. . . . . . au ski avec nos amis, et ils . . . .

❹ –Maurice debe haber tenido ayuda para triunfar así. –Te equivocas: se hizo a sí mismo.
Maurice . . . . de l'aide pour . . . . – Tu . .
. . . . : il . . . .

❺ Te permitiré que te levantes tarde el sábado por la mañana, pero tendremos que levantarnos al amanecer el domingo.
Je te permettrai . . . . samedi mais il
faudra . . . . dimanche.

505 cinq cent cinq

Octogésima novena lección / 89

Soluciones al ejercicio 1

❶ La vida no se lo puso fácil, pero aun así lo hicieron de manera brillante. ❷ Noé no ha ganado el concurso esta vez, pero ciertamente no ha renunciado. ❸ Gaspard y Sylvie me dan pena porque discuten constantemente. ❹ Rémi podría haber tenido la ayuda de quien quisiera, pero solo hizo lo que le dio la gana. ❺ Ten cuidado dónde pones los pies: todo está sucio y grasiento.

Soluciones al ejercicio 2

❶ – se fait-il – ait pu se faire aimer – s'est fait trop d'ennemis – ❷ – allons faire le point sur – nous faire une idée – ❸ – que je fais cette tête – nous devions partir – viennent d'annuler ❹ – a dû avoir – réussir comme ça – te trompes – s'est fait tout seul – ❺ – de faire la grasse matinée – se lever aux aurores –

Entre las curiosidades culturales del estilo de vida francés, **la bise***, el beso, ocupa un lugar especial. El término* **faire la bise** *significa literalmente dar ("hacer") un beso (y, por extensión, tener una relación muy cercana con alguien), y se refiere al hábito de saludar a los amigos con un beso en ambas mejillas. ¿Cuántos besos? El número varía entre dos (posiblemente el más común) y cuatro, pero todo depende de la relación con la persona, su edad e incluso la región de Francia.*

Fase productiva: 40.ª lección

Quatre-vingt-dixième leçon

"Le" ou "la" ? – Les deux !

1 – Vous n'ignorez [1] certainement pas qu'il peut être compliqué d'apprendre le genre des noms,
2 surtout ceux qui peuvent être et masculin et [2] féminin.
3 Du coup [3], j'ai préparé un petit jeu pour vous aider, si ça vous convient.
4 – Ça me va. Mais cela ne veut pas dire pour autant [4] que je retiendrai tout !
5 – Allons-y. La critique du film faite par le critique du *Monde* n'était pas tendre. Elle était assez méchante !
6 Quand Bruno a appris que le tableau était un faux, il était tellement furieux qu'il l'a déchiqueté avec une faux.
7 Tout le monde a entendu parler du Tour de France et de la Tour Eiffel, même ceux qui ne sont jamais venus dans l'Hexagone.
8 Les experts ont annoncé une vague de chaleur cet été, sans préciser quand. Comme d'habitude, ils sont restés dans le vague.
9 Mélangez un peu de cette vase avec de l'eau du ruisseau et mettez-la dans un vase avec vos plantes.
10 Ayant volé une somme importante d'argent, le voleur a fait un petit somme dans sa voiture. C'est comme ça qu'il a été arrêté !
11 J'ai appris ce matin que son frère a un nouveau poste. Il travaille maintenant à la poste du village.

Nonagésima lección

–¿"Le" o "la"? –¡Ambos!

1 – Seguro que eres consciente *(no ignoras)* que puede ser complicado aprender el género de los sustantivos,
2 sobre todo lo que pueden ser tanto masculinos como femeninos.
3 Así que, he preparado un pequeño juego para ayudarte, si te parece bien.
4 – Me parece bien. ¡Pero eso no quiere decir que recordaré todo!
5 – Vamos allá. La crítica de la película realizada por el crítico de Le Monde no fue buena *(suave)*. ¡Fue bastante mala!
6 Cuando Bruno se enteró de que el cuadro era falso, se puso tan furioso que lo hizo pedazos con una guadaña.
7 Todo el mundo ha oído hablar del Tour de France y de la Torre Eiffel, incluso los que nunca han estado en Francia *(el hexágono)*.
8 Los expertos han anunciado una ola de calor este verano, sin especificar cuándo. Como de costumbre, han sido imprecisos.
9 Mezcle un poco de este barro con un poco de agua de arroyo y métalo en un jarrón con sus plantas.
10 Después de robar una gran cantidad de dinero, el ladrón se echó una siestecita en su coche. ¡Así fue como lo arrestaron!
11 Esta mañana me enteré de que su hermano tiene un nuevo trabajo. Ahora trabaja en la oficina de correos del pueblo.

cinq cent huit • 508

90 / Quatre-vingt-dixième leçon

12 J'ai abîmé ma nouvelle poêle à frire en la posant sur un poêle trop chaud.
13 Aussitôt [5] son mémoire terminé, l'étudiante a tout oublié. Sa mémoire lui a fait défaut [6].
14 D'après ce livre de cuisine, il faut une livre de haricots verts et une livre et demie de petits pois.
15 Tu t'y prends comme un manche [7] ! Tu as enfilé le pied dans la manche de ta chemise.
16 Suivre la mode peut s'avérer très fatigant. Ce n'est pas un mode de vie pour les vieux !
17 Le voile de la mariée [8] était tellement volumineux qu'on aurait dit une voile de bateau.
18 Pour fabriquer ce petit bronze, le sculpteur a utilisé la coquille d'une moule comme un moule.
19 Je voudrais un crème et un chocolat chaud, avec de la crème chantilly servie à part.
20 Le prof a un physique de jeune premier [9] mais il est connu pour ses recherches portant sur la physique théorique.
21 – Merci, tout est très clair !
22 – J'ai un petit quelque chose [10] pour vous remercier, mais j'ai une chose à faire avant de vous le donner :
23 vous embrasser et vous donner plein de bises.
24 – Quel délice... je veux dire : quelles délices ! [11] □

Pronunciación
1 ... niñore ... 5 ... taⁿdr ... 6 ... deshicte ... fo 9 ... vas ... ruiso ... 12 ... pual-a-frir ... 14 ... de arico ... pua 17 ... vual ... 18 ... cokill ...

509 **cinq cent neuf**

Nonagésima lección / 90

12 He estropeado mi nueva sartén al ponerla sobre una estufa muy caliente.
13 En cuanto terminó su tesis, la estudiante olvidó todo. Le falló la memoria.
14 Según este libro de cocina, hace falta una libra de judías verdes y libra y media de guisantes.
15 ¡Eres un patoso! Has metido el pie en la manga de la camisa.
16 Seguir la moda puede resultar muy agotador. ¡No es un modo de vida para la gente mayor!
17 El velo de la novia era tan voluminoso que parecía la vela de un barco.
18 Para hacer esta pequeña escultura de bronce, el escultor usó la concha de un mejillón como molde.
19 Quisiera un café cortado y un chocolate caliente, con nata montada aparte.
20 El profesor tiene un buen físico, pero es conocido por sus investigaciones sobre física teórica.
21 – Gracias, ¡todo está muy claro!
22 – Tengo una cosita para darle las gracias, pero tengo una cosa que hacer antes de dársela:
23 abrazarle y darle muchos besos.
24 – ¡Qué delicio… quiero decir: qué delicia!

Notas de pronunciación

No hay diferencia en la pronunciación entre las formas masculina y femenina de los sustantivos repasados en esta lección. Aparte del contexto, la única forma de distinguirlos es a través del artículo que los preceda.

(14) La "h" en **haricot** es aspirada (en contraste con la de **heure**, por ejemplo), por lo que la vocal en los artículos definidos y partitivos no se omite (**le / de / des haricots** : *[le / de / de arico]*). Recuerda que, a pesar del nombre, la "h" aspirada no se pronuncia.

90 / Quatre-vingt-dixième leçon

 Notas

1. El verbo regular **ignorer** tiene, como en español, dos significados: *no tener en cuenta algo* o *no saber nada / no ser consciente de algo*: **J'ignore tout de sa vie**, *No sé nada sobre su vida*. Por lo tanto, en negativo, significa *saber, ser consciente*. **L'ex-président n'ignore pas comment il a perdu les élections**, *El expresidente es consciente de cómo perdió las elecciones*. El sustantivo femenino **l'ignorance** significa *la ignorancia*.

2. La conjunción copulativa **et... et** es una de las construcciones utilizadas para traducir *tanto... como*: **J'aime et les petits pois et les haricots**, *Me gustan tanto los guisantes como las judías*. En francés hablado no es tan común como **à la fois** (lección 61, nota 6), probablemente porque el sonido abierto *[e]* es más difícil de escuchar.

3. Otro uso más de **un coup** (lección 62, nota 3). La expresión **du coup**, que generalmente se encuentra al comienzo de una oración hablada, significa *como resultado, así que*: **Le match est annulé; du coup, ils ne viennent pas samedi**. *El partido ha sido cancelado, así que, no vendrán el sábado*.

4. Visto por primera vez en la lección 88, línea 17, **pour autant** es el equivalente de *por eso / por ello*: **Il a pris sa retraite, mais sa vie ne s'est pas arrêtée pour autant**, *Se ha jubilado, pero no por ello su vida se ha detenido para siempre*. Si la oración contiene una conjunción contrastiva, como **mais**, *pero*, a menudo directamente no es necesario traducir **pour autant** (*Se ha jubilado, pero su vida no se ha detenido*).

5. Ver lección 72, nota 4. El participio pasado puede usarse sin el auxiliar en oraciones elípticas introducidas por adverbios como **aussitôt**: **Aussitôt le dernier invité parti, nous avons éteint toutes les lumières**, *En cuanto / Tan pronto como se fue el último invitado, apagamos todas las luces*. Este tipo de construcción se utiliza generalmente en el francés escrito más que en el hablado.

6. Sabemos que **un défaut** es *un defecto* (lección 85, línea 22) y también se usa en la expresión **à défaut**, *en su defecto, si eso falla* (lección 79, línea 16). La misma noción de falta o defecto surge en la expresión **faire défaut**, *faltar, hacer falta, carecer*, etc. **Le temps me fait défaut**, *No tengo tiempo*. Por extensión, otro significado es *ser decepcionado por*, **C'est un bon joueur mais son manque de vitesse lui a fait défaut**. *Es un buen jugador, pero por su falta de velocidad le decepcionó*.

511 • cinq cent onze

Nonagésima lección / 90

7 **un manche** significa *un mango* o *un mástil* (**un manche à balai**, *un palo de escoba*). La palabra se puede usar idiomáticamente para indicar torpeza o incapacidad: **Tu es rentré dans un arbre ! Tu conduis comme un manche**, *¡Te has chocado con un árbol! Eres un patoso conduciendo*. Así, **s'y prendre comme un manche** significa *hacer algo mal, ser manazas, ser patoso*.

8 Conocemos el verbo **marier** y el participio pasado/adjetivo **marié(e)**. El sustantivo derivado **un(e) marié(e)** significa *un(a) novio/-a*. **J'ai pris plein de photos de la mariée et du marié**, *He hecho muchas fotos de la novia y del novio*. No confundas estas palabras con **un mari** (*un marido*) y **une femme** (*una mujer*). (También hemos aprendido el término formal **un époux / une épouse**, lección 46, nota 1).

9 En el masculino, **un physique** se refiere a la *apariencia física*, sobre todo en frases como **Elle a un physique agréable**, *Ella tiene un físico agradable*. **Un jeune premier** es un protagonista masculino romántico en una película, de ahí la expresión **avoir un physique de jeune premier**, *tener el físico de una estrella de cine*.

10 El adjetivo indefinido **quelque chose** se usa ocasionalmente como sustantivo masculino en la expresión **un petit quelque chose**, *una cosita* (incluso si la cosa en cuestión es femenina): **Cette comédienne a un petit quelque chose en plus**, *Esa actriz tiene algo más*.

11 Todo escolar francés aprende los tres que son sustantivos masculinos en singular y femeninos en plural: **un amour**, *un amor*; **un délice**, *una delicia*, **un orgue**, *un órgano* (instrumento). Las razones son oscuras y, en nuestro caso, cualquier error se disculpará fácilmente.

cinq cent douze • 512

Quatre-vingt-dixième leçon

Exercice 1 – Traduisez
❶ L'accueil dans le restaurant était très froid. Du coup, on a décidé d'aller ailleurs. ❷ Décidément, vous vous y prenez comme un manche ! Laissez-moi vous aider. ❸ Beaucoup de choses leur font défaut pour terminer le projet à temps mais ils n'abandonneront pas pour autant. ❹ Il me dit que la machine est équipée de plusieurs outils qui pourront s'avérer très utiles. ❺ J'ignore ce qui s'est passé, mais tous les matchs sont annulés.

***

Exercice 2 – Complétez
❶ –Mi memoria falló y olvidé completamente su cumpleaños. –Tú y yo sabemos que eso no es importante.

.... et j'ai totalement ...... son .... – .... que ce n'est pas grave.

❷ El crítico de cine escribió su crítica antes de que saliera la película. Así que, tuvo que tirarla a la papelera.

.... de cinéma a .... avant la sortie du film. ...... il a dû ....

❸ Este director es conocido por sus documentales, en particular los del Tour de Francia y la Torre Eiffel.

Ce............. .... pour ses documentaires, ... sur ...... de France et ...... Eiffel.

❹ Conduciendo eres un patoso. ¡Ten cuidado de no dañar el motor! Vayamos con cuidado.

Tu .... Fais attention à .... le moteur ! .... doucement.

❺ Tan pronto como se fueron los últimos invitados, apagó la luz y se echó una siesta.

.... invités ......, il ...... la lumière et fait ....

513 • cinq cent treize

Nonagésima lección / 90

Soluciones al ejercicio 1

❶ La bienvenida en el restaurante fue muy fría. Así que, decidimos irnos a otro lado. ❷ ¡Realmente usted es un patoso! Deje que le ayude. ❸ Les falta mucho para terminar el proyecto a tiempo, pero no por ello se dan por vencidos. ❹ Me dice que la máquina está equipada con varias herramientas que podrían resultar muy útiles. ❺ No sé qué pasó, pero todos los partidos se cancelaron.

***

Soluciones al ejercicio 2

❶ Ma mémoire m'a fait défaut – oublié – anniversaire – Et toi et moi savons – ❷ Le critique – écrit sa critique – Du coup, – la jeter à la poubelle – ❸ – metteur en scène est connu – notamment ceux – le Tour – la Tour – ❹ – conduis comme un manche – ne pas abîmer – Allons-y – ❺ Aussitôt les derniers – partis – a éteint – un petit somme

*La France comprende no solo el país del continente (Nota cultural, lección 61), sino también una serie de territorios de ultramar y **départements**, denominados colectivamente como **la France d'outre-mer**. Debido a su forma, la parte de Europa continental a menudo se conoce, especialmente en los medios de comunicación, como **l'Hexagone**.*

Fase productiva: 41.ª lección

Quatre-vingt-onzième leçon

Révision

1 La interrogativa formal e informal

Sabemos que la primera interrogativa de entonación ascendente (I-1) es habitual en el habla cotidiana y coloquial, pero no en el lenguaje escrito (excepto, por ejemplo, en un diálogo para un libro o guion cinematográfico), mientras que la segunda forma, (I-2 **est-ce que**), se puede usar tanto para escribir (por ejemplo, en un correo electrónico o mensaje de texto) como para hablar. La tercera, interrogativa invertida, I-3, es más formal que las otras dos construcciones (lección 21 y siguientes). Revisemos las distintas formas y veamos con más detalle cómo se comportan en diferentes contextos.

Como podemos ver en la lección 85, una característica común de la interrogativa I-1 es colocar la palabra interrogativa al final de la pregunta, en lugar de al principio como en I-2 e I-3:

I-1	I-2	I-3	
Tu vas où ?	Où est-ce que tu vas ?	Où vas-tu ?	*¿Dónde vas?*
Il est parti quand ?	Quand est-ce qu'il est parti ?	Quand est-il parti ?	*¿Cuándo se fue?*
Vous voulez combien ?	Combien est-ce que vous voulez ?	Combien voulez-vous ?	*¿Cuánto quiere?*
Il a crié pourquoi ?	Pourquoi est-ce qu'il a crié ?	Pourquoi a-t-il crié ?	*¿Por qué ha gritado?*
Elle a su comment ?	Comment est-ce qu'elle a su ?	Comment a-t-elle su ?	*¿Cómo lo supo?*
Ils veulent voir qui ?	Qui est-ce qu'ils veulent voir ?	Qui veulent-ils voir ?	*¿A quién quieren ver?*

Que y **quoi**, *qué*, se comportan de manera ligeramente distinta.

515 • cinq cent quinze

Nonagésima primera lección

Tu penses quoi ?	Qu'est-ce que tu penses ?	Que penses-tu ?	¿Qué piensas?
Elles ont devenues quoi ?	Qu'est-ce qu'elles sont devenues ?	Que sont-elles devenues ?	¿En qué se han convertido?

Si el pronombre es un objeto indirecto, **à qui**, por ejemplo, la preposición va delante:

Tu parles à qui?	À qui est-ce que tu parles	À qui parles-tu ?	¿Con quién hablas?
Il arrive d'où ?	D'où est-ce qu'il arrive ?	D'où arrive-t-il ?	¿De dónde viene?

Por último, si el sujeto de la oración no es un pronombre átono (**je**, **il/elle**, etc.), aparece al principio de la pregunta en I-3.

Elle est là, Michelle ?	Est-ce que Michelle est là ?	Michelle est-elle là ?	¿Está ahí Michelle?

La elección de la forma a utilizar depende, obviamente, del contexto y de la persona que habla o escribe, como muestra la lección 85. También debes recordar que no todos los hablantes nativos de francés se atienen estrictamente a todas las reglas (por ejemplo, **Quel âge elle a ?** se prefiere a menudo en todos los ámbitos al más formal **Quel âge a-t-elle ?**) Pero, afortunada o desafortunadamente, a los hablantes no nativos a menudo se les concede menos libertad y, por lo tanto, deben cumplir con todas las reglas. Es un caso de **Fais ce que je dis, pas ce que je fais**, ¡Haz lo que digo, no lo que hago!

2 La forma causativa

Esta construcción se usa cuando el sujeto hace que suceda la acción del verbo. Se forma con **faire**, conjugado en concordancia con el sujeto, y un infinitivo. Se puede añadir un objeto directo si es necesario.

Si, por ejemplo, un turista conoce una ciudad, dirá **Je connais cette ville**, pero si luego hace que otras personas la descubran, podrá

cinq cent seize • 516

91 / Quatre-vingt-onzième leçon

presumir de **Je fais connaître cette ville**, *Estoy dando a conocer esta ciudad*, es decir, *Se la estoy enseñando a la gente*. O si una especialidad culinaria, como las hierbas, proviene de una región en particular, decimos: **Les herbes viennent de Provence**, pero si pedimos esas hierbas en línea y las enviamos, diríamos **J'ai fait venir les herbes de Provence**, *Hice que me enviaran* (lit. *vinieran*) *las hierbas de Provenza*.

La forma reflexiva del causativo describe una acción realizada sobre el sujeto. Las reglas de formación son las mismas, excepto que **faire** está en reflexivo. La acción en cuestión puede ser deliberada –**Il s'est fait aider par un ami**, *Le ayudó un amigo* (literalmente, "*se hizo ayudar por un amigo*")– o no: **Elle s'est fait mal**, *Ella se hizo daño*. (Aquí, **fait** no concuerda con **elle**, como suele ser el caso de un reflexivo, porque no es un auxiliar sino parte del causativo **faire mal**, *herir*, *lastimar*).

Una buena forma de recordar la diferencia entre las formas deliberada y no deliberada es **Je me suis réveillé(e) à l'aube**, *Me levanté al alba*, y **Je me suis fait réveiller de bonne heure**, *Hice / Pedí que me despertaran temprano*.

Si se usa un objeto directo, se coloca después de las dos partes del verbo:
Il s'est fait couper les cheveux, *Se hizo cortar el pelo*.
(Recuerda, el segundo verbo va en infinitivo). En algunos casos, el otro verbo puede ser **faire**, en cuyo caso sigue exactamente la misma regla:
Elle se fait faire une robe pour le mariage.
Ella se hizo hacer un vestido para la boda.

Tanto con la forma causativa reflexiva como con la no reflexiva, el objeto directo puede sustituirse por un pronombre, que se coloca delante de **faire**:
Je fais venir les herbes → Je les fais venir;
Elle se fait faire une robe → Elle se la fait faire.

Todo esto puede parecer un poco complicado al principio, pero en realidad es bastante parecido al español:
Il fait manger de la soupe à sa fille malade,
Hizo comer la sopa a su hija enferma.

517 • cinq cent dix-sept

3 El subjuntivo: últimos detalles

Esta última mirada al subjuntivo muestra cómo se usa en instancias específicas. Estas incluyen oraciones que contienen expresiones o construcciones relacionadas con adjetivos superlativos o con descripciones de unicidad, así como expresiones indefinidas.

3.1 Con adjetivos superlativos

El subjuntivo se usa después de un superlativo que afirma el estado incomparable (más grande, mejor, etc.) de la cosa a la que se hace referencia:
L'hôtel possède la plus grande piscine que je connaisse.
El hotel tiene la piscina más grande que yo conozca.
C'est le pays le plus chaud que nous ayons jamais visité.
Es el país más caluroso que hayamos visitado jamás.
Est-il vraiment le meilleur président qui ait jamais dirigé le pays ?
¿Es realmente el mejor presidente que haya gobernado jamás el país?

En estos contextos, solo puede haber una cosa o persona superlativa (grupo, país, presidente). Pero, por ejemplo, diríamos **C'est le meilleur film que j'ai vu ce mois-ci**, *Es la mejor película que he visto este mes*, es decir, he ido al cine varias veces este mes. En este nivel de habilidad del lenguaje, usar un indicativo en lugar de un subjuntivo no es un gran error porque, en muchos casos, las percepciones de lo que no tiene rival son personales (particularmente cuando se trata de la destreza de artistas, políticos y similares).

3.2 Descripciones de unicidad

Il est le seul qui puisse me comprendre.
Él es el único que puede entenderme.
L'unique conseil que j'aie à vous donner est de ne pas démissionner. *El único consejo que tengo para darte es que no te rindas.*
Il n'y a personne qui en soit au courant, *No hay nadie que lo sepa.*

3.3 En expresiones indefinidas

Además de usarse detrás de las conjunciones temporales (lección 84), el subjuntivo debe usarse en expresiones indefinidas equivalentes a *Sea lo que sea… / Vaya donde vaya…* y a los adverbios acabados en -quiera en español:

Où que tu ailles, je te suivrai, *Dondequiera que vayas, te seguiré.*
Qui qu'ils soient, les assassins seront retrouvés.
Quienesquiera que sean, se encontrará a los asesinos.
Quoi que vous pensiez de moi, je suis la personne de la situation.
Sea lo que sea lo que piense de mí, soy la persona adecuada para el trabajo.
Quel que soit leur avis, je n'en tiendrai pas compte,
Cualquiera que sea su opinión, la ignoraré.

Quel que es el único de estos adverbios que concuerda en género y número con el sustantivo al que se refiere (**Quels que soient leurs conseils…**). Ten cuidado de no confundirlo con **quelque**, *algunos*, *unos cuantos*, etc. Ten en cuenta que en francés literario se puede usar **quelque**, seguido de un adjetivo, en el sentido de *lo que sea*: **Quelque heureux qu'il puisse être, l'homme veut toujours plus.** *Aunque sea todo lo feliz que pueda ser, el hombre siempre quiere más.* No obstante, esta construcción rara vez se encuentra en el lenguaje hablado.

Recuerda que, en muchos casos, el subjuntivo no es obligatorio: la elección del tiempo verbal depende de varios otros factores y de las percepciones del hablante. Ahora tienes toda la información básica que necesitas para identificar el modo subjuntivo cuando lo encuentres y para comprender por qué se usa.
Que la force soit avec vous, *Que la fuerza te acompañe.*

4 Para lo que se usa y no se usa *dont*

El pronombre relativo **dont**, con el que ya estás familiarizado, merece una descripción general final. Se traduce *del que*, *de quien* en oraciones de relativo. Observa cómo se relaciona **dont** con el objeto, ya sea animado o inanimado, sustituyendo al partitivo *de* en la primera oración cuando cambia la estructura: **Je suis fier de ce prix → Le prix dont je suis fier.**
J'ai vous ai parlé de ce médecin → Voici le médecin dont je vous ai parlé.

Dont también traduce *cuyo* y, de nuevo, puede referirse a un objeto animado o inanimado:

C'est la femme dont le fils vient d'être tué dans un accident de voiture.
Esta es la mujer cuyo hijo acaba de morir en un accidente de coche.
Sami est le rappeur dont le dernier album s'est vendu par millions, *Sami es el rapero cuyo último álbum se ha vendido a millones.*

Por último, se usa **dont** para señalar elementos en un grupo:
Ils ont cinq gosses, dont deux filles.
Tienen cinco hijos, dos de ellos hijas.

5 *Le plus-que-parfait*: El pluscuamperfecto

El pluscuamperfecto se forma con el imperfecto de **avoir** o **être** como auxiliar (lección 43, nota 3) y el participio pasado del verbo:
J'avais envoyé la lettre, *Yo había enviado la carta.*
Il avait fini son repas, *Él había terminado su comida.*
Nous l'avions attendu, *Nosotros le habíamos entendido.*
Vous étiez venu m'aider, *Vosotros habíais venido para ayudarme.*

No hay problemas particulares de uso porque el **plus-que-parfait** es muy similar a su equivalente en español:
Il nous disait qu'il avait rencontré maman en Italie.
Nos dijo que había conocido a mamá en Italia.

6 Jerga

Para un hablante no nativo, usar la jerga puede ser complicado porque implica un conocimiento íntimo de la cultura, las costumbres y los hábitos de una comunidad lingüística. Si bien te recomendamos evitar los coloquialismos al interactuar con hablantes de francés, es inevitable que encuentres **l'argot** (la jerga) en los medios de comunicación, películas, música y, con toda probabilidad, en una conversación con esos mismos hablantes nativos. Aquí tienes una selección de términos que puedes encontrarte en libros de escritores como Céline, Alphonse Boudard o, más recientemente, Thierry Jonquet y Azouz Begag. Las traducciones de la columna de la derecha son equivalentes aproximados.

91 / Quatre-vingt-onzième leçon

bagnole, **caisse** (f.)	*buga, carro*
balaise/balèze, **costaud** (adj.)	*cachas, fortachón*
baraque (f.)	*casa*
bécane (f.)	*bici, moto*
causer (vb)	*charlar*
dingue (m. y adj.)	*majara, zumbado*
fichu (adj.)	*jodido, escacharrado*
flingue, **flingueur** (m.)	*pipa/pistola, pistolero*
fric (m.), **pognon** (m.), **blé** (m.), **thune** (f.)	*pasta, dinero*
fringues (f.), **fringuer** (vb)	*trapos, trapitos*
gars, **mec**, **type** (m.)	*tío, chaval, tipo*
indic' (m.)	*soplón*
pinard (m.)	*vino peleón*
pote (m.)	*colega, amigo*
réglo (adj.)	*legal*
tifs (m. plu.)	*pelos, greñas*
toubib (m.)	*médico, matasanos*
Top ! / Nickel !	*¡Lo más!, ¡Genial!, ¡Cojonudo!*

Como ves no siempre hay un equivalente directo en español, pero en muchos casos, la palabra simplemente denota que el hablante está usando un registro familiar. Es más importante reconocer estas palabras como jerga y conocer su significado que buscar un equivalente perfecto.

En las últimas décadas, **l'argot** (a veces llamado **la langue verte**, porque supuestamente se originó en las mesas de juego cubiertas de verde) se ha enriquecido con palabras tomadas de otras comunidades lingüísticas, principalmente de habla árabe, en países francófonos. Así como **un toubib** entró en francés hace muchos años, a través de la palabra árabe para *curandero*, como resultado de la expansión colonial, hoy encontramos **kiffer**, *gustar*, *encantar*, de **kif**, una palabra árabe para *hachís*; o **avoir le seum**, *estar enfadado*, *disgustado* (**seum** significa *veneno*) y muchas otras, algunas de las cuales resultarán efímeras.

Esta evolución, evidente para cualquiera que siga el francés y la cultura francesa, es parte de la razón por la cual el término "una lengua viva" es una descripción muy precisa.

Dialogue de révision

1 – C'est quoi votre problème ? Pourquoi vous faites cette tête ?
2 – Je suis de mauvaise humeur parce que mon assistant a démissionné il y a un mois.
3 Mes collègues et moi cherchons quelqu'un dont les compétences soient reconnues.
4 Mais ça s'avère bien plus compliqué qu'il n'y paraît. J'avais trois candidats, dont un seul était intéressant.
5 J'ai voulu faire venir le type pour un entretien mais il avait déjà été embauché.
6 J'avais une autre piste, un jeune dont m'a parlé un copain.
7 C'était un drôle de type, assez sympa, mais j'avais l'impression qu'il n'en ferait qu'à sa tête si je le prenais.
8 De plus, l'expérience lui faisait défaut. Pouvez-vous m'aider ?
9 – Je peux faire venir quelqu'un que je connais bien, le type le plus intelligent que je connaisse, qui saura analyser vos besoins.
10 Ça ne veut pas dire pour autant qu'on trouvera tout de suite la perle rare mais au moins c'est un bon début.
11 Nous en ferons notre affaire et nous ne lâcherons pas tant qu'on n'aura pas trouvé la bonne personne.
12 – Super ! Du coup, quand vous aurez trouvé quelqu'un, mes collègues feront la fête.

Traduction

1 ¿Cuál es su problema? ¿Por qué pone esta cara? **2** Estoy de mal humor porque mi asistente renunció hace un mes. **3** Mis colegas y yo buscamos a alguien cuyas habilidades estén reconocidas. **4** Pero resulta ser mucho más complicado de lo que parece. Tenía tres candidatos, de los cuales solo uno era interesante. **5** Quería traer al tipo para una entrevista, pero ya lo habían contratado. **6** Tenía otra pista, un joven del que me habló un amigo. **7** Era un tipo extraño, bastante agradable, pero me dio la impresión de que haría lo que quisiera si lo aceptaba. **8** Además, carecía de experiencia. ¿Puede

Quatre-vingt-douzième leçon

Un magazine littéraire

1 – Un grand merci d'être venue sur le plateau [1] de "Virgules" pour parler de votre dernier livre : "*Une réputation injuste, une vie écourtée* [2] ",
2 dans lequel vous superposez deux Marie-Antoinette [3] : une princesse inconstante [4] et dépensière
3 et une femme courageuse et sous-estimée. Je suis tenté de vous demander :
4 pourquoi un livre de plus – qui n'est pas un roman – sur un personnage qui a déjà fait couler énormément d'encre ?
5 N'est-ce pas un peu irréaliste d'essayer de rétablir la réputation d'un personnage si controversé ?
6 – Bien au contraire. On ne cesse de revisiter l'histoire de notre pays, nous, les historiens,
7 et de réexaminer la vie de celles et ceux qui en étaient les acteurs principaux.

ayudarme usted? **9** Puedo traer a alguien que conozco bien, el tipo más inteligente que conozco, que sabrá analizar sus necesidades. **10** Eso no quiere decir que encontraremos esa rara perla de inmediato, pero al menos es un buen comienzo. **11** Asumiremos el asunto y no nos daremos por vencidos hasta que encontremos a la persona adecuada. **12** ¡Genial! Entonces, cuando encuentre a alguien, mis colegas lo celebrarán.

Fase productiva: 42.ª lección

Nonagésima segunda lección

Esta última semana completa de lecciones se centra en el vocabulario, las expresiones y los registros de lenguaje utilizados en los medios de comunicación; aquí, por ejemplo, un programa de entrevistas literario.

Un magazín literario

1 – Muchas gracias por venir al plató de "Virgules" *(Comas)* para hablar de su último libro: "Una reputación injusta, una vida acortada"
2 en el que superponen dos María Antonietas: una princesa inestable y derrochadora
3 y una mujer valiente y subestimada. Estoy tentado de preguntarle:
4 ¿por qué un libro más –que no es una novela– sobre un personaje de quien ya han corrido ríos de tinta?
5 ¿No es un poco irrealista intentar restablecer la reputación de una figura tan controvertida?
6 – Todo lo contrario. Los historiadores no dejamos de reconsiderar la historia de nuestro país,
7 y de volver a examinar la vida de aquellas y aquellos que fueron los actores principales.

Quatre-vingt-douzième leçon

8 Dans le cas de Marie-Antoinette, on a souvent essayé de défaire et de refaire la réputation de celle que l'on [5] traitait de "Madame Déficit".

9 Je crois sincèrement qu'elle a été maltraitée par ces historiens, dont la plupart sont des hommes.

10 Je pensais qu'il fallait la réévaluer d'un point de vue féministe, non pas comme une femme irresponsable et écervelée [2]

11 mais comme un personnage fort, en avance sur son temps – et injustement méprisée.

12 Sa réputation est entachée depuis des siècles par un certain nombre de légendes

13 dont la fameuse "Qu'ils mangent [6] de la brioche", une phrase qu'elle n'a jamais prononcée.

14 – Mais, en lisant votre ouvrage, on a l'impression d'avoir affaire à une sainte. Je cite :

15 – "Elle passa [7] son enfance en Autriche, une fille heureuse qui fit [8] le bonheur de sa famille."

16 "Elle épousa le Dauphin, devenant une épouse irréprochable et une excellente mère." On dirait un ange !

17 – Mais dans l'avant-propos, j'écris "Elle fut [9] au cœur de nombreux scandales, et elle dépensa des sommes faramineuses en robes et bijoux.

18 Ainsi, elle fut tour à tour adorée et haïe, mais elle était tenue éloignée [2] du monde des hommes."

19 Savez-vous quels ont été ses derniers mots ?

20 – Euh, "Vive le Roi !" [6] ? "Que Dieu bénisse la France !" [6] ? Quelque chose de ce genre ?

21 – Vous n'y êtes pas du tout. Écoutez bien : Ayant marché par mégarde sur le pied de son bourreau,

525 • cinq cent vingt-cinq

Nonagésima segunda lección / 92

8 En el caso de María Antonieta, a menudo hemos intentado deshacer y rehacer la reputación de aquella a la que se llamó "Madame Déficit".

9 Creo sinceramente que fue maltratada por esos historiadores, la mayoría hombres.

10 Pensé que necesitaba ser reconsiderada desde un punto de vista feminista, no como una mujer irresponsable y descerebrada

11 sino como un personaje fuerte, adelantado a su tiempo e injustamente despreciado.

12 Su reputación ha estado manchada durante siglos por varias leyendas,

13 entre otras la famosa «Que coman costra de pastel *(Que coman brioche)*», una frase que jamás pronunció.

14 – Pero, leyendo su obra, se tiene la impresión de que se trata de una santa. Cito:

15 – Pero, leyendo su obra, se tiene la impresión de que se trata de una santa. Cito:

16 "Se casó con el Delfín, convirtiéndose en una irreprochable esposa y una excelente madre". ¡Parece un ángel!

17 – Pero en el prólogo, escribo: «Protagonizó *(Estuvo en el centro de)* muchos escándalos y gastó cantidades descomunales en vestidos y joyas.

18 De modo que fue primero adorada y luego odiada, pero se la mantuvo alejada del mundo de los hombres».

19 ¿Sabe usted cuáles fueron sus últimas palabras?

20 – Mmm, ¿«¡Viva el rey!»?, ¿«¡Dios bendiga Francia!»? ¿Algo de ese tipo?

21 – Se equivoca *(No ahí en absoluto)*. Escuche con atención: «Al pisar por descuido el pie de su verdugo,

92 / Quatre-vingt-douzième leçon

22 elle le regarda doucement et lui dit "Excusez-moi, Monsieur, je ne l'ai pas fait exprès".
23 Peut-on dire vraiment que celle qui a écrit dans son testament "Que mon fils ne cherche jamais à venger notre mort",
24 peut-on vraiment dire que cette femme n'était qu'une tête de linotte [10] ?
25 – Vous avez sans doute raison, mais connaissant le sort réservé à Marie-Antoinette, à votre place, j'éviterais le mot "tête"...

Pronunciación

2 ... a^{n}co^{n}sta^{n}t ... **8** ... defisit **10** ... eservele **17** ... fu ... **18** ... a-i
23 ... testama^n ... **25** ... sor ...

Notas

1 un plateau (pl. plateaux) tiene varios significados derivados del adjetivo raíz plat, *plano*, incluidos *un plato* y *una tabla de quesos*, **un plateau de fromages**. En la industria del entretenimiento, **un plateau** es *un plató* de cine o televisor y, por extensión, los invitados o colaboradores: **Trois invités formeront notre plateau ce soir**. *Tendremos tres invitados aquí esta noche.*

2 Esta lección muestra cómo se usan los prefijos para alterar el significado de verbos, sustantivos y adjetivos. Por ejemplo, **é-** puede indicar distancia (**loin**, *lejos* → **éloigné(e)**, *alejado/-a, distante*) o un cambio de estado (**court**, *corto* → **écourté(e)** *acortado/-a*). El sustantivo **le cerveau**, *el cerebro*, forma la base de **écervelé**, *descerebrado* (línea 10). No obstante, ten cuidado, porque **é-** no siempre es un prefijo independiente, por ejemplo: **épouse**, *esposa, mujer* (línea 16).

3 Los apellidos, así como los nombres de pila, no añaden una s en plural: **Nous avons deux Robert dans le studio ce soir**, *Tenemos con nosotros dos Robertos en el estudio esta noche.*

Nonagésima segunda lección / 92

22 ella lo miró con dulzura y le dijo: "Discúlpeme, señor, no lo hice a propósito"».
23 ¿Podemos decir realmente que aquella que escribió en su testamento: «Que mi hijo no busque jamás vengar nuestra muerte»,
24 podemos decir realmente que esta mujer solo era una cabeza de chorlito *(cabeza de pardillo)*?
25 – Sin duda tiene usted razón, pero conociendo la suerte reservada para María Antonieta, yo en su lugar, evitaría la palabra «cabeza»...

4 Los prefijos se utilizan, entre otras cosas, para formar adjetivos negativos (**constant** → **in**constant, réaliste → **ir**réaliste, traiter → **mal**traiter), para expresar un grado de intensidad (**estimer** → **sous**-estimer, línea 3) y para denotar repetición (**examiner** → **ré**examiner – ver lección 70, apartado 2).

5 Si el pronombre impersonal **on** sigue a una palabra que termina en vocal, especialmente **qui**, **que** y **ou/où**, a veces se añade **l'** para facilitar la pronunciación (… **où l'on habite** en lugar de …**où on habite**, por ejemplo). Esto generalmente se usa solo en lenguaje escrito formal o por hablantes minuciosos.

6 Aquí tienes algunos ejemplos más del uso imperativo de lo subjetivo: **Vive les Bretons** (lección 57), *Vivan los bretones*. **Qu'il parte immédiatement**, *Que parta inmediatamente*.

7 Este es el *pasado simple* o **passé simple**. Equivalente en significado al **passé composé**, se usa casi exclusivamente en el francés escrito. La conjugación de los verbos regulares acabados en -**er**, como **passer**, *pasar* es: **je passai, tu passas, il/elle passa, nous passâmes, vous passâtes, ils/elles passèrent**. Así, **Elle passa sa jeunesse en Autriche** tiene un significado idéntico a **Elle a passé sa jeunesse en Autriche** → *Pasó su juventud en Austria*.

8 El **passé simple** de **faire** es **je fis, tu fis, il/elle fit, nous fîmes, vous fîtes, ils/elles firent**.

cinq cent vingt-huit • 528

92 / Quatre-vingt-douzième leçon

9 El **passé simple** de **être** es muy irregular: je fus, tu fus, il/elle fut, nous fûmes, vous fûtes, ils/elles furent.

***

Exercice 1 – Traduisez
❶ Notre invité sur le plateau ce soir est l'écrivain Gilles Boursier, qui est venu nous parler de son dernier roman. ❷ C'est une décision qui a déjà fait couler beaucoup d'encre et que le maire tente d'éviter coûte que coûte. ❸ N'est-ce pas injuste d'entacher la réputation de quelqu'un que vous ne connaissez pas ? ❹ J'ai lu et relu la lettre de Robert, j'ai réexaminé ses explications, mais je n'y comprends toujours rien. ❺ Mais que veulent-ils réellement ? Qu'ils me le disent clairement et je verrai si c'est possible.

***

Exercice 2 – Complétez
❶ Louis se mantuvo a distancia de sus hijos, a quienes escribía todos los meses. Fue adorado y odiado a la vez.
Louis..... .... de ses enfants, à qui.............
.... Il... à la fois..... et....

❷ Si crees que es injusto, irresponsable y despreciado, estás equivocado. La historia lo ha maltratado.
Si tu crois qu'il est......,............ et......,alors.....
.... L'histoire............

❸ Estas dos revistas literarias, adelantadas a su época, deleitaron a los lectores de principios de siglo.
Ces deux magazines littéraires,........................,......
.... des lecteurs............

❹ La historia debe ser revisada constantemente por los historiadores, al igual que es necesario revisitar las obras clásicas de la literatura.
L'histoire............................ par les historiens, tout comme............ les............. classiques.

❺ Gastó grandes cantidades en su reelección, pero el resultado fue un desastre.
Il...... des montants.......... pour sa..........,mais le résultat............

529 • **cinq cent vingt-neuf**

Nonagésima segunda lección / 92

10 **une linotte** es *un pardillo*, y la expresión **avoir/être une tête de linotte** significa *ser un cabeza de chorlito*. Un equivalente menos peyorativo es **avoir la tête en l'air / être tête en l'air** "tener / ser la cabeza (de uno) en el aire" *ser un despistado*. **Il oublie toujours tout, Carl. Il a vraiment la tête en l'air**, *Carl siempre se olvida de todo. Es un verdadero despistado*.

***

Soluciones al ejercicio 1

❶ Nuestro invitado en el plató esta noche es el escritor Gilles Boursier, que ha venido a hablarnos sobre su última novela. ❷ Esta es una decisión que ya ha hecho que corran ríos de tinta y que el alcalde está tratando de evitar cueste lo que cueste. ❸ ¿No es injusto manchar la reputación de alguien que no conoce? ❹ He leído y releído la carta de Robert, he reexaminado sus explicaciones, pero todavía no puedo entenderlo. ❺ Pero ¿qué es lo que realmente quieren? Que me lo digan con claridad y veré si es posible.

***

Soluciones al ejercicio 2

❶ – était tenu éloigné – il écrivit tous les mois – fut – adoré – haï ❷ – injuste – irresponsable – méprisé – tu n'y es pas du tout – l'a maltraité ❸ – en avance sur leur temps – firent le bonheur – au début du siècle ❹ – doit être réévaluée constamment – il faut revisiter – ouvrages littéraires – ❺ – dépensa – faramineux – réélection – fut un désastre

cinq cent trente • 530

Nacida en Austria en 1755, **Marie-Antoinette de Habsbourg-Lorraine** *se casó con* el príncipe heredero (**Le Dauphin**) *al trono francés*, **Louis-Auguste**, *más tarde* **Louis XVI**. *Amada y odiada en igual medida, era una figura controvertida que, a pesar de sus lujosos gastos* –*que le valieron el apodo de* **Madame Déficit**–, *posiblemente fue más víctima que pecadora. Un mito popular dice que, cuando le informaron de que la gente se moría de hambre por falta de pan, respondió*

Quatre-vingt-treizième leçon

Un cours d'histoire : "Le jour de gloire est arrivé !"

1 "Le quatorze juillet mil sept cent quatre-vingt-neuf marqua un tournant majeur dans l'histoire de France.
2 En effet, la prise de la Bastille annonça la fin de la monarchie et les débuts de la République.
3 Mais qu'en fut-il vraiment ? Que se passa-t-il exactement en ce "jour de gloire" ?
4 Combien de misérables prisonniers furent libérés de ce lieu morne par ces révolutionnaires de fortune [1] ?
5 Le récit est palpitant, même si le bilan [2] de la libération n'est pas à la hauteur [3] du mythe.
6 En juillet de cette année fatidique, Louis Seize subissait les pressions de la toute nouvelle Assemblée nationale.
7 Le roi fit semblant d'accepter leurs exigences, mais en réalité, il fit venir les troupes à Paris
8 et les concentra tout autour de la capitale.
9 Les Parisiens s'inquiétèrent de la situation, et l'agitation grandit [4] de minute en minute, d'heure en heure.

531 • cinq cent trente et un

Alors qu'ils mangent de la brioche *(que en español se suele traducir como* Que coman costra de pastel, *aunque* **la brioche** *es una tipo de pastelería dulce). Citada por* **Rousseau**, *la frase se atribuyó a "***une grande princesse***"* *y puede ser en realidad una invención del propio autor.* **Marie-Antoinette** *encontró su fin en la guillotina en 1793.*

Fase productiva: 43.ª lección

Nonagésima tercera lección

Una lección de historia: "El día de la gloria ha llegado"

1 «El 14 de julio de 1789 marcó un gran giro *(giro mayor)* en la historia de Francia.
2 De hecho, la toma de la Bastilla anunció el fin de la monarquía y el comienzo de la República.
3 Pero ¿qué fue realmente? ¿Qué ocurrió exactamente en ese "día de gloria"?
4 ¿Cuántos prisioneros miserables fueron liberados de ese lúgubre lugar por los improvisados revolucionarios?
5 La historia es emocionante, incluso aunque el resultado de la liberación no esté a la altura del mito.
6 En julio de ese fatídico año, Luis XVI soportaba la presión de la recién estrenada Asamblea nacional.
7 El rey fingió aceptar sus exigencias, pero en realidad, hizo venir las tropas a París
8 y las concentró alrededor de la capital.
9 Los parisinos estaban preocupados por la situación, y el malestar crecía minuto a minuto, hora a hora.

93 / Quatre-vingt-treizième leçon

10 Le douze juillet une émeute éclata dans la ville et de violents combats firent rage.
11 Peu à peu, les citoyens descendirent [5] dans la rue, assoiffés de liberté et de justice.
12 La foule grossit, les voix s'élevèrent de plus en plus fort, les citoyens prirent les armes.
13 Les armes, soit [6], mais il manquait des munitions ! Où en trouver ? Dans une forteresse, forcément !
14 Alors s'éleva le cri "À la Bastille, citoyens ! La liberté ou la mort !",
15 et, comme un seul homme, la foule se dirigea vers l'effroyable prison, déterminée à en faire tomber ses murs sinistres.
16 En débouchant [7] de la rue Saint-Antoine, les révoltés marquèrent un temps d'arrêt, tant [8] l'édifice était menaçant,
17 mais la colère et la passion l'emportèrent [9] et toute la fureur du peuple se concentra sur ce symbole de leur oppression.
18 Cependant, la Bastille ne fut pas prise, elle se rendit ;
19 et les révolutionnaires – car il s'agit bien d'une révolution, pas d'une révolte – ne tuèrent qu'un seul homme.
20 Ainsi, notre Fête nationale ne commémore ni la violence ni la haine,
21 mais la France libérée des traîtres et des menteurs de l'Ancien régime.
22 Au fait, au moment de la prise, le donjon funeste ne contenait qu'une petite poignée de prisonniers !"

Nonagésima tercera lección / 93

10 El 12 de julio estalló un motín en la ciudad y se desencadenaron ataques violentos.
11 Poco a poco, los ciudadanos salieron a la calle, sedientos de libertad y justicia.
12 La multitud creció, las voces se elevaron cada vez más y los ciudadanos tomaron las armas.
13 Las armas, muy bien, ¡pero faltaba la munición! ¿Dónde encontrarla? ¡En una fortaleza, claramente!
14 Entonces se alzó el grito: "¡A la Bastilla, ciudadanos! ¡Libertad o muerte!",
15 y, como un solo hombre, la multitud se dirigió a la terrible prisión, decidida a derribar sus siniestros muros.
16 Al salir *(Desembocando)* de la calle Saint-Antoine, los rebeldes se detuvieron, porque el edificio era amenazador,
17 pero la ira y la pasión prevalecieron y todo el furor del pueblo se concentró en este símbolo de su opresión.
18 Sin embargo, la Bastilla no fue tomada, se rindió;
19 y los revolucionarios –porque fue una revolución, no una revuelta– solo mataron a un hombre.
20 Así, nuestra Fiesta Nacional no conmemora la violencia ni el odio
21 sino la Francia liberada de los traidores y mentirosos del Antiguo Régimen.
22 Por cierto, en el momento de la toma, el funesto torreón ¡solo tenía un pequeño puñado de prisioneros!».

Pronunciación
*2 … monarshi … **5** … mit **9** … ayitasio^n … **10** … co^{n}ba … **11** … yustis **12** … selever … prir **13** … suat … munisio^n **17** … pasio^n … opresio^n … **19** … revolusio^n …*

cinq cent trente-quatre • 534

93 / Quatre-vingt-treizième leçon

Notas

1. **une fortune**, *una fortuna* (lección 59, línea 21), es la raíz de la locución adjetiva **de fortune**, que significa *improvisado, provisional*: **J'ai un bureau de fortune dans mon salon**, *Tengo un despacho improvisado en mi sala de estar*. Por extensión, la frase significa *casualidad* (es decir, no planificado): **Gilles n'est pas un véritable ami, c'est un compagnon de fortune**, *Gilles no es realmente un amigo, es un compañero casual*.

2. **un bilan** es un término financiero que significa *un balance* (también conocido como *un estado de la situación financiera*). La noción subyacente de evaluación se encuentra en muchos contextos, como **un bilan de santé**, *un chequeo médico* ("balance de salud"). La palabra también se utiliza en informes de noticias sobre heridos o víctimas mortales: **Le bilan de l'accident est de trois morts et deux blessées.** *El accidente provocó tres muertos y dos heridos*. Un significado mucho más amplio, como en la línea 5, es *un resultado*.

3. **la hauteur**, *la altura* (lección 76, línea 8), es otro ejemplo de un sustantivo usado en una expresión figurativa: **être à la hauteur**, *estar a la altura de* (una situación, etc.): **Nos athlètes paralympiques se sont montrés à la hauteur du défi**, *Nuestros atletas paralímpicos demostraron estar a la altura del desafío*.

4. El pasado simple de **grandir** y de otros verbos regulares acabados en **-ir** es: **je grandis, tu grandis, il/elle grandit, nous grandîmes, vous grandîtes, ils/elles grandirent**. Vimos el **passé simple** de los verbos regulares acabados en **-er** en la lección anterior.

5. El pasado simple de **descendre** y de otros verbos regulares acabados en **-re** es idéntica a la de los verbos regulares acabados en **-ir**: **je descendis**,

***

Exercice 1 – Traduisez

❶ J'ai acheté le tout dernier modèle, malgré son prix élevé, mais il n'est pas à la hauteur de mes attentes. ❷ Le bilan de cette terrible maladie est très lourd, avec plus de six mille morts déjà. ❸ Les derniers chiffres font penser que l'entreprise est en bonne santé, mais qu'en est-il vraiment ? ❹ Les voix s'élèvent de plus en plus pour exiger un changement de régime. ❺ Vous n'avez qu'à suivre cette rue toute droite, qui débouche sur les quais de la Seine.

535 • **cinq cent trente-cinq**

tu descend**is**, il/elle descend**it**, nous descend**îmes**, vous descend**îtes**, ils/elles descend**irent**.

6 Sabemos que **soit** es la tercera persona del singular de subjuntivo de **être** (ver lección 68, nota 9 y lección 79, nota 2 para la conjugación completa). Pero en la línea 16, es un adverbio invariable, y la **t** final se pronuncia. En un registro formal, **soit** se usa como *así sea* o, menos formalmente, *muy bien, de acuerdo*. **Cette brioche est chère, soit, mais elle est délicieuse !** *Este brioche es caro, de acuerdo, ¡pero está tan rico!* (Ten cuidado de no confundir este uso adverbial con la conjunción **soit… soit**, lección 64, línea 7.)

7 **déboucher** es otro ejemplo de verbo con prefijo: **boucher** significa *taponar, obstruir*: **L'évier est bouché ; il faut le déboucher**, *El fregadero está taponado; hay que desatascarlo*. Pero también tiene una forma intransitiva. Con el prefijo **de**, significa *destapar, descorchar*, pero si se le añade la preposición **sur**, el significado es *conducir a, desembocar en*: **La rue débouche sur une grande vallée**, *La calle desemboca en un gran valle*.

8 Otro uso más de la palabra versátil **tant** (visto por primera vez en la lección 87, nota 7 en la frase **tant que**), esta vez en un contexto más literario. En un registro formal, **tant** se usa al comienzo de una oración descriptiva para explicar lo que la precede. En muchos casos, se puede traducir simplemente por *porque*: **Il était impossible de courir, tant il y avait de monde dans la rue**, *Era imposible correr porque había mucha gente en la calle*.

9 El verbo regular **emporter**, formado por **em-** (*"lejos"*, como en **emmener**, lección 79, nota 7) y **porter**, *llevar*, significa *transportar*, etc., **Une grande pizza s'il vous plait. – À manger sur place ou à emporter ?** *–Una pizza grande, por favor. –¿Para comer aquí o para llevar?* Por extensión, **emporter** puede significar *superar, prevalecer*: **C'est le système le plus simple qui a fini par l'emporter**, *El sistema más simple es el que acabó por prevalecer*.

***

Soluciones al ejercicio 1

❶ Compré el último modelo, a pesar de su alto precio, pero no está a la altura de mis expectativas. ❷ El balance de esta terrible enfermedad es tremendo, con más de seis mil muertos. ❸ Las últimas cifras sugieren que la empresa goza de buena salud, pero ¿qué es realmente? ❹ Cada vez se elevan más voces para exigir un cambio de régimen. ❺ Solo tiene que seguir esta calle todo recto, que desemboca en los muelles del Sena.

Exercice 2 – Complétez

❶ Bajaron a las calles como un solo hombre, y se elevó un grito: "¡El día de la gloria ha llegado!".

Il .... dans la rue ...., et .... : "Le jour de gloire .... !"

❷ Estalló un motín y la lucha se intensificó. Los diputados se preocuparon por la situación.

Une .... et les .... Les députés .... la situation.

❸ Todo el mundo se dirigió a la prisión pero, al llegar al lugar, hicieron una pausa antes de atacar.

Tout le monde .... la prison mais, ..., ils .... avant d'attaquer.

Quatre-vingt-quatorzième leçon

Les inconvénients du travail à domicile

1 – Au secours ! [1] Qu'est-ce que j'ai fichu [2] ?
2 Je faisais des tableaux tranquillement avec mon tableur quand je me suis arrêté pour chercher à manger à la cuisine.
3 Au retour, je me suis remis devant l'écran, et patatras ! [3] Panne totale.
4 Maintenant, rien ne marche : ni l'ordinateur, ni le wifi, ni le clavier, ni la prise, rien de rien.
5 – Aïe ! [3] C'est embêtant. Mais tu aurais dû [4] faire plus attention –
6 ou plus de ménage : t'as vu le fouillis [5] dans ton bureau ?
7 Mais par où commencer le rangement quand tout est sens dessus dessous [6] ?

537 • **cinq cent trente-sept**

❹ Los lavabos estaban obstruidos y hubo que desatascarlos muy rápidamente.
Les éviers .... et il .... les .... très vite.

❺ No quería ver la película porque las críticas eran malas, pero aun así ganó dos [premios] César.
Je .... regarder le film, ... étaient ...., mais il . néanmoins .... deux Césars.

Soluciones al ejercicio 2
❶ – sont descendus – comme un seul homme – un cri s'est élevé – est arrivé – ❷ – émeute a éclaté – combats ont fait rage – se sont inquiétés de – ❸ – s'est dirigé vers – en arrivant sur place – ont marqué un temps d'arrêt – ❹ – étaient bouchés – fallait – déboucher – ❺ – ne voulais pas – tant les critiques – mauvaises – a – remporté –

Fase productiva: 44.ª lección

Nonagésima cuarta lección

Los inconvenientes de trabajar desde casa

1 – ¡Socorro! ¿Qué demonios he hecho?
2   Estaba tranquilamente haciendo tablas en mi hoja de cálculo cuando me detuve para ir a buscar a la cocina algo de comer.
3   A la vuelta, me volví a poner delante de la pantalla, y ¡cataplún! Bloqueo total.
4   Ahora no funciona nada: ni el ordenador, ni la wifi, ni el teclado, ni el enchufe, nada de nada.
5 – ¡Ay! Es desesperante. Pero deberías haber tenido más cuidado –
6   o [hacer] más limpieza: ¿has visto el desorden de tu escritorio?
7   Pero ¿por dónde empezar a ordenar cuando todo está patas arriba?

8 – C'est [7] pas vrai ! Il y a juste un petit peu de désordre, c'est tout, deux ou trois choses de travers.
 9 Je l'aurais rangé hier si j'avais eu le temps mais je travaillais contre la montre.
10 – À ta place, j'aurais fait le ménage tous les jours. Comme ça tu n'aurais pas eu ce problème.
11 Comment tu vas faire pour t'en sortir [8] ? Tu n'es ni électricien, ni réparateur informatique.
12 – J'ai tenté de contacter le service d'assistance en ligne mais l'attente était interminable.
13 – Tu aurais pu demander à Driss, c'est un as [9] de l'ordinateur. Il aurait remis tout en ordre en moins de deux.
14 Mais il est parti ce matin à Toulouse pour assister à un atelier.
15 – Zut ! Si j'avais su, je l'aurais appelé sur le champ mais je pensais qu'il était toujours dans le coin.
16 Je suis certain qu'il serait venu tout de suite si je lui avais demandé. Il est très serviable.
17 Quand même, il aurait pu me dire qu'il partait et qu'il n'était pas disponible !
18 – Là, tu te livres à ton passe-temps favori : te plaindre après coup. Sniff ! [3]
19 – Et toi, tu me critiques toujours : "T'aurais dû faire ci, tu n'aurais pas dû faire ça", et patati et patata [3].
20 – Peut-être bien, mais j'aurais été contente si tu m'avais appelée. J'aurais pu t'aider.
21 – Comment cela ? Toi non plus, tu n'es pas un crack [9] de l'informatique, que je sache [10].

Nonagésima cuarta lección / 94

8 – ¡Eso no es cierto! Solo hay un poco de desorden, es todo, dos o tres cosas atravesadas.
9   Lo habría ordenado ayer si hubiera tenido tiempo, pero trabajé contrarreloj.
10 – En tu lugar, haría limpieza todos los días. Así no hubieras tenido este problema.
11   ¿Cómo vas a salir de esta? No eres electricista ni reparador de ordenadores.
12 – He intentado contactar con el servicio de asistencia en línea, pero la espera fue interminable.
13   Podrías haberle preguntado a Driss, es un as de los ordenadores. Habría puesto todo en orden en un periquete *(menos de dos)*.
14   Pero se fue esta mañana a Toulouse para asistir a un curso *(taller)*.
15 – ¡Jo! Si lo hubiera sabido, le habría llamado inmediatamente, pero pensé que todavía estaba por aquí *(la esquina)*.
16   Estoy seguro de que hubiera venido enseguida si se lo hubiera pedido. Es muy servicial.
17   Aun así, ¡podía haberme dicho que se iba y que no estaba disponible!
18 – Así te dedicas a tu pasatiempo favorito: quejarte después del golpe. ¡Bua, bua, bua!
19   Y tú siempre me estás criticando: "Deberías haber hecho esto, no deberías haber hecho eso", y bla-bla-bla.
20 – Quizás, pero habría estado contento si me hubieras llamado. Te habría podido ayudar.
21 – ¿Cómo es eso? Tú tampoco eres un crac de la informática, que yo sepa.

94 / Quatre-vingt-quatorzième leçon

22 – Peut-être pas, et je n'aurais pas su réparer l'équipement. Mais j'ai de bons yeux et je sais regarder.
23 Ta machine est débranchée : tu as dû te prendre les pieds bêtement dans le cordon d'alimentation. □

Pronunciación
4 … uifi … 6 … fuyi … 7 … saⁿ-desu-dsu 13 … as … 18 … snif 23 … cordoⁿ …

Notas de pronunciación
(13) **as** es uno de los pocos sustantivos donde la **-s** final siempre se pronuncia, tanto en singular como en plural: **un as / des as** *[an-as / desas]*.
(18) **Sniff** es una palabra prestada del inglés y se pronuncia *[snif]*.

Notas
1 Sabemos que **les secours** significa *los servicios de emergencia* (Nota cultural, lección 60). La exclamación **Au secours !** es el equivalente de *¡Socorro!* (Se puede añadir el imperativo de **aider**, *ayudar*: **Au secours ! Aidez-moi !**). El verbo correspondiente es **secourir**, *socorrer*, *auxiliar* o, en algunos contextos, *rescatar* (lección 89, línea 21). **S'il n'avait pas été secouru par les pompiers, il serait mort**, *Si no hubiera sido rescatado por los bomberos, habría muerto*.

2 Ver lección 88, nota 6.

3 El francés tiene un arsenal de onomatopeyas y exclamaciones. **Patatras !** es el equivalente de *¡Cataplún!* **Et patati et patata** (línea 19) significa *etcétera, etcétera / y esas cosas*, mientras que la palabra prestada del inglés **Sniff !** (línea 18), hace referencia al sonido del llanto, algo así como *¡Bua, buaaaa!* La mayoría de estas palabras (o sonidos) se explican por sí mismas.

4 **aurais dû**; este es el pasado condicional, visto por primera vez en la lección 67, línea 13. Se forma con el presente condicional de **avoir** o **être** y el participio pasado, que, como es habitual, concuerda en género y número.

541 • **cinq cent quarante et un**

Nonagésima cuarta lección / 94

22 – Quizás no, y no podría haber reparado el equipo. Pero tengo buenos ojos y sé mirar.
23 Tú máquina está desenchufada: has debido tropezarte tontamente con el cable de alimentación.

5 El verbo regular **fouiller** *registrar*, *hurgar*, etc., puede ser tanto transitivo –**La police ne nous a pas fouillés à l'entrée du bâtiment**, *La policía no nos registró a la entrada del edificio*– como intransitivo, **J'ai fouillé dans mes poches**, *Rebusqué en mis bolsillos*. El sustantivo derivado es **une fouille**, *una búsqueda*, pero el sustantivo relacionado (singular) **un fouillis** significa *un revoltijo*, *un lío*, etc.

6 Ver lección 73, nota 8.

7 Ver lección 20, nota 6. Por supuesto, la forma gramaticalmente correcta es **ce n'est pas vrai**, pero, en esta y otras exclamaciones, el **ne** se suele omitir en el francés hablado coloquial. Dado que el texto de esta lección es la transcripción de un diálogo, hemos imitado el patrón del habla natural para reproducir lo que escucharías. Por ejemplo, en la línea 6, vemos **t'as vu le fouillis** en lugar de **tu as vu**, y en la línea 19, **t'aurais** en lugar de **tu aurais**.

8 El verbo pronominal se **sortir** significa *liberarse*, *salir de*: **Le pays s'est sorti difficilement de la crise économique**, *El país salió con dificultad de la crisis económica*. El objeto directo se sustituye por en si es claro o se sobreentiende, particularmente cuando el significado es *afrontar*, *arreglárselas*: **Comment t'en sors-tu sans moi, chérie ? – Je m'en sors très bien, merci !** *–¿Cómo te las arreglas sin mí, cariño? –Lo llevo muy bien, ¡gracias!*

9 Dos palabras que también usamos en español con el mismo significado. **Un as**, *un as*, se puede usar literalmente (**l'as de pique** –observa el singular– *el as de picas*) o figuradamente (**C'est un as du bricolage**, *Es un as del bricolaje*). **Un crack**, importada del inglés, significa lo mismo: **C'est un crack de l'ordinateur**, *Es un crac de la informática*.

10 **sache**, la primera y tercera persona del singular del subjuntivo de **savoir** (ver lección 83, nota 1), se encuentra en la expresión . **...que je sache** (una elipsis de **pour autant que je sache**, *hasta donde yo sé*), colocada al final de una frase negativa, como *... que yo sepa*, *... por lo que sé*, etc. En negativo es **pas que je sache**: **Est-ce qu'il est arrivé ? – Pas que je sache**, *–¿Ha llegado? –No, que yo sepa*.

cinq cent quarante-deux • 542

94 / Quatre-vingt-quatorzième leçon

Exercice 1 – Traduisez

❶ Je traversais la pièce sans regarder par terre. Et vlan ! Je me suis pris les deux pieds dans le tapis. ❷ Ma machine à laver était en panne. Heureusement, Driss a réussi à la réparer en moins de deux. ❸ On s'en sort difficilement avec trois jeunes enfants à la maison : leur chambre est toujours un fouillis ! ❹ Le policier nous a demandé de partir sur le champ, en disant que le bâtiment était dangereux, et patati et patata. ❺ L'ordi ne marche plus ! Qu'est-ce que vous avez fichu ? – Rien, que je sache.

***

Exercice 2 – Complétez

❶ Si hubiéramos sabido que la situación era tan urgente, habríamos llegado antes.
Si............ que la situation..... si urgente,............
..... plus tôt.

❷ No debería haber enviado el correo electrónico. Podríamos haber solucionado todo nosotros mismos.
Vous............ .... envoyer le mail. Nous.........
tout............ ..... nous-mêmes.

❸ –No lo habrías creído si no se hubiera publicado en todos los periódicos. –Tal vez no.
Vous.............. ... si ça.......... ..... dans tous les journaux. –............ .

❹ Se entregó a uno de sus pasatiempos favoritos: quejarse del mal tiempo en Bretaña.
.... un de...................... : ....
mauvais..... en Bretagne.

❺ Si fuéramos vosotross, lo habríamos hecho todas las semanas. De esa forma, hoy habríais tenido menos trabajo.
À votre place,............... toutes les semaines.
Comme ça,........... .... aujourd'hui.

Nonagésima cuarta lección / 94

Soluciones al ejercicio 1

❶ Atravesé la habitación sin mirar hacia abajo. ¡Y zas! Me tropecé con ambos pies en la alfombra. ❷ Mi lavadora estaba rota. Afortunadamente, Driss consiguió arreglarla en menos de un periquete. ❸ Es difícil arreglárselas con tres niños pequeños en casa: ¡su habitación siempre está hecha un desastre! ❹ El policía nos pidió que nos fuéramos inmediatamente, diciendo que el edificio era peligroso, y bla-bla-bla. ❺ –¡El ordenador ya no funciona! ¿Qué demonios has hecho? –Nada, que yo sepa.

***

Soluciones al ejercicio 2

❶ – nous avions su – était – nous serions venus – ❷ – n'auriez pas dû – aurions pu – remettre en ordre – ❸ – ne l'auriez pas cru – n'avait pas été publié – Peut-être pas ❹ Elle s'est livrée à – ses passe-temps favoris – se plaindre du – temps – ❺ – nous l'aurions fait – vous auriez eu moins de travail –

Fase productiva: 45.ª lección

Quatre-vingt-quinzième leçon

Le JT [1] du soir

1 – Bonsoir à tous et bienvenue. Voici les principaux titres [1] de l'actualité de ce soir.
2 Un cambriolage a eu lieu hier aux alentours de minuit dans un palace de la Côte d'Azur :
3 un collier de perles rares a été dérobé [2] dans le coffre-fort d'une suite de cet hôtel luxueux,
4 qui accueille le gratin international pendant le festival du cinéma.
5 Une série de vols de bijoux avait déjà défrayé la chronique [3] l'été dernier,
6 et ce même hôtel avait été le théâtre d'un casse [4] record très médiatisé.
7 Vous vous en souvenez peut-être : plusieurs centaines de milliers d'euros en diamants ont été volés,
8 sous les yeux sidérés du personnel et des clients, par des hommes armés, qui ont disparu dans la nature.
9 Concernant l'incident d'hier, un porte-parole précise que la police ne dispose d'aucun indice à ce stade,
10 mais que plusieurs pistes sont envisagées. Une enquête a été ouverte par le parquet [5] de Nice.
11 – Les activités vont reprendre à l'usine Dol après une semaine à l'arrêt à cause de dysfonctionnements techniques.

Nonagésima quinta lección

Las noticias de la noche

1 – Buenas noches a todos y bienvenidos. Estos son los principales titulares de las noticias de esta noche.
2 Ayer, alrededor de la medianoche, tuvo lugar un robo en un palacio de la Costa Azul:
3 robaron un collar de perlas raras de una caja fuerte en una suite de este lujoso hotel,
4 que acoge a la flor y nata internacional durante el festival de cine.
5 Una serie de robos de joyas ya había sido titular el verano pasado,
6 y ese mismo hotel había sido el escenario de un robo excepcional muy mediático.
7 Quizás lo recuerden: fueron robados varios cientos de miles de euros en diamantes
8 bajo la mirada estupefacta del personal y los clientes por hombres armados, que se desvanecieron (desaparecieron en la naturaleza).
9 Respecto al incidente de ayer, un portavoz aclaró que la policía no dispone de ningún indicio en esta fase,
10 pero que se están considerando varias pistas. La fiscalía de Niza ha abierto una investigación.
11 – Las actividades se reanudarán en la fábrica Dol después de una semana parada debido a problemas técnicos.

95 / Quatre-vingt-quinzième leçon

12 D'après un employé : "Nous répétons depuis des mois qu'il y a un problème au niveau du refroidissement,

13 mais on n'a rien voulu entendre. J'aimerais connaître le fond de leur pensée !

14 Maintenant on admet du bout des lèvres [6] qu'il y a effectivement "un souci" – mais c'est un peu tardif."

15 – Le Salon de l'Agriculture – "la plus grande ferme de France" – ouvre ses portes au public à partir de lundi.

16 Veaux, vaches, moutons, cochons et taureaux seront au rendez-vous, pour la plus grande joie des visiteurs, grands et petits.

17 Alors que le nombre d'agriculteurs [7] ne cesse de diminuer et que les prévisions sont pessimistes,

18 le secteur du bio montre de nombreux signes de dynamisme, d'après les organisateurs.

19 – Place à la culture. Koffi Wemba – retenez son nom – est la nouvelle vedette [8] de la scène musicale francophone.

20 Son dernier clip, *Je me débrouille* [9], dévoilé hier, a déjà été visionné près de deux millions de fois.

21 On perçoit un sourire malicieux dans le regard du musicien lorsqu'il confie : "Je ne suis pas encore une star, mais j'ai de l'espoir" [8].

22 Nous aimerions tous pouvoir nous débrouiller comme lui !

23 – Flash de dernière minute : Un carambolage vient de se produire sur l'autoroute en direction de Nice.

24 D'après la gendarmerie, il y aurait [10] plusieurs victimes, dont deux seraient [10] dans un état grave.

547 cinq cent quarante-sept

Nonagésima quinta lección / 95

12 Según un empleado: «Llevamos meses diciendo *(Repetimos desde hace meses)* que hay un problema con *(a nivel de)* la refrigeración,
13 pero se han cerrado en banda *(nada han querido escuchar)*. ¡Me gustaría saber qué piensan realmente *(el fondo de sus pensamientos)*!
14 Ahora se admite de mala gana *(de la punta de los labios)* que efectivamente hay "una preocupación", pero es un poco tarde».
15 – El Salón de la Agricultura –«la mayor granja de Francia»– abre sus puertas al público a partir del lunes.
16 Terneros, vacas, ovejas, cerdos y toros estarán presentes, para el deleite de los visitantes, pequeños y mayores.
17 Si bien el número de agricultores no deja de disminuir y las previsiones son pesimistas,
18 el sector ecológico está mostrando muchos signos de dinamismo, según los organizadores.
19 – Espacio para la cultura. Koffi Wemba –recuerden su nombre– es la nueva estrella de la escena musical francesa.
20 Su último clip, *Me las apaño*, presentado ayer, ya ha sido visto casi dos millones de veces.
21 Se percibe una sonrisa traviesa en la mirada del músico cuando revela: «Todavía no soy una estrella, pero tengo la esperanza».
22 ¡Todos deseamos apañárnoslas como él!
23 – Noticia *(Flash)* de última hora: Acaba de producirse un accidente en cadena en la autopista en dirección a Niza.
24 Según la gendarmería, habría varias víctimas, dos de las cuales estarían en estado grave.

95 / Quatre-vingt-quinzième leçon

25 Nous vous tiendrons informés. Restez à l'antenne pour notre émission-débat : *Aux Quatre coins de l'Hexagone*.

Pronunciación

3 … lucsue **16** vo … toro … **18** … dinamism … **21** … malisie …

Notas

1 **l'actualité**, *la actualidad*, también significa *la noticia*, mientras que **les actualités** es *un programa / boletín de noticias*. En la televisión y en línea, este último se llama **le journal télévisé**, o "*el periódico televisado*", a menudo abreviado simplemente como **le JT** (*[ye-te]*). Cada elemento del boletín se llama **un titre**, *un titular*.

2 El verbo regular **dérober** tiene más o menos el mismo significado que **voler**, *robar* (lección 27, nota 1), pero incluye la noción de sigilo, como *hurtar*, *sustraer*. Siempre se refiere al robo de objetos (es decir, no al robo personal). El adjetivo **dérobé** también significa *secreto* u *oculto*: **un escalier dérobé**, *una escalera oculta*, que a menudo se encuentra en los **châteaux**, *castillos*.

3 En periodismo, **une chronique** es *una crónica*, *una columna* o *sección habitual* en un medio informativo (**un chroniqueur**, *un columnista*). Los redactores de noticias utilizan una serie de frases establecidas, entre otras **défrayer** (literalmente *pagar* o *costear*) **la chronique**, el equivalente *a dar que hablar*, *ser noticia*. (**Chronique** también es un adjetivo, que significa *crónico/-a*, **une maladie chronique**, *una enfermedad crónica*).

4 Derivada del verbo **casser**, *romper*, **la casse** significa *la pérdida*, *la rotura*: **Il y a toujours un peu de casse pendant un déménagement**, *Siempre hay alguna rotura durante una mudanza*. Por extensión, **la casse** significa *el daño* en el sentido amplio: **S'il n'y a pas d'aide gouvernementale, il y aura de la casse dans ce secteur**. *Sin la ayuda del gobierno, la industria se verá muy afectada*. En francés familiar o periodístico, sin embargo, el sustantivo es masculino y significa *un robo*, *un atraco*, etc.

5 **un parquet** es *un suelo de madera* –o *parqué*–. En la época medieval, era el suelo de la sala de audiencias donde los magistrados se encontraban durante un juicio. Hoy en día, **le parquet** es el equivalente al *ministerio fiscal*, organizado regionalmente en torno a las principales ciudades, por ejemplo: **le parquet de Lyon**. (A diferencia de los magis-

549 • cinq cent quarante-neuf

Nonagésima quinta lección / 95

25 Les mantendremos informados. Permanezcan atentos a nuestro programa debate: En toda Francia *(En las cuatro esquinas del Hexágono)*.

trados, los jueces de los tribunales medievales estaban sentados, **assis**, de ahí **la Cour d'Assises**).

6 **une lèvre**, *un labio*, se usa en descripciones físicas: **J'ai les lèvres gercées**, *Tengo los labios agrietados*, pero también en expresiones, en particular **du bout des lèvres** "de la punta de los labios", *de mala gana, sin convicción*. Sin embargo, si miramos un poco más allá, reconocemos una expresión similar a esta en *de boquilla*: **Il n'a donné son accord que du bout des lèvres**, *Él solo dio su acuerdo de boquilla*.

7 **un agriculteur**, *un agricultor*, es ahora el término aceptado para esta profesión, en lugar de **un fermier**, *un granjero*. Sin embargo, este último se usa ampliamente como adjetivo: **les produits fermiers**, *los productos de granja*. (En la era de la agricultura industrial, el sustantivo **un paysan**, de **le pays**, *el país*, literalmente *un campesino*, y el adjetivo idéntico han vuelto al lenguaje para referirse a la agricultura sostenible a pequeña escala, **l'agriculture paysanne**).

8 La palabra francesa "correcta" para *una estrella* (cine, deportes, etc.) es **une vedette** (lección 55, línea 8), del verbo latino ***videre*** (*ver*). Sin embargo, muchos francófonos usan la palabra prestada **une star** (siempre en femenino, aunque la celebridad sea masculina). La palabra también se puede utilizar como adjetivo: **Jean Gabin et Michèle Morgan formaient le couple star du cinéma français dans les années trente**: *Jean Gabin y Michèle Morgan fueron la pareja estrella del cine francés en los años treinta*. (La palabra para *una estrella* como cuerpo celestial, galardón en un restaurante y otros contextos es **une étoile**, ver lección 27, línea 5).

9 **brouiller** significa *mezclar, revolver*, etc. **Je déteste les œufs brouillés**, *Odio los huevos revueltos*. Así que, lógicamente, **débrouiller** significa *desenredar*. Pero el verbo pronominal **se débrouiller** significa *arreglárselas, salir adelante*, etc. (es decir, "desenredar" una situación difícil): **Il faudra que tu te débrouilles tout seul**, *Tendrás que arreglártelas solo*. Una vez más, el contexto es de suma importancia porque las posibles traducciones son muy numerosas. (El adjetivo **débrouillard** significa *ingenioso, listo, espabilado*, etc.).

cinq cent cinquante • 550

95 / Quatre-vingt-quinzième leçon

10 El condicional (lección 70, nota 1) se puede utilizar si la información que transmite el verbo no está confirmada o es hipotética. Esto es común en los informes de los medios de comunicación sobre sucesos que aún no se han verificado. Para traducirlo, también podemos usar

***

Exercice 1 – Traduisez
❶ Selon le parquet, mon client aurait volé une voiture et dérobé du matériel d'une très grande valeur. ❷ La jeune star Milo se débrouille plutôt bien dans le film, même si on le sent moins à l'aise dans certaines scènes. ❸ Le Salon du Livre ouvre à partir de la semaine prochaine, pour la plus grande joie des lectrices et des lecteurs. ❹ J'ai été sidéré par leur réaction : ils ont accepté de nous aider, mais du bout des lèvres. ❺ Pour dire le fond de ma pensée, la question est loin d'être aussi simple.

***

Exercice 2 – Complétez
❶ Lo que nos de miedo cuando viajamos es que nos roben las mochilas.
Ce qui . . . . on voyage, c'est de . . . . nos . . . .

❷ Según la noticia, los accidentes aparentemente se deben a un error humano, pero el director supuestamente ocultó la verdad.
. . . ., les accidents . . . . des erreurs . . . . mais le directeur . . . .

❸ Durante el robo, hubo algunos daños –no demasiados–, pero el robo saltó a los titulares.
. . . ., il y a eu . . . . – pas trop – mais . . . . . a néanmoins . . . .

❹ Las nuevas estrellas del hip-hop han lanzado su nuevo disco, *Puertas ocultas*.
. . . . du hip-hop . . . . leur . . . . :
Des . . . .

❺ No hemos dejado de decirles que había señales de esperanza, pero se han cerrado en banda.
Nous . . . . qu'il y avait des signes . . . ., mais . . . .

551 • **cinq cent cinquante et un**

el indicativo junto con un adverbio de suposición, como *supuestamente*, *presuntamente* o *aparentemente*: **Selon un porte-parole, l'accident serait dû à une erreur humaine**. *Según un portavoz, el accidente aparentemente se debe a un error humano.*

Soluciones al ejercicio 1
❶ Según la fiscalía, mi cliente habría robado un automóvil y sustraído material muy valioso. ❷ La joven estrella Milo se las apaña bastante bien en la película, aunque se siente menos cómoda en algunas escenas. ❸ La Feria del Libro abre a partir de la semana que viene, para el deleite de las lectoras y los lectores. ❹ Me sorprendió su reacción: aceptaron ayudarnos, pero con desgana. ❺ Para decir realmente lo que pienso, la pregunta está lejos de ser tan simple.

***

Soluciones al ejercicio 2
❶ – nous fait peur quand – se faire voler – sacs à dos ❷ Selon le JT – seraient dus à – humaines – aurait caché la vérité ❸ Pendant le casse – de la casse – le vol – défrayé la chronique ❹ Les nouvelles stars – ont dévoilé – nouvel album – portes dérobées – ❺ – n'avons cessé de leur dire – d'espoir – ils n'ont rien voulu entendre

Al igual que sus homólogos españoles, muchos periodistas de habla francesa se basan en giros o expresiones probadas cuando informan de las noticias. Además de **défrayer la chronique** *y* **disparaître dans la nature**, *estas expresiones comunes incluyen* **être à la Une** *(ser noticia de primera plana),* **tirer la sonnette d'alarme** *(hacer sonar la señal de alarma),* **caracoler en tête des sondages** *(ir en cabeza en*

Quatre-vingt-seizième leçon

Une émission-débat : "Réinventons le rire"

1 – Peut-on rire de tout ? C'est le sujet de notre débat ce soir, avec deux invités : un psychiatre et un jeune humoriste.
2 – Mm… je sens qu'on va bien rigoler [1]. Mon petit doigt me dit que ce type est aussi drôle qu'une feuille d'impôts !
3 – Voyez-vous, mon jeune ami, c'est toute la différence entre le monde du spectacle et le monde des arts.
4 Un film, on peut le voir et puis le revoir à l'infini, sans qu'il perde sa fraîcheur.
5 Mais une histoire drôle, une plaisanterie, une boutade [2] – appelez-la comme vous voudrez –
6 est périmée dès qu'on l'entend et ne supporte pas la répétition. Il faut renouveler constamment.
7 – Désolé de te contredire, mais tu t'es enfermé [3] dans ton petit monde, qui, lui, est fermé à double tour.
8 Une bonne blague doit faire rire et réfléchir en même temps, tu vois.
9 – Je ne vous ai pas autorisé à me tutoyer, jeune homme. Un peu de politesse, je vous prie.

553 • cinq cent cinquante-trois

las encuestas), **revoir sa copie** (rectificar su postura), **renverser la vapeur** ("invertir el vapor", es decir, invertir la tendencia) y, lo que es más desconcertante, **aux quatre coins de l'Hexagone** "en las cuatro esquinas del hexágono", es decir, en toda Francia, ver lección 90).

Fase productiva: 46.ª lección

Nonagésima sexta lección

Un programa debate: "Reinventemos la risa"

1 – ¿Nos podemos reír de todo? Este es el tema de nuestro debate de esta noche, con dos invitados: un psiquiatra y un humorista joven.
2 – Mmm... Creo que nos vamos a reír mucho. ¡Un pajarito me ha dicho *(Mi meñique me dice)* que este tipo es tan divertido como un dolor de muelas *(una hoja de impuestos)*!
3 – Verá, mi joven amigo, esa es la diferencia entre el mundo del espectáculo y el mundo de las artes.
4 Una película, podemos verla y volver a verla hasta el infinito, sin que pierda su frescura.
5 Pero una historia divertida, una broma, una ocurrencia, –llámelo como quiera–
6 caduca *(está caducada)* desde el momento que se oye y no soporta una repetición. Hay que renovar constantemente.
7 – Siento contradecirte, pero estás encerrado en tu pequeño mundo, que a su vez está cerrado con dos vueltas.
8 Un buen chiste debe hacer reír y reflexionar al mismo tiempo, ¿sabes? *(ves)*.
9 – No le he autorizado a tutearme, joven. Un poco de educación, se lo ruego.

10 La jeunesse est une belle chose ; quel crime de la laisser gâcher par les jeunes !
11 – Tu empoches [3] une prime [4] à chaque fois que tu recycles les bons vieux gags ?
12 – Ne perdons pas de vue notre thème. Peut-on – doit-on – trouver de l'humour dans tout ?
13 La grossesse, la vieillesse, la richesse : ne faudrait-il pas plutôt de la gentillesse et de la tendresse [5] ?
14 Faut-il s'affoler [6] si quelqu'un plaisante sur des étrangers, par exemple ?
15 – On se permet de taquiner les Lillois, les Alsaciens, les Toulousains, ou les Marseillais [7].
16 Alors pourquoi pas des gens plus lointains ? Ce n'est pas de la méchanceté, c'est de la rigolade [1].
17 – Non : vous rhabillez [8] de vieux préjugés avec des mots nouveaux, monsieur.
18 – Et je te dis qu'il faut se fier à ses instincts et se méfier [3] comme de la peste des idées reçues.
19 L'humour adoucit [6] les mœurs [9] et allège notre quotidien grisâtre je te – je vous – le garantis.
20 – Notre débat touche à sa fin, messieurs, et nous ne disposons pas de suffisamment d'éléments
21 pour arriver à une conclusion ferme et définitive, mais...
22 – Si si. Tu sais ce qu'on dit : on peut rire de tout – mais pas avec tout le monde. □

Notas de pronunciación
(1) En contraste con el español, la **p** inicial de las palabras de origen griego como **psychiatre** se pronuncia: *[psikiatr]*.
(19) En el sustantivo plural **les mœurs**, la -s final puede ser pronunciada (*[mers]*) o muda (*[mer]*).

Nonagésima sexta lección / 96

10 La juventud es una cosa bonita; ¡qué crimen dejar que los jóvenes la desperdicien!
11 – ¿Te embolsas una prima cada vez que reciclas un buen gag antiguo?
12 – No perdamos de vista nuestro tema. ¿Podemos –debemos– encontrar el humor en todo?
13 El embarazo, la vejez, la riqueza: ¿no haría falta sobre todo gentileza y ternura con ello?
14 ¿Deberíamos alarmarnos si alguien bromea sobre los extranjeros, por ejemplo?
15 – Está permitido burlarse de la gente de Lille, Alsacia, Toulouse, o Marsella.
16 Entonces, ¿por qué no de personas más distantes? No es mezquindad, es broma.
17 – No: está vistiendo *(revistiendo)* viejos prejuicios con nuevas palabras, señor.
18 – Y yo te digo que hay que fiarse del instinto y huir como de la peste de las ideas preconcebidas.
19 El humor suaviza los comportamientos y aligera nuestra cotidiana vida gris te –se– lo garantizo.
20 – Nuestro debate está llegando a su fin, señores, y no disponemos de elementos suficientes
21 para llegar a una conclusión firme y definitiva, pero...
22 – Sí, sí. Ya sabes lo que se dice: podemos reírnos de todo, pero no de todos.

Pronunciación
1 ... psikiatr ... *11* ... prim ... *17* ... rabiye ... *18* ... a^{n}sta^n ... *19* ... mers ...

Notas
1 El verbo regular **rigoler** es sinónimo de **rire**, *reír*. Aunque es coloquial, se usa ampliamente en muchas situaciones: **Il n'y a pas de quoi rigoler. C'est triste !** *No hay nada de qué reírse. ¡Es triste!* El adjetivo derivado es **rigolo(te)** –**Ton article était très rigolo**, *Tu artículo fue muy divertido*– que también se puede usar como sustantivo: **Malgré son air**

96 / Quatre-vingt-seizième leçon

timide, c'est un vrai rigolo, *Aunque parece tímido, es un tipo realmente divertido / un auténtico cachondo*. El sustantivo **la rigolade** significa *la tontería / la broma* (ver línea 16).

2 Estos tres adjetivos son sinónimos de formas de provocar la risa: **une histoire drôle**, *una historia divertida*, **une plaisanterie**, *una broma* (de **plaisant**, *placentero*) y **une boutade**, *una ocurrencia*. En un registro más coloquial, el sustantivo estándar para *un chiste* es **une blague** (ver lección 68, línea 11).

3 Esta lección ofrece más ejemplos de cómo los prefijos modifican los verbos. Así **fermer**, *cerrar*, se convierte en **enfermer**, *encerrar, guardar*: **Ma fille s'est enfermée dans sa chambre**, *Mi hija se ha encerrado en su habitación*. Otro prefijo similar es **em-**, que se usa a menudo para transformar sustantivos en verbos: **une poche → empocher**, *un bolsillo → embolsarse, meterse en el bolsillo*. **Il a empoché une commission**, *Se embolsó una comisión*. Y **mé-** tiene la misma función que **mal**, indicando negatividad, maldad, etc., como *des-* en español: **se fier → se méfier**, *confiar → desconfiar / ser cauteloso*. (línea 18).

4 **une prime** significa *un bono, una prima, una gratificación*. La traducción depende del contexto: **une prime de fin d'année** es *una gratificación de fin de año*, mientras que **une prime de mobilité** es *una ayuda a la movilidad*. Pero sea cual sea el contexto, el significado subyacente es el mismo. Sin embargo, el verbo **primer** significa *premiar*: **Le film a été primé à Cannes**. *La película fue premiada en Cannes*.

5 Como ya sabrás, el sufijo **-esse** se añade a los adjetivos femeninos para formar sustantivos. Por ejemplo: **riche → la richesse**, *la riqueza*; **tendre**

***

Exercice 1 – Traduisez

❶ J'ai entendu une histoire très rigolote l'autre jour, mais je l'ai déjà oubliée. Je ne m'en souviens jamais. ❷ Mon psychiatre m'a demandé de le tutoyer, mais il vaut mieux que je continue à le vouvoyer. ❸ Zut, mon passeport est périmé. J'ai oublié de le renouveler. Ça va gâcher nos vacances ! ❹ Ma copine est enceinte de six mois et elle ne supporte plus de rester debout dans les transports en commun. ❺ Mon petit doigt me dit que quelqu'un va empocher une grosse prime à la fin du mois.

557 • **cinq cent cinquante-sept**

Nonagésima sexta lección / 96

→ la tendresse, *la ternura*, vieille → vieillesse, *la vejez*. Sin embargo, **la grossesse** significa *el embarazo* (añadido a un sustantivo masculino, por supuesto, **-esse** crea el femenino: **maître → maîtresse**).

6 El prefijo **a-** se añade a los sustantivos, adjetivos y verbos para transmitir un movimiento hacia un estado en particular. Así, **folle** (de **fou**, *loco*) nos da **s'affoler** (*alarmar, inquietar*), **douce** (de **doux**, *suave*) → **adoucir**, *suavizar* (**un adoucissant**, *un suavizante*). Asimismo, **légère** (de **léger**) → **alléger**, para *aligerar*. (En algunos casos, la letra inicial del adjetivo se duplica, ver lección 98).

7 Las reglas que rigen los adjetivos y sustantivos que denotan el país de origen o de residencia de una persona son bastante complejas. Las terminaciones habituales son **-ain(e)**: (**américaine**), **-ais(e)**: (**française**), **-ien(ne)**: (**parisienne**), **-ois(e)**: (**strasbourgeoise**) y **-on(ne)**: (**bretonne**).

8 Sabemos que **re-** es el prefijo de "repetición". Pero como la **h** inicial en **habiller** es media vocal, se omite la **e**: **Rhabillez-vous**, *Vuelve a ponerte la ropa*, *Vuelve a vestirte*.

9 El sustantivo femenino **les mœurs**, siempre plural, significa *la moral*. **Cette action est contraire aux bonnes mœurs**, *Ese acto es contrario a las buenas costumbres*. (**La police des mœurs** es aproximadamente el equivalente a *la brigada antivicio*). En términos más generales, el sustantivo significa *costumbres*, *hábitos* o *tradiciones*: **Le gouvernement est attentif aux cultures et aux mœurs des nouveaux citoyens**, *El gobierno está atento a las culturas y costumbres de los nuevos ciudadanos*. (Ver Notas de pronunciación).

***

Soluciones al ejercicio 1

❶ Escuché una historia muy divertida el otro día, pero ya se me ha olvidado. Nunca me acuerdo de ellas. ❷ Mi psiquiatra me ha pedido que le tutee, pero será mejor que continúe tratándole de usted. ❸ Maldita sea, mi pasaporte está caducado. Olvidé renovarlo. ¡Arruinará nuestras vacaciones! ❹ Mi novia está embarazada de seis meses y ya no soporta estar de pie en el transporte público. ❺ Un pajarito me ha dicho que alguien se va a embolsar una gran recompensa a fin de mes.

cinq cent cinquante-six • 558

Exercice 2 – Complétez

❶ –Es demasiado viejo y también demasiado bueno. –Te recuerdo que ni la vejez ni la bondad son un crimen.
Il est trop ..... et même trop .... – Je te .... que ni ...., ni .... ne .... des ....

❷ Voy a encerrar a Marc en su habitación, cerrar la puerta con dos vueltas y guardar la llave en el bolsillo.
Je vais .... Marc dans sa chambre, ... la porte . ... , et ....

❸ Sabes que una broma es divertida si te ríes y reflexionas al mismo tiempo cuando la escuchas.
Vous savez qu'... .... est ..... si vous .... et .... en même temps quand vous ....

❹ Este programa llega a su fin. Tenemos solo unos minutos para llegar a una conclusión final.
Cette émission .... Nous .. .. quelques minutes pour ....

Quatre-vingt-dix-septième leçon

En plein dans le mille !

1 – Aurélien Fauré dirige une jeune pousse [1] normande spécialisée dans l'équipement automobile,
2 qui a mis au point [2] un dispositif [3] pour remplacer les pneus [4] classiques par un coussin d'air. Reportage.
3 – Au début, nous avons travaillé sans filet car le projet était innovant et nous n'avions qu'une vision partielle du produit.
4 Jusqu'en juin dernier, ayant fait un vrai parcours sans faute, nous avions le vent en poupe.

Nonagésima séptima lección / 97

❺ Puede reírse de todo, pero no de todos, por lo que es necesario confiar en su instinto.
Vous ...., mais ...., donc il faut ....

Soluciones al ejercicio 2
❶ – vieux – gentil – rappelle – la vieillesse – la gentillesse – sont – crimes ❷ – enfermer – fermer – à double tour – empocher la clé – ❸ – une plaisanterie – drôle – riez – réfléchissez – l'entendez ❹ – touche à sa fin – ne disposons que de – arriver à une conclusion définitive ❺ – pouvez rire de tout – pas avec tout le monde – se fier à ses instincts

Fase productiva: 47.ª lección

Nonagésima séptima lección

¡Justo en el blanco! *(pleno en el mil)*

1 – Aurélien Fauré dirige una empresa emergente *(un brote joven)* normanda especializada en el equipamiento automovilístico,
2   que ha desarrollado un sistema para sustituir los neumáticos convencionales por un cojín de aire. Reportaje.
3 – Al principio, trabajamos sin red de seguridad porque el proyecto era innovador y solo teníamos una visión parcial del producto.
4   Hasta el junio pasado, después de haber hecho todo realmente bien *(una verdadera carrera sin falta)*, íbamos viento en popa.

cinq cent soixante • 560

97 / Quatre-vingt-dix-septième leçon

5 – N'avez-vous pas placé la barre trop haut, en cherchant à remplacer quelque chose d'aussi rudimentaire qu'un pneumatique [4] ?
6 – Au départ nous avons voulu brûler les étapes pour coiffer nos concurrents au poteau.
7 Nous avions le nez dans le guidon, si bien que [5] nous avons failli [6] déclarer forfait au bout de six mois,
8 car les choses se sont compliquées. Je pensais alors que nous avions fait un faux départ.
9 J'étais même prêt à jeter l'éponge car le projet devenait de plus en plus coûteux.
10 Mais mes équipes ont refusé de changer de cap :
11 chaque fois que je leur disais qu'il fallait tout arrêter, ils m'ont renvoyé dans les cordes.
12 Je me rends compte maintenant qu'ils ont reculé pour mieux sauter.
13 – Vous avez soumis un prototype au Fonds régional de capital-investissement, n'est-ce pas ?
14 – Oui. Mais il a botté en touche, sous prétexte que les fonds nécessaires n'étaient plus disponibles
15 car un autre projet similaire était plus avancé que le nôtre.
16 – Ça alors ! [7] Qu'avez-vous fait ?
17 – Rebelote [8]. Nous avons modifié légèrement le dossier et l'avons présenté à nouveau,
18 mais cette fois-ci au Ministère de l'innovation.
19 Là, nous avons visé en plein dans le mille ! Le ministre ne pouvait pas rester sur le banc sans rien faire.
20 Maintenant que nos résultats initiaux sont convaincants, la balle est dans leur camp.

Nonagésima séptima lección / 97

5 – ¿No han colocado ustedes el listón demasiado alto, intentando sustituir algo tan rudimentario como un neumático?

6 – Al inicio *(A la salida)* queríamos quemar etapas para ganar en el último minuto *(peinar el poste)* a nuestros competidores.

7 Estábamos concentradísimos *(Teníamos la nariz en el manillar)*, de modo que estuvimos a punto de retirarnos de la competición *(declarar retirada)* después de seis meses

8 porque las cosas se complicaron. Pensé entonces que habíamos hecho una salida en falso.

9 Incluso estaba lista para tirar la toalla *(esponja)* porque el proyecto se volvía cada vez más caro.

10 Pero mis equipos se negaron a cambiar de rumbo *(cabo)*:

11 cada vez que les decía que había que parar todo, me ponían *(enviaban de vuelta a)* contra las cuerdas.

12 Ahora me doy cuenta de que retrocedieron para coger impulso.

13 – Has enviado un prototipo al Fondo Regional de Inversión Privada, ¿no?

14 – Sí. Pero echaron balones fuera *(patearon al toque)*, bajo el pretexto de que los fondos necesarios ya no estaban disponibles

15 porque otro proyecto similar estaba más avanzado que el nuestro.

16 – ¡Vaya! ¿Qué hicisteis?

17 – Lo mismo de antes. Modificamos ligeramente el dosier y lo presentamos de nuevo,

18 pero esta vez al Ministerio de Innovación.

19 *(Allí)* ¡Dimos justo en el blanco! El ministro no podía quedarse sentado *(en el banco)* sin hacer nada.

20 Ahora que nuestros resultados iniciales son convincentes, la pelota está en su tejado *(campo)*.

97 / Quatre-vingt-dix-septième leçon

21 Et je suis sûr que nous allons tirer notre épingle du jeu. C'est la dernière ligne droite !
22 – Alors ça [7], c'est formidable !
23 On a failli vous mettre KO [9], mais vous avez encaissé les coups. Chapeau ! [10]

Pronunciación

2 … pne … 3 … file … 5 … pnematic 17 rebelot … 19 … ba^n … 23 … cao …

Notas de pronunciación

(2), (5) Al igual que **psychiatre** y sus derivados (lección 96), la **p** inicial en palabras que comienzan por **pn-** se pronuncia. Por ejemplo, para pronunciar **pneu**, comienza diciendo *[pene]*, después acorta gradualmente la primera vocal y ve directamente a la **p**: *[pne]*. Lo mismo se aplica, por supuesto, a **pneumatique**.

Notas

1 **une pousse** es *un brote* o *una yema* (**des pousses de bambou**, *los brotes de soja*). Pero el término **une jeune pousse** se acuñó para describir una empresa recién formada, con el fin de evitar la palabra inglesa **une start-up**.

2 **mettre au point** tiene la misma noción de precisión que en **faire le point** (lección 89, nota 3). En fotografía, significa *enfocar*. Pero en el francés cotidiano, el significado es mucho más amplio: *pulir, afinar, perfeccionar*, etc., y la traducción cambia según el contexto: **Nous allons mettre au point de nouvelles formes d'énergie respectueuses de l'environnement**, *Vamos a desarrollar nuevas formas de energía respetuosas con el medio ambiente*. No confundas el tiempo pasado (**mis au point**) con el sustantivo femenino **la mise au point**, *el desarrollo, la finalización*, etc.

3 **un dispositif** (de **disposer**, *colocar, poner*) significa literalmente *un dispositivo, un artilugio*. Pero la palabra se usa ampliamente en los medios de comunicación y en la publicidad como un término general para todo tipo de planes, sistemas, arreglos, etc. **Un dispositif d'assurance** puede ser *un sistema de seguros, esquema, medida* (o *conjunto de medidas*), etc.

4 El adjetivo **pneumatique** tiene el mismo significado que su afín en español, pero también significa *inflable* (**un matelas pneumatique**, *un colchón hinchable*). Como sustantivo, significa *un neumático* y casi

563 • **cinq cent soixante-trois**

Nonagésima séptima lección / 97

21 Y estoy segura de que saldremos bien parados *(tirar de nuestro alfiler del juego)*. **¡Es la recta final** *(Es la última línea derecha)***!**
22 – ¡Vaya, es estupendo!
23 Casi os dejan KO, pero habéis sabido encajar *(encajado)* **los golpes. ¡Bravo!**

---

siempre se acorta con **un pneu**: **Ma voiture n'est pas équipée de pneus neige**, *Mi coche no está equipado con neumáticos para nieve*. (Ver Notas de pronunciación.)

5 El intensificador **si bien que** indica un resultado (*de modo que*, *con el resultado de que*) descrito en una oración subordinada: **Elle est arrivée en retard, si bien qu'elle a manqué le début du film**, *Ella llegó tarde y, como resultado, se perdió el comienzo de la película*. (En un registro culto, se usa **tant et si bien que**, sin cambio de significado).

6 **failli**, el participio pasado de **faillir**, se usa con un infinitivo para expresar la idea de *muy cerca*, *a punto de*, *casi*: **Nous avons failli partir avant la fin**, *Estuvimos a punto de irnos antes del final*. Si escuchas **failli**, estate atento siempre del siguiente verbo para descubrir lo que estuvo a punto de terminar.

7 **Ça alors !** "Eso entonces" es una exclamación de sorpresa o incredulidad, como *¡Vaya!* o *¡Genial!* Usado con desaprobación, significa *¡Caramba!* **Finalement, il n'est pas venu à la fête, malgré ses promesses.– Ça, alors !** *–Al final, no vino a la fiesta, a pesar de sus promesas. –¡Caramba!* Aquí, es el tono más que el contexto lo que determina el significado. No confundas esta exclamación con **Alors ça...** generalmente seguida de **c'est** y un calificativo, que significa simplemente *Pues...* **Alors ça, c'est formidable !** *¡Pues es estupendo! / ¡Pues me parece estupendo!*

8 **la belote** es un juego de cartas francés muy popular. **Belote** y **Rebelote** es lo que anuncia un jugador cuando gana dos bazas consecutivas. En lenguaje coloquial, **rebelote** significa algo como *allá vamos otra vez*, *lo mismo*, etc. **Deux heures pour aller au boulot le matin, et rebelote le soir pour rentrer**, *Dos horas para llegar al trabajo por la mañana y lo mismo por la noche para llegar a casa*. (En francés "estándar", ... **et la même chose le soir**, etc.)

97 / Quatre-vingt-dix-septième leçon

9 KO o K-O, pronunciado *[ka-o]*, es una importación directa del inglés del mundo del boxeo y se usa igual que en español. **Le poids lourd tunisien a gagné par KO**, *El peso pesado tunecino ganó por KO*. Fuera del ring, **être KO** significa *estar agotado, destrozado*: **Après une journée entière avec les gamins, je suis KO**, *Después de un día entero con los*

***

Exercice 1 – Traduisez

❶ Les étudiants ont mis au point un dispositif simple pour photographier des petits objets sans mise au point. ❷ J'ai le nez dans le guidon depuis des mois avec ce prototype car je ne veux pas qu'on me coiffe au poteau. ❸ Nous ne déclarons pas forfait. Nous reculons pour mieux sauter car nous ne voulons pas brûler les étapes. ❹ Ils ont placé la barre très haut mais je pense qu'ils vont réussir. ❺ Tu pensais que le candidat allait tirer son épingle du jeu, n'est-ce pas ?

***

Exercice 2 – Complétez

❶ Sabes que estuve a punto de obtener fondos del ministerio, pero el ministro prefirió echar balones fuera.
Tu sais, j'ai . . . . du . . . . , mais . . . . a préféré . . . .

❷ –Reza ha perdido la voz, por lo que ha tenido que retirarse del concierto de esta noche. –¡Qué pena!
Reza . . . . voix, ... a dû . . . . pour le concert de ce soir. – . . . . !

❸ Debido a que nos negamos a cambiar de rumbo, el director del proyecto nos puso contra las cuerdas.
Puisque nous . . . . , le responsable du projet . . . .

❹ Bien hecho, has dado en el blanco. Ahora la pelota está en su tejado.
Bravo, vous . . . . , ... Maintenant, ...

❺ Acabaré agotado si seguimos trabajando así, sin red de seguridad.
. . . . si . . . . comme ça, ...

565 • **cinq cent soixante-cinq**

Nonagésima séptima lección / 97

niños, estoy agotado. Sin embargo, la pronunciación es exactamente la misma que la del sustantivo **le chaos**, *el caos*. ¡Ten cuidado!

10 La expresión **tirer un coup de chapeau à** significa *quitarse el sombrero*, es decir, *felicitar*, *reconocer*, etc. La expresión generalmente se abrevia simplemente a **Chapeau !** o, en algunos casos, **Chapeau bas !** (como si se hiciera una profunda reverencia con el sombrero en la mano). Como siempre, la elección real de la palabra o término se basará en el contexto (*¡Bien hecho!*, *¡Bravo!*, etc.).

***

Soluciones al ejercicio 1

❶ Los estudiantes desarrollaron un dispositivo simple para fotografiar objetos pequeños sin enfocar. ❷ He estado concentradísimo durante meses con este prototipo porque no quiero que me ganen en el último minuto. ❸ No nos retiramos de la competición. Damos un paso atrás para coger impulso porque no queremos quemar etapas. ❹ Han puesto el listón muy alto, pero creo que lo conseguirán. ❺ Tú pensabas que el candidato saldría bien parado, ¿no es así?

***

Soluciones al ejercicio 2

❶ – failli obtenir des fonds – ministère – le ministre – botter en touche – ❷ – a perdu sa – si bien qu'il – déclarer forfait – Quel dommage – ❸ – avons refusé de changer de cap – nous a renvoyé dans les cordes ❹ – avez visé dans le mille – la balle est dans leur camp – ❺ Je vais être KO – nous continuons à travailler – sans filet

Fase productiva: 48.ª lección

Quatre-vingt-dix-huitième leçon

Révision

1 El pasado simple – *passé simple*

Le passé simple, o **passé historique**, casi nunca se usa en las conversaciones o comunicaciones cotidianas, pero vale la pena aprenderlo para poder leer novelas, ensayos y, en a veces, medios de comunicación. En español equivale al pretérito indefinido, pero recuerda que, en el lenguaje hablado, el francés prefiere usar **le passé composé**.

1.1 Formación

Para formar **le passé simple**, elimina las terminaciones del infinitivo (**-er**, **-ir**, **-re**) y añade las siguientes terminaciones:

	fermer	finir	descendre
je	fermai	finis	descendis
tu	fermas	finis	descendis
il/elle	ferma	finit	descendit
nous	fermâmes	finîmes	descendîmes
vous	fermâtes	finîtes	descendîtes
ils/elles	fermèrent	finirent	descendirent

Observa que los verbos acabados en **-ir** y en **-re** comparten las mismas terminaciones.

Por supuesto, hay varias formas irregulares. Estos son los verbos principales:

	être	avoir	faire
je / j'	fus	eus	fis
tu /t'	fus	eus	fis
il/elle	fut	eut	fit
nous	fûmes	eûmes	fîmes
vous	fûtes	eûtes	fîtes
ils/elles	furent	eurent	firent

Nonagésima octava lección

En los tres casos, la vocal inicial de la primera y segunda personas del plural lleva un acento circunflejo. No obstante, no confundas **fut** con **fût**, el subjuntivo imperfecto (cada vez más raro), o con el sustantivo **un fût**, que significa, entre otras cosas, *una barrica*: **Vin élevé en fût de chêne**, *Vino envejecido en barricas de roble*, usado mucho más frecuentemente.

1.2 Uso

El **passé simple** se utiliza para describir una acción completa en el pasado que no tiene ningún vínculo con el presente o no es importante:
Elle fut choisie par le roi, qui l'épousa.
Fue elegida por el rey, que se casó con ella.
Toute la Cour fit un grand banquet.
Toda la corte celebró un gran banquete.
Le roi et sa reine eurent quatre enfants ensemble.
El rey y su reina tuvieron cuatro hijos juntos.

Pero a pesar de la etiqueta de "histórico", el tiempo no se limita a los libros de historia. Aquí tienes un pasaje de una novela muy querida, **Le Petit Prince**, "*El principito*", de Antoine de Saint-Exupéry:
Il n'y eut rien qu'un éclair jaune près de sa cheville. Il demeura un instant immobile. Il ne cria pas. Il tomba doucement comme tombe un arbre. Ça ne fit même pas de bruit, à cause du sable.
No había nada más que un destello amarillo cerca de su tobillo. Permaneció inmóvil por un momento. No gritó. Cayó suavemente como cae un árbol. Ni siquiera emitió un sonido, debido a la arena.

Hoy en día, la mayoría de los francófonos jóvenes aprenden solo la tercera persona del singular y del plural; y la mayoría de los autores contemporáneos narran usando **le passé composé** y **le présent historique** (lección 42, nota 2), lo que ha llevado a algunos gramáticos a predecir la inminente desaparición de **le passé simple**. Aun así, en este caso es importante tener un conocimiento básico de cómo conjugar los verbos principales.

2 Uso de afijos

A lo largo de este curso, hemos visto cómo los prefijos y sufijos modifican el significado de muchos verbos. Algunos de estos son obvios porque también se usan en español (por ejemplo, **chausser** → **déchausser**, *calzarse* → *descalzarse*). Sin embargo, el español a veces necesita de perífrasis verbales con el mismo efecto: **visiter** → **revisiter**, *visitar* → *volver a visitar*.

Aquí tienes una descripción general de algunos de los principales prefijos y sufijos que hemos visto hasta ahora. Hemos omitido algunos de los grecolatinos más obvios, como **anti-**, **hiper-** y **télé-** para ahorrar espacio.

2.1 Prefixes

a- / an-	negación	**moral → amoral**	*moral, amoral*
a- / an-	movimiento o dirección	**doux → adoucir**	*suave, suavizar*
dé- / dés-	deshacer, separar	**boucher → déboucher**	*taponar, destaponar*
é-	movimiento hacia	**loin → éloigner**	*lejos, alejar*
em-	dentro de	**ménage → emménager**	*tareas domésticas, mudarse de casa*
en-	cambio	**dette → s'endetter**	*deuda, endeudarse*
com- / con-	en compañía	**pâtir → compassion**	*sufrir, compasión (es decir, sufrir con)*
im-/in-	negación	**mobile → immobile**	*móvil, inmóvil*
mal-	malo	**heureux → malheureux**	*contento, triste*
mé-	negativo	**se fier → se méfier**	*confiar, desconfiar*
pro-	delante de	**jeter → projeter**	*tirar, proyectar (es decir, tirar hacia adelante)*

Nonagésima octava lección / 98

sous-	debajo de	**payer** → **sous-payer**	*pagar, pagar poco*
super-	sobre	**poser** → **superposer**	*poner, superponer*

2.2 Suffixes

-aille	resultado de una acción	**se battre** → **bataille**	*pelear(se), batalla*
-ateur / -atrice	persona que realiza una acción	**présenter** → **présentateur / présentatrice**	*presentar, presentador(a)*
-âtre	semejanza	**bleu** → **bleuâtre**	*azul, azulado*
-er/ère	profesión (ver -ier)	**boulange** → **boulanger / ère**	*industria panadera, panadero/-a*
-erie	tienda	**boucher** → **boucherie**	*carnicero/-a, carnicería*
-ée	resultado de una acción	**rentrer** → **la rentrée**	*volver a entrar, la vuelta al cole*
-esse	sustantivo derivado de un adjetivo	**gentil** → **gentillesse**	*amable, amabilidad*
-ier / ière	profesión (ver -er)	**police** → **policier**	*policía, agente de policía*
-ment	resultado de una acción	**abonner** → **abonnement**	*suscribirse, suscripción*
-ure	resultado de una acción	**abonner** → **abonnement**	*quemar, una quemadura*

Algunos de estos sufijos cumplen varias funciones (**-esse** puede designar un nombre propio femenino: **un prince**, **une princesse**), pero el contexto casi siempre aclarará la función si no proporciona el significado preciso.

Ortografía
En muchos casos, cuando se añade un prefijo, hay que duplicar la consonante inicial de la palabra raíz: **a + léger** → **alléger**. Asimismo, la **c** inicial de la mayoría de las palabras se duplica: **a + calme** → **accalmie** (*una pausa, un respiro*). Hay seis consonantes que nunca

cinq cent soixante-dix • 570

se duplican (**h**, **j**, **q**, **v**, **w**, **x**), y otras cinco que se duplican solo en raras ocasiones (**b**, **d**, **g**, **k**, **z**). Las reglas son bastante complejas, con muchas excepciones, por lo que siempre es mejor consultar un buen diccionario.

Por suerte, los ejemplos de las dos tablas anteriores son bastante obvios, sobre todo porque algunos de ellos son similares o idénticos al español. A veces, sin embargo, el significado de una palabra con prefijo puede requerir un poco de adivinación (**se débrouiller**, lección 95, nota 9, **grisâtre**, lección 96). No obstante, estos indicadores básicos deberían ponerte en el camino correcto y ayudarte a expandir tu vocabulario.

3 El condicional pasado – *Conditionnel passé*

El condicional pasado (*Habría comprado / venido*) es relativamente sencillo. Se forma con el condicional del auxiliar habitual del verbo (**avoir**, **être**) y el participio pasado del verbo principal:

	acheter	venir
je/j'	aurais acheté	serais venu/e
tu	aurais acheté	serais venu/e
il/elle	aurait acheté	serait venu/e
nous	aurions acheté	serions venus/-ues
vous	auriez acheté	seriez venus/-ues
ils/elles	auraient acheté	seraient venus/-ues

Ten en cuenta que, en una oración condicional completa (*Yo habría… si tú hubieras…*, etc.), el segundo verbo está en pluscuamperfecto de indicativo (lección 87, nota 4), no de subjuntivo como ocurre en español:
Je serais venu si tu m'avais invité.
Habría venido si me hubieras invitado. (sujeto masculino)

Las formas negativa e interrogativa siguen las reglas habituales:
Si j'avais su, je ne serais pas venu.
Si lo hubiera sabido, no habría venido. (sujeto masculino)
Est-ce que tu serais / Serais-tu venu si tu avais su ?
¿Habrías venido si lo hubieras sabido? (sujeto masculino)

El condicional pasado, al igual que el condicional presente, se puede utilizar para hablar de una acción posible:
Aurais-tu oublié quelque chose ? *¿Has olvidado algo?*

Más idiomáticamente, se usa con frecuencia en los medios de comunicación cuando se informa sobre eventos que aún no han sido confirmados. También se puede traducir en español con el pretérito perfecto y adverbio conjetural:
L'accident aurait fait deux morts, *El accidente habría dejado dos muertos*.
o, más idiomáticamente, *Al parecer / Presuntamente, han fallecido dos personas en el accidente*.

4 Gentilicios

Por último, como se menciona en la lección 96, nota 7, las reglas sobre la formación de gentilicios son bastante complejas, especialmente las que se refieren a pueblos y ciudades. Los adjetivos de países son más sencillos. En lugar de una larga explicación, aquí tienes una lista de algunas de las formas masculinas y femeninas más comunes, organizadas por sus terminaciones. Recuerda que los gentilicios en francés se escriben con mayúscula inicial.

Sufijo	País	Gentilicio	
ain/aine	l'Amérique (f.)	Américain(e)	*americano/-a**
	la Jamaïque	Jamaïcain(e)	*jamaicano/-a*
	le Mexique	Mexicain(e)	*mexicano/-a*
ais/aise	l'Angleterre (f.)	Anglais(e)	*inglés/-esa**
	l'Écosse (f.)	Écossais(e)	*escocés/-esa*
	la France	Français(e)	*francés/-esa*
	le Portugal	Portugais(s)	*portugués/-esa*
ois/oise	la Chine	Chinois(e)	*chino/-a*
	le Danemark	Danois(e)	*danés/-esa*
	la Suède	Suédois(e)	*sueco/-a*
ien/ienne	l'Australie (f.)	Australien(ne)	*australiano/-a*
	le Canada	Canadien(ne)	*canadiense*
	l'Inde (f.)	Indien(ne)	*indio/-a*
	l'Italie	Italien(ne)	*italiano/-a*

* El gentilicio «oficial» de **Les États-Unis** es **Étatsunien**, pero rara vez se utiliza. El gentilicio más común para **le Royaume-Uni**, Reino Unido, es **Britannique** (*británico/-a*), aunque muchos francófonos persisten en usar **Anglais** para los cuatro países del Reino Unido. ¡Evítalo, por favor!

Existen numerosas excepciones a estas reglas y varios valores atípicos como **Espagne → Espagnol(e)**, **Monaco → Monégasque** y **Chypre → Chypriote**, por lo que es más fácil aprender los gentilicios más comunes y tomar nota de los nuevos a medida que te los encuentres.

5 Modismos (3): deportes

Todos los modismos de la lección 97 están relacionados con los deportes. Algunos tienen equivalentes directos (o casi directos) en español, mientras que otros no son claramente obvios. Pero esa, después de todo, es la definición de una expresión idiomática, cuyo significado completo es diferente al de las palabras que la componen.

avoir le nez dans le guidon
Ciclismo. *"Tener la nariz en el manillar"*: *estar totalmente inmerso en lo que uno está haciendo, estar concentradísimo.*

botter en touche
Rugby. *"Patear al toque"*: se refiere a *eludir un problema*: *echar balones fuera, marear la perdiz, salir por peteneras…*

changer de cap
Navegación. *"Cambiar el cabo"*: el significado idiomático es *cambiar de rumbo o dirección*. Ten en cuenta que **Le Cap** es *el cabo de Hornos*.

coiffer au poteau
Carreras de caballos. *"Peinar el poste"*: un modismo similar en español es *ganar en el último minuto, ganar por los pelos.*

faire un parcours sans faute
Carreras de caballos. *"Hacer un recorrido sin falta"*, es decir, *hacer una carrera limpia* o, idiomáticamente, *hacer todo bien* (**Un parcours du combattant**, *una carrera de obstáculos*, es el origen del nombre de la disciplina deportiva *parkour*).

jeter l'éponge
Boxeo. *"Tirar la esponja"*: el modismo es casi idéntico: *tirar la toalla.*

placer la barre haut
Atletismo. *"Poner el listón alto"*, es decir, *establecer un estándar*

alto. Aquí, **haut** es un adverbio, no un adjetivo, y por lo tanto no concuerda con **la barre**.

reculer pour mieux sauter
Atletismo. *"Retroceder para saltar mejor"*: este modismo tiene dos significados ligeramente diferentes, uno positivo *retroceder para coger impulso* (es decir, para conseguir un mejor resultado), y otro negativo: *posponer lo inevitable*.

renvoyer dans les cordes
Boxeo. *"Enviar de vuelta a las cuerdas"*: literalmente, *poner contra las cuerdas*, pero en sentido figurado, *poner a alguien en su sitio*.

tirer son épingle du jeu
Juego. *"tirar del alfiler del juego"*: extraído de un juego tipo Mikado, la expresión básicamente significa *salir ileso* o *salir bien parado de un aprieto*. Se ha convertido en un cliché favorito de los periodistas, con un significado que va desde hacerlo bien hasta superar una dificultad.

viser plein dans le mille
Tiro con arco. *"Apuntar plenamente en el mil"*: aquí, **le mille**, *mil*, es el puntaje más alto que se puede obtener en un viejo juego de pelota y cesta. El equivalente más cercano es *dar en el blanco*. La expresión se puede utilizar como exclamación: **En plein dans le mille !** *¡Justo en el blanco / la diana!*

Ahora regresa a la lección 97 y revisa estas expresiones en contexto.

Dialogue de révision

1 – Qu'est-ce qu'il y a, Driss ? Tu as l'air complètement KO. Ça ne va pas ?
2 – Si si, mais tout est sens dessus dessous en ce moment. J'ai le nez dans le guidon depuis cinq jours parce j'écris un article sur les Dauphins.
3 – Cette équipe de foot dont le capitaine, Dulong, a disparu dans la nature en 1980 ?
4 Je m'en souviens bien. C'est une histoire qui a défrayé la chronique à l'époque.

5 – C'est vrai, elle a fait couler beaucoup d'encre mais, d'après moi, on n'a jamais su toute la vérité.
6 J'ai n'a pas réussi à parler avec Dulong, ou, plutôt, il a exigé une somme faramineuse pour une interview.
7 Mais son ancien agent, Jacques Cartier, lui, a donné son accord tout de suite. Bingo !
8 Je pensais qu'il allait accepter du bout des lèvres, mais pas du tout ! Il en avait très envie. J'aurais dû m'en méfier, tant il était enthousiaste.
9 Je lui posais des questions vachement précises mais, à chaque fois, il bottait en touche. Il me racontait la vérité, soit. Mais sa vérité à lui !
10 – Tu aurais dû me demander de t'accompagner. "Au secours ! J'ai besoin d'aide !"
11 Je serais venue tout de suite. Avec des mecs comme ça, c'est toujours le plus fort qui l'emporte.

Quatre-vingt-dix-neuvième leçon

Incroyable mais vrai…

1 – Tu aurais pu me faire signe ou me texter : c'est la moindre [1] des choses, entre amis.
2 Ça fait des semaines que tu devais m'appeler mais tu n'as pas fait le moindre [1] effort.
3 Bon, passons [2]. Quoi de neuf ? Qu'est-ce que tu deviens ? [3]
4 – Moi et mes associés travaillons depuis des mois sur quelque chose d'hyper-sensible.
5 Quel genre de chose ? Pas le projet dont tu m'as parlé dernièrement ?

Traduction

1 ¿Qué te pasa, Driss? Pareces completamente agotado. ¿Estás bien? **2** Sí, sí, pero todo está patas arriba en este momento. He estado muy concentrado durante cinco días porque estoy escribiendo un artículo sobre los Dolphins. **3** ¿Ese equipo de fútbol cuyo capitán, Dulong, desapareció del mapa en 1980? **4** Lo recuerdo bien. Fue una historia que llegó a los titulares en ese momento. **5** Es cierto, hizo derramar mucha tinta pero, en mi opinión, nunca se supo toda la verdad. **6** No conseguí hablar con Dulong o, más bien, él exigió una suma descomunal por una entrevista. **7** Pero su antiguo agente, Jacques Cartier, dio su consentimiento de inmediato. ¡Bingo! **8** Pensé que iba a aceptar de mala gana, ¡pero en absoluto! Tenía muchas ganas de hacerla. Estaba tan entusiasmado que debería haber desconfiado de él. **9** Le hice preguntas muy específicas pero, cada vez, echaba balones fuera. Me contó la verdad, de acuerdo. ¡Pero su propia verdad! **10** Deberías haberme pedido que fuera contigo. "¡Socorro! ¡Necesito ayuda!". **11** Habría venido de inmediato. Con tipos así, siempre gana el más fuerte.

Fase productiva: 49.ª lección

Nonagésima novena lección

Increíble pero cierto...

1 – Podrías haberme dado un toque *(hacerme señas)* o escrito *(texteado)*: es lo menos, entre amigos.
2 Hace semanas que deberías haberme llamado, pero no has hecho el mínimo esfuerzo.
3 Bueno, sigamos. ¿Qué hay de nuevo? ¿En qué andas *(En qué te estás convirtiendo)*?
4 – Mis socios y yo trabajamos desde hace meses en una cosa hipersensible.
5 ¿Qué tipo de cosa? ¿No es el proyecto del que me has hablado últimamente?

99 / Quatre-vingt-dix-neuvième leçon

6 Non, pas celui-là. Un autre, qui n'a rien à voir avec ça.
7 Dès que nous aurons finalisé [4] les derniers détails, et quand j'aurai complété [4] le dossier,
8 je pourrai t'en parler plus longuement. Pour l'instant, je ne peux te donner que les grandes lignes.
9 – Vas-y ! Je suis tout ouïe. [5]
10 – Te souviens-tu du concours *Concevons la ville de demain* dont tout le monde parle depuis un an ?
11 – Bien sûr que je m'en souviens ! Et alors ?
12 – Disons que nous avons un certain avantage par rapport à nos concurrents.
13 Nous avons tout pensé dans les moindres [1] détails, contrairement à eux.
14 Certains ont misé sur l'informatique – les logiciels et les technologies numériques – ainsi que les solutions haut débit.
15 Ils envisagent l'avenir sans billets ni pièces de monnaie : que de l'argent virtuel.
16 D'autres portent leur attention sur une question et une seule : la circulation automobile.
17 Ils pensent que la solution miracle serait d'interdire tous les véhicules, qu'ils soient particuliers ou professionnels,
18 et d'obliger tout le monde de se déplacer autrement, ou à pied, ou [6] par les transports collectifs.
19 Un des grands avantages, disent-ils, est qu'il n'y aura plus d'accidents de la route.
20 – Et aussi, il n'y aura plus de PV [7] !

Nonagésima novena lección / 99

6 No, ese no. Otro que no tienen nada que ver con eso.
7 Cuando hayamos finalizado los últimos detalles y yo haya completado el dosier,
8 podré hablarte de ello más largo y tendido. Por ahora, solo puedo darte una descripción general *(las grandes líneas)*.
9 – ¡Adelante! Soy todo oídos.
10 – ¿Recuerdas el concurso *Diseñemos la ciudad del mañana* del que todo el mundo habla desde hace un año?
11 – ¡Claro que lo recuerdo! ¿Y?
12 – Digamos que tenemos cierta ventaja respecto a nuestros competidores.
13 Hemos pensado en todo, hasta el último detalle, a diferencia de ellos.
14 Algunos han apostado por la informática –software y tecnologías digitales– así como por soluciones de banda ancha.
15 Prevén un futuro sin billetes ni monedas: solo dinero virtual.
16 Otros centran su atención sobre una única cuestión: la circulación de vehículos.
17 Creen que la solución milagrosa sería prohibir todos los vehículos, ya sean privados o profesionales,
18 y obligar a todo el mundo a desplazarse de otra manera, bien a pie o en transporte público.
19 Una de las grandes ventajas, dicen, es que ya no habrá accidentes de carretera.
20 – Y también, ¡que no habrá que poner tiques de aparcamiento!

99 / Quatre-vingt-dix-neuvième leçon

21 – J'ai le sentiment que tu ne prends pas la chose au sérieux.
22 – Mais si, je te taquinais. Que propose ton équipe ?
23 – Nous avons une solution radicale pour s'attaquer aussi bien à la circulation qu'à [8] la pollution :
24 nous allons construire les villes à la campagne, où l'air est plus pur.

Pronunciación

1 ... mua^ndr ... *9* ... tutui *13* ... mua^ndr ... *14* ... loyisiel ... debi *20* ... pe-ve *24* ... pûr

Notas

[1] El adjetivo **moindre**, que significa *menor*, *mínimo*, se usa como comparativo o superlativo y también en frases hechas: **Merci pour votre aide ! – C'est la moindre des choses**, *–¡Gracias por su ayuda! –Eso es lo mínimo que podía hacer*. Al ser un adjetivo, concuerda con el sustantivo: **les moindres détails** (línea 13).

[2] La primera persona del plural de **passer** (lección 48, nota 10) se usa como una expresión imperativa independiente, con el sentido de *pasemos a otra cosa*, *no se diga más*. **Le travail n'est pas très bien fait mais, bon, passons** ("*pasemos*"): *El trabajo no se ha hecho bien, pero no digamos más al respecto*.

[3] Esta es otra expresión idiomática, con el verbo **devenir**, *convertirse*. **Qu'est-ce que tu deviens / vous devenez ?** ("*En qué te estás convirtiendo*") *¿Qué haces? / ¿En qué andas?* Si se usa un sustantivo en lugar de un pronombre, se coloca directamente detrás del verbo: **Que devient Richard ?** *¿En qué anda Richard?* Sin embargo, en pasado, la pregunta **Qu'est-ce qu'il est devenu ?** tiene el mismo significado que su equivalente en español: *¿Qué fue de él?* Como siempre, el contexto (y el tiempo verbal) son pistas fundamentales.

[4] Este es el **futur antérieur**, o *futuro perfecto*, formado por el verbo auxiliar (**avoir** o **être**) en futuro simple y el participio pasado del verbo principal. Similar en construcción a su equivalente en español, este tiempo describe la finalización de un acto en un momento concreto del futuro. **J'aurai pris**

Nonagésima novena lección / 99

21 – Tengo la sensación de que no te lo estás tomando en serio.
22 – Sí, te estaba tomando el pelo. ¿Qué propone tu equipo?
23 – Tenemos una solución radical para abordar tanto el tráfico como la contaminación:
24 vamos a construir ciudades en el campo, donde el aire es más puro.

---

ma décision avant ce soir, *Habré tomado mi decisión antes de esta noche*. Al igual que el futuro simple, se usa detrás de conjunciones temporales (**quand**, **lorsque**, **dès que**, etc.). Ver lección 56, apartado 2.

5 El sustantivo femenino **l'ouïe** significa *el oído*. Los otros cuatro sentidos son **la vue** (*la vista*), **l'odorat** (*el olfato*), **le toucher** (*el tacto*) y **le goût** (*el gusto*).

6 Otra forma de decir *o... o* es **ou... ou**: **Ou tu m'aimes ou tu ne m'aimes pas**, *O me amas o no me amas*. Una construcción alternativa con exactamente el mismo significado es **soit... soit** (lección 64, línea 7).

7 **un PV** es la abreviatura de **un procès-verbal**. En un contexto automovilístico, las iniciales significan *un tique de aparcamiento* (**PV de stationnement**) o *una multa por exceso de velocidad* (**PV pour vitesse excessive**). El término completo tiene un significado más amplio, generalmente *una declaración* o *un informe* y, en un contexto empresarial, *el acta de una reunión* (**un procès-verbal de réunion**). A pesar de la traducción literal ("*juicio verbal*"), el infractor solo acude a los tribunales si no paga **l'amende** (fem.), *la multa*.

8 Conocemos **aussi... que** como comparativo de igualdad: **Il joue aussi bien/mal que moi**, *Él juega tan bien / mal como yo*. Sin embargo, la frase **aussi bien... que...** es otra forma de decir *ambos*, *tanto uno como otro* (lección 57, nota 2). **À cause de la panne, nous avons tout perdu, aussi bien les données que les logiciels**, *Debido a la avería, perdimos todo, tanto los datos como el software*. Se pueden usar pronombres enfáticos en lugar de sustantivos: **aussi bien lui que moi**, *tanto él como yo*.

cinq cent quatre-vingts • 580

99 / Quatre-vingt-dix-neuvième leçon

Exercice 1 – Traduisez
❶ Que devient Martin ? – Il est revenu en France il y a deux mois. Il aurait dû te faire signe. ❷ Est-ce le livre dont vous m'avez parlé ? – Non, ça n'a rien à voir. ❸ Elle ne s'est pas excusée mais, bon, passons. Nous avons d'autres chats à fouetter. ❹ Raconte-moi ton histoire. Je suis tout ouïe. – Je t'en parlerai plus longuement un autre jour. ❺ Quoi de neuf ? – Mes amis et moi sommes en train de finaliser les derniers détails de notre projet.

***

Exercice 2 – Complétez
❶ Cuando hayamos tomado nuestra decisión, te mantendremos al corriente.
Quand nous .... notre décision, ...

❷ Conocemos nuestros productos hasta el mínimo detalle, lo que nos da ventaja respecto a nuestros compedidores.
Nous connaissons ...... de nos produits dans ...., ce qui nous donne un avantage .... nos concurrents.

❸ Diseñamos programas y soluciones digitales, tanto mi marido como yo.
Nous .... et des solutions ...., ... mon mari ....

❹ O te gusta la informática o la detestas: hace años que te lo digo.
.. vous aimez .... vous la détestez : ...... des années .... !

❺ ¿Habrá terminado el trabajo de pintura antes de esta noche? Espero que no haya más retraso.
Est-ce que .... les travaux de peinture avant ce soir ? J'espère ....

Soluciones al ejercicio 1

❶ –¿En qué anda Martín? –Regresó a Francia hace dos meses. Debería haberte dado un toque. ❷ –¿Es este el libro del que me hablaste? –No, no tiene nada que ver con él. ❸ Ella no se disculpó pero, bueno, sigamos adelante. Tenemos otras cosas más importantes que hacer. ❹ –Cuéntame tu historia. Soy todo oídos. –Te contaré más sobre eso otro día. ❺ –¿Qué hay de nuevo? –Mis amigos y yo estamos ultimando los detalles finales de nuestro proyecto.

***

Soluciones al ejercicio 2

❶ – aurons pris – nous vous tiendrons au courant ❷ – chacun – les moindres détails – par rapport à – ❸ – concevons des logiciels – numériques – aussi bien – que moi ❹ Ou – l'informatique ou – ça fait – que je vous le dis ❺ – vous aurez terminé – qu'il n'y aura plus de retard

Gran parte del vocabulario relacionado con la tecnología avanzada se importa directamente del inglés. En la tecnología de la información, sin embargo, el francés ha logrado acuñar algunas palabras que han echado raíces, como **l'informatique**, *la informática,* **un ordinateur**, *un ordenador,* **haut debit** *"flujo alto" banda ancha,* **un logiciel**, *un programa o* **numérique** *(digital).*

Fase productiva: 50.ª lección

Centième leçon

La langue française

1. Nous voici à la fin du livre, mais pas à la fin du voyage.
2. Pour assurer votre réussite, vous devez continuer à lire, parler, écouter et écrire le plus possible.
3. À propos de voyages, vous pouvez désormais profiter de vos connaissances en faisant un tour du monde francophone.
4. Vous serez le bienvenu [1] non seulement en Suisse, en Belgique et au Luxembourg mais partout où l'on parle le français.
5. Bien sûr, vous trouverez des différences d'accent et de vocabulaire relatif à des spécificités culturelles.
6. Au Canada, par exemple, vous pourrez faire vos emplettes chez un dépanneur, manger un chien-chaud ou encore conduire votre char [2].
7. En Afrique francophone, "un alphabète" [3] est une personne qui sait lire et écrire
8. et "un taxieur" [3] vous conduira à votre destination – mais pas avant d'avoir fait le plein à une "essencerie" [3].
9. Des mots de diverses origines ont toujours enrichi notre vocabulaire : de "arobase" [4] à "vasistas" [5]
10. en passant par "le caoutchouc", "le goudron" ou encore "le paquebot" [5]
11. le français est riche, varié et très accueillant.
12. C'est aussi une langue précise et nuancée, forte de [6] son héritage de langue diplomatique :

Centésima lección

La lengua francesa

1 Llegamos al final del libro, pero no al final del viaje.
2 Para asegurar vuestro éxito, debéis continuar leyendo, hablando, escuchando y escribiendo todo lo posible.
3 A propósito de los viajes, a partir de ahora podéis aprovecharos de vuestros conocimientos haciendo un recorrido por el mundo francófono.
4 Seréis bienvenidos no solo en Suiza, Bélgica y Luxemburgo, sino en todos los lugares donde se hable francés.
5 Por supuesto, encontraréis diferentes acentos y vocabulario relacionado con las particularidades culturales.
6 En Canadá, por ejemplo, podréis hacer vuestras compras en una tienda de barrio, comer un perrito caliente o conducir vuestro coche.
7 En el África francófona, un "alfabeto" es una persona que sabe leer y escribir.
8 y un "taxista" os llevará a vuestro destino, pero no sin haber llenado el depósito en una "gasolinera".
9 Nuestro vocabulario siempre se ha enriquecido de palabras de diversos orígenes: desde "arroba" a "montante"
10 pasando por el "caucho", el "alquitrán" o el "transatlántico",
11 el francés es rico, variado y muy acogedor.
12 También es un idioma preciso y matizado, basado en su herencia diplomática:

100 / Centième leçon

13 "Ce qui n'est pas clair n'est pas français", disait un grand auteur.
14 Et puis il y a la Francophonie [7], un "pays sans frontières" où des centaines de millions de gens partagent leur passion pour cette belle langue.
15 Maintenant, vous aussi, vous faites partie de cette communauté francophone,
16 composée de femmes et d'hommes qui peuvent se permettre de déclarer :
17 "Ma patrie, c'est la langue française !" ☐

Pronunciación
9 … arobas … 10 … cautshu … pacbo

Notas

1 **bienvenu** es un adjetivo: **un accord bienvenu**, *un acuerdo de bienvenida*. Como tal, cuando se usa para saludar, concuerda en género y número **Vous êtes le bienvenu** y **Soyez la bienvenue**. Pero en la expresión **souhaiter la bienvenue**, es un sustantivo y siempre lleva una "e" final: **Je vais leur souhaiter la bienvenue**, *Voy a darles la bienvenida*. Al principio de una frase, dicho como saludo, siempre usamos **bienvenue** solo: **Bienvenue dans notre nouvel appartement**, *Bienvenidos a nuestro nuevo piso* (ver lección 6). Todo esto puede parecer un poco complicado, pero la palabra, como quiera que se deletree, es comprensible al instante.

2 El francés canadiense tiene un acento y un vocabulario distintivos. Por ejemplo, **un dépanneur**, que significa *un técnico* o *mecánico* en Francia, es *una tienda de barrio*. Algunas palabras provienen del francés antiguo (**un char**, *un coche*, deriva de la palabra *carro*), mientras que otras son importadas de América y luego traducidas: **un chien-chaud**, *un perrito caliente*.

3 El francés es el idioma oficial en casi 30 países del continente africano. Muchas palabras y expresiones de estas regiones llegan al francés "oficial" a través de los diccionarios populares. Así, **un alphabète**, *una persona alfabetizada*, es una formación inversa lógica de **analphabète**, *analfabeto*; **un taxieur** es un equivalente local de *un taxista*, mientras que **une essencerie** (de **l'essence**, lección 66) es *una gasolinera* (en lugar de **une station-service**). Aunque no se utilizan en un registro formal, estos modismos muestran sin embargo que el francés es una lengua viva.

585 • **cinq cent quatre-vingt-cinq**

Centésima lección / 100

13 "Lo que no es claro, no es francés", dijo un gran autor.
14 Y luego está la francofonía, un "país sin fronteras" donde cientos de millones de personas comparten su pasión por este bonito idioma.
15 Ahora, vosotros también, sois parte de esta comunidad francófona,
16 compuesta por mujeres y hombres que pueden permitirse decir:
17 "¡Mi patria es el francés!".

---

4 Derivada de una palabra árabe, **une arobase** es el término oficial para el símbolo *arroba*, utilizado en las direcciones de correo electrónico. Sin embargo, al deletrear una dirección, algunos francófonos dicen "**at**" (en inglés) en lugar de **arobase**. Insistimos en que lo correcto es usar esta última (escucha la primera frase del Ejercicio 1).

5 **un vasistas** es *un montante* o *ventana pequeña*. La palabra proviene del interrogativo alemán **Was ist das?**, *¿Quién es?*, el brusco saludo que supuestamente gritaban por la mirilla a los sedientos visitantes franceses cuando llamaban a la puerta de las tabernas locales. Otra palabra de préstamo "afrancesada", esta vez del inglés, es **un paquebot**, *un transatlántico*, derivada del antiguo término "***packet boat***", *barco de carga*. Estos, y decenas de otros préstamos, muestran cómo el vocabulario francés se ha enriquecido a través de interacciones con otros idiomas y culturas a lo largo de los siglos.

6 El sintagma adjetival **fort(e) de** se utiliza mucho –por lo general al comienzo de una oración– en la escritura descriptiva para enfatizar una fortaleza, cualidad o ventaja. **Fort de son expérience, il a tout organisé**, *Basándose en una gran experiencia, organizó todo*. La traducción real dependerá como siempre del contexto porque, como ocurre con muchas construcciones idiomáticas, no existe una traducción única.

7 **La Francophonie** es el nombre de una organización que promueve la lengua francesa a nivel internacional. Para obtener más información, visita www.francophonie.org.

100 / Centième leçon

▶ Exercice 1 – Traduisez
❶ Envoyez-moi le document tout à l'heure par mail à l'adresse suivante : jean@assimil.fr. ❷ Forte de sa réussite en France, la société vise maintenant des marchés dans les pays francophones. ❸ Tu peux désormais passer tes appels et partager tes fichiers sans utiliser un logiciel spécifique. ❹ Voici une étude qui présente la spécificité de notre langue et notre culture. ❺ Toi aussi, tu devrais profiter des vacances pour faire un tour au Canada.

***

Exercice 2 – Complétez
❶ Este producto es ideal para eliminar alquitrán, caucho y pintura de muebles y ropa.
. . . . est idéal pour éliminer. . . . . , ... , et la peinture des . . . . et des . . . .

❷ Un analfabeto es una persona que no sabe leer ni escribir.
Un . . . . est une personne . . . .

❸ ¡Bienvenido a mi casa! Es amable de su parte darnos la bienvenida en persona.
Vous. . . . . chez moi ! C'est gentil de nous. . . . . en personne.

❹ Este taxista te llevará a tu destino en París, pero primero debe repostar en una estación de servicio.
Ce. . . . . te conduira à . . . . à Paris mais d'abord il doit . . . . à. . . . .

❺ Nuestra patria es la lengua francesa, porque todo lo que no está claro no es francés.
. . . . , c'est . . . . , car . . . .

587 • **cinq cent quatre-vingt-sept**

Centésima lección / 100

Soluciones al ejercicio 1
❶ Envíeme pronto el documento por correo electrónico a la siguiente dirección: jean@assimil.fr. ❷ Basada en su éxito en Francia, la empresa ahora se dirige a los mercados de los países de habla francesa. ❸ A partir de ahora puedes hacer tus llamadas y compartir tus archivos sin usar un programa específico. ❹ Este es un estudio que presenta la particularidad de nuestro idioma y nuestra cultura. ❺ Tú también deberías aprovechar las vacaciones para hacer un viaje a Canadá.

***

Soluciones al ejercicio 2
❶ Ce produit – le goudron – le caoutchouc – meubles – vêtements ❷ – analphabète – qui ne sait ni lire ni écrire ❸ – êtes le bienvenu – souhaiter la bienvenue – ❹ – chauffeur de taxi – ta destination – faire le plein – la station-service ❺ Notre patrie – la langue française – ce qui n'est pas clair n'est pas français

Esperamos que hayas disfrutado del curso, ¡pero aún no ha terminado! Aún tienes que completar la Fase productiva, *desde la lección 52 hasta la lección 100. Y, por supuesto, aprovechar cada oportunidad para leer, escuchar y practicar francés. Como ya dijimos antes, ¡Buen progreso!*

Fase productiva: 51.ª lección

cinq cent quatre-vingt-huit • 588

Resumen gramatical

1 Sustantivos 591
1.1 Género 591
1.2 Singular y plural 593
2 Artículos 594
2.1 Artículos definidos 594
2.2 Artículos indefinidos 594
2.3 Artículos partitivos 595
3 Adjetivos..595
3.1 Posición 595
3.2 Género 596
4 Adverbios 596
4.1 Adverbios derivados de adjetivos 596
4.2 Adverbios de tiempo 597
4.3 Posición 597
5 Verbos 597
5.1 El presente – Le présent 598
5.2 El futuro – Le futur 599
5.3 El pretérito perfecto – Le passé composé 600
5.4 El pretérito imperfecto – L'imparfait 601
5.5 El condicional – Le conditionnel 601
5.6 El pretérito pluscuamperfecto – Le plus-que-parfait 602
5.7 La voz pasiva – Le passif 603
5.8 El subjuntivo – Le subjonctif 603
5.9 Verbos pronominales 605
5.10 Verbos impersonales 606
5.11 Verbos irregulares 606
5.12 Interrogativo 608
5.13 Negativo 609
6 Pronombres 609
6.1 Pronombres sujeto 609
6.2 Pronombres de objeto directo 610
6.3 Pronombres de objeto indirecto 611
6.4 Pronombres tónicos 611
6.5 Pronombres impersonales 612
6.6 Pronombres indefinidos 612
6.7 Pronombres demostrativos 613
6.8 Pronombres relativos 614

cinq cent quatre-vingt-dix • 590

6.9 Pronombres reflexivos 614
6.10 Pronombres posesivos..614
7 Posesión 615
7.1 Marcadores de posesión..615
7.2 Adjetivos posesivos 615
7.3 Pronombres posesivos...615
8 Preposiciones 616

Esta sección repasa algunos de los principales puntos gramaticales contemplados en el libro. No pretende ser exhaustiva, sino resumir lo que has aprendido hasta ahora.

Abreviaturas

m (masculino)	fut. (futuro)
f (feminino)	imp. (pretérito imperfecto)
pl. (plural)	p.p. (participio pasado)
pres. (presente)	cond. (condicional)
perf. (pretérito perfecto)	subj. (subjuntivo)

1 Sustantivos

1.1 Género

Al igual que en español, todos los sustantivos franceses son masculinos o femeninos. Lógicamente, los sustantivos que designan a los seres masculinos, ya sean humanos o animales, son masculinos, mientras que los que designan a los seres femeninos son femeninos. En todos los demás casos, como los objetos inanimados y las nociones abstractas, hay pocas reglas e incluso menos lógica, por lo que los géneros deben aprenderse de memoria.

En singular, los sustantivos masculinos llevan el artículo definido **le** y los sustantivos femeninos llevan **la**. El plural en ambos casos es **les**. Los artículos indefinidos son, respectivamente, **un** y **une**. El plural en ambos casos es **des**. (Ver abajo).

En algunos casos, el género se puede inferir por el sufijo:
– Los sustantivos acabados en **-é** (**café**, *café / cafetería*), **-age** (**garage**, *garaje*), **-isme** (**tourisme**, *turismo*), **-eau** (**manteau**, *abrigo*),

-in (**vin**, *vino*), **-ment** (**gouvernement**, *gobierno*) y **-ou** (**bijou**, *joya*) generalmente son masculinos.

Otras categorías masculinas incluyen los nombres de los días y los meses (**le mardi**, *martes*; **en mars dernier**, *el marzo pasado*) y los idiomas (**le français**).
– Los sustantivos acabados en **-be** (**robe**, *vestido*), **-té** (**beauté**, *belleza*), **-erie** (**boulangerie**, *panadería*), **-tion** (**nation**, *nación*), **-ssion** (**émission**, *programa de TV / radio*) generalmente son femeninos.

No obstante, en ambos casos hay algunas excepciones.

• Cambio de género

Algunos sustantivos, especialmente aquellos relacionados con las personas, pueden cambiar de género dependiendo de si la persona es hombre o mujer. En la mayoría de los casos, se añade una **e** al sustantivo masculino: **un ami**, *un amigo*, **une amie**, *una amiga*; **un cousin**, *un primo*, **une cousine**, *una prima*.

Este cambio de género es especialmente habitual con sustantivos relacionados con ocupaciones o profesiones. Aquí, también, se puede agregar una **e** final a algunos sustantivos masculinos: **un avocat** → **une avocate** (*un abogado* → *una abogada*); **un étudiant** → **une étudiante** (*un estudiante / una estudiante*). Los sustantivos masculinos que terminan en **e** no cambian, pero el artículo indica el género de la persona: **un/une** o **le/la journaliste**.

Otros sustantivos masculinos cambian a femenino de la siguiente manera:
-an → **-anne**: **paysan / paysanne** (*agricultor(a)*)
-er → **ère**: **charcutier / charcutière** (*charcutero/-a*)
-ien → **ienne**: **comédien / comedienne** (*actor/actriz*)
-on → **onne**: **champion / championne** (*campeón/-ona*)

– Los sustantivos que terminan en **-teur** cambian a **-trice** (**directeur / directrice** (*director / directora*), al igual que los sustantivos más largos que terminan en **-ateur**: **programmateur / programmatrice**, *programador / programadora*.
– La mayoría de los demás sustantivos acabados en **-eur** cambian a **-euse**: **coiffeur / coiffeuse** (*peluquero/-a*).

cinq cent quatre-vingt-douze • 592

Otro sufijo femenino inmediatamente identificable es **-esse**, añadido a un sustantivo masculino que denota el rol o estatus de una persona: **un hôte → une hôtesse**, *un anfitrión / una anfitriona*.

• Sustantivos invariables en cuanto al género

Hay unos 50 sustantivos, muchos de ellos relacionados con profesiones o categorías sociales, son invariables en cuanto al género, lo que significa que pueden referirse tanto a hombres como a mujeres. En este caso, solo el artículo indica el género: **un / une dentiste**, *un / una dentista*; **un / une élève**, *un alumno / una alumna*; **un / une ministre**, *un ministro / una ministra*.

Por último, hay una veintena de sustantivos que cambian de significado según sean masculinos o femeninos. Estos incluyen **un tour**, *un recorrido, una vuelta* → **une tour**, *una torre*; y **un livre**, *un libro* → **une livre**, *una libra* (moneda o 500 gramos). Ver lección 90.

1.2 Singular y plural

La mayoría de los sustantivos forman su plural añadiendo una **s** final: **un lit / des lits**, *una cama / unas camas*; **une minute / des minutes**. No obstante, existen varias excepciones:

• No cambian en plural

Los sustantivos singulares que terminan en **-s** no cambian en plural: **un fils / des fils**, *un hijo / unos hijos*. La misma regla se aplica a los sustantivos que terminan en **-x** y **-z**: **une noix / des noix**, *una nuez / unas nueces* y **-z**: **un nez / des nez**, *una nariz / unas narices*.

• Terminación plural distinta de -s

Hay varias formas plurales irregulares, que se aplican a algunos o a la mayoría de los sustantivos en grupos identificados por sus terminaciones.
– **-eu**, **-eau -x**: **un jeu / des jeux**, *un juego / unos juegos*; **un bateau / des bateaux**, *un barco / unos barcos*
– Un pequeño grupo de sustantivos que acaban en **-ou** también añaden una **-x**: **un genou / des genoux**, *una rodilla / unas rodillas*, **un bijou / des bijoux**, *una joya / unas joyas*; todos los demás forman su plural con **-s**.

– **-al** → **-aux**: **un bocal** / **des bocaux**, *una pecera* / *unas peceras*. Entre otras excepciones: **un festival** / **des festivals**.
– **-ail** → **-aux**: un grupo de sustantivos usa esta terminación en plural, especialmente **un travail** / **des travaux**, *un trabajo* / *unos trabajos*; los demás son regulares: **un détail** / **des détails**, *un detalle* / *unos detalles*

Un plural totalmente irregular es **un œil** → **des yeux**, *un ojo* / *unos ojos*

Por último, algunos sustantivos son siempre plural, aunque no siempre coincide el número en español, y viceversa: **les connaissances**, *el conocimiento*; **les cheveux**, *el cabello*. Ver lección 49, apartado 4.

2 Artículos

2.1 Artículos definidos

Los artículos definidos son **le** para los sustantivos masculinos y **la** para los femeninos. Ambos se contraen en **l'** delante de una vocal o semivocal: **l'avion**, *el avión* (m); **l'école**, *la escuela* (f) **l'hôtel**, *el hotel* (m).

El plural para ambos géneros y todos los sustantivos es **les**.
– Cuando va precedido de la preposición **à** (*en*, *a*, etc.), **le** se convierte en **au** y **les** (independientemente del género del sustantivo) cambia a **aux**: **au bureau**, *en / a la oficina*; **aux États-Unis**, *en / a los Estados Unidos*. El artículo femenino singular **la** no cambia: **à la maison**, *en / a casa*.
– Con los artículos partitivos, **le** se convierte en **du** y **les** (independientemente del género del sustantivo) cambia a **des**: **du beurre**, *(un poco de) mantequilla*, **des fraises**, *unas fresas*. El artículo femenino singular **la** no se modifica: **de la viande**, *algo de carne*.

2.2 Artículos indefinidos

Los artículos indefinidos son **un** para los sustantivos masculinos singular y **une** para los sustantivos femeninos singular: **un croissant**, *un cruasán*; **une tartine**, *una tostada*. El plural para ambos géneros es **des**, que también es un artículo partitivo (ver abajo): **des bureaux** (m), *unas oficinas* **des chambres** (f), *unas habitaciones*. En las construcciones negativas, **des** se convierte en **de**: **Elle n'a pas de fièvre**, *No tiene fiebre*.

2.3 Artículos partitivos

Los artículos partitivos se refieren a una cantidad o parte de algo no especificada. Son **du**, **de la** (**de l'** antes de vocal) y **des**. Se pueden traducir por *algunos / un poco de* o, en la mayoría de los casos, omitir: **Nous vendons du café, de la glace, de l'eau minérale et des frites.** *Vendemos café, helado, agua mineral y patatas fritas.*

También se usa en muchas construcciones formadas por el verbo **faire** y un sustantivo: **faire du sport**, *hacer deporte*, **faire de la politique**, *hacer política* y detrás del verbo **jouer** con instrumentos musicales: **Ils jouent de la guitare**, *Ellos tocan la guitarra*.

Cuando se usa en construcciones negativas como **ne… pas** y **ne… plus**, **des** se convierte en **de** (o **d'** antes de una vocal): **Je n'ai pas de légumes**, *No tengo verduras*.

Es importante recordar que los artículos partitivos siempre se usan en francés, incluso si se omiten en la construcción equivalente en español: Con tiempo y paciencia lo lograrás, **Avec du temps et de la patience, tu réussiras.**

3 Adjetivos

Los adjetivos siempre concuerdan en género y número con los adjetivos que califican: **un nuage noir** (m sing.), *una nube negra*, **des nuages noirs** (m pl.), **une chemise noire** (f sing.), *una camisa negra*, **des chemises noires**, (f pl.)

3.1 Posición

La mayoría de los adjetivos van detrás de sus sustantivos, como en los ejemplos anteriores. Algunos, sin embargo, se colocan delante, especialmente los relacionados con la belleza (**beau**, *bonito / guapo*, **joli**, *bonito*), la edad (**vieux**, *viejo*; **jeune**, *joven*), la bondad o la maldad (**bon**, *bueno*, **mauvais**, *malo*) y la dimensión (**grand**, *alto / grande*, **haut**, *alto*).

Algunos adjetivos tienen una forma masculina irregular cuando preceden a un sustantivo que comienza con vocal o **h**. Los más comunes son **bel** (de **beau**, **belle**) **un bel endroit**, *un bonito lugar*;

nouvel (de **nouveau, nouvelle**), **un nouvel album**, *un nuevo álbum*; y **vieil** (**vieux, vieille**) **un vieil homme**, *un anciano*. El objetivo es facilitar la pronunciación (**un *nouveau album**, por ejemplo).

3.2 Género

– Muchos adjetivos femeninos se forman añadiendo una **e** a una terminación masculina: **fort**, *fuerte* → **forte**.
– Los adjetivos masculinos que terminan en **-e** no cambian en el singular femenino: **un livre triste**, *un libro triste*, **une histoire triste**, *una historia triste*. Pero los que terminan en **é** añaden una **e** en femenino: **occupé**, *ocupado*, **occupée**, *ocupada*.

Otras terminaciones masculinas singulares cambian a femenino de la siguiente manera:
-eau → **elle**: **beau, belle** (*bonito/-a, guapo/-a*)
-el → **-elle**: **professionnel, professionnelle** (*profesional*)
-en → **enne**: **moyen, moyenne** (*medio/-a, mediano/-a*)
-eux → **-euse**: **délicieux, délicieuse** (*delicioso/-a*)
-eil → **-eille**: **pareil, pareille** (*parecido/-a*)
-ier → **-ière**: **dernier, dernière** (*último/-a*)
-if → **-ive**: **positif, positive** (*positivo/-a*)
-on → **-onne**: **breton, bretonne** (*bretón/-ona*)

Algunos adjetivos comunes tienen formas femeninas irregulares, en particular: **blanc** → **blanche** (*blanco/-a*), **frais** → **fraîche** (*fresco/-a, frío/-a*), **gros** → **grosse** (*grande, gordo/-a*) y **sec** → **sèche** (*seco/-a*).

4 Adverbios

Los adverbios modifican o proporcionan más información sobre las otras partes del discurso, especialmente verbos, adjetivos y preposiciones, así como de frases y oraciones completas.

4.1 Adverbios derivados de adjetivos

La terminación típica de los adverbios de esta categoría es **-ment**, añadida generalmente al adjetivo femenino singular: **heureux** → **heureuse** → **heureusement**. Pero si el adjetivo acaba en **é**, o en **i**, el sufijo se añade a la forma masculina: **vrai, vraiment**.

– Los adjetivos que terminan en **-ent** forman su adverbio sustituyendo las últimas dos letras por una **m** y añadiendo después el sufijo habitual **-ment**: **patient** → **patiemment**.

Los adjetivos que terminan en **-ant** forman su adverbio sustituyendo las últimas dos letras por una **m** y añadiendo después el sufijo habitual **-ment**: **brillant** → **brillamment**.
– Tres formaciones irregulares importantes son **bon** → **bien** (**Je vais bien**), **mauvais** → **mal** (**Je vais mal**), y **meilleur** → **mieux** (**Je vais mieux**). Hay que destacar que **bien**, **mal** y **mieux** también pueden ser adjetivos.

4.2 Adverbios de tiempo

Aquí tienes una selección de los adverbios frecuentes que describen cuándo tiene lugar una acción, cada cuánto ocurre o lo larga que es. Tienes una lista detallada en la lección 77, apartado 2:
actuellement, *actualmente, en este momento*
alors, *entonces, en tal caso, por lo tanto*
après, *después, luego, detrás*
avant, *antes, delante*
bientôt, *pronto, dentro de poco*
d'abord, *primero, en primer lugar*
déjà, *ya, antes*
depuis, *desde, desde hace*
enfin, *al final, finalmente*
ensuite, *luego, después*
jamais, *nunca, jamás*
longtemps, *mucho tiempo*

4.3 Posición

Los adverbios suelen ir después de un verbo que consta de una sola palabra (**Il joue bien**, *Juega bien*). Cuando se usa con verbos o formaciones verbales con más de una palabra, se coloca entre las dos partes del verbo (**Il a bien joué**, *Ha jugado bien*).

5 Verbos

Hay tres conjugaciones, según la terminación del infinitivo: **-er** (Grupo 1), **-ir** (Grupo 2) y **-re**.

5.1 El presente – *Le présent*

El presente se utiliza, como en español, para expresar acciones actuales, **Elle étudie le français**, *Ella estudia francés*, futuras, **Mardi elle a cours de français**, *El martes tiene clase de francés*, o pasadas (presente histórico), **En 1996, elle commence ses études de français**, *En 1996, comienza sus estudios de francés*.

• **Grupo 1: parler,** *hablar*

Este es el grupo más grande de los tres.

je parle	yo hablo	nous parlons	nosotros/-as hablamos
tu parles	tú hablas	vous parlez	vosotros/-as habláis / usted(es) habla(n)
il/elle parle	él/ella habla	ils/elles parlent	ellos/-as hablan

El participio presente de los verbos del Grupo 1 se forma añadiendo **-ant** a la raíz: **parlant**, *que habla*.

• **Grupo 2: finir,** *terminar*, *acabar*

je finis	yo termino	nous finissons	nosotros/-as terminamos
tu finis	tú terminas	vous finissez	vosotros/-as termináis / usted(es) termina(n)
il/elle finit	él/ella termina	ils/elles finissent	ellos/-as terminan

El participio presente de los verbos del Grupo 2 se forma añadiendo **-issant** a la raíz: **finissant**, *que termina*

• **Grupo 3: attendre,** *esperar*

Este grupo generalmente afecta a los grupos acabados en **-re**. También incluye a los verbos acabados en **-oir** y en **-ir** con la misma terminación del participio que los del Grupo 1 (**-ant**).

attendre, *esperar*

j'attends	yo espero	nous attendons	nosotros/-as esperamos
tu attends	tú esperas	vous attendez	vosotros/-as esperáis / usted(es) espera(n)
il/elle attend	él/ella espera	ils/elles attendent	ellos/-as esperan

El participio presente es **attendant**, *que atiende*.

savoir, *saber*

je sais	yo sé	nous savons	nosotros/-as sabemos
tu sais	tú sabes	vous savez	vosotros/-as sabéis / usted(es) sabe(n)
il/elle sait	él/ella sabe	ils/elles savent	ellos/-as saben

El participio presente es **sachant**, *que sabe*.

dormir, *dormir*

je dors	yo duermo	nous dormons	nosotros/-as dormimos
tu dors	tú duermes	vous dormez	vosotros/-as dormís / usted(es) duerme(n)
il/elle dort	él/ella duerme	ils/elles dorment	ellos/-as duermen

El participio presente es **dormant**, *durmiente*.

Ten en cuenta que el verbo irregular **aller**, *ir*, también es un verbo del Grupo 3:

je vais	yo voy	nous allons	nosotros/-as vamos
tu vas	tú vas	vous allez	vosotros/-as vais / usted(es) va(n)
il/elle va	él/ella va	ils/elles vont	ellos/-as van

5.2 El futuro – *Le futur*

El futuro se forma añadiendo las terminaciones **-ai**, **-as**, **-a**, **-ons**, **-ez**, **-ont** al infinitivo de los verbos acabados en **-er**, **-ir** y **-re** (eliminando la **e** final):

Grupo 1: **je parlerai, tu parleras, il/elle parlera, nous parlerons, vous parlerez, ils parleront**, *yo hablaré*, etc.

Grupo 2: **je finirai, tu finiras, il/elle finira, nous finirons, vous finirez, ils finiront**, *yo terminaré*, etc.

Grupo 3: **j'attendrai, tu attendras, il/elle attendra, nous attendrons, vous attendrez, ils attendront**, *yo esperaré*, etc.

– El futuro inmediato se puede expresar con **aller** + infinitivo, como en español: **je vais finir**, *voy a terminar*.

5.3 El pretérito perfecto – *Le passé composé*

Este tiempo describe acciones que se completaron en el pasado. También se le conoce como **le passé composé** porque está "compuesto" de dos partes: un auxiliar –generalmente **avoir**, *tener* (ver Auxiliares)– y un participio pasado.

Los participios pasados de los verbos regulares de los tres grupos se forman de la siguiente manera:

Grupo 1: sustituye **-er** por **-é**
j'ai parlé, tu as parlé, il/elle a parlé, nous avons parlé, vous avez parlé, ils ont parlé

Grupo 2: sustituye **-ir** por **-i**
j'ai fini, tu as fini, il/elle a fini, nous avons fini, vous avez fini, ils ont fini

Grupo 3: sustituye **-re** por **-u**
j'ai attendu, tu as attendu, il/elle a attendu, nous avons attendu, vous avez attendu, ils ont attendu

En la lengua hablada, **le passé composé** se usa más que el resto de los pasados, por eso al traducirlo al español, no siempre corresponde con el pretérito perfecto.

• Verbos conjugados con être en vez de avoir

Todos los verbos reflexivos (ver más abajo) llevan **être** como auxiliar cuando forman el pretérito perfecto. Por ejemplo, **se lever**, *levantarse* (**je me suis levé(e)**), **se raser**, *afeitarse* (**il s'est rasé**), **s'habiller**, *vestirse* (**tu t'es habillé(e)**). A diferencia de los verbos conjugados con **avoir**, el participio pasado de los verbos que llevan **être** debe concordar con el sujeto: **elle s'est habillée, ils se sont habillés**, etc. **Être** también se usa con un pequeño grupo de verbos no reflexivos que expresan movimiento o un cambio de lugar o condición. Cinco tienen participios pasados irregulares:
aller, *ir*
arriver, *llegar*
descendre, *bajar, descender*
devenir, *volverse* – p.p. **devenu**
entrer, *entrar*

monter, *subir*
mourir, *morir* – p.p. **mort**
naître, *nacer* – p.p. **né**
partir, *irse*
rentrer, *volver a entrar*
rester, *seguir siendo*, *quedarse*
retourner, *dar la vuelta*, *devolver*
revenir, *volver*, *regresar* – p.p. **revenu**
sortir, *salir*
tomber *caer(se)*
venir, *venir* – p.p. **venu**

5.4 El pretérito imperfecto – *L'imparfait*

L'impartait describe situaciones o acciones en el pasado, sin especificar cuándo comenzaron o terminaron. Se forma eliminando la terminación **-ons** de la forma **nous** del presente y agregando **-ais**, **-ais**, **-ait**, **-ions**, **-iez** y **-aient**. Por ejemplo, **je travaillais**, **tu travaillais**, **il/elle travaillait**, **nous travaillions**, **vous travailliez**, **ils/elles travaillaient**.

La única excepción a esta regla es el verbo **être**: **j'étais**, **tu étais**, **il/elle était**, **nous étions**, **vous étiez**, **ils/elles étaient**.

5.5 El condicional – *Le conditionnel*

Para formar el condicional, hay que añadir las terminaciones del pretérito imperfecto (**-ais**, **-ais**, **-ait**, **-ions**, **-iez**, **-aient**) al infinitivo del verbo. En los verbos del Grupo 3 que terminan en **-re**, se omite la última letra antes de añadir las terminaciones:

	gagner	finir	boire
je	gagnerais	finirais	boirais
tu	gagnerais	finirais	boirais
il/elle	gagnerait	finirait	boirait
nous	gagnerions	finirions	boirions
vous	gagneriez	finiriez	boiriez
ils/elles	gagneraient	finiraient	boiraient

Esta regla se aplica a todos los verbos. Sin embargo, cuatro de los verbos irregulares más importantes cambian de raíz:

	avoir	être	aller	vouloir
j'/je	aurais	serais	irais	voudrais
tu	aurais	serais	irais	voudrais
il/elle	aurait	serait	irait	voudrait
nous	aurions	serions	irions	voudrions
vous	auriez	seriez	iriez	voudriez
ils/elles	auraient	seraient	iraient	voudraient

Otros cuatro verbos con una estructura condicional irregular son **devoir** (*deber, tener que*), **pouvoir** (*poder, ser capaz de*), **venir** (*venir*) y **voir** (*ver*):

	devoir	pouvoir	venir	voir
je	devrais	pourrais	viendrais	voudrais
tu	devrais	pourrais	viendrais	voudrais
il/elle	devrait	pourrait	viendrait	voudrait
nous	devrions	pourrions	viendrions	voudrions
vous	devriez	pourriez	viendriez	voudriez
ils/elles	devraient	pourraient	viendraient	voudraient

En una oración de causa-efecto que expresa el resultado de una situación improbable, el verbo que sigue a **si** (*si*) va en imperfecto y el segundo verbo va en condicional: **Si je pouvais vivre sans travailler je passerais mon temps à lire**, *Si pudiera vivir sin trabajar, pasaría el tiempo leyendo*.

5.6 El pretérito pluscuamperfecto – *Le plus-que-parfait*

El pluscuamperfecto se forma con un auxiliar, ya sea **avoir** o **être** (ver arriba), y el participio pasado del verbo:

	envoyer	finir	attendre
j'avais			
tu avais			
il/elle avait	envoyé	fini	attendu
nous avions			
vous aviez			
ils/elles avaient			

six cent deux • 602

5.7 La voz pasiva – *Le passif*

La voz pasiva se construye casi de la misma manera que en español, con **être**, conjugado apropiadamente, y el participio pasado, que concuerda con el sujeto del verbo pasivo.
J'envoie un mail tout de suite → Le mail est envoyé tout de suite.
Envío un correo electrónico de inmediato → El correo electrónico es enviado inmediatamente.
Max remplira la piscine demain → La piscine sera remplie demain.
Max llenará la piscina mañana → La piscina será llenada mañana.
Ils battent tous les records → Tous les records sont battus.
Ellos baten todos los récords → Todos los récords son batidos.

En pasado, **être** se convierte en **été** y los dos participios van uno detrás del otro: **Ils ont fermé le pont hier**, *Cerraron el puente ayer* → **Le pont a été fermé hier**, *El puente fue cerrado ayer*.
Si el sujeto activo se incorpora como agente en la oración pasiva, va precedido de **par**, *por*: **Le maire a fermé le pont**, *El alcalde cerró el puente* → **Le pont a été fermé par le maire**, *El puente fue cerrado por el alcalde*.

Se puede sustituir por:
– el pronombre impersonal de tercera persona **on** (ver 6.5) si el sujeto está implícito o no es importante: **On a fermé le pont**, *Han cerrado el puente.*
– un verbo pronominal, formado con **se**. Esta forma solo es posible con la tercera persona del singular o del plural: **Les voitures neuves se vendent bien cette année**, *Los coches nuevos se venden bien este año.*
Otra posibilidad para evitar la pasiva es usar **c'est** (pl. **ce sont**) para enfatizar el sujeto: **C'est mon collègue qui écrit le rapport** (en lugar de **Le rapport est écrit par mon collègue**, donde la voz pasiva es gramaticalmente correcta, pero menos idiomática).

5.8 El subjuntivo – *Le subjonctif*

El modo subjuntivo expresa sentimientos, dudas o incertidumbre sobre una situación o acción realizada por otra persona. Se usa después de verbos como **être content**, **être heureux**, **être triste** y **avoir peur**, generalmente seguidos de **que**, en oraciones compuestas con diferentes sujetos.

El presente de subjuntivo (el único que se estudia en este método) se forma a partir de la tercera persona del plural del presente, eliminando la terminación **-ent** y añadiendo las terminaciones que se muestran a continuación.

parler	choisir	mettre
je parle	je choisisse	je mette
tu parles	tu choisisses	tu mettes
il/elle parle	il/elle choisisse	il/elle mette
nous parlions	nous choisissions	nous mettions
vous parliez	vous choisissiez	vous mettiez
ils/elles parlent	ils/elles choisissent	ils/elles mettent

Estas reglas se aplican a todos los verbos regulares y a la mayoría de los irregulares.

El modo subjuntivo se usa después de:
– verbos de sentimiento o emoción, todos "subjuntados" al segundo verbo por **que**:
aimer, *gustar/querer*
attendre, *esperar*
demander, *pedir/preguntar*
douter, *dudar*
espérer, *esperar*
être content/heureux/ravi, *estar contento/feliz/alegre*
être désolé/triste, *lamentar / estar triste*
être dommage, *ser una pena/lástima*
exiger, *exigir/demandar*
insister, *insistir*
préférer, *preferir*
vouloir, *querer*

– verbos impersonales, especialmente **falloir** (*ser necesario que, hacer falta que*)
– conjunciones subordinadas, tales como **afin que** (*para que*), **bien que** (*aunque*), **pourvu que** (*siempre que*), y **quoique** (*aunque, a pesar de que*) que introducen una hipótesis o condición;
– expresiones indefinidas: **où que** (*en cualquier sitio que*), **quel que** (*lo que sea que*), **qui que** (*quien sea que*) y **quoi que** (*lo que sea que*);

– algunas conjunciones de tiempo: **avant que**, (*antes de que*), **jusqu'à ce que** (*hasta que*).

Puedes encontrar otros usos en las lecciones de revisión de este libro.

5.9 Verbos pronominales

Estos verbos se dividen en dos clases: reflexivos (el sujeto y el objeto de la acción son el mismo) y recíprocos (varios sujetos realizan la misma acción entre sí). Ambas clases van precedidas de **se** (o **s'** delante de una vocal o **h**) en infinitivo y se conjugan de la misma forma, con un pronombre sujeto y un pronombre reflexivo: **me**, **te**, **se**, **nous**, **vous**, **se**.

- **se réveiller**, *despertarse*
– Presente

je me réveille	*yo me despierto*
tu te réveilles	*tú te despiertas*
il/elle se réveille	*él/ella se despierta*
nous nous réveillons	*nosotros/-as nos despertamos*
vous vous réveillez	*vosotros/-as os despertáis / usted(es) se desperita(n)*
ils/elles se réveillent	*ellos/-as se despiertan*

– Futuro e imperfecto

je me	réveillerai	réveillais
tu te	réveilleras	réveillais
il/elle se	réveillera	se réveillait
nous nous	réveillerons	réveillions
vous vous	réveillerez	réveilliez
ils/elles se	réveilleront	réveillaient

– En el passé composé, el participio tiene que concordar con el sujeto del verbo:

je me suis réveillé(é)	nous nous sommes réveillé(e)s
tu t'es réveillé(e)	vous vous êtes réveillé(e)s*
il/elle s'est réveillé(e)	ils/elles se sont réveillé(e)s

* Cuando **vous** se usa como usted, el participio concuerda de la misma manera que para **tu**: **vous vous êtes réveillé(e)**.

Sin embargo, si el verbo reflexivo va seguido de un objeto directo, no hay concordancia: **Elle s'est lavée**, *Ella se lavó* pero **Elle s'est lavé les cheveux**, *Ella se lavó el pelo*.

5.10 Verbos impersonales

Estos se usan solo en infinitivo o en tercera persona masculina singular, con **il**. Muchos de estos verbos impersonales se relacionan con el clima: **Il neige**, *Nieva*, **Il pleuvait**, *Llovió*. Del mismo modo, las expresiones con **faire** relacionadas con el clima son impersonales: **Il fait beau**, *Hace bueno*, **Il fera chaud**, *Hará calor*.

Otra forma impersonal con **il** es **il y a**, *hay*: **Il y a un problème**, *Hay un problema*; **Il y a trois personnes dans votre bureau**, *Hay tres personas en su oficina*.

El principal verbo impersonal es **falloir**, *ser necesario, hacer falta*, etc.: **il faut** (pres.), **il faudra** (fut.), **il fallait** (imp.), **il faudrait**, (cond.). Puede ir seguido de un sustantivo o de un infinitivo, con la traducción adecuada al contexto:
Il faut de la patience, *Se necesita paciencia / Hace falta ser paciente*.
Il fallait venir plus tôt, *Sería necesario venir más pronto / Hace falta ir más pronto*.
Il me faudra plus de temps, *Necesitaré más tiempo*.

En una oración que comienza con **que**, el segundo verbo va en subjuntivo: **Il faut que vous soyez patient**, *Tiene que ser paciente*.

5.11 Verbos irregulares

Los verbos irregulares, o verbos fuertes, deben aprenderse de memoria porque no siguen el patrón habitual de conjugación. Este es particularmente el caso de los verbos del Grupo 3 (ver arriba), es decir, aquellos con infinitivos terminados en **-ir**, **-re**, **-oir** y **-oire**.

Los dos auxiliares principales son irregulares:

- **avoir**, *tener* (como auxiliar: *haber*)

	Pres.	Fut.	Perf.	Imp.	Cond.	Subj.
je / j'	ai	aurai	ai eu	avais	aurais	aie
tu / t'	as	auras	as eu	avais	aurais	aies
il/elle	a	aura	a eu	avait	aurait	aie

nous	avons	aurons	avons eu	avions	aurions	ayons
vous	avez	aurez	avez eu	aviez	auriez	ayez
ils/elles	ont	auront	ont eu	avaient	auraient	aient

- **être**, *ser*

	Pres.	Fut.	Perf.	Imp.	Cond.	Subj.
je / j'	suis	serai	ai été	étais	serais	sois
tu / t'	es	seras	as été	étais	serais	sois
il/elle	est	sera	a été	était	serait	soit
nous	sommes	serons	avons été	étions	serions	soyons
vous	êtes	serez	avez été	étiez	seriez	soyez
ils/elles	sont	seront	ont été	étaient	seraient	soient

Otros cuatro verbos de uso común también son irregulares:
- **aller**, *ir*

	Pres.	Fut.	Perf.	Imp.	Cond.	Subj.
je / j'	vais	irai	suis allé*	allais	irais	aille
tu / t'	vas	iras	es allé	allais	irais	ailles
il/elle	va	ira	est allé	allait	irait	aille
nous	allons	irons	sommes allés	allions	irions	allions
vous	allez	irez	êtes allés	alliez	iriez	alliez
ils/elles	vont	iront	sont allés	allaient	iraient	aillent

* Los verbos conjugados con **être** en **passé composé** concuerdan con el sujeto: **je suis allée** (f sing.), etc.

- **devoir**, *deber / tener que*

	Pres.	Fut.	Perf.	Imp.	Cond.	Subj.
je / j'	dois	devrai	ai dû	devais	devrais	doive
tu / t'	dois	devras	as dû	devais	devrais	doives
il/elle	doit	devra	a dû	devait	devrait	doive
nous	devons	devrons	avons dû	devions	devrions	devions
vous	devez	devrez	avez dû	deviez	devriez	deviez
ils/elles	doivent	devront	ont dû	devaient	devraient	doivent

- **faire**, *hacer*

	Pres.	Fut.	Perf.	Imp.	Cond.	Subj.
je / j'	fais	ferai	ai fait	faisais	ferais	fasse
tu / t'	fais	feras	as fait	faisais	ferais	fasses
il/elle	fait	fera	a fait	faisait	ferait	fasse
nous	faisons	ferons	avons fait	faisions	ferions	fassions
vous	faites	ferez	avez fait	faisiez	feriez	fassiez
ils/elles	font	feront	ont fait	faisaient	feraient	fassent

- **pouvoir**, *poder / ser capaz de*

	Pres.	Fut.	Perf.	Imp.	Cond.	Subj.
je / j'	peux	pourrai	ai pu	pouvais	pourrais	puisse
tu / t'	peux	pourras	as pu	pouvais	pourrais	puisses
il/elle	peut	pourra	a pu	pouvait	pourrait	puisse
nous	pouvons	pourrons	avons pu	pouvions	pourrions	puissions
vous	pouvez	pourrez	avez pu	pouviez	pourriez	puissiez
ils/elles	peuvent	pourront	ont pu	pouvaient	pourraient	puissent

- **vouloir**, *querer*

	Pres.	Fut.	Perf.	Imp.	Cond.	Subj.
je / j'	veux	voudrai	ai voulu	voulais	voudrais	veuille
tu / t'	veux	voudras	as voulu	voulais	voudrais	veuilles
il/elle	veut	voudra	a voulu	voulait	voudrait	veuille
nous	voulons	voudrons	avons voulu	voulions	voudrions	voulions
vous	voulez	voudrez	avez voulu	vouliez	voudriez	vouliez
ils/elles	veulent	voudront	ont voulu	voulaient	voudraient	veuillent

5.12 Interrogativo

Hay tres formas de formar el interrogativo de un verbo: coloquial, informal y formal. Por ejemplo, para preguntar: *¿Vienes?* puedes:
– marcar una entonación ascendente al final de la frase u oración: **Tu viens ?**

– poner delante del verbo **est-ce que**: **Est-ce que tu viens ?**
– invertir la posición del verbo y el pronombre: **Viens-tu ?**

En la forma invertida, si la tercera persona del singular termina en vocal, se inserta una t entre el verbo y el pronombre, unida a ellos por guiones, para facilitar la pronunciación: **aime-t-il ?**

• **Palabras interrogativas**

combien, *cuánto(s)*
comment, *cómo*
où, *dónde*
pourquoi, *por qué*
quand, *cuándo*
que, *qué*
quel/quelle/quels/quelles, *cuál / qué*
qui, *quién*
quoi, *qué*

5.13 Negativo

Para formar el negativo simple, se coloca **ne** (o **n'** si va seguido de una vocal, **h** o **y**) antes del verbo y **pas** inmediatamente después: **il ne pense pas**, *él no piensa*, **elle n'habite pas**, *ella no vive (en)*, **vous n'aimez pas**, *no os gusta*, **n'y pensez pas**, *no pienses en eso*.

Se necesitan siempre dos palabras para formar el negativo, pero **pas** se puede sustituir por otra palabra, en particular **jamais**, **personne**, **plus** y **rien**:
Nous ne l'avons jamais vu, *No lo hemos visto nunca*.
Il n'y a personne, *No hay nadie*.
Il ne fume plus, *Ya no fuma*.
Je n'ai rien, *No tengo nada*.

6 Pronombres

Los pronombres sustituyen a los sustantivos o frases nominales. Se pueden dividir en varias categorías, según el papel que desempeñen.

6.1 Pronombres sujeto

Estos pronombres reemplazan al sujeto de la oración, ya sea animado o inanimado:

je / j'	yo	nous	nosotros/-as
tu	tú	vous	vosotros/-as usted(es)
il	él	ils	ellos
elle	ella	elles	ellas

La primera persona del singular **je** se escribe **j'** cuando va delante de una palabra que comienza con una vocal y de algunas que comienzan con h: **j'attends**, *espero*; **j'hésite**, *dudo*.

• *tu y vous*

Tu es el pronombre personal para la segunda persona del singular que se usa con miembros de la familia, amigos, niños y animales. También se utiliza para comunicarse con personas en situaciones sociales o profesionales semejantes, ya sea cara a cara o electrónicamente. El equivalente formal, **vous**, se usa al dirigirse a extraños, personas con autoridad, ancianos y en el tratamiento de cortesía. **Vous** también es el pronombre de la segunda persona del plural para ambos géneros. Ver la lección 35, apartado 6 para más detalles sobre cuándo usar **tu** (**tutoyer**) o **vous** (**vouvoyer**).

6.2 Pronombres de objeto directo

Estos pronombres sustituyen al sustantivo que designa a la persona o cosa directamente afectada por la acción del verbo.

me	*me*	nous	*nos*
te	*te*	vous	*os (vosotros/-as) lo(s) / la(s) (usted(es))*
le	*lo*	les	*los / las*
la	*la*		

Ten en cuenta que los cuatro pronombres singulares se eliden delante de una vocal, lo que significa que las formas masculina y femenina de la tercera persona son idénticas: **m'appelle**, **t'appelles**, **l'appelle**.

• **Diferencia con el español**

En la forma imperativa el pronombre va detrás del verbo unido a él con un guion: **Prends-le**, *Tómalo*. En este tipo de construcción, la primera persona del singular cambia de **me** a **moi**: **Répondez-moi**, *Respóndeme*.

6.3 Pronombres de objeto indirecto

me	*me*	nous	*nos*
te	*te*	vous	*os, les (a ustedes)*
lui	*le*	leur	*les*

Me y **te** se eliden en **m'** y **t'** delante de una vocal.
Son los mismos que los pronombres de objeto directo, excepto en la tercera persona del singular (que no tiene distinción de género) y del plural. Al igual que aquellos, también van delante del verbo y, en muchos casos, se usan con verbos seguidos de **à**: **Il parle à sa fille** → **Il lui parle**; *Él habla con su hija* → *Él le habla*. (Ten en cuenta que **à** se convierte en **au** o **aux** cuando precede a **le** y **les**: **Le maire écrit aux habitants** → **Il leur écrit**, *El alcalde escribe a los ciudadanos* → *Les escribe*.

6.4 Pronombres tónicos

Los pronombres tónicos (o enfáticos) se utilizan cuando un pronombre personal se enfatiza o contrasta con otro pronombre o sustantivo, siempre referido a una persona.

moi	*yo / mí, conmigo*	nous	*nosotros*
toi	*tú / ti, contigo*	vous	*vosotros, ustedes*
lui	*él / sí, consigo*	eux	*ellos / sí, consigo*
elle	*ella / sí, consigo*	elles	*ellas / sí, consigo*

A menudo se usan además de un pronombre sujeto para darle mayor peso: **Toi, tu es en retard**, *Llegas tarde* (lo que sugiere que las otras personas llegaron a tiempo). Pueden aparecer al principio o al final de una oración corta (**Tu es en retard, toi**) o entre dos cláusulas en una oración más larga:
Je voulais regarder le match, moi, mais Rémi ne voulait pas, *Quería ver el partido, pero Rémi no*.

En todos los casos, se enfatizan (de ahí el nombre) cuando se pronuncian en voz alta.

Los pronombres tónicos se pueden usar solos en respuesta a una pregunta:
Qui veut du café ? – Moi !, –*¿Quién quiere café? –¡Yo!*
Para añadir aún más énfasis, se puede agregar **-même** (**-mêmes** en plural) a un pronombre tónico. Esto es equivalente a *yo mismo*, *tú mismo*, etc. **Fais-le toi-même**, *Hazlo tú mismo*.

Hay otro pronombre tónico, **soi**, que es equivalente a *uno / uno mismo*, pero menos formal. Se usa con pronombres indefinidos como **chacun** o **tout le monde**: **Chacun pour soi**. *Cada uno para sí mismo*.

6.5 Pronombres impersonales

El pronombre impersonal **on** es básicamente el equivalente a *se*. Así, **On dit que son dernier film est très mauvais** podría traducirse por *Se dice que su última película es muy mala*. Pero, dependiendo del contexto, también podría traducirse por el ellos impersonal: *Dicen que su última película es muy mala*.

En el francés informal moderno, **on** sustituye generalmente a **nous**: **On va à la campagne ce week-end**, *Nos vamos al campo este fin de semana*. Este uso debería limitarse a la comunicación oral, pero es común en todo tipo de contextos.

6.6 Pronombres indefinidos

Los principales pronombres indefinidos vistos en este método son:

- **quelqu'un**, *alguien*: **Il y a quelqu'un au téléphone**, *¿Hay alguien al teléfono?* / **Y-a-t'il quelqu'un ?** *¿Hay alguien ahí?* En este contexto, **quelqu'un** se aplica tanto a sustantivos masculinos como femeninos.

- **quelque chose**: *algo*: **J'ai quelque chose à vous dire**, *Tengo algo que decirle*; **Avez-vous besoin de quelque chose ?** *¿Necesita algo?* Ten en cuenta que el pronombre consta de dos palabras, a diferencia de **quelqu'un**.

- **rien**: *nada*: **Il n'y a rien dans les placards**, *No hay nada en los armarios*. **Rien** se usa con un verbo en negativo, reemplazando **pas** en la segunda parte de la negación.

- **chacun / chacune**: *cada uno/-a*: **Je lis chacun de mes mails attentivement**, *Leo cada uno de mis emails con atención*.

- **tout**: *todo*: **Ils ont tout compris**, *Lo entendieron todo*. No confundir con **tous / toutes**.

- **tous / toutes**: *todo/-a/-os/-as*: **Nous avons tous fait des efforts**, *Todos nosotros hemos hecho esfuerzos*; **Elles sont toutes contentes**, *Están todas contentas*. La **s** final de **tous** se pronuncia cuando la palabra se usa como pronombre.

6.7 Pronombres demostrativos

• Definidos

Los pronombres demostrativos definidos son **celui**, **celle**, **celles** y **ceux**. Son los equivalentes a *el*, *la*, *las*, *los*.
Si tu cherches un restaurant/une pizzeria, celui / celle près de la gare est bon/bonne, *Si estás buscando un restaurante/una pizzería, el / la que está cerca de la estación es bueno/-a*.
Para indicar proximidad o lejanía, se pueden añadir los adverbios **-ci** y **-là** al pronombre: **Lequel de ces deux chapeaux/casquettes est-ce que tu préfères : celui-ci/celle-ci ou celui-là/celle-là ?** *¿Cuál de estos dos sombreros/estas dos gorras prefieres: este/-a o aquel/aquella?* La misma regla se aplica al plural: **ceux-ci / celles-là**.

• Indefinidos

Los pronombres demostrativos indefinidos son **ce** (**c'** delante de vocal) y **cela/ça** y **ceci**. Funcionan como determinantes neutros:

– **ce**
Se usa generalmente con el verbo **être**, y significa *esto(s)*, *eso(s)* y *aquello(s)*, aunque en la traducción al español muchas veces se omite.
C'est une idée intéressante, *(Esta/Esa/Aquella) Es una idea interesante*.
Ce sont nos meilleurs amis, *(Estos/Esos/Aquellos) Son nuestros mejores amigos*.
Con **c'est** y **ce** se usan los pronombres tónicos: **C'est lui**, *Es él*.

– **cela / ça**
Cela, generalmente se abrevia como **ça** en el francés hablado, y significa *eso*, *aquello*. Se usa generalmente en relación a un objeto o noción abstracta:
Ne dites pas ça, *No digas eso*.
Cela ne me concerne pas, *Eso no me concierne*.

6.8 Pronombres relativos

Los pronombres relativos son **qui** y **que**, equivalentes a *quien*, *que*, *el/la/los/las que*, y *al que/a la que/a los que/a las que*. Ten en cuenta que **que**, pero no **qui**, cambia a **qu'** antes de una vocal. Relacionan (de ahí que se llamen "relativos") tanto a las personas como a las cosas, con **qui** como sujeto y **que** como objeto directo.

• **Principal diferencia con el español**

Aunque **qui** generalmente se traduce como *quien*, también puede referirse a algo que sirve como sujeto de una oración: **Il y a un train qui part pour Lyon vers midi**, *Hay un tren que sale para Lyon alrededor del mediodía*. **Qui** siempre va seguido de un verbo.

Que sustituye al objeto directo y va precedido por un sustantivo o pronombre: **L'homme que vous cherchez est assis là-bas**, *El hombre (al) que buscas está sentado allí*.

Cuando un pronombre relativo se relaciona con una cosa específica (pero no con una persona) y va detrás de una preposición como **sur** o **pour**, usamos **lequel**, **laquelle**, **lesquels** y **lesquelles**: **Le journal pour lequel / L'entreprise pour laquelle ils travaillent est basé(e) en Belgique**, *El periódico / La empresa para la cual trabajan tiene su sede en Bélgica*.

6.9 Pronombres reflexivos

Los pronombres reflexivos son:

me	*me*	nous	*nos*
te	*te*	vous	*os, se (usted(es))*
se	*se (él / ella)*	se	*se (ellos / ellas)*

La **e** en **me**, **te** y **se** se abrevian (**m'**, **t'**, **s'**) si los pronombres se usan antes de una vocal: **je m'appelle**, etc.
Ver Verbos reflexivos para más información.

6.10 Pronombres posesivos

Ver abajo, apartado 7.2.

7 Posesión

7.1 Marcadores de posesión

Cuando se usa el artículo partitivo **de** para indicar posesión (*El ordenador de Yasmine*), **de** se convierte en **d'** delante de una vocal o de **h** e **y**: **d'Anna** / **d'Henri** / **d'Yvon**.)

7.2 Adjetivos posesivos

Los adjetivos posesivos, como todos los adjetivos, concuerdan en género y número con el sustantivo al que califican:

mon/ma/mes	*mi, mis*	**notre / nos**	*nuestro/-a, nuestro/-as*
ton/ta/tes	*tu, tus*	**votre / vos**	*vuestro/-a, vuestros/-as su, sus*
son/sa/ses	*su, sus*	**leurs**	*su, sus*

• **Principal diferencia con el español**

Las tres personas del singular concuerdan con el género y número del objeto poseído: **mon oncle**, **ta tante**, **sa nièce**, **ses neveux**, *mi tío, tu tía, su sobrina, sus sobrinos*. Sin embargo, la primera y segunda personas del plural tienen la misma forma para el masculino y el femenino: **notre oncle**, **votre tante**, *nuestro tío, vuestra tía* y la tercera persona del plural solo tiene una forma tanto para singular como para plural: **leur oncle**, **leurs oncles**, *su tío, sus tíos*. Sin embargo, para facilitar la pronunciación, los adjetivos masculinos singulares se utilizan con sustantivos femeninos delante de vocal o **h**: **mon amie** (f), **mon horloge** (f).

7.3 Pronombres posesivos

Masculino	Feminino
le(s) mien(s) *el/los mío(s)*	**la / les mienne(s)** *la(s) mía(s)*
le(s) tien(s) *el/los tuyo(s)*	**la / les tienne(s)** *la(s) tuya(s)*
le(s) sien(s) *el/los suyo(s)*	**la / les siennes** *la(s) suya(s)*
le(s) nôtre *el/los nuestro(s)*	**la / les nôtre(s)** *la(s) nuestra(s)*

le(s) vôtres	la / les vôtre(s)
el/los vuestro(s)	*la(s) vuestra(s), la(s) suyas(s) (de usted(es)*
le(s) leur(s)	la / les leur(s)
el/los suyo(s)	*la(s) suya(s)*

Observa el circunflejo que llevan **nôtre** y **vôtre** para distinguir el pronombre del adjetivo posesivo (ver más abajo).

8 Preposiciones

Aquí tienes una lista con las preposiciones de uso más frecuente. Como sabes, las preposiciones no suelen tener una traducción y uso igual en los distintos idiomas, por eso te recomendamos que te aprendas de memoria las expresiones más comunes.

à	*en, a, para, hacia*
après*	*después, detrás*
avant*	*antes, delante*
avec*	*con*
chez	*en/a (casa de)*
contre*	*contra*
dans	*en, entre, durante*
de	*de*
depuis*	*desde, desde hace*
derrière*	*detrás*
devant*	*delante*
en	*en, a, de*
entre	*entre*
par	*por, en*
pendant	*durante*
pour	*para, por*
près de	*cerca de*
sous	*bajo, debajo de*
sur	*sobre, en, por*
vers	*hacia, a*

* Usado también como adverbio.

Bibliografía

1 Gramática y vocabulario

Vv. Aa., Bescherelle: *La conjugaison pour tous*, Hattier, 2012
Vv. Aa., Bled - *Orthographe en poche*, Hachette, 2008
Vv. Aa. *Conjuguer les verbes en français*, Ediciones SM, 2005
Vv. Aa., *Gramática francesa*, Espasa Libros, 2019
Vv. Aa., *Gramática francesa*, LAROUSSE, 2012
Vv. Aa., *Gramática visual francés* PONS, SGEL, 2019
Vv. Aa., *Los verbos del francés*, De Vecchi, 2010
Vv. Aa. *Verbos franceses*, Espasa, 2019

Ficción

Los grandes de la literatura francesa, como Victor Hugo y Honoré de Balzac, son de sobra conocidos por todos, pero en la literatura francesa también hay otros grandes escritores, quizás más accesibles para los estudiantes de francés. A continuación, te ofrecemos una breve lista de títulos de autores más modernos, incluidos belgas y canadienses.

BARBERY, Muriel, *L'élégance du hérisson*, Gallimard, 2006

BEGAG, Azouz, *Le Gone du Chaâba*, Editions du Seuil, 1986
La historia autobiográfica de un joven argelino que crece en un barrio de chabolas cerca de Lyon (*un gone* es una palabra de la jerga de Lyon para "niño").

CAMUS, Albert, *L'Etranger*, Folio.

CARRIER, Roch, *Les Enfants du bonhomme dans la lune*, 10 sur 10, 2007
Colección de relatos de uno de los novelistas canadienses más conocidos.

DICKER, Joël, *La Vérité sur l'affaire Harry Quebert*, Éditions de Fallois / L'Âge d'Homme, 2012
Un thriller literario de un autor suizo contemporáneo que ganó el Grand Prix du roman de l'Académie française.

DIOME, Fatou, *Le Ventre de l'Atlantique*, Le Livre de Poche, 2005
La primera novela de un escritor franco-senegalés.

MAALOUF, Amin, *Le Rocher de Tanios*, Grasset, 1993
El autor franco-libanés ganó el prestigioso premio Goncourt con esta novela establecida en el Líbano en el siglo XIX.

MODIANO, Patrick, *Pour que tu ne te perdes pas dans le quartier*, Gallimard, 2014
Una evocadora novela corta del ganador del Premio Nobel de Literatura de 2014.

NOTHOMB, Amélie, *Stupeur et tremblements*, Albin Michel, 1999
La primera novela de una popular escritora nacida en Bélgica, que trata sobre las diferencias culturales y la "extranjería".

PENNAC, Daniel, *La Saga Malaussène*, Folio, 1985-1999
Seis novelas caprichosas sobre el sufrido Monsieur Malaussène y su familia en un barrio obrero de París.

SAGAN, Françoise, *Bonjour tristesse*, Julliard, 1954
Primera novela de Sagan, publicada cuando él tenía solo 18 años.

SAINT-EXUPERY (Antoine de), *Le Petit prince*, Collection Folio, Gallimard
Esta famosa novela es el tercer libro más traducido del mundo.

La bande dessinée es un formato inmensamente popular en los países de habla francesa, especialmente en Francia y Bélgica. Una de las series más conocidas es *Las aventuras de Astérix el Galo*. El juego de palabras a veces puede ser difícil de seguir, pero los libros son una forma realmente divertida de aprender francés.

Otra posibilidad es elegir un libro en español que conozcas bien y leerlo en paralelo con la traducción al francés.

Por último, mantente actualizado con las noticias y la actualidad a través de medios digitales como francetvinfo.fr (Francia), rtbf.be (Bélgica), letemps.ch (Suiza) y lapresse.ca (Canadá).

Léxicos

Estos dos léxicos (francés-español / español-francés) contienen todas las palabras utilizadas en este curso. El primero da la traducción al español de la palabra o término francés como se usa en la lección o notas. Si una palabra tiene varias traducciones, estas se muestran junto con el número de la lección en la que cada una aparece por primera vez. Dado que todos estos elementos léxicos se utilizan en un contexto específico, no hemos intentado dar una lista exhaustiva de todas las posibles traducciones. Por eso, un buen diccionario bilingüe es una herramienta útil.

El léxico español-francés te permite buscar rápidamente una palabra o expresión utilizada en una lección, nota o módulo de revisión. Aquí también son posibles otras traducciones, según del contexto.

Los sustantivos van acompañados de su género. Los adjetivos se dan en masculino, con la variante femenina al lado (**fort/-e**, *fuerte*). Si solo se da una forma, se aplica a ambos géneros (**difficile**, *difícil*).

A continuación se muestra una lista de las abreviaturas utilizadas en los léxicos, que aparecen en cursiva y entre paréntesis:

f	femenino
m	masculino
sing	singular
pl	plural
adv	adverbio
conj	conjunción
col	coloquial
fig	figurativo
qqn	quelqu'un
v	verbo

Francés - Español

A

à	a 4, 6; en 50
abandonner	abandonar 55; rendir(se) 58
abbaye *(f)*	abadía 58
abîmer	estropear 90
abonnement (carte d'~)	abono 44
abonner (s'~)	abonarse 44
abord (d'~)	primero 24
abricot *(m)*	albaricoque 53
absenter (s'~)	ausentarse 56
absolument	por supuesto 6
abstenir (s'~)	abstenerse 54
accent *(m)*	acento 52
accepter	aceptar 52
accès	acceso 80
accident *(m)*	accidente 43
accompagner	acompañar 25
accomplir	lograr 75
accord (d'~)	de acuerdo 10
accord (être d'~)	estar de acuerdo 23; estar de acuerdo 44
accord *(m)*	acorde 75
accroître	aumentar 86
accueil *(m)*	bienvenida, recibimiento 41
accueillant/-e	acogedor/a 100
accueillir	dar la bienvenida 41; recibir 41, 62; acoger 95
achat *(m)*	compra 53
acheter	comprar 11
acier *(m)*	acero 80
acteur / actrice	actor/actriz 40
action *(f)*	acción 40
activité *(f)*	actividad 86, 95
actualité *(f)*	actualiad, noticia 95
actualités *(f pl)*	boletín de noticias 95
actuellement	actualmente, ahora 15
addition *(f)*	cuenta, suma 26
admettre	admitir 95
admirer	admirar 45
adopter	adoptar 71
adoré/-e	querido/a 85; adorado/a 92
adorer	adorar 29
adoucir	suavizar 96
adoucissant *(m)*	suavizante 96

six cent vingt • 620

adresse *(f)*	dirección 8
adroit/-e	hábil 81
adversaire *(m)*	adversario 54
aéroport *(m)*	aeropuerto 27
affaire *(f)*	asunto 71
affaire à (avoir ~)	tratar 81
affaires *(pl)*	negocio 47; asuntos 61
affamé/-e	hambriento/a 57
affectueusement	cariñosamente 71
affichage *(m)*	visualización 44
affiche *(f)*	anuncio 44
afficher	mostrar 44
affirmer	afirmar 86
affoler (s'~)	alarmar 96
affreux/-euse	horror 59
Afrique	África 100
âge *(m)*	edad 9
agence *(f)*	oficina 85
agenda *(m)*	agenda 18
agent *(m)*	agente 37, 46
agent immobilier	agente inmobiliario 37
agglomération *(f)*	aglomeración 87
agir	actuar 66
agir de (s'~)	tratar(se) de 82
agitation *(f)*	malestar 93
agneau *(m)*	cordero 69
agréable	agradable 64
agressif/-ive	agresivo/a 43, 89
agriculteur/-trice	agricultor/a 95
agriculture *(f)*	agricultura 95
agroalimentaire *(m)*	agroalimentario/a 80
aide *(f)*	ayuda 5
aider	ayudar 19
aïe !	¡ay! 94
ailleurs	otra parte 65
ailleurs (d'~)	por cierto 65; de hecho 89
aimable	amable 47
aimer	gustar 22, 40
ainsi que	así como 41
air (avoir l'~)	parecer 24
air *(m)*	aire 24
ajouter	añadir 53
alarme *(f)*	alarma 95
album *(m)*	álbum 75
alentours de (aux ~)	alrededor de 95
aliment *(m)*	alimento 83
alimentation	alimentación 94

alléger	aligerar 96
Allemagne	Alemania 43
allemand/-e	alemán/ana 77
aller	ir 53
aller (simple) *(m)*	billete de ida 44
aller *(v)*	ir 1, 7, 11
aller bien (à qqn)	quedar bien (a alguien) 74
aller-retour (billet) *(m)*	billete de ida y vuelta 44
allez-y !	adelante 12
Allô ?	¿Diga?¿ 30
allons-y	vamos 11
alors	entonces 10, 12, 59
alors que	mientras que 45
alphabet *(m)*	alfabeto 7
alphabète (francés africano)	alfabeto/a 100
alsacien/-ne	alsaciano/a 34, 96
amande *(f)*	almendra 87
amasser	acumular 77
amateur/-trice	aficcionado/a 39
ambassadeur/-drice	embajador/a 20
ambiance *(f)*	ambiente 23
ambitieux/-euse	ambicioso/a 69
ambulant/-e	ambulante 89
amende *(f)*	multa 99
amener (qqn)	llevar (a alguien) 68; traer (a alguien) 79
amer/-ère	amargo/a 87
américain/-e	americano/a 20
Amérique	América 98
ami / amie	amigo/a 3
amour *(m)*	amor 85
amoureux/-euse	enamorado/a 68
amusant/-e	divertido/a 52
amuser	divertir 47
amuser (s'~)	divertirse 50
an *(m)*	año 9
analphabète	analfabeto 100
ancien/-ne	viejo/a 16; antiguo/a 16, 93
andouille (faire l'~)	hacer el tonto 83
andouille *(f)*	salchicha frita de costillas de cerdo, bobo/a 83
âne *(m)*	burro 69
anecdote *(f)*	anécdota 81
ange *(m)*	ángel 92
anglais/-e	inglés/esa 35, 57, 72
angle *(m)*	esquina 60
animal *(m)*	animal 69
animé/-e	animado/a 39

six cent vingt-deux • 622

année *(f)*	año 19
anniversaire *(m)*	cumpleaños 13; aniversario 29
annoncer	pronosticar 85; anunciar 85, 93
annuel/-le	anual 39
annulation *(f)*	anulación 41
annuler	cancelar 44
antenne *(f)*	antena 30, 83; onda 83
août *(m)*	agosto 18
apercevoir	ver 60
appareil *(m)*	aparato 31
apparemment	evidentemente 76
apparence (en ~)	aparentemente 55
apparence *(f)*	apariencia 55
appartement *(m)*	piso 23, 37; apartamento 37
appel *(m)*	llamada 38
appel à (qqn) (faire ~)	apelar (a alguien), invocar 72
appeler	llamar 3
appétit *(m)*	apetito 52
applaudir	aplaudir 23
appli *(f)*	app 41
application *(f)*	aplicación 41
apporter	traer 26
apprécié/-e	apreciado/a 39, 71
apprécier	gustar 45; disfrutar 58
apprendre	enterarse 38; enseñar 57
apprenti *(m)*	aprendiz 79
approche *(f)*	enfoque 62
approvisionner	abastecer 66
après	después 8, 60
après (d'~)	según 64
après-demain	pasado mañana 30
après-midi *(m/f)*	tarde 15
après-ski (l'~)	*après-ski* 65
architecte	arquitecto/a 16
argent *(m)*	dinero 20; plata 31
argentique	analógico/a 61
argot *(m)*	jerga 47
arme *(f)*	arma 93
armé/-e	armado/a 95
armoire *(f)*	armario 47
armoire à pharmacie	botiquín 73
arobase *(f)*	arroba (símbolo) 100
arracher	tirarse 62
arrêt *(m)*	parada 16, 95
arrêter	parar 34; arrestar 90
arrêter (s'~)	parar(se) 51; terminar(se) 52
arrivée *(f)*	llegada 34

623 • **six cent vingt-trois**

arriver	llegar, volver 26
arriver à	conseguir, llegar a 78
arrondir	redondear 37
arrondissement *(m)*	distrito 8, 37
arroser	regar 36
art *(m)*	arte 39
artichaut *(m)*	alcachofa 84
article *(m)*	artículo 43, 53
artisan/-e	trabajador/a 66
artiste *(m/f)*	artista 34, 71
as *(m)*	as 94
ascenseur *(m)*	ascensor 27
Ascension (l'~)	Ascension 78
aspirateur *(m)*	aspirador 30
assassin/-e	asesino/a 87
assassinat *(m)*	asesinato 88
assemblée *(f)*	asamblea 66
asseoir (s'~)	sentarse 24, 33
assez	bastante 17
assez (de)	suficiente 45
assis (être ~)	estar sentado 48
assistance *(f)*	asistencia, servicio de asistencia 94
assister	asistir 94
associé/-e	socio/a 79
assoiffé/-e	sediento/a 93
assortir	ir a juego 46
assurance *(f)*	seguros 72
assurer	asegurar 31, 100
atelier *(m)*	taller 94
atout *(m)*	virtud 86
atroce	atroz 55
attaquer	atacar 81
attaquer à (s'~)	abordar 99
attendre	esperar 5
attendre à (s'~)	esperar 59
attente *(f)*	espera 38; expectativa 52
attentif/-ive	atento/a 81
attention (faire ~)	tener cuidado 44
attention *(f)*	cuidado 44
attirer	atraer 65
attribuer	conceder 39
aube *(f)*	alba 79
auberbe *(f)*	albergue 83
auberge de jeunesse	albergue juvenil 83
aucun/-e	ningún/uno/a 46, 53
au-delà	más allá 80
au-dessus	encima 37; por encima 62

six cent vingt-quatre • 624

audience *(f)*	audiencia 55
audioguide *(m)*	audioguía 71
audiovisuel/-elle	audiovisual 52
auditeur/-trice	oyente 61
augmentation *(f)*	aumento 80
augmenter	aumentar 81
aujourd'hui	hoy 8
auparavant	anteriormente 72; antes 77
aurore *(f)*	amanecer 89
aussi	también 3, 10
aussi … que	tan… como 45
aussitôt	inmediatamente 72; en cuanto 90
autant (pour ~)	por eso 90
autant que	todo lo 50
auteur / autrice	autor/a 76
automatique	automático/a 44
automne *(m)*	otoño 34
automobile	automovilístico/a 97
automobile *(f)*	vehículo 99
autoriser	autorizar 96
autorité *(f)*	autoridad 82
autoroute *(f)*	autopista 30
autour	alrededor 37
autre	otro/a 16
autre (un/-e ~)	otro/a 18
autrefois	antiguamente 57
autrement	en otras palabras 68
avaler	tragar 24
avance (d'~)	de antemano 71
avancé/-e	avanzado/a 97
avancement *(m)*	ascenso 72
avancer	avanzar 44
avant	antes 8
avantage *(m)*	ventaja 99
avant-hier	antes de ayer 67
avant-propos *(m)*	prólogo 92
avec	con 4
avenir *(m)*	futuro 23
aventure *(f)*	aventura 39
avenue	avenida 16
avérer (s'~)	resultar 90
avertir	advertir 37
avertissement *(m)*	advertencia 37
aveugle	ciego/a 68
avion (prendre l'~)	tomar el avión 18
avion *(m)*	avión 18
avis *(m)*	opinión 27

avocat/-e	abogado/a 45
avoir *(v)*	tener 4, 6
avouer	admitir 75
avril *(m)*	abril 21
azur *(m)*	azul 64

B

bagage *(m)*	maleta 6
bagnole *(f) (argot)*	coches 88
bague *(f)*	anillo 36
baigner (se ~)	bañar(se) 64
bain *(m)*	baño 6
baisser	bajar 61
baisser les bras	rendir(se) 61
balader (se ~)	dar(se) un paseo 59
balai *(m)*	escoba 19
balcon *(m)*	balcón 67
balle *(f)*	bala 88; pelota 97
banane *(f)*	plátano 11
banc *(m)*	banco 97
bande *(f)*	banda 89
bande de copains	grupo de amigos 89
bande-annonce *(f)*	tráiler 40
bandit *(m)*	bandido/a 88
banlieue *(f)*	alrededores 16
banque *(f)*	banco 85
banquier	banquero 18
baptiser	bautizar 71
bar *(m)*	bar 60
baragouiner	farfullar 57
barbe *(f)*	barba 62
barre *(f)*	listón 97
bar-tabac *(m)*	café 23
bas (en ~ de)	al pie de 51
bas (en ~)	abajo 51
bas / basse	bajo/a 48
basket-ball	baloncesto 43
basque	vasco/a 52
bateau *(m)*	barco 45
bâtiment *(m)*	edificio 16
battre	golpear 55
battre (se ~)	pelear(se) 55
battre un record	batir un récord 55
bavard/-e	charlatán/ana 67
bavarder	caharlar, charlar 67
beau / belle	guapo/a 14, 19; bonito/a, encantador/a 19; mejor 64

six cent vingt-six • 626

beaucoup	mucho/a(s) 5, 8
beau-frère *(m)*	cuñado 47
beau-père *(m)*	suegro 19
beauté *(f)*	belleza 61
belge	belga 86
Belgique *(f)*	Bélgica 20
belle-famille	familia política 19
belle-mère *(f)*	suegra 19
belle-sœur *(f)*	cuñada 47
belote *(f)*	juego de cartas francés 97
bénir	bendecir 92
besoin de (avoir ~)	necesitar 11
bête	tonto/a 40
bête *(f)*	animal, bicho 40
bêtement	tontamente 94
beurre *(m)*	mantequilla 2, 11
beurré/e	con mantequilla 2
bibliothèque *(f)*	biblioteca 65
bicyclette *(f)*	bicicleta 59
bien	bien 1; bueno/a 47
Bien !	bien 9
bien que	aunque 81
bien sûr	por supuesto 10
bien-être *(m)*	bienestar 20
bientôt	pronto 62
bienvenue *(f)*	bienvenido/a 6
bière *(f)*	cerveza 26
bijou *(m)*	joya 34, 92
bijoutier/-ère	joyero/a 69
bilan *(m)*	balance, chequeo, resultado 93
billet (faux ~)	billete falso 44
billet *(m)*	boleto 23; billete 44
billeterie *(f)*	taquilla 40
Bingo !	¡Bingo! 67
bio(logique)	ecológicas 12
bise (faire la ~)	dar un beso 89
bise *(f)*	beso 89
bizarre	extraño/a 88
blague *(f)*	chiste 68
blanc / blanche	blanco/a 20
blé *(m)*	trigo 68
blessé/-e	herido/a 93
bleu/-e	azul 33
blond/-e	rubio/a 14
bocal *(m)*	frasco 53
bof	bah 40
boire	beber 26
bois *(m)*	madera 58

boîte *(f)*	caja 36; empresa 88
boîte *(f)* de réception	bandeja de entrada 50
boîte à/aux lettres	buzón 36
bon / bonne	buen/a 1; adecuado/a, correcto/a, oportuno/a 43
bondé/-e *(col)*	abarrotado/a 64
bonheur *(m)*	felicidad 20; buena suerte 37
bonjour	buenos días 1
bonne affaire (une ~)	buen negocio 71
bonsoir	buenas tardes 6
bord (à ~)	a bordo 44
bosser *(argot)*	currar (jerga) 75
botte *(f)*	bota 74
botter en touche	echar balones fuera 97
bouche *(f)*	boca 24
bouche de métro	boca de metro 60
boucher *(v)*	taponar 93
boucher/-ère	carnicero/a 45
bouchon *(m)*	atasco, tapón 73
bouger	mover(se) 45
bouger (se ~)	moverse 51
bouilloire *(f)*	hervidor 31
boulanger/-ère	panadero/a 9
boulangerie *(f)*	panadería 46
boulevard *(m)*	bulevar 5
boulot *(m) (col)*	curro, trabajo 47
bouquin *(m) (col)*	libro 47
Bourgogne	Borgoña 58
bourreau *(m)*	verdugo 92
bout *(m)*	extremo 41; punta 76
boutade *(f)*	ocurrencia 96
bouteille *(f)*	botella 26
boutique *(f)*	tienda de moda 74
bras *(m)*	brazo 61
brasser	elaborar 25
brasserie *(f)*	taberna 25
bravo	bravo 83
Bretagne *(f)*	Bretaña 3, 57
breton / bretonne	bretón/ona 3
bricolage *(m)*	bricolaje 74
brigadier *(m)*	policía 60
briller	relucir 77
brioche *(f)*	brioche 92
bronze *(m)*	bronce 90
brosser (se ~)	cepillar(se) 50
brouillard *(m)*	niebla 60
brouiller	mezclar 95

bruiner	lloviznar 60
bruit *(m)*	ruido 38, 55
brûler	arder 60
brun/-e	castaño/a 46
bruyant/-e	ruidoso/a 27
budget *(m)*	presupuesto 19
buffet *(m)*	bufé 72
bulletin météorologique	previsión meteorológica 58
bureau *(m)*	oficina 8
bureau *(m)* de poste	oficina de correos 29
bus (autobus)	autobús 16

Ç
ça	eso 1, 10

C
cabinet *(m)*	consulta 73; empresa 86
cacher	esconder 36
cacher (se ~)	esconder(se) 55
cadavre *(m)*	cadáver 87
cadeau *(m)*	regalo 13
cadeau de départ	regalo de despedida 72
cadre *(m)*	marco 80
cadre de (dans le ~)	en el marco de 80
cafard (avoir le ~)	estar deprimido/a 69
cafard *(m)*	cucaracha 69
café *(m)*	café, cafetería 2
cagnotte *(f)*	bote 83
caillou *(m)*	piedra 34
caisse *(f)*	caja 10
caleçon *(m)*	calzoncillo 74
calme	tranquilo/a 37
camarade *(m/f)*	camarada 80
cambriolage *(m)*	robo 95
camion *(m)*	camión 47, 60
camionnette *(f)*	furgoneta 47
camp *(m)*	campo 97
campagne *(f)*	campo 30
Canada	Canadá 100
canapé *(m)*	sofá 47
canard *(m)*	pato 58
candidat/-e	candidato/a 54, 80
caoutchouc *(m)*	caucho 100
cap *(m)*	cabo 97
capable	capaz 87
capital *(m)*	capital 97
capitale *(f)*	capital 16

capitalisme *(m)*	capitalismo 54
car *(conj.)*	porque 50
car (autocar) *(m)*	autobús 44, 66
carambolage *(m)*	en cadena 95
carbone *(m)*	carbono 66
carnet *(m)*	cuaderno 8
carnet d'adresses	libreta de direcciones 8
carré/-e	cuadrado/a 46
carrément	directamente, totalmente 88
carrière *(f)*	carrera 43
carte	carné 9; tarjeta bancaria 41
carte bancaire	tarjeta bancaria 41
carte de crédit	tarjeta de crédito 85
carte de visite	tarjeta de visita 38
carte des vins	carta de vinos 26
cartésien/-ne	cartesiano 86
carton *(m)*	caja 47; cartón 48
cas (en tout ~)	en cualquier caso 54
cas *(m)*	caso 26
casquette *(f)*	gorra 74
casse *(f)*	pérdida, rotura 95
casse *(m)*	robo 95
casse-pieds *(m/f)*	fastidioso/a 73
casser	romper 62
casser la tête (se ~)	romperse la cabeza 62
casser les pieds	dar la lata, molestar 73
catastrophique	catastrófico/a 66
cause *(f)*	causa 54, 86
cause de (à ~)	por 18
causer *(col)*	charlar 88
cave *(f)*	sótano 36
ce	este 9
ce que	lo cual, lo que 45
ce qui	lo que 45
ceci	esto 12; ello, eso 48
ceinture *(f)*	cinturón 89
cela	eso 41, 48; ello 48
célèbre	famoso/a 52; conocido/a 54
célébrité *(f)*	fama 61
celui / celle(s) / ceux	el/la/lo(s) que 23; el/la/lo(s) de 26, 27
celui-ci / celle-ci / ceux-ci / celles-ci	este/a/o(s) 31
celui-là / celle-là / ceux-là / celles-là	ese/a/o(s) 31
cent	ciento 11
cent (... pour ~)	por ciento 64
centaine (une ~)	cientos 32
centenaire	centenario/a 71
centre *(m)* commercial	centro comercial 29

six cent trente • 630

centre-gauche	centro izquierda 54
centre-ville *(m)*	centro de la ciudad 50
cependant	sin embargo 61
céramique *(f)*	cerámica 78
cérémonie *(f)*	ceremonia 39
cerise *(f)*	cereza 11
certain/-e	seguro/a 31, 54
certainement	seguro 86
certains *(m pl)*	algunas (personas) 61
certains/-nes	algunos/as 66
cerveau *(m)*	cerebro 92
cesser	dejar de 92
c'est	esto es 2
c'est-à-dire	es decir 16
cet	este 9
cette	esta 9
chacun/-e	cada uno/a 32
chaise *(f)*	silla 48
chalet *(m)*	chalé 89
chaleur *(f)*	calor 90
chambre *(f)*	habitación 6
Chambre des députés	Congreso de los diputados 54
champignon *(m)*	champiñón 11
chance (avoir de la ~)	tener suerte 57
chance *(f)*	posibilidad, suerte 22
changement *(m)*	cambio 66
changer	cambiar 36
chanson *(f)*	canción 54
chanter	cantar 41
chanteur/-euse	cantante 41
chantier *(m)*	obra 79
chantilly *(f)*	nata montada 29
chaos *(m)*	caos 97
chapeau *(m)*	sombrero 74
chaque *(+ sust)*	cada 32
char *(m)* (francés canadiense)	coche 100
charcuterie *(f)*	charcutería 53
chargé	cargado, lleno 18
charger	cargar 18
charger (s'en ~)	estar al cargo de 72
chasse *(f)*	caza 74
chasseur *(m)*	cazador 86
chasseur de têtes	cazatalentos 86
chat / chatte	gato 55
chaud (avoir ~)	tener calor 26
chaud (faire ~)	hacer calor 48
chaud pour (être ~)	estar dispuesto/a a 78

631 • **six cent trente et un**

chaud pour (être ~) *(col)*	estar entusiasmado/a por 78
chaud/-e	calor 26; caliente 48
chauffeur de taxi *(m)*	taxista 100
chauffeur/-euse	chófer 69
chaussette *(f)*	calcetín 46
chaussure *(f)*	zapato 46
chauve	calvo/a 68
chef *(m)*	jefe 72
chemin *(m)*	camino 34
cheminée *(f)*	chimenea 71
chemise *(f)*	camisa 46
chemisier *(m)*	camisa 33
chèque *(m)*	cheque 78
chéquier *(m)*	chequera 41
cher / chère	caro/a 11; querido/a 54
chercher	buscar 5, 47, 92
chéri/-e	cariño 94
cheval *(m)*	caballo 22
cheveux *(m pl)*	cabello 46
cheville *(f)*	tobillo 89
chez	casa de, con 9
chic	elegante 33
chien/-ne	perro/a 67
chien-chaud *(m)* (francés canadiense)	perrito caliente 100
chiffre *(m)*	número 23
chips *(f pl)*	patatas fritas 48
chirurgien/-enne	cirujano/a 69
chocolat	bombón 20
chœur *(m)*	coro 88
choisir	elegir 22
choix *(m)*	elección 31
chômage (être au ~)	estar desempleado/a 45
chômage *(m)*	desempleo 45
chose *(f)*	cosa 13, 17
chou *(m)*	col 83
chouette (être ~)	ser bonito/a, genial 58
chouette *(f)*	lechuza 58
chronique	crónica 95
chronique *(f)*	columna (periodística) 95
chroniqueur/-euse	columnista 95
ci	eso 94
ciel *(m)*	cielo 58
cigale *(f)*	cigarra 78
ciné *(col))*	cine 40
cinéma *(m)*	cine 39
cinématographique	cinematográfico/a 39
cinéphile *(m/f)*	cinéfilo/a 39

cinquantaine	unos cincuenta 19
circulation *(f)*	tráfico 44
circuler	circular 66
citer	citar 92
citoyen/-ne	ciudadano/a 93
clair/-e	claro/a 17
classement *(m)*	clasificación 43
classeur *(m)*	archivador 67
classique	convencional 97
clavier *(m)*	teclado 94
clé *(f)*	llave 6
client / cliente	cliente/a 23
clientèle *(f)*	clientela 85
climat *(m)*	clima 66
climatique	climático 66
clip *(m)*	clip 95
clôture *(f)*	clausura 39
clouer	clavar 69
club *(m)*	club 43
cochon *(m)*	cerdo 95
code *(m)*	código 13
coder	codificar 62
coéquipier/-ère	compañero/a 83
cœur	corazón 19
cœur de (au ~)	en el centro de 92
coffre	caja fuerte 36
coffre-fort *(m)*	caja fuerte 95
coiffer (qqn)	peinar 97
coiffer au poteau	ganar en el último minuto 97
coiffeur/-euse	peluquero/a 45
coin (du ~)	de la esquina 73
coin *(m)*	esquina 94
coincé/-e	atrapado/a 58
colère *(f)*	ira 93
collant *(m)*	medias 49
collège *(m)*	instituto 57
collègue *(m/f)*	colega 20
coller	pegar 67
collier *(m)*	collar 36
combat *(m)*	ataque 93
combattre	combatir 66
combien (de)	cuánto/a 12
combinaison (de ski) *(f)*	mono (de esquí) 65
comédie *(f)*	comedia 39
comédie musicale	comedia musical 40
comédien/-ne	actor/actriz 39
comité *(m)*	comité 72

commande *(f)*	pedido 53
commander	pedir 13
commanditaire *(m)*	autor/a intelectual 87
comme	como 16
commémorer	conmemorar 93
commencer	comenzar 39, 60
comment	cómo 1
commentaire *(m)*	comentario 71
commerçant/-e	comerciante 57
commerce *(m)*	comercio 81
commercial/-e	comercial 29
commissaire *(m)*	comisario 87
commun/-e	común 54
communauté *(f)*	comunidad 100
communication *(f)*	comunicación 59
communiqué *(m)* de presse	comunicado de prensa 81
communiquer	comunicar(se) 59
compagnie *(f)*	compañía 72
comparer	comparar 16
compatriote *(m/f)*	compatriota 54
compétence *(f)*	habilidades 86
compétition *(f)*	competición 89
complet/-ète	completo/a 27
complètement	completamente 88
compléter	completar 83
complexe *(m)* multisalles	multicine 55
compliqué/-e	complicado/a 37
compliquer (se ~)	complicar(se) 97
composé/-e de	componerse de 100
composer	componer 100
compostage *(m)*	validación 44
composter	validar 44
comprendre	entender 11
comprimé *(m)*	comprimido 24
compris (tout ~)	todo incluido 64
compris (y ~)	incluso 34
compris/-e	incluido/a 26
comptable	contable 45
compte *(m)*	cuenta 60, 85
compter sur	contar con 87
compte-rendu *(m)*	acta 81
comptoir *(m)*	mostrador 23
concentrer	concentrar 93
concentrer (se ~)	centrar(se) 93
concept *(m)*	concepto 62
concepteur/-trice	diseñador/a 45
concerner	concernir 54

concevoir	diseñar 71
concours *(m)*	concurso 52, 65
concurrent/-e	competidor 97
condition *(f)*	condición 64
conférence *(f)*	conferencia 18
confiance (faire ~) (à qqn)	confiar 30
confiance *(f)*	confianza 30
confiant/-e	confiado/a 75
confier	confiar 86
confort *(m)*	comodidad 48
confortable	cómodo/a 27
congé *(m)*	vacación 45; baja 80
congé maladie	baja por enfermedad 80
congélateur *(m)*	congelador 36
congés payés	vacaciones pagadas 80
connaissance *(f)*	conocer 61
connaissance(s)	conocimiento(s) 45
connaître	saber 13
connaître (s'y ~) (en)	saber de 76
connecté/-e	conectado/a 31
connecter (se ~)	conectar(se) 27
connexion *(f)*	conexión 67
conscient/-e	consciente 41
conseiller	aconsejar 26; recomendar 55
conseiller *(m)*	asesor 85
conséquent/-e	consecuente 81
conserve *(f)*	conserva 53
considérablement	considerablemente 45
consigne *(f)*	consigna 44
constamment	constantemente 50
construction *(f)*	construcción 57
construction navale	construcción naval 57
construire	construir 16
consultant/-e	consultor/a 45
contacter	contactar 37
contagieux/-euse	contagioso/a 83
contaminer	contaminar 87
contenir	tener 93
content/-e	contento/a 31
continuellement	continuamente 62
continuer	seguir 32
contraire (au ~)	al contrario 48
contraire *(m)*	contrario/a 54
contrairement	a diferencia de 99
contre	contra 47
contre (par ~)	por contra 62
contredire	llevar la contraria 75

contrôleur/-euse	revisor 44
controversé/-e	controvertido/a 92
convaincant/-e	convincente 97
convaincre	convencer 78
convenir	convenir, parecer bien, ser conveniente 26
convoiter	codiciar 71
coopération *(f)*	ayuda 38
coordonnées *(f pl)*	coordenadas, información de contacto 38
copain/-e	amigo/a 19; novio/a 34
copie *(f)*	copia 36
copine *(f)*	novia 37
coq *(m)*	gallo 69
coquille *(f)*	concha 90
corbeille *(f)*	cesta 36
corbeille à papier	papelera 36
corde *(f)*	cuerda 58
cordon d'alimentation	cable de alimentación 94
cornichon *(m)*	pepinillos 53
corps *(m)*	cuerpo 88
correspondre	responder 86
corruption *(f)*	corrupción 54
Corse *(f)*	Córcega 61
costaud/-e	fuerte 88
costume *(m)*	traje 46
côté (à ~)	al lado 78
côté (de) (à ~)	al lado de 16
côte *(f)*	costa 64
côté *(m)*	lado 51
Côte d'Azur	Costa Azul 64
cou *(m)*	cuello 62
coucher	acostar 47
coude *(m)*	codo 62
couler	correr 92
couleur *(f)*	color 42, 74
couloir *(m)*	pasillo 53
coup (du ~)	así que 89
coup *(m)*	golpe 32, 55
coup de cœur	favorito 62
coup de fil	llamada telefónica 41
coup de main (donner un ~)	echar una mano 32
coup de pied (donner un ~)	dar una patada 55
coup de point (donner un ~)	dar un puñetazo 55
coup d'œil *(m)*	vistazo 32
coupable *(m/f)*	culpable 87
couper	cortar 48
couper (se ~)	cortar(se) 52
couple *(m)*	pareja 55

six cent trente-six • 636

cour (f)	patio 37
courage (m)	ánimo 47; valentía 74
courageux/-euse	valiente 74
courant (être au ~)	estar al corriente 32
courant (qqn) (tenir au ~)	tener informado (a alguien) 47
courant (m)	corriente 32
courant/-e	común, habitual 47
courbatures (avoir des ~)	tener dolor muscular 69
courir	correr 34, 69
couronner	coronar 73
courrier (m)	correo 67
cours (m)	curso 64
course (f)	carrera 22
courses (f pl)	compras 13
court/-e	corto/a 46
cousin/-e	primo/a 44
coussin (m)	cojín 97
coûte que coûte	cueste lo que cueste 88
couteau (m)	cuchillo 48; espátula 79
coûter	costar 19
coûteux/-euse	caro/a 97
couvercle (m)	tapa, tapadera 41
couvert (m)	cubierto 41
couverts (m pl)	cubiertos 48
couverture (f)	manta 48
couvrir	cubrir 41
crack (m)	crac 94
craindre	temer 64
créatif/-ive	creativo/a 43
crème (café) (m)	café cortado 90
crème (f)	nata 11
crèmerie (f)	lechería 25
crêperie (f)	crepería 25
creuser	cavar 62
creuser la tête (se ~)	romperse la cabeza 62
cri (m)	gritar 93
crime (m)	crimen 87
critique (f)	crítica 40
critique (m)	crítica 90
critiquer	criticar 71
croire	creer 55, 66, 68
croiser	cruzar 22
croissance (f)	crecimiento 86
croissant (m)	cruasán 2
croix (f)	cruz 89
croix sur (faire une ~)	renunciar 89
croque-monsieur	sándwich gratinado de jamón y queso 23

637 • **six cent trente-sept**

D

croquer	crujir, morder 23
cuir *(m)*	cuero 46
cuisine *(f)*	cocina 36, 52
cuisinère *(f)*	cocina 47
cuisinier/-ère	cocinero/a 45
cuisson *(f)*	cocción 26
cultivé/-e	culto/a 76
culture *(f)*	cultura 76
culturel/-le	cultural 100
curieux/-euse	curioso/a 85
curiosité *(f)*	curiosidad 85
dame	señora 9
danger *(m)*	peligro 66
dangeureux/-euse	peligroso/a 60
dans	en 3
danser	bailar 19
date *(f)*	fecha 18
davantage	más 62
de	de 3; *(artículo partitivo)* 4
débat *(m)*	debate 52
débit *(m)*	flujo 99
débordé/-e	desbordado/a 73
déboucher	desatascar, desembocar 93
débranché/-e	desenchufado/a 94
débrancher	desenchufar 36
débrouillard/-e	ingenioso/a 95
débrouiller	desenredar 95
débrouiller (se ~)	apañárselas, arreglárselas 95
début *(m)*	comienzo 38
décembre *(m)*	diciembre 18
décennie *(f)*	década 75
decerner	otorgar 75
déchet *(m)*	residuo 79
déchetterie *(f)*	punto limpio 79
déchiqueter	hacer pedazos 90
décider	decidir 71
décider (se ~)	decidir(se) 83
décision *(f)*	decisión 43
déclarer	declarar 97
déclarer forfait	retirarse 97
déclencher	iniciar 81
déconseiller	desaconsejar 62
décontracté/-e	relajado/a 39; casual 65
décorer	decorar 74
découragé/-e	desanimado/a 82

six cent trente-huit • 638

décourageant/-e	desalentador/a 62
découvert (être à ~)	estar al descubierto 85
découvert *(m)*	descubierto 85
découvert/-e	al aire libre 85
découvrir	destapar 85; descubrir 85, 88
décrire	describir 46
dedans	dentro 29
défaire	deshacer 92
défaut (à ~)	en defecto 79
défaut (faire ~)	fallar, hacer falta 90
défaut *(m)*	fallo 79; defecto 85, 90
défendre	defender 88
défi *(m)*	desafío 93
déficit *(m)*	déficit 92
définitif/-ive	definitivo/a 96
définitive (en ~)	en definitiva 61
défrayer	pagar 95
défrayer la chronique	ser titular 95
dégât *(m)*	daño 53
dégoûtant/-e	asqueroso/a 48
dehors	fuera 34
déjà	ya 18
déjeuner *(m)*	comida (mediodía) 2
déjeuner *(vb)*	comer 25
délai *(m)*	plazo 81
délégué/-e	delegado/a 81
délégué/-e du personnel	delegado/a de personal 81
délicat/-e	delicado/a 79
délice *(m/f)*	delicia 90
délicieux/-euse	delicioso/a 12
demain	mañana 17
démanagement *(m)*	mudanza 47
demandé/-e	solicitado/a 89
demander	pedir 9; requerir 45
demander (se ~)	preguntarse 50
démasquer	desenmascarar 88
déménager	mudar(se) 47
demi/-e	medio/a 41
demi-journée *(f)*	media jornada 47
demi-pension	media pensión 64
démissionner	renunciar 32
démolir	demoler 71
démontrer	demostrar 80
dénicher	descubrir 86
dent *(f)*	diente 50
dentelle *(f)*	encaje 29
dentifrice *(m)*	dentífrico 53

dentiste *(m/f)*	dentista 73
dépanneur *(m)*	mecánico/a 100
dépanneur *(m)* (francés canadiense)	tienda de barrio 100
départ *(m)*	despedida 72
dépasser	superar 82
dépêcher (se ~)	tener prisa 50
dépendre (de)	depender de 30
dépenser	gastar 47, 85
dépensier/-ère	derrochador/a 92
déplacer	desplazar 66
déplacer (se ~)	desplazarse 66
déposer	poner 36; traer (a alguien) 68
déprimer	deprimir 50
depuis	porque 39; desde 41
depuis peu	hacer poco (tiempo) 60
député/-e	diputado/a 46, 66
déranger	molestar 33
dernier/-ère	último/a 14, 37, 40
dernièrement	últimamente 77, 99
dérobé/-e	secreto/a 95
dérober	robar 95
dérouler (se ~)	desarrollar(se) 81
derrière	detrás 16
des	unas, unos/as 12
dès	a partir de, desde 68
dés *(m)*	dado 59
dès que	en cuanto 68
désagréable *(m)*	desagradable 41
désastre *(m)*	desastre 89
descendre	bajar 16, 30, 67; descender 87
descendre (qqn) *(fig)*	cargarse a alguien (jerga), derribar 87
description *(f)*	descripción 46
désigner	designar, señalar 81
désirer	desear 2
désolé/-e	lo siento 5
désordre *(m)*	desorden 67, 94
désormais	a partir de ahora 100
dessert *(m)*	postre 29
dessin *(m)*	dibujo 39
dessin animé	dibujos animados 39
dessous	debajo 37, 67; abajo 69
dessus	arriba 67; encima 78
destination *(f)*	destino 100
destiner	destinar 71
détail *(m)*	dato 41
détaillé/-e	detallado/a 46
détendre (se ~)	relajarse 50

six cent quarante · 640

déterminé/-e	decidido/a 93
détester	odiar 40
deux	dos 2
deux (tous les ~)	ambos/as 57
deuxième	segundo/a 12
devant	delante 15
développer	desarrollar 86
devenir	volverse 22; andar en 99
deviner	adivinar 69
dévoiler	presentar 95
devoir *(m)*	deber 54
devoir *(v)*	deber 17; tener que 17, 61
devoirs *(m pl)*	deberes 54
dialogue *(m)*	diálogo 81
diamant *(m)*	diamante 95
diesel *(m)*	diésel 66
dieu/-x	dios/deidad 64
différence *(f)*	diferencia 96
difficile	difícil 37
difficilement	con dificultad 94
difficulté *(f)*	dificultad 62
diffuser	difundir 39
diffusion *(f)*	distribución 39
diffusion vidéo	difusión de vídeo en directo 39
digestion *(f)*	digestión 29
digital/-e	digital 41
digne	digno 86
dimanche	domingo 18
diminuer	disminuir 95
dîner *(m)*	cena 24
dîner *(v)*	cenar 29, 41
dingue *(m/f) (col)*	loco/a 73; chiflado/a, increíble 88
diplomatique	diplomático/a 100
diplôme *(m)*	diploma 43
diplômé/-e (être ~)	graduarse 62
dire	decir 23
direct (en ~)	en directo 83
directement	directamente 88
directeur/directrice	director/a 32
directeur/directrice général/e (DG)	director/a general 50
direction *(f)*	dirección 82, 95
dirigeant/-e	dirigente 80
diriger	dirigir 97
diriger vers (se ~)	dirigirse hacia 93
discours *(m)*	discurso 61
discuter	discutir 81, 82
disparaître	desaparecer 46; desvanecerse 95

disponible	disponible 27
disposer	disponer 95; colocar 97
dispositif *(m)*	sistema 97
disputer (se ~)	discutir 72
distance (à ~)	a distancia 53
distraire	entretener 52
distributeur *(m)*	dispensador 44
divers/-e	diverso/a 100
divertissement *(m)*	entretenimiento 52
dix	diez 4
dizaine *(f)*	unos/aproximadamente diez 19; unas diez 32
docteur *(m)*	doctor/a 24
document *(m)*	documento 81
documentaire *(m)*	documental 52
doigt *(m)*	dedo 22
domaine *(m)*	ámbito 52; dominio 64
domicile *(m)*	domicilio 67
dommage	lástima 45
don *(m)*	don 61
donc	entonces 2
donjon *(m)*	torreón 93
donné/-e	barato/a 64
donner	dar 24
dont	cuyo/a(s) 86
dorénavant	a partir de ahora 77; ahora 83
dormir	dormir 34
dossier *(m)*	dosier 97
double	doble 87
doublé/-e	doblado/a 39
doucement	despacio 62
doué/-e (être ~)	ser bueno/a en 61
douleur *(f)*	dolor 73
doute (sans ~)	sin duda 54, 57, 92
doute *(m)*	duda 54
douter	dudar 47
douter de (se ~)	sospechar 75
doux / douce	dulce, suave, tierno/a 62
douzaine	unos/aproximadamente doce, docena 19
drap *(m)*	sábana 36
droit *(adv)*	recto 25
droit *(m)*	derecho 20, 43
droit de (avoir le ~)	poder 51; tener el derecho a 81
droit/-e	derecho/a 24; recto/a 25
droite (à ~)	a la derecha 15
drôle	gracioso/a 41; estraño/a, extraño/a 87
dur/-e	duro/a 50, 61

six cent quarante-deux • 642

durcir	endurecer 80
durer	durar 71
dynamique	dinámico/a 72
dynamisme *(m)*	dinamismo 95
dysfonctionnement *(m)*	problema técnico 95

E

eau *(f)*	agua 17
éboueur/-euse	basurero/a 69
écervelé/-e	descerebrado/a 92
échapper (s'~)	escapar 88
écharpe *(f)*	bufanda 46
échecs *(m pl)*	ajedrez 23
éclair *(m)*	destello 98
éclater	estallar 93
école *(f)*	escuela 62
école de commerce	escuela de negocios 81
écologie *(f)*	ecología 44
écologiste	ecologista 66
écoulé/-e	acabado (tiempo) 76
écourter	acortar 92
écouter	escuchar 13
écran *(m)*	pantalla 39, 94
écrire	escribir 38, 52
écrivain/-e	escritor/a 71
édifice *(m)*	edificio 93
éducation *(f)*	educación 20
effectivement	efectivamente 73
effet (en ~)	en efecto 24
effet de serre (à ~)	efecto invernadero 66
efficace	eficaz 66
effort *(m)*	esfuerzo 40
effroyable	terrible 93
égal	igual 25
église	iglesia 16
élargir	ampliar 37
élection *(f)*	elección 54
élections législatives *(f pl)*	elecciones generales 54
électoral/-e	electoral 82
électricien / électricienne	electricista 75
électrique	eléctrico/a 31
électronique	electrónico/a 44
élégant/-e	elegante 85
élément *(m)*	elemento 96
élève *(m/f)*	estudiante 66
élevé/-e	alto/a 24
élever (s'~)	elevar(se) 83

643 • **six cent quarante-trois**

éliminer	eliminar 66
elle	ella 2, 4
éloigné/-e	alejado/a, distante 92
éloigner	alejar 92
Élysée (l'~)	el palacio del Elíseo 82
embauché (être ~)	contratar 72
embêtant/-e	desesperante 94
embêter	fastidiar, molestar 78
embêter (s'~)	aburrir(se) 78
emblématique	emblemático/a 71
embouteillage *(m)*	atasco 58
embrasser	abrazar 90
émeute *(f)*	motín 93
émission *(f)*	programa 20, 52
émission-débat *(f)*	programa debate 95
emmener (qqn)	llevar a alguien 78
empêche (n'~)	aun así 79
empêche que (il n'~)	sea como sea 81
empêchement *(m)*	contratiempo, impedimento 79
empêcher	impedir 79
emplette *(f)*	compra 100
emploi *(m)*	trabajo 20; empleo 81
emploi du temps	calendario 18
employé/-e	empleado/a 79
employeur *(m)*	empleador/a 80
empocher	embolsar 96
empoisonner	envenenar 87
emporter	llevar 79
empreinte *(f)*	huella 41
empreinte digitale	huella digital 41
emprunter	prestar 85
en	de 18, 31
en *(+ medio de transporte)*	en (+ medio de transporte) 50
encaisser	encajar 97
encombré/-e	lleno/a de gente 82
encore	todavía 37
encre *(f)*	tinta 67
endormir (s'~)	dormirse 50
endroit *(m)*	lugar 16
énergie *(f)*	energía 97
énerver	desesperar 44
énerver (s'~)	enfadarse 50
enfant *(m)*	niño/a 9
enfant de chœur *(m)*	niño del coro 88
enfer *(m)*	infierno 64
enfermer	encerrar 96
enfiler	meter 90

six cent quarante-quatre • 644

enfin	por fin 18
ennemi/-e	enemigo 87
ennuyer	aburrir 50
ennuyer (s'~)	aburrir(se) 50
ennuyeux/-euse	aburrido/a 78
énorme	enorme 37
énormément	enormemente 34
enquête *(f)*	investigación 87
enrichir	enriquecer 100
enseigner	enseñar 57
ensemble *(adv)*	juntos 25
ensemble *(m)*	conjunto 65
ensemble de (l'~)	todo/a (su) 75
ensoleillé/-e	soleado/a 58
ensuite	después 24, 25
entacher	manchar 92
entamer	comenzar, cortar 75
entendre	escuchar 30
entendre (s'~)	escucharse, llevarse bien 55
enthousiaste	entusiasmado/a 58
entièrement	enteramente 30
entraîneur/-euse	entrenador/a 43
entre	entre 18, 32
entrecôte *(f)*	entrecot 26
entrepreneur/-euse	empresario/a 71
entreprise *(f)*	empresa 32, 47
entrer	entrar 33, 43
entretenir (s'~)	hablar con 82
entretien *(m)*	entrevista 86
envie *(f)*	ganas 17
envie de (avoir ~)	tener ganas de, tener ganas de 17
environ	unas (aproximadamente) 19
environs (les ~)	los alrededores 60
environs de (aux ~)	hacia 60
envisager	considerar 95
envoler (s'~)	echar a volar 56
envoyer	enviar 13
épargner	librarse 87
épaule *(f)*	hombro 62
épice *(f)*	especia 53
épicerie *(f)*	comestibles (tienda) 53
épidémie *(f)*	epidemia 79
épier	espiar 53
épinard *(m)*	espinaca 83
épingle *(f)*	alfiler 97
éponge *(f)*	esponja 97
époque *(f)*	época 52

645 • **six cent quarante-cinq**

épouser	casarse con 71
épouvantable	horripilante 55
épouvante *(f)*	terror 55
époux / épouse	esposo/a 46
épuisant/-e	agotador/a 32
épuisé/-e	agotado/a 64
équipage *(m)*	equipo 60
équipe *(f)*	equipo 32
équipé/-e	equipado/a 67
équipement (informatique)	equipo (informático) 94
équipement *(m)*	equipamiento 65
équipements *(m pl)*	instalaciones 27
équitablement	equitativamente 83
erreur *(f)*	error 47, 76
escalier *(m)*	escalera 47
escroc *(m)*	estafador/a 71
Espagne	España 43
espèce *(f)*	especia 85
espèce de	especie de, pedazo de 85
espérer	esperar 19
espion/-ne	espía 87
espionner	espiar 68
espoir *(m)*	esperanza 95
esprit *(m)*	espíritu 86
essai *(m)*	prueba 81
essayer	probar 13; intentar 92
essence *(f)*	gasolina 66
essencerie *(f)* (francés africano)	gasolinera 100
est *(m)*	este 40
et	y 1
et cætera (etc.)	etcétera 39
et... et	tanto... como 90
établir	hacer, establecer 22
étage *(m)*	planta 6
étagère *(f)*	estante 67
étape *(f)*	etapa 97
état *(m)*	estado 73
États-Unis *(m pl)*	Estados Unidos 18
été *(m)*	verano 33
étoile *(f)*	estrella 27
étonné (être ~)	estar asombrado/a 39
étonner	sorprender 50
étrange	extraño/a 40
étranger/-ère	extranjero/a 39, 96; extraño/a 40
être *(v)*	ser 2, 3, 6
être humain *(m)*	ser humano 53
étude *(f)*	estudio 43

études (faire ses ~)	estudiar 43
étudiant/-e	estudiante 40
étudier	estudiar 43
euro *(m)*	euro 12
Europe	Europa 43
eux	ellos 32
évanouir (s'~)	desmayarse 83
éventuellement	posiblemente, quizás 47
évidemment	claro 9; evidentemente 23
évident/-e	fácil 53
évier *(m)*	fregadero 93
éviter	evitar 41
exact/-e	exacto/a 88
exactement	exactamente 50
exagérer	exagerar 72
excellence (par ~)	por excelencia 78
excellence *(f)*	excelencia 78
excellent/-e	excelente 25
exception (d'~)	excepcional 75
exception *(f)*	excepción 50
exceptionnel/-le	excepcional 64
excuse *(f)*	excusa 79
excuser (s'~)	disculpar 5
exemple (par ~)	por ejemplo 68
exemple *(m)*	ejemplo 18
exigeant/-e	exigente 79
exigence *(f)*	exigencia 80, 86
exiger	exigir 80
exister	haber 33
expérience *(f)*	experiencia 43
expérimenté/-e	experto/a 81
expert *(m)*	experto/a 90
explication *(f)*	explicación 57
expliquer	explicar 43
exploitation *(f)*	explotación 54
export *(m)*	exportación 86
exposition	exposición 17
exprès (faire ~)	hacer algo a propósito 92
expression *(f)*	expresión 83
expresso *(m)*	café solo 2
extérieur *(m)*	exterior, fuera 38
extrait *(m)*	extracto 81

F

fabriquer	hacer 90
fabuleux/-euse	fabuloso/a 75
face (en ~)	enfrente 16

fâché/-e	enfadado/a 79
facile	fácil 51
facilement	fácilmente 43
faciliter	facilitar 29
façon (de toute ~)	de todos modos 50
facture (f)	factura 26
facturer	cobrar, facturar 47
faculté / fac (f)	facultad, universidad 43
faculté de droit	facultad de derecho 43
faible	bajo/a, débil 52
faiblesse (f)	debilidad 52
faiblir	debilitar 80
faillir	fallar 97
faim (avoir ~)	tener hambre 25
faim (f)	hambre 25
fainéant/-e	vago/a 73
faire	hacer 10, 12
faire (s'en ~)	estar preocupado/a, preocuparse 73
faire vite	hacer rápido 25
fait (au ~)	por cierto 22
falloir	hay que 24, 37; necesitar 44
fameux/-euse	excelente 54; famoso/a 92
famille (f)	familia 19
fan (fanatique) (m/f)	fanático/a 52
faramineux/-euse	descomunal 92
farine (f)	harina 53
fascinant/-e	fascinante 57
fatidique	fatídico/a 93
fatigant/-e	cansino/a 73
fatigue (f)	fatiga 32
fatigué/-e	cansado/a 24
fatiguer	cansar 73
fauché/-e	sin blanca 68
fauché/-e (col)	pelado/a 68
faucher	segar 68
faute (f)	falta 97
fauteuil (m)	sillón 47
faux / fausse	incorrecto/a 44
faux (f)	guadaña 90
faux (m)	falso/a 90
faux/fausse	incorrecto/a, falso/a 44
favori/-te	favorito/a 94
féminin/-e	femenino/a 43, 90
féministe	feminista 92
femme	mujer 4, 9, 52
fenêtre (f)	ventana 26
fer (m)	hierro 71

six cent quarante-huit • 648

férié/-e	festivo/a 58
ferme	firme 96
ferme *(f)*	granja 95
fermement	firmemente 79
fermer	cerrar 17
fermer (à clé)	cerrar (con llave) 36
fermeture *(f)*	cierre 60
fermier/-ère	granjero/a 95
ferraille *(f)*	ferralla 71
festival *(m)*	festival 39
fête (faire la ~)	fiesta 89
fête *(f)*	fiesta 19
fête nationale	Fiesta Nacional 93
feuille *(f)*	hoja 24
feuille de maladie	informe médico 24
février *(m)*	febrero 21
fiable	fiable 88
fiche (s'en ~) *(col)*	no importa 88
fiche / ficher *(col)*	hacer, poner 88
fichu/-e (être ~) *(col)*	estar acabado/a 88
fidéliser	fidelizar 86
fidélité *(f)*	fidelidad 83
fier à (se ~)	confiar 50
fier/fière	orgulloso/a 71
fierté *(f)*	orgulloso/a 71
fièvre *(f)*	fiebre 24
fil *(m)*	hilo 41, 85
file d'attente *(f)*	fila de espera 44
filer	hilar, salir corriendo 85
filet *(m)*	red de seguridad 97
fille *(f)*	hija 1
film *(m)*	película 39
fils *(m)*	hijo 9
fin *(f)*	fin 19
fin/-e	delgado/a, fin, fino/a 87
finalement	al final 53
finaliser	finalizar 86
finir	acabar 22
flagrant/-e	obvio/a 80
flamme *(f)*	llama 60
flâner	encantar 61
flash *(m)*	noticia de última hora 95
flemme (avoir la ~)	dar pereza 58
flemme *(f)*	pereza 58
fleur *(f)*	flor 41; favor 88
fleuve *(m)*	río 76
flic *(m) (argot)*	pasma (jerga) 88

flingue *(m) (argot)*	pipa (jerga) 88
flingueur *(m) (argot)*	matón/ona 88
flotter	flotar 87
fois	vez/veces 24
fois (à la ~)	a la vez 61
foncé/-e	oscuro/a 39
fond (au ~)	al final de 53
fond *(m)*	fondo 95
fonds *(m)*	fondo 97
fontaine *(f)*	fuente 5
foot(ball) *(m)*	fútbol 43
forcément	claramente 93
forêt *(f)*	bosque 48
forfait *(m)*	cantidad fija, paquete financiero integral, plan 59; retirada 97
formation *(f)*	formación 18
forme (en ~)	bien 24
forme *(f)*	forma 29
former	formar 78
formidable	tremendo/a 60; estupendo/a 97
formulaire *(m)*	formulario 10
formule *(f)*	formula, paquete 64
fort/-e	fuerte 55
forteresse *(f)*	fortaleza 93
fortune (de ~)	improvisado/a, provisional 93
fortune *(f)*	fortuna 59
fou / folle	loco/a 58; locura 73
fouet *(m)*	látigo 69
fouetter	azotar 69
fouille *(f)*	búsqueda 94
fouiller	registrar 94
fouillis *(m)*	desorden 94
foule *(f)*	multitud 74
four *(m)*	horno 36
fourchette *(f)*	tenedor 48
fourmi *(f)*	hormiga 48
fournir	proporcionar 37
foyer *(m)* (théâtre)	vestíbulo (teatro) 51
fracturer	romper 89
fraîchement	recién 81
fraîcheur *(f)*	frescura 96
frais / fraîche	fesco/a 11
fraise *(f)*	fresa 12
franc / franche	sincero/a 79
français/-e	francés 20
France	Francia 3
fréquemment	con frecuencia 76

six cent cinquante • 650

fréquent/-e	frecuente 76
fréquenter	relacionarse 61; frecuentar 65
frère	hermano 14, 45
fresque *(f)*	fresco 76
fric *(m) (argot)*	pasta (jerga) 88
frigo *(m)*	frigorífico 53
fringué/-e	vestido/a 88
frite *(f)*	patata frita 26
froid (faire ~)	hacer frío 34
froid/-e	frío 26
fromage *(m)*	queso 11
frontière *(f)*	frontera 100
fruit(s) *(m)*	fruta 11
fuir	huir 62
fumée *(f)*	humo 60
funeste	funesto/a 93
fureur *(f)*	furor 93
furieux/-euse	furioso/a 90
fusil *(m)*	fusil 62
fût *(m)*	barrica 98

G

gâcher	desperdiciar 96
gaffe (faire ~) *(col)*	prestar atención, tener cuidado 89
gaffe *(f)*	gancho 89
gaffe *(f) (col)*	error 88
gag *(m)*	gag 96
gagnant/-e	ganador/a 22
gagner	ganar 22, 81
galère *(f)*	galera 73
gamin/-e	niño/a 78
gant *(m)*	guante 65
garantir	avalar 37
garçon	chico 9
garde-robe *(f)*	armario 33
gare *(f)*	estación 68
garer	aparcar 51
garer (se ~)	aparcar 51
gars *(m) (col)*	chaval, tío 88
gauche *(f)*	izquierda 5
gaz *(m)*	gas 66
gélule *(f)*	cápsula 24
gêner	molestar 34
général/-e	general 76
génial/-e	genial 33
genou *(m)*	rodilla 24
genre *(m)*	tipo 81; género 90

gens *(m pl)*	personas 23
gentil/-le	amable 47
gentillesse *(f)*	gentileza 96
gentiment	suave 79
gercé/-e	agrietado/a 95
gérer	prestar 72
gestion *(f)*	gestión 43
gigantesque	gigantesco/a 71
glace *(f)*	helado, hielo 55
glacial/-e	glacial 85
glisser (se ~)	deslizar(se) 76
gloire *(f)*	gloria 93
gobelet *(m)*	vaso 48
gosse *(m/f)*	niño/a 55
goudron *(m)*	alquitrán 100
gourmand/-e	goloso/a 29
goût *(m)*	gusto 29
goûter *(v)*	probar 12
gouvernement *(m)*	gobierno 54
gramme *(m)*	gramo 11
grand/-e	grande 6, 16; alto/a 46
grand-chose	gran cosa 61
grandir	crecer 37
grand-mère *(f)*	abuela 61
grand-père *(m)*	abuelo 61, 68
gras/-se	graso/a 89
gratin *(m)*	flor y nata 95
gratuit/-e	gratis 19
gratuitement	gratis 47
grave *(m/f)*	grave 24
grenier *(m)*	buhardilla 36
grève *(f)*	huelga 73
gréviste *(m/f)*	huelguista 81
grille *(f)*	cuadrícula, quiniela 22
grimper	subir 64
grincheux/-euse	cascarrabias 58
grippe	gripe 24
gris/-e	gris 46
grisâtre	gris 96
grogne *(f)*	descontento 80
grognon/-ne	gruñón 85
gros (en ~)	básicamente, en resumen 47
gros/-se	gran 19; grande, grueso/a 47
grossesse *(f)*	embarazo 96
groupe *(m)*	grupo 86
groupement *(m)*	agrupación 81
guêpe *(f)*	avispa 48

six cent cinquante-deux • 652

guérir	recuperarse 80
guerre (f)	guerra 87
gueule (f) (argot)	jeta (jerga) 88
guichet (m)	ventanilla 44
guide (m/f)	guía 15
guidon (m)	manillar 97
guitare (f)	guitarra 55
guitariste (m/f)	guitarrista 75

H

habillé (être ~)	ir vestido 46
habiller (s'~)	vestirse 50
habiter	vivir 9
habitude (avoir l'~)	estar acostumbrado/a 46
habitude (comme d'~)	como de costumbre 53
habitude (d'~)	normalmente 51
habitude (f)	hábito 46
hache (f)	hacha 55
haine (f)	odio 93
haïr	odiar 74
hameau (m)	caserío 55
haricot (m)	judía 90
hasard (au ~)	al azar 59
hasard (m)	azar 22
hâter (se ~)	darse prisa 51
haut (en ~)	a la cima 43
haut (m)	alto 76
haut débit	banda ancha 99
haut/-e	alto/a 30
hauteur (de ~)	de alto 76
hauteur (être à la ~)	estar a la altura 93
hauteur (f)	altura 76
haut-parleur (m)	altavoz 30
herbe (f)	hierba 78
héritage (m)	herencia 100
hésiter	dudar 12
heure (de bonne ~)	temprano 61
heure (f)	hora 4
heureusement	afortunadamente 36
heureux/-euse	feliz 69
Hexagone (l'~)	Francia (continental) 90
hexagone (m)	hexágono 90
hier	ayer 36
histoire (f)	historia 55, 61
historien / historienne	historiador/a 92
hiver (m)	invierno 34
hommage (m)	homenaje 71

homme	hombre 9, 54
Homme (l'~) (l'humanité)	hombre (humanidad) 54
honnête	honesto/a 20
honnêtement	sinceramente 48
honte *(f)*	vergüenza 80
honteux/-euse	vergonzoso/a 87
hôpital *(m)*	hospital 67
horaire *(m)*	horario 68
horloge *(f)*	reloj 58
horreur *(f)*	horror 40
horreur de (avoir ~)	odiar 40
horrible	horrible 55
hors	fuera de 18, 31; sin 64
hors d'œuvre	entrante 31
hors de prix	carísimo/a 31
hors service	fuera de servicio 44
hôtel *(m)*	hotel 6
hôtel de ville	ayuntamiento 9
huile *(f)*	aceite 53
huit	ocho 8
huitième	octavo/a 8
humain/-e	humano/a 20
humeur *(f)*	humor 72
humoriste *(m/f)*	humorista 96
humour *(m)*	humor 52
huppé/-e	exclusivo/a 65
hypermarché *(m)*	hipermercado 46

I

ici	aquí 5
idéal/-e	ideal 20
idée *(f)*	idea 22
identifiants *(m pl)*	claves de acceso 67
identique	idéntico/a 27
identité *(f)*	identidad 9
idiot/-e	tonto/a 51; idiota 85
ignorance *(f)*	ignorancia 90
ignorer	ignorar, no saber 90
il	él 3; que 4
il y a	hay 17; hace 52
île *(f)*	isla 38
illimité/-e	ilimitado/a 59
illustrer	ilustrar 81
ils	ellos 9
image *(f)*	imagen 16
imaginer	imaginar 75
imbécile	idiota 59

immédiatement	instantáneo/a 59
immense	inmenso/a 75
immeuble *(m)*	edificio 55
immobile	inmóvil 98
impatient/-e	impaciente 40
imperméable *(m)*	impermeable 74
importance *(f)*	importancia 33
important/-e	importante 15
importe (peu ~)	no importa 60
importe (qu'~)	importar 78
importe où (n'~)	cualquier parte 65
importe qui (n'~)	cualquiera 66
importe quoi (n'~)	tontería 66
importe… (n'~)	cualquier 66
importer	importar, ser importante 60
imposer	imponer 80
impossible	imposible 62
impôt *(m)*	impuesto 96
impression *(f)*	impresión 66
imprimante *(f)*	impresora 67
imprimé/-e	impreso/a 10
inadmissible	inadmisible 81
incapable	incapaz 87
incendie *(m)*	fuego 60
incident *(m)*	incidente 95
incommoder	molestar 80
inconfortable	incómodo/a 48
inconnu/-e	desconocido/a 82
inconstant/-e	inestable 92
incontournable	imperdible 58
inconvénient *(m)*	incoveniente 94
incroyable	increíble 99
Inde *(f)*	India 20
indic *(m) (argot)*	soplón (jerga) 88
indice *(m)*	indicio 95
indien/-ne	indio/a 20
indifférent/-e	indiferente 82
indispensable	indispensable 39
individu *(m)*	individuo 81
infini (à l'~)	infinito 96
informaticien/-ne	informático/a 62
informations (les ~)	las noticias 50
informatique *(f)*	informática 94, 99
informer	informar 95
infos (les ~)	las noticias 50
infusion *(f)*	infusión 88
ingénieur/-e	ingeniero/a 45

initial/-e	inicial 97
injuste	injusto/a 92
injustement	injustamente 92
innovant/-e	innovador 97
innovation *(f)*	innovación 97
inquiet/-ète	preocupado/a 46
inquiéter (s'~)	preocupar 36
insconcient/-e	inconsciente 87
insister	insistir 61
inspiration *(f)*	inspiración 78
inspirer	inspirar 71
installer (s'~)	instalarse 50
instant *(m)*	ahora 12; momento 51
instantanné/-e	instantáneo/a 59
instinct *(m)*	instinto 96
institution *(f)*	institución 82
instruire	instruir 52
intégrant/-e	integral 82
intégrité *(f)*	integridad 54
intention *(f)*	intención 60
interdire	prohibir 66, 99
intéressant/-e	interesante 20
intéresser	interesar 33
intérêt *(m)*	interés 61
intérieur (à l'~)	dentro 41
intérieur/-e	interior 37
interminable	interminable 94
international/-e	internacional 43
interne	interno/a 86
Internet (sur ~)	internet 27
interview *(f)*	entrevista 75
intitulé/-e	llamado/a, tildado/a 22
inutile	inútil 45
investir	invertir 23
investissement *(m)*	inversión 65, 97
invité/-e	invitado/a 61
inviter	invitar 45
irréaliste	irrealista 92
irréprochable	irreprochable 92
irresponsable	irresponsable 92
Italie	Italia 20

J

jamais	nunca 32
jamais (plus ~)	nunca 53
jambe *(f)*	pierna 62
jambon	jamón 11

six cent cinquante-six • 656

janvier *(m)*	enero 21
Japon *(m)*	Japón 20
japonais/-e	japonés/esa 20
jardin *(m)*	jardín 21
jardinier/-ère	jardinero/a 69
jaune	amarillo/a 33
je	yo 1
jean *(m)*	vaqueros 46
jeter	echar 32
jeter un coup d'œil	echar un vistazo 32
jeu *(m)*	juego 22
jeudi	jueves 18
jeune	joven 14, 57
jeunesse *(f)*	juventud 78
Joconde (la ~)	Mona Lisa 76
joie *(f)*	deleite 95
joindre	localizar 37
joli/-e	bonito/a 14, 33
jouer	jugar 22
joueur/-euse	jugador/a 22
jour *(m)*	día 1
journal *(m)*	periódico 22
journaliste	periodista 45
journée *(f)*	día 12
jours (de nos ~)	hoy en día 45
JT (journal télévisé) *(m)*	noticias (televisadas) 95
jugement	juicio 37
juger	juzgar 37
juillet *(m)*	julio 18
juin *(m)*	junio 18
jupe *(f)*	falda 33
jurer	jurar 54
jury *(m)*	jurado 39
jus *(m)*	zumo 53
jusqu'à ce que	hasta que 81
jusqu'à présent	hasta el presente 86
jusqu'à	hasta 19
juste	solo 26; preciso/a 68
justement	precisamente 39
justice *(f)*	justicia 93

K

kilo(gramme)	kilo(gramo) 11
kilomètre *(m)*	kilómetro 27
KO (être ~)	estar agotado/a 97
KO (mettre ~)	dejar KO 97

L

là-bas	allí 16
lâcher	abandonar 87
là-dessus	ahí, sobre esto 82
laid/-e	feo/a 71
laisser	dejar 15, 17
lait *(m)*	leche 11
lancer	echar 59
lancer (se ~)	lanzar(se) 87
langue *(f)*	idioma 37, 57; lengua 46, 69
lapin	conejo 69
large	ancho 76, 80
largeur *(f)*	longitud 77
lavande *(f)*	lavanda 78
laver	lavar 36
laver (se ~)	lavar(se) 50
lave-vaisselle *(m)*	lavavajillas 47
le / la / l'	el/la 2, 4; le/la/lo 4
leader *(m)*	líder 80
lecteur/-trice	lector/a 83
légende *(f)*	leyenda 92
léger/-ère	ligero/a 44
légèrement	ligeramente 97
légume *(m)*	verdura 11
lendemain	día siguiente 34
lentement	lentamente 44
lequel / laquelle / lesquelles	cuál(es) 22, 25
les	las 12; los 15
lessive *(f)*	detergente 53
lettre *(f)*	carta 36
leur	su 9
lever	levantar 56, 62
lever (se ~)	levantar(se) 50
lèvre *(f)*	labio 95
libération *(f)*	liberación 93
libérer	liberar 93
libérer (se ~)	librar(se) 54
liberté *(f)*	libertad 21, 93
librairie *(f)*	librería 75
libre	libre 18
lieu (avoir ~)	tener lugar 40
lieu *(m)*	lugar 40
lieu de (au ~)	en lugar de 47
lièvre *(m)*	liebre 69
ligne (en ~)	en línea 23
ligne *(f)*	línea 23
lignes (les grandes ~)	descripción general 99

Lillois/-e	habitante de Lille 96
limite *(f)*	límite 86
limiter	limitar 80
linge *(m)*	ropa de casa 47
linotte *(f)*	pardillo 92
lire	leer 32
liste *(f)*	lista 22
lit *(m)*	cama 6
litéraire	literario/a 92
littérature *(f)*	literatura 76
livraison *(f)*	reparto 51
livre *(f)*	libra (medio kilo), libra esterlina 11
livre *(m)*	libro 15, 61
livrer	entregar 53
livrer à (se ~)	dedicarse a 94
local / locaux *(m)*	instalación/ones 38
locataire *(m/f)*	inquilino/a 82
location *(f)*	alquiler 47
logiciel *(m)*	software (programa) 99
logique	lógico 81
loin	lejos 25
lointain/-e	distante 96
loir *(m)*	lirón 69
long/-ue	largo/a 16
longtemps	mucho tiempo 43
longuement	largo y tendido 99
longueur *(f)*	anchura 76
lors	durante 72
lorsque	cuando 60
lot (gros ~)	premio gordo 59
loto *(m)*	loto 23
lotterie *(f)*	lotería 23
louche *(col)*	sospechoso/a 88
louer	alquilar 19, 37
loup *(m)*	lobo/a 69
lourd/-e	pesado/a 44
loyer *(m)*	alquiler 37
lumière *(f)*	luz 16
lundi	lunes 18
lunettes *(f pl)*	gafas 46
lustre *(m)*	brillo 72
lustres (depuis des ~)	desde hace muchos años 72
luxe *(m)*	lujo 48
Luxembourg	Luxemburgo 100
luxueux/-euse	lujoso/a 95
lycée *(m)*	instituto 43

M

ma	mi 1
machine *(f)*	máquina 22
machine à laver	lavadora 47
machine à sous	tragaperras 22
maçon	albañil 75
madame	señora 2
mademoiselle	señorita 8
magasin (grand ~)	grandes almacenes 16
magazine *(m)*	revista 50
magnifique	magnífco/a 71
mai *(m)*	mayo 18
mail / e-mail *(m)*	email 32
main *(f)*	mano 32
maintenant	ahora 3
maire *(m)*	alcalde(sa) 9
mairie *(f)*	ayuntamiento 9
mais	pero 3
maison (à la ~)	en casa 8
maison *(f)*	casa 8
maître / maîtresse	maestro/a 39
maîtriser	dominar 57
majeur/-e	mejor 75
majorité *(f)*	mayoría 82
mal *(adv)*	dolor 24; mal 30
mal *(m)*	doler 24; mal 44, 66; daño, dolor 66
mal aux yeux	dolor de ojos 32
malade	enfermo/a 16, 41
maladie *(f)*	enfermedad 24
maladroit/-e	torpe 52
malentendant/-e	persona con discapacidad auditiva 68
malgré	a pesar 39
malheur *(m)*	desgracia, infelicidad 37
malheureusement	desgraciadamente 13
malheureux/-euse	desafortunado/a 87
malicieux/-euse	travieso/a 95
malin / maligne	astuto/a 69
maltraiter	maltratar 92
maman	mamá 59
mamie *(f)*	abuelita 68
manche *(f)*	manga 46
manche *(m)*	mango 90
mandat *(m)*	mandato 82
manger	comer 11
maniaque	maniático/a 79
manière *(f)*	manera 81
manquer	faltar 51; echar de menos 52

six cent soixante • 660

manteau *(m)*	abrigo 33
marché (bon ~)	barato/a 33
marche *(f)*	marcha 34; escalinata 87
marché *(m)*	mercado 11
marcher	caminar, funcionar 13
mardi	martes 18
mari *(m)*	marido 46
mariage *(m)*	boda 18; matrimonio 37
marié (le ~)	el novio 90
marié/-e (être ~)	estar casado/a 59
mariée (la ~)	novia 90
marier (se ~)	casarse 59
marmonner	murmurar 82
marocain/-e	marroquí 62
marquer	marcar 93
marquer un temps d'arrêt	detener 93
marre (en avoir ~)	estar harto/a 44
marron	marrón 46
mars *(m)*	marzo 18
Marseillais/-e	marsellés/esa 96
masculin/-e	masculino/a 49, 90
massacrer	destrozar 85
massif/-ive	masivo/a 80
match *(m)*	partido 43
matériel *(m)*	material 79
matière *(f)*	asignatura 75; materia 80
matière de (en ~)	en materia de 80
matin *(m)*	mañana 15
matinée *(f)*	matinal 19
maussade	gris 60
mauvais/-e	incorrecto/a 44
me / m'	me 3
mec *(m)* *(col)*	chico, colega 88
méchanceté *(f)*	mezquindad 96
méchant/-e	cruel, malvado/a 81; malo/a 90
méchant/-e *(sust)*	malo/a 81
médaille *(f)*	medalla 31
médecin *(m)*	médico 17
médecin du travail	médico del trabajo 80
média *(m)*	medios de comunicación 81
médiatique	mediático/a 61
médiatisé/-e	mediático/a 95
médicament *(m)*	medicamento 24
meeting *(m)*	reunión 54
méfier (de) (se ~)	desconfiar (de) 50
mégarde (par ~)	por descuido 92
meilleur/-e	mejor 46

meilleur/-e (le/la ~)	el/la mejor 39
mélanger	mezclar 90
mêler (de) (se ~)	meterse en los asuntos de otro 85
même	incluso 10; mismo/a 22
même (de ~)	lo mismo 85
mémoire *(f)*	memoria 67
mémoire *(m)*	memoria 90
mémorable	memorable 76
menaçant/-e	amenazador/a 93
menacer	amenazar 87
ménage *(m)*	limpieza 67, 94
mener	dirigir 87
mensonge *(m)*	mentira 88
mensuel/-elle	mensual 37
menteur/-euse	mentiroso/a 93
mentionner	mencionar 72
mentir	mentir 69
menu *(m)*	menú 26
mépriser	despreciar 92
mer *(f)*	mar 44
merci	gracias 1
mercredi (aujourd'hui)	hoy 17
mère	madre 9
mériter	merecer 80
merveille (à ~)	de maravilla 55
merveille *(f)*	maravilla 74
merveilleux/-euse	maravilloso/a 64
mes	mis 12
mesdames	señoras 15
mesdemoiselles	señoritas 15
message *(m)*	mensaje 13
messieurs	señores 15
mesure *(f)*	medida 59, 66
mesurer	medir 76
métal *(m)*	metal 48
météo *(f)*	previsión meteorológica, pronóstico del tiempo 58
météorologie *(f)*	meteorología 71
métier *(m)*	ocupación, oficio, trabajo 45
mètre *(m)*	metro 25
métro(politain) *(m)*	metro 5
Métropole *(f)*	Francia continental 61
metteur en scène	director/a 39
mettre	poner 30
mettre à (se ~)	empezar a, ponerse manos a la obra 75
mettre au point	desarrollar, enfocar 97
meuble *(m)*	mueble 51

meurtre *(m)*	asesinato 87
meurtrier/-ère	asesino/a 87
mi-chemin (à ~)	a mitad de camino 34
midi *(m)*	sur 3; mediodía 4
miel *(m)*	miel 78
mienne (le/la ~)	el/la mío/a 52
mieux	mejor 32, 44
milieu *(m)*	medio 30
militant/-e	militante 80
mille	mil 22
mille *(m)*	blanco 97
millier (un ~)	unos/aproximadamente mil 33
milliers	miles 33
millionnaire	millonario/a 65
mince	delgado/a 27
mine *(m)*	buen (aspecto), cara 68
minéral/-e	mineral 26
minimum	mínimo 81
minuit	medianoche 19
minute *(f)*	minuto 4
miracle *(m)*	milagro 54
mise au point	finalización 97
mise en scène	dirección 39
miser	apostar 99
misérable *(m/f)*	miserable 93
moche	feo 69
mode (à la ~)	a la moda, moderno/a 65
mode *(f)*	moda 33
mode *(m)*	modo 90
modèle *(f)*	modelo 33
modéré/-e	moderado/a 76
moderne	moderno/a 72
modeste	modesto/a 61
modestie *(f)*	modestia 75
modifier	modificar 97
mœurs *(f pl)*	comportamiento, costumbres 96
moi	mí 2
moindre(s) (le/la/les ~)	s) menos (el/la/lo 99
moins	menos 19, 27
moins (au ~)	al menos 20
moins (du ~)	al menos 55
moins (le/la/les ~)	s) menos (el/la/lo 28, 52
moins de (le ~)	menos 64
mois *(m)*	mes 18
moitié *(f)*	mitad 55
moment *(m)*	momento 8, 38, 64
mon	mi 3

monarchie *(f)*	monarquía 93
monde (tout le ~)	todo el mundo 20
monde *(m)*	mundo 20; gente 53
monnaie *(f)*	cambio 12
monsieur	señor 2, 9
monstre *(m)*	monstruo 55
monstre sacré	figura legendaria 55
monter	ascender 43; subir 43, 67
monter à cheval	montar a caballo 64
montre *(f)*	reloj 4
monument *(m)*	monumento 16
moral *(m)*	entusiasmo 73
morale *(f)*	moral 73
morceau *(m)*	pedazo 29; trozo 29, 69
morne	lúgubre 93
mort *(f)*	muerte 55
mort/-e	muerto/a 55
Moscou	Moscú 16
mot *(m)*	palabra 67
mot de passe	contraseña 67
moteur *(m)*	motor 51
motif *(m)*	dibujo 78
motiver	motivar 57
moule *(f)*	mejillón 90
moule *(m)*	molde 90
mourir	morir 43
mousse *(f)*	moho 77
moutarde *(f)*	mostaza 53
mouton *(m)*	oveja 95
mouvement *(m)*	movimiento 80
mouvement social	movimiento social 81
mouvementé/-e	lleno/a de acontecimientos 75
moyen *(m)*	medio 37, 59
moyens (avoir les ~)	poder permitirse 37, 58
moyens *(m pl)*	posibilidades (dinero) 37
muet/-te	mudo/a 68
mule *(f)*	mula 58
multimédia	multimedia 45
multiplexe *(m)*	multicine 40
municipal/-e	municipal 65
munition *(f)*	munición 93
mur *(m)*	pared 47
mûr/-e	maduro/a 48
musée *(m)*	museo 15
musical/-e	musical 40
musicien/-ne	músico/a 75
musique *(f)*	música 13
mythe *(m)*	mito 93

six cent soixante-quatre • 664

N

nager	nadar 64
naïf / naïve	ingenuo/a 71
naissance *(f)*	nacimiento 23
naître	nacer 43
natation *(f)*	natación 43
national/-e	nacional 43
nature *(f)*	naturaleza 75
naturellement	naturalmente 39
ne / n'... pas	no 4
néanmoins	no obstante 55
nécessaire	necesario/a 37
nécessairement	necesariamente 65
négociateur/-trice	negociador/a 81
négociation *(f)*	negociación 80
neige *(f)*	nieve 45
neiger	nevar 34
net/-te	claro/a, limpio/a, nítido/a, ordenado/a 66
nettoyage à sec	limpieza en seco 36
nettoyer	limpiar 30, 36
neuf / neuve	nuevo/a 86, 99
neveu *(m)*	sobrino 78
nez *(m)*	nariz 34
ni	no 51
ni... ni	ni... ni 52
nièce *(f)*	sobrina 78
nîmois/-e	de Nimes 78
niveau *(m)*	nivel 95
Noël	Navidad 19
noir/-e	negro/a 33
noix *(f)*	nuez 29
nom *(m)*	nombre 6; sustantivo 90
nom de famille	apellido 6
nombre *(m)*	número 23
nombreux/-euses	numerosos/as 47, 86
nommé (être ~) (à un poste)	ser nombrado (para un puesto) 43
nommer	nombrar 43
non	no 2
non-voyant/-e	persona con discapacidad visual 68
nord *(m)*	norte 40
normal/-e	normal 47
normalement	normalmente 8
normand/-e	normando/a 57
Normandie	Normandía 83
nos	nuestro/a 36
notaire	notario 42
notamment	especialmente 39, 66
note *(f)*	cuenta 26

noter	tomar nota 41
notre	nuestro/a 30
nôtre(s) (le/la/les ~)	nuestro/a(s) 52
nourriture *(f)*	comida 48
nouveau (à ~)	de nuevo 85, 97
nouveau/-elle	nuevo/a 9, 13, 19
nouveauté *(f)*	novedad 40
Nouvel An	Año Nuevo 19
nouvelle(s) *(f)*	noticias 46
novembre *(m)*	noviembre 18
nu/-e	desnudo/a 85
nuage *(m)*	nube 60
nuancé/-e	matizado/a 100
nues *(f pl)*	nubes 85
nuit *(f)*	noche 6
nul/-le	nulo/a, terrible, pésimo/a 40
numérique	digital 61
numéro *(m)*	número 23

O

objet *(m)*	objeto 17
obligatoire	obligatorio/a 44
obligé (être ~)	estar obligado 57
obliger	obligar 99
obscur/-e	oscuro/a 39
obstacle *(m)*	obstáculo 61
obtenir	obtener 59, 81, 87
occasion (d'~)	ocasión 88
occasion *(f)*	oportunidad 23
occupé/-e	ocupado/a 14, 41
occuper de (s'~)	ocuparse de 61, 86
octobre *(m)*	octubre 18
odeur *(f)*	olor 87
odorat *(m)*	olfato 99
officiel/-elle	oficial 43
offre *(f)*	oferta 43
offrir	dar, ofrecer 29
oignon *(m)*	cebolla 85
oiseau *(m)*	pájaro 55
olive *(f)*	oliva 53
ombre *(f)*	sombra 87
omnibus *(m)*	ómnibus 44
oncle *(m)*	tío 43
opinion *(f)*	opinión 82
opposition *(f)*	oposición 82
oppression *(f)*	opresión 93
or *(m)*	oro 31, 39

six cent soixante-six • 666

orage *(m)*	tormenta 85
oral/-e	oral 86
orange	naranja 33
ordinaire	cotidiano/a 61
ordinateur *(m)*	ordenador 31
ordonnance *(f)*	receta 24
ordre *(m)*	orden 20
oreille *(f)*	oído 24
organisateur/-trice	organizador/a 95
organiser	organizar 19
original/-e	original 29, 39
origine	origen 57
origines *(pl)*	origen 71
oser	osar 87
ou	o 16
où	dónde 6
où que *(+ subj)*	dondequiera que 88
où que ce soit	cualquier lugar 68
oublier	olvidar 36
ouest *(m)*	oeste 40
oui	sí 2
ouïe *(f)*	oído 99
outil *(m)*	herramienta 62
ouvert/-e	abierto/a 62
ouvrage *(m)*	obra 92
ouvrier/-ère	trabajador/a 73, 80
ouvrir	abrir 24

Œ

œil *(m)*	ojo 32
œuf	huevo 19

P

pagaie *(f)*	desmadre 74
pagaille (en ~)	montón 74
pagaille *(f)*	desmadre, lío 74
page *(f)*	página 83
pain *(m)*	pan 11
paix *(f)*	paz 16
palace *(m)*	palacio 64
pâle	pálido/a 67
palme *(f)*	palma 39
palpitant/-e	emocionante 93
pan *(m)*	panel 58
panier *(m)*	cesta 48
panne (en ~)	averiado/a 44
panne *(f)*	bloqueo 94

pans de bois (à ~)	entramado de madera 58
pantalon *(m)*	pantalón 46
papa	papá 59
papier *(m)*	papel 36
papier toilette	papel higiénico 53
papy *(m)*	abuelito 68
papy boom *(m)*	yayo boom 68
paquebot *(m)*	transatlántico 100
paquet *(m)*	paquete 53
par	por 16
paraître	parecer 85
parce que	porque 4
parcours *(m)*	carrera 97
pardessus *(m)*	abrigo 85
pardon	perdón 4
pareil/-le	parecido/a, similar 65
parent *(m)*	familiar 59
parents *(m pl)*	padres 14, 18
paresseux/-euse	perezoso/a 47; holgazán/ana 80
parfait/-e	perfecto/a 86
parfois	a veces 45
pari *(m)*	apuesta 59
parier	apostar 27
parisien/-ne	parisino/a 3
parka *(f)*	parka 74
parking *(m)*	aparcamiento 51
parlement *(m)*	parlamento 54
parler	hablar 13, 31
parmi	entre 33
parole *(m)*	palabra 66
parquet *(m)*	fiscalía, parqué 95
part (à ~)	aparte 72
part *(f)*	trozo 38; parte 38, 47
partagé/-e	dividido/a 27
partager	compartir 83
parti *(m)*	partido 54
participer	participar 52
particulier/-ère	privado/a 58
particulièrement	especialmente 86
partie *(f)*	parte 11
partie de (faire ~)	ser parte de 82
partiel/-le	parcial 97
partir	salir 27
partir à la retraite	jubilarse, retirarse 43
partout	por todas partes 44
pas (ne... pas)	no 3
pas du tout	para nada 3

six cent soixante-huit • 668

passant par (en ~)	pasando por 100
passeport *(m)*	pasaporte 10
passer	pasar 18, 40, 67
passer (se ~)	pasar 48
passer (un spectacle)	poner (un espectáculo) 40
passe-temps *(m)*	pasatiempo 94
passion *(f)*	pasión 93
passionnant/-e	emocionante 75
passionné/-e	apasionado/a 45
passionner	apasionar 82
patati et patata	bla-bla-bla 94
patatras !	¡cataplún! 94
pâté *(m)*	paté 53
pâtes *(f pl)*	pasta 53
patiemment	pacientemente 76
patience *(f)*	paciencia 44
patient/-e	paciente 76
patienter	esperar 73
pâtisserie *(f)*	pastelería 29
patrie *(f)*	patria 100
patron *(m)*	jefe 34
patronat *(m sing)*	patronal 80
pauvre	pobre 67
payer	pagar 13
pays *(m)*	país 20
paysage *(m)*	paisaje 61
paysan / paysanne	campesino/a 95
Pays-Bas (les ~)	Países Bajos 43
peau *(f)*	piel 87
pêche *(f)*	melocotón 53
pédagogique	pedagógico/a 62
peindre	pintar 79
peine (à ~)	apenas 74
peine *(f)*	pena 46, 89
peintre *(f / m)*	pintor/a 61
peinture *(f)*	pintura 61
Pékin	Pekín 16
pendant	durante 22, 51
pendant ce temps	mientras tanto 51
pendant que	mientras 60
pénétrer	penetrar 86
pénible	insoportable, penoso/a 67
penser	creo 4
percevoir	percibir 95
perdant/-e	perdedor/a 78
perdre	perder 30
perdre connaissance	perder el conocimiento 83

669 • **six cent soixante-neuf**

perdre du temps	perder el tiempo 51
père *(m)*	padre 8
périmé/-e	caducado/a 96
périmètre *(m)*	alcance 86
période *(f)*	periodo 64
périphérique	periférico 46
perle *(f)*	perla 86
permettre	permitir 59
permettre (se ~)	permitir(se) 100
permission *(f)*	permiso 61
personnage *(m)*	personaje 76
personne	nadie 43, 57
personne *(f)*	persona 19
personnel *(m)*	personal 81
personnellement	personalmente 86
perturbation *(f)*	interrupción 44
perturber	interrumpir 44
pessimiste	pesimista 95
peste *(f)*	peste 96
petit four *(m)*	canapé 72
petit pois	guisante 90
petit/-e	pequeño/a 19, 22
petit-ami *(m)*	novio 68
petit-déjeuner *(m)*	desayuno 2
petite-amie *(f)*	novia 68
petite-fille *(f)*	nieta 68
petit-fils *(m)*	nieto 68
peu	poco, poco/a 60
peu (de) (un ~)	un poco 11
peu (un petit ~)	un poquito 25
peuple *(m)*	pueblo 93
peur (avoir ~)	tener miedo 62, 78
peur (faire ~)	asustar 55
peut-être	quizás 12, 41
pharmacie *(f)*	farmacia 73
philosophie *(f)*	filosofía 54
photo(graphie) *(f)*	foto(grafía) 10, 46, 61
photographe *(f / m)*	fotógrafo/a 61
photographier	fotografiar 61
photojournaliste	fotoperiodista 61
phrase *(f)*	oración 51
physique	físico/a 89
physique *(f)*	física 90
physique *(m)*	apariencia física, físico 90
pianiste *(m/f)*	pianista 75
pie *(f)*	urraca 69
pièce (de monnaie) *(f)*	moneda 99

six cent soixante-dix • 670

pièce *(f)*	obra 51; habitación 67
pied *(m)*	pie 25
pigeon *(m)*	paloma 59
pile *(f)*	pila 47
pile ou face	cara o cruz 59
pinceau *(m)*	brocha 79
pique-nique *(m)*	picnic 48
pique-niquer	hacer un picnic 48
pire	peor 31
pire (au ~)	en el peor caso 79
pire (le/la ~)	el/la peor 64
piscine	piscina 17
piste (de ski)	pista (de esquí) 89
piste *(f)*	carril, pista, vía 86
pizzéria *(f)*	pizzería 25
placard *(m)*	armario 11
place (sur ~)	aquí 93
place *(f)*	plaza 15, 51
place à (faire ~)	dar paso a 76
placer	colocar 97
plafond *(m)*	techo 79
plage *(f)*	playa 64
plaindre	compadecer, sentir pena 73
plaindre (se ~)	quejarse 73
plaire	gustar 32, 43
plaisanter	bromear 51
plaisanterie *(f)*	broma 96
plaisir *(m)*	gusto, placer 25
plaît (s'il te/vous ~)	por favor 2
plan (bon ~)	ganga, buena oferta 74
plan *(m)*	plano 5
planche *(f)*	tabla, tablón 83
planétaire	global 66
plante *(f)*	planta 36
plastique *(m)*	plástico 48
plat *(m)*	plato 26
plat/-e	plano 92
plateau *(m)*	plató, tabla 92
plateforme *(f)*	plataforma 39
plein (faire le ~) (d'essence)	llenar el depósito (de gasolina) 100
plein de	mucho 38
plein/-e	lleno/a, mucho/a 38
pleurer	llorar 52
pleuvoir	llover 34
pliant/-e	plegable 48
plombier/-ère	fontanero/a 45
plongée *(f)*	buceo 64

pluie (f)	lluvia 34
plume (f)	pluma 74
plupart de... (la ~)	la mayoría de 58
plus	más 18
plus (le/la ~)	el/la/lo más 20
plus (ne ... ~)	no... más 31; no... más 32
plusieurs	varios/as 25
plutôt	mejor 29; más bien 29, 61; bastante 61
plutôt que	no de 45
pluvieux/-euse	lluvioso/a 34
PMU (Pari mutuel urbain)	oficina de apuestas 59
pneu(matique) (m)	neumático/a 97
poche (f)	bolsillo 43
poêle (f) à frire	sartén 90
poêle (m)	estufa 90
poids (m)	peso 80
poignardé/-e	apuñalado/a 87
poignée (f)	puñado 93
poil (m)	pelo (de animal) 69
point (faire le ~)	concretar, repasar 89
point de (être sur le ~)	estar a punto de 87
point de vue	punto de vista 52
poire (f)	pera 83
poisson (m)	pescado 53
poivre (m)	pimienta 53
policier (film ~)	película policiaca 39
politesse (f)	educación 96
politique	político/a 52
politique (m)	político/a 54
pollué/-e	contaminado/a 66
polluer	contaminar 66
pollution (f)	contaminación 99
pomme (f)	manzana 11
pomme de terre (f)	patata 11
pompier (m)	bombero/a 60
pont (m)	puente 18
porcelaine (f)	porcelana 48
port (m)	puerto 40
portable (m) (ordinateur)	portátil 67
portable (m) (téléphone)	móvil (teléfono) 41
porte (f)	puerta 34
portefeuille (m)	cartera 10
porte-parole (m)	portavoz 95
porter	llevar 44
portrait (m)	retrato 61
poser	hacer 20
poser un lapin	dar plantón 69

six cent soixante-douze • 672

poser une question	hacer una pregunta 20
position *(f)*	posición 81
posséder	poseer 39
possibilité *(f)*	posibilidad 45
possible	posible 13
poste *(f)*	correos 29
poste *(m)*	extensión, trabajo 38; puesto 38, 43
postuler	presentar una solicitud 72
pot *(m)*	bote, frasco 72; olla 78
pot *(m) (col)*	copa 72
pot de départ	copa de despedida 72
potable (eau ~)	agua potable 87
pote *(m) (argot)*	amigo/a 75; colega 88
pou *(m)*	piojo 69
poubelle *(f)*	cubo de basura 36
poulet *(m)*	pollo 48
poupe (en ~)	popa 97
pour	para 2
pourboire *(m)*	propina 26
pourparler *(m)*	conversación 81
pourquoi	por qué 11
poursuivre	seguir 62
pourtant	no obstante 57; sin embargo 58
pourvu que	mientras, siempre que 81
pousse (jeune ~)	empresa emergente 97
pousse *(f)*	brote 97
pouvoir (ne pas ~)	no poder 59
pouvoir *(v)*	poder 11, 13, 31
pratique	práctico/a 66
préavis *(m)*	preaviso 80
précis/-e	preciso/a 29
précisément	exactamente 17
préciser	especificar 76
précision *(f)*	aclaración, exactitud, precisión 76
préférable	preferible 72
préféré/-e	preferido/a 23
préférer	preferir 2
préjugé *(m)*	prejuicio 96
premier ministre	primer ministro 82
premier/-ère	primer(o/a) 11
prendre	tomar 18
prendre en photo	hacer fotos 61
prendre la parole	tomar la palabra 66
prendre rendez-vous	concertar una cita 18
prendre sa source	nacer (un río) 76
prendre un verre	tomar algo 40
prénom *(m)*	nombre 6

préparer	preparar 48
près	cerca 25, 26
près (à peu ~)	alrededor de 71
près de	casi 95
présence *(f)*	presencia 89
présentateur/-trice	presentador/a 52
présentation *(f)*	presentación 3
présenter	presentar 1
président/-e	presidente 66
Président-directeur général (PDG)	presidente y director general 50
présidentiel/-elle	presidencial 82
presque	casi 17
pressé (être ~)	tener prisa 25
presse *(f)*	prensa 81
pression *(f)*	presión 93
présumer	suponer 38
prêt/-e	listo/a 22
prêter	prestar 22
prétexte *(m)*	pretexto 97
prévenir	avisar 60
prévision *(f)*	presición 95
prévoir	prever 81
prie (je t'/vous en ~)	de nada 31
prier	rogar 31
prime *(f)*	prima 96
prime de mobilité	ayuda a la movilidad 96
primer	premiar 96
prince / princesse	príncipe/princesa 92
principal/-e	principal 92
principe *(m)*	principio 32
pris/-e (être ~)	estar ocupado 18; estar ocupado/a 41
prise *(f)*	toma 93; enchufe 94
prison *(f)*	prisión 87, 93
prisonnier/-ère	prisionero/a 93
privé/-e	privado/a 47
privilégier	privilegiar 86
prix (à tout ~)	a toda costa 66
prix *(m)*	precio 12; premio 39
probable	probable 81
probable (peu ~)	poco probable 81
probablement	probablemente 87
problème *(m)*	problema 19
procès *(m)*	juicio 99
procès-verbal (de réunion) *(m)*	informe (de una reunión) 99
prochain/-e	próximo/a 29
produire (se ~)	producir(se) 95
produit *(m)*	producto 48, 53

six cent soixante-quatorze • 674

professeur/-e	profe(sor/a) 62
profession (f)	profesión 45
professionnel/-le	profesional 45
profil (m)	perfil 86
profiter	aprovechar 100
profond/-e	profundo/a 17
profondeur (f)	profundidad 77
programmateur	programador/a 62
programmation (f)	programación 55
programmeur/-euse	programador/a 45
progrès (m)	progreso 89
prohibitif/-ive	prohibitivo 37
projet (m)	plan, projecto 17
promener	pasear 67
promettre	prometer 30, 54
promotion (f)	oferta, promoción 53
prononcer	pronunciar 72
propos (à ~)	por cierto 57
propos de (à ~)	sobre 79; a propósito de 100
proposer	proponer 18, 78
proposition (f)	sugerencia 40
propre	limpio/a 88
proprement	limpiamente 48
propriété (f)	propiedad 37
protéger	proteger 87
prototype (m)	prototipo 97
province (en ~)	en provincias 72
proximité (de) (à ~)	cerca, proximidad 27
prudent/-e	prudente 88
psychiatre (m/f)	psiquiatra 96
public (m)	público 39
public/-ique	público 51
publicité (f)	publicidad 83
publier	publicar 81
puis	después 22
puisque	ya que 58, 82
puissance (f)	potencia 52
pull (m)	jersey 33, 39
PV (de stationnement) (m)	tique de aparcamiento 99
Pyrénées	Pirineos 65

Q

quai (m)	andén 44
qualité (f)	cualidad 75
quand	cuándo 19
quand même	de todas formas 33, 89; a pesar de todo 52
quant à	en cuanto a, con respecto a 74

quarantaine *(f)*	unos cuarenta años 46
quart *(m)*	cuarto (de hora) 25
quartier *(m)*	barrio, distrito 25
quatrième	cuarto/a 6
que	que 4, 12, 27
quel(le) que *(+ subj)*	cualquiera que 88
quel(s) / quelle(s)	cuál 6; qué 26
quelqu'un	alguien 11, 13
quelque chose	algo 11, 19
quelque part	en alguna parte 11; algún sitio 40
quelque temps	algún tiempo, rato 43
quelque(s)	alguno/a(s) 11; algún/uno/una(s) 43
quelquefois	algunas veces 43
quelques-uns	algunos/as 76
question *(f)*	duda 18
questionnaire *(m)*	cuestionario 75
queue (faire la ~)	hacer cola 40
queue *(f)*	cola 23
qui	que 22, 23
qui que *(+ subj)*	quienquiera que 88
qui que ce soit	cualquiera 68
quinzaine	unos/aproximadamente quince 19
quinze	quince 12
quitter	salir 23; colgar, dejar 30
qui-vive *(m)*	alerta 81
quoi	qué 55
quoi que *(+ subj)*	lo que sea 81
quotidien/-ne	diario/a 53

R

raconter	contar 61
raconter des salades	contar cuentos 88
radical/-e	radical 99
radio *(f)*	radio 50
radiophonique	de la radio 76
radis *(m)*	rábano 83
rage *(f)*	dolor 73
rage de dents	dolor de muelas 73
raide	liso/a 46
raisin *(m)*	uva 53
raison (avoir ~)	tener razón 54
raison *(f)*	razón 43
raisonnable	razonable 33
râler	quejar 74
ramener (qqn)	llevar (a alguien) 66
randonnée *(f)*	caminata 34; paseo 64
randonneur/-euse	excursionista 34

rangement *(m)*	almacenamiento 67; orden 94
ranger	arreglar 67; ordenar 94
rapide	rápido/a 42, 61, 76
rapidement	rápido 31
rappeler	devolver la llamada 37; recordar 52
rappeler (se ~)	acordarse 52
rapport à (par ~)	respecto a 99
rapporter	llevar de vuelta 53; traer 78
rare	raro/a 86
rarement	rara vez 59
ras le bol (en avoir ~)	estar harto/a 73
raser (se ~)	afeitar(se) 50
rassurer	tranquilizar 41
rassurer (se ~)	tranquilizarse 41
rat *(m)*	rata 69
rater	perder 27
rayon *(m)*	departamento, pasillo, rayo, sección 53
réaction *(f)*	reacción, respuesta 81
réaliser	realizar 60
réalité (en ~)	en realidad 44
réalité *(f)*	realidad 40
rebelote	lo mismo 97
récemment	recientemente 71
récent/-e	reciente 76
recevoir	recibir 32
réchauffement *(m)*	calentamiento 66
réchauffer (se ~)	volver a calentar 87
recherche *(f)*	búsqueda 27, 37
recherche de (être à la ~)	buscar 78
récit *(m)*	historia 93
réclamation *(f)*	queja 80
réclamer	reclamar 80
recommander	recomendar 71
récompense *(f)*	premio 39
récompenser	premiar 39
reconnaissance *(f)*	reconocimiento 80
reconnu/-e	reconocido/a 86
record *(m)*	récord 55
recrutement *(m)*	reclutamiento 86
reçue (idée ~)	idea preconcevida 96
reculer	retroceder 97
récupérer	recuperar 71
recycler	reciclar 96
redoutable	temible 87
réduction *(f)*	descuento 64
réduire	reducir 66
réellement	realmente 64

réévaluer	reconsiderar 92
réexaminer	volver a examinar 92
refaire	rehacer 92
réfléchir	reflexionar 22
réfrigérateur *(m)*	nevera 36
refroidissement *(m)*	refrigeración 95
refuser	negarse 32
regard *(m)*	mirada 95
regarder	ver 13; mirar 16
régime *(m)*	régimen 93
région *(f)*	región 16
régional/-e	regional 97
règle *(f)*	regla 49, 68
régler	abonar 10; pagar 53; resolver 81
réglo *(argot)*	legal 88
regretter	lamentar 18; arrepentirse 54
réinventer	reinventar 96
rejoindre (qqn)	unirse a 72
relatif/-ive à	relativo/a a 82
remarquer	señalar 73
remède *(m)*	remedio 69
remercier	dar las gracias 47
remettre en ordre	poner en orden 94
remonter le moral	animar 73
remplacer	sustituir 97
rempli/-e	pleno/a 43
remplir	rellenar 22
remporter (un prix)	ganar (un premio) 59
recontacter	volver a contactar 38
rencontrer	conocer 38
rendez-vous *(m)*	cita 4, 39
rendre	devolver 30
rendre (se ~)	rendir(se) 93
rendre compte (se ~)	darse cuenta 60
rendre hommage	rendir homenaje 71
rendre visite	visitar 68
renouveler	renovar 96
renseignement *(m)*	información 37
renseigner	dar información 64
renseigner (se ~)	informarse 65
rentrée *(f)*	regreso 18
rentrée *(f)* scolaire	inicio del año escolar 18
rentrer	regresar 8
renvoyer	enviar de vuelta 97
réparateur/-trice	reparador/a 94
réparer	reparar 94
repartir	volver a marcharse 34

repas *(m)*	comida 13
repasser	planchar, volver a pasar 70
répéter	repetir 95
répétition *(f)*	repetición 96
répondre	contestar 30
réponse *(f)*	respuesta 20, 71
reportage *(m)*	reportaje 97
reposant/-e	relajante 64
reposer (se ~)	descansar 50
reprendre	reanudar 95
république *(f)*	república 66
réputation *(f)*	reputación 92
réseau *(m)*	red 45
réserve *(f)*	reserva 87
réservé/-e	reservada 6
réserver	reservar 41
résoudre	resolver 54
respecter	respetar 82
respirer	respirar 24
responsable	responsable 32, 86
responsable *(m)*	responsable 80; gerente 86
ressort (en dernier ~)	último recurso 67
ressource *(f)*	recurso 68
restaurant *(m)*	restaurante 25
reste *(m)*	resto 47
rester	quedarse 30; permanecer 39
résultat *(m)*	resultado 66
résumé (en ~)	en resumen 79
résumé *(m)*	resumen 79
rétablir	restablecer 92
retard *(m)*	tarde 4
retenir	recordar 90
retourner	volver 43, 67; regresar 67
retraite *(f)*	jubilación 43
retrouver	encontrar 46; volver a encontrar 83
retrouver (se ~)	encontrarse 51
réunion *(f)*	reunión 38
réunir (se ~)	reunir(se) 81
réussir	lograr 23
réussite *(f)*	éxito 100
revanche (en ~)	en cambio 61; por otro lado 81
rêve *(m)*	sueño 33, 59
réveiller (se ~)	despertar(se) 50
revendre	vender 88
revenir	volver 33
revenir à (en ~)	volver 85
revenir cher	resultar caro 78

679 • **six cent soixante-dix-neuf**

revisiter	reconsiderar 92
revoir (au ~)	adiós 8
révolte *(f)*	revuelta 93
révolté/-e	rebelde 93
révolution *(f)*	revolución 93
révolutionnaire *(m /f)*	revolucionario/a 93
rez-de-chaussée	planta baja 27
rhabiller	volver a vestir 96
riche *(m/f)*	rico/a 22
richesse *(f)*	riqueza 96
rideau *(m)*	cortina 47
ridicule	ridículo/a 81
rien	nada 8, 33
rien (de ~)	de nada 8
rigolade *(f)*	broma 96
rigoler	reír 96
rigolo/-te	divertido/a 96
rigueur *(f)*	disciplina, rigor 86
rire *(m)*	reír 68
rire *(v)*	reír 47, 52
risqué/-e	arriesgado/a 22
riz *(m)*	arroz 48
robe *(f)*	vestido 33
roman *(m)*	novela 92
rompre	romper 81
rouge	rojo/a 33
rougeole *(f)*	rubeola 79
rouleau *(m)*	rodillo 79
rouler	circular 66
route *(f)*	carretera 43
rudimentaire	rudimentario/a 97
rue *(f)*	calle 8
ruineux/-euse	carísimo/a 58
ruisseau *(m)*	arroyo 90
russe *(m/f)*	ruso/a 40

S

sa	su 9
sable *(m)*	arena 98
sac (à main) *(m)*	bolso 36
sac *(m)*	bolso 44
sac à dos *(m)*	mochila 48
sacré/-e	sagrado/a 19, 55
saignant/-e	poco hecha (carne), sangrante 26
saigner	sangrar 26
sain/-e	saludable 48
saint/-e	santo/a 92

saisir	aprovechar, tomar 23; conseguir 74
saison *(f)*	temporada 52
salade *(f)*	ensalada 48
salaire *(m)*	salario 37, 80
salarial/-e	salarial 80
salarié/-e	empleado/a 72
sale	sucio/a 88
salé/-e	salado/a 72
salle *(f)*	cuarto 6
salle à manger	comedor 79
salle de bains *(f)*	cuarto de baño 6
salon *(m)*	salón 36, 38
Salon de l'automobile *(m)*	Salón del automóvil 38
Salut !	¡Hola! 29
salut *(m)*	saludo 29
samedi	sábado 18
sandwich *(m)*	sándwich 48
sans	sin 30
santé *(f)*	salud 20
saturé/-e	saturado/a 64
saucisse *(f)*	salchicha 53
saucisson *(m)*	salchichón 53
saumon *(m)*	salmón 26
sauter	saltar 78
savoir	saber 4, 64
savoir (faire ~)	hacer saber 82
savon *(m)*	jabón 62
scandale *(m)*	escándalo 92
scarlatine *(f)*	escarlatina 79
scénario *(m)*	guion 39
scène *(f)*	escena 39, 61
scolaire	escolar 18
sculpteur/-trice	escultor/a 90
séance *(f)*	sesión 40
seconde *(f)*	segundo 22
secourir	rescatar 89; auxiliar, socorrer 94
secours ! (au ~)	¡socorro! 94
secours *(m)*	emergencias 60
secret *(m)*	secreto 23
secret/-ète	secreto/a 13
secteur *(m)*	sector 80
sécurité *(f)*	seguridad 87
sel *(m)*	sal 53
sélectionner	seleccionar 53
selon	según 58
semaine *(f)*	semana 18
semblant (faire ~)	fingir 50

sembler	parecer 87, 88
Sénat *(m)*	Senado 54
sénateur / sénatrice	senador/a 54
sénior *(m/f)*	mayor 67
sens *(m)*	dirección, sentido 44
sens dessus dessous	al revés 73
sensible	sensible 99
sentiment *(m)*	sensación 99
sentir	sentir 34
sept	siete 8
septembre *(m)*	septiembre 18
série *(f)*	serie 52
sérieusement	seriamente 37
sérieux (au ~)	en serio 66
sérieux/-euse	serio/a 66
serrer les dents	apretar los dientes 62
serrure *(f)*	cerradura 36
serviable	servicial 94
service *(m)*	servicio 26, 72; favor 47
servir	servir 23
ses	sus 14
seul/-e	solo/a 34, 39
seulement	solo 12
si	si 2, 11; tan 32; sí 40
si bien que	de modo que 97
sidéré/-e	estupefacto/a 95
sidérurgie *(f)*	industria siderúrgica 80
siècle *(m)*	siglo 71
signal *(m)*	señal 30
signaler	decir 44
signe (faire ~)	dar un toque 99
signe *(m)*	signo 95
signifier	significar 45
similaire	similar 97
simple	sencillo/a 10
simplement	simplemente 80
sincère	sincero/a 21
sincèrement	sinceramente 92
singe *(m)*	mono/a 69
sinistre	siniestro/a 93
sinon	o 26; de lo contrario, si no 66
sirop *(m)*	jarabe 24
site *(m)*	sitio 33
situation *(f)*	situación 54
situé/-e	situado/a 27
situé/-e (être ~)	estar situado/a 27
skieur/-euse	esquiador 89

slip *(m)*	calzoncillo 49
sniff	bua-bua 94
social/-e	social 45
société *(f)*	compañía 32
sœur	hermana 14
soi	uno/a mismo/a 75
soif (avoir ~)	tener sed 26
soif *(f)*	sed 26
soigner	tratar 73
soi-même	uno/a mismo/a 75
soir *(m)*	noche 24
soirée *(f)*	noche 19
soirée dansante	cena con baile 19
soit *(adv)*	de acuerdo 93
soit... soit	o... o 64
soixante	sesenta 12
solde *(m)*	rebaja, saldo, sobrante 74
soldé/-e	rebajado/a 74
solder	liquidar 74
soleil *(m)*	sol 34
solliciter	solicitar 81
solution *(f)*	solución 54
sombre	oscuro/a 39
somme *(m)*	siesta 90
son	su 8
sondage *(m)*	encuesta 52; sondeo 82
sondeur/-euse	encuestador/a 82
sonner	sonar 41
sonnette *(f)*	campana 95
sophistiqué/-e	sofisticado 31
sort *(m)*	suerte 65, 92
sortie *(f)*	salida 30
sortir	salir 35, 43, 57; sacar 67
sortir (s'en ~)	afrontar, salir, salir de 94
sou *(m)*	moneda 22
souci *(m)*	problema 44; preocupación 46
soudain	de repente 55
souffrir	sufrir 34
souhait *(m)*	desear 41
souhaiter	desear 41
soulager	aliviar 73
soumettre	someter 81
soupe *(f)*	sopa 78
source *(f)*	fuente 76
sourd/-e	sordo/a 62
sourire *(m)*	sonrisa 95
sourire *(v)*	sonreír 51

souris *(f)*	ratón 67
sous	bajo (preposición) 22
sous-estimer	subestimar 92
souvenir *(m)*	souvenir 78
souvenir de (se ~)	recordar 51
souvent	a menudo 29, 32
spacieux/-euse	espacioso/a 37
spécial/-e	especial 65
spécialisé/-e	especializado/a 22
spécialité *(f)*	especialidad 26, 83
spécificité *(f)*	particularidad 100
spécifique	específico/a 48
spectacle *(m)*	espectáculo 40
sponsor *(m)*	patrocinador 89
sport *(m)*	deporte 43
sportif/-ive	deportivo/a 43
sports d'hiver	deportes de invierno 65
stade *(m)*	fase 95
stage de formation	curso de formación 18
stagiaire *(m)*	en prácticas 73
standard *(m/f)*	centralita 83
star *(f)*	estrella 89
station *(f)*	estación 65
station-service *(f)*	gasolinera 100
stratégie *(f)*	estrategia 81
stratégique	estratégico/a 86
stressant/-e	estresante 50
studio *(m)*	estudio 92
stylo *(m)*	bolígrafo 52
subir	soportar 93
succéder	suceder 43
succès (avoir du ~)	tener éxito 75
succès *(m)*	éxito 37
sucré/-e	dulce 72
sud *(m)*	sur 40
suffire	ser suficiente 83
suffisamment	suficiente 96
Suisse (country)	Suiza 65
suisse *(m/f)*	suizo/a 65
suite (à tout de ~)	hasta ahora 83
suite (tout de ~)	enseguida, inmediatamente 26
suite *(f)*	continuación 26; suite 95
suivant/-e	siguiente 20
suivre	acompañar 26; seguir 39
sujet *(m)*	sujeto 17; tema 83
super	genial, súper 87
superbe	magnífico/a 16

six cent quatre-vingt-quatre • 684

supérieur/-e	superior 27
superposer	superponer 92
support *(m)*	soporte 39
supporter	apoyar, tolerar 48; soportar 48, 96
supposer	suponer 80
sur	en 27
sûr/-e	seguro/a 17, 31
surdoué/-e	superdotado/a 75
surmonter	superar 61
surprendre	sorprender 38
surpris/-e	sorprendido/a 38
surtout	especialmente 22; sobre todo 50
suspect/-e	sospechoso/a 87
suspendre	suspender 81
symbole *(m)*	símbolo 71
sympa / sympathique	agradable, simpático/a 23
syndical (leader ~)	líder sindical 80
syndicaliste *(m/f)*	sindicalista 80
syndicat *(m)*	sindicato 80
systématiquement	sistemáticamente 32
système *(m)*	sistema 93

T

tabac *(m)*	tabaco 23
table *(f)*	mesa 26
tableau *(m)*	cuadro 29; tabla 94
tableau d'affichage *(m)*	tablón de anuncios 44
tablette *(f)*	tablet 50
tableur *(m)*	hoja de cálculo 94
tâche *(f)*	tarea 88
taille *(f)*	talla 74
tailleur *(m)*	traje 65
taire (se ~)	callarse 87
talent *(m)*	talento 75
tant	porque 93
Tant pis !	mala suerte, ¡No importa! 31
tant que	hasta, siempre que 87
tante *(f)*	tía 43
tapis *(m)*	alfombra 67
tapis de souris	alfombrilla del ratón 67
taquiner	burlarse 96
tard	tarde 17
tard (plus ~)	más tarde 18
tardif/-ive	tarde 95
tarif *(m)*	tarifa 27
tarte *(f)*	tarta 29
tartine *(f)*	tostada 2

tas *(m)*	montón 68
taureau *(m)*	toro 95
taxi *(m)*	taxi 36
taxieur *(m)* (francés africano)	taxista 100
technique	técnico/a 45
technologie *(f)*	tecnología 99
télé(vision)	televisión 32
télégramme *(m)*	telegrama 59
téléphone *(m)*	teléfono 13
téléphoner	llamar por teléfono 59
téléphonie *(f)*	telefonía 71
télévisé/-e	televisado/a 50
température *(f)*	temperatura 24
temporairement	temporalmente 68
temps *(m)*	tiempo 8, 17, 34
temps à autre (de ~)	de vez en cuando 50
temps de chien	tiempo de perros 69
tendre	suave 90
tendresse *(f)*	ternura 96
tenir	tener 54
tenir à	apreciar 82
tenir informé/-e	mantener informado/a 95
tension *(f)*	tensión 24
tentative *(f)*	intento 76
tenter	tentar 64
tenter le coup	intentar 76
tenue *(f)* vestimentaire	código de vestimenta 65
terminal *(m)*	terminal 27
terminer	terminar 15
terrain *(m)*	terreno 81
terrasse *(f)*	terraza 37
terre (par ~)	en el suelo 48
terre *(f)*	tierra 11; suelo 48
tes	tus 41
testament *(m)*	testamento 92
tête (faire la ~)	poner cara, estar enfadado/a 89
tête (mal de/à la ~)	dolor de cabeza 24
tête *(f)*	cabeza 24
tête de linotte	cabeza de chorlito 92
têtu/-e	terco/a 58
texter	escribir 99
texto *(m)*	mensaje de texto 41
théâtre *(m)*	teatro 51; escenario 95
thème *(m)*	tema 66
théorique	teórico/a 90
ticket *(m)*	billete 8
tienne(s) (le/la/les ~)	tuyo/a(s), s) tuyo/a(s) (el/la/lo 52

Tiercé	Tiercé (apuestas de caballos) 59
timide	tímido/a 61
timidité *(f)*	timidez 61
tirage au sort *(m)*	sorteo 65
tirer	tirar 65, 97
tiroir *(m)*	cajón 51
tisane *(f)*	infusión 29; tisana 87
titre *(m)*	título 17, 44, 95; derecho, tarjeta 44; titular 95
titre de transport	tarjeta de transporte 44
toi	tú 29
toilettes *(f pl)*	aseos 15
toit *(m)*	tejado 60
tomber	caer 48
tomber (laisser ~)	abandonar, olvidar 59
tomber bien	tener buena caída 74
tomber des cordes	llover a cántaros 58
tomber des nues	estar boquiabierto/a 85
ton	tu 40
tort (avoir ~)	estar equivocado/a 44
tôt	temprano 27
total/-e	total 94
toucher	ganar 59; tocar 75; afectar 80
toucher *(m)*	tacto 99
toucher à sa fin	llegar a su fin 96
toujours	siempre 4; todavía 45
Toulousain/-e	habitante de Toulouse 96
tour *(f)*	torre 15
tour *(m)*	recorrido 15; turno 76; tour 90
touriste *(m/f)*	turista 64
touristique	turístico/a 41
tournant *(m)*	giro 93
tournée *(f)*	ronda 34; gira 75
tourner	girar 5; rodar 39
tourner les pouces (se ~)	de brazos cruzados 81
tout	todo 11
tout *(m)*	todo 3
tout à coup	de repente 83
tout à fait	así es, totalmente 23; completamente 79
tout à l'heure (à ~)	hasta luego 30
tout à l'heure	justo ahora, poco antes 36
tout droit	todo recto 25
tout/-e / tous/-tes	todo/a(s) 11, 18
tradition *(f)*	tradición 39
trahi/-e	traicionado/a 87
train *(m)*	tren 44
train de (être en ~)	estar algo en proceso 45

traitement *(m)*	tratamiento 80
traiter	intentar 92
traiteur *(m)*	servicio de catering 72
traître / traîtresse	traidor/a 93
tranché/-e	firme 82
tranquille *(m/f)*	tranquilo/a 50, 64
tranquillement	tranquilamente 94
transmettre	pasar, transmitir 87
transport *(m)*	transporte público 44
transport en commun	transporte público 51
transports collectifs *(pl)*	transporte público 99
travail *(m)*	trabajo 10, 32
travailler	trabajar 43
travers (à ~)	por 61
traverser	atravesar 5
trentaine	unos treinta 19
trente	treinta 12
très	muy 1
tribunal *(m)*	juzgado 51
trilingue	trilingüe 86
triste	triste 54
trois cents	trescientos 11
tromper	ser infiel, engañar 55
tromper (se ~)	equivocarse 50, 55
trompétiste *(m/f)*	trompetista 75
trop	muy 11
trottoir *(m)*	calle 82
troupe *(f)*	tropa 93
trouver	encontrar 10
trouver (se ~)	encontrarse 51
truc *(m) (col)*	cosa 30
tu	tú 1
tuer	matar 55
tueur/-euse	asesino/a 87
tutoiement *(m)*	tuteo 28
tutoyer	tutear 35, 96
tuyau *(m)*	soplo (jerga), tubo 88
type *(m)*	tipo 76
type *(m) (col)*	tipo/a 87, 88

U

un/une	un/una 2
unique	único/a 88
universel/-le	universal 71
université *(f)*	universidad 43
urgence *(f)*	emergencia, prisa, urgencia 59
urgences (les ~)	urgencias 73

urgent/-e	urgente 54
usage (m)	uso 43
usine (f)	fábrica 45
utile	útil 79
utiliser	usar 59

V

vacances (m pl)	vacaciones 18
vache (f)	vaca 69
vachement (col)	enormemente 69
vague (f)	ola 90
vague (m)	impreciso/a 90
vaisselle (m sing)	platos 36
valeur (f)	valor 63
valider	validar 44, 53
valise (f)	maleta 46
valoir	valer 44
valoir (mieux ~)	valer más 44
valoir la peine	valer la pena 58
vapeur (f)	vapor 95
varié/-e	variado/a 55
vase (f)	barro 90
vase (m)	jarrón 78
vasistas (m)	montante 100
veau (m)	ternero 95
vedette (f)	estrella 55
véhicule (m)	vehículo 66
veille (f)	día anterior, víspera 89
vélo (m)	bici 59
vendre	vender 29
vendredi	viernes 18
venger	vengar 92
venir	venir 13
venir de (+ infinitivo)	acabar de 25
vent (m)	viento 97
verbe (m)	verbo 57
vérifier	comprobar 24
vérité (f)	verdad 54
verre (m)	vaso 24
verrou (m)	cerrojo 36
verrouiller	cerrado con cerrojo 36
vers	sobre 17
version (f)	versión 39
vert/-e	verde 33
veste (f)	chaqueta 46
vêtement (m)	ropa 33
vêtements (m pl)	ropa 33

vétérinaire *(m/f)*	veterinario/a 69
vexé/-e	ofendido/a 79
viande *(f)*	carne 26
victime *(f)*	víctima 95
vide	vacío 11
vidéo *(f)*	vídeo 13
vider	vaciar 36
vie *(f)*	vida 45
vieillesse *(f)*	vejez 96
vieux / vieille	viejo/a 16
vif / vive	despierto/a, vivo/a 71
vilain/-e	feo/a 85
village *(m)*	pueblo 30
ville *(f)*	ciudad 5, 57
vin	vino 20
vingtaine	unos/aproximadamente veinte 19
vingt-six	veintiséis 12
violence *(f)*	violencia 93
violent/-e	violento/a 93
virgule *(f)*	coma 92
virtuel/-le	virtual 99
visage *(m)*	cara 46
visiblement	claramente 89
vision *(f)*	visión 86
visionner	ver 95
visite *(f)*	visita 8
visiter	visitar 37
visiteur/-euse	visitante 71
vital/-e	vital 87
vite	rápido 25, 43
vivant/-e	vivo/a 39
vive...	viva... 57
vivement	vivamente, fuertemente 71
vivre	vivir 37, 57
vocabulaire *(m)*	vocabulario 68
voici	aquí está 3
voie *(f)*	vía 44; camino 61
voilà	aquí está 5
voile *(f)*	vela 90
voile *(m)*	velo 90
voir	ver 13, 39
voisin/-e	vecino/a 36, 59; cercano/a 59
voisinage *(m)*	barrio 60
voisinage *m)*	vecindario 59
voiture *(f)*	coche 51
voiture particulière	vehículo particular 66
voix *(f)*	voz 30

vol *(m)*	robo, vuelo 27
voler	volar 27; robar 27, 60
volet *(m)*	persiana 36
volley-ball	vóleibol 43
volumineux/-euse	voluminoso/a 90
vos	su(s) 6
voter	votar 54
votre	su 5
vôtre(s) (le/la/les ~)	s) vuestro/a(s) (el/la/lo 52
vouloir	querer 8, 12
vouloir à qqn (en ~)	reprochar a alguien 78; estar enfadado/a con alguien 81
vouloir dire	querer decir 34
vous	usted 1
vouvoiement *(m)*	tratamiento de *usted* 35
vouvoyer	usar *usted* 35
voyage (être en ~)	estar de viaje 18
voyage *(m)*	viaje 18
voyager	viajar 45
voyageur/-euse	viajero/a 27
voyou *(m)*	gamberro/a, granuja 85
vrai/-e	verdad 12; verdadero/a 20
vraiment	de verdad 22
vraisemblable	probable 87
vraisemblance *(f)*	probabilidad 87
vu *(+ sust)*	visto 78
vu que	ya que 78
vue *(f)*	vista 99

W

week-end *(m)*	fin de semana 54

Y

yeux *(sing: œil)*	ojos 32

Z

Zut !	¡Maldita sea! 10

Español - Francés

A

a	à 4, 6
a diferencia de	contrairement 99
a menudo	souvent 29, 32
a partir de	dès 68
a partir de ahora	dorénavant 77; désormais 100
a pesar	malgré 39
a pesar de todo	quand même 52
a veces	parfois 45
abadía	abbaye *(f)* 58
abajo	en bas 51; dessous 69
abandonar	abandonner 55; laisser tomber 59; lâcher 87
abarrotado/a	bondé/-e *(col)* 64
abastecer	approvisionner 66
abierto/a	ouvert/-e 62
abogado/a	avocat/-e 45
abonar	régler 10
abonarse	s'abonner 44
abono	carte d'abonnement 44
abordar	s'attaquer à 99
abrazar	embrasser 90
abrigo	manteau *(m)* 33; pardessus *(m)* 85
abril	avril *(m)* 21
abrir	ouvrir 24
abstenerse	s'abstenir 54
abuela	grand-mère *(f)* 61
abuelita	mamie *(f)* 61
abuelito	papy *(m)* 68
abuelo	grand-père *(m)* 61, 68
aburrido/a	ennuyeux/-euse 78
aburrir	ennuyer 50
aburrir(se)	s'ennuyer 50; s'embêter 78
acabado/a (estar ~)	être fichu/-e *(col)* 88
acabar	finir 22
acabar de	venir de *(+ infinitivo)* 25
acceso	accès 80
accidente	accident *(m)* 43
acción	action *(f)* 40
aceite	huile *(f)* 53
acento	accent *(m)* 52
aceptar	accepter 52
acero	acier *(m)* 80

six cent quatre-vingt-douze • 692

aclaración	précision (f) 76
acogedor/a	accueillant/-e 100
acoger	accueillir 95
acompañar	accompagner 25; suivre 26
aconsejar	conseiller 26
acordarse	se rappeler 52
acorde	accord (m) 75
acortar	écourter 92
acostar	coucher 47
acta	compte-rendu (m) 81
actividad	activité (f) 86, 95
actor/actriz	comédien/-ne 39; acteur / actrice 40
actualiad	actualité (f) 95
actualmente	actuellement 15
actuar	agir 66
acuerdo (de ~)	d'accord 10
acuerdo (estar de ~)	être d'accord 44
acumular	amasser 77
adecuado/a	bon / bonne 43
adelante	allez-y ! 12
adiós	au revoir 8
adivinar	deviner 69
admirar	admirer 45
admitir	avouer 75; admettre 95
adoptar	adopter 71
adorado/a	adoré/-e 92
adorar	adorer 29
adversario	adversaire (m) 54
advertencia	avertissement (m) 37
advertir	avertir 37
aeropuerto	aéroport (m) 27
afectar	toucher 80
afeitar(se)	se raser 50
aficionado/a	amateur/-trice 39
afirmar	affirmer 86
afortunadamente	heureusement 36
África	Afrique 100
afrontar	s'en sortir 94
agenda	agenda (m) 18
agente	agent (m) 37, 46
agente inmobiliario	agent immobilier 37
aglomeración	agglomération (f) 87
agosto	août (m) 18
agotado/a	épuisé/-e 64
agotado/a (estar ~)	être KO 97
agotador/a	épuisant/-e 32
agradable	sympa / sympathique 23; agréable 64

agresivo/a	agressif/-ive 43, 89
agricultor/a	agriculteur/-trice 95
agricultura	agriculture (f) 95
agrietado/a	gercé/-e 95
agroalimentario/a	agroalimentaire (m) 80
agrupación	groupement (m) 81
agua	eau (f) 17
ahí	là-dessus 82
ahora	maintenant 3; instant (m) 12; actuellement 15; dorénavant 83
aire	air (m) 24
ajedrez	échecs (m pl) 23
al aire libre	découvert/-e 85
al pie de	en bas de 51
al revés	sens dessus dessous 73
alarma	alarme (f) 95
alarmar	s'affoler 96
alba	aube (f) 79
albañil	maçon 75
albaricoque	abricot (m) 53
albergue	auberbe (f) 83
albergue juvenil	auberge de jeunesse 83
album	album (m) 75
alcachofa	artichaut (m) 84
alcalde(sa)	maire (m) 9
alcance	périmètre (m) 86
alejado/a	éloigné/-e 92
alejar	éloigner 92
alemán/ana	allemand/-e 77
Alemania	Allemagne 43
alerta	qui-vive (m) 81
alfabeto	alphabet (m) 7
alfabeto/a	alphabète (francés africano) 100
alfiler	épingle (f) 97
alfombra	tapis (m) 67
alfombrilla del ratón	tapis de souris 67
algo	quelque chose 11, 19
alguien	quelqu'un 11, 13
algún sitio	quelque part 40
algún tiempo	quelque temps 43
algún/uno/una(s)	quelque(s) 43
alguna parte (en ~)	quelque part 11
algunas (personas)	certains (m pl) 61
algunas veces	quelquefois 43
alguno/a(s)	quelque(s) 11
algunos/as	certains/-nes 66; quelques-uns 76
aligerar	alléger 96

six cent quatre-vingt-quatorze • 694

alimentación	alimentation 94
alimento	aliment *(m)* 83
aliviar	soulager 73
allí	là-bas 16
almacenamiento	rangement *(m)* 67
almendra	amande *(f)* 87
alquilar	louer 19, 37
alquiler	loyer *(m)* 37; location *(f)* 47
alquitrán	goudron *(m)* 100
alrededor	autour 37
alrededor de	à peu près 71; aux alentours de 95
alrededores	banlieue *(f)* 16
alrededores (los ~)	les environs 60
alsaciano/a	alsacien/-ne 34, 96
altavoz	haut-parleur *(m)* 30
alto	haut *(m)* 76
alto (de ~)	de hauteur 76
alto/a	élevé/-e 24; haut/-e 30; grand/-e 46
altura	hauteur *(f)* 76
altura (estar a la ~)	être à la hauteur 93
amable	aimable, gentil/-le 47
amanecer	aurore *(f)* 89
amargo/a	amer/-ère 87
amarillo/a	jaune 33
ambicioso/a	ambitieux/-euse 69
ambiente	ambiance *(f)* 23
ámbito	domaine *(m)* 52
ambos/as	tous les deux 57
ambulante	ambulant/-e 89
amenazador/a	menaçant/-e 93
amenazar	menacer 87
América	Amérique 98
americano/a	américain/-e 20
amigo/a	ami / amie 3; copain/-e 19; pote *(m)* *(argot)* 75
amor	amour *(m)* 85
ampliar	élargir 37
añadir	ajouter 53
analfabeto	analphabète 100
analógico/a	argentique 61
ancho	large 76, 80
anchura	longueur *(f)* 76
andar en	devenir 99
andén	quai *(m)* 44
anécdota	anecdote *(f)* 81
ángel	ange *(m)* 92
anillo	bague *(f)* 36

695 • **six cent quatre-vingt-quinze**

animado/a	animé/-e 39
animal	bête *(f)* 40; animal *(m)* 69
animar	remonter le moral 73
ánimo	courage *(m)* 47
aniversario	anniversaire *(m)* 29
año	an *(m)* 9; année *(f)* 19
Año Nuevo	Nouvel An 19
antemano (de ~)	d'avance 71
antena	antenne *(f)* 30, 83
anteriormente	auparavant 72
antes	avant 8; auparavant 77
antes de ayer	avant-hier 67
antiguamente	autrefois 57
antiguo/a	ancien/-ne 16, 93
anual	annuel/-le 39
anulación	annulation *(f)* 41
anunciar	annoncer 85, 93
anuncio	affiche *(f)* 44
apañárselas	se débrouiller 95
aparato	appareil *(m)* 31
aparcamiento	parking *(m)* 51
aparcar	garer, se garer 51
aparentemente	en apparence 55
apariencia	apparence *(f)* 55
apariencia física	physique *(m)* 90
apartamento	appartement *(m)* 37
aparte	à part 72
apasionado/a	passionné/-e 45
apasionar	passionner 82
apelar (a alguien)	faire appel à (qqn) 72
apellido	nom de famille 6
apenas	à peine 74
apetito	appétit *(m)* 52
aplaudir	applaudir 23
aplicación	application *(f)* 41
apostar	parier 27; miser 99
apoyar	supporter 48
app	appli *(f)* 41
apreciado/a	apprécié/-e 39, 71
apreciar	tenir à 82
aprendiz	apprenti *(m)* 79
apretar los dientes	serrer les dents 62
aprovechar	saisir 23; profiter 100
apuesta	pari *(m)* 59
apuñalado/a	poignardé/-e 87
aquí	ici 5; sur place 93
aquí está	voici 3; voilà 5

archivador	classeur *(m)* 67
arder	brûler 60
arena	sable *(m)* 98
arma	arme *(f)* 93
armado/a	armé/-e 95
armario	placard *(m)* 11; garde-robe *(f)* 33; armoire *(f)* 47
arquitecto/a	architecte 16
arreglar	ranger 67
arreglárselas	se débrouiller 95
arrepentirse	regretter 54
arrestar	arrêter 90
arriba	dessus 67
arriesgado/a	risqué/-e 22
arroba (símbolo)	arobase *(f)* 100
arroyo	ruisseau *(m)* 90
arroz	riz *(m)* 48
arte	art *(m)* 39
artículo	article *(m)* 43, 53
artista	artiste *(m/f)* 34, 71
as	as *(m)* 94
asamblea	assemblée *(f)* 66
ascender	monter 43
Ascension	l'Ascension 78
ascenso	avancement *(m)* 72
ascensor	ascenseur *(m)* 27
asegurar	assurer 31, 100
aseos	toilettes *(f pl)* 15
asesinato	meurtre *(m)* 87; assassinat *(m)* 88
asesino/a	assassin/-e, meurtrier/-ère, tueur/-euse 87
asesor	conseiller *(m)* 85
así como	ainsi que 41
así es	tout à fait 23
así que	du coup 89
asignatura	matière *(f)* 75
asistencia	assistance *(f)* 94
asistir	assister 94
asombrado/a (estar ~)	être étonné 39
aspirador	aspirateur *(m)* 30
asqueroso/a	dégoûtant/-e 48
astuto/a	malin / maligne 69
asunto	affaire *(f)* 71
asuntos	affaires *(pl)* 61
asustar	faire peur 55
atacar	attaquer 81
ataque	combat *(m)* 93
atasco	embouteillage *(m)* 58; bouchon *(m)* 73

atento/a	attentif/-ive 81
atraer	attirer 65
atrapado/a	coincé/-e 58
atravesar	traverser 5
atroz	atroce 55
audiencia	audience *(f)* 55
audioguía	audioguide *(m)* 71
audiovisual	audiovisuel/-elle 52
aumentar	augmenter 81; accroître 86
aumento	augmentation *(f)* 80
aun así	n'empêche 79
aunque	bien que 81
ausentarse	s'absenter 56
autobús	bus (autobus) 16; car (autocar) *(m)* 44, 66
automático/a	automatique 44
automovilístico/a	automobile 97
autopista	autoroute *(f)* 30
autor/a	auteur / autrice 76
autor/a intelectual	commanditaire *(m)* 87
autoridad	autorité *(f)* 82
autorizar	autoriser 96
auxiliar	secourir 94
avalar	garantir 37
avanzado/a	avancé/-e 97
avanzar	avancer 44
avenida	avenue 16
aventura	aventure *(f)* 39
averiado/a	en panne 44
avión	avion *(m)* 18
avión (tomar el ~)	prendre l'avion 18
avisar	prévenir 60
avispa	guêpe *(f)* 48
¡ay!	aïe ! 94
ayer	hier 36
ayuda	aide *(f)* 5; coopération *(f)* 38
ayuda a la movilidad	prime de mobilité 96
ayudar	aider 19
ayuntamiento	hôtel de ville, mairie *(f)* 9
azar	hasard *(m)* 22
azar (al ~)	au hasard 59
azotar	fouetter 69
azul	bleu/-e 33; azur *(m)* 64

B

bah	bof 40
bailar	danser 19
baja	congé *(m)* 80

six cent quatre-vingt-dix-huit • 698

baja por enfermedad	congé maladie 80
bajar	descendre 16, 30, 67; baisser 61
bajo (preposición)	sous 22
bajo/a	bas / basse 48; faible 52
bala	balle *(f)* 88
balance	bilan *(m)* 93
balcón	balcon *(m)* 67
baloncesto	basket-ball 43
bañar(se)	se baigner 64
banco	banque *(f)* 85; banc *(m)* 97
banda	bande *(f)* 89
banda ancha	haut débit 99
bandeja de entrada	boîte *(f)* de réception 50
bandido/a	bandit *(m)* 88
baño	bain *(m)* 6
banquero	banquier 18
bar	bar *(m)* 60
barato/a	bon marché 33; donné/-e 64
barba	barbe *(f)* 62
barco	bateau *(m)* 45
barrica	fût *(m)* 98
barrio	quartier *(m)* 25; voisinage *(m)* 60
barro	vase *(f)* 90
básicamente	en gros 47
bastante	assez 17; plutôt 61
basurero/a	éboueur/-euse 69
batir un récord	battre un record 55
bautizar	baptiser 71
beber	boire 26
belga	belge 86
Bélgica	Belgique *(f)* 20
belleza	beauté *(f)* 61
bendecir	bénir 92
beso	bise *(f)* 89
biblioteca	bibliothèque *(f)* 65
bicho	bête *(f)* 40
bici	vélo *(m)* 59
bicicleta	bicyclette *(f)* 59
bien	bien 1; Bien ! 9; en forme 24
bienestar	bien-être *(m)* 20
bienvenida	accueil *(m)* 41
bienvenido/a	bienvenue *(f)* 6
billete	ticket *(m)* 8; billet *(m)* 44
billete falso	faux billet 44
¡Bingo!	Bingo ! 67
bla-bla-bla	patati et patata 94
blanco	mille *(m)* 97

blanco/a	blanc / blanche 20
bloqueo	panne *(f)* 94
bobo/a	andouille *(f)* 83
boca	bouche *(f)* 24
boca de metro	bouche de métro 60
boda	mariage *(m)* 18
boletín de noticias	actualités *(f pl)* 95
boleto	billet *(m)* 23
bolígrafo	stylo *(m)* 52
bolsillo	poche *(f)* 43
bolso	sac (à main) *(m)* 36; sac *(m)* 44
bombero/a	pompier *(m)* 60
bombón	chocolat 20
bonito/a	joli/-e 14, 33; beau / belle 19
bonito/a (ser ~)	être chouette 58
bordo (a ~)	à bord 44
Borgoña	Bourgogne 58
bosque	forêt *(f)* 48
bota	botte *(f)* 74
bote	pot *(m)* 72; cagnotte *(f)* 83
botella	bouteille *(f)* 26
botiquín	armoire à pharmacie 73
bravo	bravo 83
brazo	bras *(m)* 61
brazos cruzados (de ~)	se tourner les pouces 81
Bretaña	Bretagne *(f)* 3, 57
bretón/ona	breton / bretonne 3
bricolaje	bricolage *(m)* 74
brillo	lustre *(m)* 72
brioche	brioche *(f)* 92
brocha	pinceau *(m)* 79
broma	plaisanterie *(f)*, rigolade *(f)* 96
bromear	plaisanter 51
bronce	bronze *(m)* 90
brote	pousse *(f)* 97
bua-bua	sniff 94
buceo	plongée *(f)* 64
buen (aspecto)	mine *(m)* 68
buen negocio	une bonne affaire 71
buen/a	bon / bonne 1
buena suerte	bonheur *(m)* 37
buenas tardes	bonsoir 6
bueno/a	bien 47
bueno/a (ser ~ en)	être doué/-e 61
buenos días	bonjour 1
bufanda	écharpe *(f)* 46
bufé	buffet *(m)* 72

sept cents • 700

buhardilla	grenier (m) 36
bulevar	boulevard (m) 5
burlarse	taquiner 96
burro	âne (m) 69
buscar	chercher 5, 47, 92; être à la recherche de 78
búsqueda	recherche (f) 27, 37; fouille (f) 94
buzón	boîte à/aux lettres 36

C

caballo	cheval (m) 22
cabello	cheveux (m pl) 46
cabeza	tête (f) 24
cabeza de chorlito	tête de linotte 92
cable de alimentación	cordon d'alimentation 94
cabo	cap (m) 97
cada	chaque (+ sust) 32
cada uno/a	chacun/-e 32
cadáver	cadavre (m) 87
caduado/a	périmé/-e 96
caer	tomber 48
café	café (m) 2; bar-tabac (m) 23
café cortado	crème (café) (m) 90
café solo	expresso (m) 2
cafetería	café (m) 2
caharlar	bavarder 67
caja	caisse (f) 10; boîte (f) 36; carton (m) 47
caja fuerte	coffre 36; coffre-fort (m) 95
cajón	tiroir (m) 51
calcetín	chaussette (f) 46
calendario	emploi du temps 18
calentamiento	réchauffement (m) 66
caliente	chaud/-e 48
callarse	se taire 87
calle	rue (f) 8; trottoir (m) 82
calor	chaud/-e 26; chaleur (f) 90
calor (hacer ~)	faire chaud 48
calor (tener ~)	avoir chaud 26
calvo/a	chauve 68
calzoncillo	slip (m) 49; caleçon (m) 74
cama	lit (m) 6
camarada	camarade (m/f) 80
cambiar	changer 36
cambio	monnaie (f) 12; changement (m) 66
cambio (en ~)	en revanche 61
caminar	marcher 13
caminata	randonnée (f) 34

camino	chemin *(m)* 34; voie *(f)* 61
camión	camion *(m)* 47, 60
camisa	chemisier *(m)* 33; chemise *(f)* 46
campana	sonnette *(f)* 95
campesino/a	paysan / paysanne 95
campo	campagne *(f)* 30; camp *(m)* 97
Canadá	Canada 100
canapé	petit four *(m)* 72
cancelar	annuler 44
canción	chanson *(f)* 54
candidato/a	candidat/-e 54, 80
cansado/a	fatigué/-e 24
cansar	fatiguer 73
cansino/a	fatigant/-e 73
cantante	chanteur/-euse 41
cantar	chanter 41
cantidad fija	forfait *(m)* 59
caos	chaos *(m)* 97
capaz	capable 87
capital	capitale *(f)* 16; capital *(m)* 97
capitalismo	capitalisme *(m)* 54
cápsula	gélule *(f)* 24
cara	visage *(m)* 46; mine *(m)* 68
cara (poner ~)	faire la tête 89
cara o cruz	pile ou face 59
carbono	carbone *(m)* 66
cargado	chargé 18
cargar	charger 18
cargarse a alguien (jerga)	descendre (qqn) *(fig)* 87
cariño	chéri/-e 94
cariñosamente	affectueusement 71
carísimo/a	hors de prix 31; ruineux/-euse 58
carne	viande *(f)* 26
carné	carte *(f)* 9
carnicero/a	boucher/-ère 45
caro/a	cher / chère 11; coûteux/-euse 97
carrera	course *(f)* 22; carrière *(f)* 43; parcours *(m)* 97
carretera	route *(f)* 43
carril	piste *(f)* 86
carta	lettre *(f)* 36
carta de vinos	carte des vins 26
cartera	portefeuille *(m)* 10
cartesiano	cartésien/-ne 86
cartón	carton *(m)* 48
casa	maison *(f)* 8
casa (en ~)	à la maison 8

sept cent deux • 702

casa de	chez 9
casado/a (estar ~)	être marié/-e 59
casarse	se marier 59
casarse con	épouser 71
cascarrabias	grincheux/-euse 58
caserío	hameau *(m)* 55
casi	presque 17; près de 95
caso	cas *(m)* 26
caso (en cualquier ~)	en tout cas 54
castaño/a	brun/-e 46
casual	décontracté/-e 65
¡cataplún!	patatras ! 94
catastrófico/a	catastrophique 66
caucho	caoutchouc *(m)* 100
causa	cause *(f)* 54, 86
cavar	creuser 62
caza	chasse *(f)* 74
cazador	chasseur *(m)* 86
cazatalentos	chasseur de têtes 86
cebolla	oignon *(m)* 85
cena	dîner *(m)* 24
cena con baile	soirée dansante 19
cenar	dîner *(v)* 29, 41
centenario/a	centenaire 71
centralita	standard *(m/f)* 83
centrar(se)	se concentrer 93
centro comercial	centre *(m)* commercial 29
centro de (en el ~)	au cœur de 92
centro de la ciudad	centre-ville *(m)* 50
centro izquierda	centre-gauche 54
cepillar(se)	se brosser 50
cerámica	céramique *(f)* 78
cerca	près 25, 26; à proximité (de) 27
cercano/a	voisin/-e 59
cerdo	cochon *(m)* 95
cerebro	cerveau *(m)* 92
ceremonia	cérémonie *(f)* 39
cereza	cerise *(f)* 11
cerrado con cerrojo	verrouiller 36
cerradura	serrure *(f)* 36
cerrar	fermer 17
cerrar (con llave)	fermer (à clé) 36
cerrojo	verrou *(m)* 36
cerveza	bière *(f)* 26
cesta	corbeille *(f)* 36; panier *(m)* 48
chalé	chalet *(m)* 89
champiñón	champignon *(m)* 11

chaqueta	veste *(f)* 46
charcutería	charcuterie *(f)* 53
charlar	bavarder 67; causer *(col)* 88
charlatán/ana	bavard/-e 67
chaval	gars *(m) (col)* 88
cheque	chèque *(m)* 78
chequeo	bilan *(m)* 93
chequera	chéquier *(m)* 41
chico	garçon 9; mec *(m) (col)* 88
chiflado/a	dingue *(m/f) (col)* 88
chimenea	cheminée *(f)* 71
chiste	blague *(f)* 68
chófer	chauffeur/-euse 69
ciego/a	aveugle 68
cielo	ciel *(m)* 58
ciento	cent 11
ciento (por ~)	... pour cent 64
cientos	une centaine 32
cierre	fermeture *(f)* 60
cierto (por ~)	à propos 57; d'ailleurs 65
cigarra	cigale *(f)* 78
cima (a la ~)	en haut 43
cincuenta (unos ~)	cinquantaine 19
cine	cinéma *(m)* 39; ciné *(col)* 40
cinéfilo/a	cinéphile *(m/f)* 39
cinematográfico/a	cinématographique 39
cinturón	ceinture *(f)* 89
circular	circuler, rouler 66
cirujano/a	chirurgien/-enne 69
cita	rendez-vous *(m)* 4, 39
citar	citer 92
ciudad	ville *(f)* 5, 57
ciudadano/a	citoyen/-ne 93
claramente	visiblement 89; forcément 93
claro	évidemment 9
claro/a	clair/-e 17; net/-te 66
clasificación	classement *(m)* 43
clausura	clôture *(f)* 39
clavar	clouer 69
claves de acceso	identifiants *(m pl)* 67
cliente/a	client / cliente 23
clientela	clientèle *(f)* 85
clima	climat *(m)* 66
climático	climatique 66
clip	clip *(m)* 95
club	club *(m)* 43
cobrar	facturer 47

sept cent quatre • 704

cocción	cuisson (f) 26
coche	voiture (f) 51; char (m) (francés canadiense) 100
coches	bagnole (f) (argot) 88
cocina	cuisine (f) 36, 52; cuisinère (f) 47
cocinero/a	cuisinier/-ère 45
codiciar	convoiter 71
codificar	coder 62
código	code (m) 13
código de vestimenta	tenue (f) vestimentaire 65
codo	coude (m) 62
cojín	coussin (m) 97
col	chou (m) 83
cola	queue (f) 23
cola (hacer ~)	faire la queue 40
colega	collègue (m/f) 20; mec (m) (col), pote (m) (argot) 88
colgar	quitter 30
collar	collier (m) 36
colocar	disposer, placer 97
color	couleur (f) 42, 74
columna (periodística)	chronique (f) 95
columnista	chroniqueur/-euse 95
coma	virgule (f) 92
combatir	combattre 66
comedia	comédie (f) 39
comedia musical	comédie musicale 40
comedor	salle à manger 79
comentario	commentaire (m) 71
comenzar	commencer 39, 60; entamer 75
comer	manger 11; déjeuner (vb) 25
comercial	commercial/-e 29
comerciante	commerçant/-e 57
comercio	commerce (m) 81
comestibles (tienda)	épicerie (f) 53
comida	repas (m) 13; nourriture (f) 48
comida (mediodía)	déjeuner (m) 2
comienzo	début (m) 38
comisario	commissaire (m) 87
comité	comité (m) 72
como	comme 16
cómo	comment 1
comodidad	confort (m) 48
cómodo/a	confortable 27
compadecer	plaindre 73
compañero/a	coéquipier/-ère 83
compañía	société (f) 32; compagnie (f) 72

comparar	comparer 16
compartir	partager 83
compatriota	compatriote *(m/f)* 54
competición	compétition *(f)* 89
competidor	concurrent/-e 97
completamente	tout à fait 79; complètement 88
completar	compléter 83
completo/a	complet/-ète 27
complicado/a	compliqué/-e 37
complicar(se)	se compliquer 97
componer	composer 100
componerse de	composé/-e de 100
comportamiento	mœurs *(f pl)* 96
compra	achat *(m)* 53; emplette *(f)* 100
comprar	acheter 11
compras	courses *(f pl)* 13
comprimido	comprimé *(m)* 24
comprobar	vérifier 24
común	courant/-e 47; commun/-e 54
comunicación	communication *(f)* 59
comunicado de prensa	communiqué *(m)* de presse 81
comunicar(se)	communiquer 59
comunidad	communauté *(f)* 100
con	avec 4; chez 9
con frecuencia	fréquemment 76
con mantequilla	beurré/e 2
conceder	attribuer 39
concentrar	concentrer 93
concepto	concept *(m)* 62
concernir	concerner 54
concertar una cita	prendre rendez-vous 18
concha	coquille *(f)* 90
concretar	faire le point 89
concurso	concours *(m)* 52, 65
condición	condition *(f)* 64
conectado/a	connecté/-e 31
conectar(se)	se connecter 27
conejo	lapin 69
conexión	connexion *(f)* 67
conferencia	conférence *(f)* 18
confiado/a	confiant/-e 75
confianza	confiance *(f)* 30
confiar	faire confiance (à qqn) 30; se fier à 50; confier 86
congelador	congélateur *(m)* 36
Congreso de los diputados	Chambre des députés 54
conjunto	ensemble *(m)* 65

sept cent six • 706

conmemorar	commémorer 93
conocer	rencontrer 38; connaissance (f) 61
conocido/a	célèbre 54
conocimiento(s)	connaissance(s) 45
consciente	conscient/-e 41
consecuente	conséquent/-e 81
conseguir	saisir 74; arriver à 78
conserva	conserve (f) 53
considerablemente	considérablement 45
considerar	envisager 95
consigna	consigne (f) 44
constantemente	constamment 50
construcción	construction (f) 57
construcción naval	construction navale 57
construir	construire 16
consulta	cabinet (m) 73
consultor/a	consultant/-e 45
contable	comptable 45
contactar	contacter 37
contagioso/a	contagieux/-euse 83
contaminación	pollution (f) 99
contaminado/a	pollué/-e 66
contaminar	polluer 66; contaminer 87
contar	raconter 61
contar con	compter sur 87
contar cuentos	raconter des salades 88
contento/a	content/-e 31
contestar	répondre 30
continuación	suite (f) 26
continuamente	continuellement 62
contra	contre 47
contra (por ~)	par contre 62
contrario (al ~)	au contraire 48
contrario (de lo ~)	sinon 66
contrario/a	contraire (m) 54
contraseña	mot de passe 67
contratar	être embauché 72
contratiempo	empêchement (m) 79
controvertido/a	controversé/-e 92
convencer	convaincre 78
convencional	classique 97
convenir	convenir 26
conversación	pourparler (m) 81
convincente	convaincant/-e 97
coordenadas	coordonnées (f pl) 38
copa	pot (m) (col) 72
copa de despedida	pot de départ 72

copia	copie *(f)* 36
corazón	cœur *(m)* 19
Córcega	Corse *(f)* 61
cordero	agneau *(m)* 69
coro	chœur *(m)* 88
coronar	couronner 73
correcto/a	bon / bonne 43
correo	courrier *(m)* 67
correos	poste *(f)* 29
correr	courir 34, 69; couler 92
corriente	courant *(m)* 32
corriente (estar al ~)	être au courant 32
corrupción	corruption *(f)* 54
cortar	couper 48; entamer 75
cortar(se)	se couper 52
cortina	rideau *(m)* 47
corto/a	court/-e 46
cosa	chose *(f)* 13, 17; truc *(m) (col)* 30
costa	côte *(f)* 64
costa (a toda ~)	à tout prix 66
Costa Azul	Côte d'Azur 64
costar	coûter 19
costumbre (como de ~)	comme d'habitude 53
costumbres	mœurs *(f pl)* 96
cotidiano/a	ordinaire 61
crac	crack *(m)* 94
creativo/a	créatif/-ive 43
crecer	grandir 37
crecimiento	croissance *(f)* 86
creer	croire 55, 66, 68
creo	penser 4
crepería	crêperie *(f)* 25
crimen	crime *(m)* 87
crítica	critique *(f)* 40; critique *(m)* 90
criticar	critiquer 71
crónica	chronique 95
cruasán	croissant *(m)* 2
cruel	méchant/-e 81
crujir	croquer 23
cruz	croix *(f)* 89
cruzar	croiser 22
cuaderno	carnet *(m)* 8
cuadrado/a	carré/-e 46
cuadrícula	grille *(f)* 22
cuadro	tableau *(m)* 29
cuál	quel(s) / quelle(s) 6
cuál(es)	lequel / laquelle / lesquelles 22, 25

sept cent huit • 708

cualidad	qualité *(f)* 75
cualquier	n'importe... 66
cualquier lugar	où que ce soit 68
cualquier parte	n'importe où 65
cualquiera	n'importe qui 66; qui que ce soit 68
cualquiera que	quel(le) que *(+ subj)* 88
cuando	lorsque 60
cuándo	quand 19
cuánto/a	combien (de) 12
cuarenta años (unos ~)	quarantaine *(f)* 46
cuarto	salle *(f)* 6
cuarto (de hora)	quart *(m)* 25
cuarto de baño	salle de bains *(f)* 6
cuarto/a	quatrième 6
cubierto	couvert *(m)* 41
cubiertos	couverts *(m pl)* 48
cubo de basura	poubelle *(f)* 36
cubrir	couvrir 41
cucaracha	cafard *(m)* 69
cuchillo	couteau *(m)* 48
cuello	cou *(m)* 62
cuenta	addition *(f)*, note *(f)* 26; compte *(m)* 60, 85
cuerda	corde *(f)* 58
cuero	cuir *(m)* 46
cuerpo	corps *(m)* 88
cueste lo que cueste	coûte que coûte 88
cuestionario	questionnaire *(m)* 75
cuidado	attention *(f)* 44
cuidado (tener ~)	faire attention 44
culpable	coupable *(m/f)* 87
culto/a	cultivé/-e 76
cultura	culture *(f)* 76
cultural	culturel/-le 100
cumpleaños	anniversaire *(m)* 13
cuñada	belle-sœur *(f)* 47
cuñado	beau-frère *(m)* 47
curiosidad	curiosité *(f)* 85
curioso/a	curieux/-euse 85
currar (jerga)	bosser *(argot)* 75
curro	boulot *(m) (col)* 47
curso	cours *(m)* 64
curso de formación	stage de formation 18
cuyo/a(s)	dont 86

D

dado	dés *(m)* 59
daño	dégât *(m)* 53; mal *(m)* 66

dar	donner 24; offrir 29
dar información	renseigner 64
dar la bienvenida	accueillir 41
dar la lata	casser les pieds 73
dar las gracias	remercier 47
dar paso a	faire place à 76
dar plantón	poser un lapin 69
dar un beso	faire la bise 89
dar un puñetazo	donner un coup de point 55
dar una patada	donner un coup de pied 55
dar(se) un paseo	se balader 59
darse cuenta	se rendre compte 60
darse prisa	se hâter 51
dato	détail *(m)* 41
de	de 3; en 18, 31
de acuerdo	soit *(adv)* 93
de modo que	si bien que 97
de nada	je t'/vous en prie 31
de repente	soudain 55; tout à coup 83
de todas formas	quand même 33, 89
de verdad	vraiment 22
debajo	dessous 37, 67
debate	débat *(m)* 52
deber	devoir *(v)* 17; devoir *(m)* 54
deberes	devoirs *(m pl)* 54
débil	faible 52
debilidad	faiblesse *(f)* 52
debilitar	faiblir 80
década	décennie *(f)* 75
decidido/a	déterminé/-e 93
decidir	décider 71
decidir(se)	se décider 83
decir	dire 23; signaler 44
decisión	décision *(f)* 43
declarar	déclarer 97
decorar	décorer 74
dedicarse a	se livrer à 94
dedo	doigt *(m)* 22
defecto	défaut *(m)* 85, 90
defecto (en ~)	à défaut 79
defender	défendre 88
déficit	déficit *(m)* 92
definitiva (en ~)	en définitive 61
definitivo/a	définitif/-ive 96
dejar	laisser 15, 17; quitter 30
dejar de	cesser 92
delante	devant 15

delegado/a	délégué/-e 81
delegado/a de personal	délégué/-e du personnel 81
deleite	joie (f) 95
delgado/a	mince 27; fin/-e 87
delicado/a	délicat/-e 79
delicia	délice (m/f) 90
delicioso/a	délicieux/-euse 12
demoler	démolir 71
demostrar	démontrer 80
dentífrico	dentifrice (m) 53
dentista	dentiste (m/f) 73
dentro	dedans 29; à l'intérieur 41
departamento	rayon (m) 53
depender de	dépendre (de) 30
deporte	sport (m) 43
deportes de invierno	sports d'hiver 65
deportivo/a	sportif/-ive 43
deprimido/a (estar ~)	avoir le cafard 69
deprimir	déprimer 50
derecha (a la ~)	à droite 15
derecho	droit (m) 20, 43; titre (m) 44
derecho a (tener el ~)	avoir le droit de 81
derecho/a	droit/-e 24
derribar	descendre (qqn) (fig) 87
derrochador/a	dépensier/-ère 92
desaconsejar	déconseiller 62
desafío	défi (m) 93
desafortunado/a	malheureux/-euse 87
desagradable	désagréable (m) 41
desalentador/a	décourageant/-e 62
desanimado/a	découragé/-e 82
desaparecer	disparaître 46
desarrollar	développer 86; mettre au point 97
desarrollar(se)	se dérouler 81
desastre	désastre (m) 89
desatascar	déboucher 93
desayuno	petit-déjeuner (m) 2
desbordado/a	débordé/-e 73
descansar	se reposer 50
descender	descendre 87
descerebrado/a	écervelé/-e 92
descomunal	faramineux/-euse 92
desconfiar (de)	se méfier (de) 50
desconocido/a	inconnu/-e 82
descontento	grogne (f) 80
describir	décrire 46
descripción	description (f) 46

711 • **sept cent onze**

descripción general	les grandes lignes 99
descubierto	découvert (m) 85
descubierto (estar al ~)	être à découvert 85
descubrir	découvrir 85, 88; dénicher 86
descuento	réduction (f) 64
descuido (por ~)	par mégarde 92
desde	depuis 41; dès 68
desde hace muchos años	depuis des lustres 72
desear	désirer 2; souhait (m), souhaiter 41
desembocar	déboucher 93
desempleado/a (estar ~)	être au chômage 45
desempleo	chômage (m) 45
desenchufado/a	débranché/-e 94
desenchufar	débrancher 36
desenmascarar	démasquer 88
desenredar	débrouiller 95
desesperante	embêtant/-e 94
desesperar	énerver 44
desgracia	malheur (m) 37
desgraciadamente	malheureusement 13
deshacer	défaire 92
designar	désigner 81
deslizar(se)	se glisser 76
desmadre	pagaie (f), pagaille (f) 74
desmayarse	s'évanouir 83
desnudo/a	nu/-e 85
desorden	désordre (m) 67, 94; fouillis (m) 94
despacio	doucement 62
despedida	départ (m) 72
desperdiciar	gâcher 96
despertar(se)	se réveiller 50
despierto/a	vif / vive 71
desplazar	déplacer 66
desplazarse	se déplacer 66
despreciar	mépriser 92
después	après 8, 60; puis 22; ensuite 24, 25
destapar	découvrir 85
destello	éclair (m) 98
destinar	destiner 71
destino	destination (f) 100
destrozar	massacrer 85
desvanecerse	disparaître 95
detallado/a	détaillé/-e 46
detener	marquer un temps d'arrêt 93
detergente	lessive (f) 53
detrás	derrière 16
devolver	rendre 30

sept cent douze • 712

devolver la llamada	rappeler 37
día	jour (m) 1; journée (f) 12
día anterior	veille (f) 89
día siguiente	lendemain 34
diálogo	dialogue (m) 81
diamante	diamant (m) 95
diario/a	quotidien/-ne 53
dibujo	dessin (m) 39; motif (m) 78
dibujos animados	dessin animé 39
diciembre	décembre (m) 18
diente	dent (f) 50
diésel	diesel (m) 66
diez	dix 4
diferencia	différence (f) 96
difícil	difficile 37
dificultad	difficulté (f) 62
dificultad (con ~)	difficilement 94
difundir	diffuser 39
difusión de vídeo en directo	diffusion vidéo 39
¿Diga?¿	Allô ? 30
digestión	digestion (f) 29
digital	digital/-e 41; numérique 61
digno	digne 86
dinámico/a	dynamique 72
dinamismo	dynamisme (m) 95
dinero	argent (m) 20
dios/deidad	dieu/-x 64
diploma	diplôme (m) 43
diplomático/a	diplomatique 100
diputado/a	député/-e 46, 66
dirección	adresse (f) 8; mise en scène 39; sens (m) 44; direction (f) 82, 95
directamente	carrément, directement 88
directo (en ~)	en direct 83
director/a	directeur/directrice 32; metteur en scène 39
director/a general	directeur/directrice général/e (DG) 50
dirigente	dirigeant/-e 80
dirigir	mener 87; diriger 97
dirigirse hacia	se diriger vers 93
disciplina	rigueur (f) 86
disculpar	s'excuser 5
discurso	discours (m) 61
discutir	se disputer 72; discuter 81, 82
diseñador/a	concepteur/-trice 45
diseñar	concevoir 71
disfrutar	apprécier 58

disminuir	diminuer 95
dispensador	distributeur *(m)* 44
disponer	disposer 95
disponible	disponible 27
dispuesto/a a (estar ~)	être chaud pour 78
distancia (a ~)	à distance 53
distante	éloigné/-e 92; lointain/-e 96
distribución	diffusion *(f)* 39
distrito	arrondissement *(m)* 8, 37; quartier *(m)* 25
diverso/a	divers/-e 100
divertido/a	amusant/-e 52; rigolo/-te 96
divertir	amuser 47
divertirse	s'amuser 50
dividido/a	partagé/-e 27
doblado/a	doublé/-e 39
doble	double 87
docena	douzaine 19
doctor/a	docteur *(m)* 24
documental	documentaire *(m)* 52
documento	document *(m)* 81
doler	mal *(m)* 24
dolor	mal *(adv)* 24; mal *(m)* 66; douleur *(f)*, rage *(f)* 73
dolor de cabeza	mal de/à la tête 24
dolor de muelas	rage de dents 73
dolor de ojos	mal aux yeux 32
dolor muscular (tener ~)	avoir des courbatures 69
domicilio	domicile *(m)* 67
dominar	maîtriser 57
domingo	dimanche 18
dominio	domaine *(m)* 64
don	don *(m)* 61
dónde	où 6
dondequiera que	où que *(+ subj)* 88
dormir	dormir 34
dormirse	s'endormir 50
dos	deux 2
dosier	dossier *(m)* 97
duda	question *(f)* 18; doute *(m)* 54
duda (sin ~)	sans doute 54, 57, 92
dudar	hésiter 12; douter 47
dulce	doux / douce 62; sucré/-e 72
durante	pendant 22, 51; lors 72
durar	durer 71
duro/a	dur/-e 50, 61

E

echar	jeter 32; lancer 59
echar a volar	s'envoler 56
echar balones fuera	botter en touche 97
echar de menos	manquer 52
echar un vistazo	jeter un coup d'œil 32
echar una mano	donner un coup de main 32
ecología	écologie *(f)* 44
ecológicas	bio(logique) 12
ecologista	écologiste 66
edad	âge *(m)* 9
edificio	bâtiment *(m)* 16; immeuble *(m)* 55; édifice *(m)* 93
educación	éducation *(f)* 20; politesse *(f)* 96
efectivamente	effectivement 73
efecto invernadero	à effet de serre 66
eficaz	efficace 66
ejemplo	exemple *(m)* 18
ejemplo (por ~)	par exemple 68
él	il 3
el/la	le / la / l' 2, 4
el/la/lo(s) de	celui / celle(s) / ceux 26, 27
el/la/lo(s) que	celui / celle(s) / ceux 23
elaborar	brasser 25
elección	choix *(m)* 31; élection *(f)* 54
elecciones generales	élections législatives *(f pl)* 54
electoral	électoral/-e 82
electricista	électricien / électricienne 75
eléctrico/a	électrique 31
electrónico/a	électronique 44
elegante	chic 33; élégant/-e 85
elegir	choisir 22
elemento	élément *(m)* 96
elevar(se)	s'élever 83
eliminar	éliminer 66
Elíseo (el palacio del ~)	l'Élysée 82
ella	elle 2, 4
ello	ceci, cela 48
ellos	ils 9; eux 32
email	mail / e-mail *(m)* 32
embajador/a	ambassadeur/-drice 20
embarazo	grossesse *(f)* 96
emblemático/a	emblématique 71
embolsar	empocher 96
emergencia	urgence *(f)* 59
emergencias	secours *(m)* 60
emocionante	passionnant/-e 75; palpitant/-e 93

empezar a	se mettre à 75
empleado/a	salarié/-e 72; employé/-e 79
empleador/a	employeur *(m)* 80
empleo	emploi *(m)* 81
empresa	entreprise *(f)* 32, 47; cabinet *(m)* 86; boîte *(f)* 88
empresa emergente	jeune pousse 97
empresario/a	entrepreneur/-euse 71
en	dans 3; sur 27; à 50
en (+ medio de transporte)	en *(+ medio de transporte)* 50
en cadena	carambologe *(m)* 95
en cuanto	dès que 68; aussitôt 90
en cuanto a	quant à 74
en efecto	en effet 24
en lugar de	au lieu de 47
en otras palabras	autrement 68
en resumen	en gros 47
enamorado/a	amoureux/-euse 68
encajar	encaisser 97
encaje	dentelle *(f)* 29
encantador/a	beau / belle 19
encantar	flâner 61
encerrar	enfermer 96
enchufe	prise *(f)* 94
encima	au-dessus 37; dessus 78
encontrar	trouver 10; retrouver 46
encontrarse	se retrouver, se trouver 51
encuesta	sondage *(m)* 52
encuestador/a	sondeur/-euse 82
endurecer	durcir 80
enemigo	ennemi/-e 87
energía	énergie *(f)* 97
enero	janvier *(m)* 21
enfadado/a	fâché/-e 79
enfadarse	s'énerver 50
enfermedad	maladie *(f)* 24
enfermo/a	malade 16, 41
enfocar	mettre au point 97
enfoque	approche *(f)* 62
enfrente	en face 16
engañar	tromper 55
enorme	énorme 37
enormemente	énormément 34; vachement *(col)* 69
enriquecer	enrichir 100
ensalada	salade *(f)* 48
enseguida	tout de suite 26
enseñar	apprendre, enseigner 57

sept cent seize • 716

entender	comprendre 11
enteramente	entièrement 30
enterarse	apprendre 38
entonces	donc 2; alors 10, 12, 59
entramado de madera	à pans de bois 58
entrante	hors d'œuvre 31
entrar	entrer 33, 43
entre	entre 18, 32; parmi 33
entrecot	entrecôte *(f)* 26
entregar	livrer 53
entrenador/a	entraîneur/-euse 43
entretener	distraire 52
entretenimiento	divertissement *(m)* 52
entrevista	interview *(f)* 75; entretien *(m)* 86
entusiasmado/a	enthousiaste 58
entusiasmado/a por (estar ~)	être chaud pour *(col)* 78
entusiasmo	moral *(m)* 73
envenenar	empoisonner 87
enviar	envoyer 13
enviar de vuelta	renvoyer 97
epidemia	épidémie *(f)* 79
época	époque *(f)* 52
equipado/a	équipé/-e 67
equipamiento	équipement *(m)* 65
equipo	équipe *(f)* 32; équipage *(m)* 60
equipo (informático)	équipement (informatique) 94
equitativamente	équitablement 83
equivocarse	se tromper 50, 55
error	erreur *(f)* 47, 76; gaffe *(f) (col)* 88
es decir	c'est-à-dire 16
escalera	escalier *(m)* 47
escalinata	marche *(f)* 87
escándalo	scandale *(m)* 92
escapar	s'échapper 88
escarlatina	scarlatine *(f)* 79
escena	scène *(f)* 39, 61
escenario	théâtre *(m)* 95
escoba	balai *(m)* 19
escolar	scolaire 18
esconder	cacher 36
esconder(se)	se cacher 55
escribir	écrire 38, 52; texter 99
escritor/a	écrivain/-e 71
escuchar	écouter 13; entendre 30
escucharse	s'entendre 55
escuela	école *(f)* 62
escuela de negocios	école de commerce 81

escultor/a	sculpteur/-trice 90
ese/a/o(s)	celui-là / celle-là / ceux-là / celles-là 31
esfuerzo	effort (m) 40
eso	ça 1, 10; cela 41, 48; ceci 48; ci 94
espacioso/a	spacieux/-euse 37
España	Espagne 43
espátula	couteau (m) 79
especia	épice (f) 53; espèce (f) 85
especial	spécial/-e 65
especialidad	spécialité (f) 26, 83
especializado/a	spécialisé/-e 22
especialmente	surtout 22; notamment 39, 66; particulièrement 86
especie de	espèce de 85
especificar	préciser 76
específico/a	spécifique 48
espectáculo	spectacle (m) 40
espera	attente (f) 38
esperanza	espoir (m) 95
esperar	attendre 5; espérer 19; s'attendre à 59; patienter 73
espía	espion/-ne 87
espiar	épier 53; espionner 68
espinaca	épinard (m) 83
espíritu	esprit (m) 86
esponja	éponge (f) 97
esposo/a	époux / épouse 46
esquiador	skieur/-euse 89
esquina	angle (m) 60; coin (m) 94
esquina (de la ~)	du coin 73
esta	cette 9
establecer	établir 22
estación	station (f) 65; gare (f) 68
estado	état (m) 73
Estados Unidos	États-Unis (m pl) 18
estafador/a	escroc (m) 71
estallar	éclater 93
estante	étagère (f) 67
estar acostumbrado/a	avoir l'habitude 46
estar al cargo de	s'en charger 72
estar boquiabierto/a	tomber des nues 85
estar de acuerdo	être d'accord 23
estar enfadado/a	faire la tête 89
estar enfadado/a con alguien	en vouloir à qqn 81
estar equivocado/a	avoir tort 44
estar ocupado	être pris/-e 18
estar preocupado/a	s'en faire 73

sept cent dix-huit • 718

este	ce, cet 9; est *(m)* 40
este/a/o(s)	celui-ci / celle-ci / ceux-ci / celles-ci 31
esto	ceci 12
esto es	c'est 2
estraño/a	drôle 87
estrategia	stratégie *(f)* 81
estratégico/a	stratégique 86
estrella	étoile *(f)* 27; vedette *(f)* 55; star *(f)* 89
estresante	stressant/-e 50
estropear	abîmer 90
estudiante	étudiant/-e 40; élève *(m/f)* 66
estudiar	faire ses études, étudier 43
estudio	étude *(f)* 43; studio *(m)* 92
estufa	poêle *(m)* 90
estupefacto/a	sidéré/-e 95
estupendo/a	formidable 97
etapa	étape *(f)* 97
etcétera	et cætera (etc.) 39
euro	euro *(m)* 12
Europa	Europe 43
evidentemente	évidemment 23; apparemment 76
evitar	éviter 41
exactamente	précisément 17; exactement 50
exactitud	précision *(f)* 76
exacto/a	exact/-e 88
exagerar	exagérer 72
excelencia	excellence *(f)* 78
excelencia (por ~)	par excellence 78
excelente	excellent/-e 25; fameux/-euse 54
excepción	exception *(f)* 50
excepcional	exceptionnel/-le 64; d'exception 75
exclusivo/a	huppé/-e 65
excursionista	randonneur/-euse 34
excusa	excuse *(f)* 79
exigencia	exigence *(f)* 80, 86
exigente	exigeant/-e 79
exigir	exiger 80
éxito	succès *(m)* 37; réussite *(f)* 100
expectativa	attente *(f)* 52
experiencia	expérience *(f)* 43
experto/a	expérimenté/-e 81; expert *(m)* 90
explicación	explication *(f)* 57
explicar	expliquer 43
explotación	exploitation *(f)* 54
exportación	export *(m)* 86
exposición	exposition 17
expresión	expression *(f)* 83

extensión	poste *(m)* 38
exterior	extérieur *(m)* 38
extracto	extrait *(m)* 81
extranjero/a	étranger/-ère 39, 96
extraño/a	étrange, étranger/-ère 40; drôle 87; bizarre 88
extremo	bout *(m)* 41

F

fábrica	usine *(f)* 45
fabuloso/a	fabuleux/-euse 75
fácil	facile 51; évident/-e 53
facilitar	faciliter 29
fácilmente	facilement 43
factura	facture *(f)* 26
facturar	facturer 47
facultad	faculté / fac *(f)* 43
facultad de derecho	faculté de droit 43
falda	jupe *(f)* 33
fallar	faire défaut 90; faillir 97
fallo	défaut *(m)* 79
falso/a	faux/fausse 44; faux *(m)* 90
falta	faute *(f)* 97
faltar	manquer 51
fama	célébrité *(f)* 61
familia	famille *(f)* 19
familia política	belle-famille 19
familiar	parent *(m)* 59
famoso/a	célèbre 52; fameux/-euse 92
fanático/a	fan (fanatique) *(m/f)* 52
farmacia	pharmacie *(f)* 73
fascinante	fascinant/-e 57
fase	stade *(m)* 95
fastidiar	embêter 78
fastidioso/a	casse-pieds *(m/f)* 73
fatídico/a	fatidique 93
fatiga	fatigue *(f)* 32
favor	service *(m)* 47; fleur *(f)* 88
favorito	coup de cœur 62
favorito/a	favori/-te 94
febrero	février *(m)* 21
fecha	date *(f)* 18
felicidad	bonheur *(m)* 20
feliz	heureux/-euse 69
femenino/a	féminin/-e 43, 90
feminista	féministe 92
feo	moche 69

sept cent vingt • 720

feo/a	laid/-e 71; vilain/-e 85
ferralla	ferraille *(f)* 71
fesco/a	frais / fraîche 11
festival	festival *(m)* 39
festivo/a	férié/-e 58
fiable	fiable 88
fidelidad	fidélité *(f)* 83
fidelizar	fidéliser 86
fiebre	fièvre *(f)* 24
fiesta	fête *(f)* 19; faire la fête 89
Fiesta Nacional	fête nationale 93
figura legendaria	monstre sacré 55
fila de espera	file d'attente *(f)* 44
filosofía	philosophie *(f)* 54
fin	fin *(f)* 19; fin/-e 87
fin de semana	week-end *(m)* 54
final (al ~ de)	au fond 53
final (al ~)	finalement 53
finalización	mise au point 97
finalizar	finaliser 86
fingir	faire semblant 50
fino/a	fin/-e 87
firme	tranché/-e 82; ferme 96
firmemente	fermement 79
fiscalía	parquet *(m)* 95
física	physique *(f)* 90
físico	physique *(m)* 90
físico/a	physique 89
flor	fleur *(f)* 41
flor y nata	gratin *(m)* 95
flotar	flotter 87
flujo	débit *(m)* 99
fondo	fond *(m)* 95; fonds *(m)* 97
fontanero/a	plombier/-ère 45
forma	forme *(f)* 29
formación	formation *(f)* 18
formar	former 78
formula	formule *(f)* 64
formulario	formulaire *(m)* 10
fortaleza	forteresse *(f)* 93
fortuna	fortune *(f)* 59
foto(grafía)	photo(graphie) *(f)* 10, 46, 61
fotografiar	photographier 61
fotógrafo/a	photographe *(f / m)* 61
fotoperiodista	photojournaliste 61
francés	français/-e 20
Francia	France 3

721 • sept cent vingt et un

Francia (continental)	l'Hexagone 90
Francia continental	Métropole *(f)* 61
frasco	bocal *(m)* 53; pot *(m)* 72
frecuentar	fréquenter 65
frecuente	fréquent/-e 76
fregadero	évier *(m)* 93
fresa	fraise *(f)* 12
fresco	fresque *(f)* 76
frescura	fraîcheur *(f)* 96
frigorífico	frigo *(m)* 53
frío	froid/-e 26
frío (hacer ~)	faire froid 34
frontera	frontière *(f)* 100
fruta	fruit(s) *(m)* 11
fuego	incendie *(m)* 60
fuente	fontaine *(f)* 5; source *(f)* 76
fuera	dehors 34; extérieur *(m)* 38
fuera de	hors 18, 31
fuera de servicio	hors service 44
fuerte	fort/-e 55; costaud/-e 88
fuertemente	vivement 71
funcionar	marcher 13
funesto/a	funeste 93
furgoneta	camionnette *(f)* 47
furioso/a	furieux/-euse 90
furor	fureur *(f)* 93
fusil	fusil *(m)* 62
fútbol	foot(ball) *(m)* 43
futuro	avenir *(m)* 23

G

gafas	lunettes *(f pl)* 46
gag	gag *(m)* 96
galera	galère *(f)* 73
gallo	coq *(m)* 69
gamberro/a	voyou *(m)* 85
ganador/a	gagnant/-e 22
ganar	gagner 22, 81; toucher 59
ganar (un premio)	remporter (un prix) 59
ganar en el último minuto	coiffer au poteau 97
ganas	envie *(f)* 17
ganas (tener ~ de)	avoir envie de 17
gancho	gaffe *(f)* 89
ganga	bon plan 74
gas	gaz *(m)* 66
gasolina	essence *(f)* 66
gasolinera	essencerie *(f)* (francés africano),

gastar	dépenser 47, 85
gato	chat / chatte 55
general	général/-e 76
género	genre (m) 90
genial	génial/-e 33; être chouette 58; super 87
gente	monde (m) 53
gentileza	gentillesse (f) 96
gerente	responsable (m) 86
gestión	gestion (f) 43
gigantesco/a	gigantesque 71
gira	tournée (f) 75
girar	tourner 5
giro	tournant (m) 93
glacial	glacial/-e 85
global	planétaire 66
gloria	gloire (f) 93
gobierno	gouvernement (m) 54
goloso/a	gourmand/-e 29
golpe	coup (m) 32, 55
golpear	battre 55
gorra	casquette (f) 74
gracias	merci 1
gracioso/a	drôle 41
graduarse	être diplômé/-e 62
gramo	gramme (m) 11
gran	gros/-se 19
gran cosa	grand-chose 61
grande	grand/-e 6, 16; gros/-se 47
grandes almacenes	grand magasin 16
granja	ferme (f) 95
granjero/a	fermier/-ère 95
granuja	voyou (m) 85
graso/a	gras/-se 89
gratis	gratuit/-e 19; gratuitement 47
grave	grave (m/f) 24
gripe	grippe 24
gris	gris/-e 46; maussade 60; grisâtre 96
gritar	cri (m) 93
grueso/a	gros/-se 47
gruñón	grognon/-ne 85
grupo	groupe (m) 86
grupo de amigos	bande de copains 89
guadaña	faux (f) 90
guante	gant (m) 65
guapo/a	beau / belle 14, 19
guerra	guerre (f) 87
guía	guide (m/f) 15

station-service (f) 100

guion	scénario *(m)* 39
guisante	petit pois 90
guitarra	guitare *(f)* 55
guitarrista	guitariste *(m/f)* 75
gustar	aimer 22, 40; plaire 32, 43; apprécier 45
gusto	plaisir *(m)* 25; goût *(m)* 29

H

haber	exister 33
hábil	adroit/-e 81
habilidades	compétence *(f)* 86
habitación	chambre *(f)* 6; pièce *(f)* 67
hábito	habitude *(f)* 46
habitual	courant/-e 47
hablar	parler 13, 31
hablar con	s'entretenir 82
hace	il y a 52
hacer	faire 10, 12; poser 20; établir 22; fiche / ficher *(col)* 88; fabriquer 90
hacer algo a propósito	faire exprès 92
hacer falta	faire défaut 90
hacer fotos	prendre en photo 61
hacer pedazos	déchiqueter 90
hacer poco (tiempo)	depuis peu 60
hacer rápido	faire vite 25
hacer un picnic	pique-niquer 48
hacer una pregunta	poser une question 20
hacha	hache *(f)* 55
hacia	aux environs de 60
hambre	faim *(f)* 25
hambre (tener ~)	avoir faim 25
hambriento/a	affamé/-e 57
harina	farine *(f)* 53
harto/a (estar ~)	en avoir marre 44; en avoir ras le bol 73
hasta	jusqu'à 19; tant que 87
hasta ahora	à tout de suite 83
hasta el presente	jusqu'à présent 86
hasta luego	à tout à l'heure 30
hasta que	jusqu'à ce que 81
hay	il y a 17
hay que	falloir 24, 37
hecho (de ~)	d'ailleurs 89
helado	glace *(f)* 55
herencia	héritage *(m)* 100
herido/a	blessé/-e 93
hermana	sœur 14
hermano	frère 14, 45

sept cent vingt-quatre • 724

herramienta	outil *(m)* 62
hervidor	bouilloire *(f)* 31
hexágono	hexagone *(m)* 90
hielo	glace *(f)* 55
hierba	herbe *(f)* 78
hierro	fer *(m)* 71
hija	fille *(f)* 1
hijo	fils *(m)* 9
hilar	filer 85
hilo	fil *(m)* 41, 85
hipermercado	hypermarché *(m)* 46
historia	histoire *(f)* 55, 61; récit *(m)* 93
historiador/a	historien / historienne 92
hoja	feuille *(f)* 24
hoja de cálculo	tableur *(m)* 94
¡Hola!	Salut ! 29
holgazán/ana	paresseux/-euse 80
hombre	homme 9, 54
hombre (humanidad)	l'Homme (l'humanité) 54
hombro	épaule *(f)* 62
homenaje	hommage *(m)* 71
honesto/a	honnête 20
hora	heure *(f)* 4
horario	horaire *(m)* 68
hormiga	fourmi *(f)* 48
horno	four *(m)* 36
horrible	horrible 55
horripilante	épouvantable 55
horror	horreur *(f)* 40; affreux/-euse 59
hospital	hôpital *(m)* 67
hotel	hôtel *(m)* 6
hoy	aujourd'hui 8; mercredi (aujourd'hui) 17
hoy en día	de nos jours 45
huelga	grève *(f)* 73
huelguista	gréviste *(m/f)* 81
huella	empreinte *(f)* 41
huella digital	empreinte digitale 41
huevo	œuf 19
huir	fuir 62
humano/a	humain/-e 20
humo	fumée *(f)* 60
humor	humour *(m)* 52; humeur *(f)* 72
humorista	humoriste *(m/f)* 96

I

ida (billete de ~)	aller (simple) *(m)* 44
ida y vuelta (billete de ~)	aller-retour (billet) *(m)* 44

idea	idée *(f)* 22
ideal	idéal/-e 20
idéntico/a	identique 27
identidad	identité *(f)* 9
idioma	langue *(f)* 37, 57
idiota	imbécile 59; idiot/-e 85
iglesia	église 16
ignorancia	ignorance *(f)* 90
ignorar	ignorer 90
igual	égal 25
ilimitado/a	illimité/-e 59
ilustrar	illustrer 81
imagen	image *(f)* 16
imaginar	imaginer 75
impaciente	impatient/-e 40
impedimento	empêchement *(m)* 79
impedir	empêcher 79
imperdible	incontournable 58
impermeable	imperméable *(m)* 74
imponer	imposer 80
importa (no ~)	s'en fiche *(col)* 88
importancia	importance *(f)* 33
importante	important/-e 15
importar	importer 60; qu'importe 78
imposible	impossible 62
impreciso/a	vague *(m)* 90
impresión	impression *(f)* 66
impreso/a	imprimé/-e 10
impresora	imprimante *(f)* 67
improvisado/a	de fortune 93
impuesto	impôt *(m)* 96
inadmisible	inadmissible 81
incapaz	incapable 87
incidente	incident *(m)* 95
incluido/a	compris/-e 26
incluso	même 10; y compris 34
incómodo/a	inconfortable 48
inconsciente	insconcient/-e 87
incorrecto/a	faux / fausse, faux/fausse, mauvais/-e 44
incoveniente	inconvénient *(m)* 94
increíble	dingue *(m/f) (col)* 88; incroyable 99
India	Inde *(f)* 20
indicio	indice *(m)* 95
indiferente	indifférent/-e 82
indio/a	indien/-ne 20
indispensable	indispensable 39
individuo	individu *(m)* 81

inestable	inconstant/-e 92
infelicidad	malheur (m) 37
infierno	enfer (m) 64
infinito	à l'infini 96
información	renseignement (m) 37
información de contacto	coordonnées (f pl) 38
informar	informer 95
informarse	se renseigner 65
informática	informatique (f) 94, 99
informático/a	informaticien/-ne 62
informe (de una reunión)	procès-verbal (de réunion) (m) 99
informe médico	feuille de maladie 24
infusión	tisane (f) 29; infusion (f) 88
ingeniero/a	ingénieur/-e 45
ingenioso/a	débrouillard/-e 95
ingenuo/a	naïf / naïve 71
inglés/esa	anglais/-e 35, 57, 72
inicial	initial/-e 97
iniciar	déclencher 81
inicio del año escolar	rentrée (f) scolaire 18
injustamente	injustement 92
injusto/a	injuste 92
inmediatamente	tout de suite 26; aussitôt 72
inmenso/a	immense 75
inmóvil	immobile 98
innovación	innovation (f) 97
innovador	innovant/-e 97
inquilino/a	locataire (m/f) 82
insistir	insister 61
insoportable	pénible 67
inspiración	inspiration (f) 78
inspirar	inspirer 71
instalación/ones	local / locaux (m) 38
instalaciones	équipements (m pl) 27
instalarse	s'installer 50
instantáneo/a	immédiatement, instantanné/-e 59
instinto	instinct (m) 96
institución	institution (f) 82
instituto	lycée (m) 43; collège (m) 57
instruir	instruire 52
integral	intégrant/-e 82
integridad	intégrité (f) 54
intención	intention (f) 60
intentar	tenter le coup 76; essayer, traiter 92
intento	tentative (f) 76
interés	intérêt (m) 61
interesante	intéressant/-e 20

interesar	intéresser 33
interior	intérieur/-e 37
interminable	interminable 94
internacional	international/-e 43
internet	sur Internet 27
interno/a	interne 86
interrumpir	perturber 44
interrupción	perturbation (f) 44
inútil	inutile 45
inversión	investissement (m) 65, 97
invertir	investir 23
investigación	enquête (f) 87
invierno	hiver (m) 34
invitado/a	invité/-e 61
invitar	inviter 45
invocar	faire appel à (qqn) 72
ir	aller (v) 1, 7, 11; aller 53
ir a juego	assortir 46
ira	colère (f) 93
irrealista	irréaliste 92
irreprochable	irréprochable 92
irresponsable	irresponsable 92
isla	île (f) 38
Italia	Italie 20
izquierda	gauche (f) 5

J

jabón	savon (m) 62
jamón	jambon 11
Japón	Japon (m) 20
japonés/esa	japonais/-e 20
jarabe	sirop (m) 24
jardín	jardin (m) 21
jardinero/a	jardinier/-ère 69
jarrón	vase (m) 78
jefe	patron (m) 34; chef (m) 72
jerga	argot (m) 47
jersey	pull (m) 33, 39
jeta (jerga)	gueule (f) (argot) 88
joven	jeune 14, 57
joya	bijou (m) 34, 92
joyero/a	bijoutier/-ère 69
jubilación	retraite (f) 43
jubilarse	partir à la retraite 43
judía	haricot (m) 90
juego	jeu (m) 22
jueves	jeudi 18

jugador/a	joueur/-euse 22
jugar	jouer 22
juicio	jugement 37; procès *(m)* 99
julio	juillet *(m)* 18
junio	juin *(m)* 18
juntos	ensemble *(adv)* 25
jurado	jury *(m)* 39
jurar	jurer 54
justicia	justice *(f)* 93
justo ahora	tout à l'heure 36
juventud	jeunesse *(f)* 78
juzgado	tribunal *(m)* 51
juzgar	juger 37

K

kilo(gramo)	kilo(gramme) 11
kilómetro	kilomètre *(m)* 27
KO (dejar ~)	mettre KO 97

L

labio	lèvre *(f)* 95
lado	côté *(m)* 51
lado (al ~)	à côté 78
lado de (al ~)	à côté (de) 16
lamentar	regretter 18
lanzar(se)	se lancer 87
largo y tendido	longuement 99
largo/a	long/-ue 16
las	les 12
lástima	dommage 45
látigo	fouet *(m)* 69
lavadora	machine à laver 47
lavanda	lavande *(f)* 78
lavar	laver 36
lavar(se)	se laver 50
lavavajillas	lave-vaisselle *(m)* 47
le/la/lo	le / la / l' 4
leche	lait *(m)* 11
lechería	crèmerie *(f)* 25
lechuza	chouette *(f)* 58
lector/a	lecteur/-trice 83
leer	lire 32
legal	réglo *(argot)* 88
lejos	loin 25
lengua	langue *(f)* 46, 69
lentamente	lentement 44
levantar	lever 56, 62

levantar(se)	se lever 50
leyenda	légende *(f)* 92
liberación	libération *(f)* 93
liberar	libérer 93
libertad	liberté *(f)* 21, 93
libra (medio kilo)	livre *(f)* 11
libra esterlina	livre *(f)* 11
librar(se)	se libérer 54
librarse	épargner 87
libre	libre 18
librería	librairie *(f)* 75
libreta de direcciones	carnet d'adresses 8
libro	livre *(m)* 15, 61; bouquin *(m) (col)* 47
líder	leader *(m)* 80
liebre	lièvre *(m)* 69
ligeramente	légèrement 97
ligero/a	léger/-ère 44
limitar	limiter 80
límite	limite *(f)* 86
limpiamente	proprement 48
limpiar	nettoyer 30, 36
limpieza	ménage *(m)* 67, 94
limpieza en seco	nettoyage à sec 36
limpio/a	net/-te 66; propre 88
línea	ligne *(f)* 23
línea (en ~)	en ligne 23
lío	pagaille *(f)* 74
liquidar	solder 74
lirón	loir *(m)* 69
liso/a	raide 46
lista	liste *(f)* 22
listo/a	prêt/-e 22
listón	barre *(f)* 97
literario/a	littéraire 92
literatura	littérature *(f)* 76
llama	flamme *(f)* 60
llamada	appel *(m)* 38
llamada telefónica	coup de fil 41
llamado/a	intitulé/-e 22
llamar	appeler 3
llamar por teléfono	téléphoner 59
llave	clé *(f)* 6
llegada	arrivée *(f)* 34
llegar	arriver 26
llegar a	arriver à 78
llegar a su fin	toucher à sa fin 96
llenar el depósito (de gasolina)	faire le plein (d'essence) 100

lleno	chargé 18
lleno/a	plein/-e 38
lleno/a de acontecimientos	mouvementé/-e 75
lleno/a de gente	encombré/-e 82
llevar	porter 44; emporter 79
llevar (a alguien)	ramener (qqn) 66; amener (qqn) 68
llevar a alguien	emmener (qqn) 78
llevar de vuelta	rapporter 53
llevar la contraria	contredire 75
llevarse bien	s'entendre 55
llorar	pleurer 52
llover	pleuvoir 34
llover a cántaros	tomber des cordes 58
lloviznar	bruiner 60
lluvia	pluie (f) 34
lluvioso/a	pluvieux/-euse 34
lo cual	ce que 45
lo mismo	rebelote 97
lo que	ce que, ce qui 45
lo que sea	quoi que (+ subj) 81
lo siento	désolé/-e 5
lobo/a	loup (m) 69
localizar	joindre 37
loco/a	fou / folle 58; dingue (m/f) (col) 73
locura	fou / folle 73
lógico	logique 81
lograr	réussir 23; accomplir 75
longitud	largeur (f) 77
los	les 15
lotería	lotterie (f) 23
loto	loto (m) 23
lugar	endroit (m) 16; lieu (m) 40
lugar (tener ~)	avoir lieu 40
lúgubre	morne 93
lujo	luxe (m) 48
lujoso/a	luxueux/-euse 95
lunes	lundi 18
Luxemburgo	Luxembourg 100
luz	lumière (f) 16

M

madera	bois (m) 58
madre	mère 9
maduro/a	mûr/-e 48
maestro/a	maître / maîtresse 39
magnífco/a	magnifique 71
magnífico/a	superbe 16

mal	mal *(adv)* 30; mal *(m)* 44, 66
mala suerte	Tant pis ! 31
¡Maldita sea!	Zut ! 10
malestar	agitation *(f)* 93
maleta	bagage *(m)* 6; valise *(f)* 46
malo/a	méchant/-e *(sust)* 81; méchant/-e 90
maltratar	maltraiter 92
malvado/a	méchant/-e 81
mamá	maman 59
mañana	matin *(m)* 15; demain 17
manchar	entacher 92
mandato	mandat *(m)* 82
manera	manière *(f)* 81
manga	manche *(f)* 46
mango	manche *(m)* 90
maniático/a	maniaque 79
manillar	guidon *(m)* 97
mano	main *(f)* 32
manta	couverture *(f)* 48
mantener informado/a	tenir informé/-e 95
mantequilla	beurre *(m)* 2, 11
manzana	pomme *(f)* 11
máquina	machine *(f)* 22
mar	mer *(f)* 44
maravilla	merveille *(f)* 74
maravilla (de ~)	à merveille 55
maravilloso/a	merveilleux/-euse 64
marcar	marquer 93
marcha	marche *(f)* 34
marco	cadre *(m)* 80
marco de (en el ~)	dans le cadre de 80
marido	mari *(m)* 46
marrón	marron 46
marroquí	marocain/-e 62
marsellés/esa	Marseillais/-e 96
martes	mardi 18
marzo	mars *(m)* 18
más	plus 18; davantage 62
más (el/la/lo ~)	le/la plus 20
más (no... ~)	ne … plus 32
más allá	au-delà 80
más bien	plutôt 29, 61
más tarde	plus tard 18
masculino/a	masculin/-e 49, 90
masivo/a	massif/-ive 80
matar	tuer 55
materia	matière *(f)* 80

sept cent trente-deux • 732

materia (en ~ de)	en matière de 80
material	matériel *(m)* 79
matinal	matinée *(f)* 19
matizado/a	nuancé/-e 100
matón/ona	flingueur *(m) (argot)* 88
matrimonio	mariage *(m)* 37
mayo	mai *(m)* 18
mayor	sénior *(m/f)* 67
mayoría	majorité *(f)* 82
mayoría (la ~ de)	la plupart de… 58
me	me / m' 3
mecánico/a	dépanneur *(m)* 100
medalla	médaille *(f)* 31
media jornada	demi-journée *(f)* 47
media pensión	demi-pension 64
medianoche	minuit 19
medias	collant *(m)* 49
mediático/a	médiatique 61; médiatisé/-e 95
medicamento	médicament *(m)* 24
médico	médecin *(m)* 17
médico del trabajo	médecin du travail 80
medida	mesure *(f)* 59, 66
medio	milieu *(m)* 30; moyen *(m)* 37, 59
medio/a	demi/-e 41
mediodía	midi *(m)* 4
medios de comunicación	média *(m)* 81
medir	mesurer 76
mejillón	moule *(f)* 90
mejor	plutôt 29; mieux 32, 44; meilleur/-e 46; beau / belle 64; majeur/-e 75
mejor (el/la ~)	le/la meilleur/-e 39
melocotón	pêche *(f)* 53
memorable	mémorable 76
memoria	mémoire *(f)* 67; mémoire *(m)* 90
mencionar	mentionner 72
menos	moins 19, 27; le moins de 64
menos (al ~)	au moins 20; du moins 55
menos (el/la/lo(s) ~)	le/la/les moins 28, 52; le/la/les moindre(s) 99
mensaje	message *(m)* 13
mensaje de texto	texto *(m)* 41
mensual	mensuel/-elle 37
mentir	mentir 69
mentira	mensonge *(m)* 88
mentiroso/a	menteur/-euse 93
menú	menu *(m)* 26
mercado	marché *(m)* 11

merecer	mériter 80
mes	mois *(m)* 18
mesa	table *(f)* 26
metal	métal *(m)* 48
meteorología	météorologie *(f)* 71
meter	enfiler 90
meterse en los asuntos de otro	se mêler (de) 85
metro	métro(politain) *(m)* 5; mètre *(m)* 25
mezclar	mélanger 90; brouiller 95
mezquindad	méchanceté *(f)* 96
mi	ma 1; mon 3
mí	moi 2
miedo (tener ~)	avoir peur 62, 78
miel	miel *(m)* 78
mientras	pendant que 60; pourvu que 81
mientras que	alors que 45
mientras tanto	pendant ce temps 51
mil	mille 22
mil (unos/aproximadamente ~)	un millier 33
milagro	miracle *(m)* 54
miles	milliers 33
militante	militant/-e 80
millonario/a	millionnaire 65
mineral	minéral/-e 26
mínimo	minimum 81
minuto	minute *(f)* 4
mío/a (el/la ~)	le/la mienne 52
mirada	regard *(m)* 95
mirar	regarder 16
mis	mes 12
miserable	misérable *(m/f)* 93
mismo (lo ~)	de même 85
mismo/a	même 22
mitad	moitié *(f)* 55
mitad de camino (a ~)	à mi-chemin 34
mito	mythe *(m)* 93
mochila	sac à dos *(m)* 48
moda	mode *(f)* 33
moda (a la ~)	à la mode 65
modelo	modèle *(f)* 33
moderado/a	modéré/-e 76
moderno/a	à la mode 65; moderne 72
modestia	modestie *(f)* 75
modesto/a	modeste 61
modificar	modifier 97
modo	mode *(m)* 90
modos (de todos ~)	de toute façon 50

moho	mousse *(f)* 77
molde	moule *(m)* 90
molestar	déranger 33; gêner 34; casser les pieds 73; embêter 78; incommoder 80
momento	moment *(m)* 8, 38, 64; instant *(m)* 51
Mona Lisa	la Joconde 76
monarquía	monarchie *(f)* 93
moneda	sou *(m)* 22; pièce (de monnaie) *(f)* 99
mono (de esquí)	combinaison (de ski) *(f)* 65
mono/a	singe *(m)* 69
monstruo	monstre *(m)* 55
montante	vasistas *(m)* 100
montar a caballo	monter à cheval 64
montón	tas *(m)* 68; en pagaille 74
monumento	monument *(m)* 16
moral	morale *(f)* 73
morder	croquer 23
morir	mourir 43
Moscú	Moscou 16
mostaza	moutarde *(f)* 53
mostrador	comptoir *(m)* 23
mostrar	afficher 44
motín	émeute *(f)* 93
motivar	motiver 57
motor	moteur *(m)* 51
mover(se)	bouger 45
moverse	se bouger 51
móvil (teléfono)	portable *(m)* (téléphone) 41
movimiento	mouvement *(m)* 80
movimiento social	mouvement social 81
mucho	plein de 38
mucho tiempo	longtemps 43
mucho/a	plein/-e 38
mucho/a(s)	beaucoup 5, 8
mudanza	déménagement *(m)* 47
mudar(se)	déménager 47
mudo/a	muet/-te 68
mueble	meuble *(m)* 51
muerte	mort *(f)* 55
muerto/a	mort/-e 55
mujer	femme 4, 9, 52
mula	mule *(f)* 58
multa	amende *(f)* 99
multicine	multiplexe *(m)* 40; complexe *(m)* multisalles 55
multimedia	multimédia 45
multitud	foule *(f)* 74

mundo	monde *(m)* 20
mundo (todo el ~)	tout le monde 20
munición	munition *(f)* 93
municipal	municipal/-e 65
murmurar	marmonner 82
museo	musée *(m)* 15
música	musique *(f)* 13
musical	musical/-e 40
músico/a	musicien/-ne 75
muy	très 1; trop 11

N

nacer	naître 43
nacer (un río)	prendre sa source 76
nacimiento	naissance *(f)* 23
nacional	national/-e 43
nada	rien 8, 33
nada (de ~)	de rien 8
nadar	nager 64
nadie	personne 43, 57
naranja	orange 33
nariz	nez *(m)* 34
nata	crème *(f)* 11
nata montada	chantilly *(f)* 29
natación	natation *(f)* 43
naturaleza	nature *(f)* 75
naturalmente	naturellement 39
Navidad	Noël 19
necesariamente	nécessairement 65
necesario/a	nécessaire 37
necesitar	avoir besoin de 11; falloir 44
negarse	refuser 32
negociación	négociation *(f)* 80
negociador/a	négociateur/-trice 81
negocio	affaires *(pl)* 47
negro/a	noir/-e 33
neumático/a	pneu(matique) *(m)* 97
nevar	neiger 34
nevera	réfrigérateur *(m)* 36
ni… ni	ni… ni 52
niebla	brouillard *(m)* 60
nieta	petite-fille *(f)* 68
nieto	petit-fils *(m)* 68
nieve	neige *(f)* 45
ningún/uno/a	aucun/-e 46, 53
niño del coro	enfant de chœur *(m)* 88
niño/a	enfant *(m)* 9; gosse *(m/f)* 55; gamin/-e 78

nítido/a	net/-te 66
nivel	niveau *(m)* 95
no	non 2; pas (ne... pas) 3; ne / n'... pas 4; ni 51
no de	plutôt que 45
no importa	peu importe 60
¡No importa!	Tant pis ! 31
no obstante	néanmoins 55; pourtant 57
no saber	ignorer 90
no... más	ne ... plus 31
noche	nuit *(f)* 6; soirée *(f)* 19; soir *(m)* 24
nombrado (ser ~) (para un puesto)	être nommé (à un poste) 43
nombrar	nommer 43
nombre	prénom *(m)*, nom *(m)* 6
normal	normal/-e 47
normalmente	normalement 8; d'habitude 51
Normandía	Normandie 83
normando/a	normand/-e 57
norte	nord *(m)* 40
notario	notaire 42
noticia	actualité *(f)* 95
noticia de última hora	flash *(m)* 95
noticias	nouvelle(s) *(f)* 46
noticias (las ~)	les informations, les infos 50
noticias (televisadas)	JT (journal télévisé) *(m)* 95
novedad	nouveauté *(f)* 40
novela	roman *(m)* 92
novia	copine *(f)* 37; petite-amie *(f)* 68; la mariée 90
noviembre	novembre *(m)* 18
novio	petit-ami *(m)* 68
novio (el ~)	le marié 90
novio/a	copain/-e 34
nube	nuage *(m)* 60
nubes	nues *(f pl)* 85
nuestro/a	notre 30; nos 36
nuestro/a(s)	le/la/les nôtre(s) 52
nuevo (de ~)	à nouveau 85, 97
nuevo/a	nouveau/-elle 9, 13, 19; neuf / neuve 86, 99
nuez	noix *(f)* 29
nulo/a	nul/-le 40
número	chiffre *(m)*, nombre *(m)*, numéro *(m)* 23
numerosos/as	nombreux/-euses 47, 86
nunca	jamais 32; plus jamais 53

O

o	ou 16; sinon 26
o... o	soit... soit 64
objeto	objet *(m)* 17
obligado (estar ~)	être obligé 57
obligar	obliger 99
obligatorio/a	obligatoire 44
obra	pièce *(f)* 51; chantier *(m)* 79; ouvrage *(m)* 92
obstáculo	obstacle *(m)* 61
obtener	obtenir 59, 81, 87
obvio/a	flagrant/-e 80
ocasión	d'occasion 88
ocho	huit 8
octavo/a	huitième 8
octubre	octobre *(m)* 18
ocupación	métier *(m)* 45
ocupado/a	occupé/-e 14, 41
ocupado/a (estar ~)	être pris/-e 41
ocuparse de	s'occuper de 61, 86
ocurrencia	boutade *(f)* 96
odiar	détester, avoir horreur de 40; haïr 74
odio	haine *(f)* 93
oeste	ouest *(m)* 40
ofendido/a	vexé/-e 79
oferta	offre *(f)* 43; promotion *(f)* 53
oferta (buena ~)	bon plan 74
oficial	officiel/-elle 43
oficina	bureau *(m)* 8; agence *(f)* 85
oficina de apuestas	PMU (Pari mutuel urbain) 59
oficina de correos	bureau *(m)* de poste 29
oficio	métier *(m)* 45
ofrecer	offrir 29
oído	oreille *(f)* 24; ouïe *(f)* 99
ojo	œil *(m)* 32
ojos	yeux *(sing:* œil*)* 32
ola	vague *(f)* 90
olfato	odorat *(m)* 99
oliva	olive *(f)* 53
olla	pot *(m)* 78
olor	odeur *(f)* 87
olvidar	oublier 36; laisser tomber 59
ómnibus	omnibus *(m)* 44
onda	antenne *(f)* 83
opinión	avis *(m)* 27; opinion*(f)* 82
oportunidad	occasion *(f)* 23

sept cent trente-huit • 738

oportuno/a	bon / bonne 43
oposición	opposition *(f)* 82
opresión	oppression *(f)* 93
oración	phrase *(f)* 51
oral	oral/-e 86
orden	ordre *(m)* 20; rangement *(m)* 94
ordenado/a	net/-te 66
ordenador	ordinateur *(m)* 31
ordenar	ranger 94
organizador/a	organisateur/-trice 95
organizar	organiser 19
orgulloso/a	fier/fière, fierté *(f)* 71
origen	origine 57; origines *(pl)* 71
original	original/-e 29, 39
oro	or *(m)* 31, 39
osar	oser 87
oscuro/a	foncé/-e, obscur/-e, sombre 39
otoño	automne *(m)* 34
otorgar	decerner 75
otra parte	ailleurs 65
otro lado (por ~)	en revanche 81
otro/a	autre 16; un/-e autre 18
oveja	mouton *(m)* 95
oyente	auditeur/-trice 61

P

paciencia	patience *(f)* 44
paciente	patient/-e 76
pacientemente	patiemment 76
padre	père *(m)* 8
padres	parents *(m pl)* 14, 18
pagar	payer 13; régler 53; défrayer 95
página	page *(f)* 83
país	pays *(m)* 20
paisaje	paysage *(m)* 61
Países Bajos	les Pays-Bas 43
pájaro	oiseau *(m)* 55
palabra	parole *(m)* 66; mot *(m)* 67
palacio	palace *(m)* 64
pálido/a	pâle 67
palma	palme *(f)* 39
paloma	pigeon *(m)* 59
pan	pain *(m)* 11
panadería	boulangerie *(f)* 46
panadero/a	boulanger/-ère 9
panel	pan *(m)* 58
pantalla	écran *(m)* 39, 94

pantalón	pantalon *(m)* 46
papá	papa 59
papel	papier *(m)* 36
papel higiénico	papier toilette 53
papelera	corbeille à papier 36
paquete	paquet *(m)* 53; formule *(f)* 64
paquete financiero integral	forfait *(m)* 59
para	pour 2
para nada	pas du tout 3
parada	arrêt *(m)* 16, 95
parar	arrêter 34
parar(se)	s'arrêter 51
parcial	partiel/-le 97
pardillo	linotte *(f)* 92
parecer	avoir l'air 24; paraître 85; sembler 87, 88
parecer bien	convenir 26
parecido/a	pareil/-le 65
pared	mur *(m)* 47
pareja	couple *(m)* 55
parisino/a	parisien/-ne 3
parka	parka *(f)* 74
parlamento	parlement *(m)* 54
parqué	parquet *(m)* 95
parte	partie *(f)* 11; part *(f)* 38, 47
parte de (ser ~)	faire partie de 82
participar	participer 52
particularidad	spécificité *(f)* 100
partido	match *(m)* 43; parti *(m)* 54
pasado mañana	après-demain 30
pasando por	en passant par 100
pasaporte	passeport *(m)* 10
pasar	passer 18, 40, 67; se passer 48; transmettre 87
pasatiempo	passe-temps *(m)* 94
pasear	promener 67
paseo	randonnée *(f)* 64
pasillo	couloir *(m)*, rayon *(m)* 53
pasión	passion *(f)* 93
pasma (jerga)	flic *(m) (argot)* 88
pasta	pâtes *(f pl)* 53
pasta (jerga)	fric *(m) (argot)* 88
pastelería	pâtisserie *(f)* 29
patata	pomme de terre *(f)* 11
patata frita	frite *(f)* 26
patatas fritas	chips *(f pl)* 48
paté	pâté *(m)* 53
patio	cour *(f)* 37

sept cent quarante • 740

pato	canard *(m)* 58
patria	patrie *(f)* 100
patrocinador	sponsor *(m)* 89
patronal	patronat *(m sing)* 80
paz	paix *(f)* 16
pedagógico/a	pédagogique 62
pedazo	morceau *(m)* 29
pedazo de	espèce de 85
pedido	commande *(f)* 53
pedir	demander 9; commander 13
pegar	coller 67
peinar	coiffer (qqn) 97
Pekín	Pékin 16
pelado/a	fauché/-e *(col)* 68
pelear(se)	se battre 55
película	film *(m)* 39
peligro	danger *(m)* 66
peligroso/a	dangereux/-euse 60
pelo (de animal)	poil *(m)* 69
pelota	balle *(f)* 97
peluquero/a	coiffeur/-euse 45
pena	peine *(f)* 46, 89
penetrar	pénétrer 86
penoso/a	pénible 67
peor	pire 31
peor (el/la ~)	le/la pire 64
peor caso (en el ~)	au pire 79
pepinillos	cornichon *(m)* 53
pequeño/a	petit/-e 19, 22
pera	poire *(f)* 83
percibir	percevoir 95
perdedor/a	perdant/-e 78
perder	rater 27; perdre 30
perder el conocimiento	perdre connaissance 83
perder el tiempo	perdre du temps 51
pérdida	casse *(f)* 95
perdón	pardon 4
pereza	flemme *(f)* 58
pereza (dar ~)	avoir la flemme 58
perezoso/a	paresseux/-euse 47
perfecto/a	parfait/-e 86
perfil	profil *(m)* 86
periférico	périphérique 46
periódico	journal *(m)* 22
periodista	journaliste 45
periodo	période *(f)* 64
perla	perle *(f)* 86

permanecer	rester 39
permiso	permission *(f)* 61
permitir	permettre 59
permitir(se)	se permettre 100
pero	mais 3
perrito caliente	chien-chaud *(m)* (francés canadiense) 100
perro/a	chien/-ne 67
persiana	volet *(m)* 36
persona	personne *(f)* 19
persona con discapacidad auditiva	malentendant/-e 68
persona con discapacidad visual	non-voyant/-e 68
personaje	personnage *(m)* 76
personal	personnel *(m)* 81
personalmente	personnellement 86
personas	gens *(m pl)* 23
pesado/a	lourd/-e 44
pescado	poisson *(m)* 53
pesimista	pessimiste 95
pésimo/a	nul/-le 40
peso	poids *(m)* 80
peste	peste *(f)* 96
pianista	pianiste *(m/f)* 75
picnic	pique-nique *(m)* 48
pie	pied *(m)* 25
piedra	caillou *(m)* 34
piel	peau *(f)* 87
pierna	jambe *(f)* 62
pila	pile *(f)* 47
pimienta	poivre *(m)* 53
pintar	peindre 79
pintor/a	peintre *(f / m)* 61
pintura	peinture *(f)* 61
piojo	pou *(m)* 69
pipa (jerga)	flingue *(m) (argot)* 88
Pirineos	Pyrénées 65
piscina	piscine 17
piso	appartement *(m)* 23, 37
pista	piste *(f)* 86
pista (de esquí)	piste (de ski) 89
pizzería	pizzéria *(f)* 25
placer	plaisir *(m)* 25
plan	projet *(m)* 17; forfait *(m)* 59
planchar	repasser 70
plano	plan *(m)* 5; plat/-e 92
planta	étage *(m)* 6; plante *(f)* 36
planta baja	rez-de-chaussée 27
plástico	plastique *(m)* 48

plata	argent *(m)* 31
plataforma	plateforme *(f)* 39
plátano	banane *(f)* 11
plato	plat *(m)* 26
plató	plateau *(m)* 92
platos	vaisselle *(m sing)* 36
playa	plage *(f)* 64
plaza	place *(f)* 15, 51
plazo	délai *(m)* 81
plegable	pliant/-e 48
pleno/a	rempli/-e 43
pluma	plume *(f)* 74
pobre	pauvre 67
poco	peu 60
poco (un ~)	un peu (de) 11
poco antes	tout à l'heure 36
poco hecha (carne)	saignant/-e 26
poco/a	peu 60
poder	pouvoir *(v)* 11, 13, 31; avoir le droit de 51
poder (no ~)	ne pas pouvoir 59
poder permitirse	avoir les moyens 37, 58
policía	brigadier *(m)* 60
policiaca (película ~)	film policier 39
político/a	politique 52; politique *(m)* 54
pollo	poulet *(m)* 48
poner	mettre 30; déposer 36; fiche / ficher *(col)* 88
poner (un espectáculo)	passer (un spectacle) 40
poner en orden	remettre en ordre 94
ponerse manos a la obra	se mettre à 75
popa	en poupe 97
poquito (un ~)	un petit peu 25
por	par 16; à cause de 18; à travers 61
por cierto	au fait 22
por encima	au-dessus 62
por eso	pour autant 90
por favor	s'il te/vous plaît 2
por fin	enfin 18
por qué	pourquoi 11
por supuesto	absolument 6; bien sûr 10
por todas partes	partout 44
porcelana	porcelaine *(f)* 48
porque	parce que 4; depuis 39; car 50; tant 93
portátil	portable *(m)* (ordinateur) 67
portavoz	porte-parole *(m)* 95
poseer	posséder 39
posibilidad	chance *(f)* 22; possibilité *(f)* 45

posibilidades (dinero)	moyens *(m pl)* 37
posible	possible 13
posiblemente	éventuellement 47
posición	position *(f)* 81
postre	dessert *(m)* 29
potable (agua ~)	eau potable 87
potencia	puissance *(f)* 52
prácticas (en ~)	stagiaire *(m)* 73
práctico/a	pratique 66
preaviso	préavis *(m)* 80
precio	prix *(m)* 12
precisamente	justement 39
precisión	précision *(f)* 76
preciso/a	précis/-e 29; juste 68
preconcebida (idea ~)	idée reçue 96
preferible	préférable 72
preferido/a	préféré/-e 23
preferir	préférer 2
preguntarse	se demander 50
prejuicio	préjugé *(m)* 96
premiar	récompenser 39; primer 96
premio	récompense *(f)*, prix *(m)* 39
premio (~ gordo)	gros lot 59
prensa	presse *(f)* 81
preocupación	souci *(m)* 46
preocupado/a	inquiet/-ète 46
preocupar	s'inquiéter 36
preocuparse	s'en faire 73
preparar	préparer 48
presencia	présence *(f)* 89
presentación	présentation *(f)* 3
presentador/a	présentateur/-trice 52
presentar	présenter 1; dévoiler 95
presentar una solicitud	postuler 72
presición	prévision *(f)* 95
presidencial	présidentiel/-elle 82
presidente	président/-e 66
presidente y director general	Président-directeur général (PDG) 50
presión	pression *(f)* 93
prestar	prêter 22; gérer 72; emprunter 85
prestar atención	faire gaffe *(col)* 89
presupuesto	budget *(m)* 19
pretexto	prétexte *(m)* 97
prever	prévoir 81
previsión meteorológica	bulletin météorologique, météo *(f)* 58
prima	prime *(f)* 96
primer ministro	premier ministre 82

sept cent quarante-quatre • 744

primer(o/a)	premier/-ère 11
primero	d'abord 24
primo/a	cousin/-e 44
principal	principal/-e 92
príncipe/princesa	prince / princesse 92
principio	principe *(m)* 32
prisa	urgence *(f)* 59
prisa (tener ~)	être pressé 25
prisión	prison *(f)* 87, 93
prisionero/a	prisonnier/-ère 93
privado/a	privé/-e 47; particulier/-ère 58
privilegiar	privilégier 86
probabilidad	vraisemblance *(f)* 87
probable	probable 81; vraisemblable 87
probable (poco ~)	peu probable 81
probablemente	probablement 87
probar	goûter *(v)* 12; essayer 13
problema	problème *(m)* 19; souci *(m)* 44
problema técnico	dysfonctionnement *(m)* 95
producir(se)	se produire 95
producto	produit *(m)* 48, 53
profe(sor/a)	professeur/-e 62
profesión	profession *(f)* 45
profesional	professionnel/-le 45
profundidad	profondeur *(f)* 77
profundo/a	profond/-e 17
programa	émission *(f)* 20, 52
programa debate	émission-débat *(f)* 95
programación	programmation *(f)* 55
programador/a	programmeur/-euse 45; programmateur 62
progreso	progrès *(m)* 89
prohibir	interdire 66, 99
prohibitivo/a	prohibitif/-ive 37
projecto	projet *(m)* 17
prólogo	avant-propos *(m)* 92
prometer	promettre 30, 54
promoción	promotion *(f)* 53
pronosticar	annoncer 85
pronóstico del tiempo	météo *(f)* 58
pronto	bientôt 62
pronunciar	prononcer 72
propiedad	propriété *(f)* 37
propina	pourboire *(m)* 26
proponer	proposer 18, 78
proporcionar	fournir 37
propósito de (a ~)	à propos de 100
proteger	protéger 87

prototipo	prototype *(m)* 97
provincias (en ~)	en province 72
provisional	de fortune 93
proximidad	à proximité (de) 27
próximo/a	prochain/-e 29
prudente	prudent/-e 88
prueba	essai *(m)* 81
psiquiatra	psychiatre *(m/f)* 96
publicar	publier 81
publicidad	publicité *(f)* 83
público	public *(m)* 39; public/-ique 51
pueblo	village *(m)* 30; peuple *(m)* 93
puente	pont *(m)* 18
puerta	porte *(f)* 34
puerto	port *(m)* 40
puesto	poste *(m)* 38, 43
puñado	poignée *(f)* 93
punta	bout *(m)* 76
punto de (estar a ~)	être sur le point de 87
punto de vista	point de vue 52
punto limpio	déchetterie *(f)* 79

Q

que	il 4; que 4, 12, 27; qui 22, 23
qué	quel(s) / quelle(s) 26; quoi 55
quedar bien (a alguien)	aller bien (à qqn) 74
quedarse	rester 30
queja	réclamation *(f)* 80
quejar	râler 74
quejarse	se plaindre 73
querer	vouloir 8, 12
querer decir	vouloir dire 34
querido/a	cher / chère 54; adoré/-e 85
queso	fromage *(m)* 11
quienquiera que	qui que *(+ subj)* 88
quince	quinze 12
quiniela	grille *(f)* 22
quizás	peut-être 12, 41; éventuellement 47

R

rábano	radis *(m)* 83
radical	radical/-e 99
radio	radio *(f)* 50
radio (de la ~)	radiophonique 76
rápido	vite 25, 43; rapidement 31
rápido/a	rapide 42, 61, 76
rara vez	rarement 59

sept cent quarante-six • 746

raro/a	rare 86
rata	rat *(m)* 69
rato	quelque temps 43
ratón	souris *(f)* 67
rayo	rayon *(m)* 53
razón	raison *(f)* 43
razón (tener ~)	avoir raison 54
razonable	raisonnable 33
reacción	réaction *(f)* 81
realidad	réalité *(f)* 40
realidad (en ~)	en réalité 44
realizar	réaliser 60
realmente	réellement 64
reanudar	reprendre 95
rebaja	solde *(m)* 74
rebajado/a	soldé/-e 74
rebelde	révolté/-e 93
receta	ordonnance *(f)* 24
recibimiento	accueil *(m)* 41
recibir	recevoir 32; accueillir 41, 62
reciclar	recycler 96
recién	fraîchement 81
reciente	récent/-e 76
recientemente	récemment 71
reclamar	réclamer 80
reclutamiento	recrutement *(m)* 86
recomendar	conseiller 55; recommander 71
reconocido/a	reconnu/-e 86
reconocimiento	reconnaissance *(f)* 80
reconsiderar	réévaluer, revisiter 92
récord	record *(m)* 55
recordar	se souvenir de 51; rappeler 52; retenir 90
recorrido	tour *(m)* 15
recto	droit *(adv)* 25
recto/a	droit/-e 25
recuperar	récupérer 71
recuperarse	guérir 80
recurso	ressource *(f)* 68
recurso (último ~)	en dernier ressort 67
red	réseau *(m)* 45
red de seguridad	filet *(m)* 97
redondear	arrondir 37
reducir	réduire 66
reflexionar	réfléchir 22
refrigeración	refroidissement *(m)* 95
regalo	cadeau *(m)* 13
regalo de despedida	cadeau de départ 72

regar	arroser 36
régimen	régime *(m)* 93
región	région *(f)* 16
regional	régional/-e 97
registrar	fouiller 94
regla	règle *(f)* 49, 68
regresar	rentrer 8; retourner 67
regreso	rentrée *(f)* 18
rehacer	refaire 92
reinventar	réinventer 96
reír	rire *(v)* 47, 52; rire *(m)* 68; rigoler 96
relacionarse	fréquenter 61
relajado/a	décontracté/-e 39
relajante	reposant/-e 64
relajarse	se détendre 50
relativo/a a	relatif/-ive à 82
rellenar	remplir 22
reloj	montre *(f)* 4; horloge *(f)* 58
relucir	briller 77
remedio	remède *(m)* 69
rendir homenaje	rendre hommage 71
rendir(se)	abandonner 58; baisser les bras 61; se rendre 93
renovar	renouveler 96
renunciar	démissionner 32; faire une croix sur 89
reparador/a	réparateur/-trice 94
reparar	réparer 94
reparto	livraison *(f)* 51
repasar	faire le point 89
repetición	répétition *(f)* 96
repetir	répéter 95
reportaje	reportage *(m)* 97
reprochar a alguien	en vouloir à qqn 78
república	république *(f)* 66
reputación	réputation *(f)* 92
requerir	demander 45
rescatar	secourir 89
reserva	réserve *(f)* 87
reservada	réservé/-e 6
reservar	réserver 41
residuo	déchet *(m)* 79
resolver	résoudre 54; régler 81
respecto a	par rapport à 99
respecto a (con ~)	quant à 74
respetar	respecter 82
respirar	respirer 24
responder	correspondre 86

sept cent quarante-huit • 748

responsable	responsable 32, 86; responsable *(m)* 80
respuesta	réponse *(f)* 20, 71; réaction *(f)* 81
restablecer	rétablir 92
restaurante	restaurant *(m)* 25
resto	reste *(m)* 47
resultado	résultat *(m)* 66; bilan *(m)* 93
resultar	s'avérer 90
resultar caro	revenir cher 78
resumen	résumé *(m)* 79
resumen (en ~)	en résumé 79
retirada	forfait *(m)* 97
retirarse	partir à la retraite 43; déclarer forfait 97
retrato	portrait *(m)* 61
retroceder	reculer 97
reunión	réunion *(f)* 38; meeting *(m)* 54
reunir(se)	se réunir 81
revisor	contrôleur/-euse 44
revista	magazine *(m)* 50
revolución	révolution *(f)* 93
revolucionario/a	révolutionnaire *(m /f)* 93
revuelta	révolte *(f)* 93
rico/a	riche *(m/f)* 22
ridículo/a	ridicule 81
rigor	rigueur *(f)* 86
río	fleuve *(m)* 76
riqueza	richesse *(f)* 96
robar	voler 27, 60; dérober 95
robo	vol *(m)* 27; cambriolage *(m)*, casse *(m)* 95
rodar	tourner 39
rodilla	genou *(m)* 24
rodillo	rouleau *(m)* 79
rogar	prier 31
rojo/a	rouge 33
romper	casser 62; rompre 81; fracturer 89
romperse la cabeza	se casser la tête, se creuser la tête 62
ronda	tournée *(f)* 34
ropa	vêtement *(m)*, vêtements *(m pl)* 33
ropa de casa	linge *(m)* 47
rotura	casse *(f)* 95
rubeola	rougeole *(f)* 79
rubio/a	blond/-e 14
rudimentario/a	rudimentaire 97
ruido	bruit *(m)* 38, 55
ruidoso/a	bruyant/-e 27
ruso/a	russe *(m/f)* 40

S

sábado	samedi 18
sábana	drap *(m)* 36
saber	savoir 4, 64; connaître 13
saber (hacer ~)	faire savoir 82
saber de	s'y connaître (en) 76
sacar	sortir 67
sagrado/a	sacré/-e 19, 55
sal	sel *(m)* 53
salado/a	salé/-e 72
salarial	salarial/-e 80
salario	salaire *(m)* 37, 80
salchicha	saucisse *(f)* 53
salchichón	saucisson *(m)* 53
saldo	solde *(m)* 74
salida	sortie *(f)* 30
salir	quitter 23; partir 27; sortir 35, 43, 57; s'en sortir 94
salir corriendo	filer 85
salir de	s'en sortir 94
salmón	saumon *(m)* 26
salón	salon *(m)* 36, 38
Salón del automóvil	Salon de l'automobile *(m)* 38
saltar	sauter 78
salud	santé *(f)* 20
saludable	sain/-e 48
saludo	salut *(m)* 29
sándwich	sandwich *(m)* 48
sangrante	saignant/-e 26
sangrar	saigner 26
santo/a	saint/-e 92
sartén	poêle *(f)* à frire 90
saturado/a	saturé/-e 64
sea como sea	il n'empêche que 81
sección	rayon *(m)* 53
secreto	secret *(m)* 23
secreto/a	secret/-ète 13; dérobé/-e 95
sector	secteur *(m)* 80
sed	soif *(f)* 26
sed (tener ~)	avoir soif 26
sediento/a	assoiffé/-e 93
segar	faucher 68
seguir	continuer 32; suivre 39; poursuivre 62
según	selon 58; d'après 64
segundo	seconde *(f)* 22
segundo/a	deuxième 12
seguridad	sécurité *(f)* 87

sept cent cinquante • 750

seguro	certainement 86
seguro/a	sûr/-e 17, 31; certain/-e 31, 54
seguros	assurance (f) 72
seleccionar	sélectionner 53
semana	semaine (f) 18
Senado	Sénat (m) 54
senador/a	sénateur / sénatrice 54
señal	signal (m) 30
señalar	remarquer 73; désigner 81
sencillo/a	simple 10
señor	monsieur 2, 9
señora	madame 2; dame 9
señoras	mesdames 15
señores	messieurs 15
señorita	mademoiselle 8
señoritas	mesdemoiselles 15
sensación	sentiment (m) 99
sensible	sensible 99
sentado (estar ~)	être assis 48
sentarse	s'asseoir 24, 33
sentido	sens (m) 44
sentir	sentir 34
sentir pena	plaindre 73
septiembre	septembre (m) 18
ser	être (v) 2, 3, 6
ser conveniente	convenir 26
ser humano	être humain (m) 53
ser importante	importer 60
ser infiel	tromper 55
seriamente	sérieusement 37
serie	série (f) 52
serio (en ~)	au sérieux 66
serio/a	sérieux/-euse 66
servicial	serviable 94
servicio	service (m) 26, 72
servicio de asistencia	assistance (f) 94
servicio de catering	traiteur (m) 72
servir	servir 23
sesenta	soixante 12
sesión	séance (f) 40
si	si 2, 11
sí	oui 2; si 40
si no	sinon 66
siderúrgica (industria ~)	sidérurgie (f) 80
siempre	toujours 4
siempre que	pourvu que 81; tant que 87
siesta	somme (m) 90

siete	sept 8
siglo	siècle (m) 71
significar	signifier 45
signo	signe (m) 95
siguiente	suivant/-e 20
silla	chaise (f) 48
sillón	fauteuil (m) 47
símbolo	symbole (m) 71
similar	pareil/-le 65; similaire 97
simpático/a	sympa / sympathique 23
simplemente	simplement 80
sin	sans 30; hors 64
sin blanca	fauché/-e 68
sin embargo	pourtant 58; cependant 61
sinceramente	honnêtement 48; sincèrement 92
sincero/a	sincère 21; franc / franche 79
sindical (líder ~)	leader syndical 80
sindicalista	syndicaliste (m/f) 80
sindicato	syndicat (m) 80
siniestro/a	sinistre 93
sistema	système (m) 93; dispositif (m) 97
sistemáticamente	systématiquement 32
sitio	site (m) 33
situación	situation (f) 54
situado/a	situé/-e 27
situado/a (estar ~)	être situé/-e 27
sobrante	solde (m) 74
sobre	vers 17; à propos de 79
sobre esto	là-dessus 82
sobre todo	surtout 50
sobrina	nièce (f) 78
sobrino	neveu (m) 78
social	social/-e 45
socio/a	associé/-e 79
socorrer	secourir 94
¡socorro!	au secours ! 94
sofá	canapé (m) 47
sofisticado	sophistiqué/-e 31
software (programa)	logiciel (m) 99
sol	soleil (m) 34
soleado/a	ensoleillé/-e 58
solicitado/a	demandé/-e 89
solicitar	solliciter 81
solo	seulement 12; juste 26
solo/a	seul/-e 34, 39
solución	solution (f) 54
sombra	ombre (f) 87

sombrero	chapeau (m) 74
someter	soumettre 81
sonar	sonner 41
sondeo	sondage (m) 82
sonreír	sourire (v) 51
sonrisa	sourire (m) 95
sopa	soupe (f) 78
soplo (jerga)	tuyau (m) 88
soplón (jerga)	indic (m) (argot) 88
soportar	supporter 48, 96; subir 93
soporte	support (m) 39
sordo/a	sourd/-e 62
sorprender	surprendre 38; étonner 50
sorprendido/a	surpris/-e 38
sorteo	tirage au sort (m) 65
sospechar	se douter de 75
sospechoso/a	suspect/-e 87; louche (col) 88
sótano	cave (f) 36
souvenir	souvenir (m) 78
su	votre 5; son 8; leur, sa 9
su(s)	vos 6
suave	doux / douce 62; gentiment 79; tendre 90
suavizante	adoucissant (m) 96
suavizar	adoucir 96
subestimar	sous-estimer 92
subir	monter 43, 67; grimper 64
suceder	succéder 43
sucio/a	sale 88
suegra	belle-mère (f) 19
suegro	beau-père (m) 19
suelo	terre (f) 48
suelo (en el ~)	par terre 48
sueño	rêve (m) 33, 59
suerte	chance (f) 22; sort (m) 65, 92
suerte (tener ~)	avoir de la chance 57
suficiente	assez (de) 45; suffisamment 96
suficiente (ser ~)	suffire 83
sufrir	souffrir 34
sugerencia	proposition (f) 40
suite	suite (f) 95
Suiza	Suisse (country) 65
suizo/a	suisse (m/f) 65
sujeto	sujet (m) 17
suma	addition (f) 26
súper	super 87
superar	surmonter 61; dépasser 82
superdotado/a	surdoué/-e 75

superior	supérieur/-e 27
superponer	superposer 92
suponer	présumer 38; supposer 80
sur	midi *(m)* 3; sud *(m)* 40
sus	ses 14
suspender	suspendre 81
sustantivo	nom *(m)* 90
sustituir	remplacer 97

T

tabaco	tabac *(m)* 23
taberna	brasserie *(f)* 25
tabla	planche *(f)* 83; plateau *(m)* 92; tableau *(m)* 94
tablet	tablette *(f)* 50
tablón	planche *(f)* 83
tablón de anuncios	tableau d'affichage *(m)* 44
tacto	toucher *(m)* 99
talento	talent *(m)* 75
talla	taille *(f)* 74
taller	atelier *(m)* 94
también	aussi 3, 10
tan	si 32
tan... como	aussi ... que 45
tanto... como	et... et 90
tapa	couvercle *(m)* 41
tapadera	couvercle *(m)* 41
tapón	bouchon *(m)* 73
taponar	boucher *(v)* 93
taquilla	billeterie *(f)* 40
tarde	retard *(m)* 4; après-midi *(m/f)* 15; tard 17; tardif/-ive 95
tarea	tâche *(f)* 88
tarifa	tarif *(m)* 27
tarjeta	titre *(m)* 44
tarjeta bancaria	carte *(f)*, carte bancaire 41
tarjeta de crédito	carte de crédit 85
tarjeta de transporte	titre de transport 44
tarjeta de visita	carte de visite 38
tarta	tarte *(f)* 29
taxi	taxi *(m)* 36
taxista	chauffeur de taxi *(m)*, taxieur *(m)* (francés africano) 100
teatro	théâtre *(m)* 51
techo	plafond *(m)* 79
teclado	clavier *(m)* 94
técnico/a	technique 45

sept cent cinquante-quatre • 754

tecnología	technologie *(f)* 99
tejado	toit *(m)* 60
telefonía	téléphonie *(f)* 71
teléfono	téléphone *(m)* 13
telegrama	télégramme *(m)* 59
televisado/a	télévisé/-e 50
televisión	télé(vision) 32
tema	thème *(m)* 66; sujet *(m)* 83
temer	craindre 64
temible	redoutable 87
temperatura	température *(f)* 24
temporada	saison *(f)* 52
temporalmente	temporairement 68
temprano	tôt 27; de bonne heure 61
tenedor	fourchette *(f)* 48
tener	avoir *(v)* 4, 6; tenir 54; contenir 93
tener buena caída	tomber bien 76
tener cuidado	faire gaffe *(col)* 89
tener éxito	avoir du succès 75
tener ganas de	avoir envie de 17
tener informado (a alguien)	tenir au courant (qqn) 47
tener prisa	se dépêcher 50
tener que	devoir *(v)* 17, 61
tensión	tension *(f)* 24
tentar	tenter 64
teórico/a	théorique 90
terco/a	têtu/-e 58
terminal	terminal *(m)* 27
terminar	terminer 15
terminar(se)	s'arrêter 52
ternero	veau *(m)* 95
ternura	tendresse *(f)* 96
terraza	terrasse *(f)* 37
terreno	terrain *(m)* 81
terrible	nul/-le 40; effroyable 93
terror	épouvante *(f)* 55
testamento	testament *(m)* 92
tía	tante *(f)* 43
tiempo	temps *(m)* 8, 17, 34
tiempo de perros	temps de chien 69
tienda de barrio	dépanneur *(m)* (francés canadiense) 100
tienda de moda	boutique *(f)* 74
tierno/a	doux / douce 62
tierra	terre *(f)* 11
tilulado/a	intitulé/-e 22
timidez	timidité *(f)* 61
tímido/a	timide 61

tinta	encre *(f)* 67
tío	oncle *(m)* 43; gars *(m) (col)* 88
tipo	type *(m)* 76; genre *(m)* 81
tipo/a	type *(m) (col)* 87, 88
tique de aparcamiento	PV (de stationnement) *(m)* 99
tirar	tirer 65, 97
tirarse	arracher 62
tisana	tisane *(f)* 87
titular	titre *(m)* 95
titular (ser ~)	défrayer la chronique 95
título	titre *(m)* 17, 44, 95
tobillo	cheville *(f)* 89
tocar	toucher 75
todavía	encore 37; toujours 45
todo	tout *(m)* 3; tout 11
todo incluido	tout compris 64
todo lo	autant que 50
todo recto	tout droit 25
todo/a (su)	l'ensemble de 75
todo/a(s)	tout/-e / tous/-tes 11, 18
tolerar	supporter 48
toma	prise *(f)* 93
tomar	prendre 18; saisir 23
tomar algo	prendre un verre 40
tomar la palabra	prendre la parole 66
tomar nota	noter 41
tontamente	bêtement 94
tontería	n'importe quoi 66
tonto (hacer el ~)	faire l'andouille 83
tonto/a	bête 40; idiot/-e 51
toque (dar un ~)	faire signe 99
tormenta	orage *(m)* 85
toro	taureau *(m)* 95
torpe	maladroit/-e 52
torre	tour *(f)* 15
torreón	donjon *(m)* 93
tostada	tartine *(f)* 2
total	total/-e 94
totalmente	tout à fait 23; carrément 88
tour	tour *(m)* 90
trabajador/a	artisan/-e 66; ouvrier/-ère 73, 80
trabajar	travailler 43
trabajo	travail *(m)* 10, 32; emploi *(m)* 20; poste *(m)* 38; métier *(m)* 45; boulot *(m) (col)* 47
tradición	tradition *(f)* 39
traer	apporter 26; rapporter 78
traer (a alguien)	déposer 68; amener (qqn) 79

tráfico	circulation (f) 44
tragaperras	machine à sous 22
tragar	avaler 24
traicionado/a	trahi/-e 87
traidor/a	traître / traîtresse 93
tráiler	bande-annonce (f) 40
traje	costume (m) 46; tailleur (m) 65
tranquilamente	tranquillement 94
tranquilizar	rassurer 41
tranquilizarse	se rassurer 41
tranquilo/a	calme 37; tranquille (m/f) 50, 64
transatlántico	paquebot (m) 100
transmitir	transmettre 87
transporte público	transport (m) 44; transport en commun 51; transports collectifs (pl) 99
tratamiento	traitement (m) 80
tratar	soigner 73; avoir affaire à 81
tratar(se) de	s'agir de 82
travieso/a	malicieux/-euse 95
treinta	trente 12
treinta (unos ~)	trentaine 19
tremendo/a	formidable 60
tren	train (m) 44
trescientos	trois cents 11
trigo	blé (m) 68
trilingüe	trilingue 86
triste	triste 54
trompetista	trompétiste (m/f) 75
tropa	troupe (f) 93
trozo	morceau (m) 29, 69; part (f) 38
tu	ton 40
tú	tu 1; toi 29
tubo	tuyau (m) 88
turista	touriste (m/f) 64
turístico/a	touristique 41
turno	tour (m) 76
tus	tes 41
tutear	tutoyer 35, 96
tuteo	tutoiement (m) 28
tuyo/a(s)	le/la/les tienne(s) 52
tuyo/a(s) (el/la/lo(s) ~)	le/la/les tienne(s) 52

U

últimamente	dernièrement 77, 99
último/a	dernier/-ère 14, 37, 40
un/una	un/une 2
unas	des 12

unas (aproximadamente)	environ 19
único/a	unique 88
unirse a	rejoindre (qqn) 72
universal	universel/-le 71
universidad	faculté / fac *(f)*, université *(f)* 43
uno/a mismo/a	soi, soi-même 75
unos/as	des 12
urgencia	urgence *(f)* 59
urgencias	les urgences 73
urgente	urgent/-e 54
urraca	pie *(f)* 69
usar	utiliser 59
uso	usage *(m)* 43
usted	vous 1
útil	utile 79
uva	raisin *(m)* 53

V

vaca	vache *(f)* 69
vacación	congé *(m)* 45
vacaciones	vacances *(m pl)* 18
vacaciones pagadas	congés payés 80
vaciar	vider 36
vacío	vide 11
vago/a	fainéant/-e 73
valentía	courage *(m)* 74
valer	valoir 44
valer la pena	valoir la peine 58
valer más	mieux valoir 44
validación	compostage *(m)* 44
validar	composter 44; valider 44, 53
valiente	courageux/-euse 74
valor	valeur *(f)* 63
vamos	allons-y 11
vapor	vapeur *(f)* 95
vaqueros	jean *(m)* 46
variado/a	varié/-e 55
varios/as	plusieurs 25
vasco/a	basque 52
vaso	verre *(m)* 24; gobelet *(m)* 48
vecindario	voisinage *m)* 59
vecino/a	voisin/-e 36, 59
vehículo	véhicule *(m)* 66; automobile *(f)* 99
vehículo particular	voiture particulière 66
veintiséis	vingt-six 12
vejez	vieillesse *(f)* 96
vela	voile *(f)* 90

sept cent cinquante-huit • 758

velo	voile *(m)* 90
vender	vendre 29; revendre 88
vengar	venger 92
venir	venir 13
ventaja	avantage *(m)* 99
ventana	fenêtre *(f)* 26
ventanilla	guichet *(m)* 44
ver	regarder 13; voir 13, 39; apercevoir 60; visionner 95
verano	été *(m)* 33
verbo	verbe *(m)* 57
verdad	vrai/-e 12; vérité *(f)* 54
verdadero/a	vrai/-e 20
verde	vert/-e 33
verdugo	bourreau *(m)* 92
verdura	légume *(m)* 11
vergonzoso/a	honteux/-euse 87
vergüenza	honte *(f)* 80
versión	version *(f)* 39
vestíbulo (teatro)	foyer *(m)* (théâtre) 51
vestido	robe *(f)* 33
vestido (ir ~)	être habillé 46
vestido/a	fringué/-e 88
vestirse	s'habiller 50
veterinario/a	vétérinaire *(m/f)* 69
vez (a la ~)	à la fois 61
vez en cuando (de ~)	de temps à autre 50
vez/veces	fois 24
vía	voie *(f)* 44; piste *(f)* 86
viajar	voyager 45
viaje	voyage *(m)* 18
viaje (estar de ~)	être en voyage 18
viajero/a	voyageur/-euse 27
víctima	victime *(f)* 95
vida	vie *(f)* 45
vídeo	vidéo *(f)* 13
viejo/a	ancien/-ne, vieux / vieille 16
viento	vent *(m)* 97
viernes	vendredi 18
vino	vin 20
violencia	violence *(f)* 93
violento/a	violent/-e 93
virtual	virtuel/-le 99
virtud	atout *(m)* 86
visión	vision *(f)* 86
visita	visite *(f)* 8
visitante	visiteur/-euse 71

759 • **sept cent cinquante-neuf**

visitar	visiter 37; rendre visite 68
víspera	veille *(f)* 89
vista	vue *(f)* 99
vistazo	coup d'œil *(m)* 32
visto	vu *(+ sust)* 78
visualización	affichage *(m)* 44
vital	vital/-e 87
viva...	vive... 57
vivamente	vivement 71
vivir	habiter 9; vivre 37, 57
vivo/a	vivant/-e 39; vif / vive 71
vocabulario	vocabulaire *(m)* 68
volar	voler 27
vóleibol	volley-ball 43
voluminoso/a	volumineux/-euse 90
volver	arriver 26; revenir 33; retourner 43, 67; en revenir à 85
volver a calentar	se réchauffer 87
volver a contactar	rencontacter 38
volver a encontrar	retrouver 83
volver a examinar	réexaminer 92
volver a marcharse	repartir 34
volver a pasar	repasser 70
volver a vestir	rhabiller 96
volverse	devenir 22
votar	voter 54
voz	voix *(f)* 30
vuelo	vol *(m)* 27
vuestro/a(s) (el/la/lo(s) ~)	le/la/les vôtre(s) 52

Y

y	et 1
ya	déjà 18
ya que	puisque 58, 82; vu que 78
yayo boom	papy boom *(m)* 68
yo	je 1

Z

zapato	chaussure *(f)* 46
zumo	jus *(m)* 53

El Francés

También en Assimil

Guía de conversación Francés*
Aprender Francés - nivel A2*
Cuaderno de ejercicios Francés falsos principiantes
POM: 300 test de Francés
Francés para adolescentes (+11 años)
Francés para adolescentes (+13 años)

*también disponible con audio

N° de edición: 4412 – El francés
Impreso en Francia, noviembre 2024
411438